Die Reichsbank
in der Weimarer Republik

Simone Reinhardt

Die Reichsbank in der Weimarer Republik

PETER LANG
Frankfurt am Main · Berlin · Bern · Bruxelles · New York · Oxford · Wien

Die Deutsche Bibliothek - CIP-Einheitsaufnahme

Reinhardt, Simone:

Die Reichsbank in der Weimarer Republik : eine Analyse der formalen und faktischen Unabhängigkeit / Simone Reinhardt. - Frankfurt am Main ; Berlin ; Bern ; Bruxelles ; New York ; Oxford ; Wien : Lang, 2000
Zugl.: Hannover, Univ., Diss., 1999
ISBN 3-631-36127-0

Abbildung auf dem Umschlag:
Reichsbank, Berlin, um 1900.
Rechte: BBk

Gedruckt auf alterungsbeständigem,
säurefreiem Papier.

D 89
ISBN 3-631-36127-0

Printed in Germany 1 3 4 5 6 7

Geleitwort

Bismarck, der "Eiserne Kanzler", hatte geraten, sich vor jedem Krieg gute Gründe zu überlegen, die auch nachher noch Bestand haben. Nichtsdestoweniger fiel am Ende des Ersten Weltkriegs keinem etwas Besseres ein, als doch wieder zu den Verhältnissen der guten alten Zeit zurückzukehren. Auch eine Neubelebung der Goldwährung schien wünschenswert, doch sie erwies sich als teure Illusion: Kriege sind niemals Episoden, sondern Zäsuren. Infolgedessen bildete das Zentralbankprinzip, welches als Etappe auf dem Weg zur alten Goldwährung gedacht war, in Wirklichkeit den Auftakt zu einer neuen Währungsverfassung. Das Regiment führte fortan nicht mehr ein crude metal, sondern eine Elite, die sich als währungstechnische Funktionselite gab, oft genug jedoch als währungspolitische Machtelite gerierte.

Schon während der Hochblüte der Goldwährung, als der Papiergeldtiger gezähmt schien, hatte das Giralgeld seinen Siegeszug angetreten. Es war lange Zeit unbemerkt geblieben, wurde später als hilfreicher Puffer bei der monetären Unterlegung des "bürgerlichen Kondratieff" von den Währungsbehörden sogar hofiert, schließlich aber als wild cat im Gehege der Währungsverfassung beargwöhnt. Statt nun auf Währungskonkurrenz als mögliche Alternative zum Goldstandard zu setzen, stellte das Zentralbankprinzip den Versuch dar, eine hoheitliche Regulierung der Gesamtgeldmenge unter der scheinbar unpolitischen Prärogative der Kaufkraftsicherung zu erreichen.

Die Geburt dieser Idee im Schoße des Völkerbundes wird von Frau Simone Reinhardt spannend und mit reichem Quellenmaterial belegt protokolliert. Am Beispiel deutscher Protagonisten des Zentralbankprinzips während der Weimarer Republik zeigt sie die Probleme: Das Währungsschiff war durch die Klippen einerseits des Neutralitätspostulats für das Geld und andererseits des Verlangens nach Instrumentalisierung jenes herausragenden öffentlichen Gutes für nationale Belange zu steuern. Die Analyse von Frau Reinhardt macht deutlich, daß die geläufige Sentenz, "Inflation is always and everywhere a monetary phenomenon" in drangvoller Zeit keine unbestreitbar richtungsweisende Handlungsmaxime bietet. Denn es ist gerade in solchen Epochen schwer einzuschätzen, was das Bessere ist, das als Feind des Guten zu gelten hat.

Die Analyse von Frau Reinhardt enthüllt auch die Zwiespältigkeit der Zentralbankautonomie, sofern man sie als Chance nach der Devise "Männer machen Geschichte" begreifen wollte. Reichsbankpräsident Rudolf Havenstein, starrköpfiger wilhelminischer Beamter in der jungen Weimarer Demokratie, war ein Zauderer, der die Währung als Treibgut im Strudel der Zeit verkommen ließ. Die Inflation wütete am grimmigsten, als die unter seiner Leitung stehende Reichsbank kraft Autonomiestatuts von 1922 scheinbar tun und lassen konnte, was währungstechnisch geboten war. Allein der Staatsdiener Havenstein glaubte nicht verantworten zu können, einer Regierung bei ungeklärter Reparationsfrage, inmitten von Aufruhr, separatistischen Bestrebungen und Ruhrkampf die - sei es auch inflationistische - Diskontierung der Reichsschatzanweisungen zu verweigern! Havenstein starb am 20. November 1923, keine Woche nach Beginn der Ausgabe von Rentenmarkscheinen, die zum Symbol der Stabilisierung wurden und ganz und gar nicht sein Geschöpf waren.

Hjalmar Horace Greeley Schacht, der nach ihm das Ruder der Reichsbank führte, war von Skrupeln nie geplagt. Hemmungen, die Wut des Volkes auf seine demokratischen Institutionen zu lenken, kannte er nicht. Er nährte und genoß den Ruf des unbeirrbaren Währungshüters, des über den Niederungen der Politik stehenden Mannes. In Wirklichkeit strich er als egomanischer Wolf im Schafpelz des stabilitätsbesessenen Experten durch die Welt. Er schreckte auch nicht zurück, sein Spiel mit einem - wie er nach dem Spuk bekannte - "dämonischen Genie", Hitler, zu treiben; es mißlang ihm allerdings schmählich. Als Egomane blieb er sich dennoch treu. Er vollzog mit seinem Brief vom 7. Januar 1939 "an den Führer und Reichskanzler, Berlin" einen achtbaren Abgang. Es war definitiv zu spät, um vor aller Augen ein Warnmal aufzurichten und die Währung zu retten, doch früh genug, um seinen eigenen Hals aus der Schlinge des Nürnberger Kriegsverbrechertribunals zu ziehen!

Univ.-Prof. Dr. Friedrich Geigant

Vorwort

Die vorliegende Dissertation entstand in intensiver zweijähriger Arbeit. Mein Doktorvater, Herr Professor Dr. Friedrich Geigant, hat mein Interesse für diese volkswirtschaftliche Arbeit mit starkem historischen Bezug geweckt und gefördert. Dafür und für seine interessanten Hinweise und Anregungen danke ich ihm herzlich. Herrn Professor Dr. Hans-Joachim Heinemann danke ich für die Übernahme des Zweitgutachtens. Erwähnt sei auch die nette Betreuung durch Frau Lurz.

Zu dem Gelingen dieser Arbeit haben zahlreiche liebe Mitmenschen beigetragen. Zuallererst möchte ich mich bei meinen Eltern bedanken, die mir meine gesamte Ausbildung bis zum vorläufigen Höhepunkt der Promotion überhaupt erst ermöglicht haben.

Ein ganz besonderer Dank gilt meiner Freundin Dorit Mießner, die meine Arbeit während der gesamten zwei Jahre mit großem Interesse verfolgt hat. Sie war nicht nur aufgrund ihres peniblen Korrekturlesens, sondern auch wegen ihrer zahlreichen Anregungen vor allem auf dem geschichtlichen Sektor für die Arbeit unentbehrlich. Unterstützt wurde sie durch ihre Mutter Frau Hillnhagen, die zugleich einige Anekdoten beisteuern konnte, da ihr Vater bei der Reichsbank tätig war.
Außerdem danke ich Herrn Dr. Theesen für die sehr sorgfältige Korrekturarbeit.

Die für die Arbeit notwendigen Forschungsreisen wären ohne Unterstützung finanziell kaum realisierbar gewesen. Mein Dank gilt Marlis und Paul Maier für die Überlassung ihrer Wohnung in Berlin und Sigrid Weidemann und Frau Habs für die Zurverfügungstellung ihrer Wohnung in Bonn.

An dieser Stelle möchte ich mich auch bei den Mitarbeitern des Bundesarchivs in Berlin und Koblenz und des Politischen Archivs des Auswärtigen Amts in Bonn bedanken.

Meinem Freund Dipl.-Ök. Jörg Sauthoff danke ich für seine Geduld und psychologische Unterstützung für eine fast ausschließlich euphorisch arbeitende, manchmal aber auch gestreßte Doktorandin.

Simone Reinhardt

Inhaltsverzeichnis

Verzeichnis der Abbildungen und Tabellen

Abkürzungsverzeichnis

AA:	Politisches Archiv des Auswärtigen Amts
Abs.:	Absatz
a. m.:	ante meridiem
BA:	Bundesarchiv Koblenz
Barch:	Bundesarchiv Berlin
BIZ:	Bank für Internationalen Zahlungsausgleich
bzw.:	beziehungsweise
CSU:	Christlich-Soziale Union
DDP:	Deutsche Demokratische Partei
d. h.:	das heißt
DNVP:	Deutschnationale Volkspartei
Dr.:	Doktor
DVP:	Deutsche Volkspartei
e. V.:	eingetragener Verein
Fed:	Federal Reserve System
hrsg.:	herausgegeben
Hrsg.:	Herausgeber
HStASt:	Hauptstaatsarchiv Stuttgart
NSDAP:	Nationalsozialistische Deutsche Arbeiterpartei
RGBl.:	Reichsgesetzblatt

SPD: Sozialdemokratische Partei Deutschlands

u. a.: unter anderen

v.: von

vgl.: vergleiche

1. Kapitel: Problemstellung

1.1 Gegenstand und Aufbau der Arbeit

Ein geordnetes Geld- und Währungswesen gehört zu den wesentlichen Voraussetzungen einer funktionierenden Volkswirtschaft. Zu den wichtigsten wirtschaftlichen Aufgaben eines Staates bei der Herausbildung der modernen Nationalstaaten gehörte es deshalb, das Geld- und Währungswesen effizient und einheitlich zu regeln. Mit der Währungshoheit, die Geldfunktionen zu regeln und zu sichern, ging stets auch die Versuchung einher, das Zahlungsmittelmonopol der Zentralbank[1] direkt oder indirekt zur Finanzierung von Staatsausgaben nutzbar zu machen. Aus diesem Grunde haben sich Regierungen schon immer einen mehr oder minder starken Einfluß auf die Notenbank des Landes gesichert.[2]

Die Befürworter einer Zentralbankautonomie vertreten die These, daß die Zentralbank ihre allgemein anerkannte Aufgabe der Währungssicherung mit objektivem überparteilichen Sachverstand erfülle und aus diesem Grund keine Kontrolle durch Regierung oder Parlament bedürfe. Die Abhängigkeit der Zentralbank von Weisungen der Regierung oder des Parlaments sei abzulehnen, weil die Währungspolitik nicht dem Einfluß von Parteien und Interessengruppen ausgesetzt werden dürfe. Vor allem sei eine notenbankfinanzierte Staatsverschuldung durch eine unabhängige Zentralbank zu vermeiden.[3]

Die vorliegende Arbeit analysiert die Unabhängigkeit der Reichsbank während der Weimarer Republik. Dieser historische Ansatz soll auch dazu dienen, mögliche Schlüsse für die Unabhängigkeit einer Zentralbank in der Gegenwart zu ziehen.

Der aktuelle Bezug ergibt sich zwangsläufig aus der Tatsache, daß die Europäische Zentralbank eine - im Sinne des Bundesbankgesetzes von 1957[4] - formal unabhängige Zentralbank ist. Dadurch wurde eine Entwicklung zur Unabhängigkeit aller europäischen Zentralbanken der Europäischen Union ausgelöst. In der Mehrzahl waren diese, wie zum Beispiel die Bank von England und die Bank von Frankreich, nach dem 2. Weltkrieg völlig abhängig von den Regierungen bzw. sogar verstaatlicht worden.[5]

Auch innerhalb der Tagespolitik wurde die Unabhängigkeit der Zentralbank in Deutschland gerade in letzter Zeit immer wieder in den Vordergrund gerückt, ob-

---

[1] In der vorliegenden Arbeit werden die Begriffe “Zentralbank“ und “Notenbank“ synonym verwendet.

[2] Vgl. Hedrich, C.-C. (1990), S. 3.

[3] Vgl. Hasse, R. H. (1989), 121-124.

[4] Gesetz über die Deutsche Bundesbank. Vom 26. Juli 1957, BGBl. 1957 I, S. 745.

[5] Vgl. European Parliament (1990), S. 4-30.

wohl die Bundesbank durch § 12 des Bundesbankgesetzes unabhängig von Weisungen der Bundesregierung ist und auch für die Europäische Zentralbank eine entsprechende formale Unabhängigkeit besteht.

Im Jahre 1997 war es Finanzminister Theo Waigel von der CSU, der eine Neubewertung des Goldbestandes der Bundesbank forderte, um so den an den Bund abzuführenden Anteil am Bundesbankgewinn zu erhöhen. Die Bundesbank erfüllte diese Forderung nur zum Teil.

Ende 1998 war es Finanzminister Oskar Lafontaine von der SPD, der die Unabhängigkeit der Bundesbank generell in Frage stellte und eine Zinssenkung zur Belebung der Wirtschaft forderte. Die Bundesbank wies die Forderung aber energisch zurück. Nach dem Beginn der Europäischen Währungsunion am 1. Januar 1999 wiederholte der Finanzminister diese Forderung auch gegenüber der nun für die Zinspolitik verantwortlichen Europäischen Zentralbank. Aber auch diese wies sie als unberechtigten Eingriff in ihre Politik zurück. Eine Zinssenkung wurde letztendlich zeitlich gesehen erst nach dem Rücktritt Lafontaines vorgenommen, da die währungspolitische Situation entsprechend der Argumentation der Europäischen Zentralbank eine solche nicht eher zugelassen hatte.

Die Diskussion über die Unabhängigkeit der Zentralbank hat also nichts von ihrer Aktualität eingebüßt, auch wenn diese formal in entsprechenden Gesetzen festgelegt wurde. Daraus ergibt sich die Schlußfolgerung, daß allein die Betrachtung der formalen Regelungen nicht ausreicht. Entscheidend ist die Umsetzung, also die Verwirklichung der Unabhängigkeit. In eine entsprechende Analyse muß also sowohl die formale als auch die tatsächliche Unabhängigkeit der Zentralbank mit einbezogen werden.

Gegenstand der vorliegenden Arbeit ist die Betrachtung und Beurteilung der formalen und der faktischen Unabhängigkeit der Reichsbank von der Reichsregierung in der Weimarer Republik. Die historischen und politischen Gegebenheiten finden ebenfalls Eingang in die Analyse, da sie erheblichen Einfluß auf die Entwicklung der Unabhängigkeit der Reichsbank genommen haben.

Die Arbeit beginnt im 2. Kapitel mit der Systematisierung der Unabhängigkeit einer Zentralbank. Das dabei entwickelte Schema wird sowohl bei der Beurteilung der formalen als auch der faktischen Unabhängigkeit von Bedeutung sein.
Im 3. Kapitel werden die Bedingungen untersucht, die für den Wiederaufbau des Geldwesens in Europa nach dem 1. Weltkrieg ausschlaggebend waren. Dabei wird nicht nur die damals herrschende Meinung in der Nationalökonomie und die Rolle des Goldstandards analysiert, sondern auch die Beschlüsse der internationalen Wirtschafts- und Finanzkonferenzen (an denen auch die Präsidenten der Zentralbanken teilnahmen) und die Rolle des Völkerbundes beurteilt.

Gegenstand der Betrachtung im 4. Kapitel ist die politische und wirtschaftliche Situation Deutschlands nach dem 1. Weltkrieg. Im Vordergrund steht dabei der Versailler Vertrag, die Reparationspolitik der Siegermächte, die Inflation und der Einfluß des britischen Botschafters in Deutschland.
Das 5. Kapitel beinhaltet die Analyse der gesetzlich gegebenen Unabhängigkeit der Reichsbank. Um diese begrifflich von der faktischen Unabhängigkeit einer Zentralbank abzugrenzen, wurde für die formale Unabhängigkeit der Begriff "Autonomie" geprägt. Um die Darstellung der Entwicklung der Reichsbankautonomie zu komplettieren, wird auch ein Überblick über die Reichsbankgesetzgebung bis zum Erlaß des Autonomiegesetzes 1922 gegeben.
Die darauffolgenden Kapitel behandeln die faktische Unabhängigkeit der Reichsbank, gegliedert entsprechend den Amtszeiten der verschiedenen Reichsbankpräsidenten.
Im 9. Kapitel wird ein Überblick über die formale Wiederanbindung der Reichsbank an die Staatsorgane ab 1933 gegeben, bevor im 10. Kapitel die Schlußbetrachtung folgt.

1.2 Forschungsstand und Quellenlage

Es liegen zahlreiche Arbeiten mit sehr unterschiedlichen zeitlichen und inhaltlichen Schwerpunkten über die Reichsbank vor. Eine der bekanntesten ist sicherlich die 1973 erschienene Arbeit von Helmut Müller mit dem Titel „*Die Zentralbank - eine Nebenregierung, Reichsbankpräsident Hjalmar Schacht als Politiker der Weimarer Republik*". Unter einem politologischen Ansatz analysiert Müller das Denken und Handeln Schachts von 1923 bis 1933. Er versucht am historischen Beispiel Hjalmar Schacht zu zeigen, daß die gegebene Autonomie einer Zentralbank auch zu einem Machtinstrument einer einzelnen Person oder Personengruppe werden kann. Die Arbeit vermittelt jedoch ein sehr einseitiges Bild der Person, Motive und Ziele Schachts.

Die 1986 erschienene betriebswirtschaftliche Dissertation von Jürgen Flaskamp mit dem Titel „*Aufgaben und Wirkungen der Reichsbank in der Zeit des Dawes-Planes*" beschäftigt sich mit der Frage, ob eine unabhängige Notenbank gesamtwirtschaftliche Wirkungen erzielen kann. Gegenstand der Arbeit ist die Analyse der Aufgaben und Instrumente der Reichsbank und die Beurteilung des Einflusses der Reichsbank auf die Wirtschaft von 1924 bis 1929.
Die juristische Dissertation von Johannes Siebelt, veröffentlicht im Jahre 1988 unter dem Titel „*Der juristische Verhaltensspielraum der Zentralbank - Vorrechtliches Gesamtbild und Verfassungsauftrag an den Gesetzgeber*", gibt einen Überblick über die Entwicklung der deutschen Geldordnung auf der gesetzlichen und verfassungsrechtlichen Ebene von 1871 bis zur Gegenwart. Dabei wird zwar der juristische Verhaltensspielraum der Reichsbank ausgehend von der Darstellung der

währungsrechtlichen Verhältnisse analysiert, allerdings fehlt eine Analyse der tatsächlichen Umsetzung der formal gegebenen Unabhängigkeit.

Die 1980 erschienene Arbeit von Carl-Ludwig Holtfrerich über „*Die deutsche Inflation 1914-1923*" gibt einen guten Überblick über das Verhältnis der Reichsbank zur Reichsregierung während der Zeit der Inflation.
Die wirtschaftswissenschaftliche Dissertation von Hans Otto Schötz, veröffentlicht im Jahre 1987 unter dem Titel „*Der Kampf um die Mark 1923/24 - Die deutsche Währungsstabilisierung unter dem Einfluß der nationalen Interessen Frankreichs, Großbritanniens und der USA*", gibt einen Einblick in die politischen Konstellationen nach dem 1. Weltkrieg und analysiert ihre Auswirkungen auf die Währungsstabilisierung. Die Reichsbank steht dabei allerdings nicht im Mittelpunkt der Betrachtung.

Einen guten Überblick über die Entwicklung der formalen Unabhängigkeit der Reichsbank und zum Teil auch über ihre Auswirkungen auf die Reichsbanktätigkeit gibt der von Carl-Christoph Hedrich 1990 unter dem Titel „*Die Geschichte der Reichsbank: Ein Beitrag zu den Diskussionen über die Unabhängigkeit der Notenbank und über gemischtwirtschaftliche Unternehmen*" erstellte Diskussionsbeitrag.

Aus der englischsprachigen Literatur sind drei Arbeiten hervorzuheben.
Costantino Bresciani-Turroni analysiert in seinem 1931 in italienischer und 1937 in englischer Sprache erschienenen Werk „*The Economics of Inflation - A Study of Currency Depreciation in Post-War Germany*" die Ursachen und Wirkungen der Inflation unter Einbeziehung der Rolle der Reichsbank in Deutschland nach dem 1. Weltkrieg.
In der von Harold James 1985 veröffentlichten Arbeit mit dem Titel „*The Reichsbank and Public Finance in Germany 1924-1933: A Study of the Politics of Economics during the Great Depression*" steht die Analyse der Ursachen und Wirkungen der Wirtschafts- und Finanzkrise 1931 im Mittelpunkt. In diesem Zusammenhang wird der Einfluß der Reichsbankpolitik auf die wirtschaftliche Entwicklung in den zwanziger Jahren und die Rolle der Reichsbank bei den Reparationsverhandlungen sowie dem durch die Reichsregierung unternommenen Versuch der Überwindung der Wirtschafts- und Finanzkrise untersucht.
In dem von Gianni Toniolo 1988 herausgegebenen Sammelband unter dem Titel „*Central Banks` Independence in Historical Perspective*" wird von unterschiedlichen Autoren ein Überblick über die Entwicklung der formalen und faktischen Unabhängigkeit der Zentralbanken in den USA, Großbritannien, Frankreich, Deutschland und Italien bis zur Gegenwart gegeben.

Gemeinsam ist den Arbeiten, daß sie entweder zeitlich und/oder inhaltlich nur Teilaspekte der Entwicklung der Reichsbankautonomie und ihrer faktischen Realisierung analysieren. Es fehlt bisher eine Abhandlung in der Literatur, die die Entwicklung der formalen Unabhängigkeit samt ihrer Einflußfaktoren, die einzelnen Gesetze in bezug auf die gegebene Unabhängigkeit und das tatsächliche Verhältnis der Reichsregierung zur Reichsbank während der gesamten Zeit der Weimarer Republik analysiert.

Gemeinsam ist den Arbeiten auch, daß den Autoren nicht die Akten der Reichsbank als wichtige Quelle zur Verfügung standen. Eine Ausnahme bildet Harold James, der die Akten aber zu einer Analyse der faktischen Unabhängigkeit der Reichsbank nicht nutzte, da diese nicht Gegenstand seiner Arbeit war.

Die Akten der Reichsbank befanden sich im Zentralen Staatsarchiv der DDR in Potsdam und waren bis Anfang der neunziger Jahre westdeutschen Wissenschaftlern nicht zugänglich. Auch für DDR-Wissenschaftler war dieser Aktenbestand zu Forschungszwecken lange Zeit nicht freigegeben. Erst 1979 durfte Heinz Habedank - ein Historiker der DDR - das Aktenmaterial erforschen. Seine Arbeit erschien 1981 unter dem Titel *„Die Reichsbank in der Weimarer Republik - Zur Rolle der Zentralbank in der Politik des deutschen Imperialismus 1919-1933"*. Sie gibt zwar Auskunft über viele für die Beurteilung der faktischen Unabhängigkeit der Reichsbank in der Weimarer Republik interessante Quellen, in der Arbeit von Habedank selbst werden diese jedoch einseitig ideologisch ausgelegt.

Die Akten der Reichsbank lagern heute im Bundesarchiv in Berlin und konnten für die vorliegende Arbeit genutzt werden. Am herangezogenen unveröffentlichten Quellenmaterial machen diese den größten Anteil aus.
Die Überlieferungen dieser Akten stellen hauptsächlich Material der Statistischen bzw. Volkswirtschaftlichen Abteilung dar. Diese 1895 als Statistische Abteilung gegründete und 1933 entsprechend umbenannte Abteilung hatte für die Arbeit der Reichsbank unentbehrliche Informationen zu sammeln, für die Tätigkeit der Reichsbankleitung aufzubereiten und Gutachten und Untersuchungen sowie Entwürfe für einen großen Teil des Schriftwechsels des Reichsbankdirektoriums anzufertigen. Im Februar 1931 wurden ihre Aufgaben folgendermaßen definiert: *„Die Statistische Abteilung der Reichsbank hat die Aufgabe, die Bankleitung über alles zu unterrichten, was banktechnisch und bankpolitisch wesentlich ist. Sie hat Entschlüsse des Direktoriums vorzubereiten, Unterlagen für die Berichterstellung an die Reichsregierung, den Generalrat und die Organe der Anteilseigner sowie für sonstige Veröffentlichungen, Mitteilungen oder Besprechungen auszuarbeiten. Das dazu erforderliche Zahlen- und Tatsachenmaterial wird der Betriebsstatistik der Reichsbank selbst, den eingereichten Zwischenbilanzen der Kreditinstitute und den Veröffentlichungen in der in- und ausländischen Presse und der einschlägigen Literatur entnommen, zusammengestellt und kritisch ausgewertet. Die Arbei-*

ten dienen vorwiegend praktischen Zwecken, sind aber auch wissenschaftlicher Natur."[6]
Dementsprechend vielfältig und informativ ist die schriftliche Überlieferung dieser Abteilung, die mit über 6000 Akteneinheiten fast vollständig erhalten blieb.

Einen weiteren großen Anteil am benutzten Quellenmaterial haben die Akten der Reichskanzlei. Zum Teil sind diese in mehreren Bänden von Karl Dietrich Erdmann für die Historische Kommission bei der Bayerischen Akademie der Wissenschaften und von Hans Booms bzw. Wolfgang Mommsen für das Bundesarchiv Koblenz veröffentlicht worden. Ein großer Teil blieb aber unveröffentlicht und wird im Bundesarchiv in Berlin gelagert, das nach der Wiedervereinigung die Bestände des Bundesarchivs in Koblenz aus der Zeit vor 1945 - mit Ausnahme der Nachlässe - übernommen hat.
Des weiteren wurden aus dem Bestand des Bundesarchivs in Berlin die Akten des Reichswirtschaftsministeriums und des Reichsfinanzministeriums benutzt.

Aus dem Bestand des Bundesarchivs in Koblenz wurden die Nachlässe von Luther und Schacht herangezogen. Ebenfalls genutzt wurde der Bestand des Politischen Archivs des Auswärtigen Amts in Bonn. In erster Linie wurden daraus Akten über die Reparations-, Wirtschafts- und Finanzkonferenzen der zwanziger Jahre herangezogen.
Aus dem Bestand des Hauptstaatsarchivs Stuttgart wurden Akten des Staatsministeriums Stuttgart für die Arbeit benutzt.

Auch bereits veröffentlichte Quellen wurden für diese Arbeit genutzt (siehe Quellenverzeichnis).

---

[6] BArch, R 2501/6346, Bl. 337. Die Aufgaben der Statistischen Abteilung, formuliert im Februar 1931.

2. Kapitel: Die Systematisierung der Unabhängigkeit einer Zentralbank

Bei der Systematisierung bzw. Bewertung der Unabhängigkeit einer Zentralbank unterscheidet man grundsätzlich zwischen der Vorgehensweise in der deskriptiven Zentralbankliteratur und quantitativen Studien. Die deskriptive Zentralbankliteratur verzichtet auf statistische Verfahren. Die Untersuchungen weisen weder ein hohes Maß an Standardisierung der Bewertungskriterien noch eine Quantifizierung der Ergebnisse auf. Hingegen wird in einer Vielzahl neuerer Studien versucht, Zentralbankunabhängigkeit mit Hilfe von Indizes quantifizierbar zu machen, um anschließend die Korrelation mit der makroökonomischen Performance, insbesondere der Inflation, zu prüfen. Diese Studien werden vielfach kritisch beurteilt.[7] Die weiteren Ausführungen beschränken sich auf die Aussagen der deskriptiven Zentralbankliteratur.

Man unterscheidet bei der Unabhängigkeit von Zentralbanken grob zwischen funktionellen und personellen Elementen.
Bei der Erfassung des funktionellen Abhängigkeitsgrades empfiehlt es sich, insbesondere die gesetzlichen Bestimmungen heranzuziehen: Die Frage, ob und inwieweit die Zentralbank an Weisungen des Finanzministers gebunden ist, welche Instrumente ihr zur Verfügung stehen, ob sie sich auf das Ziel der Preisniveaustabilität berufen kann oder ob sie durch andere Anforderungen bei der Verfolgung dieses Ziels eingeschränkt ist. All dies sind wichtige Kriterien, deren Gewichtung außerordentlich schwer fällt. Daher ist bei der Kategorisierung der Zentralbanken nach dem Grad ihrer funktionellen Unabhängigkeit eine gewisse Willkür kaum zu vermeiden.[8]

Noch größere Probleme wirft die Einstufung der personellen Unabhängigkeit auf. Interessant ist hierfür unter anderem die Regelung des Ernennungsverfahrens für das Leitungsgremium der Zentralbank, die Laufzeit der Verträge und die Abberufungsmöglichkeiten für den Zentralbankpräsidenten und andere Mitglieder des Leitungsgremiums. Die Einordnung des Ausschlusses einer Wiederwahl zum Beispiel bleibt jedoch schwierig. Sind die führenden Persönlichkeiten dadurch von Anfang an von der Versuchung befreit, sich durch Gefälligkeitsentscheidungen eine zweite Amtszeit zu ermöglichen? Oder wird der Amtsinhaber bei seinen Entscheidungen die Aussicht auf eine Anschlußkarriere in den Vordergrund stellen? Welchen Sanktionsgehalt hat zum Beispiel eine Abberufungsklausel, wenn sie nie angewandt wird?[9]

---

[7] Vgl. Schiemann, J. (1994), S. 2-3; Lück, M. (1998), S. 326-332.
[8] Vgl. Issing, O. (1993), S. 16.
[9] Vgl. Issing, O. (1993), S. 16.

Trotz dieser Widrigkeiten besteht zwischen verschiedenen Arbeiten auf diesem Gebiet eine hohe Übereinstimmung in der Einstufung der verschiedenen Zentralbanken entsprechend ihrem funktionellen und personellen Abhängigkeitsgrad.[10]

Zwei detailliert ausgearbeitete Systematisierungsansätze liegen von Rolf H. Hasse und Rolf Caesar vor. Beide Ansätze gehen zwar teilweise von den gleichen Einflußbereichen aus, unterscheiden sich aber letztlich im Grad der vorgenommenen Differenzierung. Es soll nun im folgenden der Versuch unternommen werden, mit Hilfe dieser beiden Ansätze einen weiteren Systematisierungsansatz zu entwickeln. Dazu erfolgt zuerst eine Darstellung des Ansatzes von Hasse, um dann auf der Grundlage dieses Ansatzes eine differenziertere Systematisierung der Unabhängigkeit einer Zentralbank vorzunehmen, zum Teil mit Hilfe des Ansatzes von Caesar.

Hasse untersucht die Einflußmöglichkeiten des Staates und unterscheidet dabei drei Bereiche, in denen der Staatseinfluß fehlen oder stark zurückgedrängt sein sollte, um die Unabhängigkeit einer Zentralbank zu garantieren.[11]

(1)Die Gewährleistung der personellen Unabhängigkeit: Da es praktisch kaum möglich ist, den Einfluß des Staates bei der Bestellung einer so wichtigen Institution mit öffentlich-rechtlichem Status zurückzudrängen, wird die Ernennung über staatliche Instanzen akzeptiert. Von Bedeutung ist,
- ⇒ ob ein Vertreter der Regierung im Entscheidungsgremium der Zentralbank Sitz und Stimmrecht hat.
- ⇒ ob ein Inkompatibilitätsgebot zwischen einem politischen Amt und einer Stelle in der Zentralbank besteht.
- ⇒ ob die Ernennung des Entscheidungsgremiums der Zentralbank allein durch die Regierung oder nur durch ihren Vorschlag durch das Staatsoberhaupt erfolgt.
- ⇒ ob fachliche Qualifikationsanforderungen an die Mitglieder der Zentralbank bestehen und ob die Zentralbank eine Stellungnahme zu Personalvorschlägen der Regierung abgeben darf.
- ⇒ die Länge der Amtsdauer der Entscheidungsträger der Zentralbank.
- ⇒ ob ein Abberufungsrecht für die Entscheidungsträger der Zentralbank besteht.

(2)Die Gewährleistung der funktionellen Unabhängigkeit: Diese bezieht sich auf den Spielraum der Zentralbank bei der Konzipierung und Durchsetzung der Geld- und Währungspolitik. Von Interesse ist,
- ⇒ ob und welche Ziele der Zentralbank vorgegeben sind. Sind klare Prioritäten vorhanden? Besteht Harmonie zwischen der Zielsetzung der Wirtschaftspoli-

[10] Vgl. Issing, O. (1993), S. 17.
[11] Vgl. Hasse, R. H. (1989), S. 115-120.

tik und der Zentralbank? Oder bestehen offene oder verdeckte Konfliktpotentiale?

⇒ ob die Zentralbank über ausreichende und wirksame Instrumente verfügt, um ihre Ziele erreichen zu können.

⇒ wer über die Entscheidungskompetenz für den Einsatz der Instrumente verfügt. Entscheidet die Zentralbank allein? Entscheiden die politischen Instanzen allein? Entscheiden die Zentralbank und die politischen Instanzen gemeinsam? Oder sind die Entscheidungskompetenzen klar getrennt? Besteht unter Umständen ein suspensives Vetorecht der politischen Instanzen?

(3)Die Gewährleistung der finanziellen Unabhängigkeit: Bei diesem Einflußbereich ist von Bedeutung,

⇒ welche Rechtsform besteht und wie die Eigentumsverhältnisse und die Verwaltung des Budgets geregelt sind.

⇒ wie der Gewinn der Zentralbank verteilt wird. Steht auch dem Staat ein Teil des Gewinns zu, so daß er ein Interesse an hohen Gewinnen hat?

⇒ welche Regelungen betreffend der Kredite der Zentralbank an den Staat bestehen. Hat der Staat die Möglichkeit, seine Ausgaben direkt oder indirekt über Zentralbankkredite zu finanzieren? Ist dieser Kredit in unbegrenzter Höhe durch die Zentralbank zu gewähren oder bestehen Betragsgrenzen?

Caesar betrachtet in seinem Ansatz im Gegensatz zu Hasse nicht nur den Staat als möglichen Abhängigkeitsträger, sondern differenziert bei der Betrachtung von Einflußmöglichkeiten auf die Zentralbank zwischen verschiedenen sogenannten Aktoren im Umfeld der Zentralbank.
Neben dem Ausland als Aktor nennt er als inländische Aktoren das Parlament, die Regierung und private Einflußnehmer, wie einzelne Wirtschaftssubjekte, private Gruppen und die öffentliche Meinung. Die Regierung steht dabei im Vordergrund, da die Restriktionen gesetzlicher Art sich aus Rechten ergeben, die der Regierung insgesamt oder dem Finanzminister zustehen.[12]

Interessant ist bei Caesars Differenzierung von verschiedenen Aktoren im Umfeld der Zentralbank die Herausstellung des "Persönlichen". Es wird auf die Bedeutung einer starken Persönlichkeit an der Spitze der Zentralbank hingewiesen. Entscheidend hierbei ist das Charisma der Person. Als das Element des "Persönlichen" wird das Ausmaß charakterisiert, in dem eine Person infolge ihrer eigenen Ausstrahlungskraft andere in ihrem Sinne zu beeinflussen vermag. Eine starke Persönlichkeit an der Spitze der Zentralbank wäre dann eine solche, die nicht nur durch das Amt, sondern auch um ihrer selbst willen einen Grad an Respekt bei den anderen Aktoren genießt, der jene Konflikte mit der Zentralbank bzw. ihrem Leiter scheuen

[12] Vgl. Caesar, R. (1979), S. 157.

läßt. Hierdurch werden die Möglichkeiten für ein eigenständiges und zugleich wirksames Handeln der Zentralbank zahlreicher.[13]

Caesar beschreibt in seinem Ansatz - wenn auch mit Hilfe einer anderen Terminologie - die gleichen für die Beurteilung der Unabhängigkeit einer Zentralbank entscheidenden Kriterien, die auch Hasse nennt. Er bezeichnet sie als juristische Restriktionen zentralbankpolitischen Handelns.[14]

Der Ansatz von Hasse kann erweitert werden, indem die von ihm nicht explizit genannten, aber von Caesar berücksichtigten Einlösungs- und Deckungsvorschriften für die Zentralbanknoten dem Bereich der funktionellen Unabhängigkeit zugeordnet werden. Entscheidend ist dabei, ob der Zentralbank die Aufrechterhaltung eines Gold- oder Silberstandards vorgeschrieben ist oder ob sie andere währungspolitische Ziele verfolgt. Außerdem sollten im Zusammenhang mit der funktionellen Unabhängigkeit die der Zentralbank zugewiesenen Aufgaben und die Regelungen zum Geschäftskreis - die Frage, welche Geschäfte die Zentralbank vornehmen darf und ob sie mit Nichtbanken kontrahieren darf - betrachtet werden.

Die Beurteilung der funktionellen Unabhängigkeit kann dann detailliert vorgenommen werden,

1. durch die Betrachtung der Unabhängigkeit der Zielfindung. Dabei geht es um die Beurteilung der "goal independence".
2. durch die Betrachtung der instrumentellen Unabhängigkeit. Dabei geht es um die Beurteilung der "instrument independence".
3. durch die Betrachtung der Aufgabenstellung und des Geschäftskreises. Darunter fällt auch die Funktion der Zentralbank als fiscal agent, die von Caesar allerdings nicht als Bedrohung für die Unabhängigkeit angesehen wird.[15]

Eine Differenzierung des Ansatzes von Hasse kann erfolgen, indem neben den drei Bereichen der personellen, funktionellen und finanziellen Unabhängigkeit noch ein vierter betrachtet wird, der die institutionelle Unabhängigkeit der Zentralbank beschreibt. Darunter würden die von Hasse dem Bereich der finanziellen Unabhängigkeit zugeordneten Regelungen zur Rechtsform, zu den Eigentumsverhältnissen und zur Verwaltung des Budgets fallen.

Eine Erweiterung des Ansatzes von Hasse kann vorgenommen werden, indem neben diesen Restriktionen juristischer Art - die mit Hilfe der Gesetzgebung untersucht werden können - die von Caesar beschriebenen politischen Restriktionen zentralbankpolitischen Handelns betrachtet werden.

---

[13] Vgl. Caesar, R. (1979), S. 167-169.
[14] Vgl. Caesar, R. (1979), S. 121-135.
[15] Vgl. Caesar, R. (1979), S. 128.

Die Regelung der juristischen Beziehung zwischen der Zentralbank und der Regierung ist zwar für die formale Unabhängigkeit von zentraler Bedeutung, andererseits treten neben die juristischen Restriktionen meist noch viele Restriktionen politischer Art. Die Frage nach der Gestaltung des Verhältnisses zwischen der Zentralbank und der Regierung wird zwangsläufig zu einem Kernpunkt politischen Interesses, besonders in den Ländern, in denen der Zentralbank de jure ein hoher Grad an Unabhängigkeit zusteht. Dabei geht es sowohl um das Ausmaß freiwilligen Entgegenkommens hinsichtlich der Finanzierung des öffentlichen Budgets durch Zentralbankgeldschöpfung als auch um die Abstimmung der Ziel- und/oder Ziel-Mittel-Vorstellungen.[16]

Bei den politischen Restriktionen unterscheidet Caesar zwischen dem äußeren Druck und der freiwilligen Rücksichtnahme. In allen Fällen handelt es sich um keine geltenden juristischen Normen, sondern um Vorstöße im politischen Raum, die die Zentralbank zu einer den Vorstellungen der jeweiligen Aktoren gemäßen Gestaltung ihrer Politik veranlassen sollen. Dabei ist jedoch zu bemerken, daß politische Restriktionen auch im Verhältnis der Regierung zur Zentralbank gelten können. Es sind daher Faktoren, die sich bei Vorliegen entsprechender politischer Konstellationen durchaus auch positiv, das heißt im Sinne einer Erweiterung des Handlungsspielraums der Zentralbank niederschlagen können und insofern gewissermaßen zweiseitig interpretierbar sind.[17]

Bedeutsam sind unter dem Aspekt des äußeren Drucks Drohungen seitens der Regierung, das Zentralbankgesetz gegebenenfalls zu ändern oder aber Andeutungen möglicher Abberufungen oder die Androhung, mögliche Weisungsrechte auszuüben. Auch die Zentralbankleitung kann mittels Rücktritt oder auch nur durch die Ankündigung entsprechender Absichten spektakuläre Akzente setzen. Beiderseits besteht auch die Möglichkeit, durch entsprechende Öffentlichkeitsarbeit indirekt den jeweils anderen Aktor zu beeinflussen.[18]
Die freiwillige Rücksichtnahme entspricht in der Regel der Überzeugung, daß eine Einbeziehung externer Vorstellungen mehr oder minder berechtigt oder gar notwendig sei.[19]

Die Darstellung des entwickelten differenzierten Ansatzes zur Systematisierung der Unabhängigkeit der Zentralbank erfolgt auf der Grundlage der von Hasse entworfenen Abbildung.[20]

---

[16] Vgl. Caesar, R. (1979), S. 157.
[17] Vgl. Caesar, R. (1979), S. 138.
[18] Vgl. Caesar, R. (1979), S. 139-140.
[19] Vgl. Caesar, R. (1979), S. 41.
[20] Vgl. Hasse, R. H. (1989), S. 116-117.

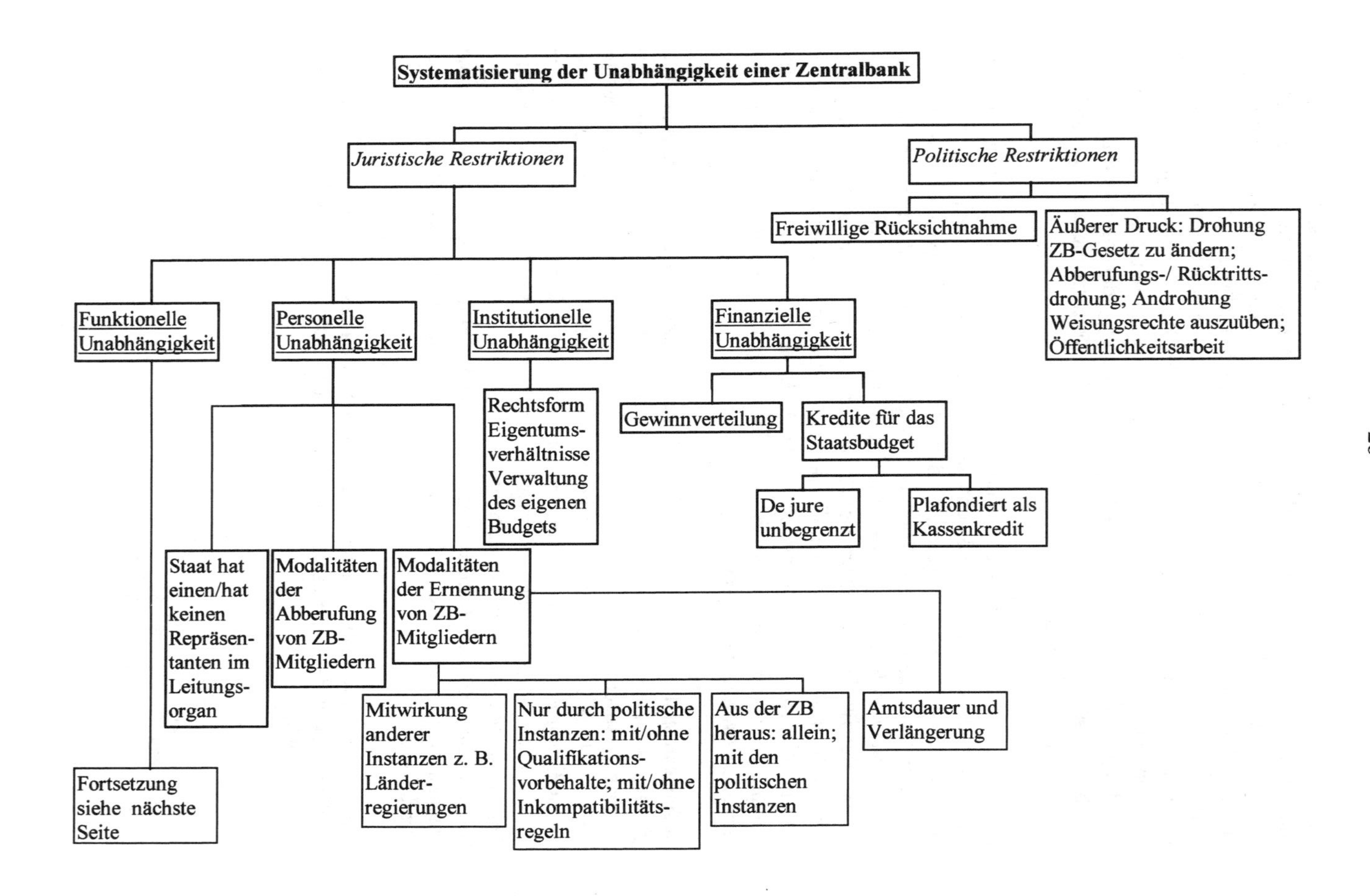

Systematisierung der Unabhängigkeit einer Zentralbank
Juristische Restriktionen
Politische Restriktionen
Freiwillige Rücksichtnahme
Äußerer Druck: Drohung ZB-Gesetz zu ändern; Abberufungs-/ Rücktritts-drohung; Androhung Weisungsrechte auszuüben; Öffentlichkeitsarbeit
Funktionelle Unabhängigkeit
Personelle Unabhängigkeit
Institutionelle Unabhängigkeit
Finanzielle Unabhängigkeit
Rechtsform Eigentums-verhältnisse Verwaltung des eigenen Budgets
Gewinnverteilung
Kredite für das Staatsbudget
De jure unbegrenzt
Plafondiert als Kassenkredit
Staat hat einen/hat keinen Repräsen-tanten im Leitungs-organ
Modalitäten der Abberufung von ZB-Mitgliedern
Modalitäten der Ernennung von ZB-Mitgliedern
Mitwirkung anderer Instanzen z. B. Länder-regierungen
Nur durch politische Instanzen: mit/ohne Qualifikations-vorbehalte; mit/ohne Inkompatibilitäts-regeln
Aus der ZB heraus: allein; mit den politischen Instanzen
Amtsdauer und Verlängerung
Fortsetzung siehe nächste Seite

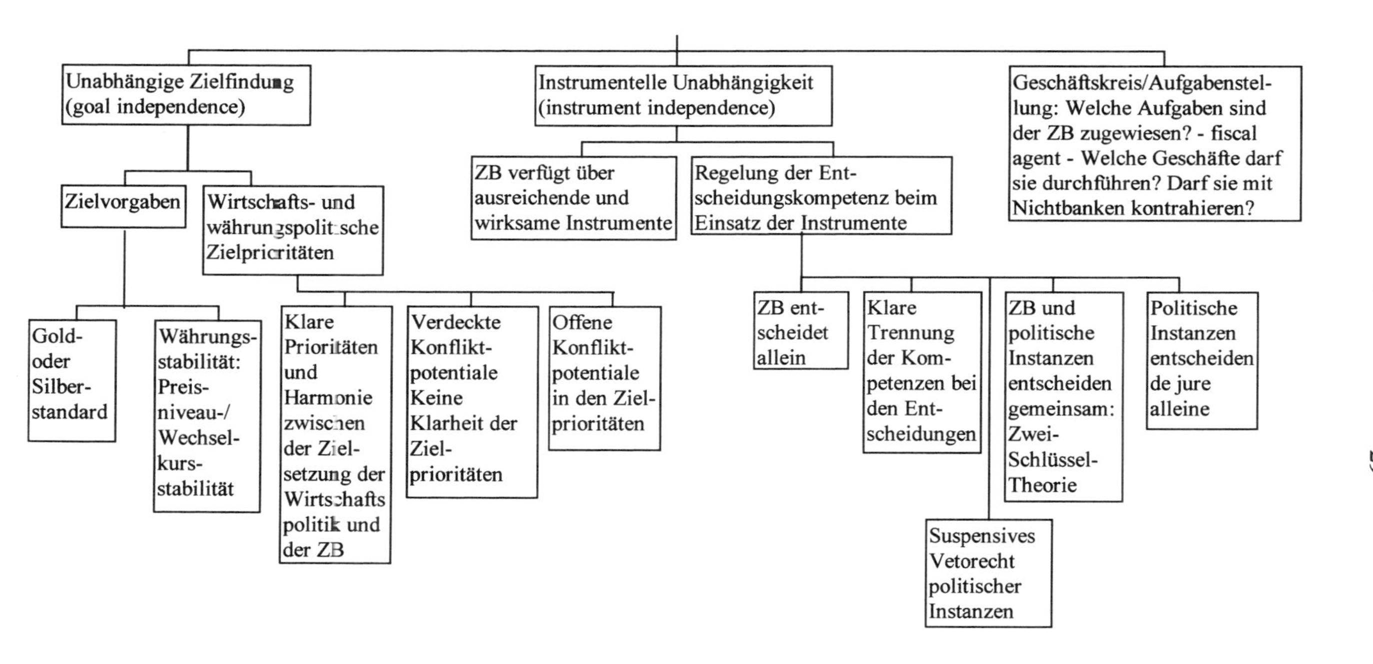

Abbildung 1: Systematisierung der Unabhängigkeit einer Zentralbank

3. Kapitel: Die Bedingungen für den Wiederaufbau des Geldwesens in Europa nach dem 1. Weltkrieg

3.1 Die herrschende Meinung in der Nationalökonomie

Die herrschende Meinung in der Nationalökonomie vor dem 1. Weltkrieg sah die Goldwährung als optimales Währungssystem an. Es herrschte die metallistische Theorie vor, entsprechend der das Geld nur dann einen Wert besaß, wenn sein Stoffwert dem aufgedruckten Wert entsprach.[21] Die metallistische Auffassung schrieb dem Geld Warencharakter zu; es hatte demnach einen Wert durch sich selbst.[22]

Da der Zentralbank im Goldwährungssystem eine klar definierte Aufgabe zugewiesen wurde, war ihre Politik und der Grad ihrer Unabhängigkeit vor dem 1. Weltkrieg nicht Gegenstand umfassender Diskussionen. Die Zentralbankleiter hatten - wie Friedrich A. Lutz es ausdrückte - der Goldwährung nur zu gehorchen. *„Sie haben in Übereinstimmung mit ihren Interessen dem Goldmechanismus nicht zu befehlen, sondern zu gehorchen, so wie das einzelne Wirtschaftssubjekt im freien Wettbewerb die Preisbewegung nicht bestimmt, sondern nur darauf reagiert.“*[23] Die Zentralbanktätigkeit war rein bankmäßig. Sie stellte ein konstatierendes Reagieren auf die Liquiditätslage der Bank dar. Die Notenbankpolitik war ein reines Reagieren auf die Goldbewegungen.[24]

Aber bereits 1905 erschien in Deutschland die Schrift über die *„Staatliche Theorie des Geldes“* des Straßburger Professors der Nationalökonomie Georg Friedrich Knapp, in der die Möglichkeit der Existenz eines Nicht-Goldwährungssystems bejaht wurde. Knapp vertrat eine nominalistische Auffassung. Nach dieser verdiente ein Zahlungsmittel nur dann die Bezeichnung Geld, wenn es als solches allgemein von allen Wirtschaftssubjekten akzeptiert wurde. Dabei war nicht entscheidend, daß der Wert des Geldes seinem Stoffwert entsprach.[25]

Knapp ging davon aus, daß die Werteinheit ein Geschöpf der Rechtsordnung und sowohl in Gold- als auch in Papierwährungsländern nicht metallisch, sondern nominal definiert war. Ob für die Herstellung der Zahlungsmittel Metall verwendet wurde, war - entsprechend der Theorie Knapps - für den Begriff des Geldes gleichgültig.[26] Der Wert des Geldes ergab sich folglich nicht aus dem Metall, son-

---

[21] Vgl. Borchert, M. (1997), S. 16.
[22] Vgl. Borchert, M. (1997), S. 17.
[23] Lutz, F. A. (1962), S. 21.
[24] Vgl. Veit, O. (1968), S. 36; Veit, O. (1969), S. 191.
[25] Vgl. Borchert, M. (1997), S. 18.
[26] Vgl. Knapp, G. F. (1905), S. 20, 26-27; Bendixen, F. (1922a), S. 10.

dern dadurch, daß das Geld als Zahlungsmittel vom Staat sanktioniert wurde.[27] Entsprechend sah er im nicht einlösbaren Papiergeld zwar *„schlimmes Geld"*[28], aber eben, im Gegensatz zu den Metallisten, auch Geld. Knapp wies deshalb entschieden darauf hin, daß eine Geldverfassung, die auf *„unstofflichem"*[29] Geld basierte, keine abnorme Erscheinung war. Es konnte seiner Meinung nach sehr wohl Geldverfassungen geben, in denen kein Metall existierte, für das ein fester Preis festgelegt worden war.[30] Die Auffassung, daß das Gold an sich einen festen Wert habe und damit ein Wertmesser sei, lehnte er - abgesehen von dem Fall einer ausschließlichen Goldumlaufswährung - ab. Der feste Preis des Goldes wurde seiner Meinung nach allein vom Staat festgelegt und durch Vorschriften und Gesetze aufrechterhalten.[31]

Es sei, so Knapp, nicht gesichert, daß man - indem man dem Gold einen festen Preis verschaffe, den man mit bestimmten Maßregeln aufrechterhält - ein für alle Zeiten und für alle Verhältnisse tadelloses Geldwesen geschaffen habe. Es könnten Umstände eintreten, die dazu nötigen, dem Gold seine Stellung abzuerkennen.[32] Er sah die theoretische Möglichkeit, daß die Staaten eines Tages den Goldstandard aufgeben würden.

Die von Knapp 1905 entwickelte *„Staatliche Theorie des Geldes"*, die die metallistische Theorie in Frage stellte, wurde erbittert bekämpft.[33] Über die Wirkung eines Vortrages auf dem Historikertag in Stuttgart über die rechtshistorischen Grundlagen des Geldwesens schrieb Knapp an Bendixen - einem Bankdirektor und Anhänger der Theorie Knapps - am 16. Mai 1906: *„die Münzsammler und Verwalter [waren] tief gekränkt; die anderen Leute waren völlig verblüfft, als wenn ich Bomben geworfen hätte."*[34]
An dem Widerstand änderte auch die Tatsache nichts, daß Knapp gleich auf der ersten Seite seines Buches, *„zur Beruhigung der Publizisten"*[35], erklärt hatte: *„Nichts liegt uns ferner, als das wahre Papiergeld zu empfehlen, wie es beispielsweise in den österreichischen Staatsnoten von 1866 aufgetreten ist. Wohl dem Staate, der beim baren Gelde bleiben will - und kann ! Auch wüßte ich keinen Grund anzugeben, weshalb wir unter den jetzt herrschenden Umständen von der sogenannten Goldwährung abgehen sollten."*[36]

---

[27] Vgl. Bendixen, F. (1922a), S. 12.
[28] Knapp, G. F. (1905), S. 1.
[29] Knapp, G. F. (1905), S. 44.
[30] Vgl. Knapp, G. F. (1905), S. 76.
[31] Vgl. Knapp, G. F. (1905), S. 83.
[32] Vgl. Knapp, G. F. (1905), S. 82.
[33] Vgl. Bendixen, F. (1922a), S. 9-10.
[34] Knapp, G. F. / Bendixen, F. (1958), S. 21.
[35] Knapp, G. F. (1905), S. 1.
[36] Knapp, G. F. (1905), S. 1-2.

Mit seiner rein rechtsgeschichtlichen und von Institutionen unabhängigen Problembehandlung wurde Knapp für lange Zeit zum führenden Geldtheoretiker im deutschen Sprachraum. Einwände aufgrund des Fehlens einer ökonomischen Theorie in seiner Lehre wurden in eine übergreifende Anerkennung eingewickelt und sehr behutsam vorgebracht.[37]

Karl Helfferich, ein Schüler Knapps und einer der einflußreichsten deutschen Schriftsteller im Bereich der Geldtheorie, blieb nicht unbeeindruckt von der Theorie Knapps, obwohl er ein überzeugter Metallist war.[38] In seinem in der zweiten Auflage erschienen Werk „*Das Geld*" schrieb Helfferich im Vorwort über Knapps Theorie: „*Das Werk bedeutet, soweit die Analyse des staatlichen Geldwesens in Betracht kommt, einen entscheidenden Fortschritt in der Wissenschaft vom Gelde.*"[39]
Helfferichs Stellungnahme war ein schwerer Schlag für die alte Schule, auch wenn er weiterhin an der Goldwährung festhielt. Allerdings räumte Helfferich die Unvollkommenheit dieses Währungssystems ein.[40]

Friedrich Bendixen entwickelte in den zwanziger Jahren die Theorie Knapps weiter zu einer ökonomischen Theorie über „*Das Wesen des Geldes*". Vor allem fehlte ihm in der Theorie Knapps eine Kritik an der staatlichen Geldproduktion, die Klärung des Verhältnisses von Geld und Kapital und des Parallelismusses zwischen Geldmittel und Warenproduktion.[41] Er lehnte es ab, die Wertbeständigkeit des Geldes durch eine Bindung an das Gold zu erreichen. Er stellte bereits 1919 fest, daß die wirtschaftspolitischen Verhältnisse die Goldwährung auf absehbare Zeit ausschließen würden.[42] Das Problem des wertbeständigen Geldes sah er durch eine Geldschöpfung gelöst, die die Warenpreise unbeeinflußt ließ. Dies sollte durch eine vollkommene Parallelität zwischen Geldmenge und Warenmenge erreicht werden. Diese Parallelität glaubte Bendixen erreichen zu können durch eine Verpflichtung der Zentralbank, alle Warenwechsel zu diskontieren, die gewisse Bedingungen erfüllten. Das Prinzip der Geldschöpfung sollte nicht auf dem Vorhandensein von Gold und schon gar nicht auf staatlichem Mißbrauch der Notenpresse beruhen, sondern sich aus dem Wesen der Marktwirtschaft ableiten.[43]

Bendixen vertrat die Banking-Theorie, eine in der ersten Hälfte des 19. Jahrhunderts in England entstandene Theorie über die Kreditausweitung. Die Vertreter der Banking-Theorie waren der Auffassung, daß eine Ausweitung des Kreditvolumens

---

[37] Vgl. Veit, O. (1966), S. 6.
[38] Vgl. Helfferich, K. (1895), S. 31-41, 47-48.
[39] Helfferich, K. (1910), S. III.
[40] Vgl. Bendixen, F. (1922b), S. 6-7.
[41] Vgl. Knapp, G. F. / Bendixen, F. (1958), S. 13-14.
[42] Vgl. Bendixen, F. (1922b), S. 77.
[43] Vgl. Bendixen, F. (1922a), S. 42-45; Bendixen, F. (1922b), S. 10-11, 40.

auf Handelswechselbasis mit einer gleichzeitigen Ausweitung des Handelsvolumens einhergehe und so keine inflationären Wirkungen haben könne.[44]
Ausgangspunkt für die Geldschöpfungslehre Bendixens waren drei Voraussetzungen: „*1. daß das klassische Geld keines Substanzwerts bedarf, 2. daß die Geldquelle eine von den Staatsfinanzen unabhängig arbeitende zentrale Anstalt, 3. daß für die Geldkreation der Verkehrsbedarf entscheidend sein muß.*“[45]

Helfferich lehnte in einer sechsten Auflage seines Werks „*Das Geld*“, die 1923 erschien, die von Bendixen aufgestellte Theorie ab. Unter dem Eindruck der Inflation, die den Wunsch nach einem stabilen Geldwert in den Vordergrund rückte, forderte er die Wiederherstellung der Goldbasis der deutschen Währung. Die Papiergeldwährung ermögliche der Staatsgewalt zwar theoretisch das Stabilhalten des Geldwertes durch die Regulierung der Geldausgabe entsprechend dem Geldbedarf, aber die praktische Verwirklichung stünde dabei vor großen Schwierigkeiten. Es fehle, so Helfferich, an einem zuverlässigen Kriterium für die Veränderungen des Geldwertes. Vor allem aber fehle die Sicherheit, daß die Regulierung der Geldausgabe nach den Erfordernissen der Gerechtigkeit und nach dem allgemeinen Interesse gehandhabt werden würde. Ein Mißbrauch durch den Staat zu fiskalischen Zwecken sei nicht ausgeschlossen. Es würde ein Interessenkampf um die Regulierung des Geldwertes ausbrechen, der bei dem Mangel eines objektiven Kriteriums von vornherein nicht durch Vernunft und Gerechtigkeit, sondern nur durch Macht entschieden werden würde.[46]

Die Möglichkeit, durch eine unabhängige Zentralbank den Geldwert stabil zu halten, zog Helfferich nicht in Erwägung. Den Geldwert mit einem Edelmetall zu verbinden, war nach Meinung Helfferichs nicht nur notwendig, um dem Staat die unerfüllbare Aufgabe einer Regulierung des Geldwertes zu ersparen und um diese Regulierung dem Streit der Interessen zu entziehen, sondern auch aus Rücksicht auf den internationalen Verkehr. Die Stabilität der Wechselkurse sah er allein durch die Wiedereinführung des internationalen Goldstandards gegeben.[47]

Einer der international bedeutendsten Ökonomen der Zwischenkriegszeit war der Schwede Gustav Cassel. Seine Schriften erzielten in Deutschland große Aufmerksamkeit, unter anderem, weil sie auch in deutscher Sprache erschienen. Cassel hielt die Theorie der Golddeckung für veraltet. Er widersprach der Ansicht, daß der Notenumlauf ungefährdet erhöht werden könne, sobald eine bestimmte prozentuale Golddeckung der gesamten Notenemission vorhanden sei. Der Wert einer Währung würde seiner Meinung nach nicht durch eine Goldreserve bestimmt. Die Sta-

---

[44] Vgl. Geigant, F. (1994), S. 93.
[45] Bendixen, F. (1922b), S. 51.
[46] Vgl. Helfferich, K. (1923), S. 665-667.
[47] Vgl. Helfferich, K. (1923), S. 668.

bilität einer Währung könne, so Cassel, nur erreicht werden, indem der Notenumlauf an die Höhe der wirklichen Bedürfnisse angepaßt würde.[48] Der Geldwert bestimme sich seiner Meinung nach allein durch die Knappheit der Zahlungsmittelversorgung. Diese Knappheit sei die einzige Stütze für den Wert einer Währung und nicht irgendeine Einlösbarkeit in Gold.[49]

Für die Erreichung des Ziels der Währungsstabilität sah Cassel zwei Möglichkeiten: Eine Bindung der Währung an den Goldwert, also die Erfüllung einer bestimmten Goldparität, oder die Stabilisierung auf einen festen inneren Geldwert.[50] Die von Cassel in seinen Schriften genannten Voraussetzungen und Mittel für eine Stabilisierung der Währung galten unabhängig davon, ob das besondere Ziel eine bestimmte Goldparität oder eine feste Kaufkraft sein sollte. Das eigentliche Ziel sah er in der Erreichung einer geeigneten Knappheit in der Zahlungsmittelversorgung, wobei er sich allein auf den Banknotenumlauf bezog.[51] Das Giralgeld fand in der Theorie Cassels keine Beachtung.

Da die Stabilität der Währung auf einer bestimmten Knappheit in der Zahlungsmittelversorgung basierte, war es notwendig, daß die Zahlungsmittelvermehrung zielbewußt reguliert wurde. Diese Aufgabe sollte - für Cassel selbstverständlich - der Zentralbank zufallen. Darum erhob er die Forderung, „*daß nicht noch Zahlungsmittel von irgendeiner Behörde außerhalb der Kontrolle der Zentralbank geschaffen werden dürfen, und daß die Zentralbank selbst von allen politischen Nebeneinflüssen frei sein muß und besonders von einem jeden Anspruch auf finanzielle Unterstützung von seiten der Regierung, so daß die Bank in der Lage ist, ihre Währungspolitik ausschließlich in Übereinstimmung mit den Forderungen des Stabilisierungsprogramms betreiben zu können*“.[52]

Er forderte das Notenprivileg für eine Zentralbank, die vor allem in finanzieller Hinsicht von der Regierung unabhängig sein sollte. Die Währungsstabilität konnte seiner Meinung nach nur erreicht werden, wenn eine wohlüberlegte Geldpolitik den Zahlungsmittelbestand dauernd den sich ändernden Bedingungen anpaßte. Dafür war aber ein gewisser Grad an Macht und Unabhängigkeit der Zentralbank notwendig.[53]

Bereits im Frühjahr 1920 hatte Cassel seine Vorstellungen über die Voraussetzungen für einen stabilen Geldwert in einem Memorandum zusammengefaßt. Dieses „*Memorandum on the world's monetary problems*“ entstand im Auftrage des Völ-

---

[48] Vgl. D'Abernon, E. V. (1930), S. 156.
[49] Vgl. Cassel, G. (1926a), S. 36-37; Cassel, G. (1926b), S. 68-69; Cassel, G. (1933), S. 15.
[50] Vgl. Cassel, G. (1926a), S. 12-20.
[51] Vgl. Cassel, G. (1926a), S. 37.
[52] Cassel, G. (1926a), S. 37-38.
[53] Vgl. Cassel, G. (1933), S. 57.

kerbundes, als Vorbereitung auf die internationale Finanzkonferenz in Brüssel. Seine darin ausführlich dargelegten Vorschläge faßte er am Ende in 22 Punkten kurz und präzise zusammen. Dabei wurde im Punkt 3 die Forderung aufgestellt: *„Die Ausgabe von Noten und ähnlichen Zahlungsmitteln Institutionen zu überlassen, die unabhängig von der Regierung des Landes sind, und solche Anstalten eventuell unter internationale Kontrolle zu stellen."*[54]
Außerdem forderte Cassel, sowohl den Kapitalansprüchen der Geschäftswelt als auch der Nachfrage der Regierung nach Geld strenge Restriktionen aufzuerlegen. *„Diese Nachfrage [des Staates] ist tatsächlich der wichtigste Faktor bei jener Inflation gewesen, die seit Beginn des Krieges stattgefunden hat, und folglich verlangt die Hemmung der Inflation, daß man aufhört, Geld herzustellen, um den Abstand zwischen den Staatsausgaben und der wirklichen dem Staate zur Verfügung gestellten Kaufkraft auszufüllen."*[55]

Der Kredit, den die Zentralbank der Regierung gewähren durfte, sollte wirkungsvoll beschränkt werden. In den Ländern, in denen die Unabhängigkeit der Zentralbank und die Kreditbeschränkung nicht ausreichen würden, müßte, so Cassel, eine internationale Kontrolle über die Zentralbank zur Bedingung für die finanzielle Hilfe von außen gemacht werden.[56]

Auch John Maynard Keynes sah die Golddeckung einer Währung nicht als entscheidend an. In Großbritannien war seiner Meinung nach auch ein politischer Einfluß für die Einführung der Goldwährung maßgebend gewesen. Dadurch sollte das freie Ermessen der Zentralbank eingeengt werden, um der Gefahr zu begegnen, daß sie sich unbedachten Anforderungen der Regierung dienstbar erweisen und dem Schatzamt Darlehen gewähren würde, die zu einer inflatorischen Ausweitung der Notenausgabe führen müßten. Keynes wies aber darauf hin, daß trotz Einführung der Goldwährung bei jedem bekanntgewordenen Fall von Finanznot die Vorschriften über die Notenausgabe beiseite geschoben wurden, wenn sie mit den Wünschen der Regierung kollidierten.[57]

Er nannte den Goldstandard ein *„barbarisches Überbleibsel"*[58] und hielt eine manipulierte Währung in der modernen Welt für unausweichlich. Keynes gehörte zu den wenigen Ökonomen, die nach dem 1. Weltkrieg in Großbritannien in der Öffentlichkeit davor warnten, zum Goldstandard zurückzukehren, vor allem mit der Vorkriegsparität.[59] Seine Vorschläge für die Währungspolitik waren mit geringen Abänderungen auch auf andere Länder übertragbar und hatten als oberstes Ziel die

---

[54] Cassel, G. (1922), S. 90.
[55] Cassel, G. (1922), S. 50.
[56] Vgl. Cassel, G. (1922), S. 53.
[57] Vgl. Keynes, J. M. (1955), S. 511.
[58] Keynes, J. M. (1997), S. 177.
[59] Vgl. Harrod, R. F. (1951), S. 357-358; Keynes, J. M. (1997), S. 150-151.

Stabilität des Preisniveaus beinhaltet. Die Stabilität des Dollarwechselkurses sollte als nachrangiges Ziel verfolgt werden.[60]

Er plädierte dafür, die Goldreserve vom Notenumlauf zu trennen und das Metall nur zum internationalen Ausgleich von Spitzen zu benutzen, ohne den Geldwert an das Gold und dessen schwankenden Preis zu binden.[61] Wenn die automatische Regelung der Geldmenge entsprechend der Goldzuflüsse und Goldabflüsse nicht mehr wirken konnte, mußte es seiner Meinung nach Aufgabe der Zentralbank sein, die Höhe der für die Volkswirtschaft notwendigen Geldmenge zu regulieren.[62] Keynes bezog sich dabei genau wie Cassel allein auf den Banknotenumlauf. Das Giralgeld fand keine Beachtung.

Keynes betonte, daß es in einem „*zivilisierten Staat*“ einer „*machtvollen Zentralbank*“[63] überlassen bleiben müßte, ihre Reserven ohne gesetzliche Regelungen nach freiem Ermessen zu bestimmen. Die Zentralbank sollte sich dabei nicht von Gewinninteressen, sondern von einem allgemeinen sozialen und ökonomischen Nutzen leiten lassen.[64] Die Höhe des Geldumlaufs müßte sich dann nach dem Stand des Wirtschaftslebens und des Arbeitsmarktes, der Diskontpolitik und der Schatzwechselpolitik bemessen. Die Lenker des Systems sollten der Diskontsatz und die Schatzwechselpolitik sein, die zu erreichenden Ziele die Stabilität von Wirtschaft, Preisen und Arbeitsmarkt. Die Höhe des Banknotenumlaufs wäre eine Folgeerscheinung der Diskont- und Schatzwechselpolitik und ein Mittel zur Erreichung stabiler Verhältnisse. Einen gewissen Goldbestand sollten die Zentralbanken vorsichtshalber als Reserve für internationale Schwierigkeiten und vorübergehende Verschuldung halten. Für die Höhe des Goldbestandes dürfte aber kein logisches oder zu berechnendes Verhältnis zum Banknotenumlauf festgelegt werden.[65] Als einzige Einschränkung des Spielraums der Zentralbank sollte ein Minimum für die Goldreserven und ein Maximum für den Notenumlauf fixiert werden, die von Zeit zu Zeit einer vernünftigen Revision unterworfen werden müßten.[66] Der Goldbestand sollte von der Bank von England verwaltet werden.[67] Dieser kam die zentrale Aufgabe zu, die Noten auszugeben und den Diskontsatz und den Goldpreis zu regeln.[68]

---

[60] Vgl. Keynes, J. M. (1997), S. 190-191.
[61] Vgl. Keynes, J. M. (1997), S. 200-201.
[62] Vgl. Netzband, K.-B. / Widmaier, H. P. (1964), S. 67.
[63] Keynes, J. M. (1955), S. 517.
[64] Vgl. Keynes, J. M. (1955), S. 518.
[65] Vgl. Keynes, J. M. (1997), S. 200-201.
[66] Vgl. Keynes, J. M. (1955), S. 519.
[67] Vgl. Keynes, J. M. (1997), S. 201.
[68] Vgl. Keynes, J. M. (1997), S. 194-195.

Auch hinsichtlich der Notwendigkeit der Unabhängigkeit der Zentralbank von der Regierung war Keynes anscheinend der gleichen Meinung wie Cassel. Allerdings nannte er eine Regierungsunabhängigkeit als entscheidendes Zentralbankprinzip gerade im Zusammenhang mit der Bank von England nie explizit. Im "zivilisierten" Großbritannien schien eine *„machtvolle Zentralbank"*[69] zu genügen. Offenbar machte er die Notwendigkeit einer gesetzlich verankerten Unabhängigkeit von der Situation und den Erfahrungen des jeweiligen Landes abhängig. Während seiner Mitarbeit bei der Gründung einer Zentralbank in Indien im Jahre 1913 hatte Keynes für ein hohes Maß an Unabhängigkeit für die Zentralbank von der Regierung plädiert.[70]

Keynes entwickelte außerdem Theorien für eine internationale Währungspolitik. Er empfahl die Gründung einer *„Überstaatlichen Bank"*[71], zu der die Zentralbanken der Welt etwa in dem gleichen Verhältnis stehen sollten wie ihre Mitgliedsbanken zu ihnen selbst. Bei der Skizzierung einer Bankverfassung betonte er auch die Notwendigkeit einer unabhängigen Leitung dieser Bank, die über einen hohen Grad an Autorität und Freiheit in ihren täglichen Entscheidungen verfügen sollte.[72]

3.2 Der internationale Goldstandard

Im Laufe des 19. Jahrhunderts hatten die meisten europäischen Länder und die USA die Goldwährung eingeführt. Bis zum Beginn des 1. Weltkrieges folgte die Epoche des internationalen Goldstandards, der nicht durch ein von mehreren Staaten gezielt geplantes und gemeinsam vereinbartes Vertragswerk geschaffen wurde, sondern gleichsam spontan aus dem Eigeninteresse der Beteiligten entstand. Ohne legislativen Zwang wurden nach und nach die wesentlichen Regeln der britischen Goldwährung in verschiedene nationale Währungsverfassungen übernommen.[73]

Entsprechend der in der ersten Hälfte des 19. Jahrhunderts in England entstandenen Currency-Theorie über die Wirkungen einer Kreditausweitung war das umlaufende Bargeld an Gold gebunden. Die Vertreter dieser Theorie waren der Auffassung, daß eine Kreditausweitung entweder die Geldmenge oder die Umlaufgeschwindigkeit des Geldes erhöhen und daher inflationär wirken würde. Sie forderten deshalb eine Beschränkung der Kreditschöpfungsmöglichkeit der Banken durch die volle Deckung des Umlaufs von Bargeld durch Gold. Die Currency-Theorie fand ihren Niederschlag in der Peelschen Bankakte von 1844. Diese sah eine voll-

---

[69] Keynes, J. M. (1955), S. 517.

[70] Vgl. Memorandum on Proposals for the Establishment of a State Bank in India, 6. October 1913, S. 163; Harrod, R. F. (1951), S. 167.

[71] Keynes, J. M. (1955), S. 619.

[72] Vgl. Keynes, J. M. (1955), S. 619-620.

[73] Vgl. Bofinger, M. (1991), S. 276-277.

ständige Deckung der Banknoten - abgesehen von einem begrenzten Notenkontingent, dem “Fiduciary Issue“ - durch Gold und eine Einlösepflicht für die Noten in Gold vor.[74]
Durch die Reorganisation der Bank von England entsprechend der Currency-Theorie hatte sich diese entscheidend gegenüber der Banking-Theorie durchgesetzt. Die Kontroverse mit den Vertretern der Currency-Theorie setzte sich aber bis ins 20. Jahrhundert fort.[75]

Für die nationalen Geldeinheiten wurde ein Goldwert festgelegt, die sogenannte Goldparität, zu der Gold von den Zentralbanken verkauft und angekauft werden mußte. Außerdem wurde zwischen den Goldstandardländern der freie Goldverkehr zugelassen. Aus der Festsetzung der Goldparitäten ergaben sich innerhalb der Goldstandardländer feste Relationen zwischen den nationalen Geldeinheiten, die sogenannten Parikurse. Die Goldarbitrage stellte sicher, daß sich der Wechselkurs von dem Parikurs nicht wesentlich entfernen konnte. Hinsichtlich der Goldarbitrage waren die entsprechenden Transaktionen aber erst dann lohnend, wenn der Nettoerlös die mit den Goldbewegungen verbundenen Kosten für Transport und Versicherungen sowie den entgangenen Zinsertrag deckte. Es bestand entsprechend erst dann eine Anreiz für Goldimporte, wenn der tatsächliche Kurs den Parikurs um mehr als den Betrag der direkten und indirekten Kosten unterschritt und damit unter den sogenannten Goldimportpunkt fiel. Für Goldexporte bestand erst dann ein Anreiz, wenn der tatsächliche Kurs den Parikurs um mehr als den Betrag der direkten und indirekten Kosten überschritt und damit über den sogenannten Goldexportpunkt anstieg. Daraus ergab sich, daß die Wechselkurse - zumindest rein theoretisch - nur zwischen dem jeweiligen Goldimport- und dem Goldexportpunkt schwanken konnten.[76]

Für das “Funktionieren“ des internationalen Goldstandards war entscheidend, daß die sogenannten Spielregeln von den Zentralbanken eingehalten wurden. Diese leiteten sich ab aus dem im klassischen Goldstandard vorherrschenden Ziel der Geldpolitik, die Goldkonvertibilität der nationalen Währungen und damit die Stabilität der Wechselkurse zu erhalten. Bei Goldzuflüssen oder Goldabflüssen, das heißt bei Zahlungsbilanzungleichgewichten, mußten Anpassungsvorgänge wirksam werden, die diese Bewegung zum Stillstand brachten, so daß sich dadurch das Zahlungsbilanzgleichgewicht wieder neu einstellen konnte. In einem mehr passiven Sinn verstanden, wurden die Spielregeln schon dadurch eingehalten, daß die mit Goldankäufen der heimischen Zentralbank verbundene Geldschöpfung und die mit Goldverkäufen verbundene Geldvernichtung zugelassen und nicht durch geldpolitische Neutralisierungsmaßnahmen unterbunden wurden. In einem mehr aktiven

[74] Vgl. Veit, O. (1969), S. 235; Geigant, F. (1994), S. 150.
[75] Vgl. Geigant, F. (1994), S. 93.
[76] Vgl. Jarchow, H.-J. / Rühmann, P. (1993), S. 33-35.

Sinn bestand die Einhaltung darin, daß die Zentralbanken die mit der Veränderung des Goldbestandes unmittelbar einhergehenden gleichgerichteten Veränderungen der Geldmenge durch entsprechende geldpolitische Aktionen unterstützten. Auf jeden Fall beinhaltete die Einhaltung der Spielregeln, daß sich Veränderungen der Geldmenge und des Goldbestandes gleichgerichtet vollziehen mußten.[77]

Der internationale Goldstandard von 1876 bis 1914 wird in der Literatur übereinstimmend als eine ausgesprochen erfolgreiche Währungsordnung beschrieben. Die Goldstandardländer konnten ihre Wechselkurse während dieser Phase stabil halten und Devisenbewirtschaftungsmaßnahmen und Importreglementierungen durchweg vermeiden. Der Zahlungsbilanzausgleich verlief reibungslos.
In einem Teil der Literatur wird dieser Erfolg der Politik der Zentralbanken zugeschrieben, die sich - so wird argumentiert - primär an der gesetzlich vorgeschriebenen Goldeinlösungspflicht und am Ziel der einzelwirtschaftlichen Gewinnmaximierung orientierten. Diese Zielfunktion führte zu einem Verhalten der Zentralbanken, das man als "Symmetrie des Goldstandards" umschreibt, die Zentralbanken hielten sich an die Spielregeln des Goldstandards. Eine Zentralbank mit zunehmender Golddeckung senkte im allgemeinen ihre Leitzinsen, eine Zentralbank mit abnehmender Golddeckung erhöhte sie. Es bestand beim Goldstandard somit keine Asymmetrie zwischen der Geldpolitik des hegemonialen Landes und der Geldpolitik der übrigen Länder.[78]

Im Gegensatz dazu kam Arthur Bloomfield in seiner Untersuchung zu einem anderen Ergebnis. Er stellte fest: *„I can find no clear-cut evidence that any central bank ever lowered its discount rate following gold inflows from abroad because of an explicit desire to play, or even because of an awareness of, the ‚rules of the game'.“* [79] Allenfalls einseitig - so die Argumentation - ergab sich eine Einhaltung der Spielregeln, wenn die primären Währungsreserven sich dem Mindestsatz der Deckungsquote näherten. Die Notenbanken trachteten nach einer Thesaurierung von Edelmetall durch Ansammlung von Überschuß- oder Pufferreserven. Sie waren bestrebt, durch die Erfordernisse der Reservehaltung nicht allzu sehr gebunden zu sein.[80] Eine vornehmlich an den Goldbewegungen orientierte Währungspolitik hätte eine Vermehrung der Goldbestände mit einer Ausdehnung des inneren Kreditvolumens, eine Verminderung des Bestandes an internationaler Liquidität hingegen mit einer Kreditkontraktion beantworten müssen. Dies war aber nicht der Fall.[81] Die Zentralbanken versuchten eine aktivere Rolle zu spielen, wie dies in der Zwischenkriegszeit erst recht angestrebt wurde. Allerdings haben die Zentralbanken der Vorkriegszeit ihre Fähigkeiten und die erreichbaren Ziele nicht über-

---

[77] Vgl. Jarchow, H.-J. / Rühmann, P. (1993), S. 35.
[78] Vgl. Bofinger, M. (1991), S. 288-289, 378-379; Jarchow, H.-J. / Rühmann, P. (1993), S. 59.
[79] Vgl. Bloomfield, A. I. (1959), S. 24.
[80] Vgl. Veit, O. (1969), S. 412-413.
[81] Vgl. Bloomfield, A. I. (1959), S. 48; Veit, O. (1969), S. 416.

schätzt. Ein zur Zwischenkriegszeit für den internationalen Goldstandard entscheidender Unterschied. Die Goldwährung war schließlich auf Grund verschiedener Bedingungen funktionsfähig. Dazu zählte die Tatsache, daß der Staat nur gelegentlich eine Konjunkturpolitik in Erwägung zog und die Zentralbank niemals mit einer konjunkturpolitischen Kreditgewährung belastete. Es gab nur selten einen Kapitaltransfer aus politischen Gründen. Außerdem waren die Preise und Löhne voll beweglich. Interventionen an den Devisenmärkten setzten erst um die Jahrhundertwende ein und hatten in den meisten Ländern keine große Bedeutung. Entscheidend war aber vor allem die Tatsache, daß die Zentralbanken die Bildung von marktmäßigen Zinsen nur wenig oder über lange Zeiträume gar nicht durchkreuzten.[82]

Das Goldwährungssystem mit seinen Regelmechanismen führte dazu, daß sich die Verschuldung des Staates bei der Zentralbank in engen Grenzen hielt. Es diente quasi als Schutz vor einer übermäßigen zentralbankfinanzierten Staatsverschuldung.
Im ganzen gesehen trug der Goldstandard auf längere Sicht durchaus zu einer mit dem Ziel der Geldwertstabilität zu vereinbarenden Preisentwicklung bei. Als problematisch sind jedoch die nicht unerheblichen kurz- und mittelfristigen Schwankungen der Preisindizes zu beurteilen. Die Abhängigkeit der gesamtwirtschaftlichen Preisentwicklung von Goldentdeckungen und der nichtmonetären Goldverwendung wurde um die Jahrhundertwende allgemein als ein wesentlicher Nachteil dieses Standards angesehen.[83]

Mit Beginn des 1. Weltkrieges wurde in fast allen Ländern der Erde die Noteneinlösung in Gold eingestellt. Alle kriegführenden Länder strebten eine Zentralisierung des Goldes bei den Zentralbanken an. Aber auch die meisten neutralen Staaten sahen sich zum Suspendieren der Einlösung gezwungen, um den Goldabzügen der kriegführenden Staaten zu begegnen. Man wandte sich von dem Vorkriegssystem der Goldumlaufswährung ab und entzog das Gold der Verfügung des freien Verkehrs. Der internationale Goldstandard brach zusammen.[84]

Die Währungspolitik der Zwischenkriegszeit war gekennzeichnet durch den Versuch, das System eines internationalen Goldstandards wieder aufzubauen, und durch das endgültige Scheitern dieser Maßnahmen.[85]

In den wirtschaftlich führenden Ländern dominierte der Wunsch, bald zu dem suspendierten Goldstandard in der ursprünglichen oder einer modifizierten Form zu-

---

[82] Vgl. Veit, O. (1969), S. 418-419.
[83] Vgl. Bofinger, M. (1991), S. 290-291.
[84] Vgl. Helfferich, K. (1923), S. 241-242; Veit, O. (1969), S. 420.
[85] Vgl. Jarchow, H.-J. / Rühmann, P. (1993), S. 62.

rückzukehren. Entsprechend wurde auf den internationalen Finanzkonferenzen der zwanziger Jahre die Rückkehr zur Goldparität als Ziel formuliert.[86]

Die währungspolitischen Bedingungen hatten sich im Zuge der Kriegsereignisse und ihrer Folgen grundlegend verändert. Daher konnten die meisten Länder in den ersten Nachkriegsjahren die Absicht nicht verwirklichen, zu den Vorkriegsparitäten zurückzukehren. Die kriegsbedingten Güterimporte hatten in den Jahren 1914 bis 1918 zu einer starken Verschlechterung der Handelsbilanzen der kriegführenden Länder Mitteleuropas und entsprechend zu einer von Goldzuflüssen begleiteten Verbesserung der Handelsbilanz vor allem der Vereinigten Staaten geführt. Auch nach Kriegsende ergab sich bei den vom Krieg besonders betroffenen Ländern Europas ein hoher Importbedarf, da zerstörte Produktionsanlagen wieder aufzubauen waren, Lager aufgefüllt werden mußten und eine beträchtliche Nachfrage nach Nahrungsmitteln und Rohstoffen bestand. Ein weiterer zahlungsbilanzrelevanter Vorgang war eine zunehmende weltweite Inflation, die sich in den einzelnen Ländern mit unterschiedlicher Geschwindigkeit vollzog. Die Relationen zwischen dem Inlands- und Auslandspreisniveau gegenüber der Ausgangslage im Jahre 1913 hatten sich wegen des unterschiedlich starken Preisanstiegs in den einzelnen Ländern merklich geändert. Sieht man in diesen Preisrelationen einen wesentlichen Bestimmungsgrund für den langfristigen Gleichgewichtswechselkurs, so war es naheliegend, daß eine Rückkehr zu den Parikursen der Vorkriegszeit in den ersten Nachkriegsjahren wenig erfolgversprechend war. Eine Festlegung auf neue Paritäten war aber so lange problematisch, wie eine Unsicherheit über die zukünftige inflatorische Entwicklung, die zukünftigen Güterimporte und die zukünftig fließenden Reparationszahlungen vorhanden war. Deshalb ging man in den meisten Ländern zu flexiblen Wechselkursen über. Diese Phase flexibler Wechselkurse fand mit der Fixierung von Goldparitäten durch die meisten Länder ihren Abschluß. Die Vereinigten Staaten wurden bereits 1919 wieder uneingeschränkt zu einem Goldwährungsland. Es folgte 1925 Großbritannien durch die Rückkehr des britischen Pfunds zur Vorkriegsparität. Wie das Vereinigte Königreich kehrten nahezu alle anderen bedeutenden Länder - auch Deutschland - in den zwanziger Jahren zur Goldparität zurück.[87]

Im kurzen Zeitraum von 1926 bis 1931 existierte eine mit dem klassischen Goldstandard vergleichbare internationale Währungsordnung. Die Ausgestaltung dieses Standards war jedoch sehr verschieden von der der Vorkriegsordnung. Goldmünzen waren nicht mehr im Umlauf, und die Inhaber von Banknoten hatten gegenüber der Notenbank einen Einlösungsanspruch auf Goldbarren, nicht auf Goldmünzen. Der neue Standard war ein Goldbarrenstandard und kein Goldmünzenstandard und

---

[86] Vgl. Die internationale Finanzkonferenz in Brüssel vom 24. September bis 8. Oktober 1920, S. 32; Material über die Konferenz von Genua (1922), S. 73.

[87] Vgl. Veit, O. (1969), S. 422-424; Jarchow, H.-J. / Rühmann, P. (1993), S. 62-64.

er wurde weitgehend zum Golddevisenstandard. Viele Länder hielten ihre Währungsreserven nicht mehr in Form von Gold, sondern in Form von Sterling- und Dollarguthaben.[88]

Die Golddevisenwährung ermöglichte eine Erhöhung der internationalen Liquidität in dem Maße, in dem die Reservewährungsländer bereit waren, sich zu verschulden und die reservehaltenden Länder eine Abgeltung ihrer güterwirtschaftlichen Leistungen durch Forderungen akzeptierten.[89] Gerade diese Tatsache hatte das Prinzip der Devisendeckung in der Zwischenkriegszeit attraktiv gemacht. Es erschien als Ausweg aus der Not mangelnder Goldreserven in gewissen Ländern, nachdem sich das Gold in wenigen Ländern konzentriert hatte. Aber gerade darin lagen auch die Gefahren und die Unsicherheit, die das Prinzip der Devisendeckung enthielt. Wenn die goldarmen Länder sich stets mit einer Golddevisenwährung halfen, so hielten sie Forderungen gegen die Länder, in denen Goldeinlösung bestand. Das bedeutete, daß diese Länder die Goldreserven jener Goldwährungsländer mitbenutzten. Dasselbe Gold diente als Deckungsbestand der Liquiditätsversorgung mehrerer Länder. Das wirkte sich weltwirtschaftlich zunächst inflatorisch aus, trug aber langfristig auch eine Deflationswirkung in sich. Die goldreichen Länder sahen sich nämlich aus Vorsicht veranlaßt, ihr Liquiditätsvolumen im Vergleich zur Höhe ihrer Goldreserven knapp zu halten. Sie horteten unverhältnismäßig hohe Goldbestände an, weil sie darauf gefaßt sein mußten, daß von Golddevisenländern Ansprüche an ihre Bestände erhoben würden.[90]

Der restaurierte Goldstandard als internationale Währungsordnung brach bereits Anfang der dreißiger Jahre wieder zusammen. Am 21. September 1931 hob die Bank von England die Goldeinlösungspflicht auf, die de facto seit 1717 bestanden hatte. Das britische Pfund verlor seine Führungsrolle in der Weltwirtschaft. Das Abgehen Großbritanniens vom Goldstandard hatte Weltbedeutung: Hundert Jahre lang war das britische Pfund die bei weitem bedeutendste Währung für den gesamten internationalen Geldverkehr gewesen. Der Goldstandard selbst war eine Schöpfung Großbritanniens, und als die Verbindung zwischen dem britischen Pfund und dem Gold gelöst wurde, bedeutete dies den Zusammenbruch des Goldstandards als internationale Währungsordnung. Bis Ende des Jahres gaben die meisten Industrie- und Welthandelsstaaten den Goldstandard auf.[91]

Die wesentlichen Gründe lagen dabei in der unkoordinierten Rückkehr zu Goldparitäten mit der Folge von Über- und Unterbewertungen bei wichtigen Währungen und in der Existenz mehrerer Reservezentren. Die Kriegsschulden und insbe-

[88] Vgl. Haberler, G. (1976), S. 208; Bofinger, M. (1991), S. 292.
[89] Vgl. Geigant, F. (1994), S. 354.
[90] Vgl. Veit, O. (1968), S. 67-68.
[91] Vgl. Cassel, G. (1933), S. 89; Köllner, L. (1991), S. 84-85.

sondere die Reparationsverpflichtungen ließen die Zahlungsbilanzungleichgewichte und damit den Ausgleichsbedarf gegenüber der Vorkriegszeit wesentlich größer werden.[92]

Den Golddevisenstandard der Zwischenkriegsjahre kennzeichnete eine weltweite Deflation. Der Zusammenhang zwischen der Goldproduktion und der monetären Entwicklung wurde vor allem durch die Tatsache gestört, daß die USA und Frankreich ihre Goldbestände erheblich aufstockten, ohne ihre Geldmenge entsprechend auszuweiten. Im Gegensatz zum klassischen Goldstandard sah sich keine der größeren Notenbanken veranlaßt, auf Veränderungen der Golddeckung mit einer Anpassung der Leitzinsen zu reagieren. Die Länder mit starken Währungen nutzten den ihnen offenstehenden Spielraum für eine deflationäre Geldpolitik aus, so daß das Regelwerk selbst keinen Beitrag zur Vermeidung der Deflation leisten konnte. Die Notenbanken verfolgten nicht mehr das Ziel der einzelwirtschaftlichen Gewinnmaximierung, sondern ließen sich von gesamtwirtschaftlichen Zielvorstellungen leiten. Binnenwirtschaftliche Ziele - in den zwanziger Jahren mehr die Preisniveaustabilität, in den dreißiger Jahren die Vollbeschäftigung - erhielten ein stärkeres Gewicht.[93]

3.3 Die internationalen Wirtschafts- und Finanzkonferenzen und die Formulierung der Zentralbankprinzipien

Die Durchsetzung der Zentralbankunabhängigkeit von Regierungseinflüssen wurde in den zwanziger Jahren nicht nur von Cassel und anderen Wirtschaftssachverständigen propagiert, sondern vor allem von den Zentralbankpräsidenten selbst weiterverfolgt. Anfang der zwanziger Jahre entstand die Forderung der Leitungsgremien der Zentralbanken nach Unabhängigkeit als Folge des Zusammenbruchs des internationalen Goldstandards und der Inflation, die als Folge der unter politischem Druck finanzierten öffentlichen Defizite in vielen Ländern immer mehr anstieg. Man wollte offenbar eine Möglichkeit finden, sich dem Einfluß der Finanzminister zu entziehen.

Die Forderung nach unabhängigen Zentralbanken wurde bereits während der vom Völkerbund einberufenen internationalen Finanzkonferenz in Brüssel vom 24. September bis zum 8. Oktober 1920 erhoben. Die Brüsseler Konferenz war eine der ersten vom Völkerbund einberufenen Veranstaltungen mit dem Ziel, Mittel und Wege für den wirtschaftlichen und finanziellen Wiederaufbau Europas zu beraten.

---

[92] Vgl. Haberler, G. (1976), S. 210-211; Jarchow, H.-J. / Rühmann, P. (1993), S. 87-89.
[93] Vgl. Bofinger, M. (1991), S. 293, 379.

Neben den 26 Mitgliedern des Völkerbundes nahmen noch weitere Staaten - wie Deutschland und die USA - teil.[94]

Die Konferenz manifestierte den Beginn der internationalen Zusammenarbeit der Zentralbanken und war speziell in Währungsangelegenheiten Vorläuferin für die vom Obersten Rat[95] einberufene Konferenz von Genua zwei Jahre später. Der vorantreibende Geist dieser Konferenz war der Präsident der niederländischen Zentralbank, Gerhard Vissering.[96]

Der Konferenz lagen vier Themen zur Beratung vor: 1. die Staatsfinanzen, 2. Geld- und Wechselkursfragen, 3. der internationale Handel und 4. das internationale Kreditwesen. Die entsprechenden vier Kommissionen bildeten wiederum Arbeitskomitees, um die Themen zu diskutieren und Beschlüsse zu fassen.[97]

In der Resolution der Kommission für den Geldumlauf und die Wechselkurse, die in Brüssel einstimmig verabschiedet worden war, wurde auf die Gefahren einer fortschreitenden Inflation hingewiesen. Für die Inflation wurden in erster Linie die Regierungen der Länder verantwortlich gemacht, die sich nicht in der Lage sahen, die Ausgaben durch die Einnahmen zu finanzieren und deshalb versuchten, den Fehlbetrag entweder durch unmittelbare Ausgabe neuer gesetzlicher Zahlungsmittel oder durch Inanspruchnahme von Notenbankkrediten, die wiederum in gesetzlichen Geldzeichen zur Auszahlung gelangten, zu decken.[98] Da die Zentralbanken *„in einzelnen Fällen nicht in der Lage, in anderen Fällen nicht gewillt sind, solche Kreditansprüche zurückzuweisen"*[99], wurde gefordert: *„Die Banken und besonders die Notenbanken sollten jeder politischen Beeinflussung entzogen und allein nach den Grundsätzen einer vorsichtigen Bankpolitik geleitet werden."*[100]
In der Unabhängigkeit der Notenbanken wurde das entscheidende Mittel zur Bekämpfung der Inflation gesehen.

Der Gouverneur der Bank von England, Montagu Norman, war begeistert über die vernünftigen und übereinstimmenden Entscheidungen, die während der Brüsseler Konferenz getroffen wurden. Es entstand eine enge Zusammenarbeit zwischen ihm

---

[94] Vgl. Die internationale Finanzkonferenz in Brüssel vom 24. September bis 8. Oktober 1920, S. 5.

[95] Der oberste Rat war ein Gremium der Außenminister und Regierungschefs der fünf alliierten Hauptmächte USA, Großbritannien, Frankreich, Italien und Japan.

[96] Vgl. Sayers, R. S. (1976), S. 153.

[97] Vgl. Die internationale Finanzkonferenz in Brüssel vom 24. September bis 8. Oktober 1920, S. 7.

[98] Vgl. Die internationale Finanzkonferenz in Brüssel vom 24. September bis 8. Oktober 1920, S. 28-29.

[99] Die internationale Finanzkonferenz in Brüssel vom 24. September bis 8. Oktober 1920, S. 29.

[100] Die internationale Finanzkonferenz in Brüssel vom 24. September bis 8. Oktober 1920, S. 29.

und Vissering.[101] In den Jahren nach Brüssel führte in erster Linie diese Freundschaft und die Freundschaft zu dem Präsidenten des Federal Reserve Systems (Fed), Benjamin Strong, zur Weiterentwicklung einer internationalen Zusammenarbeit der Zentralbanken. Strong bewertete genau wie Norman die Unabhängigkeit von Regierungseinflüssen als entscheidendes Zentralbankprinzip. Beide bewirkten durch persönliches Engagement eine weitreichende faktische Unabhängigkeit der Fed bzw. der Bank von England in den zwanziger Jahren.[102]

Montagu Norman sah in den Zentralbanken die entscheidenden Instrumente für die Wiederherstellung der zusammengebrochenen Wirtschaft.[103] Er glaubte, daß er und seine Kollegen eine größere Chance als die Politiker hätten, die Menschen dieser Welt zu lenken. „*Norman and his colleagues at the Bank had been encouraged to hope that Europeans might be worth cultivating as fellow apostles in an central banking crusade.*“[104]

Schon 1921 waren in der Bank von England allgemeine Prinzipien für die Zentralbanktätigkeit unter Berücksichtigung der Vorschläge Benjamin Strongs festgelegt worden. Diese Prinzipien sahen in erster Linie die grundsätzliche Unabhängigkeit jeder Zentralbank von den nationalen politischen Instanzen vor. In den von Norman formulierten Prinzipien hieß es: „*A Central Bank should be independent but should do all its own Government`s business - directly or indirectly - including Gold and Currency.*“[105] In einer von Norman verfaßten Resolution hieß es: „*Autonomy and freedom from political control are desirable for all Central and Reserve Banks.*“[106]

Auf der Konferenz in Cannes des Obersten Rats der Alliierten im Januar 1922 wurde beschlossen, eine Konferenz über wirtschaftliche und finanzielle Fragen in Genua einzuberufen, zu der alle europäischen Staaten eingeladen werden sollten.[107] Die am 11. Januar 1922 bekanntgegebene Tagesordnung für diese Konferenz sah unter Punkt IV die Diskussion von Finanzfragen vor, mit den Unterpunkten: a) Regelung des Geldumlaufs, b) Zentral- und Emissionsbanken, c) öffentliche Finan-

---

[101] Vgl. Schacht, H. (1953), S. 149; Sayers, R. S. (1976), S. 153-154.
[102] Vgl. Bonin, K. von (1979), S. 41-43; Sylla, R. (1988), S. 374; Goodman, J. B. (1992), S. 29.
[103] Vgl. BA, N 1294/3. Aufzeichnung Schachts über seinen Londoner Aufenthalt vom 2. Januar 1924; Aufzeichnung des Botschaftsrats Dufour-Feronce von der deutschen Botschaft in London über seine am 6. April 1926 mit dem Gouverneur der Bank von England, Montagu Norman, geführte Unterredung, S. 577.
[104] Sayers, R. S. (1976), S. 154.
[105] General Principles of Central Banking, formulated by the Governor in 1921, S. 74.
[106] General Principles of Central Banking, formulated by the Governor in 1921, S. 75.
[107] Vgl. AA, R 28203, Bl. 33. Übersetzung der vom Obersten Rat der Alliierten Mächte am 6. Januar 1922 in Cannes angenommenen Resolution.

zen und Wiederaufbau, d) Valutafragen und e) Organisation des öffentlichen und privaten Kredits.[108]

In der Beschlußfassung des Obersten Rats über die während der Konferenz in Genua zu erörternden Fragen hieß es: „*Sie wird im besonderen die finanzielle Lage in den verschiedenen Ländern bezüglich der Wiederaufbauarbeit, die schnellen Wechsel in der Menge und Kaufkraft des nationalen Geldes, die heftigen Schwankungen im relativen Wert dieser Geldsorten, wie sie sich in den Wechselkursen widerspiegeln, und endlich die Rückwirkung, die die Stellung und die Statuten der Zentralbanken und der Noten-Banken auf diese Probleme ausübt, zu untersuchen [haben]*“.[109]

Zur Vorbereitung der Sachverständigenkonferenz von Genua erstellte die Bank von England einen zusammenfassenden Bericht über ihre Zusammenarbeit mit 15 Zentralbanken. Dieser Bericht floß ein in ein Memorandum, in dem vier Prinzipien genannt wurden, auf die sich die Zentralbanken nach dem Wunsch der Bank von England in Genua einigen sollten: Kooperation, Ausschließlichkeit, Ausgeglichenheit der Bilanz und Unabhängigkeit.[110]

Das erste Prinzip war die Kooperation und sollte die Möglichkeiten einer gemeinsamen Politik beinhalten, ohne die Freiheit der einzelnen Zentralbank einzuengen. Dies setzte eine generelle Übereinstimmung über gemeinsame Interessen voraus.[111] Das zweite Prinzip der Ausschließlichkeit beinhaltete den Wunsch der Bank von England, daß die anderen Zentralbanken nur bei ihr und sonst bei keiner anderen Bank in Großbritannien ein Konto unterhalten sollten. Dahinter stand die Angst der Bank von England, daß große Transaktionen anderer Zentralbanken in London ihre Möglichkeiten zur Kontrolle der Bedingungen des Londoner Marktes schmälern könnten. Dieses Prinzip fand jedoch keinen Eingang in die Genua-Resolution, da die anderen Zentralbanken die Beziehungen zu den Privatbanken fortzusetzen wünschten.[112] Das dritte Prinzip, die Ausgeglichenheit der Bilanz der Zentralbanken, ergab sich aus dem Prinzip der Ausschließlichkeit. Die Bilanzierungstechniken der Bank von England sollten auf die anderen Zentralbanken übertragen werden. Dies war von entscheidender Bedeutung für die Sterling-Standard-Länder. Aber Norman hatte dabei auch die Möglichkeit vor Augen, den Goldstandard wieder einzuführen.[113] Das zuletzt genannte Prinzip, last but not least, war die Unab-

---

[108] Vgl. AA, R 28203, Bl. 50. Tagesordnung für die Konferenz in Genua, angenommen durch den Obersten Rat der Alliierten Mächte am 11. Januar 1922 in Cannes.

[109] AA, R 34935. Übersetzung der Havasmeldung vom 12. Januar 1922 über die Beschlüsse des Obersten Rats für das Programm der auf der Konferenz in Genua zu erörternden Fragen.

[110] Vgl. Sayers, R. S. (1976), S. 157.

[111] Vgl. Sayers, R. S. (1976), S. 157.

[112] Vgl. Sayers, R. S. (1976), S. 157-158.

[113] Vgl. Sayers, R. S. (1976), S. 158.

hängigkeit der Zentralbanken von Regierungseinflüssen. Normans Idee enthielt dabei sowohl eine formale als auch eine tatsächliche, von der jeweiligen verantwortlichen Person der Zentralbank durchzusetzende Unabhängigkeit.[114]

Die Konferenz in Genua fand vom 10. April bis 19. Mai 1922 statt und 29 europäische Staaten nahmen teil. Sie stellte eine allgemeine europäische Wirtschaftskonferenz dar, mit dem Zweck, das Mißtrauen zwischen den ehemaligen Feinden zu beseitigen, die Hemmungen des internationalen Wirtschaftsverkehrs aufzuheben und den ökonomischen Wiederaufbau Europas einzuleiten.[115] An der Konferenz nahmen neben den Vertretern der Regierungen auch Sachverständige der einzelnen Länder und des Völkerbundes teil.[116]

Gleich nach der Eröffnung der Konferenz wurden zur Beratung der im Konferenzprogramm aufgestellten Punkte mehrere Kommissionen bzw. Unterausschüsse gebildet, unter anderem auch eine Finanzkommission mit den Unterausschüssen Währung, Wechselkurse und Kredite.[117]

Die Unterkommissionen formulierten insgesamt 12 Entschließungen, durch deren Verwirklichung die Wiederbelebung der Weltwirtschaft und die Rückkehr zu geordneten Währungsverhältnissen erreicht werden sollte.
In der 1. Entschließung der Unterkommission Währung wurde als wesentliches Erfordernis für den wirtschaftlichen Wiederaufbau Europas die Erreichung der Stabilität der Währungen hervorgehoben.[118] Die 2. Entschließung enthielt erneut die Forderung der Brüsseler Konferenz nach Unabhängigkeit der Zentralbanken von den Regierungen, wie sie auch im Memorandum der Bank von England formuliert worden war: *„Banken, insbesondere Emissionsbanken, sollten frei von politischem Druck sein und ausschließlich nach den Grundsätzen verständiger Finanzpolitik geleitet werden. In Ländern, wo keine zentrale Emissionsbank besteht, sollte eine solche errichtet werden.“*[119]
In der 3. Entschließung wurde erneut eine enge Zusammenarbeit der Zentralbanken, auch über die Grenzen Europas hinaus, empfohlen.[120] Die Unterkommission empfahl außerdem die Rückkehr zur Goldwährung, die neben der Unabhängigkeit der Zentralbanken als das entscheidende Mittel angesehen wurde, mit der man die Inflation stoppen und die zerrütteten europäischen Währungsverhältnisse sanieren konnte.[121]

---

[114] Vgl. Sayers, R. S. (1976), S. 158-159.
[115] Vgl. Die Konferenz von Genua (1922), S. 4.
[116] Vgl. Die Konferenz von Genua (1922), S. 5.
[117] Vgl. Die Konferenz von Genua (1922), S. 8.
[118] Vgl. Material über die Konferenz von Genua (1922), S. 73.
[119] Material über die Konferenz von Genua (1922), S. 73.
[120] Vgl. Material über die Konferenz von Genua (1922), S. 73.
[121] Vgl. Material über die Konferenz von Genua (1922), S. 73.

In Genua wurde außerdem beschlossen, eine Notenbankkonferenz einzuberufen, um eine gemeinsame Agenda zu verabschieden. Die Bank von England wurde mit der Ausarbeitung der Agenda und der Vorbereitung und der Austragung der Konferenz beauftragt.

Norman, dessen Ziel die Gründung einer europäischen Zentralbank nach dem Vorbild der Fed war,[122] arbeitete in Abstimmung mit Benjamin Strong den Entwurf für die Agenda aus.[123]
Im 1. Punkt dieses Entwurfes hieß es: „*Autonomy and freedom from political control are desirable for all Central and Reserve Banks.*“[124]
Der 3. Punkt lautete: „*Without hampering their freedom, co-operation should include confidential interchange of information and opinions among such Banks with regard to such matters as rates of discount, the stability of exchanges and the movement of gold.*“[125]

Außerdem enthielt die Agenda im zweiten Teil eine Resolution betreffend einer internationalen Münzkonvention, in der die Wiederherstellung der Goldwährung auf der Basis der Vorkriegsparität als Ziel für die Regierungen formuliert war.[126]
Die geplante Konferenz fand jedoch nie statt.

Die Beschlüsse der Wirtschafts- und Finanzkonferenzen und die Formulierung der Zentralbankprinzipien machen deutlich, daß man zwar einerseits die Unabhängigkeit der Zentralbanken von Regierungseinflüssen als neues Instrument zur Bekämpfung einer Inflation propagierte und daß eine freiwillige Zusammenarbeit zwischen den Notenbanken die vorher durch den Goldstandard zwangsläufig bestehende Abhängigkeit ersetzen sollte. Andererseits wagte man aber noch nicht, auf die Wiedereinführung der Goldwährung und somit auf den Goldstandard als Währungsordnung zu verzichten. Der internationale Goldstandard wurde als entscheidendes Mittel zur Wiederherstellung der zerrütteten Währungsverhältnisse angesehen.

---

[122] Vgl. BArch, R 2501/6315, Bl. 23-24. Plan zur Gründung einer europäischen Zentralbank von Montagu Norman, 1925.

[123] Vgl. BArch, R 2501/6314, Bl. 29-36. Brief Normans an Havenstein mit dem Entwurf einer Agenda vom 23. Juni 1922.

[124] BArch, R 2501/6314, Bl. 31. Brief Normans an Havenstein vom 23. Juni 1922 mit dem Entwurf einer Agenda.

[125] BArch, R 2501/6314, Bl. 31. Brief Normans an Havenstein vom 23. Juni 1922 mit dem Entwurf einer Agenda.

[126] Vgl. BArch, R 2501/6314, Bl. 33-36. Brief Normans an Havenstein vom 23. Juni 1922 mit dem Entwurf einer Agenda.

3.4 Die Rolle des Völkerbundes bei der Durchsetzung der Zentralbankprinzipien

Die Idee, den Frieden nach dem 1. Weltkrieg durch ein System kollektiver Sicherheit zu garantieren, wurde geboren, als der amerikanische Präsident Wilson am 27. Mai 1916 in einer Rede vor der "League to Enforce Peace" seine Vorstellungen von einem Völkerbund entwickelte. Am 10. Januar 1920 fand die konstituierende Sitzung des Völkerbundes statt. Dieser Institution wurde die Aufgabe zugewiesen, die Einhaltung internationaler Verträge zu beobachten und eine allgemeine Abrüstung in die Wege zu leiten. An erster Stelle stand jedoch die Ächtung des Krieges. Die Funktionsfähigkeit des Völkerbundes war jedoch von Anfang an durch zwei Komponenten beschränkt. Zum einen fehlte es der Institution an einem Exekutivorgan. Zum anderen mußten die USA als einziger Staat, der im Ernstfall die nötige Autorität und die Mittel besessen hätte, um den Entscheidungen des Völkerbundes Geltung zu verschaffen, infolge eines Vetos des amerikanischen Senats auf ihre Mitgliedschaft verzichten.[127]

Mit dem Versailler Vertrag waren bei weitem nicht alle das Deutsche Reich betreffenden Fragen abschließend geregelt, die der Pariser Friedenskonferenz zur Entscheidung vorgelegen hatten. Gleiches galt für die Friedensschlüsse mit den ehemaligen Verbündeten des Reichs. Es standen noch wichtige Grenz- und Reparationsentscheidungen aus, so daß es notwendig war, festzulegen, auf wen welche Kompetenzen hinsichtlich der Durchführung des Versailler Vertrages und der übrigen Friedensverträge übergehen sollten, wenn sich die Pariser Friedenskonferenz aufgelöst hatte. Die vielleicht naheliegende Möglichkeit, den Völkerbund zum Generalerben der noch offenen Probleme zu bestimmen und damit die Satzung des Völkerbundes in den Rang eines künftig allgemeingültigen Grundgesetzes der internationalen Politik zu erheben, wurde nicht wahrgenommen. Es wurden dem Völkerbund zwar bestimmte konkrete Funktionen wie die Kontrolle des Minderheitenschutzes und des Mandatswesens, die Treuhänderschaft über das Saarland und viele andere Aufgaben übertragen, aber von der endgültigen Regelung der territorialen Probleme und der Reparationen sollte er ausgeschlossen bleiben. Die Reparationsfragen wurden an eine außerhalb des Völkerbundes stehende Reparationskommission überwiesen, und die noch offenen Entscheidungen in Territorialfragen blieben den Siegermächten allein vorbehalten.[128]

Blieb der Völkerbund auch von der Behandlung der Reparationsfragen ständig ausgeschlossen, so beschränkte sich seine Arbeit aber trotzdem nicht nur auf die Beseitigung politischer Schwierigkeiten, die Verwaltungstätigkeit und die soziale

---

[127] Vgl. Bonn, M. J. (1921), S. 221; Kruse, A. (1928), S. 10; Pfeil, A. (1976), S. 38-45, 65; Kaiser, A. (1989), S. 429.

[128] Vgl. Pfeil, A. (1976), S. 65-67.

und humanitäre Tätigkeit, sondern er versuchte ebenfalls wirtschaftliche Fragen von internationaler Tragweite zu lösen. Die Beschäftigung mit wirtschaftlichen Fragen wurde dem Völkerbund nahegelegt, da nach 1918 die wirtschaftliche Lage aller Staaten Europas infolge der ungeheuren unproduktiven Ausgaben während des Krieges ungünstig war. Um die internationale Wirtschaftslage zu prüfen und um unter Umständen Maßregeln zur Beseitigung der Schwierigkeiten treffen zu können, berief der Völkerbundrat im September 1920 die bereits erwähnte internationale Finanzkonferenz nach Brüssel ein.[129] Der Verlauf der Konferenz bestätigte den Völkerbund in der Auffassung, daß er den internationalen Aspekten der Wirtschafts- und Finanzprobleme der Zeit besondere Aufmerksamkeit widmen sollte, und veranlaßte ihn zur Einsetzung von ständigen Komitees für Finanz- und Wirtschaftsfragen.[130]

Das Finanzkomitee des Völkerbundes war für den Wiederaufbau des Geldwesens in den europäischen Staaten zuständig. Dabei stand die neu gegründete österreichische Republik an erster Stelle. Diese benötigte nach der Auflösung der österreichisch-ungarischen Monarchie durch den Vertrag von St. Germain dringend ausländische Hilfe zum Überleben.[131]

Der Friedensvertrag von St. Germain hatte im Artikel 202 bzw. 206 die Liquidation der Österreichisch-ungarischen Bank angeordnet und die Nachfolgestaaten aufgefordert, eigene Notenbanken zu errichten. Solange aber die Ausgabe ungedeckter Banknoten zur Finanzierung der Budgetdefizite anhielt - die Notenbank hatte in den Jahren der Nachkriegsinflation weitgehend die Rolle einer Notendrukkerei für den Staat übernommen[132] - waren alle Notenbankprojekte zum Scheitern verurteilt.[133] Mittels einer Vollzugsanweisung vom 22. Dezember 1919 wurde die Österreichisch-ungarische Bank deshalb ermächtigt und verpflichtet, ihre statutenmäßige Tätigkeit in der Republik Österreich auch über den 31. Dezember 1919 hinaus bis auf weiteres fortzuführen.[134] Die Bank blieb mit "österreichischer Geschäftsführung" bis zum Jahresende 1922 Notenbank der Republik Österreich.

Das Finanzkomitee des Völkerbundes wurde am 17. März 1921 von den in London zur Beratung von Reparationsfragen zusammengekommenen alliierten Mächten um die Ausarbeitung eines Sanierungsplans für die heillos zerrütteten Staatsfinanzen

---

[129] Vgl. Kruse, A. (1928), S. 33-34; Pfeil, A. (1976), S. 69.

[130] Vgl. Die internationale Finanzkonferenz in Brüssel vom 24. September bis 8. Oktober 1920, S. 8-22.

[131] Vgl. British Secretary's Notes of an Allied Conference held in the Salle de l'Horloge, Quai d'Orsay, Paris, on Tuesday, January 25, 1921, at 11 a. m., S. 20-28; Report of the Commitee on Austria (1921), S. 120-124.

[132] Vgl. Pressburger, S. (1976), S. 2118; Kernbauer, H. (1991), S. 28.

[133] Vgl. Pressburger, S. (1976), S. 2077-2081, 2230; Kernbauer, H. (1991), S. 9, 26-27.

[134] Vgl. Pressburger, S. (1976), S. 2115-2116.

der jungen Republik Österreich gebeten.[135] Daraufhin sandte der Völkerbund am 30. März 1921 drei Sachverständige des Finanzkomitees nach Österreich, die einen Plan für dessen finanzielle Sanierung entwerfen sollten. Dieser Plan kam im Mai 1921 zustande und sah als erste Vorbedingung für ausländische Kredite die Errichtung einer vom Staat unabhängigen Notenbank vor. Dieser neuen Notenbank sollte die Aufgabe zukommen, die notwendige Währungsreform vorzunehmen. Des weiteren wurden drastische Reformen in der Verwaltung und die Erfüllung eines Budgetplans gefordert.[136]
Der Finanzplan, den die Delegation des Völkerbundes in Zusammenarbeit mit der österreichischen Regierung erstellt hatte, scheiterte aber aufgrund des Rücktritts dieser Regierung am 1. Juni 1921.[137]

Nachdem im Laufe des Jahres 1921 die österreichische Krone durch die Inflation praktisch völlig entwertet worden war, versuchte die österreichische Regierung im Juli 1922 mit dem Mut der Verzweiflung eine neue Zentralbank zu gründen. Bereits am 24. Juli 1922 wurde das Bundesgesetz über die Errichtung einer Notenbank erlassen. Entsprechend der neuen Statuten durfte der Staat die Mittel der neuen Bank in keiner Weise in Anspruch nehmen, ohne den Gegenwert in Gold oder Devisen zu hinterlegen. Diese Maßnahmen reichten aber nicht aus, um das Vertrauen in die Währung wiederherzustellen. Die Inflation konnte nicht gestoppt werden.[138] Aus den Protokollen der Notenbank läßt sich entnehmen, daß die Finanzverwaltung weiterhin die Notenbank zur Finanzierung ihres Bedarfs in Anspruch nahm und es dadurch immer wieder zu Auseinandersetzungen zwischen der Notenbank und der Finanzverwaltung kam.[139]

Nachdem die österreichische Regierung Mitte August 1922 wegen der ausweglosen Währungssituation einen dringenden Hilferuf an die Regierungschefs der Alliierten gerichtet hatte, wandte sich der Oberste Rat der Verbündeten am 31. August 1922 mit der erneuten Bitte an das Finanzkomitee des Völkerbundes, einen Sanierungsplan für Österreich auf der Basis privater Kredite auszuarbeiten. Daraufhin setzte der Völkerbundrat einen Ausschuß aus Vertretern Großbritanniens, Frankreichs, Italiens, Österreichs und der Tschechoslowakei ein, der in zwei Monaten auf der Basis des Sanierungsplans vom Mai 1921 einen Plan für die finanzielle Sanierung Österreichs ausarbeitete.[140]

---

[135] Vgl. The Economic and Financial work of the League (1922), S. 237-238; Thürauf, U. (1926), S. 354.
[136] Vgl. Kienböck, V. (1925), S. 17; Pfeil, A. (1976), S. 75; Pressburger, S. (1976), S. 2231; Sayers, R. S. (1976), S. 163-164.
[137] Vgl. Kernbauer, H. (1991), S. 66.
[138] Vgl. Pressburger, S. (1976), S. 2272-2273.
[139] Vgl. Pressburger, S. (1976), S. 2295.
[140] Vgl. Kruse, A. (1928), S. 34; Pressburger, S. (1976), S. 2273-2275; Kernbauer, H. (1991), S. 56.

Am 4. Oktober 1922 wurden schließlich die drei sogenannten Genfer Protokolle unterzeichnet. Im Protokoll I sprachen die Signatarmächte des Vertrages eine Garantie für die politische Unabhängigkeit, die territoriale Integrität und Souveränität Österreichs aus. Das Protokoll II enthielt Bestimmungen für die Begebung einer Anleihe zugunsten Österreichs, für die Großbritannien, Frankreich, Italien und die Tschechoslowakei Garantien übernahmen. Im Protokoll III verpflichtete sich Österreich unter anderem zur Durchführung eines Budgetsanierungsprogramms mit dem Ziel, binnen zwei Jahren ein dauerhaftes Gleichgewicht im Staatshaushalt herbeizuführen.[141]

Im dritten Protokoll fanden sich auch Bestimmungen über den Aufbau und die Tätigkeit einer unabhängigen Notenbank: *„Die Statuten müssen der Notenbank volle Autonomie gegenüber der Regierung sichern. Die Notenbank wird die Aufgabe eines Staatskassiers auszuüben, die Einnahmen- und Ausgabengebarungen zu zentralisieren und periodische Ausweise zu Terminen und in einer Form auszugeben haben, die im Einvernehmen mit dem Genaralkommissär festzusetzen sein werden.“*[142]

Die österreichische Regierung erklärte sich bereit, vom Parlament die nach den Empfehlungen des Finanzkomitees notwendig erscheinenden Abänderungen an dem Notenbankgesetz vom 24. Juli 1922 zu verlangen.[143] Das Notenbankgesetz mußte in folgenden Punkten geändert werden:[144]

- Die Länder und Gemeinden durften, genau wie der Bund, in Zukunft keine eigenen Banknoten ausgeben und die Mittel der Bank weder direkt noch indirekt in Anspruch nehmen.
- Die Bestimmung, daß die Bank ihr Notenprivileg verliert, wenn sich der Wechselkurs im Verhältnis zu den wertbeständigen Währungen verschlechtert, wurde aufgehoben.
- Außerdem wurde dem Finanzminister die Ermächtigung entzogen, für das Aktienkapital und eine Mindestdividende eine Garantie zu übernehmen.

Um zu verhindern, daß die Inflation den positiven Effekt der ausländischen Kredite zunichte machte, hatte das Finanzkomitee ursprünglich geplant, einen ausländischen Zentralbankpräsidenten einzusetzen. Da aber eine Einigung auf einen geeigneten Mann zwischen den ausländischen Mächten nicht möglich war und Österreich außerdem einen ausländischen Zentralbankpräsidenten ablehnte, wurde diese Forderung fallen gelassen. Statt dessen stimmte die österreichische Regierung der Einsetzung eines neutralen ausländischen Generalkommissärs zu. Dieser war für

[141] Vgl. Genfer Protokolle vom 4. Oktober 1922, S. 2299-2307.
[142] Genfer Protokolle vom 4. Oktober 1922, S. 2306.
[143] Vgl. Genfer Protokolle vom 4. Oktober 1922, S. 2306.
[144] Vgl. Kernbauer, H. (1991), S. 72.

die Durchführung und Überwachung des Reformprogramms zuständig und verpflichtet, dem Völkerbund über den Fortschritt der Reformen und erreichten Ergebnisse monatlich Bericht zu erstatten.[145]

Erklärtes Ziel des Statuts der neuen Notenbank war die Stabilisierung der Währung und die Verhinderung jeder weiteren Inflation.[146] Außerdem hatten die Genfer Protokolle die Wiedereinführung der Goldwährung vorgesehen.[147] Anscheinend wollte sich das Finanzkomitee auf die Unabhängigkeit der Zentralbank als Mittel für die Erreichung und Aufrechterhaltung der Währungsstabilität allein nicht verlassen.

Mit dem Bundesgesetz vom 14. November 1922 betreffend der Abänderung und Ergänzung des Bundesgesetzes vom 24. Juli 1922 über die Errichtung einer Notenbank wurden die vom Völkerbund gewünschten Modifikationen des Notenbankgesetzes durchgeführt. Am gleichen Tag wurden auch die neuen Statuten der Notenbank vom Nationalrat beschlossen.[148] Am 28. November 1922 gab die österreichische Regierung eine feierliche Erklärung ab, keine weiteren Schatzscheine einzureichen, weder an das alte noch an das neue Noteninstitut.[149] Die regierungsunabhängige Österreichische Nationalbank nahm ihre Tätigkeit am 1. Januar 1923 auf.[150] Mit dem "Genfer Sanierungswerk" und seinen Vorschriften über die Errichtung eines neuen Noteninstituts wurden die Voraussetzungen für eine stabile Währung geschaffen. Die neue unabhängige Notenbank konnte glaubhaft das Ziel der Geldwertstabilität verfolgen.[151]

Die gleichen Probleme wie Österreich hatte nach dem 1. Weltkrieg auch Ungarn: einen großen Bürokratenapparat, hohe Schulden, die Verpflichtung zu Reparationszahlungen und unsichere politische Zustände. Ein normaler langfristiger Auslandskredit schien daher unmöglich. Weil aber das internationale Interesse an Ungarn sehr groß und die politische Stabilität Zentral- und Südosteuropas von einem friedvollen Regime in Ungarn abhängig war, wurde auch dieser finanzielle Wiederaufbau eine Angelegenheit für den Völkerbund.[152]

Für Ungarn wurde vom Völkerbund ein dem Abkommen mit Österreich entsprechender Plan ausgearbeitet. Es waren, genau wie bei Österreich, eine inländische Finanzreform und langfristige externe wie interne Kredite vorgesehen. Außerdem

---

145 Vgl. Genfer Protokolle vom 4. Oktober 1922, S. 2305; Sayers, R. S. (1976), S. 167-168.
146 Vgl. Genfer Protokolle vom 4. Oktober 1922, S. 2304-2305.
147 Vgl. Kernbauer, H. (1991), S. 84.
148 Vgl. Pressburger, S. (1976), S. 2275; Kernbauer, H. (1991), S. 72.
149 Vgl. Pressburger, S. (1976), S. 2276.
150 Vgl. Kernbauer, H. (1991), S. 99.
151 Vgl. Kernbauer, H. (1991), S. 9, 58-59.
152 Vgl. Sayers, R. S. (1976), S. 171.

wurde ein ausländischer Generalagent eingesetzt und eine unabhängige Zentralbank gegründet, die die Kontrolle über die Notenausgabe erhielt und eine Goldreserve für die Noten bilden mußte.[153]

Österreich und Ungarn waren die ersten Länder, die sich der finanziellen Rekonstruktion unterwarfen, die auf der Basis eines vom Völkerbund entwickelten Plans vorgenommen wurde. Beide Staaten akzeptierten eine von der Regierung unabhängige Zentralbank.[154]

Die Rolle, die der Völkerbund in Österreich und Ungarn spielte, setzte sich aber in Deutschland nicht fort. Das politische Interesse der Alliierten an Deutschland und seiner finanziellen Lage war viel größer als bei jedem anderen Land. Deutschland war definitiv kein neuer Kandidat für die Tagesordnung des Völkerbundes. Zwar zeigte der Erfolg der Abkommen mit Österreich und Ungarn, wie man auch in Deutschland einen finanziellen Wiederaufbau erfolgreich vornehmen konnte. Aber diese Aufgabe fiel letztendlich den alliierten Regierungen und nicht dem Völkerbund zu.

Der finanzielle Wiederaufbau in Europa zeigt ganz deutlich die Bedeutung der Unabhängigkeit der Zentralbanken in den zwanziger Jahren. Die Unabhängigkeit wurde zu einem anerkannten Zentralbankprinzip, das auch vom Finanzkomitee des Völkerbundes vertreten wurde. Das Komitee hat letztendlich viel zu der Durchsetzung dieses Prinzips beigetragen.
Bei einer Untersuchung vom 29. Juli 1929 über die „*Grundprinzipien der Unabhängigkeit bei den ausländischen Notenbanken*" kam die Reichsbank zu dem Ergebnis, daß zu den Notenbanken mit sehr geringem staatlichen Einfluß vor allem auch die durch den Völkerbund geschaffenen bzw. reorganisierten Banken gehören.[155]

[153] Vgl. Sayers, R. S. (1976), S. 172.
[154] Vgl. Goodman, J. B. (1992), S. 28.
[155] Vgl. BArch, R 2501/6742, Bl. 268-273. Untersuchung der Reichsbank über „Grundprinzipien der Unabhängigkeit bei den ausländischen Notenbanken" vom 29. Juli 1929.

4. Kapitel: Die politische und wirtschaftliche Situation in Deutschland nach dem 1. Weltkrieg

4.1 Der Versailler Vertrag und die Reparationspolitik der Siegermächte

Den Versailler Vertrag hat man neben der Reichsverfassung von 1919 die zweite stumme deutsche Reichsverfassung genannt. Dies war insofern richtig, als dessen Bestimmungen über die Zahlung von Kriegs- und Kriegsfolgekosten - die Reparationen - die deutsche Wirtschafts- und Währungspolitik der zwanziger Jahre entscheidend prägten.[156]

Als am 8. Mai 1919 die Friedensbedingungen der Alliierten bekannt geworden waren, wurden sie vom Kabinett als *„unerträglich"* und *„unerfüllbar"*[157] bezeichnet. Die Bedingungen hatten die schlimmsten Erwartungen aller Deutschen übertrof fen.[158] Das bestehende Kabinett konnte sich im Endstadium einer auf allen politischen und militärischen Ebenen geführten Diskussion über die Annahme oder Ablehnung der alliierten Friedensbedingungen nicht einigen. Daher mußte erst ein neues, unterschriftswilliges Kabinett aus Sozialdemokraten und Zentrumspolitikern gebildet werden, bevor der Versailler Vertrag am 28. Juni 1919 unterzeichnet werden konnte.[159]

Der Versailler Vertrag regelte die Errichtung des Völkerbundes, setzte die neuen Grenzen der deutschen Republik fest und regelte die europäischen Besitzverhältnisse. Der Vertrag hatte Gebietsabtretungen unter anderem an Frankreich, Polen und Belgien, den Verlust sämtlicher Kolonien und eine weitgehende Entwaffnung Deutschlands zur Folge.[160]
Der grundlegende Paragraph des Versailler Vertrages war der § 231, der die Kriegsschuld einseitig Deutschland zusprach.[161] Deutschland wurde somit für alle Schäden, die durch den Krieg entstanden waren, verantwortlich gemacht. Es wurde deshalb zur Wiedergutmachung verpflichtet, das heißt zu Reparationen in Form von Geldzahlungen und Warenlieferungen.

---

[156] Vgl. Köllner, L. (1991), S. 48-49.
[157] Kabinettssitzung vom 8. Mai 1919, 11 Uhr, S. 303.
[158] Vgl. Kabinettssitzung vom 8. Mai 1919, 11 Uhr, S. 303; Kabinettssitzung vom 12. Mai 1919, 11 Uhr, S. 315.
[159] Vgl. Der Reichswirtschaftsminister an Unterstaatssekretär v. Moellendorff. Weimar, 21. Juni 1919, S. 493-495; Entwurf Moritz Julius Bonns für eine Rechtsverwahrung gegen den Versailler Vertrag. 28. Juni 1919, S. 29; Schulze, H. (1971), S. LXI-LXII; Golecki, A. (1980), S. XXII.
[160] Vgl. Der Friedensvertrag von Versailles vom 28. Juni 1919, S. 388-415.
[161] Vgl. Der Friedensvertrag von Versailles vom 28. Juni 1919, S. 405.

Besonders der "Kriegsschuldartikel", auf dem die Reparationsforderungen basierten, war der Ausgangspunkt einer heftigen Kampagne gegen jene republikanischen Politiker, die den Vertrag unter dem Zwang der Umstände unterschrieben hatten. Die Agitation gegen den Versailler Vertrag wurde zu einem Kampf gegen die Weimarer Republik, so daß der Vertrag als solcher erheblich zur politischen Instabilität der Republik beitrug.

Der Versailler Vertrag war vor allem für Frankreich eine Genugtuung gegenüber seinem Erzfeind Deutschland. Symbolträchtig wurde der Vertrag in jenem Schloß ausgehandelt und von Deutschland unterzeichnet, in dem achtundvierzig Jahre zuvor - nach dem Sieg über Frankreich - das deutsche Kaiserreich gegründet worden war. Der Vertrag besiegelte den nicht nur materiell, sondern auch psychologisch unglaublich wichtigen Sieg über Deutschland und gab der französischen Regierung die Möglichkeit, ihre innenpolitischen Schwierigkeiten zu überdecken. Außerdem wurden die Reparationen auf französischer Seite als Instrument benutzt, um den wirtschaftlichen Wiederaufbau seines östlichen Nachbarn zu verhindern.[162]

Anfangs bot der Versailler Vertrag auch Großbritannien die Möglichkeit, zumindest einen Teil seiner Schwierigkeiten auf Deutschland abzuwälzen und die eigene Position gegenüber einem der gefährlichsten Wirtschaftsrivalen auszubauen. Die Ablieferung der deutschen Handelsflotte war ein erster Schritt, die Verpflichtung zur Meistbegünstigung auf fünf Jahre eine weitere Etappe auf diesem Weg. Erst als das Ziel der Schwächung Deutschlands erreicht war, lenkte London zu einer großzügigeren Reparationspolitik ein.[163]

Großbritannien schloß eine Revision des Versailler Vertrages schon aus rein wirtschaftlichen Gründen nicht aus. Die britischen Politiker hatten erkannt, daß nur eine Ausdehnung des Handels mit Zentraleuropa die eigene durch Streiks und Umstellungsschwierigkeiten darniederliegende Wirtschaft beleben konnte. Nur ein wirtschaftlich gesundes und nicht durch unsinnige Reparationsleistungen belastetes Deutschland war in der Lage britische Waren abzunehmen. Außerdem wäre ein wirtschaftlich ruiniertes Deutschland nicht imstande gewesen, Reparationen auch nur in geringster Höhe zu zahlen. Großbritannien benötigte aber zumindest einen Teil dieser Zahlungen, um die während des Krieges eingegangene Verschuldung an die Vereinigten Staaten begleichen zu können. Die Außenpolitik Großbritanniens wurde also notwendigerweise in den Dienst der wirtschaftlichen Erholung gestellt.[164]

---

[162] Vgl. Kaiser, A. (1989), S. 41.
[163] Vgl. Kaiser, A. (1989), S. 41.
[164] Vgl. Weidenfeld, W. (1972), S. 42-43; Kaiser, A. (1989), S. 9.

Ab 1920 setzte sich eine Tendenz in der britischen Reparationspolitik durch, die mit dem Namen des englischen Nationalökonomen John Maynard Keynes verbunden war. Nachdem Keynes schon auf der Pariser Friedenskonferenz zusammen mit Montagu Norman für vergleichsweise niedrige Reparationszahlungen eingetreten war, forderte er 1920 in seinem Buch „*Die wirtschaftlichen Folgen des Friedensvertrages*“ öffentlich die Revision der reparationspolitischen Bestimmungen des Versailler Vertrages [165] und wiederholte diese Forderung in der 1922 erschienenen Fortsetzung „*Revision des Friedensvertrages*“[166], wofür er allerdings in England als “Deutschlandfreund“ gebrandmarkt wurde.

Da die Reparationsschuld im Versailler Vertrag nur im Grundsatz festgelegt worden war, galt es Anfang der zwanziger Jahre, Höhe, Art und Zahlungsmodus der deutschen Reparationsleistung festzulegen. Dabei trafen die unterschiedlichen britischen und französischen Interessen aufeinander. Anfangs konnte sich die französische Seite mit ihrem Konfrontationskurs gegen Deutschland durchsetzen, da Großbritannien bemüht war, die bestehenden Gegensätze nicht offen zutage treten zu lassen. Ein offener Konflikt mit Frankreich sollte unter allen Umständen vermieden werde.[167]

Nach zahlreichen erfolglosen Verhandlungen im Laufe des Jahres 1920 erging am 29. Januar 1921 die Pariser Note der Alliierten an Deutschland. Ohne weitere Anhörung der deutschen Seite verfügte der Oberste Rat eine Regelung der Reparationsfrage, die zwar als Vorschlag bezeichnet wurde, im Prinzip jedoch ein Ultimatum darstellte.[168] Die Alliierten drohten mit weitreichenden Sanktionen, falls Deutschland die Reparationsvorschläge der Pariser Note nicht annehmen würde.[169] Die Reichsregierung weigerte sich aber, die Bedingungen zu akzeptieren.[170] Ein Kompromiß scheiterte an der unnachgiebigen Haltung Frankreichs. Am 8. März 1921 wurden Düsseldorf, Duisburg und Ruhrort von alliierten Truppen zur Durchsetzung ihrer Forderungen besetzt. Unter der Führung Frankreichs hatten die Alliierten eine Politik eingeschlagen, die blind war für das wirtschaftlich und finanziell Mögliche und den Ausweg allein in Zwangsmitteln suchte. Das Londoner Ultima-

---

165 Vgl. Keynes, J. M. (1921), S. 101-110, 137-170.

166 Vgl. Keynes, J. M. (1922), S. 104-105.

167 Vgl. Aufzeichnung des Ministerialdirektors von Simon, 20. Januar 1921, S. 282; D'Abernon, E. V. (1929a), S. 162; Kaiser, A. (1989), S. 41.

168 Vgl. Sammlung von Aktenstücken über die Verhandlungen auf der Konferenz zu London vom 1. bis 7. März 1921, S. 6-23.

169 Vgl. BArch, R 43 I/18, Bl. 46-48. Abschlußprotokoll der Londoner Konferenz vom 7. März 1921.

170 Vgl. Kabinettssitzung vom 4. März 1921, 17. 30 Uhr, S. 509.

tum, das am 5. Mai 1921 einging, erreichte eine zurückgetretene, nur noch die Geschäfte wahrnehmende Reichsregierung.[171]

Als Londoner Ultimatum wurde die Erklärung der Alliierten vom 5. Mai 1921 bezeichnet, die aus drei inhaltlich zusammenhängenden Teilen, der Mantelnote, dem Zahlungsplan und dem Londoner Protokoll, bestand.
In der Mantelnote forderten die Alliierten die deutsche Regierung auf, innerhalb von sechs Tagen ohne Vorbehalte und Bedingungen 1. die im Zahlungsplan als Reparationsschuld festgesetzte Summe anzuerkennen, 2. den Zahlungsplan zu akzeptieren, 3. die im Versailler Vertrag festgesetzte Entwaffnung pünktlich durchzuführen und 4. die Aburteilung der deutschen Kriegsverbrecher vor deutschen Gerichten einzuleiten. Für den Fall, daß Deutschland bis zum 12. Mai 1921 diese Bedingungen nicht erfüllen würde, drohten die Alliierten, die bereits im Anschluß an die Londoner Konferenz verhängten Sanktionen durch die Besetzung des Ruhrgebietes auszudehnen.[172]

Der Londoner Zahlungsplan legte in 12 Artikeln die gesamte Zahlungsverpflichtung Deutschlands fest; er ging von einer Gesamtschuld in Höhe von 132 Milliarden Goldmark aus. Als jährliche Belastung sah der Plan 1. eine Barleistung in feststehender Höhe von 2 Milliarden Goldmark sowie 2. eine Zahlung in Höhe von 26% des Wertes der deutschen Ausfuhr vor.[173]
Das Londoner Ultimatum wurde schließlich unter dem Druck der Alliierten von einer neu gebildeten Regierung unter dem Reichskanzler Wirth am 10. Mai 1921 angenommen.[174]

Da Deutschland die Zahlungen entsprechend dem Londoner Zahlungsplan aber bereits Ende 1921 nicht mehr aufbringen konnte, stellte die Reichsregierung ein Moratoriumsgesuch an die Alliierten.[175] Darüber sollte die vom Obersten Rat einberufene Konferenz in Cannes im Januar 1922 entscheiden. Die das deutsche Moratoriumsgesuch betreffende Resolution der Konferenz von Cannes erging am 13. Januar 1922. Danach war Deutschland ein vorläufiges Moratorium gewährt worden, unter der Bedingung, daß die deutsche Regierung binnen 14 Tagen der Repa-

---

[171] Vgl. Bericht des Auswärtigen Amts über die inoffiziellen Verhandlungen während der Londoner Konferenz. [15. März 1921], S. 565-570; Kabinettssitzung vom 6. Mai 1921, 9 Uhr, S. 665; Kabinettssitzung vom 6. Mai 1921, 17 Uhr, S. 666; Kabinettssitzung vom 7. Mai 1921, 10 Uhr, S. 668; Kabinettssitzung vom 7. Mai 1921, 17 Uhr, S. 668-669; Kabinettssitzung vom 9. Mai 1921, 11.30 Uhr; Wulf, P. (1972), S. XLII-XLIII.

[172] Vgl. Das Londoner Ultimatum vom 5. Mai 1921, S. 339-340.

[173] Vgl. Der Alliierte Zahlungsplan vom 5. Mai 1921, S. 340-344.

[174] Vgl. Reichskanzler Wirth an die Botschaft in London, 10. Mai 1921, S. 20.

[175] Vgl. Schreiben des Reichskanzlers Dr. Wirth an den Präsidenten der Reparationskommission, 14. Dezember 1921, S. 369-370.

rationskommission einen „*Reform- und Garantieplan betreffend des deutschen Budgets und des deutschen Papierumlaufs*“[176] vorlegte.
Deutschland erfüllte die alliierten Forderungen - wie die gesetzliche Verankerung der Unabhängigkeit der Reichsbank - und machte Zusagen hinsichtlich eines Budgetausgleichs. Am 31. Mai 1922 wurde daraufhin das vorläufig eingeräumte Moratorium in ein bis zum 31. Dezember 1922 befristetes umgewandelt.[177]

Anfang 1922 war Raymond Poincare in Frankreich an die Regierung gelangt, der eine härtere Politik gegenüber Deutschland führte, hingegen hatte Großbritannien seine Haltung spürbar geändert.[178] Im Laufe des Jahres 1922 verschärften sich die außenpolitischen Gegensätze zwischen den alliierten Siegermächten. Der Sommer 1922 kann als der Wendepunkt zu der Entwicklung angesehen werden, die Frankreich immer stärker in die außenpolitische Isolation führte. Die Gegensätze zwischen Großbritannien und Frankreich traten offen zutage, als Deutschland im Juli 1922 eine Verlängerung des bis zum 31. Dezember 1922 bewilligten Moratoriums beantragte.[179]

Da eine Einigung zwischen Großbritannien und Frankreich bei direkten Verhandlungen nicht erzielt werden konnte, sollte die Reparationskommission über das Moratoriumsgesuch Deutschlands entscheiden. Ende Oktober 1922 traf die Reparationskommission zu Verhandlungen mit der deutschen Regierung in Berlin ein. Dabei sollte das in der Note vom 31. August 1922 angekündigte Reformprogramm für die öffentlichen Finanzen Deutschlands vorbereitet und somit die Grundlagen für eine Entscheidung über das deutsche Moratoriumsgesuch geschaffen werden.[180]

Am 14. November 1922 sandte jedoch die Regierung Wirth eine Note an die Alliierten, die neben einem Sanierungsprogramm für die deutsche Währung und die erneute Forderung nach einer Moratoriumsverlängerung für drei bis vier Jahre die Beantragung einer Neufestsetzung der gesamten Reparationsschuld Deutschlands in tragbarer Höhe, also einer Revision des Londoner Zahlungsplans, enthielt.[181]

---

176 Beschluß der Reparationskommission: Die Konferenz von Cannes, 13. Januar 1922, S. 380.

177 Vgl. BArch, R 43 I/457, Bl. 137. Note der Alliierten an die Reichsregierung vom 31. Mai 1922.

178 Vgl. D´Abernon, E. V. (1929a), S. 277; D´Abernon, E. V. (1929b), S. 18; Schötz, H. O. (1987), S. 20-21.

179 Vgl. Kabinettssitzung vom 11. Juli 1922, [16.30 Uhr] im Reichstagsgebäude, S. 947-948; BArch, R 43 I/457, Bl. 152. Note der Reichsregierung an die Alliierten vom 12. Juli 1922; Staatssekretär a. D. Bergmann an den Reichskanzler. Paris, 29. Juli 1922, S. 974-975.

180 Vgl. Thürauf, U. (1927); Schulze-Bidlingmaier, I. (1973), S. XLV.

181 Vgl. Vorschläge der deutschen Regierung vom 14. November 1922 an die Reparationskommission zur Stabilisierung und Stützung der Reichsmark, S. 416-419.

Die unmittelbar darauf am 22. November 1922 neu gebildete Regierung Cuno stellte sich ohne Einschränkung hinter diese Forderungen.[182]

Für die französische Regierung war dies unannehmbar. Poincare hatte während der vielen Reparationsverhandlungen des Jahres 1922 stets an der Gültigkeit des Londoner Zahlungsplans festgehalten und sich einer Überprüfung und Neueinschätzung der deutschen Zahlungsfähigkeit nach rein wirtschaftlichen Gesichtspunkten widersetzt. Er drohte nun mit der Besetzung des Ruhrgebietes zur Sicherung der Reparationsforderungen.[183]

Am 9. Januar 1923 stellte die Reparationskommission gegen die Stimme des britischen Vertreters für das Jahr 1922 zu geringe Kohlenlieferungen an Frankreich fest.[184] Zwei Tage später marschierten belgische und französische Truppen in das Ruhrgebiet ein. Die Reichsregierung rief die Bevölkerung daraufhin zum passiven Widerstand auf. Beamte, Angestellte und Arbeiter weigerten sich, für die Besatzungsmächte zu arbeiten und ihren Anordnungen nachzukommen. Der Ruhrkampf hatte begonnen.[185]

Alle Reparationsleistungen an Frankreich und Belgien wurden eingestellt.[186] Das hatte zur Folge, daß die Reparationskommission am 26. Januar 1923 eine allgemeine Verfehlung der deutschen Regierung feststellte, den Londoner Zahlungsplan vom 5. Mai 1921 wieder in Kraft setzte und den Moratoriumsantrag vom 14. November 1922 zugleich ablehnte.[187] Diese Entscheidung hatte aber mehr theoretische als praktische Bedeutung, denn tatsächlich begann mit dem Ruhreinmarsch eine Periode kriegsähnlicher Verhältnisse, gerade noch unter der Schwelle militärischer Auseinandersetzungen.[188]

Der Ruhrkampf wurde im September 1923 durch den Reichskanzler Stresemann beendet. Danach wurde versucht, die Reparationen aus ihrem politischen Kontext zu lösen und auf eine rein wirtschaftliche Ebene zu transferieren.[189]

---

[182] Vgl. Weißbuch über die den Alliierten seit Waffenstillstand übermittelten deutschen Angebote und Vorschläge zur Lösung der Reparations- und Wiederaufbaufrage (1924), S. 99-101.

[183] Vgl. Der Reichsminister des Auswärtigen von Rosenberg an die Botschaft in Washington, 19. Dezember 1922, S. 581; Harbeck, K.-H. (1968), S. XXVII-XXVIII.

[184] Vgl. BArch, R 43 I/457, Bl. 392. Beschluß der Reparationskommission vom 9. Januar 1923.

[185] Vgl. Runderlaß des Reichsministers des Auswärtigen von Rosenberg, 10. Januar 1923, S. 44; Besprechung in der Reichskanzlei. 14. Januar 1923, 18 Uhr, S. 145-146; Ministerbesprechung vom 16. Januar 1923, 18 Uhr, S. 146-151; Ministerbesprechung vom 19. Januar 1923, S. 176-178.

[186] Vgl. Runderlaß des Reichsministers des Auswärtigen von Rosenberg, 15. Januar 1923, S. 54.

[187] Vgl. BArch, R 43 I/457, Bl. 394. Note der Reparationskommission an die Reichsregierung vom 26. Januar 1923.

[188] Vgl. Harbeck, K.-H. (1968), S. XXXII.

[189] Vgl. Kaiser, A. (1989), S. 42.

Dieser Versuch gelang mit dem Dawes-Plan von 1924, der die Reparationszahlungen Deutschlands auf eine ökonomisch sinnvolle Basis stellte.[190]

4.2 Die deutsche Inflation von 1918 bis 1923

Konnte in den beiden ersten Kriegsjahren die durch die Kriegskosten entstandene schwebende Schuld mit Hilfe von Kriegsanleihen noch konsolidiert werden, so gelang dies in den folgenden Jahren nicht mehr. Ab Herbst 1916 blieben die Erträge der Kriegsanleihen mit progressiv wachsenden Summen hinter den Beträgen der schwebenden Schuld zurück. Hinzu kam, daß die vom Staat ausgegebenen Reichsschatzanweisungen immer seltener im freien Verkehr untergebracht werden konnten. Die Schatzanweisungen wurden daher im steigenden Maße bei der Reichsbank diskontiert und verblieben in deren Bestand.[191] Entsprechend stieg die Geldausgabe der Reichsbank stark an. Die Vermehrung des durch Gold nicht gedeckten Notenumlaufs der Reichsbank entsprach fast der Zunahme der schwebenden Schuld des Reichs,[192] zumal Deutschland aufgrund der Friedensbedingungen einen nicht unerheblichen Teil der Goldreserven abgeben mußte. Die Bedingungen der Goldwährung konnten daher nicht mehr erfüllt werden.[193]

In Deutschland wurden nicht nur in politischen Äußerungen, sondern auch in zeitgenössischen wissenschaftlichen Debatten die Reparationen als Ursache für die Inflation genannt. Sowohl die Zahlungsbilanztheoretiker als auch die Quantitätstheoretiker sahen in diesen den Faktor, der für das Ungleichgewicht in der Zahlungsbilanz bzw. im Reichshaushalt verantwortlich war und dadurch die Inflation in Gang setzte.[194]

Auch die deutschen Delegierten wiesen bei den Reparationsverhandlungen immer wieder auf die hohe Verschuldung des Reichs, die daraus resultierende anwachsende Inflationsrate und die dazu parallel verlaufende Verschlechterung der Währungssituation hin. Ihrer Meinung nach machte dies unmöglich, Leistungen in der geforderten Größenordnung zu erbringen. Die Alliierten - allen voran Frankreich - argwöhnten aber, daß Deutschland absichtlich eine Inflationspolitik betrieb, um sich so seiner rechtmäßigen Verpflichtungen zu entziehen.[195] Die französische Regierung warf Deutschland öffentlich vor, seine Finanzen planmäßig zu ruinieren.

---

[190] Siehe Gliederungspunkt 5.3.1, S. 98.
[191] Zur Entwicklung der schwebenden Schuld des deutschen Staates siehe Tabelle A3 im Anhang.
[192] Vgl. Helfferich, K. (1923), S. 213-214.
[193] Vgl. Helfferich, K. (1923), S. 221.
[194] Vgl. Holtfrerich, C.-L. (1980), S.136.
[195] Vgl. Chefbesprechung vom 12. Dezember 1921, 18 Uhr, S. 463; Niederschrift über die Sitzung mit der Reparationskommission am 11. Januar 1922, 5 Uhr nachmittags, im Cercle Nautique [Cannes], S. 479-487.

Die Franzosen betrachteten die Inflation als betrügerischen Bankrott Deutschlands, der es davor bewahren sollte, den französischen Reparationsforderungen nachzukommen.[196]

Neben den ungewissen Folgen des Versailler Vertrages förderten vor allem die inneren Kriegsfolgekosten die deutsche Nachkriegsinflation. Die Demobilisierung brachte arbeitslose Soldaten hervor, der Produktionsapparat war infolge unterlassener Investitionen größtenteils veraltet und anfangs noch einseitig kriegswirtschaftlich orientiert. Umstellungsprobleme, Exportbeschränkungen, Rohstoff- und Warenknappheit verhinderten eine wirksame Wiederbelebung des Wirtschaftskreislaufs. Kurzarbeit und Arbeitslosigkeit im Gefolge der allgemeinen Konjunkturkrise Deutschlands zwangen zur Aufbringung erheblicher Mittel für die Erwerbslosenfürsorge.[197]

Die Regierung erhöhte ihre Ausgaben zur Linderung der sozialen Nöte überwiegend einkommensschwacher Bevölkerungsschichten. Dies führte zu einem Kaufkraftüberhang, der bei gleichzeitiger Warenknappheit das Preisniveau im Inland aufblähte. Lohnerhöhungen und staatliche Transferzahlungen traten ohne Aussicht auf nennenswerte reale Leistungssteigerungen zum Wettlauf mit steigenden Lebenshaltungskosten an. Sie verstärkten den über das Kriegsende hinaus vorhandenen inflationären Trend.[198]

Der Ruhrkampf verschärfte die Inflation und führte letztendlich zu einer Hyperinflation. Die Reichsfinanzen wurden dem Primat der Reichspolitik untergeordnet.[199] Die Auswirkungen des Ruhrkampfes auf die wirtschaftliche Lage in Deutschland waren katastrophal, da die Industrie von einer wichtigen Rohstoffquelle abgeschnitten wurde. Außerdem sah sich die Reichsregierung gezwungen, dauerhaft Löhne und Gehälter an die Arbeiter und Angestellten und die ausgewiesenen Beamten des besetzten Gebietes zu zahlen. Während die Ausgaben rapide stiegen, nahmen die Budgeteinnahmen infolge der ruhenden Wirtschaftsaktivität an der Ruhr rapide ab. Die Reichsschuld erhöhte sich von Ende März bis Ende Juni 1923 um das Dreifache.[200] Der Notenumlauf stieg von 4,3 Billionen Mark Mitte März

---

[196] Vgl. AA, R 34935. Bericht über die Auslandsstimmen in Genua vom 22. Februar 1922; Staatssekretär a. D. Bergmann an den Reichskanzler. Paris, 29. Juli 1922, S. 975.

[197] Vgl. Kabinettssitzung vom 18. Juli 1919, Weimar, Nationalversammlung, S. 132; Kabinettssitzung vom 21. Juli 1919, 17 Uhr, Weimar, Nationalversammlung, S. 137; Golecki, A. (1980), S. LVII.

[198] Vgl. Golecki, A. (1980), S. LX-LXI.

[199] Vgl. Netzband, K.-B. / Widmaier, H. P. (1964), S. 87.

[200] Vgl. BArch, R 43 I/2357, Bl. 49-87. Aufzeichnung des Finanzministers zur Entwicklung der Reichsschuld 1923.

auf 10,9 Billionen Mark Mitte Juni 1923.[201] Die Finanzierung des Haushaltsdefizits durch die Notenpresse führte zu einer immer größeren Beschleunigung des Tempos des Währungsverfalls.[202]

Von 1922 an bis zum Höhepunkt im November 1923 drehte sich die Spirale aus öffentlicher wie privater Verschuldung und Hyperinflation immer schneller. Dies wurde bewirkt durch die diffizile innen- und außenpolitische Situation, enorme Inflations- und Wechselkursspekulationen, Kapitalflucht sowie Flucht in die Sachwerte bei gleichzeitigem Rückgang der Spartätigkeit. Der Zahlungsmittelbedarf nahm fast groteske Ausmaße an, obwohl gleichzeitig die Umlaufgeschwindigkeit des Geldes unvorstellbar anstieg. Die Reichsbank verlor die Kontrolle über ihre Hauptaufgabe, den Geldumlauf im gesamten Reichsgebiet zu regeln. Es war ihr aufgrund des rapiden Anstiegs des Preisniveaus eine entsprechende Erhöhung der nominalen Geldmenge, um die reale Geldmenge konstant zu halten, nicht möglich. Die Geldschöpfung geriet mehr und mehr zum technischen Problem der Herstellung. Die Notgeldemissionen durch Gebietskörperschaften, Banken und Industrieunternehmen nahmen drastisch zu, ihre Volumina stießen in die Dimensionen der offiziellen Geldmenge vor. In weiten Bereichen drang der Tauschhandel vor und in immer breiteren Kreisen wurde der Mark, die sich von Tag zu Tag und zuletzt sogar von Stunde zu Stunde entwertete, die Funktion als Zahlungsmittel, Wertaufbewahrungsmittel und Rechenmittel aberkannt.[203]

Das hohe Handelsbilanzdefizit, die Preissteigerungen im Inland, die häufig pessimistischen Beurteilungen der politischen Entwicklung in Deutschland sowie die Auswirkungen der Reparationspolitik auf die Wirtschaft führten dazu, daß die Mark an den internationalen Devisenmärkten immer schlechter beurteilt wurde. Ihr Kurs gegenüber anderen Währungen ging unter Schwankungen fast ständig zurück.[204] Der Wechselkurs des Dollars stieg von Januar bis Juli 1923 um das 20fache und von Juli bis Dezember 1923 um mehr als das 10 Millionenfache an.[205] Mit dem Sinken der Kaufkraft der Mark auf dem Binnenmarkt ging die Bevölkerung immer mehr dazu über, bei ihren wirtschaftlichen Erwägungen und Vereinbarungen ausländische Währungen mit einzubeziehen und die daraus errechnete Goldmark als Recheneinheit zu benutzen. Im Verlauf dieser Zeit erhielten die Devisenkurse mehr und mehr Einfluß auf die Preisentwicklung des Inlands. Die Veränderungen des Dollarkurses waren nicht mehr nur Ausdruck der Erwartungen der

---

201 Vgl. BArch, R 43 I/632, Bl. 133. Protokoll der Sitzung des Reichsbankkuratoriums vom 29. Juni 1923.

202 Vgl. Flink, S. (1969), S. 87-88; Habedank, H. (1981), S. 81; Korsch, A. (1981), S. 24; Baum, W. (1990), S. 71-72; Jarchow, H.-J. (1995), S. 21-22.

203 Vgl. BArch, R 3101/15682, Bl. 157-165. Verwaltungsbericht der Reichsbank für das Jahr 1923; Hedrich, C.-C. (1990), S. 17.

204 Vgl. Pentzlin, H. (1980), S. 37.

205 Zur Meßziffer des Dollars in Berlin siehe Tabelle A2 im Anhang.

künftigen wirtschaftlichen Entwicklung in Deutschland, sondern sie beeinflußten diese in hohem Maße, weil die Devisenkurse zum ausschlaggebenden Faktor der Preisgestaltung geworden waren.[206] In der zweiten Hälfte des Jahres 1923 übertraf die Steigerung des Preisniveaus sogar den Anstieg des Dollarkurses,[207] da man zu dem über den Dollarkurs errechneten Markpreis noch ein Entwertungsrisiko dazu rechnete. Man konnte davon ausgehen, daß das Geld bei der zeitlich späteren Verwendung bereits weiter an Wert verloren haben würde.[208]

Dem deutschen Staat hatte die Inflation anfangs dazu verholfen, relativ unabhängig von seinen tatsächlichen Steuereinnahmen, die finanziellen Mittel zur Ausübung seiner Hoheitsgewalt und zur Verfolgung seiner Ziele bereitzustellen. Die fallenden Wechselkurse begünstigten die Weltmarktposition Deutschlands.[209] Aber nachdem die Mark ihre Geldfunktionen verloren hatte, wurde der große Teil der übrigen Einnahmequellen unergiebig, da die Zahlung der meisten Steuern unvermeidlich erst einige Zeit nach ihrer Veranlagung erfolgte. Aufgrund des Versagens der übrigen Einnahmequellen wurde die Finanzverwaltung immer abhängiger von der Inflation, bis die Bevölkerung den Gebrauch von gesetzlichem Geld in so großem Maße ablehnte, daß auch die Inflationssteuer keinen Ertrag mehr brachte und der Regierung der Bankrott drohte. In diesem Stadium war die Finanzorganisation des Staates gründlich zerstört und seine wirtschaftliche und soziale Organisation in schwerer Unordnung.[210]

4.3 Der britische Botschafter in Berlin

Im Frühjahr 1920 beschloß die britische Regierung, die diplomatischen Beziehungen zu Deutschland wieder aufzunehmen, die 1914 abgebrochen worden waren. Die Entscheidung über die Besetzung des neben Paris bedeutendsten Botschafterpostens fiel entgegen den Erwartungen nicht auf ein Mitglied des Foreign Office, sondern auf einen Außenseiter, Edgar Vincent Lord D'Abernon. Er wurde am 20. Juni 1920 auf den Berliner Botschafterposten berufen. Die Entscheidung war wohlüberlegt. Großbritannien hatte sich eine wirtschaftliche Gesundung Europas zum Ziel gesetzt. Diese schien nicht ohne eine befriedigende Lösung der Reparationsfrage durchführbar zu sein, und es bedurfte bester Kenntnisse in Finanz- und Wirtschaftsfragen, um der Aufgabe als britischer Botschafter in Deutschland gewachsen zu sein. Es wurde eine Persönlichkeit gebraucht, die diese Kenntnisse ausreichend gesammelt hatte und zusätzlich genügend diplomatisches Geschick

---

[206] Vgl. Pentzlin, H. (1980), S. 38-39.

[207] Zur Preisentwicklung und zur Meßziffer des Dollars in Berlin siehe Tabelle A1 bzw. A2 im Anhang.

[208] Vgl. Stucken, R. (1964), S. 40-41.

[209] Vgl. Holtfrerich, C.-L. (1980), S. 331.

[210] Vgl. Keynes, J. M. (1997), S. 63.

besaß, um mit allen gesellschaftlichen Kreisen Verhandlungen auf freundschaftlicher Basis zu führen.[211]

D'Abernon wurde dieser Aufgabe aufgrund seines Werdeganges am ehesten gerecht. Nachdem er in Eton Nationalökonomie studiert hatte, sammelte er als Militärattaché der britischen Botschaft in Konstantinopel seine ersten militärischen und diplomatischen Erfahrungen. Nach zwei Jahren verließ er die Armee, um sich nunmehr auf finanzpolitischem Felde zu bewähren. Als britischer, belgischer und holländischer Vertreter im Rat der Ottoman Public Debt Commission, die 1881 nach dem völligen Zusammenbruch der türkischen Staatsfinanzen unter der Kontrolle der europäischen Großmächte Frankreich und England errichtet worden war, trug er wesentlich zur Sanierung des türkischen Staatshaushalts bei. Im Jahre 1889 wurde er zum Präsidenten der Ottomanischen Bank und im Jahre 1912 zum Vorsitzenden der Dominions's Royal Trade Commission ernannt. Während des Krieges erfolgte außerdem die Ernennung zum Vorsitzenden des Central Control Board und 1920 zum Privy Councellor.[212]
Die deutsche Regierung wußte, daß sie auf die Hilfe Großbritanniens bei der Revision der französischen Politik angewiesen war. Daher wurde der britische Botschafter bei denjenigen, die die Vorgänge in der Wilhelmstraße kannten, schon bald als eigentlicher Beherrscher Deutschlands betrachtet. Es setzte sich aber sehr bald sowohl auf britischer als auch auf deutscher Seite die Erkenntnis durch, daß mit D'Abernon eine gute Wahl getroffen worden war.[213]

Während seiner Amtszeit stellte sich immer deutlicher heraus, daß seine Sympathien auf deutscher Seite lagen und durchaus von den Deutschen erwidert wurden, mit denen er in ständigem Kontakt stand. D'Abernon war unter den ausländischen Vertretern in Berlin ohne Zweifel die markanteste und sicherlich auch die von den Vertretern des Auswärtigen Amts am meisten konsultierte Persönlichkeit. Er pflegte gute Beziehungen zu den Außenministern Simons, Rathenau und Stresemann und zu den Staatssekretären des Auswärtigen Amts, von Maltzan und Schubert.[214] Vor allem zu Stresemann bestand ein enges Verhältnis. Der britische Bot-

---

[211] Vgl. Kaiser, A. (1989), S. 14.
[212] Vgl. Kaiser, A. (1989), S. 14-16.
[213] Vgl. Stern-Rubarth, E. (1947), S. 39; Luther, H. (1960), S. 356; Kaiser, A. (1989), S. 17.
[214] Vgl. AA, R 28185, Bl. 145-146. Aufzeichnung des Reichsministers des Auswärtigen Simons vom 9. Dezember 1920; AA, R 28185, Bl. 325-329. Memorandum des Staatssekretärs Bergmann über eine Unterredung bei D'Abernon mit Delacroix und John Bradbury am 19. Dezember 1920; AA, R 28203, Bl. 112. Aufzeichnung des Reichsministers des Auswärtigen Rathenau über eine Unterredung mit D'Abernon am 6. Februar 1922; AA, R 28939, Bl. 36. Mitteilung des Staatssekretärs von Schubert über eine Unterredung mit D'Abernon am 12. April 1924; AA, R 28940, Bl. 215-217. Mitteilung des Staatssekretärs von Schubert über eine Unterredung mit D'Abernon am 17. April 1924; Stern-Rubarth, E. (1947), S. 59; Weidenfeld, W. (1972), S. 130.

schafter war für Stresemann ein Vertrauter, mit dem er alle Probleme der internationalen Politik besprechen konnte. In den Jahren 1923 bis 1926 kam es fast täglich zum mündlichen oder schriftlichen Gedankenaustausch.[215]
D´Abernon schrieb in seinem Tagebuch über Stresemann: *„Es ist für mich schwer, eine abgewogene, kritische Schilderung Stresemanns zu geben. Ich stand dem Mann zu nahe, kannte ihn zu gut, hing zu sehr an ihm.“*[216]

D´Abernon verfügte aber nicht nur über ausgezeichnete Kontakte in Deutschland, sondern blieb auch mit dem englischen Premierminister und den Außenministern durch einen regen Briefwechsel und vor allem durch Versenden seiner Tagebuchaufzeichnungen in Verbindung.[217]

Der britische Botschafter nahm an der deutschen Wirtschaftspolitik regen Anteil. Sein besonderes Interesse galt der Währungspolitik der Reichsbank, die er scharf kritisierte.[218] D´Abernon sorgte sich schon zu Beginn seiner Tätigkeit über die mangelnde Einsicht in die tiefer liegenden Ursachen des rapiden Verfalls der Mark sowohl in Deutschland als auch in Großbritannien. Seine Kritik galt in erster Linie den deutschen Finanzexperten, die seiner Meinung nach die Gefahr völlig verkannten, die in der unkontrollierten Ausgabe von Papiergeld lag. D´Abernon sah die Ursache für den Anstieg des Preisniveaus in der vermehrten Notenausgabe durch die Reichsbank, die seiner Meinung nach mit ihrer unverantwortlichen Kreditpolitik entscheidend zu der galoppierenden Inflation beitrug. Er schrieb die Schuldenkrise Deutschlands dem immer weiter auseinanderklaffenden Gegensatz von Staatseinnahmen und -ausgaben zu, der seiner Meinung nach wiederum aus dem ständigen Anstieg des Preisniveaus resultierte.[219]

---

[215] Vgl. Stresemann, G. (1932a), S. 94, 105, 280, 285, 312, 427, 454, 572.
[216] D´Abernon, E. V. (1930), S. 19.
[217] Vgl. Kaiser, A. (1989), S. 23-25.
[218] Vgl. D´Abernon, E. V. (1929a), S. 44.
[219] Vgl. D´Abernon, E. V. (1929a), S. 44, 210; D´Abernon, E. V. (1929b), S. 280.

5. Kapitel: Die Entwicklung der formalen Unabhängigkeit der Reichsbank

5.1 Die Reichsbankgesetzgebung bis 1922

5.1.1 Ein Überblick über das Bankgesetz von 1875

Als die Reichsbank durch das Bankgesetz vom 14. März 1875[220] zur Nachfolgerin der Preußischen Bank und damit entsprechend dem Statut vom 21. Mai 1875[221] mit Wirkung zum 1. Januar 1876 zur ersten zentralen Notenbank des Deutschen Reichs wurde, war sie rechtlich völlig abhängig von der Regierung. Sie nahm in der staatlichen Hierarchie einen klar definierten Platz ein.

Das Bankgesetz von 1875 bestand aus drei Teilen. Der erste Teil enthielt *„Allgemeine Bestimmungen"* für alle Notenbanken. Danach folgte ein Abschnitt mit Regelungen für die Reichsbank, dem ein dritter Teil folgte, der Bestimmungen für solche neben der Reichsbank fortbestehenden *„Privat-Notenbanken"* enthielt, die auch außerhalb ihres Konzessionsgebietes Geschäfte vorzunehmen wünschten. Der zweite Teil des Bankgesetzes, der ausschließlich der Reichsbank gewidmet war und somit ein Spezialgesetz darstellte, war wiederum in mehrere Unterabschnitte gegliedert. Der erste Abschnitt (§§ 12-25) handelte von dem Zweck, den Rechten und Pflichten der Reichsbank und ihrer Finanzierung. Der zweite Abschnitt (§§ 25-40) enthielt Bestimmungen betreffend der Verwaltungseinrichtungen der Reichsbank. Diese Normen unterschieden sich je nachdem, ob sie sich auf die Stellung des Reichs oder auf die der Anteilseigner bezogen. Der dritte Abschnitt, der nur aus einem Paragraphen (§ 41) bestand, regelte die Auflösung der Reichsbank.[222]

Im Anschluß an die allgemeinen Bestimmungen verfügte § 12 des Bankgesetzes von 1875, daß die Reichsbank *„unter Aufsicht und Leitung des Reichs"* (§ 12 Abs. 1) steht. Dem Reich stand also rechtlich nicht nur die Aufsicht, sondern auch die Leitung der Bank zu. Am deutlichsten zeigte sich dies an der Position des Reichskanzlers, der sowohl Vorsitzender des aufsichtführenden Bankkuratoriums war (§ 25 Abs. 1) als auch die dem Reich zustehende Leitung der Reichsbank ausübte (§ 26 Abs. 1).

Das Bankkuratorium diente dem Reich als Aufsichtsorgan über die Reichsbank. Dem Kuratorium war entsprechend § 25 Abs. 2 während seiner vierteljährlich stattfindenden Versammlungen über den Zustand der Reichsbank Bericht zu erstatten und über die Operationen und Geschäftseinrichtungen Rechenschaft abzu-

---

[220] Bankgesetz. Vom 14. März 1875, RGBl. 1875, S. 177.

[221] Statut der Reichsbank. Vom 21. Mai 1875, RGBl. 1875, S. 203.

[222] Vgl. Beutler, R. (1909), S. 3-4.

legen. Von einer Beschlußfassung war im Bankgesetz keine Rede. Das Kuratorium konnte also keine zwingenden Anordnungen für das Reichsbankdirektorium erlassen.[223]

Das Kuratorium bestand neben dem Reichskanzler als Vorsitzenden aus vier weiteren Mitgliedern, von denen ein Mitglied vom Kaiser und die übrigen vom Bundesrat zu ernennen waren (§ 25 Abs. 1). Durch Artikel III des Gesetzes zur Änderung des Bankgesetzes vom 16. Dezember 1919[224] wurde die Zahl der Mitglieder verdoppelt, wobei zwei Mitglieder vom Reichspräsidenten und die sechs weiteren vom Reichsrat ernannt wurden.

Der Reichskanzler leitete die gesamte Bankverwaltung und erließ „*die Geschäftsanweisungen für das Reichsbank-Direktorium und für die Zweiganstalten, sowie die Dienstinstruktionen für die Beamten der Bank*" (§ 26 Abs. 2).[225]

Die Leitung der Reichsbank wurde entsprechend § 26 Abs. 1 unter dem Reichskanzler von dem Reichsbankdirektorium ausgeübt. Die Verwaltung der Reichsbank lag entsprechend § 27 Abs. 1 und 2 in den Händen des Präsidenten und der anderen - normalerweise acht - Mitglieder des Direktoriums. Sie wurden vom Kaiser auf Lebenszeit ernannt (§ 27 Abs. 3) und waren verpflichtet, „*überall den Vorschriften und Weisungen des Reichskanzlers Folge zu leisten*" (§ 27 Abs. 2). Entsprechend § 1 einer Verordnung vom Dezember 1875[226] wurden die übrigen Beamten der Reichsbank vom Reichskanzler oder aufgrund einer von ihm erteilten Ermächtigung vom Reichsbankpräsidenten eingestellt. Die Erteilung der Ermächtigung erfolgte bezüglich aller Beamten, mit Ausnahme der Vorstandsbeamten der Reichsbankhauptstellen.[227]

Die Geschäfte der Reichsbank wurden von Beamten geführt. Durch § 28 Abs. 1 waren die Beamten der Reichsbank bezüglich ihrer Rechte und Pflichten den Reichsbeamten gleichgestellt. Entsprechend der Reichsbeamtengesetzgebung schuldete somit das Reichsbankdirektorium dem Reichskanzler und die übrigen Beamten dem Direktorium Gehorsam als untergebene Beamte. Für das Direktorium wurde diese Verpflichtung durch § 27 Abs. 2 besonders hervorgehoben.[228]

---

[223] Vgl. Beutler, R. (1909), S. 17.

[224] Gesetz, betreffend Änderung des Bankgesetzes vom 14. März 1875. Vom 16. Dezember 1919, RGBl. 1919 II, S. 2117.

[225] Vgl. Hedrich, C.-C. (1990), S. 5.

[226] Verordnung, betreffend die Anstellung der Beamten und die Zuständigkeit zur Ausführung des Gesetzes vom 31. März 1873 bei der Verwaltung der Reichsbank. Vom 19. Dezember 1875, RGBl. 1875, S. 378.

[227] Vgl. Beutler, R. (1909), S. 14.

[228] Vgl. Beutler, R. (1909), S. 13-14.

Die Bestimmungen des Bankgesetzes führten zu einer personellen Abhängigkeit der Reichsbank von der Reichsregierung bzw. vom Reichskanzler und vom obersten Souverän, dem Kaiser.

Entsprechend § 12 Abs. 1 besaß die Reichsbank die Eigenschaft einer juristischen Person. In einer Entscheidung des Reichsgerichts vom 18. Januar 1886 wurde sie als ein verfassungsmäßiges Organ bezeichnet, als ein Institut des Reichs, das öffentlich-rechtlichen Zwecken dient und deren Vorstand (das Reichsbankdirektorium) eine öffentliche Behörde darstellt.[229]

Die Besonderheit lag darin, daß das Grundkapital der Reichsbank privaten Anteilseignern zustand. Eine Dotierung durch Staatsfonds hätte sich nicht mit der zur Zeit ihrer Gründung herrschenden wirtschaftspolitischen und ökonomischen Weltanschauung vertragen. Die Gründung der Reichsbank fiel in eine Zeit, in der sich die wirtschafts-liberale Weltanschauung zur höchsten Blüte entfaltet hatte. Es bestanden Bedenken, daß sich die Bank von einer Erwerbsgesellschaft zu einem Wohltätigkeitsinstitut entwickeln würde, wenn man die Beteiligung der Anteilseigner aufgäbe.[230] Außerdem lehnten die Anhänger der liberalen Idee die Finanzierung mit Reichsmitteln aus Furcht vor der hieraus nach ihrer Ansicht zweifellos entstehenden Allmacht des Staates ab. Ihrer Meinung nach war es viel leichter für das Reich, die Reichsbank zu nötigen, finanzielle Hilfe zu leisten, wenn nur Reichsmittel vorhanden waren, als wenn die Bank mit Privatmitteln operierte.[231] Robert Beutler wies in seiner 1909 erschienenen Arbeit über die rechtliche Natur der Reichsbank allerdings vorausschauend darauf hin, daß bei einer Staatskrise - zum Beispiel im Falle eines Krieges - auch eine private "Notenbankaktiengesellschaft" sich den Bedürfnissen des Staates erfahrungsgemäß nicht entziehen konnte.[232]

Entsprechend § 23 Abs. 1 des Bankgesetzes von 1875 stand der Reichsbank zur Erfüllung ihrer Aufgaben ein Grundkapital in Höhe von 120 Millionen Mark zur Verfügung. Durch die Änderung des Bankgesetzes im Juni 1899[233] wurde das Grundkapital zum 1. Januar 1901 auf 180 Millionen Mark erhöht. Es befand sich vollständig in der Hand privater Anteilseigner. Dadurch erhielt die Reichsbank in gewissem Rahmen eine von der Reichsregierung institutionelle Unabhängigkeit, die allerdings durch eine Abhängigkeit von den Interessen der Anteilseigner ersetzt wurde.

---

[229] Vgl. Beutler, R. (1909), S. 235.
[230] Vgl. Beutler, R. (1909), S. 177-179.
[231] Vgl. Beutler, R. (1909), S. 179-180.
[232] Vgl. Beutler, R. (1909), S. 223.
[233] Gesetz, betreffend die Abänderung des Bankgesetzes vom 14. März 1875. Vom 7. Juni 1899, RGBl. 1899, S. 311.

Die Anteilscheine der Reichsbank gewährten den Anteilseignern neben dem Recht auf Gewinnbeteiligung Informations-, Beratungs- und Kontrollrechte (§ 24). Sie übten ihre Rechte entsprechend § 30 durch eine Generalversammlung aus, auf der grundsätzlich bereits ein Anteil eine Stimme verlieh (§ 40 Ziffer 6). Das Höchststimmrecht betrug 100 Stimmen (§ 17 Abs. 1 des Statuts der Reichsbank) und wurde aufgrund der Grundkapitalerhöhung durch die Änderung des Bankgesetzes im Jahre 1899 auf 300 Stimmen erhöht.

Die Generalversammlung trat einmal jährlich nach Einberufung durch den Reichskanzler zusammen (§ 18 des Statuts der Reichsbank). Den Vorsitz führte entsprechend § 19 des Statuts der Reichskanzler oder dessen Vertreter und bei deren Verhinderung der Präsident des Reichsbankdirektoriums. Die Mitglieder des Direktoriums hatten ein Teilnahme-, aber kein Stimmrecht. Die einzelnen Befugnisse der Generalversammlung wurden im § 21 Abs. 1 des Statuts aufgezählt. Ihr war der jährliche Verwaltungsbericht nebst Bilanz- und Gewinnberechnung vorzulegen, sie hatte die Mitglieder des Zentralausschusses zu wählen und über ihre Ausschließung zu entscheiden. Von größerer Bedeutung waren zwei weitere ihr zustehende Funktionen, durch die sie einen gewissen Einfluß auf die Gestaltung und Geschäftsführung der Reichsbank ausüben konnte: Ihr oblag die Beschlußfassung über eine Grundkapitalerhöhung und über die Abänderung des Statuts (§ 21 Abs. 1 des Statuts der Reichsbank).[234]

Die Generalversammlung wählte entsprechend § 31 Abs. 1 des Bankgesetzes von 1875 den 15-köpfigen Zentralausschuß aus der Zahl der Anteilseigner. Durch Artikel V des Gesetzes zur Änderung des Bankgesetzes vom 16. Dezember 1919 wurde die Anzahl der Mitglieder des Zentralausschusses auf 18 erhöht.
Der Zentralausschuß trat als ständige Vertretung der Anteilseigner mindestens einmal monatlich unter dem Vorsitz des Reichsbankpräsidenten zusammen (§ 31 Abs. 2). Die Mitglieder des Reichsbankdirektoriums nahmen an den Sitzungen des Zentralausschusses, nicht aber an den Abstimmungen teil (§ 26 des Status der Reichsbank). Dem Ausschuß waren entsprechend § 32 Abs. 1 des Bankgesetzes die Wochenausweise und Revisionsberichte vorzulegen sowie die Ansichten und Vorschläge des Direktoriums zur Geschäftspolitik mitzuteilen. Außerdem war er zu einer Reihe von Besoldungs-, Personal- sowie geld- und geschäftspolitischen Fragen und zum vom Reichsbankdirektorium aufgestellten Jahresabschluß *„gutachterlich zu hören“* (§ 32 Abs. 2). Die Rechnungslegung der Reichsbank erfolgte in einer vom Reichskanzler zu bestimmenden Form (§ 29 Abs. 2). Dadurch wurde ihre institutionelle Unabhängigkeit von der Reichsregierung relativiert. Außerdem unterlag die Rechnungslegung der Kontrolle durch den Rechnungshof des Deutschen Reichs (§ 29 Abs. 1).

---

[234] Vgl. Beutler, R. (1909), S. 18-19.

Der Zentralausschuß wählte aus seiner Mitte drei Mitglieder, denen für ein Jahr als „*Deputierte des Zentralausschusses*“ die „*fortlaufende spezielle Kontrolle über die Verwaltung der Reichsbank*“ (§ 34 Abs. 1) oblag. Sie durften an allen Sitzungen des Reichsbankdirektoriums mit beratender Stimme teilnehmen (§ 34 Abs. 2) und waren zur Einsichtnahme in die Geschäftsbücher und zur Teilnahme an den ordentlichen und außerordentlichen Kassenrevisionen nicht nur berechtigt, sondern entsprechend § 34 Abs. 3 auch verpflichtet. Sie erstatteten dem Zentralausschuß monatlich Bericht (§ 34 Abs. 3).

Das Bankgesetz von 1875 beinhaltete die finanzielle Abhängigkeit der Reichsbank von der Reichsregierung, da es der Reichsbank die Befugnis erteilte, Schuldverschreibungen des Reichs, eines deutschen Landes oder inländischer kommunaler Korporationen, die nach spätestens drei Monaten mit ihrem Nennwert fällig waren, zu diskontieren. Das Gesetz legte keine Grenze für diese Reichsbankkredite an staatliche Stellen fest (§ 13 Abs. 3a).

Ebenfalls bedeutsam für die finanzielle Abhängigkeit der Reichsbank war die Gewinnbeteiligung des Reichs. Die Gewinnausschüttung bedeutete die dauerhafte Zurverfügungstellung von Zentralbankgeld an den Staat. Dadurch wurde das Interesse der Regierung an hohen Gewinnen der Reichsbank und damit auch ihr Interesse an der Einflußnahme auf den Gewinn erhöht.

Entsprechend § 24 stand den Aktionären eine Dividende von 4% zu, außerdem wurde ein Teil des Gewinns dem Reservefond der Reichsbank zugeführt. Den Restbetrag erhielten zu gleichen Teilen die Reichskasse und die Anteilseigner. Die Gewinnverteilung wurde mehrmals abgeändert. Sowohl die Änderung des Bankgesetzes vom Dezember 1889[235] als auch die vom Juni 1899 führten zu einer Verminderung der im voraus gezahlten Dividende an die Anteilseigner; 1899 wurde dabei zusätzlich noch der Anteil der Anteilseigner am Restgewinn empfindlich reduziert. Durch Artikel 1 des Gesetzes zur Änderung des Bankgesetzes vom 1. Juni 1909[236] wurde der Anteil des Reichs am Reichsbankgewinn zuungunsten der Anteilseigner nochmals erhöht. Der Restgewinn nach Zahlung einer Dividende von 3,5% für die Anteilseigner und einer Zuführung an den Reservefonds ging zu drei Viertel an die Reichskasse und nur noch zu einem Viertel an die Anteilseigner.

Ein starker Kritiker der Gewinnverteilung der Reichsbank war Friedrich Bendixen. Die Vorschrift widersprach seiner Meinung nach der notwendigen Gemeinnützigkeit der Reichsbank. „*Die heutige Gewinnverteilung läßt die Reichsbank erscheinen im Lichte eines privaten Erwerbsinstituts, das ein Privileg zur Ausbeutung des*

[235] Gesetz, betreffend die Abänderung des Bankgesetzes vom 14. März 1875. Vom 18. Dezember 1889, RGBl. 1889, S. 201.

[236] Gesetz, betreffend Änderung des Bankgesetzes. Vom 1. Juni 1909, RGBl. 1909, S. 515.

Geldverkehrs verliehen bekommen hat und dafür hohe Steuerbeträge an die Reichskasse abführen muß."[237]
Bendixen leitete aus der Tatsache, daß die Gewinne der Anteilseigner und des Reichsfiskus um so größer ausfielen, je teurer der Reichsbankkredit war, ein finanzielles Interesse der Reichsbank und des Reichsfiskus an einer Krediteinschränkung ab. Dadurch sah er das Vertrauen in die uneigennützige Hilfsbereitschaft der Reichsbank erschüttert, da jede Diskontsatzerhöhung mit ihren Gewinnabsichten in Verbindung gebracht werden würde.[238] Bendixen schlug deshalb eine Änderung der Gewinnbeteiligungsvorschrift vor. Die Anteilseigner sollten nur noch eine festgelegte Dividende erhalten, ohne direkt am Gewinn beteiligt zu sein. Da die Gewinnbeteiligung des Fiskus eine Schmälerung der Kräfte der Reichsbank bedeutete, wenn sie auch nach Meinung Bendixens mit deren Gemeinnützigkeit noch vereinbar war, sollte diese ebenfalls abgeschafft und durch einen vorher festgelegten Betrag ersetzt werden.[239]

Das Bankgesetz von 1875 legte im ersten Abschnitt des zweiten Teils die Aufgaben und Instrumente der Reichsbank und den ihr zugewiesenen Geschäftskreis fest. Einerseits ergab sich aufgrund der relativ weit gefaßten Aufgabenstellung, der fehlenden expliziten Zielvorgabe und der ihr zugewiesenen Instrumente und dem Geschäftsbereich eine gewisse funktionelle Unabhängigkeit der Reichsbank von der Reichsregierung. Andererseits unterlag die Reichsbank bei ihrer Politik den Vorschriften der Goldwährung.

Das Bankgesetz von 1875 legte fest, daß die Reichsbank „*die Aufgabe hat, den Geldumlauf im gesamten Reichsgebiete zu regeln, die Zahlungsausgleichungen zu erleichtern und für die Nutzbarmachung verfügbaren Kapitals zu sorgen*" (§ 12 Abs. 1). Die Reichsbank war bei der Kreditvergabe nicht auf die Wirtschaft beschränkt, sie war bei der Wahl ihrer Geschäftspartner frei. Dementsprechend konnte sie auch mit Nichtbanken kontrahieren.

Die Reichsbank war nicht ausdrücklich zur Währungssicherung verpflichtet. Ihr war aber die Sorge für die Stabilität des Wechselkurses - die Währungssicherung nach außen - übertragen worden. Sie verfügte über die zentrale Goldreserve, durch deren Einsatz sie das Steigen des Wechselkurses aufhalten konnte.[240]
Die Aufgabe der Währungssicherung nach innen - die Aufrechterhaltung der Preisniveaustabilität - gehörte traditionell nicht zu den Aufgaben einer Zentralbank vor dem 1. Weltkrieg. Bendixen sprach der Reichsbank sogar kategorisch die Aufgabe ab, durch Einschränkung der Notenausgabe der Erhöhung des Preisniveaus vorzu-

---

[237] Bendixen, F. (1922b), S. 134.
[238] Vgl. Bendixen, F. (1922b), S. 134.
[239] Vgl. Bendixen, F. (1922b), S. 135-137.
[240] Vgl. Stucken, R. (1964), S. 6.

beugen.[241] Er kritisierte außerdem, daß die Reichsbank lediglich das Recht, aber nicht die Pflicht besaß, *„nach Bedürfnis ihres Verkehrs Banknoten auszugeben“* (§ 16 Abs. 1). Seiner Meinung nach hätte ihr die Pflicht auferlegt werden müssen, die gesamte Wirtschaft ausreichend mit Banknoten zu versorgen. Er hielt der Reichsbank aber zugute, daß sie dies auch ohne gesetzliche Verpflichtung tat.[242]

Zur Erfüllung ihrer im § 12 Abs. 1 genannten Aufgaben erhielt die Reichsbank das Notenprivileg (§ 16 Abs. 1). Das konnte ihr, solange sie bestand, nicht entzogen werden.[243] Außerdem hatte sie das Recht, den Diskontsatz und die Zinssätze für verzinsliche Darlehen festzusetzen (§ 15).

Im § 13 erfolgte eine Aufzählung der einzelnen Geschäfte, zu deren Durchführung die Reichsbank befugt war. Sie durfte Wechsel, die spätestens nach drei Monaten fällig waren und für die mindestens zwei als zahlungsfähig bekannte Verpflichtete hafteten, Geldanweisungen und Papiere der öffentlichen Hand diskontieren, kaufen und verkaufen, bewegliche Pfänder im Lombardverkehr beleihen, das Kommissions- und Inkassogeschäft, Depositen- und Girogeschäfte betreiben sowie Gold und Devisen kaufen und verkaufen.

Entsprechend § 22 war die Reichsbank verpflichtet, den Zahlungsverkehr für das Reich ohne Entgelt durchzuführen. Durch § 11 des Statuts wurden die Bestimmungen des § 22 des Bankgesetzes erweitert; die Reichsbank wurde verpflichtet, das Reichsguthaben unentgeltlich zu verwalten, über die für Rechnung des Reichs angenommenen und geleisteten Zahlungen Buch zu führen und Rechnung zu legen. Sie hatte also nicht nur, wie im Gesetz vorgesehen, die Aus- und Einzahlungen zu vermitteln, sondern die gesamte Kassenführung für das Reich zu übernehmen. Entsprechend der Bekanntmachung des Reichskanzlers vom 29. Dezember 1875 war die Wahrnehmung der Zentralkassengeschäfte des deutschen Reichs vom 1. Januar 1876 ab auf die Reichshauptkasse in Berlin übertragen worden.[244]

Durch die Änderung des Bankgesetzes vom 16. Dezember 1919 wurden die Bestimmungen über die von der Reichsbank zu betreibenden Geschäfte nach der Vorschrift des Artikels VI insofern erweitert, als daß ihr bis zum 31. Dezember 1930 die Befugnis eingeräumt wurde, zum Zwecke der Erfüllung eigener Verbindlichkeiten in ausländischer Währung Devisen auf Zeit zu kaufen und zu diesem Zwecke gekaufte Devisen auf Zeit wieder zu verkaufen. Der Reichsbank sollte durch diese Vorschrift ermöglicht werden, ihren Kunden bei der Rückzahlung ausländischer Kredite Hilfestellung zu leisten und das Exportgeschäft zu fördern.

[241] Vgl. Bendixen, F. (1922b), S. 100-101.
[242] Vgl. Bendixen, F. (1922b), S. 133.
[243] Vgl. Beutler, R. (1909), S. 6.
[244] Vgl. Beutler, R. (1909), S. 9.

Denn dadurch, daß die Reichsbank als Abnehmerin von später lieferbaren Devisen auftrat, war es dem Exporteur möglich, die später zufließenden Devisenbeträge im voraus zu festen Kursen zu verwerten.[245]

Im Bankgesetz von 1875 wurde der Reichsbank zwar eine zentrale Rolle bei der Notenausgabe zugewiesen (§ 16), jedoch erhielt sie kein Monopol. Im Jahre 1904 waren allerdings nur vier andere Notenbanken übrig geblieben: Die Notenbanken in Sachsen, Bayern, Baden und Württemberg.[246]

Die von der Reichsbank ausgegebenen Banknoten waren durch das Bankgesetz von 1875 nicht zum gesetzlichen Zahlungsmittel erklärt worden. Diese gesetzliche Diskriminierung der Banknoten wurde am 1. Januar 1910 durch Artikel 3 des Gesetzes zur Änderung des Bankgesetzes vom 1. Juni 1909 aufgehoben. Die Banknoten wurden zum obligatorischen Geld, das heißt, es bestand im Geschäftsverkehr Annahmezwang. Sie stellten jedoch aufgrund der Einlösbarkeit in Gold kein definitives Geld dar.[247]

Die Reichsbank war verpflichtet, ihre Noten in anderes, *„kursfähiges deutsches Geld*" (§ 18 des Bankgesetzes von 1875) - Gold- oder Silbermünzen - umzutauschen. Ab dem 1. Januar 1910 war die Einlösung entsprechend Artikel 4 des Gesetzes zur Änderung des Bankgesetzes vom 1. Juni 1909 in deutsche Goldmünzen vorgeschrieben. Praktisch gab die Reichsbank für ihre Noten Gold in einem festen Wertverhältnis ab (Goldeinlösungspflicht). Durch die Einlösungsgarantie gemäß der Parität bestand für die Banknoten eine direkte Konvertibilität. Entsprechend den Regelmechanismen der Goldwährung war die Reichsbank entsprechend § 14 Abs. 1 ebenso verpflichtet, Barrengold zu einem festen Preis - 1392 Mark/Pfund fein - anzukaufen. Im Hinblick auf die Goldankaufspflicht bestand für die Reichsbank im Gegensatz zu den anderen Geschäften ein Kontrahierungszwang.[248]

Die Notenemission der Reichsbank war durch das Bankgesetz von 1875 in zweierlei Weise reguliert:
Erstens galt entsprechend § 17 die sogenannte Dritteldeckung. Sie entsprach dem Gedanken der Banking-Theorie. Mindestens ein Drittel des Notenumlaufs mußte durch eine Bardeckung und der Rest durch diskontierte Wechsel (bankmäßige Deckung) gedeckt werden. Die Bardeckung setzte sich aus kursfähigem deutschen Geld, Goldbarren, ausländischen Goldmünzen und jederzeit in Goldmünzen einlösbaren Reichskassenscheinen zusammen. Die bankmäßige Deckung durfte ab 1. Januar 1910 entsprechend Artikel 5 Nr. III des Gesetzes zur Änderung des Bank-

---

245 Vgl. BArch, R 43 I/628, Bl. 172-173. Schreiben des Reichsbankdirektoriums an den Reichskanzler vom 20. September 1919.
246 Vgl. Beutler, R. (1909), S. 6.
247 Vgl. Knapp, G. F. (1905), S. 91; Veit, O. (1966), S. 93-95.
248 Vgl. Deutsche Bundesbank (1995), S. 10-11.

gesetzes vom 1. Juni 1909 auch mit Hilfe von Schecks erfüllt werden, für die mindestens zwei als zahlungsfähig bekannte Verpflichtete hafteten. Damit waren nicht nur die Noten der Reichsbank an die Goldwährung gebunden, sondern es wurde außerdem eine absolute Grenze der Papiergeldschöpfung und damit auch der Handlungsspielraum der Reichsbank festgelegt.[249] Die Banknoten stellten aufgrund der Dritteldeckung - das Gold diente als Währungsanker - fiduziarisches Geld dar.

Die uneingeschränkte Dritteldeckung wurde von Bendixen stark kritisiert. Vor allem an den Quartalsterminen, den üblichen Zahlungsterminen, war die Nachfrage nach Banknoten von Nicht-Girokunden so hoch, daß eine Aufrechterhaltung der Dritteldeckung kaum möglich war. Er plädierte deshalb für ihre Aufhebung an diesen Terminen, mit der Begründung, daß die in dieser Zeit in den Verkehr strömenden Banknoten keine neuen Kaufmittel darstellten. Es handelte sich seiner Meinung nach nur um Wertzeichen, die dazu dienten, geschlossene Geschäfte abzuwickeln, und die nach Erledigung des rein formalen Aktes zur Reichsbank zurückkehrten.[250]

Zweitens war die Notenausgabe durch eine indirekte Notenkontingentierung flexibel begrenzt. Diese entsprach dem Gedanken der Currency-Theorie und erfolgte in Anlehnung an die Peels-Akte, allerdings unter Berücksichtigung der Erfahrungen, die man in England mit diesem Bankgesetz gemacht hatte. Die Peels-Akte gab der Bank von England eine feste Maximalgrenze für ihren ungedeckten Notenumlauf vor ("Fiduciary Issue"), die nicht überschritten werden durfte. Sobald sich nun in kritischer Zeit der Notenumlauf dieser Grenze näherte, entstand eine Panik in der Geschäftswelt und alles wartete auf den Augenblick, in dem die Bank keine Wechsel mehr diskontieren würde. Die Folge war, daß zur Beruhigung des Publikums und zur Verhinderung einer Stockung des gesamten Kreditverkehrs die Peels-Akte bei großen Handelskrisen suspendiert wurde.[251]

Die Höhe des Kontingents entsprechend § 9 des Bankgesetzes von 1875 ergab sich aus dem Barvorrat der Reichsbank - kursfähiges deutsches Geld, jederzeit in Goldmünzen einlösbare Reichskassenscheine, Noten anderer deutscher Banken und Gold in Barren oder ausländische Goldmünzen - zuzüglich eines im Anhang zum Bankgesetz festgelegten Betrages. Bei einer Überschreitung des Notenumlaufs der durch diese beiden Faktoren gebildeten Grenze war eine Notensteuer in Höhe von jährlich 5% der über das zugeteilte Kontingent hinaus emittierten Noten an die Reichskasse zu entrichten. Dadurch sollte die Notenbank dazu bewegt werden, den Diskontsatz zu erhöhen, um so den erhöhten Notenumlauf zurückzuführen. Der Handlungsspielraum der Reichsbank wurde durch die Notensteuer jedoch nie we-

---

249 Vgl. Jarchow, H.-J. (1995), S. 17.
250 Vgl. Bendixen, F. (1922b), S. 169-174.
251 Vgl. Helfferich, K. (1898), S. 283; Bagehot, W. (1978), S. 102.

sentlich beeinträchtigt. Insbesondere zum Quartalsultimo nahm die Reichsbank die Steuerpflicht hin, um den als legitim empfundenen Geldbedarf zu befriedigen.[252] Bendixen interpretierte die Notensteuer als abgeführten Gewinn an den Fiskus und plädierte für ihre Abschaffung. Die dafür aufgewendeten Mittel sollten seiner Meinung nach besser für die Vergrößerung des Gold- oder Wechselbestandes der Reichsbank dienen, um den Mangel an Kapital zu umgehen.[253]

Die Strafvorschriften des Bankgesetzes sahen für die Mitglieder des Reichsbankdirektoriums unter anderem eine Geldstrafe dann vor, wenn die Bank mehr Noten ausgab, als sie auszugeben befugt war (§ 59 Abs. 3). Damit sollte die Verletzung der Deckungsvorschriften verhindert werden.

Das Bankgesetz von 1875 enthielt die Möglichkeit zur Liquidation der Reichsbank. Diese war allein vom Willen des Reichs abhängig. Das Reich hatte sich im § 41 das Recht vorbehalten, erstmals zum 1. Januar 1891, danach alle zehn Jahre mit einjähriger Ankündigungsfrist, entweder die Reichsbank zu liquidieren oder sämtliche Anteile der Reichsbank zum Nennwert zu erwerben. Die Kündigung hatte auf „*Kaiserliche Anordnung, im Einvernehmen mit dem Bundesrath vom Reichskanzler an das Reichsbank-Direktorium*“ (§ 41 Abs. 1) zu erfolgen und mußte vom letzteren veröffentlicht werden.

Bendixen war ein starker Gegner dieser Kündigungsmöglichkeit. Er lehnte die Verstaatlichung der Reichsbank ab, da, wie er bereits 1909 in einem Aufsatz schrieb, „*die Bindung der Reichsbank und damit unseres gesamten Geldwesens an das Schicksal der Reichsfinanzen sich gerade dann am bittersten rächen würde, wenn in Zeiten staatsfinanzieller Bedrängnis nur eine unabhängige und selbständige Reichsbank den festen Ankergrund des Vertrauens nicht nur des Inlandes, sondern namentlich auch des Auslandes zu bieten vermöchte. Die Notenpresse im Dienste der Staatsfinanzen - diese Möglichkeit muß schon durch die Konstitution der Reichsbank vor den Augen des In- und Auslandes absolut ausgeschlossen sein.*“[254]

Dadurch, daß das Grundkapital privaten Anteilseignern zustand und aufgrund der Leitung durch Reichsbeamte sah er die Reichsbank sowohl vor fiskalischen Übergriffen als auch vor der Verwendung im Dienste privater Erwerbsinteressen geschützt.[255] Das Kündigungsrecht untergrub nach Meinung Bendixens das Vertrauen in den festen Bestand des Geldwesens. Außerdem verdienten die Anteilseigner seiner Meinung nach eine solide Basis ihrer Besitzrechte.[256] Er sah den Wunsch nach Abschaffung des Kündigungsrechts des Staates aber als unerfüllbar

---

[252] Vgl. Veit, O. (1969), S. 493-494; Siebelt, J. (1988), S. 35; Jarchow, H.-J. (1995), S. 17.
[253] Vgl. Bendixen, F. (1922b), S. 137.
[254] Bendixen, F. (1922b), S. 141.
[255] Vgl. Bendixen, F. (1922b), S. 141.
[256] Vgl. Bendixen, F. (1922b), S. 142.

an, solange nicht die Privatinteressen gesetzlich ausgeschaltet würden. Denn der Staat werde nicht auf seine Kündigungsmöglichkeit bei einem Unternehmen verzichten, das kraft Gesetz ein Privileg von ungeheurem Wert im Interesse seiner Besitzer so gut wie konkurrenzlos ausübt. Erst wenn die privaten Interessen ausgeschaltet seien, so Bendixen, würde sich die Reichsbank auch rechtlich als das darstellen, was sie seiner Meinung nach unter der Reichsbankleitung bereits geworden sei, nämlich eine gemeinnützige Anstalt, die unabhängig von privaten und fiskalischen Interessen nur das Gemeinwohl im Auge habe.[257]

5.1.2 Die Beurteilung der Abhängigkeit der Reichsbank von der Reichsregierung

Das Bankgesetz von 1875 beinhaltete die formale Abhängigkeit der Reichsbank von der Reichsregierung bzw. vom Reichskanzler und vom Kaiser.

Die durch die Ernennung des Präsidenten und der übrigen Mitglieder des Direktoriums durch den Kaiser gegebene personelle Abhängigkeit wurde durch ihre Beamteneigenschaft entsprechend § 28 Abs. 2 noch verstärkt. Zwar erfolgte die Ernennung auf Lebenszeit, was theoretisch eine gewisse personelle Unabhängigkeit vom Staat bedeutete, jedoch war das Direktorium bei der Ausübung seiner Tätigkeit gegenüber dem Reichskanzler weisungsgebunden. Dem Reichskanzler stand die Leitung der Reichsbank zu. Außerdem stand dieser dem aufsichtführenden Bankkuratorium als Vorsitzender vor. Über den Reichskanzler besaß die Reichsregierung die Möglichkeit zum ständigen und direkten Zugriff auf die Reichsbank.

Besonders bedeutsam für die Abhängigkeit der Reichsbank von der Reichsregierung war die Tatsache, daß das Bankgesetz von 1875 keine Obergrenzen für die Reichsbankkredite an staatliche Stellen festlegte. Dies war allerdings solange ohne Folgen, wie die sich aus dem Bankgesetz ergebende Umlaufgrenze für die Banknoten eingehalten wurde. Die ganze materielle Tragweite der fehlenden Obergrenze für Reichsbankkredite sollte sich erst im 1. Weltkrieg, nachdem die Umlaufgrenze für Banknoten de facto abgeschafft worden war, und der darauffolgenden Währungskrise zeigen.[258]

Im gewissen Rahmen bestand immerhin eine institutionelle Unabhängigkeit der Reichsbank, die jedoch durch eine Abhängigkeit von den Interessen der Anteilseigner ersetzt wurde. Allerdings war der Einfluß der Anteilseigner als gering zu bewerten. Ihnen wurden zwar recht weitgehende Informations- und Kontroll-, ja sogar Anhörungsrechte eingeräumt, ohne daß jedoch den Anteilseignern eine tat-

[257] Vgl. Bendixen, F. (1922b), S. 143.
[258] Vgl. Hedrich, C.-C. (1990), S. 5-6.

sächliche Einflußnahme auf die Geschäftsführung der Reichsbank ermöglicht worden wäre. Vor allem das restriktive Höchststimmrecht beugte übermäßigem Fremdeinfluß vor, so daß zumindest gegenüber den Kapitalgebern ausreichend für die Unabhängigkeit der Zentralbank gesorgt war.
Die Anteilseigner konnten allerdings durch § 35 ihr Veto gegen eine übermäßige Staatsfinanzierung zu Sonderkonditionen durch die Reichsbank einlegen, da dieser Paragraph eine Anzeigepflicht bei den Deputierten vorsah, sobald Sonderbedingungen bei Geschäften der Reichsbank mit Finanzverwaltungen des Reichs und der Reichsländer vereinbart worden waren. Wenn nur ein Deputierter dies verlangte, mußte die Angelegenheit dem Zentralausschuß vorgelegt werden, der mit Mehrheit abschließend über die Zulässigkeit dieses Geschäftes entscheiden konnte.[259] Das Gesetz erschwerte aber die Staatsfinanzierung nicht generell, sondern nur bei Vereinbarung von Sonderbedingungen durch das Veto der Anteilseigner. Dadurch ergab sich keine Verhinderung, sondern nur eine Verteuerung der Staatskredite.

Die im gewissen Rahmen vorhandene funktionelle Unabhängigkeit wurde durch die Weisungsabhängigkeit vom Reichskanzler begrenzt. Andererseits erfolgte eine starke Einschränkung der Handlungsfreiheit der Reichsbank durch die Einführung der Goldwährung, die gleichzeitig zu einer Relativierung der Leitungsbefugnis des Reichskanzlers führte.
Das Deutsche Reich hatte national den Goldstandard eingeführt. Das Münzgesetz vom 1. Juni 1909[260] erklärte die 1873 konzipierte Goldwährung als vollständig eingeführt. Im § 1 hieß es: *„Im Deutschen Reiche gilt die Goldwährung.“* Im § 7 wurde das freie Prägerecht verankert, jede Privatperson bekam das Recht, in den Münzstätten Zwanzigmarkstücke gegen eine Gebühr ausprägen zu lassen. Da sich jeder durch Einlieferung von einem Pfund Feingold in den Münzstätten 1395 Mark abzüglich einer Prägegebühr - die auf drei Mark festgesetzt wurde - ausliefern lassen konnte oder, noch einfacher, durch Verkauf an die Reichsbank für 1 Pfund Feingold stets 1392 Mark verschaffen konnte (§ 14 Abs. 1), war dem Wert des deutschen Geldes nach oben eine feste Grenze gesetzt. Andererseits enthielten 139,5 Zehnmarkstücke ein Pfund Feingold, so daß sich auch eine Grenze nach unten ergab. Der Wert des deutschen Geldes war also derart mit dem Wert des Goldes verbunden, daß der Wert des Pfund Goldes nur zwischen 1395 und 1392 Mark schwanken konnte, mit anderen Worten, um den Betrag der Prägegebühr.[261]

Die Reichsbank hatte sich dem internationalen Goldstandard angegliedert. Aus der Festsetzung des Goldwertes der nationalen Geldeinheiten, der Goldparität, ergaben sich die sogenannten Parikurse. Durch die Goldarbitrage wurden die beiden Goldpunkte festgelegt, um die der Außenwert der Mark nicht wesentlich schwanken

---

[259] Vgl. Geisler, R. P. (1953), S. 73; Bonin, K. von (1979), S. 65; Hedrich, C.-C. (1990), S. 9.
[260] Münzgesetz. Vom 1. Juni 1909, RGBl. 1909, S. 507.
[261] Vgl. Helfferich, K. (1895), S. 6-7.

konnte, wenn der Außenwirtschaftsverkehr mit Gold keinen Beschränkungen unterlag. Das war bis zum Ausbruch des 1. Weltkrieges auch tatsächlich nicht der Fall.[262]

Die Handlungsfreiheit der Reichsbank wurde durch die Goldwährung viel entscheidender begrenzt als durch die Leitungsbefugnis des Reichskanzlers. *„In practice, the gold standard rules restricted the autonomy of the Reichsbank much more than the legal subordination of the Reichsbank under the Reich`s Chancellor.“*[263]

Dies ergab sich aus der Struktur der Goldwährung als ein automatisches Währungssystem, das auf der Menge des vorhandenen Edelmetalls basierte. Bis zum Ausbruch des 1. Weltkrieges führte die Reichsbank in erster Linie eine Politik der Konstatierung nach dem angemeldeten Geldbedarf der Wirtschaft und richtete sich im übrigen in ihrer Geld- und Kreditpolitik nach den Spielregeln der Goldwährung.[264] Die Steuerung der Geldmenge erfolgte vornehmlich durch die Diskontpolitik entsprechend dem jeweiligen Zu- und Abfluß an Gold, wie ihn die Zahlungsbilanz auswies.[265] War die Reichsbank durch diese außenwirtschaftlichen Faktoren schon erheblich bei der Festsetzung ihres Diskontsatzes eingeschränkt, so ergab sich durch die Deckungsvorschriften eine weitere Einschränkung. Daher konnte man eher von einer Feststellung als von einer Festsetzung des Diskontsatzes sprechen.[266]

Die Hauptaufgabe der Reichsbank bestand darin, die Goldreserve des Landes zu verteidigen und hierdurch die Aufrechterhaltung der Goldparität zu sichern. Es gab zwar keine gesetzlichen Grenzen für die Kreditvergabe an den Staat, tatsächlich war der Spielraum aber sehr eng. Aus den Beschränkungen des Bankgesetzes von 1875 für die Notenemission, vor allem aus der vorgeschriebenen Dritteldeckung durch Gold, ergab sich eine Umlaufgrenze für Banknoten.[267]

Diese Abhängigkeit versuchte die Reichsbank seit ihrer Gründung durch den Ausbau des bargeldlosen Zahlungsverkehrs abzumildern. Reichsbankpräsident Hermann von Dechend (1876-1890) sah in der Entfaltung des Gironetzes eine Möglichkeit, den Goldbestand der Bank anzureichern oder Banknoten "einzusparen". Geldtheoretisch waren Banknoten und Zentralbankgiralgeld gleich zu beurteilen. Banking-Theoretiker hatten schon viel früher auch für Zentralbankdepositen die Einhaltung von Deckungsvorschriften gefordert. Aber das Bankgesetz von 1875 hatte die Verbindlichkeiten unterschiedlich behandelt, geldpolitische Störungen

[262] Vgl. Veit, O. (1969), S. 101-102; Siebelt, J. (1988), S. 36.
[263] Holtfrerich, C.-L. (1988), S. 111-112.
[264] Vgl. Köllner, L. (1991), S. 46.
[265] Vgl. Bofinger, M. (1991), S. 285-287; Köllner, L. (1991), S. 27.
[266] Vgl. Siebelt, J. (1988), S. 37-38.
[267] Vgl. Caesar, R. (1979), S. 20-21; Caesar, R. (1980), S. 348-349; Marsh, D. (1992), S. 125.

hatte dies nicht zur Folge. Statt dessen ergab sich durch den Ausbau des bargeldlosen Zahlungsverkehrs ein volkswirtschaftlicher Vorteil. Die deutschen Geschäftsbanken hatten bis 1895 noch keine dem Reichsbankgiroverkehr annähernd vergleichbaren Giralgeldsysteme entwickelt. Durch den Ausbau des bargeldlosen Zahlungsverkehrs bei der Reichsbank erhöhte sich aber der Konkurrenzdruck und führte zu einer Entwicklung von Systemen für den Giralgeldverkehr auch bei den Geschäftsbanken.[268]

5.1.3 Die Kriegsgesetze von 1914 und das Fortbestehen des Bankgesetzes in der Weimarer Republik

Ab August 1914 wurden zur Umstellung auf die Kriegswirtschaft die bestehenden institutionellen Rahmenbedingungen so genutzt, verändert und ergänzt, daß die bekannten monetären Turbulenzen der Kriegs- und vor allem Nachkriegszeit geradezu zwangsläufig herbeigeführt wurden. Am 4. August 1914 trat ein schon länger vorbereitetes Gesetzeswerk in Kraft, durch das die Reichsbank in der Folgezeit zur *„Papiergeldfabrik im Dienste des Fiskus"*[269] werden konnte.

Grundgedanke der Gesetze war, daß die Kriegsausgaben durch kurzfristige Notenbankkredite zwischen- bzw. vorfinanziert werden sollten. Die Finanzierung der Kriegsausgaben durch eine Erhöhung der Steuern wurde abgelehnt. Die entstehende Reichsschuld sollte erst später mit den erhofften Kriegskontributionen oder durch im Inland aufgelegte Kriegsanleihen getilgt werden. Ziel der Kriegsgesetze war es, den Goldbestand zu schützen, der Notenausgabe jegliche Beschränkung zu nehmen und die Reichsbank bei der Erteilung von Lombardkrediten zu entlasten.[270]
Um dieses Ziel zu erreichen, wurde(n):

- die Reichsbank durch § 2 des Gesetzes, betreffend die Reichskassenscheine und die Banknoten,[271] von der Goldeinlösungspflicht für Noten befreit.
- Darlehenskassen entsprechend eines Darlehnskassengesetzes[272] gegründet, die nicht nur dem Lombardkredit dienen sollten, sondern entsprechend § 2 des Darlehnskassengesetzes auch Darlehenskassenscheine ausgeben durften. Diese wurden von öffentlichen Kassen in Zahlung genommen und besaßen daher echte Geldqualität.

---

[268] Vgl. Borchardt, K. (1976), S. 42.
[269] Weber, A. (1925), S. 1214.
[270] Vgl. Hedrich, C.-C. (1990), S. 10-11.
[271] Gesetz, betreffend die Reichskassenscheine und die Banknoten. Vom 4. August 1914, RGBl. 1914, S. 347.
[272] Darlehnskassengesetz. Vom 4. August 1914, RGBl. 1914, S. 340.

- die Reichsschuldenverwaltung entsprechend §§ 1, 2 des Gesetzes, betreffend die Ergänzung der Reichsschuldenordnung,[273] ermächtigt, kurzfristige Kredite in Form von unverzinslichen Reichsschatzanweisungen und -wechseln aufzunehmen, die bei der Reichsbank diskontierbar waren.
- die Deckungsvorschriften für den Notenumlauf zwar formal beibehalten, jedoch materiell unterlaufen: Die Reichsbank wurde durch § 1 des Gesetzes zur Änderung des Bankgesetzes[274] von der Notensteuer befreit. Damit wurde auch die indirekte Kontingentierung - ein Element der Currency-Theorie - aufgehoben.[275] Außerdem wurden auch die Darlehenskassenscheine, die die Reichsbank selbst hielt, entsprechend § 2 Abs. 2 des Darlehnskassengesetzes in die Drittelbardekkung mit einbezogen. Ferner waren entsprechend § 3 des Gesetzes zur Änderung des Bankgesetzes diskontierte Reichsschatzwechsel und kurzfristige Schatzanweisungen mit einer Laufzeit von bis zu drei Monaten so in die übrige Deckungsmasse (bankmäßige Deckung) aufzunehmen, wie es vorher zum Beispiel nur für gute Handelswechsel mit zwei Unterschriften erlaubt war.

Damit waren de facto alle gesetzlichen Fesseln der Geldschöpfung gesprengt worden. Die schon seit unmittelbar vor der Proklamation des Kriegszustandes am 31. Juli 1914 erfolgte Aufhebung der Noteneinlösung in Gold wurde legalisiert. Die Banknoten wurden zum Fiat-money. Damit wurde ein wesentlicher Teil des Goldwährungssystems aufgegeben. Das Gold als Währungsregulativ war abgeschafft worden. Es wurden Bestimmungen erlassen, die den freien Handel mit Gold und Goldmünzen völlig unterbanden.[276]

Die neue Rechtslage eröffnete der Regierung die Möglichkeit, unbegrenzte Summen von der Reichsbank zu leihen. Nachdem die Gesetze am 4. August 1914 in Kraft getreten waren, begann der Reichstag sofort, Kriegskredite in Form pauschaler Nachtragshaushalte zu bewilligen.[277] Die Reichsleitung nahm diese Kredite durch Diskontierung von Schatzscheinen bei der Reichsbank in Anspruch und finanzierte so die Kriegsausgaben. Die formal weiter geltende Dritteldeckung der Noten durch Gold wurde unterlaufen. Auch die bisherige Praxis der Reichsbank, sich auf die Diskontierung von Handelswechseln zu beschränken - ein Grundprinzip der Banking-Theorie - wurde aufgegeben. Neben dem Element der Currency-Theorie wurden somit auch die Elemente der Banking-Theorie aus dem Bankgesetz entfernt. Die Darlehensscheine stellten eine neue Form des Papiergeldes dar,

[273] Gesetz, betreffend die Ergänzung der Reichsschuldenordnung. Vom 4. August 1914, RGBl. 1914, S. 325.
[274] Gesetz, betreffend die Änderung des Bankgesetzes. Vom 4. August 1914, RGBl. 1914, S. 327.
[275] Vgl. Veit, O. (1969), S. 509.
[276] Vgl. Helfferich, K. (1923), S. 233-234.
[277] Vgl. Verhandlungen des Reichstags (1916), S. 22, 133-134.

die von Darlehenskassen ausgegeben wurden, um das vorhandene Kreditbedürfnis zu befriedigen.[278]

In der Zeit des 1. Weltkrieges bestanden zwar grundsätzlich die Leitungs- und Aufsichtsbefugnisse des Reichs in gleicher Form weiter, sie gewannen jedoch eine neue Qualität, die sich einerseits aus dem erhöhten Geldbedarf aufgrund des Krieges und andererseits aus der Abkehr von der Goldwährung ergab. Diese beiden Gründe bedingten einander. Dadurch wurde eine weitgehende Finanzierung staatlicher Ausgaben im Wege der Kreditschöpfung möglich.[279]

In der Weimarer Republik galt zunächst entsprechend Artikel 178 Abs. 2 der Weimarer Verfassung[280] das im Kaiserreich erlassene Bankgesetz weiter. Die Rechte des Kaisers wurden durch Artikel III des Gesetzes zur Änderung des Bankgesetzes vom 16. Dezember 1919 auf den Reichspräsidenten übertragen.
Die Reichsbank mit ihrem Direktorium blieb unberührt von Umgestaltungen. Die Leitung lag weiterhin, wie seit dem 1. Januar 1908, in den Händen von Reichsbankpräsident Havenstein[281] und Vizepräsident von Glasenapp. Die „*Weltbühne*" vom 4. Mai 1922 schrieb über Havenstein. „*Die demokratische Republik hat ihn als einzigen der im Krieg maßgebenden Männer sozusagen mit in ihr stehendes Inventar übernommen. Minister wechselten, Havenstein blieb.*"[282]

Die Deckungsvorschriften für die Banknoten wurden im Mai 1921 durch § 1 des Gesetzes zur Änderung des Bankgesetzes[283] auch formal aufgehoben. Die Aufhebung wurde auf die Zeit bis zum 31. Dezember 1923 beschränkt, da die Reichsbank hoffte, daß sich die politische, finanzielle und wirtschaftliche Gesamtlage bis dahin konsolidiert haben würde.[284] Durch Artikel 3 einer Verordnung vom 26. Oktober 1923 wurde die Aussetzung der Dritteldeckung nochmals bis zum 31. Dezember 1925 verlängert.[285]
Dadurch besaß Deutschland rechtlich eine frei gestaltbare Währung, deren Steuerung in erster Linie der zunächst noch unter Leitung und Aufsicht des Reichs stehenden Reichsbank oblag. Die Beschränkung der Möglichkeiten einer autonomen

---

[278] Vgl. Veit, O. (1969), S. 510; Habedank, H. (1981), S. 27; Marsh, D. (1992), S. 126; Deutsche Bundesbank (1995), S. 11.
[279] Vgl. Siebelt, J. (1988), S. 43.
[280] Die Verfassung des Deutschen Reichs. Vom 11. August 1919, RGBl. 1919 II, S. 1383.
[281] Zur Person Havensteins siehe Gliederungspunkt 6.1, S. 133.
[282] BArch, R 2501/654, Bl. 59. Artikel in der „Weltbühne" vom 4. Mai 1922.
[283] Gesetz, betreffend Änderung des Bankgesetzes vom 14. März 1875. Vom 9. Mai 1921, RGBl. 1921 I, S. 508.
[284] Vgl. BArch, R 43 I/638, Bl. 176. Begleitbericht der Reichsbank zum Verwaltungsbericht 1920 vom 21. Mai 1921.
[285] Vgl. Verordnung zur Abänderung des Bankgesetzes vom 14. März 1875. Vom 26. Oktober 1923, RGBl. 1923 II, S. 402-403.

Reichsbankpolitik durch den Goldstandard fiel nun weg, ohne daß eine neue sachliche Limitierung der Geldschöpfung an ihre Stelle trat.[286]

5.2 Das Autonomiegesetz von 1922

5.2.1 Der außenpolitische Ursprung des Gesetzes

Vor allem von seiten Großbritanniens wurden Anfang der zwanziger Jahre immer wieder Stimmen laut, die eine Reform der Reichsbankverfassung als eine der Bedingungen für eine gütliche Lösung der Reparationsfrage forderten. In offiziellen und inoffiziellen Besprechungen zwischen Vertrauensleuten der deutschen Regierung und britischen Staats- und Finanzmännern spielte die Frage der Reichsbank und ihre Inanspruchnahme durch die Reichsfinanzverwaltung eine große Rolle.[287]

Der britische Schatzkanzler Robert Horne mahnte Deutschland in seiner Rede am 6. Dezember 1921, die Sanierung der Finanzen und die Stillegung der Notenpresse in Angriff zu nehmen, um so die Inflation zum Stillstand zu bringen.[288]
Der britische Botschafter in Berlin, Lord D'Abernon, stellte gegenüber deutschen Politikern die Forderung nach einer statutenmäßigen Unabhängigkeit der Reichsbank von der Reichsregierung auf.[289] Vor allem aber von dem Gouverneur der Bank von England, Montagu Norman, ging in Großbritannien die Initiative für eine unabhängige Reichsbank aus. Er befand sich dabei völlig im Einklang mit amerikanischen Interessen, als er ab Ende 1921 immer wieder die Autonomie für die Reichsbank forderte.[290]

In einer Chefbesprechung[291] und einer Kabinettssitzung am 26. Dezember 1921 berichtete Rathenau, der als Abgesandter der Regierung mit den Alliierten über die Möglichkeit eines Moratoriums für die Zahlungen des Londoner Ultimatums verhandelt hatte, Einzelheiten über ein zwischen Großbritannien und Frankreich paraphiertes Vorabkommen zur Regelung des Reparationsproblems.[292] Über das Vorabkommen sollte die Konferenz der Alliierten in Cannes im Januar 1922 entscheiden. Es enthielt einerseits Bedingungen, die von der Reichsregierung erfüllt, und

---

[286] Vgl. Siebelt, J. (1988), S. 43.
[287] Vgl. Helfferich, K. (1922), S. 215.
[288] Vgl. Die Botschaft in London an das Auswärtige Amt, 6. Dezember 1921, S. 431-432; Helfferich, K. (1922), S. 215.
[289] Vgl. D'Abernon, E. V. (1929b), S. 155.
[290] Vgl. BArch, R 2501/6394, Bl. 101-105. Brief Normans an Havenstein vom 5. Dezember 1921.
[291] Als Chefbesprechungen wurden in den Akten der Reichskanzlei Besprechungen bezeichnet, die aus akutem Anlaß einberufen wurden, und an denen der Reichskanzler und die jeweils nächstbeteiligten Ressortchefs teilnahmen.
[292] Vgl. Chefbesprechung vom 26. Dezember 1921, 11 Uhr, S. 481-485; Kabinettssitzung vom 26. Dezember 1921, 17 Uhr, S. 485-486.

andererseits Maßnahmen, die von deutscher Seite den Alliierten vorgeschlagen werden sollten.

Die aufgestellten Bedingungen betrafen in zwei Punkten die Stellung der Reichsbank. In Punkt 5 wurde gefordert: *„Der Reichsbank soll ein „technical adviser" beigegeben werden, der das Recht zum Einspruch gegen die Gewährung von Krediten an das Reich hat. Über seine Person soll Deutschland sich mit der Reparationskommission bis zum 31. März 1922 einigen. Kommt eine Einigung bis dahin nicht zustande, so ernennt ihn die Reparationskommission.*"[293]
In Punkt 4 hieß es: *„Die Vermehrung der Reichsbankvorschüsse an das Reich, sowie die Vermehrung der Zirkulationsmittel soll bis zur Ernennung des „technical advisers" die Vermehrung des Monats Dezember nicht übersteigen.*"[294]
Zu den vorzuschlagenden Maßnahmen zählte im Punkt 6 auch die Unabhängigkeit der Reichsbank: *„Die Reichsbank soll autonom werden, also gegen die Ausgabe neuer Zirkulationsmittel Widerspruch erheben dürfen.*"[295]

Die Motivation Großbritanniens und Frankreichs und das Ziel, das sie mit der Unabhängigkeit der Reichsbank verfolgten, war offensichtlich. Die Vermehrung des Notenumlaufs sollte unterbunden und dadurch bedingt die Inflation gestoppt werden. Der bargeldlose Zahlungsverkehr wurde dabei nicht in die Überlegungen mit einbezogen. Die Möglichkeit der Reichsbank, die Staatsverschuldung auch ohne Erhöhung des Notenumlaufs - über die Bereitstellung von Giralgeld - zu finanzieren, fand keine Beachtung.

Der Druck Großbritanniens auf Deutschland ging von zwei Seiten aus. Einerseits forderten die britischen Regierungsstellen - genau wie die französische Regierung - von der deutschen Regierung die Verwirklichung der Unabhängigkeit der Reichsbank von der Reichsregierung als Bedingung für eine gütliche Lösung der Reparationsfrage. Sie verfolgten das Ziel einer gesetzlichen Verankerung dieser Unabhängigkeit. Andererseits versuchte gleichzeitig Norman Einfluß auf den Reichsbankpräsidenten zu nehmen, um ihn nicht nur von der Notwendigkeit einer gesetzlichen Regelung, sondern auch und in erster Linie von dem praktischen Vorteil einer unabhängigen Reichsbank zu überzeugen.

Der Gouverneur der Bank von England stand in einem regen Briefkontakt mit Havenstein. In einem Schreiben vom 5. Dezember 1921 brachte er gegenüber dem Reichsbankpräsidenten seinen Wunsch zum Ausdruck, ein Ergebnis der Reparationsverhandlungen möge die Unabhängigkeit der Reichsbank sein. Die bestehende gesetzliche Abhängigkeit der Reichsbank von der Reichsregierung widersprach

---

[293] Conditions of German Reparations (1921), S. 803-804.
[294] Conditions of German Reparations (1921), S. 803.
[295] Conditions of German Reparations (1921), S. 804.

völlig den von ihm vertretenen Zentralbankprinzipien.[296] „*Nach meiner Meinung befindet sich eine Centralbank, welche so sehr von ihrer eigenen Regierung beherrscht wird, daß sie weder Unabhängigkeit noch Initiative und nicht einmal das Recht des Protestes hat, in keiner angenehmen Lage und kann ihre Rolle weder in ihrem eigenen Lande noch, erst recht nicht, neben anderen Centralbanken spielen.*“[297]
In einem weiteren Brief vom 23. Dezember 1921 unterrichtete Norman den Reichsbankpräsidenten über einzelne Punkte des Programms für Cannes. Er unterstrich erneut die Relevanz der Unabhängigkeit der Reichsbank. Allerdings sprach er sich gleichzeitig gegen die Einsetzung eines “technical advisers“ aus.[298]

Die Ernennung eines “technical advisers“ lehnte Havenstein ebenfalls ab, wie auch das gesamte hinter ihm stehende Direktorium. Er vertrat den Standpunkt, daß es keine andere Möglichkeit gäbe, als die Ausgaben des Reichs durch die Ausgabe von Schatzwechseln zu decken. Deshalb versprach er sich auch von der Einsetzung eines “technical advisers“ keine Veränderungen in der Reichsbankpolitik, da seiner Meinung nach auch dieser die Zwangsläufigkeit des Prozesses einsehen müßte.[299]
Die Verhältnisse, so das Reichsbankdirektorium in einem Brief an die deutsche Kriegslastenkommission, könnten nur durch einen Ausgleich des deutschen Budgets und eine Herabsetzung der Reparationsleistungen geändert werden, nicht aber durch die Einsetzung eines “technical advisers“. Dieser bedeute nach Meinung des Direktoriums nur eine Diskreditierung der Reichsbank, die ihr das Vertrauen und damit auch den Kredit entziehen würde, den sie im In- und Ausland genoß.[300]

Der Forderung nach einer gesetzlich verankerten Unabhängigkeit der Reichsbank stand Havenstein dagegen weniger ablehnend gegenüber. Er sah in der Umsetzung dieser Forderung jedoch nur ein Entgegenkommen gegenüber den Alliierten.[301] Auf die Reichsbankpolitik hätte dies seiner Meinung nach keine Auswirkungen, da die Selbständigkeit der Reichsbank in der Praxis bereits bestände. „*Was die Autonomie der Reichsbank anlange, so sei die Forderung rein theoretisch, da auch bisher der Reichskanzler in diesen Fragen nie praktisch eingegriffen habe.*“[302]
Diese Meinung wurde auch in einer Denkschrift der Reichsbank über Zentral- und Emissionsbanken vom 20. Oktober 1922 vertreten. In dieser Schrift wurde das Zugeständnis an die Alliierten folgendermaßen gerechtfertigt: „*Nichtsdestoweniger*

---

[296] Vgl. BArch, R 2501/6394, Bl. 101-105. Brief Normans an Havenstein vom 5. Dezember 1921.
[297] BArch, R 2501/6394, Bl. 101. Brief Normans an Havenstein vom 5. Dezember 1921.
[298] Vgl. BArch, R 2501/6394, Bl. 132-137. Brief Normans an Havenstein vom 23. Dezember 1921.
[299] Vgl. Chefbesprechung vom 26. Dezember 1921, 11 Uhr, S. 484.
[300] Vgl. BArch, R 43 I/24, Bl. 147. Schreiben des Reichsbankdirektoriums an die deutsche Kriegslastenkommission vom 28. Dezember 1921.
[301] Vgl. Kabinettssitzung vom 27. Dezember 1921, 17 Uhr, S. 487.
[302] Chefbesprechung vom 26. Dezember 1921, 11 Uhr, S. 484.

erschien eine Abänderung des geltenden Bankgesetzes in der Richtung einer Autonomie der Reichsbank dringend erwünscht. Die dem Reichskanzler zustehende Leitung der Bank konnte immerhin der Möglichkeit einer politischen Ausnutzung Raum geben. Diese Möglichkeit auszuschalten, lag durchaus im öffentlichen Interesse."[303]

Die Reichsbank bezeichnete ohne nähere Begründung die Unabhängigkeit nicht nur als Vorteil für sich und für das Reich, sondern wies auch auf ihre Bedeutung für die Förderung und Erleichterung der Zusammenarbeit zwischen den Zentralbanken der verschiedenen Länder hin.[304] Sie hatte sich also die Gedanken Montagu Normans hinsichtlich einer Kooperation der Zentralbanken zu eigen gemacht.

In einem Brief vom 28. Dezember 1921 an Norman stimmte Havenstein der Forderung zu, die Reichsbank durch die Änderung des Bankgesetzes von der Reichsregierung unabhängig zu machen. Er wies aber gleichzeitig darauf hin, daß die Reichsbank gar keine andere Möglichkeit hätte als das Reich mit den benötigten Geldmitteln zu versorgen, solange nicht die Reparationen herabgesetzt würden.[305]

Anfang Januar 1922 fand die vom Obersten Rat einberufene Konferenz in Cannes statt. Auf dieser schob sich die Währungsfrage in den Vordergrund sowie die Forderung der Sachverständigen, das Verhältnis zwischen Reichsbank und Reich zu revidieren.
Während eines Treffens der alliierten Finanzminister am 9. Januar 1922 in Cannes setzte sich vor allem der britische Schatzkanzler Robert Horne dafür ein, auf die Ernennung eines "technical advisers" zu verzichten. Er sah es als entscheidender an, auf der Unabhängigkeit der Reichsbank zu bestehen. Dessen Einsetzung sollte deshalb seiner Meinung nach allein als Druckmittel dienen, um die Reichsregierung dazu zu bewegen, angemessene Vorschläge zur Gestaltung der Unabhängigkeit zu machen. Er konnte letztendlich die französischen Vertreter von seiner Taktik überzeugen und verhinderte so die Ernennung eines "technical advisers".[306] Unterstützung hatte Horne von Norman erhalten. Dieser hatte sich ebenfalls während der Konferenz mit dem Einsatz seiner Person und seines ganzen Einflusses gegen die Ernennung eines "technical advisers" ausgesprochen, wie aus einer Danksagung Havensteins vom 19. Januar 1922 hervorgeht.[307]

---

[303] BArch, R 2501/6313, Bl. 97. Denkschrift der Reichsbank über Zentral- und Emissionsbanken vom 20. Oktober 1922.

[304] Vgl. BArch, R 2501/6313, Bl. 97. Denkschrift der Reichsbank über Zentral- und Emissionsbanken vom 20. Oktober 1922.

[305] Vgl. BArch, R 2501/6394, Bl. 141-151. Brief Havensteins an Norman vom 28. Dezember 1921.

[306] Vgl. British Secretary`s Notes of a Meeting of Allied Finance Ministers held in the Cercle Nautique, Cannes, on Monday, January 9, 1922, at 10.45 a. m., S. 63-64.

[307] Vgl. BArch, R 2501/6394, Bl. 155-156. Brief Havensteins an Norman vom 19. Januar 1922.

Während der Konferenz in Cannes wurde dann entsprechend dem paraphierten Vorabkommen von Großbritannien und Frankreich auch offiziell die Reichsbankautonomie und die Limitierung des monatlichen ungedeckten Notenumlaufs auf maximal die Höhe des Umlaufs vom Dezember 1921 als Voraussetzung für ein Teilmoratorium der Reparationszahlungen gefordert.[308] Die Konferenz wurde zwar bereits am 12. Januar 1922 wegen des Regierungswechsels in Frankreich abgebrochen - das Kabinett Poincare trat an die Stelle des Kabinetts Briand -, aber nicht ohne daß Deutschland sich bereiterklärt hätte, die Autonomie der Reichsbank gesetzlich zu verankern.[309]

Nach der Konferenz in Cannes ermahnte die Bank von England und die Fed die Reichsbank, die Verwirklichung der zugesagten Reichsbankunabhängigkeit schnell voranzutreiben. Am 17. Januar 1922 erreichte Havenstein ein Brief von dem Vize-Gouverneur der Bank von England, der diese Forderung Großbritanniens erneut unterstrich.[310] Der Brief endete mit einer Ermahnung an Havenstein: „*Zum Schluß, Herr Präsident, habe ich von dem Gouverneur den Auftrag, auf sie einzuwirken, dass Sie diese gute Gelegenheit voll ausnutzen, so dass Sie, wenn die Zeit kommt, sich künftig in einer unangreifbaren Stellung befinden, um die deutschen Finanzoperationen auf einer gesunden, und wirtschaftlichen Basis auszuführen.*“[311] In einem Brief vom 6. Februar 1922 an Havenstein erkundigte sich Norman nach dem Stand der Vorbereitungen für das Autonomiegesetz. Er mahnte zu einer schnellen Umsetzung, um vor allem die Reichsregierung von einer weiteren Finanzierung der Ausgaben über die Notenpresse abzuhalten. Auch sollte damit die Stellung der Reichsbank wie auch aller anderen Zentralbanken bei den kommenden Konferenzen und Verhandlungen gestärkt werden.[312] Am 21. März 1922 begrüßte Strong in einem Schreiben an den Reichsbankpräsidenten die bevorstehende Verabschiedung des Autonomiegesetzes.[313]

Die deutsche Regierung kam der Forderung nach einer gesetzlich verankerten Unabhängigkeit der Reichsbank ohne Zögern nach: In einer Note an die Reparationskommission vom 28. Januar 1922 überreichte sie den auf der Konferenz von Cannes geforderten Reform- und Garantieplan das deutsche Budget und den deutschen Papiergeldumlauf betreffend. Der Plan enthielt Maßnahmen zur Einschränkung der schwebenden Schuld und für den Ausgleich des Budgets, die die

---

[308] Vgl. Aktenstucke zur Reparationsfrage vom Mai 1921 bis März 1922, S. 186-187.

[309] Vgl. Aktenstücke zur Reparationsfrage vom Mai 1921 bis März 1922, S. 43; Schacht, H. (1927), S. 32.

[310] Vgl. BArch, R 2501/6405, Bl. 185-186. Brief des Vize-Gouverneurs der Bank von England an Havenstein vom 17. Januar 1922.

[311] BArch, R 2501/6405, Bl. 186. Brief des Vize-Gouverneurs der Bank von England an Havenstein vom 17. Januar 1922.

[312] Vgl. BArch, R 2501/6394, Bl. 159-164. Brief Normans an Havenstein vom 06. Februar 1922.

[313] Vgl. BArch, R 2501/6394, Bl. 281-282. Brief Strongs an Havenstein vom 21. März 1922.

Reichsregierung versprach durchzuführen, um in Zukunft die Notenpresse nur noch in geringem Maße in Anspruch nehmen zu müssen. Außerdem erklärte sich die Reichsregierung bereit, den Bedenken der alliierten Regierungen wegen der rechtlichen Abhängigkeit der Reichsbank vom Reichskanzler Rechnung zu tragen. Dem Reichstag sollte ein Gesetz vorgelegt werden, durch das die Befugnis des Kanzlers zu Eingriffen in die geschäftliche Leitung der Bank beseitigt und dadurch die Autonomie gesichert werden sollte.[314]

In einem Memorandum eines Mitarbeiters des Foreign Office wurde allerdings deutlich, daß die Zugeständnisse der deutschen Regierung in der Note vom 28. Januar 1922 nicht in allen Punkten mit den Forderungen des verabschiedeten Programms der Alliierten in Cannes übereinstimmten. Die Reichsregierung hatte zwar der Unabhängigkeit der Reichsbank zugestimmt, jedoch sah ihr Budget- und Reformplan keine Limitierung des ungedeckten Notenumlaufs vor.[315]

In einem der Antwortnote der Reparationskommission vom 21. März 1922 beiliegenden Schreiben an den Reichskanzler wurde noch einmal ausdrücklich auf die Umgestaltung des Reichsbankgesetzes hingewiesen, als Voraussetzung für die endgültige Aufrechterhaltung des vorläufig bewilligten Zahlungsaufschubs der Reparationsleistungen.[316] Eine erneute Forderung nach der Limitierung des ungedeckten Notenumlaufs enthielt diese Note aber nicht.

Noch am selben Tag legte die Reichsregierung dem Reichstag den in Zusammenarbeit mit der Reichsbank ausgearbeiteten Entwurf eines Gesetzes über die Autonomie der Reichsbank vor. Der Reichsrat hatte diesem bereits seine Zustimmung erteilt.

Bei den Verhandlungen des Reichstags über das Autonomiegesetz wurde deutlich, daß man durchaus bereit war, der Forderung der Alliierten nach einer gesetzlich verankerten Unabhängigkeit der Reichsbank nachzugeben, da diese aus Sicht der Abgeordneten keinerlei Konsequenzen hatte. Der Abgeordnete Graf von Westarp brachte die Meinung der Mehrheit des Reichstags zum Ausdruck, als er bemerkte, daß das *„was unter Autonomie verstanden ist, in der Praxis vorhanden ist. Der Reichskanzler kann nicht ohne Zustimmung des Zentralausschusses in die wirtschaftlichen Maßnahmen der Reichsbank, um die es sich hier handelt, eingreifen,*

---

314 Vgl. Aktenstücke zur Reparationsfrage vom Mai 1921 bis März 1922, S. 49.

315 Vgl. Memorandum by Mr. Wigram comparing the reparation proposals drafted by the financial experts at Cannes and the German reply of January 28, 1922, 1. February 1922, S. 9.

316 Vgl. Note der Reparationskommission an die deutsche Regierung vom 21. März 1922 nebst Abschrift eines von der Reparationskommission an den Herrn Reichskanzler gerichteten Schreibens vom gleichen Tag, S. 4154.

und er hat ja in die wirtschaftlichen Maßnahmen in den ganzen 50 Jahren ihres Bestehens nur ein einziges Mal eingegriffen."[317]
Dieser einmalige Eingriff ging auf das Jahr 1887 zurück, als die Lombardierung russischer Wertpapiere durch den Reichskanzler verboten worden war.[318]

Die mit der Verwirklichung der Unabhängigkeit verbundene Forderung der Alliierten nach Einschränkung des Notenumlaufs wurden dagegen eher kontrovers diskutiert.[319] Die Autonomie der Reichsbank wurde keinesfalls mit der Begrenzung des Notenumlaufs in Verbindung gebracht. Bei den Beratungen zum Autonomiegesetz im Reichstag wurde ausdrücklich darauf hingewiesen, daß für die Inflation nicht die Tatsache entscheidend sei, daß das Reichsbankdirektorium bisher von der Reichsregierung abhängig gewesen sei. Die Ursachen für die Inflation wurden allein in den Reparationslasten gesehen, die nach Meinung der Abgeordneten den Fehlbetrag im Haushalt und den Passivsaldo in der Handelsbilanz verursachten. Deshalb erwartete man durch das Autonomiegesetz auch keine Änderung des finanziellen Verhältnisses der Reichsbank zum Reich. Ein generelles Verbot der Diskontierung von Reichsschatzanweisungen wurde als undurchführbar betrachtet, da dies mit einer Zahlungseinstellung des Reichs gleichgesetzt wurde.[320]

Lediglich im Protokoll über die Beratung des Autonomiegesetzes des Hauptausschusses vom 13. und 15. Mai 1922 finden sich leichte Einwände gegen die gesetzlich verankerte Unabhängigkeit der Reichsbank. Der Abgeordnete Dernburg von der DDP regte zur Sicherstellung einer Bindung der Reichsbank an die Reichsregierung eine Resolution an. In dieser sollten sich Reichsbank und Reichsregierung verpflichten, nach Verabschiedung des Autonomiegesetzes einen Vertrag abzuschließen, in dem die Verpflichtung der Reichsbank zur Unterstützung der Regierungspolitik geregelt werden sollte.[321] Der Reichsbankpräsident, der an den Beratungen teilnahm, lehnte diesen Vorschlag mit dem Hinweis ab, daß dadurch die von der Entente verlangte volle Autonomie in den Augen des Auslands in Frage gestellt werden würde. Außerdem, fügte Havenstein hinzu, „*sei es aber doch eine Selbstverständlichkeit, dass die Reichsbank nur den Interessen der Reichspolitik dienen dürfe.*"[322]
Nach dieser Aussage zog Dernburg seinen Antrag zurück.

---

[317] Verhandlungen des Reichstags (1922a), S. 5572.
[318] Vgl. BArch, R 43 I/24, Bl. 138. Schreiben des Reichsbankdirektoriums an die deutsche Kriegslastenkommission vom 28. Dezember 1921.
[319] Vgl. Verhandlungen des Reichstags (1922a), S. 5572-5579.
[320] Vgl. Verhandlungen des Reichstags (1922b), S. 7453-7454.
[321] Vgl. BArch, R 3101/15585, Bl. 206. Protokoll über die Beratung des Autonomiegesetzes im Hauptausschuß vom 13. und 15. Mai 1922.
[322] BArch, R 3101/15585, Bl. 206. Protokoll über die Beratung des Autonomiegesetzes im Hauptausschuß vom 13. und 15. Mai 1922.

Daß die Reichsregierung, genau wie die Abgeordneten des Reichstags und der Reichsbankpräsident, in der gesetzlichen Verankerung der Unabhängigkeit der Reichsbank von der Reichsregierung nur die rechtliche Legitimierung eines bereits bestehenden Zustands sah, wurde spätestens bei den Beratungen über den Entwurf zum Autonomiegesetz deutlich. Nur das Reichswirtschaftsministerium meldete Bedenken bezüglich einer unabhängigen Devisen- und Diskontpolitik der Reichsbank an. Die anderen Reichsminister und der Reichskanzler sahen im Autonomiegesetz die Erfüllung einer Forderung der Alliierten, ohne praktische Auswirkungen auf die Zusammenarbeit mit der Reichsbank.[323]

Am 20. Mai 1922 wurde der Entwurf des Autonomiegesetzes als Gesetz im Reichstag verabschiedet[324] und am 26. Mai 1922 im Reichsgesetzblatt veröffentlicht. In einer Note des Reichskanzlers vom 28. Mai 1922 an die Reparationskommission teilte dieser mit, daß die volle Unabhängigkeit der Reichsbank von der deutschen Regierung durch das Gesetz vom 26. Mai 1922 sichergestellt worden sei.[325]

5.2.2 Die Ausgestaltung der Reichsbankautonomie

Der Reichsbank wurde mit dem Autonomiegesetz vom 26. Mai 1922[326] die rechtliche Unabhängigkeit verliehen. In der Begründung zum Autonomiegesetz hieß es: „*Nach Lage der Verhältnisse erscheint es geboten, der Reichsbank eine autonome Stellung einzuräumen*“.[327]
Diese knappe Erläuterung verschleierte die Tatsache, daß diese erste Phase zumindest formaler Unabhängigkeit der Reichsbank wesentlich auf das Drängen der Alliierten zurückging.[328]

Mit dem Autonomiegesetz wurde der Versuch unternommen, die Reichsbank funktionell und personell vom Einfluß der Reichsregierung zu lösen. Zu diesem Zweck wurden diejenigen Bestimmungen des Bankgesetzes von 1875 geändert, durch die die Reichsbank unter die Leitung des Reichskanzlers gestellt worden war.

---

[323] Vgl. Chefbesprechung vom 1. März 1922, 11 Uhr, S. 594-595; Kabinettssitzung vom 13. Juni 1922, 9.30 Uhr, S. 874.
[324] Vgl. Verhandlungen des Reichstags (1922b), S. 7455.
[325] Vgl. Nachtrag zu den Aktenstücken zur Reparationsfrage vom Mai 1921 bis März 1922, S. 9-10.
[326] Gesetz über die Autonomie der Reichsbank. Vom 26. Mai 1922, RGBl. 1922 II, S. 135.
[327] Begründung zum Autonomiegesetz von 1922, S. 482.
[328] Vgl. Hedrich, C.-C. (1990), S. 15-16.

Das Autonomiegesetz verfügte, daß im § 12 Abs. 1 des Bankgesetzes von 1875 die Worte *„und Leitung“* gestrichen wurden. Demzufolge stand die Reichsbank nun nur noch unter der Aufsicht und nicht mehr unter der Leitung des Reichs.

Die §§ 26, 27, 28 und 37 erhielten entsprechend dem Autonomiegesetz eine neue Fassung.
Der neue § 26 lautete: *„Die Leitung der Reichsbank steht ausschließlich dem Reichsbankdirektorium nach Maßgabe der Bestimmungen dieses Gesetzes zu.“*
Die leitende Rolle des Reichskanzlers bei der Reichsbank entfiel. Entsprechend entfiel auch die Vorschrift des § 27 Abs. 2 des Bankgesetzes von 1875, nach dem das Reichsbankdirektorium überall den Vorschriften und Weisungen des Reichskanzlers Folge zu leisten hatte.

Der Präsident des Direktoriums wurde entsprechend der Neufassung des § 27 Abs. 2 *„nach gutachterlicher Äußerung des Reichsbankdirektoriums und des Zentralausschusses auf Vorschlag des Reichsrats vom Reichspräsidenten auf Lebenszeit ernannt.“*
Hinsichtlich der Ernennung der übrigen Mitglieder des Reichsbankdirektoriums sah das Autonomiegesetz noch geringere Einwirkungsmöglichkeiten der politischen Instanzen vor. Nach § 27 Abs. 2 wurden diese *„nach gutachterlicher Äußerung des Zentralausschusses (§ 30) auf Vorschlag des Reichsbankdirektoriums und mit Zustimmung des Reichsrats vom Reichspräsidenten auf Lebenszeit ernannt.“*

Damit hatte die Reichsbank selbst erheblichen Einfluß auf die Auswahl ihrer Direktoriumsmitglieder erhalten. Die Reichsregierung war formell aus dem Ernennungsverfahren ausgeschaltet. Durch die vorgeschriebene Zustimmung des Reichspräsidenten zur Wahl des Reichsbankpräsidenten war indirekt aber eine gewisse Einwirkung der deutschen Regierung gesichert, denn nach der üblichen Auffassung war entsprechend § 50 der Reichsverfassung von 1919 für die Zeichnung der Ernennungsurkunde durch den Reichspräsidenten eine Gegenzeichnung des Reichskanzlers notwendig.[329]

Die Ernennung der Reichsbankbeamten stand entsprechend dem neu gefaßten § 28 Abs. 3 nunmehr dem Reichsbankpräsidenten zu. Für die leitenden Beamten hatte er dieses Recht im Einvernehmen mit dem Direktorium auszuüben.

Der Besoldungs- und Pensionsetat des Reichsbankdirektoriums sollte künftig entsprechend dem neu gefaßten § 28 Abs. 2 durch ein besonderes Gesetz festgesetzt werden. Außerdem wurde dem Direktorium das Recht der Mitwirkung bei der Festsetzung des Besoldungs- und Pensionsetats der übrigen Reichsbankbeamten ausdrücklich zuerkannt.

---

[329] Vgl. Koch, R. / Schacht, H. (1926), S. 89.

Durch die wörtliche Übernahme des § 28 Abs. 1 aus dem Bankgesetz von 1875 wurde verfügt, daß die Mitglieder der Reichsbankleitung weiterhin Reichsbeamte blieben. Die Begründung zum Autonomiegesetz enthielt den Hinweis, daß diese Regelung schon immer für den ganzen Geschäftsbetrieb der Reichsbank von größter Bedeutung gewesen sei und sich bisher in jeder Hinsicht bewährt habe.[330]

Die Beamtengesetzgebung hatte entsprechend § 28 Abs. 1 auch auf die Reichsbankbeamten sinngemäß Anwendung gefunden. Daran wurde grundsätzlich festgehalten, allerdings bedurften einige aus dem § 28 abgeleitete Einzelbestimmungen aufgrund der Autonomie der Reichsbank einer Abänderung.[331] Durch den neu gefaßten § 28 Abs. 4 wurde die Befugnis des Reichskanzlers zweifelsfrei beseitigt, den Reichsbankpräsidenten und die Mitglieder des Direktoriums nach Vollendung des 65. Lebensjahres aufgrund des § 60a des Reichsbeamtengesetzes vom 31. März 1873[332] in der Fassung der Bekanntmachung vom 18. Mai 1907[333] in den Ruhestand zu versetzen. Ob diese Bestimmung überhaupt auf das Reichsbankdirektorium anwendbar war, erschien angesichts der Anstellung der Reichsbankleitung auf Lebenszeit zweifelhaft. Unzweifelhaft war, daß die Anwendbarkeit dem Grundsatz der autonomen Stellung widersprach.[334]

Die Befugnis des Reichskanzlers, gegen den Präsidenten und die Mitglieder des Direktoriums die Eröffnung eines förmlichen Disziplinarverfahrens zu verfügen sowie ihnen Warnungen und Verweise zu erteilen und Geldstrafen aufzuerlegen, wurde ebenfalls gestrichen.[335] Die Befugnis der Einleitung eines förmlichen Disziplinarverfahrens gegen den Präsidenten und die restlichen Mitglieder des Direktoriums wurde entsprechend dem neu gefaßten § 28 Abs. 4 von der obersten Reichsbehörde auf das Bankkuratorium übertragen.

Der neu gefaßte § 37 verfügte, daß die Errichtung sonstiger Zweiganstalten nicht mehr durch den Reichskanzler, sondern durch das Reichsbankdirektorium zu erfolgen hatte.

Das Statut der Reichsbank vom 14. März 1875 wurde nur geringfügig geändert. Erwähnt sei die Änderung des § 18, durch die das Recht zur Einberufung der Generalversammlung von dem Reichskanzler auf das Reichsbankdirektorium über-

---

330 Vgl. Begründung zum Autonomiegesetz von 1922, S. 485.
331 Vgl. Koch, R. / Schacht, H. (1926), S. 485.
332 Gesetz, betreffend die Rechtsverhältnisse der Reichsbeamten. Vom 31. März 1873, RGBl. 1873, S. 61.
333 Reichsbeamtengesetz. Vom 18. Mai 1907, RGBl. 1907, S. 245.
334 Vgl. Begründung zum Autonomiegesetz von 1922, S. 487.
335 Vgl. Begründung zum Autonomiegesetz von 1922, S. 487-488.

ging, und § 19, der in seiner Neufassung den Vorsitz der Generalversammlung dem Reichsbankpräsidenten oder dessen Vertreter zusprach.[336]

5.2.3 Die Beurteilung der Reichsbankautonomie

Durch das Autonomiegesetz wurde der leitende Einfluß des Reichskanzlers ausgeschaltet. Dem Reich blieb im Grunde nur noch die Aufsicht über die Reichsbank durch das Bankkuratorium. In der Begründung zum Autonomiegesetz hieß es: *„Alles in allem hält der Entwurf die bewährte öffentlich-rechtliche Struktur der Reichsbank voll aufrecht. Innerhalb dieses Rahmens stellt er jedoch das Reichsbankdirektorium in jeder Beziehung unabhängig von der Reichsleitung und sichert ihm auf diesem Wege die völlige Freiheit und Selbständigkeit seiner die Leitung und Verwaltung der Reichsbank betreffenden Entschließungen. Dadurch wird der Reichsbank selbst eine Autonomie gewährt, die das Ansehen und den Kredit des Instituts erhöht und nicht allein der Reichsbank selbst sowie dem Reich Vorteile bringt“.*[337]

Diese Unabhängigkeit wurde einer Reichsbank zuteil, die seit der förmlichen Aufgabe des Goldstandards auch in sachlicher Hinsicht von rechtlichen Bindungen weitgehend frei war. Die entscheidende Einschränkung der funktionellen Unabhängigkeit der Reichsbank war weggefallen. Das erste Mal in der deutschen Geschichte traf eine nicht weisungsgebundene Zentralbank auf eine frei gestaltbare Währung.[338]

Das Autonomiegesetz sah aber keine weitergehenden Vorschriften für die Reichsbank vor. Der Finanzpolitische Ausschuß des vorläufigen Wirtschaftsrats bemerkte zu dem Entwurf des Autonomiegesetzes, daß die Änderungen des Bankgesetzes aufgrund der Zusage der Reichsregierung an die Reparationskommission eiligst erledigt werden müßten. Deshalb seien Anregungen zu weitergehenden Reformen der Reichsbank vorläufig zurückgestellt worden. Bei diesen, die gleichzeitig eine Sanierung der Währung bezweckten, handele es sich um strittige Fragen, deren Erörterung die Verabschiedung des Gesetzentwurfs hinauszögern würden.[339]

Entscheidend war die Tatsache, daß das Gesetz keine Grenze für die Verschuldung des Staates bei der Reichsbank enthielt. Das Autonomiegesetz brachte nur die

---

[336] Verordnung, betreffend die Abänderung des Status der Reichsbank. Vom 24. Juli 1922, RGBl. 1922 II, S. 683.

[337] Begründung zum Autonomiegesetz von 1922, S. 490.

[338] Vgl. Siebelt, J. (1988), S. 50.

[339] Vgl. BArch, R 2501/6405, Bl. 67. Bericht des Finanzpolitischen Ausschusses des vorläufigen Wirtschaftsrats zu dem Entwurf eines Gesetzes über die Autonomie der Reichsbank vom 28. März 1922.

Verwirklichung einer in erster Linie personellen und funktionellen Unabhängigkeit der Reichsbank von der Reichsregierung. Die finanzielle Unabhängigkeit blieb ihr verwehrt. Diese Tatsache war sowohl dem Reichsbankpräsidenten als auch dem Reichstag und der Reichsregierung bewußt und wurden von diesen begrüßt.

Das Autonomiegesetz schuf nicht die Voraussetzungen für eine Beendigung der Inflation oder gar für eine Sanierung der Währung. Die Reichsbank hatte nun zwar die Möglichkeit, der Reichsregierung die Finanzierung der Staatsausgaben über die Notenpresse zu verweigern, war dazu rein rechtlich aber nicht verpflichtet.

Auch die Alliierten hatten im Prinzip erkannt, daß eine personelle und funktionelle Unabhängigkeit der Reichsbank allein nicht ausreichte, um die Inflation zu stoppen. Es kam unter ihnen zu einer lebhaften Diskussion und Auseinandersetzung über das Autonomiegesetz. Von Belgien lag ein Antrag vor, nach dem der Reichsbank die Diskontierung von Schatzwechseln durch Ausgabe von Noten untersagt werden sollte.[340] Der Antrag wurde aber nicht weiter verfolgt, er fand anscheinend keine Mehrheit.

Die Bewertung des Autonomiegesetzes durch die Alliierten erfolgte durch die Note der Reparationskommission vom 14. Juni 1922. In dieser Note würdigte die Kommission die durch das Gesetz erreichte Unabhängigkeit der Reichsbank bei der Führung ihrer Geschäfte, wies aber gleichzeitig auf die Bedeutung der personellen Unabhängigkeit hin. Sie forderte die Beschränkung des „*Nachprüfungsrechts*“[341] der Regierung hinsichtlich der Ernennung des Reichsbankpräsidenten und der Mitglieder des Reichsbankdirektoriums, das ihrer Meinung nach die Form eines Vetos hätte. Vor allem hinsichtlich der Ernennung des Reichsbankpräsidenten sei eine Beschränkung dieses Vetorechts wünschenswert.[342] Da das Autonomiegesetz keine direkte Einflußnahme der Regierung auf die Ernennung des Reichsbankpräsidenten oder die Mitglieder des Direktoriums vorsah, kann sich die Reparationskommission hier nur auf die indirekte Einflußnahme durch die vorgeschriebene Zustimmung des Reichspräsidenten zur Wahl des Reichsbankpräsidenten und die damit verbundene Gegenzeichnung durch den Reichskanzler bezogen haben.

In der Note wurde weiter gefordert, den Reichsbankpräsidenten aus den Reihen der im Amt befindlichen Mitglieder des Reichsbankdirektoriums zu wählen. Außerdem sollte den Aktionären allein die Bestimmungen über die Besoldung des Reichsbankpersonals zustehen. Die Reparationskommission wollte aber ausdrücklich auf die sofortige Annahme eines neuen Gesetzes verzichten, unter der Bedin-

[340] Vgl. BArch, R 2501/ 6405, Bl. 135. Telegramm eines Gesandten aus London.

[341] Nachtrag zu den Aktenstücken zur Reparationsfrage vom Mai 1921 bis März 1922, S. 33.

[342] Vgl. Nachtrag zu den Aktenstücken zur Reparationsfrage vom Mai 1921 bis März 1922, S. 33.

gung, daß sich die Reichsregierung bereit erklären würde, die Anforderungen im Verwaltungswege durchzuführen.[343]

Entscheidend war aber das Urteil der Reparationskommission über die finanzielle Unabhängigkeit der Reichsbank. In der Note vom 14. Juni 1922 hieß es: „*Indessen wird die Unabhängigkeit der Reichsbank, selbst wenn sie in der bezeichneten Weise hergestellt werden sollte, für die Erhaltung der Währung und des Kredits Deutschlands nur dann praktischen Nutzen bringen, wenn davon tatsächlich in der Weise Gebrauch gemacht werden kann, daß Vorschüsse der Reichsbank an die Regierung nur unter Befolgung der Grundsätze einer gesunden Bankpolitik gewährt werden. Solange die Reichsbank die Ermächtigung behält, Noten gegen Schatzanweisungen auszugeben, kann eine wirksame Ausübung ihrer Unabhängigkeit in dieser Beziehung schwerlich erwartet werden.*“[344]
Die Reparationskommission erkannte aber gleichzeitig an, daß der Einschränkung des Notenumlaufs eine Deckung der öffentlichen Ausgaben vorausgehen mußte. Hierzu wären aber tatsächliche Einnahmen aus Steuern und aus im Inland begebenen Anleihen notwendig.[345]

Das Reichsbankdirektorium nahm in einem Schreiben vom 24. Juni 1922 zu der Note der Reparationskommission vom 14. Juni 1922 Stellung. Es wies darauf hin, daß lediglich der Reichspräsident ein Vetorecht besäße, nicht aber die Regierung. Zu der üblichen Gegenzeichnung der Ernennungsurkunde durch den Reichskanzler äußerte sich das Direktorium nicht.
Das Direktorium räumte zwar ein, daß sich der Reichsrat über das Gutachten des Direktoriums und des Zentralausschusses hinwegsetzen und einen anderen Reichsbankpräsidenten vorschlagen könnte, rechtfertigte dies aber mit dem Hinweis, daß in fast allen Ländern dem Staat ein maßgebender Einfluß auf die Wahl des Präsidenten oder des Gouverneurs der Zentralbanken zugesichert worden sei. Außerdem bestünde bei einem größeren Einfluß des Zentralausschusses die Gefahr, daß private Interessengruppen einen zu großen Einfluß auf die Wahl des Reichsbankpräsidenten nehmen könnten. Die Wahl des Reichsbankpräsidenten aus den im Amt befindlichen Mitgliedern des Reichsbankdirektoriums lehnte das Direktorium ab. Die Möglichkeit müsse bestehen bleiben, eine besonders geeignete Persönlichkeit auch außerhalb des Kreises der Mitglieder zu ernennen. Es wurde in dem Zusammenhang darauf hingewiesen, daß auch der Reichsbankpräsident Havenstein nicht aus den Mitgliedern des Reichsbankdirektoriums hervorgegangen sei. Das Direktorium meinte, daß dem Reichspräsidenten und dem Reichsrat zwar ein Vetorecht bei der Ernennung der Mitglieder des Reichsbankdirektoriums zustände, daß davon

[343] Vgl. Nachtrag zu den Aktenstücken zur Reparationsfrage vom Mai 1921 bis März 1922, S. 33.
[344] Nachtrag zu den Aktenstücken zur Reparationsfrage vom Mai 1921 bis März 1922, S. 33.
[345] Vgl. Nachtrag zu den Aktenstücken zur Reparationsfrage vom Mai 1921 bis März 1922, S. 33.

aber aufgrund der Erfahrungen wohl kaum Gebrauch gemacht werden würde. Das Direktorium erkannte in dem Schreiben an, daß die Reichsbank auch in bezug auf die Regelung der Besoldungsfrage unabhängig von der Einwirkung der Reichsregierung sein müßte. Es verwies in dem Zusammenhang auf die bereits von ihr in die Wege geleiteten Vorbereitungen zur Neuordnung des Besoldungswesens.[346]

Hinsichtlich der Aussagen zur finanziellen Unabhängigkeit der Reichsbank machte sich das Direktorium die Argumentation der Reparationskommission zu eigen. Es erkannte an, daß die Gewährung von Krediten an das Reich sich nach den Grundsätzen einer gesunden Bankpolitik zu richten habe. Es wandte aber zugleich ein, daß es zur Zeit noch nicht möglich sei, die vor dem Krieg geltenden Grundsätze und Bestimmungen zur Limitierung der Geldausgabe wiederherzustellen, ohne daß die Wiederherstellung der Ordnung der Finanzen vorausginge. Das Direktorium sah es allerdings als seine Pflicht an, die Wiederherstellung der vernünftigen Limitierung der Notenemission vorzubereiten und auf deren Durchführung hinzuwirken.[347] Außerdem, so das Reichsbankdirektorium, fühle sich die Reichsbank verpflichtet, von der Unabhängigkeit *„nach bestem Wissen und Gewissen nachdrücklich zum Zwecke der Erhaltung der Währung und des Kredites Gebrauch zu machen."*[348] Allerdings sei es zur Zeit unmöglich, dem Reich die Diskontierung von Schatzanweisungen insoweit zu verweigern, als deren Begebung zur Bestreitung notwendiger und auf andere Weise nicht zu deckender Ausgaben dienen soll.[349]
Das Fazit des Schreibens des Reichsbankdirektoriums war, daß es eines neuen Gesetzes nicht bedürfe, da das Autonomiegesetz im allgemeinen nach den in der Note der Reparationskommission vom 14. Juni 1922 enthaltenen Richtlinien zu handhaben sei.[350]

5.3 Das Bankgesetz von 1924

5.3.1 Der Dawes-Plan von 1924

Infolge der Inflation verlor die Bevölkerung jegliches Vertrauen in die Geldpolitik der Reichsbank. Zur Stabilisierung der Mark war die Gründung eines völlig neuen Instituts notwendig. Am 15. Oktober 1923 wurde deshalb die Rentenbank als juri-

[346] Vgl. BArch, R 2501/6405, Bl. 109-116. Schreiben des Reichsbankdirektoriums an die Reparationskommission vom 24. Juni 1922.

[347] Vgl. BArch, R 2501/6405, Bl. 115. Schreiben des Reichsbankdirektoriums an die Reparationskommission vom 24. Juni 1922.

[348] BArch, R 2501/6405, Bl. 115. Schreiben des Reichsbankdirektoriums an die Reparationskommission vom 24. Juni 1922.

[349] Vgl. BArch, R 2501/6405, Bl. 116. Schreiben des Reichsbankdirektoriums an die Reparationskommission vom 24. Juni 1922.

[350] Vgl. BArch, R 2501/6405, Bl. 116. Schreiben des Reichsbankdirektoriums an die Reparationskommission vom 24. Juni 1922.

stische Person des privaten Rechts ins Leben gerufen, die die Rentenmark ausgab.[351] Da die Rentenbank und somit auch die Rentenmark nur eine Übergangslösung darstellen sollten, wurde die Rentenmark nicht zum gesetzlichen Zahlungsmittel erhoben. Die Reichsbank war weiterhin die Notenbank Deutschlands und die auf Mark lautenden Reichsbanknoten gesetzliches Zahlungsmittel. Der Umtauschkurs zwischen Rentenmark und Mark wurde am 20. November 1923 auf 1 zu 1 Billion festgesetzt. Mit diesem wertbeständigen Geld und der Umtauschpflicht wurde die Inflation innerhalb weniger Tage gestoppt.[352]
Die Gründung der Rentenbank konnte aber nicht verbergen, daß es einer grundlegenden Neuregelung des Notenbankwesens in Deutschland bedurfte.

Aufgrund der diffizilen wirtschaftlichen und finanziellen Lage beantragte die Reichsregierung am 24. Oktober 1923 bei der Reparationskommission die Untersuchung der Zahlungsfähigkeit Deutschlands[353] entsprechend Artikel 234 des Versailler Vertrages.[354] Zu deren Vorbereitung setzte die Reparationskommission am 30. November 1923 zwei international besetzte Sachverständigenausschüsse ein. Einer der beiden Ausschüsse untersuchte unter dem Vorsitz von General Charles G. Dawes aus den Vereinigten Staaten die Mittel zum Ausgleich des deutschen Haushalts und die Maßnahmen zur Stabilisierung der deutschen Währung.[355] Der zweite Ausschuß untersuchte die Mittel, die geeignet waren, die aus Deutschland abgewanderten Kapitalien zu bewerten und ihren Rückfluß zu veranlassen. Den Vorsitz führte Reginald McKenna aus Großbritannien.[356] Die Berichte der Sachverständigenausschüsse wurden am 9. April 1924 dem Vorsitzenden der Reparationskommission überreicht.

Der Dawes-Plan wurde mit der Absicht erarbeitet, durch den Ausgleich des Reichshaushalts und die Stabilisierung der Währung die Erfüllung der deutschen Reparationszahlungen zu gewährleisten. Er übte den entscheidenden Einfluß auf die Neuordnung des deutschen Notenbankwesens aus.

Der Dawes-Ausschuß trat am 14. Januar 1924 in Paris zusammen. Er beschäftigte sich ausführlich mit der finanziellen und wirtschaftlichen Lage Deutschlands. Dabei entstanden anfangs Pläne, die die sofortige Goldkonvertibilität für deutsche Bank-

---

[351] Siehe Gliederungspunkt 6.2.3, S. 151.
[352] Vgl. Hedrich, C.-C. (1990), S. 18-19.
[353] Vgl. Antrag der Deutschen Kriegslastenkommission an die Reparationskommission vom 24. Oktober 1923 zur Einsetzung eines Untersuchungskomitees zur Prüfung der deutschen Zahlungsfähigkeit, S. 59-60.
[354] Vgl. Der Friedensvertrag von Versailles vom 28. Juni 1919, S. 406.
[355] Vgl. BArch, R 43 I/458, Bl. 61-64. Die Berichte der von der Reparationskommission eingesetzten beiden Sachverständigenkomitees vom 9. April 1924.
[356] Vgl. BArch, R 43 I/458, Bl. 229. Die Berichte der von der Reparationskommission eingesetzten beiden Sachverständigenkomitees vom 9. April 1924.

noten und die Gründung einer völlig neuen Notenbank für Deutschland vorsahen. Es wurde gefordert, die neu zu gründende Notenbank unter die Kontrolle der Alliierten zu stellen und eine institutionelle Zweiteilung in eine Bankabteilung und eine Notenausgabeabteilung vorzunehmen. Letztere sollte dabei ins neutrale Ausland verlegt werden.[357]

Die Deutschen wurden in erster Linie vertreten durch den Reichsbankpräsidenten Schacht.[358] Dieser lehnte die sofortige Goldkonvertibilität ab und erhob Einspruch gegen die radikale Unterwerfung der Bank unter die politische Kontrolle der Alliierten.[359]
Zu diesem Zeitpunkt gab es in Europa kein einziges Land, das die volle Goldeinlösung seiner Noten gesetzlich festgelegt hatte. Die unmittelbaren Nachbarländer Deutschlands befanden sich in einem Zustand der mehr oder minder starken Inflation. In dieser Situation schien eine sofortige Goldeinlösungspflicht Deutschlands nicht sinnvoll,[360] da damit die Gefahr einer Flucht in die Mark und eines starken Goldabflusses ins Ausland bestanden hätte.

Unterstützung erhielt der Reichsbankpräsident von Großbritannien, da die sofortige Einführung der Goldkonvertibilität für die Mark gegen das britische Interesse an der Belebung der Sterlingnachfrage verstoßen hätte.[361] Nach dem 1. Weltkrieg hatte sich zwischen den USA und Großbritannien ein Kampf darüber entwickelt, ob der Welthandel in Zukunft mittels des goldkonvertiblen Dollars oder aber weiterhin mittels des Sterlings finanziert werden sollte. Es ging letztendlich um die Entscheidung darüber, ob weiterhin der Sterling oder der amerikanische Dollar die zukünftige Rolle der Weltreservewährung übernehmen würde.[362]

Am 25. März 1924 wurde ein Abkommen zur Zusammenarbeit zwischen der Reichsbank und der Bank von England geschlossen. Dieses Abkommen sollte ein gemeinsames Vorgehen ermöglichen, vor allem hinsichtlich der Stellungnahme zu den Vorschlägen des Sachverständigenkomitees. Nur mit dem Beistand der Bank von England konnte die Reichsbank es wagen, dem Urteil der Experten zu wider-

---

[357] Vgl. AA, R 35017. Telegramm aus Paris an das Auswärtige Amt vom 24. Januar 1924; Besprechung vom 5. Februar 1924, 9.30 Uhr, S. 317-318; Rabe, K. (1929), S. 15; Schötz, H. O. (1987), S. 135-137.

[358] Zur Person Schachts und seinen währungspolitischen Ansichten siehe Gliederungspunkt 7.1, S. 167 bzw. 7.2, S. 174.

[359] Vgl. AA, R 35017. Aufzeichnung über die Berichterstattung Schachts im Reichsfinanzministerium am 1. April 1924.

[360] Vgl. Schacht, H. (1927), S. 133; Schötz, H. O. (1987), S. 145.

[361] Vgl. Schötz, H. O. (1987), S. 138.

[362] Vgl. Schötz, H. O. (1987), S. 167.

sprechen, wobei sie aber andererseits auch die Verpflichtung einging, in allen strittigen Fragen auf die Briten Rücksicht zu nehmen.[363]

Mit der Drohung, daß keine britische Bank Kapital für die Gründung der deutschen Notenbank geben würde, erreichten die Briten einen Kompromiß. Man einigte sich darauf, die sofortige Goldeinlösung vorzuschreiben, es aber einem gemeinschaftlichen Beschluß von Reichsbankdirektorium, Generalrat und Bankorganisationskomitee[364] zu überlassen, den Zeitpunkt der Goldeinlösung aufzuschieben.[365] Der Kompromiß spiegelte einerseits durch das generelle Vorsehen der Goldkonvertibilität die reale Übermacht der amerikanischen Finanzkraft und andererseits durch deren vorläufige Aussetzung die noch existierende politische Macht der Briten wider.[366]

Schachts Kampf galt aber in erster Linie der Abwehr des ausländischen Einflusses auf die Reichsbank. Immer wieder wies er darauf hin, daß sich die Ausländer mit der Übernahme eines Mitspracherechts eine Verantwortung aufladen würden, die sie nicht tragen könnten. Außerdem machte er darauf aufmerksam, daß bei keiner anderen Notenbank ein solches ausländisches Mitspracherecht vorhanden sei.[367]

Bei seinem Versuch, eine ausländische Einflußnahme auf die Reichsbankpolitik abzuwehren, wurde Schacht sowohl von Großbritannien als auch von den USA unterstützt. Montagu Norman befand sich durchaus im Einklang mit der britischen Delegation des Dawes-Komitees, als er die Unterwerfung der deutschen Zentralbank unter eine internationale Kontrolle im Interesse einer gedeihlichen europäischen Zentralbankenarbeit als unverantwortlich bezeichnete. Sein Konzept basierte auf Zentralbanken, die aufgrund eigener Interessen international kooperierten und deren Geschäftspolitik nicht aufgrund vieler an ihren Entscheidungen mitwirkender Nationalinteressen unberechenbar war.[368] Die Amerikaner favorisierten ebenfalls eine nicht durch interalliierte Interessen in ihrer Beschlußfassung eingeschränkte Zentralbank. Ihre Konzeption einer Weltwirtschaftsordnung sah ein selbständig wirtschaftendes und prosperierendes Deutschland vor.[369]

---

[363] Vgl. BA, N 1294/3. Bericht über die Londoner Verhandlungen über das Abkommen zwischen Deutschland und England vom 25. und 26. März 1924, BA, N 1294/3. Brief Schachts an Norman vom 3. April 1924; Schötz, H. O. (1987), S. 160.

[364] Eine Erläuterung dieser Gremien erfolgt an späterer Stelle innerhalb dieses Gliederungspunktes.

[365] Vgl. Plan für die Errichtung einer Notenbank in Deutschland (1924), Absatz XII, S. 505-506; Schötz, H. O. (1987), S. 147.

[366] Vgl. Schötz, H. O. (1987), S. 167.

[367] Vgl. Schacht, H.(1927), S. 127.

[368] Vgl. Schötz, H. O. (1987), S. 139.

[369] Vgl. Schötz, H. O. (1987), S. 137.

Schacht gelang es mit dieser Unterstützung, eine direkte Einflußnahme des Auslands auf die Reichsbankpolitik zu verhindern. Er setzte durch, daß die Leitung der Reichsbank dem nur aus deutschen Staatsangehörigen zusammengesetzten Direktorium überlassen wurde.[370] Der Reichsbankpräsident akzeptierte aber, daß das Ausland aufgrund der Reparationszahlungen eine Einflußnahme auf die Auswahl der Leitung der Reichsbank und einen Einblick in die Geschäfte der Reichsbank beanspruchte. Allerdings befürwortete er einen gewissen Einfluß des Auslands nur unter der Bedingung, daß auch dem deutschen Staat eine ähnliche Stellung zugestanden werden würde. Schachts Forderung, die vom Kabinett voll unterstützt wurde,[371] bezog sich in erster Linie auf die Bestätigung des Präsidenten und der Mitglieder des Direktoriums der Reichsbank durch den Reichspräsidenten. Er bezeichnete die Vorstellung als unerträglich, daß das Reichsoberhaupt keinen Einfluß auf die Auswahl der Leiter des zentralen Währungsinstituts haben sollte. Schacht schrieb es dem politischen Antagonismus und der unmittelbar nach der Inflation vorhandenen Stimmung zu, daß das Expertenkomitee auf eine absolute Trennung von Notenbank und Staat bestand. Man einigte sich schließlich auf einen Kompromiß. Danach sollten die Ernennungsurkunden der zukünftigen Reichsbankpräsidenten vom Reichspräsidenten gegengezeichnet werden. Das Expertenkomitee sah darin - im Gegensatz zu Schacht - nur einen formellen Akt.[372]

Von größter Bedeutung für die Reichsbank war die Absicht der Experten, die alte Reichsbank zu liquidieren und eine vollständig neue Notenbank zu errichten. Diese ergab sich aus der Tatsache, daß die Reichsbank ihre Unabhängigkeit von der Reichsregierung zur Verhinderung der Inflation nicht entsprechend genutzt hatte.[373] Schacht gelang es letztendlich, die Experten davon zu überzeugen, daß das Ziel einer unabhängigen Bank auch durch eine bloße Umbildung des Bankgesetzes möglich war, ohne daß dafür ein bewährtes Institut zerschlagen werden mußte. Das Sachverständigenkomitee entschloß sich deshalb, die Weiterführung der bisherigen Reichsbank unter entsprechender Umbildung ihrer gesetzlichen Grundlage und ihrer Statuten zuzulassen.[374] Der Dawes-Plan ließ letztendlich offen, ob eine neue Notenbank gegründet oder aber die bestehende Reichsbank umgestaltet werden sollte. Die endgültige Entscheidung darüber wurde dem Bankorganisationskomitee überlassen.[375]

---

[370] Vgl. Schacht, H. (1927), 126.

[371] Vgl. Kabinettssitzung vom 30. Juni 1924, 17 Uhr, S. 755.

[372] Vgl. Bericht des Organisationskomitees (1924), S. 516; Plan für die Errichtung einer Notenbank in Deutschland (1924), Absatz VI, S. 497; Schacht, H.(1927), S. 126-127.

[373] Vgl. Ministerbesprechung vom 15. März 1924, 18 Uhr, S. 464-465.

[374] Vgl. Plan für die Errichtung einer Notenbank in Deutschland (1924), Absatz I, S. 494; Schacht, H. (1927), S. 128.

[375] Vgl. BArch, R 43 I/458, Bl. 79. Die Berichte der von der Reparationskommission eingesetzten beiden Sachverständigenkomitees vom 9. April 1924.

Da mit der Übergabe des Berichts des Dawes-Ausschusses an die Reparationskommission am 9. April 1924 die Aufgabe der Experten beendet war, wurde ein Bankorganisationskomitee gebildet und damit beauftragt, die im Dawes-Plan enthaltenen Grundsätze und detaillierten Vorschläge zur neuen deutschen Zentralbank umzusetzen. Es bestand nur aus zwei Personen, aus dem Reichsbankpräsidenten und dem Londoner Bankier Robert Kindersley.[376]

Der Dawes-Plan enthielt folgende wesentliche Grundsätze der zukünftigen Notenbank in Deutschland:[377]

1. Sie soll das ausschließliche Recht zur Notenausgabe auf einer zum Gold stabilen Basis besitzen.
2. Sie soll als "Bank der Banken" fungieren und den amtlichen Diskontsatz festsetzen.
3. Sie soll als "Regierungsbank", doch frei von Regierungskontrolle arbeiten.
4. Ihre Vorschüsse an die Regierung müssen eine feste Höchstgrenze haben.
5. Sie nimmt die Reparationszahlungen in Empfang.
6. Ihr Kapital wird 400 Millionen Goldmark betragen.
7. Sie wird unter Leitung eines deutschen Präsidenten und eines Direktoriums stehen, neben die ein deutscher Beirat tritt.
8. Die getreue Beobachtung ihrer Statuten wird ferner durch einen Generalrat gewährleistet, dessen Mitglieder, einschließlich eines Kommissars zur Überwachung der Notenausgabe, zur Hälfte Ausländer sind.

In der Anlage Nr. 1 des Dawes-Plans[378] wurden diese Grundzüge in detailliertere Vorschläge gefaßt und dabei unter anderem ausgeführt, daß die Reichsbank von jeglicher Kontrolle oder Einmischung seitens der Regierung vollkommen frei sein muß.[379] Die Anlage Nr. 1 enthielt auch einen detaillierten Plan für die Errichtung einer Notenbank für den Fall, daß das Bankorganisationskomitee sich nicht nach Abschnitt III b der Anlage dafür entscheiden würde, die Reichsbank weiter existieren zu lassen.[380]

In einer Note vom 16. April 1924 an die Reparationskommission erklärte die deutsche Regierung, daß auch sie in dem Dawes-Plan eine schnelle Lösung des Repa-

---

[376] Vgl. Plan für die Errichtung einer Notenbank in Deutschland (1924), Absatz III, S. 495; Schötz, H. O. (1987), S. 165.

[377] Vgl. BArch, R 43 I/458, Bl. 67. Die Berichte der von der Reparationskommission eingesetzten beiden Sachverständigenkomitees vom 9. April 1924.

[378] Vgl. BArch, R 43 I/458, Bl. 155-167. Die Berichte der von der Reparationskommission eingesetzten beiden Sachverständigenkomitees vom 9. April 1924.

[379] Vgl. BArch, R 43 I/458, Bl. 158. Die Berichte der von der Reparationskommission eingesetzten beiden Sachverständigenkomitees vom 9. April 1924.

[380] Vgl. BArch, R 43 I/458, Bl. 155-156. Die Berichte der von der Reparationskommission eingesetzten beiden Sachverständigenkomitees vom 9. April 1924.

rationsproblems erblicke und daher an der Durchführung mitarbeiten wolle.[381] Das Bankorganisationskomitee arbeitete daraufhin zusammen mit der Reichsregierung Entwürfe eines Bankgesetzes, eines Gesetzes über die Liquidierung des Umlaufs an Rentenbankscheinen, eines Münzgesetzes sowie die Statuten der Reichsbank aus.[382] Die endgültigen Entwürfe wurden am 2. August 1924 vom Kabinett angenommen.[383]

Das Bankorganisationskomitee hatte sich nach einer materiellen und rechtlichen Prüfung dafür entschieden, keine neue Notenbank zu errichteten, sondern die Reichsbank unter dem geänderten Bankgesetz weiter bestehen zu lassen. Voraussetzung hierfür war eine Abmachung zwischen der Reichsbank und dem Reich, die durch das Erlöschen geltender Bestimmungen des alten Bankgesetzes notwendig geworden war. Die Reichsbank erhielt das Währungsmonopol für 50 Jahre und übernahm dafür die Verpflichtung zur Rückzahlung der vom Reich ausgegebenen, im April 1926 fälligen Schatzanweisungen im Betrage von 60 Millionen Dollar. Für die weiteren Schulden des Reichs bei der Reichsbank wurde ein Zahlungsplan vereinbart.

Bei der Ausarbeitung des Bankgesetzes wich das Bankorganisationskomitee in einzelnen Punkten vom Sachverständigenbericht ab, wobei für die grundsätzlichen Abweichungen das Einverständnis sämtlicher Beteiligter des Expertenkomitees eingeholt wurde. So wurde zum Beispiel die Vorschrift zur Goldeinlösung vom Komitee geändert. Zur Herbeiführung der Goldkonvertibilität war nun ein gemeinsamer Beschluß des Generalrats und des Reichsbankdirektoriums notwendig. Bis zum Erlaß dieses Beschlusses blieb die Einlösung suspendiert. Durch diese Regelung erhielt das Reichsbankdirektorium die Möglichkeit, die Goldeinlösung ihrer Noten erst dann in Kraft treten zu lassen, wenn auch die Notenbanken der anderen europäischen Länder zu einer solchen Bestimmung übergegangen waren.[384] Des weiteren wurde auf Drängen Schachts im Bankgesetz festgelegt, daß der Reichsbankpräsident der Bestätigung durch den Reichspräsidenten bedurfte.[385]

Vom 16. Juli bis 16. August 1924 fand die Londoner Konferenz zur Durchführung des Dawes-Plans statt. In der Eröffnungsrede wurde von dem britischen Vorsitzenden der Konferenz, Ramsay MacDonald, hervorgehoben, daß der Dawes-Plan

[381] Vgl. Deutsche Antwortnote an die Reparationskommission vom 16. April 1924, S. 407.

[382] Vgl. Kabinettssitzung vom 17. März 1924, 17 Uhr, S. 469-472; Kabinettssitzung vom 21. Mai 1924, 16.15 Uhr, S. 648-656; Kabinettssitzung vom 30. Juni 1924, 17 Uhr, S. 755-757; Besprechung mit den Staats- und Ministerpräsidenten der Länder. 3. Juli 1924, 10 Uhr, S. 814-816; Kabinettssitzung vom 10. Juli 1924, 17 Uhr, S. 877.

[383] Vgl. Kabinettssitzung vom 2. August 1924, 17 Uhr, S. 942.

[384] Vgl. Bericht des Organisationskomitees (1924), S. 513-515; Schacht, H. (1927), S. 136-137.

[385] Vgl. Bericht des Organisationskomitees (1924), S. 516; Plan für die Errichtung einer Notenbank in Deutschland (1924), Absatz VI, S. 497; Schacht, H.(1927), S. 127.

nicht nur den Zweck verfolge, Zahlungen von Deutschland zu erhalten, sondern daß der Plan auch mit dem Ziel verfaßt worden sei, die Stabilisierung der deutschen Währung und einen dauerhaften Ausgleich des deutschen Reichshaushaltes zu sichern.[386] Die entsprechenden Gesetzesentwürfe wurden von der Reparationskommission während der Londoner Konferenz gebilligt.[387] In dem Schlußprotokoll der Konferenz vom 16. August 1924 verpflichtete sich Deutschland, alle Maßnahmen zur Durchführung der Gesetze in der von der Reparationskommission genehmigten Form zu treffen.[388]

Der Dawes-Plan trat am 1. September 1924 in Kraft und hatte bis zur Ablösung durch den Young-Plan am 31. August 1929 Bestand. Die Vorschläge der Sachverständigen über die Umgestaltung der Reichsbank wurden am 30. August 1924 zum Gesetz erhoben. Am selben Tag wurde das Londoner Protokoll ratifiziert. Durch diesen Akt wurde das Bankgesetz zum völkerrechtlichen Vertrag, was zur Folge hatte, daß Deutschland bei einer Änderung oder Aufhebung des Gesetzes die Zustimmung der an dem Vertrag beteiligten Staaten benötigte.

Die Wandlung der alten in die neue Reichsbank fand am 11. Oktober 1924 statt. Sie ging ohne Störung des Geschäftsbetriebs vor sich. Der Generalrat hatte Schacht zum Präsidenten der umgestalteten Reichsbank gewählt; die Wahl wurde durch den Reichspräsidenten bestätigt. Des weiteren wählte der Generalrat aus seiner Mitte den Kommissar für die Notenausgabe und genehmigte die Ernennung der Mitglieder des Direktoriums durch den Reichsbankpräsidenten.[389]

Der Dawes-Ausschuß hatte in großzügiger Auslegung des ihm von der Reparationskommission erteilten Auftrages einen umfassenden Reparationsplan ausgearbeitet. Dabei hatten sich die Sachverständigen nicht damit begnügt, die Zahlungsfähigkeit Deutschlands abzuschätzen und unter Ausklammerung der Frage der Endbelastung ein Schema allmählich ansteigender Jahreszahlungen zu entwerfen. Vielmehr hatten sie auch die Art der Aufbringung und die Kontrolle der deutschen Leistungen so genau wie möglich festgehalten.[390]

Durch den Dawes-Plan wurde die Übertragung der deutschen Zahlungen einem sogenannten Übertragungskomitee überantwortet, das allgemein so zu verfahren hatte, daß das Höchstmaß von Übertragungen erreicht wurde, ohne daß dabei eine

[386] Vgl. Erste (Interalliierte) Vollsitzung vom 16. Juli 1924, 11 Uhr vormittags, S. 13.
[387] Vgl. Entschließung der Reparationskommission vom 15. Juli 1924, S. 87; Besprechung mit führenden Reichstagsabgeordneten. 15. August 1924, 10 Uhr, S. 963.
[388] Vgl. Schlußprotokoll der Londoner Konferenz. Vom 16. August 1924, RGBl. 1924 II, S. 295; Rabe, K. (1929), S. 15.
[389] Vgl. Generalagent (1925), S. 47; Reichsbankkommissar (1925), S. 75.
[390] Vgl. Abramowski, G. (1973), S. XXXIII-XXXIV.

Gefährdung der Währung entstand.[391] Die Barübertragungen konnten in dem Maße vorgenommen werden, wie es der Devisenmarkt nach dem Ermessen des Komitees zuließ. Allerdings verpflichtete das Sachverständigengutachten das Komitee dazu, mit dem Reichsbankpräsidenten und dem Kommissar für die Notenausgabe Fühlung zu halten, wodurch eine gewisse Mitwirkung der Reichsbank gewährleistet wurde. Auf der anderen Seite wurden die deutsche Regierung und die Reichsbank verpflichtet, die Arbeit des Übertragungskomitees bei der Übertragung von Geldern in angemessener Weise zu erleichtern, soweit es in ihrer Macht lag. Dies schloß solche Maßnahmen ein, die der Aufrechterhaltung der Stabilität der Wechselkurse dienten. Wenn das Komitee der Auffassung war, daß der Diskontsatz der Reichsbank keine Übertragung der Reparationszahlungen zuließ, sollte es den Reichsbankpräsidenten davon unterrichten. Ein automatisch folgender Handlungsbedarf ergab sich daraus für die Reichsbank aber nicht.[392]

Die deutsche Zustimmung zum Dawes-Plan kam keinesfalls einer Unterwerfung gleich. Die mit der Notenbankgründung nur mittelbar verbundenen Bestimmungen des Dawes-Plans, insbesondere die Einrichtung des Reparationskontos mit seinen Transferschutzvorbehalten, garantierten dem Reich ein Zahlungsbilanzgleichgewicht und verpflichteten die Alliierten, die deutsche Kreditwürdigkeit nicht in einem Maße zu schädigen, das die deutsche Produktivität behindert hätte. Politisch entscheidend war vor allem die bindende Zusage hinsichtlich der Räumung des Ruhrgebietes. Es war durchaus eine souverän gefällte Entscheidung, die Bedingungen anzunehmen.[393]

5.3.2 Die Bestimmungen zur Reichsbankautonomie

Da das Bankorganisationskomitee entschieden hatte, die Reichsbank weiter bestehen zu lassen und nach dem Plan des Sachverständigenkomitees umzugestalten, baute das Bankgesetz vom 30. August 1924[394] auf den Grundlagen des Bankgesetzes von 1875 auf. Der Teil des alten Bankgesetzes, der sich auf die Privatnotenbanken bezog, wurde allerdings herausgenommen und in einem gesonderten Gesetz geregelt.[395]

---

[391] Vgl. BArch, R 43 I/458, Bl. 109. Die Berichte der von der Reparationskommission eingesetzten beiden Sachverständigenkomitees vom 9. April 1924.

[392] Vgl. BArch, R 43 I/458, Bl. 209-210. Die Berichte der von der Reparationskommission eingesetzten beiden Sachverständigenkomitees vom 9. April 1924.

[393] Vgl. Kurzer Überblick über die Ergebnisse der Londoner Konferenz. [19. August 1924], S. 986-987; Schötz, H. O. (1987), S. 169-170.

[394] Bankgesetz. Vom 30. August 1924, RGBl. 1924 II, S. 235; in Kraft getreten am 11. Oktober 1924 gemäß § 1 der Zweiten Verordnung über das Inkrafttreten der Gesetze zur Durchführung des Sachverständigen-Gutachtens. Vom 10. Oktober 1924, RGBl. 1924 II, S. 383.

[395] Privatnotenbankgesetz. Vom 30. August 1924, RGBl. 1924 II, S. 246.

Entsprechend dem Einleitungssatz zum Bankgesetz von 1924 war die Reichsbank von 1924 die Rechts- und Funktionsnachfolgerin der Reichsbank von 1875.[396] Die Abweichungen zwischen den Gesetzestexten ergaben sich in erster Linie aufgrund der vorgeschriebenen Unabhängigkeit der Zentralbank vom Finanzgebaren des Reichs und der Länder und von politischen Einflüssen.[397]

Der § 1 Abs. 1 des Bankgesetzes von 1924 bestimmte: *„Die Reichsbank ist eine von der Reichsregierung unabhängige Bank*".
Die so an erster Stelle des Gesetzes festgelegte Unabhängigkeit der Reichsbank gegenüber innenpolitischen Einflüssen fand konkret ihren Ausdruck in Vorschriften zur institutionellen, personellen, finanziellen und funktionellen Unabhängigkeit.

Die Regelungen betreffend der institutionellen Unabhängigkeit wurden weitestgehend aus dem Bankgesetz von 1875 übernommen.
Die Reichsbank besaß die Eigenschaft einer juristischen Person. Weitere Aussagen zu ihrer Rechtsnatur enthielt das Bankgesetz nicht. Aufgrund der Interpretation ihrer Aufgaben als öffentlich-rechtlich wurde sie als juristische Person des öffentlichen Rechts "eigener Art" bezeichnet.[398] Unbeschadet des öffentlichen Charakters dieser Aufgaben waren die einzelnen Geschäfte der Reichsbank privatrechtliche Rechtsgeschäfte und unterlagen den Vorschriften des Bürgerlichen Rechts und des Handelsrechts.[399]

Das Reichsbankdirektorium als oberstes Organ der Reichsbank war mit der Erfüllung der öffentlich-rechtlichen Aufgaben betraut und besaß Behördencharakter. Es war in den Organismus der Reichsbehörden eingefügt; die Rechtsquelle für seine Stellung war das Bankgesetz. Da die Reichsbank eine öffentliche Einrichtung des Reichs war, war auch das zu ihrer Leitung berufene Direktorium im Bereich seiner Befugnisse ein Organ der Reichsgewalt. Daß der Präsident und die Mitglieder des Direktoriums keine Beamteneigenschaft besaßen, wurde dabei nicht als entscheidend angesehen, da diese Aberkennung der Beamteneigenschaft auf rechtspolitischen Erwägungen des Auslands beruhte.[400]

Da die Autonomie der Reichsbank nicht gleichzeitig ihre Souveränität bedeutete, unterlag sie der Reichsgesetzgebung.[401] Entsprechend Artikel 7 Ziffer 14 der Reichsverfassung von 1919 hatte das Reich die Gesetzgebung unter anderem über die Ausgabe von Papiergeld und das Bankwesen. Das Reich war in der Lage, bei Einhaltung der durch internationale Verträge und durch Rechtssätze gegebenen

---

[396] Vgl. Koch, R. / Schacht, H. (1926), S. 55.
[397] Vgl. Begründung zum Bankgesetz von 1924, S. 10.
[398] Vgl. Koch, R. / Schacht, H. (1926), S. 57-61.
[399] Vgl. Begründung zum Bankgesetz von 1924, S. 10.
[400] Vgl. Koch, R. / Schacht, H. (1926), S. 86-87.
[401] Vgl. Koch, R. / Schacht, H. (1926), S. 86-87.

Grenzen das Bankgesetz zu ändern. In Verbindung mit Artikel 15 - der bestimmte, daß die Reichsregierung die Aufsicht in den Angelegenheiten ausübte, in denen dem Reich das Recht der Gesetzgebung zustand - ergab sich eine Rechtsaufsicht der Reichsregierung.

Die Reichsbank besaß auch weiterhin eine von privaten Anteilseignern zur Verfügung gestellte Kapitalausstattung (§ 5). Der nach wie vor begrenzte Einfluß der Anteilseigner wurde nunmehr hauptsächlich durch die Generalversammlung ausgeübt (§ 12). Sie erhielt entsprechend § 12 Abs. 1 das Recht, über die Bilanz und die Gewinnverteilung zu beschließen. Auch durch das Bankgesetz von 1924 blieb den Anteilseignern das Recht der Selbstverwaltung und der Selbstgesetzgebung vorenthalten. Der Generalversammlung stand kein unmittelbarer Einfluß auf die Bestellung der Mitglieder des Reichsbankdirektoriums zu, es war keine direkte Einwirkung auf die Verwaltung der Reichsbank und auch kein direkter Einfluß bei Satzungsänderungen vorgesehen. Die in den Zentralausschuß gewählten Anteilseigner besaßen allenfalls - auf Antrag des Reichsbankdirektoriums - eine Beratungspflicht gegenüber der Reichsbank entsprechend § 13 Abs. 1, 3 in Verbindung mit § 23 Abs. 2 der Satzung.[402] Die Vorschrift des § 11 Abs. 2 des Bankgesetzes, die das Höchststimmrecht auf 300 Stimmen begrenzte, sollte zudem verhindern, daß die Reichsbank in Abhängigkeit einzelner Interessen oder Interessengruppen gelangte.[403]

Die Regelungen des Bankgesetzes von 1924 zur personellen Unabhängigkeit wurden im Vergleich zum Bankgesetz von 1875 neu formuliert. Die personelle Unabhängigkeit der Reichsbank von der Reichsregierung wurde in erster Linie dadurch gewährleistet, daß die Regierung weder bei der Ernennung noch bei der Abberufung des Reichsbankpräsidenten und der übrigen Mitglieder des Direktoriums einen direkten Einfluß ausüben konnte. Dies entsprach dem bereits durch das Autonomiegesetz hergestellten Zustand.

Wichtigstes Organ der Reichsbank war entsprechend dem Bankgesetz von 1924 das Reichsbankdirektorium mit dem Reichsbankpräsidenten als Vorsitzenden. Das Direktorium hatte die Währungs-, Diskont- und Kreditpolitik zu bestimmen (§ 6 Abs. 1). Der Reichsbankpräsident und die weiteren Mitglieder des Direktoriums mußten entsprechend § 6 Abs. 2 deutsche Staatsangehörige sein.

Das Reichsbankkuratorium und die damit verbundenen Aufsichtsbefugnisse des Reichs fielen durch das Bankgesetz von 1924 weg. Das Reichsbankdirektorium wurde statt dessen verpflichtet, der Reichsregierung über währungs- und finanz-

402 Satzung der Reichsbank. Vom 11. Oktober 1924, Deutscher Reichsanzeiger und Preußischer Staatsanzeiger Nr. 243, S.1.

403 Vgl. Spohr, W. (1925), S. 36; Koch, R. / Schacht, H. (1926), S. 30; Rabe, K. (1929), S. 41.

politische Angelegenheiten regelmäßig und auf deren Wunsch Bericht zu erstatten (§ 20 Abs. 3).[404]

Die Wahl des Reichsbankpräsidenten (§ 6 Abs. 4) sowie eine mögliche Abberufung aus „*wichtigem Grunde*“ (§ 6 Abs. 10) erfolgte durch den Generalrat, ohne unmittelbare Mitwirkung der Reichsregierung. Der Begriff des „*wichtigem Grunde*“ wurde im Bankgesetz nicht besonders erläutert; die Entscheidung über die Auslegung lag beim Generalrat.[405]

Der Reichspräsident mußte der Wahl des Reichsbankpräsidenten durch die Unterzeichnung der Ernennungsurkunde zustimmen. Er konnte zwei Vorschläge ablehnen, für einen dritten Gewählten dagegen war seine Bestätigung nicht mehr erforderlich (§ 6 Abs. 5). Durch diese Zustimmung des Reichspräsidenten zur Wahl des Reichsbankpräsidenten wurde der Reichsregierung indirekt auch eine gewisse Einwirkung gesichert, denn die Unterschrift des Reichspräsidenten auf der Ernennungsurkunde bedurfte - wie bereits erwähnt - zu ihrer Gültigkeit der Gegenzeichnung durch den Reichskanzler.

Durch diese indirekte Einwirkung der Regierung auf die Wahl des Reichsbankpräsidenten wurde die personelle Unabhängigkeit relativiert, wenn auch nur in geringem Maße.
Die Gegenzeichnung durch den Reichskanzler wurde allerdings vom Reichsbankdirektorium in einem Brief an den Reichskanzler vom 31. Oktober 1924 hinsichtlich der Ernennung Schachts zum Reichsbankpräsidenten nach der Neuorganisation der Reichsbank durch den Dawes-Plan in Frage gestellt. Der Staatssekretär der Reichskanzlei erstellte daraufhin eine Denkschrift und vertrat darin die Auffassung, daß die Gegenzeichnung durch den Reichskanzler nach deutschem Verfassungsrecht erforderlich sei. Sie stünde den Vorschriften des Bankgesetzes nicht entgegen und sei aus allgemein politischen Erwägungen heraus wünschenswert.[406] Damit war die Diskussion anscheinend beendet und die Ernennungen der Reichsbankpräsidenten in der Weimarer Republik erfolgten auch in Zukunft mit der entsprechenden Gegenzeichnung durch den Reichskanzler.[407]

Die Mitglieder des Direktoriums wurden durch den Reichsbankpräsidenten ernannt, nachdem der Generalrat mit qualifizierter Mehrheit zugestimmt hatte (§ 6

[404] Vgl. Koch, R. / Schacht, H. (1926), S. 15-16.
[405] Vgl. Koch, R. / Schacht, H. (1926), S. 92-93.
[406] Vgl. BArch, R 43 I/962, Bl. 113. Denkschrift des Staatssekretärs der Reichskanzlei über die Notwendigkeit der Gegenzeichnung durch den Reichskanzler bei der Ernennung des Reichsbankpräsidenten, 1924.
[407] Vgl. BArch, R 43 I/962, Bl. 150. Aufzeichnung der Reichskanzlei über die Wiederwahl Schachts zum Reichsbankpräsidenten im September 1928; BArch, R 43 I/962, Bl. 204. Luthers Ernennungsurkunde zum Reichsbankpräsidenten, 1930.

Abs. 6). Eine Abberufung war ebenfalls durch den Generalrat aus „*wichtigem Grunde*“ möglich, allerdings nur mit Zustimmung des Reichsbankpräsidenten (§ 6 Abs. 10). Die Entscheidung über die Auslegung des Begriffs des „*wichtigem Grunde*“ lag beim Generalrat und dem Reichsbankpräsidenten.[408]

Ein Einfluß auf die Wahl der Mitglieder des Direktoriums blieb der Reichsregierung versagt, genau wie bei der Ernennung der Reichsbankbeamten. Die Beamten der Reichsbank wurden entsprechend § 9 Abs. 1 vom Reichsbankpräsidenten auf Vorschlag des Direktoriums ernannt.

Die Amtszeit des Präsidenten des Reichsbankdirektoriums wurde entsprechend § 6 Abs. 8 auf vier Jahre festgelegt. Die übrigen Direktoriumsmitglieder blieben 12 Jahre bzw. bis zum Erreichen der Altersgrenze von 65 Jahren im Amt (§ 6 Abs. 6). Sowohl der Reichsbankpräsident als auch die übrigen Direktoriumsmitglieder waren wiederwählbar (§ 6 Abs. 8).

Durch die Möglichkeit der Wiederwahl des Präsidenten und der Direktoriumsmitglieder wurde zwar eine Abhängigkeit vom Ernennungsorgan - dem Generalrat - hergestellt, die langen Amtszeiten der Direktoriumsmitglieder sicherten aber grundsätzlich ihre Unabhängigkeit. Kritischer war die relativ kurze Amtszeit des Reichsbankpräsidenten zu werten, vor allem durch die vorgeschriebene Zustimmung des Reichspräsidenten. Eine derart kurze Amtszeit ermöglichte der Reichsregierung eine Steigerung ihres indirekten Einflusses, da bei jeder Neu- oder Wiederwahl erneut der Reichspräsident zustimmen und somit der Reichskanzler gegenzeichnen mußte.

Der Präsident und die übrigen Mitglieder des Direktoriums verloren zur Wahrung der personellen Unabhängigkeit der Reichsbank ihre Beamteneigenschaft.[409]
Für die weiteren bisherigen Beamten der Reichsbank blieb das Beamtenverhältnis bestehen. Entsprechend § 9 Abs. 2 sollten die Rechte und Pflichten dieser Beamten durch ein besonders Beamtenstatut geregelt werden, unter Zugrundelegung der Gleichheit der Rechte und Pflichten mit denen der Reichsbeamten. Abweichungen waren entsprechend § 9 Abs. 3 nur insoweit zulässig, als es zur Aufrechterhaltung eines geordneten und leistungsfähigen Bankbetriebs notwendig war. Eine Folge dieser Regelung war, daß auch das Disziplinarrecht und sonstige wesentliche Bestimmungen des Reichsbeamtenrechts entsprechend dem Bankgesetz von 1875 beibehalten wurden.[410]

[408] Vgl. Koch, R. / Schacht, H. (1926), S. 92-93.
[409] Vgl. Koch, R. / Schacht, H. (1926), S. 16; Siebelt, J. (1988), S. 61.
[410] Vgl. Begründung zum Bankgesetz von 1924, S. 12.

Auch für die nicht im Beamtenverhältnis stehenden Angestellten und Arbeiter der Bank blieb der bisherige Rechtszustand entsprechend § 9 Abs. 5 erhalten.[411]

Aufgrund der Erfahrungen mit der Inflation wurden die kreditrechtlichen Beziehungen neu geregelt und damit die finanzielle Unabhängigkeit der Reichsbank von der Reichsregierung gesichert. Dem Reich durften entsprechend § 25 Abs. 2 Betriebskredite auf höchstens drei Monate und nur bis zu einer Höhe von 100 Millionen Reichsmark[412] gewährt werden, die zudem bis zum Ende des Geschäftsjahres wieder getilgt sein mußten. Unter Betriebskrediten verstand man Kredite, die der Beseitigung eines vorübergehenden Geldbedarfs dienten und deren Abdeckung grundsätzlich durch reguläre Betriebseinnahmen bis zur Fälligkeit des Kredits vollkommen gesichert erschienen.[413] „*Im übrigen darf die Bank dem Reiche oder den Ländern oder Gemeinden (Gemeindeverbänden) sowie ausländischen Regierungen weder mittelbar noch unmittelbar Kredite einräumen*" (§ 25 Abs. 6). Es fehlte im Gegensatz zum Bankgesetz von 1875 die Befugnis, Schuldverschreibungen des Reichs, eines deutschen Landes oder inländischer kommunaler Korporationen, die nach spätestens drei Monaten mit ihrem Nennwert fällig waren, zu diskontieren.[414]

Durch die Bankgesetznovelle von 1926[415] wurde der Reichsbank das Diskontieren und Lombardieren von Schatzwechseln des Reichs gestattet. Voraussetzung war, daß sie nach spätestens drei Monaten fällig waren und aus ihnen noch ein weiterer als zahlungsfähig bekannter Verpflichteter haftete, so daß die Papiere zunächst am offenen Markt abzusetzen waren, bevor sie zur Reichsbank gelangten. Ihr Bestand im Portefeuille der Reichsbank durfte, um diese mittelbare Kreditgewährung an das Reich zu beschränken, den Betrag von 400 Millionen Reichsmark nicht übersteigen. Die Bankgesetznovelle gestattete keine direkte Kreditgewährung an das Reich über die bisherigen Grenzen hinaus. Der § 25 des Bankgesetzes blieb unberührt. Die Reichsbank wurde außerdem verpflichtet, die diskontierten und lombardierten Schatzwechsel in den Reichsbankausweisen gesondert aufzuführen. Der Bestand der Reichsbank an diskontierten Schatzwechseln galt nicht als Notendeckung im Sinne des § 28 des Bankgesetzes.[416]
Diese Änderung des Bankgesetzes wurde von der Reichsbank unterstützt, da vor allem Reichsbankpräsident Schacht eine Zentralisierung der öffentlichen Gelder bei

---

[411] Vgl. Begründung zum Bankgesetz von 1924, S. 12.
[412] Die Reichsmark wurde durch das Bankgesetz von 1924 als neues gesetzliches Zahlungsmittel eingeführt. Eine ausführlichere Erläuterung erfolgt an späterer Stelle innerhalb dieses Gliederungspunktes.
[413] Vgl. Koch, R. / Schacht, H. (1926), S. 165.
[414] Vgl. Koch, R. / Schacht, H. (1926), S. 142.
[415] Gesetz zur Änderung des Bankgesetzes. Vom 8. Juli 1926, RGBl. 1926 II, S. 355.
[416] Vgl. Koch, R. / Schacht, H. (1932), S. 24.

der Reichsbank anstrebte und die Möglichkeit der Diskontierung und Lombardierung von Reichsschatzwechseln einen Ausgleich dazu schaffen sollte.[417]

Für die finanzielle Unabhängigkeit der Reichsbank war auch von Bedeutung, daß das Bankgesetz im § 37 eine Gewinnbeteiligung des Staates vorsah. Der Anteil war entsprechend der Gewinnhöhe der Reichsbank gestaffelt. Nach Zuführung an einen Reservefonds und Zahlung einer 8%igen Dividende an die Anteilseigner wurde der verbleibende Restbetrag des jährlichen Reingewinns verteilt. Es erhielten von den ersten 50 Millionen Reichsmark das Reich die Hälfte und die Anteilseigner die andere Hälfte; von den nächsten 50 Millionen Reichsmark das Reich drei Viertel und die Anteilseigner ein Viertel. Von dem dann noch verbleibenden Restbetrag erhielt das Reich neun Zehntel und die Anteilseigner ein Zehntel (§ 37). Dabei war in Anlehnung an die Vorschriften des alten Bankgesetzes eine Verteilung bestimmt worden, die bei etwaigen sehr hohen Gewinnen den Gewinnanteil des Reichs stärker ansteigen ließ als den der Anteilseigner.[418]

Diese dauerhafte Zurverfügungstellung von Zentralbankgeld an den Staat erhöhte das Interesse der Regierung an hohen Gewinnen der Reichsbank und damit auch ihr Interesse an der Einflußnahme auf den Gewinn. Unterstellte man ihr die Verfolgung des Ziels der Währungsstabilität, wurde die Reichsbank außerdem durch diese Art der Gewinnzuführung veranlaßt, mit Hilfe des Einsatzes ihrer geldpolitischen Instrumente einen Ausgleich zu dieser Liquiditätszufuhr zu schaffen. Allerdings muß die Wirkung der Gewinnzuführung gesamtwirtschaftlich im Entstehungs- und Verwendungszusammenhang gesehen werden. Zum großen Teil führte die Reichsbank dem Wirtschaftskreislauf über die Gewinnausschüttung nur wieder an Liquidität zu, was sie ihm zuvor entzogen hatte. Die Wirkungen ergaben sich so gesehen nur aus der zeitlichen Verteilung der Entzugs- und Rückführungstransaktionen.

Die funktionelle Unabhängigkeit der Reichsbank spiegelte sich in den Vorschriften über die Aufgaben, Ziele, Instrumente und dem zugewiesenen Geschäftskreis der Reichsbank wider.

Entsprechend § 1 Abs. 1 des Bankgesetzes von 1924 hatte die Reichsbank die Aufgabe *„den Geldumlauf im gesamten Reichsgebiete zu regeln, die Zahlungsausgleichungen zu erleichtern und für die Nutzbarmachung verfügbaren Kapitals zu sorgen*“. Die Aufgabenstellung der Reichsbank wurde wörtlich aus dem Bankgesetz von 1875 übernommen.

[417] Vgl. BArch, R 3101/15683, Bl. 69-70. Verwaltungsbericht der Reichsbank für das Jahr 1926.
[418] Vgl. Begründung zum Bankgesetz von 1924, S. 14.

Der Reichsbank kam entsprechend dem Bankgesetz die Aufgabe zu, die Wechselkurse stabil zu halten. Diese Aufgabe der Aufrechterhaltung der Stabilität der Wechselkurse, also der Währungssicherung nach außen, kam wie im Bankgesetz von 1875 in der Goldankaufspflicht und Goldeinlösungspflicht zum Ausdruck. Die Festlegung der Goldparität bedeutete die Fixierung des Wechselkurses gegenüber anderen Goldstandardländern.[419]

Das Bankgesetz von 1924 machte keine Aussagen zur Preisniveaustabilität. Zwar legten die Deckungsvorschriften genau wie der festgelegte Geschäftskreis der Reichsbank mit seinen kreditrechtlichen Vorschriften der Reichsbank die Aufgabe nahe, eine erneute Inflation zu verhindern. Die Preisniveaustabilität, die Währungssicherung nach innen, wurde im Bankgesetz aber weder explizit noch implizit als Ziel formuliert.

Zur Erfüllung der in § 1 genannten Aufgaben erhielt die Reichsbank das Recht, den Diskontsatz und die Prozentsätze für verzinsliche Darlehen festzusetzen (§ 23), sowie das Notenprivileg (§ 2 Abs. 1). Weiter wurde die Reichsmark als neue Währung eingeführt (§ 3 Abs. 1) und zu einem Kurs von 1 zu 1 Billion ausschließlich von der Reichsbank gegen die alten auf Mark lautenden Noten ausgegeben (§ 3 Abs. 3). In der Praxis wurde die Rentenmark nun im Verhältnis 1:1 gegen die Reichsmark eingetauscht. Die von der Reichsbank ausgegebenen Noten waren, abgesehen von den Goldmünzen, das einzig unbeschränkte gesetzliche Zahlungsmittel (§ 3 Abs. 2 des Bankgesetzes von 1924 und § 5 des Münzgesetzes von 1924[420]). Das Recht der Notenemission stand der Reichsbank nach § 2 Abs. 1 für die Dauer von 50 Jahren zu. Dadurch wurde die Stellung der Reichsbank als zentrale Notenbank vom Gesetzgeber zeitlich begrenzt.[421] Das Notenausgaberecht der noch bestehenden vier Privatnotenbanken blieb bestehen, allerdings wurde insgesamt eine eher niedrige Höchstgrenze für die Notenausgabe dieser Banken festgelegt (§ 2 Abs. 2).

Während im § 1 die Aufgaben der Reichsbank allgemein umschrieben wurden, waren im § 21 im einzelnen die Arten von Geschäften bezeichnet, die die Reichsbank betreiben durfte. Nach den Ausführungen der amtlichen Begründung zum Bankgesetz war die Aufzählung der in § 21 genannten Geschäfte erschöpfend.[422] Die Reichsbank durfte Handelswechsel, Gold und Devisen kaufen und verkaufen sowie bewegliche Pfänder im Lombardverkehr beleihen (§ 21 Abs. 1-3).

[419] Vgl. Stucken, R. (1964), S. 6; Jarchow, H.-J. / Rühmann, P. (1993), S. 78.

[420] Münzgesetz. Vom 30. August 1924, RGBl. 1924 II, S. 254; in Kraft getreten am 11. Oktober 1924 gemäß § 1 der Zweiten Verordnung über das Inkrafttreten der Gesetze zur Durchführung des Sachverständigen-Gutachtens. Vom 10. Oktober 1924, RGBl. 1923 II, S. 383.

[421] Vgl. Koch, R. / Schacht, H. (1926), S. 67.

[422] Vgl. Begründung zum Bankgesetz von 1924, S. 9.

Im Bankgesetz von 1924 wurde ausdrücklich von Handelswechseln gesprochen und somit der auf dem Prinzip der "real bills doctrine" beruhende Grundgedanke der Banking-Theorie in einer deutschen Geldverfassung erstmals klar formuliert.[423] Der Diskont von Handelswechseln war bis 1933 rechtlich besonders bevorzugt, da diese Form der Kreditgewährung eine etwa notwendig werdende Krediteinschränkung am ehesten durchführbar erscheinen ließ.[424] Daß das Wechseldiskontgeschäft im Bankgesetz von 1924 als das gegebene Aktivgeschäft der Reichsbank betrachtet wurde, kam auch dadurch zum Ausdruck, daß als Deckung für die umlaufenden Noten entsprechend § 28 neben Gold und goldwertigen Devisen nur die diskontierten Wechsel anerkannt wurden und nicht die sonstigen Aktiva. Diesem Tatbestand lag die Auffassung zugrunde, daß die Notenausgabe sich nach dem Geschäftsvolumen und dem sich daraus ergebenden Zahlungsmittelbedarf zu richten habe und daß dieser Forderung am besten genügt werde, wenn die Reichsbank sich in ihrem Kreditgeschäft möglichst auf das Wechseldiskontgeschäft beschränke.[425] Das Recht zur Offenmarktpolitik oder zur Mindestreservepolitik besaß die Reichsbank nicht, so daß sie bei der Kontrolle der Geldmenge auf den Diskontsatz allein angewiesen war.[426]

Die Reichsbank durfte nur gute Handelswechsel diskontieren (§ 21 Abs. 2), und die Diskontierung von Reichsschatzwechseln alter Art wurde der Reichsbank untersagt. Zum Lombardverkehr waren entsprechend § 21 Abs. 3 nur ganz genau definierte bewegliche Pfänder zugelassen. Inhaberschuldverschreibungen des Reichs, eines deutschen Landes oder inländischer kommunaler Korporationen sowie zinstragende Inhaberschuldverschreibungen mit Zinsgarantie durch das Reich oder eines seiner Länder mußten spätestens nach einem Jahr fällig sein und durften zu höchstens drei Viertel des Kurswertes beliehen werden (§ 21 Abs. 3c). Außerdem durften diese Darlehen nur an als zahlungsfähig bekannte Banken gegeben werden. Die Reichsbank durfte nur mit besonderer Ermächtigung des Generalrats die langfristigen Schuldverschreibungen des Reichs als Pfandsicherheit für Darlehen annehmen. Diese Darlehen durften aber nicht länger als drei Monate laufen. Für sie mußten neben einer bestehenden Pfandsicherheit zwei Verpflichtete haften, von denen einer eine Bankfirma sein mußte, die in Deutschland Geschäfte betrieb. Außerdem galt die Bedingung, daß Darlehen, für die langfristige Schuldverschreibungen des Reichs verpfändet waren, niemals den Betrag des eingezahlten Kapitals der Reichsbank und ihres Reservefonds übersteigen durften (§ 21 Abs. 3). Der An- und Verkauf von spätestens nach einem Jahre fälligen und auf den Inhaber lautenden Schuldverschreibungen des Reichs, eines deutschen Landes oder inländischer kommunaler Korporationen oder von zinstragenden Schuldverschreibungen, deren

---

[423] Vgl. Veit, O. (1969), S. 544.
[424] Vgl. Stucken, R. (1964), S. 6.
[425] Vgl. Stucken, R. (1964), S. 65.
[426] Vgl. Koch, R. / Schacht, H. (1926), S. 138; Lutz, F. A. (1936), S. 59; Flaskamp, J. (1986), S. 21.

Zinsen vom Reich garantiert wurden, war der Reichsbank nur dann erlaubt, wenn sie der Erledigung des laufenden Kundengeschäftes dienten (§ 21 Abs. 4).

Die erschwerte Zulassung von Papieren der öffentlichen Hand zum Lombardgeschäft (§ 21 Abs. 3) und von Schuldverschreibungen des Reichs zum Handel durch die Reichsbank sollte eine versteckte Erweiterung des durch § 25 beschränkten Kredits der Reichsbank an das Reich unmöglich machen.[427]

Im übrigen war die Reichsbank dazu verpflichtet, für das Reich den Zahlungs- und Giroverkehr durchzuführen (§ 25 Abs. 1). Auch alle anderen Bankgeschäfte hatte das Reich durch die Reichsbank wahrnehmen zu lassen, sofern diese nicht die Übernahme eines Auftrages ablehnte (§ 25 Abs. 3). Die Reichsbank übernahm diese Aufgaben als fiscal agent. Die Reichshauptkasse, die bis dahin eine Abteilung der Reichsbank gewesen war, wurde in eine Reichsbehörde umgewandelt und dem Reichsfinanzministerium angegliedert.[428]

Die funktionelle Unabhängigkeit der Reichsbank wurde durch die Wiedereinführung der Goldwährung erheblich eingeschränkt.
Dem Grundsatz nach brachte das Bankgesetz von 1924 die Rückkehr zur Goldwährung. Nach Ansicht des Dawes-Komitees war eine Goldwährung sowohl für die Sanierung der deutschen Finanzen als auch für den Ausgleich des Haushalts und die Wiederherstellung des Kredits im Ausland notwendig.[429]

Netzband und Widmaier urteilen rückschauend in ihrem 1964 veröffentlichten Werk über die „*Währungs- und Finanzpolitik der Ära Luther*": „*Deutschland mußte in einem Moment die manipulierte Papierwährung aufgeben, als es der Welt ein Jahr lang gezeigt hatte, wie es möglich ist, eine Währung auch ohne die teure Gold-"Deckung" zu festigen. Wenn das Deutsche Reich durch den Dawes-Plan verpflichtet wurde, eine Goldreserve anzuschaffen, so können wir dies in der Rückschau nur als einen bedauerlichen Rückfall in orthodoxes Denken bezeichnen.*"[430]

Der § 1 des Münzgesetzes von 1924 - das sich inhaltlich nicht wesentlich von dem Münzgesetz von 1909 unterschied - legte fest, daß in Deutschland die Goldwährung gilt. Der § 7 verbriefte erneut das sogenannte freie Prägerecht. Der § 3 Abs. 1 setzte das Prägungsverhältnis für die Goldmünzen fest. Durch den § 22 Abs. 1 des Bankgesetzes wurde die Reichsbank zum Ankauf von Barrengold zu einem festen Preis - 1392 Reichsmark für das Pfund fein - sowie durch § 31 Abs. 2 zur Einlö-

---

[427] Vgl. Koch, R. / Schacht, H. (1926), S. 160.
[428] Vgl. BArch, 2501/6341, Bl. 260. Reichsbesoldungsblatt vom 15. September 1924.
[429] Vgl. BArch, R 43 I/458, Bl. 79. Die Berichte der von der Reparationskommission eingesetzten beiden Sachverständigenkomitees vom 9. April 1924.
[430] Netzband, K.-B. / Widmaier, H. P. (1964), S. 61.

sung ihrer Noten in Goldmünzen oder Goldbarren verpflichtet. Diese Bestimmungen bewirkten, daß der Goldpreis nur um den Betrag der Prägegebühr schwanken konnte. Die Goldwährung wurde insofern wieder hergestellt, als der Wert des Geldes mit einem bestimmten Goldquantum in Beziehung gesetzt wurde. Der Goldwährung widersprach die Bestimmung des Bankgesetzes nicht, daß die Einlösung der Noten auch in Devisen erfolgen konnte (§ 31 Abs. 3). Unter der Voraussetzung freier Goldeinfuhr wurde der Preis des Goldes auch hierbei stabilisiert, da man für die nach ihrem Goldwert berechneten Devisen jederzeit entsprechende Mengen Gold von einem freien Goldmarkt beziehen konnte.[431]

Allerdings trat die Pflicht zur Noteneinlösung entsprechend § 31 nach § 52 des Bankgesetzes erst auf übereinstimmenden Beschluß des Reichsbankdirektoriums und des Generalrats in Kraft. Ein solcher wurde erst im Jahre 1930 gefaßt. Da die Pflicht zur Noteneinlösung in der Praxis aber sofort umgesetzt wurde, hatte Deutschland tatsächlich bereits ab 1924 eine Goldwährung, ohne daß diese auch rechtlich konstituiert gewesen wäre. Nach der Inkraftsetzung der Einlösungsverpflichtung hat Deutschland dann auch rechtlich bis 1931 eine Goldwährung besessen.[432] Da es zu einer Ausprägung von Goldmünzen nicht kam, handelte es sich im Ergebnis nicht um eine gemischte Goldumlaufswährung wie vor dem Krieg, sondern um eine Goldkernwährung, genauer gesagt um eine Golddevisenwährung.
Das Bankgesetz sah eine 40%ige Deckung der Reichsbanknoten durch Gold und Devisen vor. Der Notenumlauf mußte zu mindestens 30% durch Gold und zu 10% durch Devisen gedeckt werden (§ 28 Abs. 1). Für die restliche Deckung von 60% waren diskontierte Wechsel und Schecks zu halten (§ 28 Abs. 4). Durch einen Beschluß des Generalrats, der der Einstimmigkeit bis auf eine Stimme bedurfte und auf Vorschlag des Reichsbankdirektoriums zustande kommen mußte, war nach § 29 Abs. 1 ein Unterschreiten der 40%-Grenze für die Deckung aus Gold und Devisen möglich. In diesem Fall war eine nach der jeweiligen Höhe der Unterschreitung gestaffelte Notensteuer an das Reich zu entrichten. Gleichzeitig mußte der Diskontsatz auf mindestens 5% festgelegt werden (§ 29 Abs. 2, 3). Ziel war es, den Umfang des Notenumlaufs einerseits vor allem in Krisenzeiten flexibel zu halten, andererseits aber die Reichsbank durch eine Vermehrung ihrer Kosten von einer nicht erforderlichen Erhöhung des Notenumlaufs abzuhalten.[433] Da die Notensteuer sich nicht mehr auf ein feststehendes steuerfreies Notenkontingent bezog, sondern auf die Vorschriften der 40%igen Primärdeckung, war die Bindung des Bankgesetzes an die Currency-Theorie zur Begrenzung des Notenumlaufs aufgegeben worden.[434]

---

[431] Vgl. Stucken, R. (1964), S. 67.
[432] Vgl. Stucken, R. (1964), S. 67.
[433] Vgl. Begründung zum Bankgesetz von 1924, S. 11.
[434] Vgl. Veit, O. (1969), S. 548-549.

Für Giroguthaben sah das Bankgesetz keine Deckung durch Gold oder Devisen vor. Die Reichsbank wurde aber entsprechend § 35 verpflichtet, für ihre täglich fälligen Verbindlichkeiten eine Deckung von 40% *„aus sofort verfügbaren Depositen (tägliches Geld) in Deutschland oder im Ausland, Schecks auf andere Banken, Wechseln von einer Laufzeit von höchstens 30 Tagen oder täglich fälligen Forderungen aufgrund von Lombarddarlehen“* zu halten.

Die Strafvorschriften des Bankgesetzes sahen für die Mitglieder des Reichsbankdirektoriums unter anderem eine Geldstrafe dann vor, wenn die Bank mehr Noten ausgab, als sie auszugeben befugt war (§ 41 Abs. 2). Damit sollte die Verletzung der Deckungsvorschriften verhindert werden. Nach der Interpretation von Schacht erforderte die Strafbarkeit vorsätzliches Handeln. Dies folgte seiner Meinung nach schon aus dem hohen Strafmaß, daß bei fahrlässigem Verletzten der Vorschrift rechtspolitisch nicht zu rechtfertigen wäre.[435]

Im bayerischen Landtag wurde 1927 ein Antrag der deutschnationalen Fraktion eingebracht, der die Strafbestimmungen zwecks Verhütung der Inflation verschärfen sollte. Nach diesem sollten absichtliches oder fahrlässiges Zuwiderhandeln gegen die Deckungsvorschriften als *„Inflationsverbrechen“* und *„Inflationsvergehen“*[436] mit Zuchthaus- und Gefängnisstrafe für die verantwortlichen Organe der Reichsbank sowie für die zur Aufsicht über die Geschäftsführung der Reichsbank berufenen Organe des Reichs geahndet werden.[437] Letztendlich wurde der Antrag zwar nicht angenommen, aber allein das Auseinandersetzen mit ihm brachte sehr deutlich die in Deutschland vorhandene Inflationsfurcht zum Ausdruck.

Das Bankgesetz von 1924 enthielt in Tradition zum Bankgesetz von 1875 die Möglichkeit, die Liquidation der Reichsbank durchzuführen. *„Nach dem Fortfall des Rechtes der Reichsbank, Banknoten in Deutschland auszugeben, ist das Reich berechtigt, mit einjähriger Ankündigungsfrist die Reichsbank aufzuheben und ihre Grundstücke zu übernehmen“* (§ 38 Abs. 1). Die Liquidation hätte also frühestens nach 50 Jahren vorgenommen werden können.

5.3.3 Der Einfluß des Auslands auf die Reichsbank

Der deutsche Staat mußte im Zusammenhang mit den im Bankgesetz enthaltenen internationalen Kontrollvorhaben einen Teil seiner Souveränität aufgeben. Das Mißtrauen gegenüber der Reichsbank war viel zu groß, als daß man auf eine Kon-

---

435 Vgl. Koch, R. / Schacht, H. (1926), S. 222.

436 AA, R 117506. Abschrift einer Mitteilung der Vertretung der Reichsregierung München an die Reichskanzlei vom 23. Juni 1927.

437 Vgl. AA, R 117506. Abschrift einer Mitteilung der Vertretung der Reichsregierung München an die Reichskanzlei vom 23. Juni 1927.

trolle seitens des Auslands verzichtet hätte. Die Reichsbank hatte schließlich 1923 die Hyperinflation zugelassenen. Da jede Wiederholung einer Inflation den Ablauf der Reparationen in Frage stellen mußte, gab man Deutschland Lehren und Mittel zur Stabilhaltung der Währung und sorgte für deren Niederschlag im Bankgesetz. Außerdem installierte man eine dauernde Überwachung der Währungspolitik. Hinzu kam, daß die Ankurbelung der Wirtschaft nur mit ausländischer Hilfe durchgeführt werden konnte. Eine solche Kreditvergabe konnte man vom Ausland aber erst dann erwarten, wenn die Währungssicherung des Schuldnerstaates Deutschland durch eine internationale Kontrolle verbürgt worden war. Außerdem sollten durch das Einsetzen einer ausländischen Kontrolle Finanzmanöver Deutschlands verhindert werden, durch die die Aufbringung und Transferierung der Reparationen gefährdet worden wären.[438]

Die ausländische Kontrolle über die Reichsbank wurde durch die Einsetzung eines Generalrats und eines Kommissars für die Notenausgabe verwirklicht.
Dem entsprechend § 14 des Bankgesetzes zu bildenden 14-köpfigen Generalrat kam in der Organisationsstruktur der Reichsbank eine zentrale Stellung zu. Er trat an die Stelle des Bankkuratoriums als Aufsichtsorgan der Reichsbank, wurde aber mit weitergehenden Rechten ausgestattet. Die Mitglieder wurden erstmals vom Bankorganisationskomitee nominiert. Die Hälfte der Mitglieder des Generalrats bestand aus Ausländern, die andere Hälfte aus deutschen Staatsangehörigen. Gewählt werden konnten nur Personen, die weder Beamte ihres Staates waren noch von diesem oder seiner Regierung eine Bezahlung erhielten (§ 17). Dadurch wollte man die Unabhängigkeit der Mitglieder sicherstellen.

Von Amts wegen gehörte der Reichsbankpräsident diesem Gremium an und führte den Vorsitz (§ 15 Abs. 1). Die Amtsdauer der Mitglieder des Generalrats betrug entsprechend § 15 Abs. 2 mit Ausnahme des Reichsbankpräsidenten und des Kommissars drei Jahre. Für die erste Amtsperiode sah das Gesetz eine besondere Regelung vor (§ 15 Abs. 2). Mit Ausnahme des Präsidenten wurde bei Ausscheiden eines deutschen Mitglieds ein neues Mitglied von den anderen deutschen Mitgliedern im Wege der Kooptation gewählt. Es bedurfte der Bestätigung durch die die deutsche Staatsangehörigkeit besitzenden Anteilseigner (§ 16 Abs. 1 in Verbindung mit § 28 der Satzung der Reichsbank). Von den weiteren sieben Mitgliedern kam je eines aus Großbritannien, Frankreich, Italien, den USA, Holland, Belgien und der Schweiz. Bei Ausscheiden eines der ausländischen Mitglieder wählten die verbleibenden ausländischen Mitglieder eine Person gleicher Staatsangehörigkeit, nachdem sich die Zentralbank des Heimatlandes des zu Wählenden gutachterlich zu dessen Bestellung geäußert hatte. (§16 Abs. 5, 6). Der Generalrat faßte seine Beschlüsse mit mindestens 10 Stimmen Mehrheit. Ein Überstimmen der Deutschen allein durch ausländische Stimmen war dadurch nicht möglich. Andererseits konnte

---

[438] Vgl. Eynern, G. von (1928), S. 116.

ein gegen die ausländischen Interessen verstoßender Beschluß nicht allein mit Hilfe der deutschen Stimmen durchgesetzt werden. Es genügte jedoch die einfache Mehrheit, wenn darin die Stimmen des Reichsbankpräsidenten und des Kommissars für die Notenausgabe enthalten waren (§ 18 Abs. 1). Dies sollte eine Erleichterung der Geschäftsführung bewirken.[439]

Der Kommissar für die Notenausgabe wurde gemäß § 19 des Bankgesetzes gewählt. Die ausländischen Mitglieder des Generalrats wählten ihn entweder aus den eigenen Reihen oder ernannten einen anderen Ausländer, der eine nach § 14 im Generalrat vertretene Staatsangehörigkeit besaß. Der Notenkommissar war kein Mitglied der Reparationskommission, sondern in vollem Umfang ein Organ der Reichsbank und nur dem Generalrat verantwortlich.[440] Er hatte in erster Linie die Aufgabe, „*die Durchführung derjenigen Bestimmungen des Gesetzes und der Satzung zu gewährleisten, die sich auf die Ausübung des Notenausgaberechts und die Erhaltung der Golddeckung für die im Umlauf befindlichen Noten beziehen*“ (§ 27 Abs. 2). Um diese Aufgabe erfüllen zu können, wurden ihm umfassende Informations- und Kontrollrechte eingeräumt. Außerdem bedurfte jede Reichsbanknote zu ihrer Gültigkeit der Kennzeichnung mit einem besonderen „*Ausfertigungskontrollstempel*“ (§ 27 Abs. 4), der sich in ausschließlicher Verwahrung des Kommissars befand. Dadurch wurde die teilweise Abtretung des Reichsprivilegs zur Geldschöpfung erkennbar.[441]

Der Generalrat hatte außerdem - wie bereits erwähnt - das Recht und die Pflicht, den Reichsbankpräsidenten - mit neun Stimmen Mehrheit, unter denen mindestens sechs deutsche sein mußten (§ 6 Abs. 4) - und die Mitglieder des Reichsbankdirektoriums (§ 6 Abs. 6) zu wählen. Im übrigen konnten sowohl der Reichsbankpräsident als auch mit seiner Zustimmung die Direktoriumsmitglieder jederzeit vom Generalrat aus „*wichtigem Grunde*“ abberufen werden (§ 6 Abs. 10). Das Abberufungsrecht stellte ein Novum des neuen Bankgesetzes dar, denn weder das Bankgesetz von 1875 noch das Autonomiegesetz von 1922 hatten eine Abberufungsmöglichkeit vorgesehen. Dadurch erhielt der Generalrat einen erheblichen Einfluß auf den personellen Bereich der Reichsbank.
Dem Generalrat oblag des weiteren die Regelung der Gehälter, Wartegelder, Ruhegelder und Hinterbliebenenbezüge für den Präsidenten und das Direktorium (§ 10 Abs. 1).

[439] Vgl. Koch, R. / Schacht, H. (1926), S. 127-129.
[440] Vgl. Koch, R. / Schacht, H. (1926), S. 131.
[441] Vgl. Spohr, W. (1925), S. 59; Schötz, H. O. (1987), S. 169; Hedrich, C.-C. (1990), S. 21.

Die notwendige Zustimmung des Generalrats zur Herabsetzung der Notendeckung und zur Wiederaufnahme der Noteneinlösung (§ 29 Abs. 1, § 52) begrenzte die Freiheit des Reichsbankdirektoriums auf dem Gebiet der Währungspolitik.[442]
Im übrigen beschränkten sich die Funktionen des Generalrats auf das Recht, Berichte vom Reichsbankpräsidenten und vom Kommissar für die Notenausgabe entgegenzunehmen sowie auf die Beschlußfassung über Vorschläge, die von den beiden genannten Stellen oder dem Reichsbankdirektorium gemacht wurden (§ 18 Abs. 2).[443]

Bei der Reichsbank wurde entsprechend § 26 Abs. 1 ein Sonderkonto für die abzuführenden Reparationszahlungen eingerichtet. Außerdem wurde das Amt eines ausländischen Reparationsagenten geschaffen, der die Stellung eines Gläubigers des Reparationskontos hatte und für die Überwachung und Transferierung der Reparationszahlungen zuständig war. Dies brachte ihm eine bedeutende politische Stellung ein, zumal die Reichsbank dazu verpflichtet war, mit dem Reparationsagenten zusammenzuarbeiten.[444]

5.3.4 Die Beurteilung der Reichsbankautonomie

Der Dawes-Plan beruhte auf den wesentlichen Grundgedanken der Brüsseler Sachverständigenkonferenz vom Oktober 1920. Vergleicht man die Entwicklung von der Konferenz von Brüssel bis zum Dawes-Plan, so läßt sich feststellen, daß die wesentlichen Punkte des Brüsseler Expertenberichts durch den Dawes-Plan 1924 verwirklicht worden sind. Das waren die Eindämmung der Inflation und der überhöhten Staatsausgaben, die Schaffung einer unabhängigen Reichsbank, die Restriktion bei der Kreditvergabe an den Staat sowie die Wiederannäherung an den Goldstandard.[445]

In einer von der Reichsbank verfaßten Denkschrift „*Zur Frage der Unabhängigkeit der Reichsbank*“ vom 29. Juni 1929 hieß es: „*Die vorstehend dargelegte Unabhängigkeit der Reichsbank, die gegenüber den politischen Instanzen (Reichsregierung, und Reichsfinanzverwaltung etc.) fast vollständig, gegenüber den Anteilseignern in vermehrten Ausmaß durchgeführt wurde und durch Generalrat und Notenkommissar nur z. T. beschränkt wird, ist das Ergebnis praktischer Erfahrungen der Nachkriegszeit. Die Verfasser des Dawesplans hielten sie - ohne es besonders zu begründen - für notwendig zur Beseitigung der Gefahr des Mißbrauchs durch die Reichsfinanzverwaltung, zur Sicherstellung des Vertrauens*

---

[442] Vgl. Spohr, W. (1925), S. 35.
[443] Vgl. Koch, R. / Schacht, H. (1926), S. 121.
[444] Vgl. Eynern, G. von (1928), S. 117.
[445] Vgl. Kaiser, A. (1989), S. 113.

in die deutsche Währung und zur Erfüllung der der Reichsbank übertragenen wichtigen, während der Übergangszeit besonders erschwerten Aufgaben.“[446]

Durch die Vorschriften des Bankgesetzes von 1924 wurde die institutionelle, personelle, finanzielle und funktionelle Unabhängigkeit der Reichsbank von der Reichsregierung weitestgehend formal festgelegt.

Angesichts der Vorschriften hinsichtlich der personellen und finanziellen Unabhängigkeit konnte von einer weitgehenden geldpolitischen Unabhängigkeit der Reichsbank von der Reichsregierung gesprochen werden. Sie war der Reichsregierung nur noch zu regelmäßigen bzw. angeforderten Berichten verpflichtet, zur „*Aufrechterhaltung einer ständigen Fühlung in den währungs- und finanzpolitischen Angelegenheiten*“ (§ 20 Abs. 3). Es bestand keine Verpflichtung zur Unterstützung der allgemeinen Wirtschaftspolitik der Regierung.[447]

Entsprechend dem Münzgesetz von 1924 wurde bestimmt, daß die zur Ausgabe gelangenden Münzen, mit Ausnahme der Goldmünzen, von der Reichsbank nach Maßgabe des Bedürfnisses in den Verkehr zu bringen seien. Dies räumte, wie die gesamten auf den Dawes-Plan zurückgehenden Regelungen, der Notenbank die entscheidende Rolle bei der Geldmengenbestimmung ein.[448]

Eine Über- und Unterordnung zwischen Regierung und Notenbank sah das Bankgesetz nicht vor. Abgesehen von Meinungsverschiedenheiten bei der Besoldung der Reichsbankbeamten (§ 10) sah das Gesetz keine anderen Konfliktmöglichkeiten zwischen Reichsbank und Reichsregierung vor. Es überließ der Reichsbank die Kompetenz, ihre Aufgaben selbst zu interpretieren. Da der Aufgabenkatalog eng gefaßt war und sich auf kredittechnische Funktionen beschränkte, schien dies auch nicht weiter bedenklich.[449]

Die Reichsbank war aber an den Dawes-Plan und die mit seiner Ausführung verbundenen gesetzgeberischen Maßnahmen gebunden. Das Bankgesetz von 1924 stellte einen völkerrechtlichen Vertrag dar. Die Unabhängigkeit der Reichsbank wurde durch den vom Dawes-Plan festgelegten alliierten Einfluß und durch die Einführung der Golddevisenwährung bzw. den Anschluß an den internationalen Golddevisenstandard begrenzt.

Das Direktorium der Reichsbank war in erheblicher Weise vom Generalrat und damit vom Ausland abhängig. Allerdings wurde der Generalrat völlig unabhängig

---

[446] BArch, R 2501/6742, Bl. 73. Denkschrift der Reichsbank „Zur Frage der Unabhängigkeit der Reichsbank“ vom 29. Juni 1929.

[447] Vgl. Müller, H. (1973), S. 39; Siebelt, J. (1988), S. 68; Hedrich, C.-C. (1990), S. 22.

[448] Vgl. Siebelt, J. (1988), S. 56.

[449] Vgl. Müller, H. (1973), S. 40.

von dem Einfluß der alliierten Regierungen besetzt.[450] Außerdem war ihm ausdrücklich untersagt, in die Geschäftsführung des Direktoriums einzugreifen. (§ 18 Abs. 2).[451]

Die vorgeschriebene Golddeckung schränkte die Handlungsfreiheit der Reichsbank vor allem in bezug auf die Festsetzung des Diskontsatzes erneut ein.[452] Im Vergleich zum alten Bankgesetz mit seiner Dritteldeckung der umlaufenden Banknoten wurde die Deckungsvorschrift sogar noch auf 40% erhöht. Allerdings konnte die Deckung zu 10% auch durch Devisen erfüllt werden, und die Deckungsvorschriften waren nicht starr. Ein Unterschreiten war durch einen einstimmigen Beschluß des Generalrats möglich. Dies zwang die Reichsbank aber im Gegenzug zu einem gesetzlich vorgeschriebenen Mindestdiskontsatz.

Durch die Ankaufsverpflichtung des Barrengoldes zu einem festen Preis und die de facto Einlösung der Banknoten war die Reichsbank auch schon während des "latenten Goldstandards" von 1924 bis 1930 gezwungen, die Wechselkurse innerhalb der Goldpunkte zu halten. Damit steuerte sie die deutsche Währung wie eine Goldwährung.[453]

5.4 Die Bankgesetznovelle von 1930

5.4.1 Der Young-Plan von 1929

Ende 1927 begann in erster Linie der amerikanische Reparationsagent Parker Gilbert, der entsprechend dem Dawes-Plan in Deutschland eingesetzt worden war, für eine Ablösung des Dawes-Plans durch eine endgültige Regelung des Reparationsproblems ohne Transferschutz und ausländische Kontrolle zu werben.[454]

Im Grunde waren alle Reichsregierungen, die Reichsbank und namhafte ausländische Experten seit der Ingangsetzung des Dawes-Plans davon überzeugt, daß sich der Plan nach dem Fälligwerden der Standardannuität von 25 Milliarden Reichsmark ab September 1928 entweder hinsichtlich der Aufbringung oder - was wahrscheinlicher war - hinsichtlich des Transfers als undurchführbar und korrekturbedürftig erweisen würde.[455]

---

[450] Vgl. Hedrich, C.-C. (1990), S. 21.

[451] Vgl. Begründung zum Bankgesetz von 1924, S. 8; Siebelt, J. (1988), S. 62.

[452] Vgl. Bonn, M. J. (1930), S. 140.

[453] Vgl. Veit, O. (1969), S. 547; Siebelt, J. (1988), S. 65.

[454] Vgl. Kabinettssitzung vom 20. Dezember 1927, 11.30 Uhr, S. 1179-1181; Runderlaß des Ministerialdirektors Ritter, 27. Dezember 1927, S. 576-578.

[455] Vgl. Berichte des Reichsbankpräsidenten über die Lage der Reichsbank und über Fragen der Kredit- und Währungspolitik. 5. Dezember 1925, 16 Uhr, S. 954-956, 967.

Am 16. September 1928 wurde während einer Völkerbundtagung beschlossen, eine Konferenz von Wirtschaftsexperten einzuberufen. Diesen unabhängigen Sachverständigen sollte die vollständige und endgültige Regelung des Reparationsproblems übertragen werden.[456]

Nach langwierigen Verhandlungen über die Stellung der Sachverständigen zu ihren Regierungen sowie über die Aufgabenstellung der Konferenz[457] erzielte die deutsche Regierung Mitte Dezember eine Einigung mit den Regierungen in Paris und London.[458] Die Sachverständigenkonferenz wurde in Paris am 9. Februar 1929 eröffnet. Am 7. Juni 1929 unterbreitete sie den betreffenden Regierungen ein Gutachten, den sogenannten Young-Plan, zur endgültigen Lösung des Reparationsproblems. Der Young-Plan stellte ein Sachverständigengutachten dar, dessen wirtschaftliche Ergebnisse auf entsprechenden politischen Konferenzen mit den Forderungen der Gläubigerstaaten und den Interessen Deutschlands in Übereinstimmung gebracht werden mußten.[459] Die endgültige Annahme des Sachverständigenplans vom 7. Juni 1929 erfolgte durch ein Abkommen auf der 2. Haager Konferenz vom 20. Januar 1930.[460]

Infolge der Regelungen des Young-Plans wurden auch teilweise Änderungen der Bestimmungen des Bankgesetzes vom 1924 notwendig. Den Ausgangspunkt für die Novellierung der deutschen Notenbankbestimmungen stellten die vom Young-Plan aufgestellten drei Grundsätze dar:

1. Wegfall der ausländischen Kontrollorgane.
2. Wahrung der Unabhängigkeit der Reichsbank.
3. Einlösbarkeit der Reichsmarknoten gemäß § 31 des Bankgesetzes von 1924 in Gold oder Devisen und Aufrechterhaltung der Münzparität.[461]

Hieraus ergaben sich in erster Linie Änderungen der die Organe betreffenden Bestimmungen, während die Regelungen über die Notenausgabe und den Geschäftsbereich nahezu unangetastet blieben.

---

[456] Vgl. Aufzeichnung des wissenschaftlichen Hilfsarbeiters Schmidt (z. Z. Genf), 16. September 1928, S. 82.

[457] Vgl. Der Botschafter in Paris von Hoesch an das Auswärtige Amt, 3. Dezember 1928, S. 440-441; Chefbesprechung vom 18. Dezember 1928, 13 Uhr, S. 319-320.

[458] Vgl. AA, R 28958, Bl. 175-176. Mitteilung des Gesandten Ritter in London an den deutschen Botschafter in London vom 20. Dezember 1928; Der Botschafter in Paris von Hoesch an das Auswärtige Amt, 17. Dezember 1928, S. 540-543.

[459] Vgl. Besprechung der deutschen Delegation in Scheveningen. 29. August 1929, 9.30-11 Uhr, S. 897.

[460] Vgl. Haager Abkommen vom 20. Januar 1930, S. 1.

[461] Vgl. Der Young-Plan (1929), S. 53, 55, 67; Bericht des Organisationskomitees (1929), S. 103.

Im Young-Plan war die Bildung eines Organisationskomitees zur Ausarbeitung der Anpassungsgesetze an den neuen Plan vorgesehen.[462] Nachdem das Organisationskomitee am 22. August 1929 seine konstituierende Sitzung abgehalten hatte, war im unmittelbaren Anschluß an diese Sitzung der Unterausschuß zur Anpassung des deutschen Bankgesetzes von 1924 an den Young-Plan vom 7. Juni 1929 zusammengetreten.[463] Dieser Unterausschuß zur Anpassung des Bankgesetzes bestand aus zwei deutschen Vertretern und zwei von der Reparationskommission ernannten Mitgliedern. Unter Berücksichtigung der obengenannten drei Grundsätze fertigten die beiden deutschen Sachverständigen dieses Gremiums einen Entwurf zur Änderung des Bankgesetzes an, der die Grundlage für die Beratungen des Unterausschusses bildete. Die Reichsregierung hatte sich im Einvernehmen mit der Reichsbank dahingehend entschieden, für die Anpassung des Bankgesetzes an die veränderten Umstände die Form einer Novelle zu dem geltenden Bankgesetz zu wählen und von einer völligen Neuformulierung des Bankgesetzes abzusehen. Der vorgelegte Entwurf, der dieser Entscheidung Rechnung trug, fand die Billigung auch der beiden nichtdeutschen Mitglieder des Unterausschusses.[464]

Das Bemerkenswerte an dem Entwurf war die Zweiteilung der Anpassungsvorschriften in solche, die die grundlegenden Garantien für die Stabilität der Währung bedeuteten, und solche, die künftig kein internationales Interesse mehr beanspruchen konnten.[465]

Die Vorschläge des Unterausschusses wurden - von geringfügigen Änderungen abgesehen - durch das Haager Abkommen vom 20. Januar 1930 zur Annahme des Young-Plans gebilligt. Es blieb also insbesondere bei der Zweiteilung.[466]
Die für die Gläubigermächte wichtigen Bestimmungen des Bankgesetzes waren in der Anlage V des Abkommens enthalten. Sie konnten entsprechend der Anlage Va des Haager Abkommens nur noch mit Zustimmung der neu zu gründenden Bank für Internationalen Zahlungsausgleich (BIZ) geändert werden.[467] Die BIZ übernahm die Aufgabe, sämtliche sich aus den Reparationszahlungen ergebenden Beziehungen zwischen Schuldnern und Gläubigern zu ordnen. Die Bank sollte die Aufgaben der Reparationskommission, des Reparationsagenten und der aufgrund

---

462 Vgl. Bericht des Organisationskomitees (1929), S. 102-103.

463 Vgl. AA, R 35293. Entwurf eines vorläufigen Berichts des Unterausschusses zur Anpassung des Bankgesetzes.

464 Vgl. BArch, R 2501/6742, Bl. 108. Bericht des Unterausschusses zur Anpassung des Bankgesetzes von 1924 an den Young-Plan vom 12. November 1929; Steiniger, A. (1930), S. 597-598; Koch, R. / Schacht, H. (1932), S. 11.

465 Vgl. BArch, R 2501/6742, Bl. 109. Bericht des Unterausschusses zur Anpassung des Bankgesetzes von 1924 an den Young-Plan vom 12. November 1929.

466 Vgl. Haager Abkommen vom 20. Januar 1930, S. 95-101; Entwurf eines Gesetzes zur Änderung des Bankgesetzes vom 30. August 1924 nebst Begründung (1930), S. 3.

467 Vgl. Haager Abkommen vom 20. Januar 1930, S. 103.

des Dawes-Plans in Deutschland eingesetzten Treuhänder und Kommissare übernehmen. Die Geschäftsführung dieser Bank wurde den Präsidenten der nationalen Zentralbanken zugewiesen.[468]

Die völkerrechtlich weiterhin gebundenen Bestimmungen betrafen vor allem die Vorschriften über die Unabhängigkeit der Reichsbank und die Regelungen zur Goldwährung. Betroffen war entsprechend die Bestimmung über die Unabhängigkeit der Reichsbank von der Reichsregierung (§ 1), das Notenprivileg der Reichsbank (§ 2), die Wahl des Reichsbankpräsidenten, des Direktoriums (§ 6) und der Reichsbankbeamten (§ 9), die Bestimmungen über den Generalrat (§§ 14-18), die Kassenverwaltung und die Kreditvergabe der Reichsbank an das Reich (§ 25), die Deckungsvorschriften (§§ 27-29), der Goldankaufszwang (§ 22), das Prinzip der Goldwährung (§ 31) und die Bestimmungen über die Liquidation der Reichsbank (§ 38).[469]

In Artikel IX des Haager Abkommens verpflichtete sich die Reichsregierung, die erforderlichen Maßnahmen zu treffen, damit die für die Anwendung des Young-Plans notwendigen besonderen Gesetze, unter anderem das Gesetz über die Abänderung des Bankgesetzes vom 30. August 1924 gemäß der Anlage V, erlassen werden konnten.[470]

Die Bekanntmachung über das Inkrafttreten des § 31 des Bankgesetzes von 1924 die Gold- bzw. Deviseneinlösung der Banknoten betreffend erfolgte am 17. April 1930.[471] Sie stellte allerdings nur die rechtliche Legitimierung eines bereits bestehenden Zustandes dar. Die Reichsbank hatte seit Juni 1924 ihre Noten in Devisen eingelöst.[472]

5.4.2 Die Änderungen des Bankgesetzes von 1924

Am 13. März 1930 wurde das Gesetz zur Änderung des Bankgesetzes von 1924 - das am 19. Mai 1930 in Kraft trat - erlassen.[473]

---

468 Vgl. Der Young-Plan (1929), S. 43-46; Haager Abkommen vom 20. Januar 1930, S. 267-297.
469 Vgl. Haager Abkommen vom 20. Januar 1930, S. 95-101.
470 Vgl. Haager Abkommen vom 20. Januar 1930, S. 47.
471 Bekanntmachung über die Einlösung der Reichsbanknoten. Vom 17. April 1930, RGBl. 1930 II, S. 691.
472 Vgl. BArch, R 2501/6411, Bl. 437-438. Berichtsentwurf der Reichsbank für die Berichterstattung an die Reichsregierung im Juli 1930.
473 Gesetz zur Änderung des Bankgesetzes. Vom 13. März 1930, RGBl. 1930 II, S. 355; in Kraft getreten am 17. Mai 1930 gemäß der Verordnung über das Inkrafttreten des Gesetzes zur Änderung des Bankgesetzes. Vom 19. Mai 1930, RGBl. 1930 II, S. 777.

Die Änderungen des Bankgesetzes von 1924 betrafen zum großen Teil die Bestimmungen über den Generalrat.

Der Young-Plan sah den Wegfall der ausländischen Kontrolle vor. Deshalb bestand der Generalrat fortan entsprechend dem neu gefaßten § 14 (Artikel I Abs. IV des Gesetzes zur Änderung des Bankgesetzes) nur noch aus deutschen Mitgliedern. Die neuen Mitglieder wurden von den deutschen Mitgliedern des bestehenden Generalrats im Wege der Kooptation entsprechend dem neu gefaßten § 16 (Artikel I Abs. VI) gewählt. Im § 16 wurde festgelegt, daß vor der Wahl der Generalratsmitglieder eine Fühlungnahme des Reichsbankpräsidenten mit der Reichsregierung notwendig war. Dadurch wurde der Regierung eine Darlegung ihrer Vorstellungen im Hinblick auf die Stellenbesetzung ermöglicht.[474] Die Funktionen des Generalrats selbst wurden nicht geändert.

Die Vorschrift des § 17 des Bankgesetzes von 1924, daß die Mitglieder des Generalrats keine Staatsbeamten des Deutschen Reichs oder eines deutschen Landes sein und keine Bezahlung vom Deutschen Reich oder einem deutschen Land erhalten durften, wurde abgemildert. Ehemalige Staatsbedienstete, die sich im dauernden Ruhestand befanden, und Personen, die eine Vergütung für eine frühere Dienstleistung erhielten, wurden durch den neu gefaßten § 17 (Artikel I Abs. VII des Gesetzes zur Änderung des Bankgesetzes) ausgenommen. Dadurch wurde die - laut amtlicher Begründung - unerwünschte Beschränkung des Kreises der wählbaren Personen beseitigt.[475]

Entsprechend Artikel I Abs. V enthielt der neu gefaßte § 15 weiterhin die Regelung, daß der Präsident des Reichsbankdirektoriums zugleich Vorsitzender des Generalrats war und die Amtsdauer der übrigen Mitglieder des Generalrats drei Jahre betrug.

Entsprechend Artikel I Abs. VIII wurde § 18 neu gefaßt. Der § 18 Abs. 1 legte nun fest, daß der Generalrat mit einfacher Stimmenmehrheit abstimmte. Die bisherige vorgeschriebene qualifizierte Mehrheit, die eine Majorisierung der deutschen Mitglieder verhindern sollte, war durch das Ausscheiden der ausländischen Mitglieder überflüssig geworden.[476] Bei Stimmengleichheit war die Stimme des Vorsitzenden ausschlaggebend. Dadurch erhielt der Reichsbankpräsident die Stellung des primus inter pares im Generalrat. Die Wahl des Präsidenten und die Zustimmung zur Ernennung von Mitgliedern des Direktoriums blieb von diesem Abstimmungsmodus jedoch ausgenommen (§ 18 Abs. 1).

[474] Vgl. Entwurf eines Gesetzes zur Änderung des Bankgesetzes vom 30. August 1924 nebst Begründung (1930), S. 4.
[475] Vgl. Koch, R. / Schacht, H. (1932), S. 21.
[476] Vgl. Entwurf eines Gesetzes zur Änderung des Bankgesetzes vom 30. August 1924 nebst Begründung (1930), S. 4.

Der neu gefaßte § 18 Abs. 2 legte erneut fest, daß die dem Reichsbankdirektorium zustehenden Rechte der Verwaltung durch den Generalrat nicht beeinträchtigt werden durften.

Das Gesetz zur Änderung des Bankgesetzes brachte entsprechend Artikel I Abs. II eine Neufassung des § 6 in einzelnen Absätzen. Der neu gefaßte § 6 Abs. 4 bestimmte, daß der Reichsbankpräsident weiterhin vom Generalrat gewählt wurde, allerdings erst nach Anhörung des Direktoriums. Der gewählte Präsident bedurfte nunmehr auf jeden Fall der Bestätigung durch den Reichspräsidenten. Die Möglichkeit, durch wiederholte Wahl sein Vetorecht zu umgehen, wurde abgeschafft. In gleicher Weise war entsprechend dem neu gefaßten § 6 Abs. 6 die Zustimmung des Reichspräsidenten zur Ernennung der Mitglieder des Direktoriums nötig. Dadurch erhielt auch die Reichsregierung eine Einwirkungsmöglichkeit bei der Ernennung der Mitglieder des Direktoriums, da der Reichspräsident bei der Ausübung seiner Rechte der Gegenzeichnung durch den Reichskanzler bedurfte. Die Ernennung erfolgte weiterhin nach Zustimmung des Generalrats durch den Reichsbankpräsidenten. Die Ernennungsdauer von 12 Jahren und die Vorschrift, daß ein Mitglied des Direktoriums bei Erreichung eines Lebensalters von 65 Jahren ausscheidet, wurde ebenfalls beibehalten.

Nach wie vor war es möglich, den Reichsbankpräsidenten und die Direktoriumsmitglieder abzuberufen, allerdings war auch hier die Zustimmung des Reichspräsidenten entsprechend einer Ergänzung des § 6 Abs. 10 nötig. Damit erlangte letztlich auch die Reichsregierung aufgrund der Gegenzeichnung durch den Reichskanzler einen gewissen Einfluß auf die Abberufung der Reichsbankleitung.[477]

Die Neufassung der Bestimmungen des § 6 über die Wahl des Präsidenten und der Direktoriumsmitglieder war - so die amtliche Begründung zum Gesetz zur Änderung des Bankgesetzes - erforderlich geworden, „*um der Reichsregierung die ihr im allgemeinen Reichsinteresse zukommende Einflußnahme bei der Bestellung der Leitung der Bank ausreichender als bisher sicherzustellen.*“[478]

Eine Änderung des § 25, der die Kreditvergabe der Reichsbank an das Reich regelte, wurde durch Artikel I Abs. XII nur in bezug auf den Stichtag für die Abdekkung des Betriebskredits (§ 25 Abs. 2 Satz 2) vorgenommen. Da die Zahlungsverpflichtungen des Reichs am Jahresende besonders hoch waren, mußte der Zwang, den Betriebskredit zu diesem Termin zurückzuzahlen, die Dispositionen des Reichs

[477] Vgl. Koch, R. / Schacht, H. (1926), S. 26.
[478] Entwurf eines Gesetzes zur Änderung des Bankgesetzes vom 30. August 1924 nebst Begründung (1930), S. 4.

besonders erschweren.[479] Deshalb wurde die Glattstellung auf den 15. Juli jedes Jahres verlegt.

Die im Young-Plan vorgesehene Beseitigung des ausländischen Einflusses bedingte den Fortfall des ausländischen Notenkommissars.[480] Entsprechend Artikel I Abs. IX wurde § 19, der die Ernennung eines ausländischen Mitglieds des Generalrats zum Kommissar für die Notenausgabe vorsah, gestrichen. Durch Artikel I Abs. XIV erfolgte eine Neufassung der bisherigen Bestimmungen über den Notenkommissar. Die Wahrnehmung des Amts wurde entsprechend dem neu gefaßten § 27 Abs. 1 auf den von Weisungen der Regierung unabhängigen Präsidenten des Rechnungshofes des Deutschen Reichs übertragen. Damit wurde weiterhin eine von der Reichsbankleitung unabhängige Überwachung des Notenumlaufs und der Notendeckung sichergestellt.[481] Der Notenkommissar hatte entsprechend § 27 Abs. 2 zahlenmäßig das Vorhandensein der vorgeschriebenen Notendeckung festzustellen. Ausdrücklich untersagt waren ihm eine Prüfung oder Erörterung der Kredit-, Diskont- und Währungspolitik der Reichsbank.

Aufgrund der Änderung des Bankgesetzes ergab sich auch eine Änderung der Befugnisse der Generalversammlung bezüglich der Satzung der Reichsbank. Durch den neu gefaßten § 12 Abs. 2 (Artikel I Abs. III) wurde die Befugnis der Generalversammlung erweitert. Sie konnte nun nicht nur über die Abänderung der Reichsbanksatzung nach Vorschlag des Reichsbankdirektoriums mit Zustimmung des Generalrats beschließen, sondern in entsprechender Weise auch über die Aufstellung der Satzung selbst.[482]

Eine Änderung erfuhren auch die Bestimmungen über die Liquidation der Reichsbank. Entsprechend Artikel I Abs. XV wurde § 38 Abs. 4 neu verfaßt. Durch diesen Absatz wurde die Liquidation der Reichsbank durch das Reich während der Dauer des Notenprivilegs von der Zustimmung der Reichsregierung abhängig gemacht. Bei einer Liquidation nach Ablauf des Notenprivilegs war die Reichsregierung rechtzeitig zu benachrichtigen.[483]

---

[479] Vgl. Entwurf eines Gesetzes zur Änderung des Bankgesetzes vom 30. August 1924 nebst Begründung (1930), S. 5.

[480] Vgl. Entwurf eines Gesetzes zur Änderung des Bankgesetzes vom 30. August 1924 nebst Begründung (1930), S. 5.

[481] Vgl. Entwurf eines Gesetzes zur Änderung des Bankgesetzes vom 30. August 1924 nebst Begründung (1930), S. 5; Bonn, M. J. (1930), S. 92.

[482] Vgl. Entwurf eines Gesetzes zur Änderung des Bankgesetzes vom 30. August 1924 nebst Begründung (1930), S. 4.

[483] Vgl. Entwurf eines Gesetzes zur Änderung des Bankgesetzes vom 30. August 1924 nebst Begründung (1930), S. 6.

Der entsprechend Artikel I Abs. X neu eingeführte Schlußabsatz des § 21 legte die Stellung der Reichsbank als Zentralbank in Deutschland ausdrücklich fest. Dadurch sollte in erster Linie die Mitarbeit der Reichsbank bei der BIZ im Rahmen des Young-Plans sichergestellt werden.[484] Durch den entsprechend Artikel I Abs. XI neu eingeführten Abs. 2 des § 24 wurde der Reichsbank der Erwerb von Aktien der BIZ erlaubt, um ihr die Beteiligung an dieser Bank zu ermöglichen.[485]

Neben den gebotenen Änderungen wurden durch das Gesetz zur Änderung des Bankgesetzes außerdem die Vorschriften über die Höhe des Grundkapitals und des Reservefonds (Artikel I Abs. I), die Bestimmungen über die Lombardierung von Anleihen des Reichs, der Länder und kommunalen Korporationen (Artikel I Abs. X), die Strafvorschriften (Artikel I Abs. XVI, XVII) und die Gewinnverteilung (Artikel III) abgeändert.[486]

Von den völkerrechtlich nicht gebundenen Bestimmungen waren für die Unabhängigkeit der Reichsbank vor allem die Änderung der Bestimmungen über die Lombardierung von Anleihen des Reichs, der Länder und kommunalen Korporationen und die Neuregelung der Gewinnverteilung von Interesse.

Durch die Änderung des § 21 Ziffer 3b wurden zukünftig nicht nur Inhaberschuldverschreibungen öffentlich-rechtlicher Bodenkreditinstitute, sondern auch Inhaberschuldverschreibungen sonstiger öffentlich-rechtlicher Kreditanstalten zum Lombardverkehr zugelassen. Durch den neu gefaßten § 21 Ziffer 3c wurden die langfristigen inländischen Kommunalanleihen wieder lombardfähig.[487]

Durch die neue Fassung des § 21 Ziffer 3b und c entsprechend Artikel I Abs. X fielen die bisherigen, die Lombardfähigkeit der Schuldverschreibungen des Reichs, der Länder und kommunalen Korporationen einschränkenden Bestimmungen fort. Für sie war demnach der Zustand des Bankgesetzes von 1875 wiederhergestellt. Nach dem neu gefaßten § 21 Ziffer 3 waren nun sowohl langfristige als auch spätestens nach einem Jahr fällige Inhaberschuldverschreibungen des Reichs, der Länder und kommunalen Korporationen sowie zinstragende Inhaberschuldverschreibungen mit Zinsgarantie durch das Reich oder eines seiner Länder bei der Reichsbank beleihbar. Die Beschränkungen hinsichtlich des Darlehensnehmers, der Be-

---

[484] Vgl. Entwurf eines Gesetzes zur Änderung des Bankgesetzes vom 30. August 1924 nebst Begründung (1930), S. 5.

[485] Vgl. Entwurf eines Gesetzes zur Änderung des Bankgesetzes vom 30. August 1924 nebst Begründung (1930), S. 5.

[486] Vgl. Entwurf eines Gesetzes zur Änderung des Bankgesetzes vom 30. August 1924 nebst Begründung (1930), S. 3.

[487] Vgl. Entwurf eines Gesetzes zur Änderung des Bankgesetzes vom 30. August 1924 nebst Begründung (1930), S. 5.

stellung eines Garanten und bei langfristigen Reichsanleihen hinsichtlich des Höchstbetrages der hierfür gewährten Darlehen fielen weg.[488]

Die Änderungen der Bestimmungen der Ziffern 3b und 3c in der vom Reichsrat vorgeschlagenen Form waren gegen den Widerspruch der Reichsregierung erfolgt. Die Regierung hatte sich gegen eine Änderung der Bestimmungen hinsichtlich der Schuldverschreibungen kommunaler Körperschaften und öffentlich-rechtlicher Kreditinstitute ausgesprochen.[489]
Sowohl die Reichsregierung als auch die Reichsbank standen der Zulassung dieser Schuldverschreibungen zum Lombardverkehr bei der Reichsbank nicht grundsätzlich ablehnend gegenüber. Sie hielten es jedoch für richtig, die Bestimmungen zurückzustellen. Als Grund dafür nannten sie die schlechte Finanzlage einer Reihe kommunaler Körperschaften und Kreditanstalten sowie die Tatsache, daß es erst nach Neuordnung der Reichsfinanzen zu einer Entlastung der Reichsbank von der mittelbaren und unmittelbaren Inanspruchnahme durch das Reich kommen würde.[490]

Durch Artikel III des Gesetzes zur Änderung des Bankgesetzes blieb es einer besonderen gesetzlichen Regelung vorbehalten, die Gewinnverteilungsvorschriften des § 37 des Bankgesetzes von 1924 abzuändern. Eine Änderung der Verteilung des Reichsbankgewinns erfolgte schließlich durch die Verordnung des Reichspräsidenten zur Sicherung von Wirtschaft und Finanzen vom 1. Dezember 1930.[491] Der Reichsbankpräsident hatte dabei die Forderung der Reichsregierung nach einer höheren Beteiligung am Reichsbankgewinn voll unterstützt.[492]

Der Absatz 3 des § 37 des Bankgesetzes von 1924, der die Verteilung des Reingewinns der Reichsbank nach der Zuführung an den Reservefonds und Zahlung einer 8 %igen Dividende an die Anteilseigner regelte, wurde zugunsten des Reichs geändert. Der verbleibende Restbetrag des jährlichen Reingewinns wurde nun folgendermaßen verteilt: Es erhielten von den ersten 25 Millionen Reichsmark das Reich 75% und die Anteilseigner 25%; von den nächsten 20 Millionen Reichsmark das Reich 90% und die Anteilseigner 10%. Von dem dann noch verbleibenden Restbetrag erhielt das Reich 95% und die Anteilseigner 5%. Vor allem bei Erzie-

---

488 Vgl. Entwurf eines Gesetzes zur Änderung des Bankgesetzes vom 30. August 1924 nebst Begründung (1930), S. 5.

489 Vgl. Entwurf eines Gesetzes zur Änderung des Bankgesetzes vom 30. August 1924 nebst Begründung (1930), S. 5.

490 Vgl. Entwurf eines Gesetzes zur Änderung des Bankgesetzes vom 30. August 1924 nebst Begründung (1930), S. 5.

491 Verordnung des Reichspräsidenten zur Sicherung von Wirtschaft und Finanzen. Vom 1. Dezember 1930, RGBl. 1930 I, S. 517.

492 Vgl. Ministerbesprechung vom 3. Februar 1930, 10 Uhr, S. 1411-1416.

lung eines hohen Reichsbankgewinns stand dem Reich nach der neuen Vorschrift ein überproportional höherer Gewinn zu als nach dem alten Verteilungsschlüssel.

5.4.3 Die Beurteilung der Reichsbankautonomie

Die Reichsbank hatte in ihrer Denkschrift *„Zur Frage der Unabhängigkeit der Reichsbank“* vom 29. Juni 1929 die Beibehaltung der personellen Unabhängigkeit und eine völlige Entscheidungsunabhängigkeit für die Reichsbank gefordert, da sie noch mehr als bisher zum *„volkswirtschaftlichen Zentralorgan“*[493] werden würde. Dessen Tätigkeit würde sich nicht auf die traditionelle Wahrnehmung des engeren Aufgabenkreises beschränken, sondern durch den Young-Plan einen größeren volks- und weltwirtschaftlichen Rahmen erhalten. Unter Hinweis auf den Einfluß der Finanz- und Kapitalmarktpolitik der Reichsregierung auf die Reichsbankpolitik forderte die Reichsbank ein gestaltendes Mitwirkungsrecht bei dem Wirtschaftsprogramm der Reichsregierung. Sie ging sogar so weit, eine gesetzlich verankerte Mitwirkung bei der Beschlußfassung über wichtige Wirtschaftsfragen und die Zusicherung einer beratenden Stimme im Kabinett für den Reichsbankpräsidenten zu fordern.[494]

Die Reichsbank konnte sich zwar mit ihren Forderungen nicht durchsetzen, an dem Grundsatz der Unabhängigkeit ihrer Leitung wurde aber festgehalten. In der amtlichen Begründung wurde ausdrücklich darauf hingewiesen, daß *„nach Wegfall der Schutzbestimmungen des Dawes-Plans die wichtigste Garantie für die Aufrechterhaltung der deutschen Währung in der Reichsbankleitung selbst liegt.“*[495]

Die Reichsregierung bekam durch die Bankgesetznovelle allerdings die Möglichkeit, ihre Vorstellungen im Hinblick auf die Stellenbesetzung im Generalrat darzulegen. Außerdem verlor der Generalrat zugunsten der Reichsregierung an Einfluß, insbesondere hinsichtlich der ihm nach wie vor zustehenden personalpolitischen Kompetenzen. Die Reichsregierung konnte Einfluß auf die Bestellung der Leitung der Reichsbank nehmen, wenn auch nur indirekt. Das bedeutete im Rückschluß, daß die personelle Unabhängigkeit der Reichsbank eingeschränkt wurde.

Die finanzielle Unabhängigkeit der Reichsbank blieb erhalten, trotz des höheren Anteils des Reichs am Gewinn der Reichsbank. Auch die Regelungen zur funk-

---

[493] BArch, R 2501/6742, Bl. 76. Denkschrift der Reichsbank „Zur Frage der Unabhängigkeit der Reichsbank“ vom 29. Juni 1929.

[494] Vgl. BArch, R 2501/6742, Bl. 73-81. Denkschrift der Reichsbank „Zur Frage der Unabhängigkeit der Reichsbank“ vom 29. Juni 1929.

[495] Vgl. Entwurf eines Gesetzes zur Änderung des Bankgesetzes vom 30. August 1924 nebst Begründung (1930), S. 4.

tionellen und institutionellen Unabhängigkeit wurden durch die Bankgesetznovelle nicht berührt.

Von dem ausländischen Einfluß auf die Reichsbank blieb nur die völkerrechtliche Bindung eines Teils der Regelungen des Bankgesetzes erhalten. Diese konnten in Zukunft nur noch mit der Zustimmung der BIZ geändert werden.

Nachdem die ausländische Kontrolle durch die Bankgesetznovelle 1930 abgeschafft worden war, wurde die Handlungsfreiheit der Reichsbank nur noch durch die Regelungen zur Golddevisenwährung bzw. durch die Bindung an den internationalen Golddevisenstandard beschränkt. Bereits im Jahre 1931 konnte die Reichsbank aber die 40%ige Deckung der Banknoten durch Gold und Devisen nicht mehr aufrechterhalten. Es wurden Devisenbeschränkungen eingeführt und die Bindung der Reichsbank an den Golddevisenstandard nahm ab.

6. Kapitel: Die Auswirkungen der gesetzlichen Bestimmungen auf die Reichsbankpolitik unter dem Reichsbank-präsidenten Havenstein von 1919 bis 1923

6.1 Das Verhältnis der Reichsbank zur Reichsregierung bis zum Erlaß des Autonomiegesetzes 1922

Rudolf Havenstein war als studierter Jurist ab 1890 im Preußischen Finanzministerium tätig und wurde 1896 geheimer Oberfinanzrat. Seit dem 6. Januar 1908 bekleidete er das Amt des Reichsbankpräsidenten.

Aus der Sicht Havensteins besaß die Reichsbank auch schon vor dem Erlaß des Autonomiegesetzes eine selbständige Stellung gegenüber der Reichsregierung. In einem Brief an Montagu Norman vom 28. Dezember 1921 führte er aus: *„Das Reichsbank-Direktorium hat bisher noch immer seine Selbständigkeit und Unabhängigkeit gewahrt und - freilich manchmal unter harten Kämpfen - gegen das Finanzressort wahren können.“*[496]

Er unterstellte dem Gesetzgeber die Absicht, mit dem Bankgesetz von 1875 die Reichsbank vom Finanzministerium unabhängig machen zu wollen. Aufgrund der Einheitlichkeit und Gleichmäßigkeit des Beamtenrechts, so Havenstein, sei eine Einflußnahme der Regierung grundsätzlich aber nicht zu umgehen. Daher sei die Reichsbank im Bankgesetz dem Reichskanzler unterstellt worden, um so den Einfluß des Finanzministers auszuschließen. Der Reichskanzler selbst habe aber abgesehen von einer Ausnahme nie in die innere Verwaltung oder die Politik der Reichsbank eingegriffen.[497] Diese von Havenstein angesprochene Ausnahme ging auf das Jahr 1887 zurück, als - wie bereits erwähnt - die Lombardierung russischer Wertpapiere durch den Reichskanzler verboten worden war.[498]

Diese Auffassung Havensteins, die das gesamte Direktorium teilte, vertrat die Reichsbank auch gegenüber der Reichsregierung. In einem Schreiben an Reichskanzler Bauer vom 20. September 1919 verwies sie auf die Ernennung der Mitglieder der Reichsbankleitung auf Lebenszeit und auf die Leitung durch ein Direktorium, *„das in seiner Unabhängigkeit, seiner Zusammensetzung und seiner kollegialen Verfassung eine streng sachliche, unparteiische und von den wechselnden Strömungen der Tagespolitik unberührte Geschäftsführung gewährleistet.“*[499]

---

[496] BArch, R 2501/6394, Bl. 147. Brief Havensteins an Norman vom 28. Dezember 1921.

[497] Vgl. BArch, R 2501/6394, Bl. 147-148. Brief Havensteins an Norman vom 28. Dezember 1921.

[498] Vgl. BArch, R 43 I/24, Bl. 138. Schreiben des Reichsbankdirektoriums an die deutsche Kriegslastenkommission vom 28. Dezember 1921.

[499] BArch, R 43 I/628, Bl. 163. Schreiben des Reichsbankdirektoriums an den Reichskanzler vom 20. September 1919.

Entscheidend war für die Reichsbank, daß das Reichsfinanzministerium keinerlei Aufsichtsrechte ihr gegenüber hatte. „*Eine solche Klarstellung erscheint geboten, da jede Abhängigkeit der Zentralnotenbank von der Finanzverwaltung den Grundsätzen einer gesunden Notenbankpolitik widerspricht.*“[500]
Das Reichsbankdirektorium äußerte aber keine Bedenken über die oberste Leitung der Reichsbank durch den Reichskanzler, da sie einer solchen Leitung nur die Aufgabe zuschrieb, die Führung der Bankverwaltung im Einklang mit dem öffentlichen Interesse zu gewährleisten.[501]

Als Anlage zu dem Brief vom 20. September 1919 übersandte das Direktorium dem Reichskanzler eine Denkschrift vom 30. Juli 1898, die von dem damaligen Reichsbankpräsidenten zur Frage der Verstaatlichung der Reichsbank verfaßt worden war. In dieser Denkschrift wurde dargelegt, daß „*die Bildung des Grundkapitals aus privaten Mitteln der Bank formell und materiell eine Selbständigkeit zusichert, die den Mißbrauch der Befugnisse des Reichs von vornherein ausschließt und selbst den Eingriffen der Gesetzgebung eine aus den Rechten der Anteilseigner sich ergebende Grenze zieht.*“[502]
Das Direktorium machte sich diesen Standpunkt zu eigen. Es vertrat die Auffassung, daß durch die Tatsache, daß das Grundkapital der Reichsbank auf Privatkapital beruhe, Eingriffe des Staates im finanziellen Interesse der Reichsregierung und ein Hineinziehen der Reichsbank in die Tagespolitik ausgeschlossen seien.[503]

Aufgrund des Gewichts ihrer immer größer werdenden Organisation und wegen der Berufung des Reichsbankpräsidenten und der übrigen Mitglieder des Direktoriums auf Lebenszeit war die Reichsbank tatsächlich in der Lage gewesen, sich eine gewisse selbständige Stellung zu verschaffen. Der Reichsbankpräsident trug de facto die Verantwortung, obwohl er de jure dem Reichskanzler unterstand. Dies war allerdings nur deshalb möglich, weil der Reichskanzler bis kurz vor Beginn des 1. Weltkrieges die Führung der Reichsbankgeschäfte den Reichsbankbeamten überlassen hatte. Bedingt durch den wirtschaftlichen Aufschwung und durch die Tatsache, daß das Deutsche Reich bis 1914 keinen Krieg führte, hatte die Regierung keine größere finanzielle Unterstützung durch die Reichsbank benötigt. Dies änderte sich aber schlagartig mit dem Beginn des 1. Weltkrieges.[504]

---

[500] BArch, R 43 I/628, Bl. 168. Schreiben des Reichsbankdirektoriums an den Reichskanzler vom 20. September 1919.
[501] Vgl. BArch, R 43 I/628, Bl. 167. Schreiben des Reichsbankdirektoriums an den Reichskanzler vom 20. September 1919.
[502] BArch, R 43 I/628, Bl. 180. Denkschrift des Reichsbankpräsidenten zur Verstaatlichung der Reichsbank vom 30. Juli 1898.
[503] Vgl. BArch, R 43 I/628, Bl. 181-182. Denkschrift des Reichsbankpräsidenten zur Verstaatlichung der Reichsbank vom 30. Juli 1898.
[504] Vgl. Beutler, R. (1909), S. 225; Bonin, K. von (1979), S. 66; Goodhart, C. A. E. (1988), S. 107.

Das Verhältnis zwischen Reich und Reichsbank sah auch der Reichsbankpräsident durch den Krieg bedingt in *„anomale Bahnen geleitet“*.[505] In einer Rede im Dezember 1919 vor dem Reichstag wurde deutlich, daß er sich der Notwendigkeit einer Neuordnung des Geldwesens und der Notenbankpolitik durchaus bewußt war. Die Frage der Gold- oder Papierwährung, das Steigen der schwebenden Schuld, die Passivität der Handelsbilanz, das Anwachsen des Notenumlaufs und die allgemeinen Preissteigerungen bezog er durchaus in seine Überlegungen zur zukünftigen Reichsbankpolitik mit ein. Die unvorhersehbare finanzielle und wirtschaftliche Entwicklung ließ aber aus seiner Sicht noch keine Neuordnung des gesamten Finanzwesens zu.[506]

In den Inflationsjahren nach dem Krieg stellte sich die Reichsbank in ihren Verwaltungsberichten auf den Boden der Zahlungsbilanztheorie. Der Kerngedanke der monetären Zahlungsbilanztheorie besteht darin, Ungleichgewichte in der Zahlungsbilanz auf Geldmarktungleichgewichte zurückzuführen. Zahlungsbilanzungleichgewichte werden als Änderungen der zentralen Währungsreserven gedeutet, die ihrerseits auf Überschüsse oder Defizite in der zusammengefaßten Leistungs- und Kapitalbilanz zurückzuführen sind. Von anderen Anpassungstransaktionen als eine Variation der Währungsreserven wird abgesehen. Ferner werden feste Wechselkurse und gleiche Preise handelsfähiger Güter im In- und Ausland vorausgesetzt. Unterstellt man, daß sich das nationale Preisniveau an ein gestiegenes Auslandspreisniveau anpaßt, so induziert der Preisanstieg eine Zunahme der nominalen Geldnachfrage, eine stabile Geldnachfragefunktion vorausgesetzt. Auf dem Geldmarkt existiert ein Überhang der Nachfrage nach Geld über das verfügbare Geldvolumen. Diese Geldmarktstörung wird sich auf die Zahlungsbilanz auswirken, vorausgesetzt, daß die Zentralbank keine Kreditexpansion zur Ausweitung des Geldvolumens vornimmt. Die Inländer werden die Nachfrage nach Gütern und/oder nach Wertpapieren senken, woraus ein Leistungsbilanz- bzw. Kapitalbilanzüberschuß resultiert. Aufgrund dieses Zahlungsbilanzüberschusses kommt es zu einem Zufluß von Währungsreserven aus dem Ausland, also zu einer Geldmengenexpansion, die den Überhang der Geldnachfrage über das Geldangebot beseitigt. Die Geldmengensteigerung ist also eine Folge und nicht die Ursache für die Preissteigerungen. Entsprechend der monetären Zahlungsbilanztheorie halten Zahlungsbilanzungleichgewichte solange an, bis die Geldmärkte ihre Gleichgewichtslage erreicht haben.[507]

Die Reichsbank erweckte den Eindruck, als sähe sie die primäre Ursache für die deutsche Geldentwertung in handels- und reparationspolitischen Maßnahmen des

---

[505] Verhandlungen der verfassungsgebenden Deutschen Nationalversammlung (1920), S. 3994.

[506] Vgl. Verhandlungen der verfassungsgebenden Deutschen Nationalversammlung (1920), S. 3994.

[507] Vgl. Rose, K. / Sauernheimer, K (1995), S. 105-108.

Auslands, die die deutsche Zahlungsbilanz belasteten und durch binnenwirtschaftliche Maßnahmen nicht zu beseitigen seien.[508]

Sie vermied es, die Regierung in der Öffentlichkeit zu kritisieren und zeigte sich loyal gegenüber dem Reich. Im Verwaltungsbericht für das Jahr 1919 findet sich gar keine Erwähnung der schwebenden Reichsschuld als Ursache für den erhöhten Notenumlauf.[509] Im Verwaltungsbericht für das Jahr 1920 wurde dann zwar erstmalig darauf hingewiesen, daß die von der Reichsbank diskontierten Reichsschatzanweisungen die wichtigste Ursache für die Ausdehnung des Zahlungsmittelumlaufs seien. Diese Geld- und Kreditschöpfung, so die öffentliche Argumentation der Reichsbank, sei aber zur Erfüllung des Versailler Vertrages notwendig.[510]

Außerhalb der Öffentlichkeit sprach die Reichsbank gegenüber der Reichsregierung eine deutlichere Sprache. Seit ihrer Errichtung überreichte sie neben dem Verwaltungsbericht einen Begleitbericht an die Reichsregierung, *„der die Ausführungen des Verwaltungsberichts kurz zusammenfaßte, erläuterte und unter Umständen durch Mitteilungen ergänzte, die aus überwiegenden Gründen in den für die Öffentlichkeit bestimmten Verwaltungsbericht nicht wohl aufgenommen werden konnten.“*[511]

In den vertraulichen Begleitberichten basierten Argumentation und wirtschaftspolitische Empfehlungen auf der Quantitätstheorie.
Die Quantitätstheoretiker betrachten ausschließlich die Wirkungen der Geldmenge auf das Preisniveau. Entsprechend dieser Theorie, ausgehend von der Verkehrsgleichung, reagiert das Preisniveau proportional auf Änderungen der Geldmenge. Weder die Umlaufsgeschwindigkeit noch das reale Bruttosozialprodukt werden hiernach von Änderungen der Geldmenge direkt beeinflußt.[512] Jede Inflation beruht entsprechend auf einer das reale Wachstum der Volkswirtschaft übersteigenden Rate der Geldmengenexpansion. Die passive Handelsbilanz und das Steigen des Wechselkurses sind entsprechend der Quantitätstheorie nicht die Ursache, sondern die Folge einer übermäßigen Kaufkraftschöpfung und der Preissteigerungen im Innern.[513]

---

[508] Vgl. Bresciani-Turroni, C. (1937), S. 82; Holtfrerich, C.-L. (1978), S. 203; Holtfrerich, C.-L. (1980), S. 162-163.
[509] Vgl. BArch, R 3101/15682, Bl. 3-43. Verwaltungsbericht der Reichsbank für das Jahr 1919.
[510] Vgl. BArch, R 3101/15682, Bl. 47. Verwaltungsbericht der Reichsbank für das Jahr 1920.
[511] BArch, R 43 I/638, Bl. 25. Schreiben des Reichsbankdirektoriums an den Reichskanzler, 1919.
[512] Vgl. Ministerbesprechung vom 7. Dezember 1931, 10 Uhr, S. 2075.
[513] Vgl. Holtfrerich, C.-L. (1980), S. 160-161.

Die Reichsbank sah die Gefahr für die deutsche Währung in erster Linie in der Finanzpolitik des Reichs.[514]
In dem Begleitbericht vom 31. März 1919 bestätigte die Reichsbank zwar noch, daß die Befriedigung des Geldbedarfs des Reichs für die Zwecke der Kriegsführung eine Aufgabe gewesen sei, die sie erfüllen mußte. Andererseits wies sie aber auch auf die Gefahren hin, die mit der fortwährenden Diskontierung von Reichsschatzanweisungen und der damit einhergehenden Erhöhung des Notenumlaufs verbunden seien.[515] Die Reichsbank warnte die Reichsregierung davor, ihre Ausgaben weiterhin mit Hilfe der Reichsbank zu finanzieren. *„Im Inland steht die gegenwärtige Zerrüttung der deutschen Währungsverhältnisse zu einem nicht geringem Teile mit der übergroßen Inanspruchnahme der Reichsbank durch das Reich und der hieraus sich ergebenden oben dargestellten starken Vermehrung der Papiergeldausgabe im Zusammenhang. Soll Abhilfe geschaffen werden, sollen gesundere Verhältnisse in der Währung und im Wirtschaftsleben Deutschlands wiederkehren, so ist eine wesentliche Vorbedingung, daß das Reich künftig seinen Geldbedarf aus laufenden ordentlichen Einnahmen deckt. Jeder weitere Rückgriff auf den bei der Reichsbank oder durch die Reichsbank erlangbaren Kredit sollte vermieden werden.“*[516]

Abgesehen von den jährlichen Begleitberichten äußerte sich die Reichsbank auch in vertraulichen Schreiben an die Reichsregierung zur Finanzpolitik des Reichs.
In einem Schreiben vom 1. Juli 1919 an den Reichsfinanzminister übte das Reichsbankdirektorium heftige Kritik am Finanzgebaren des Reichs und konfrontierte die Regierung gar mit der Drohung, die Diskontierung von Reichsschatzanweisungen einzustellen. Die Reichsbank sah im Anwachsen der schwebenden Reichsschuld die Ursache für den erhöhten Notenumlauf und die daraus folgende Geldentwertung. Folgerichtig forderte sie die Regierung zur Sparsamkeit bei den Ausgaben und zur Durchführung eines Steuerprogramms auf, das die Finanzierung aller Staatsausgaben durch eigene Einnahmen, also ohne Berücksichtigung des Reichsbankkredits, ermöglichen sollte.[517]
In einem Schreiben an die Reichsregierung vom 14. Juli 1919 wiederholte das Reichsbankdirektorium die Kritik und die gegebenen Empfehlungen.[518]

In einem weiteren Schreiben an den Reichsfinanzminister vom 31. Dezember 1919 verwies das Direktorium erneut auf das Schreiben vom 1. Juli 1919. *„Wir werden*

[514] Vgl. Holtfrerich, C.-L. (1980), S. 163-164.
[515] Vgl. BArch, R 43 I/638, Bl. 26. Begleitbericht der Reichsbank zum Verwaltungsbericht 1918 vom 31. März 1919.
[516] BArch, R 43 I/638, Bl. 29. Begleitbericht der Reichsbank zum Verwaltungsbericht 1918 vom 31. März 1919.
[517] Vgl. Das Reichsbank-Direktorium an den Reichsfinanzminister. 1. Juli 1919, S. 40-43.
[518] Vgl. BArch, R 43 I/2391, Bl. 11. Schreiben des Reichsbankdirektoriums an die Reichsregierung vom 14. Juli 1919.

aber, wie wir bereits in dem Schreiben vom 1. Juli uns anzudeuten genötigt sahen, ernstlich prüfen müssen, ob wir nach endgültigem Abschluß des Friedens die unbeschränkte Diskontierung von Schatzanweisungen noch für vertretbar erachten können, denn darüber ist für uns kein Zweifel, daß das bisherige Verfahren, zur Deckung fortgesetzt wachsender Ausgaben immer neue Mittel im Wege der Vermehrung der schwebenden Schuld unter Inanspruchnahme der Reichsbank zur Verfügung zu stellen, nicht nur unser Finanzwesen und unsere Volkswirtschaft, sondern auch unser Geldwesen und den Stand und den Kredit der Reichsbank rettungslos dem Ruin entgegenführen muß."[519]
Das Direktorium wiederholte seine Kritik am Finanzgebaren des Reichs erneut in einem Schreiben vom 7. Januar 1920 an den Reichsfinanzminister und in einem Schreiben vom 28. Januar 1920 an den Reichskanzler.[520]

Die Reichsbank ließ es aber bei ihren Hinweisen, Vorschlägen und Drohungen bewenden. Die Drohung von 1919, die Diskontierung der Reichsschatzanweisungen einzustellen, wurde nicht in die Tat umgesetzt. In einem Brief vom 28. Dezember 1921 an Norman wies Havenstein darauf hin, daß sich die Reichsbank von Anfang an bewußt gewesen sei, daß sie diese Drohung niemals werde wahrmachen können. Das Reich habe gar keine andere Möglichkeit, als sich die benötigten Geldmittel bei der Reichsbank zu beschaffen.[521]

Bei der Betrachtung dieser Phase darf aber nicht vergessen werden, daß in organisationsrechtlicher Hinsicht das Bankgesetz von 1875 weiterhin gültig war. Das Reich konnte über die zentrale Stellung des Reichskanzlers wenigstens potentiell bestimmenden Einfluß auf die Geschäfte der Reichsbank ausüben. Selbst wenn die Reichsbank gewollt hätte, wäre es ihr unmöglich gewesen, entscheidenden Widerstand gegen die vollständige und exzessive Beanspruchung durch die Reichsregierung zu leisten.[522]

Im Jahre 1921 wandelte sich die Einstellung der Reichsbank grundlegend. Nachdem durch die Annahme des Londoner Ultimatums vom Mai 1921 die jährliche Annuität auf circa 3 Milliarden Goldmark festgelegt worden war, hielt die Reichsbank die Fortsetzung der Gewährung der kurzfristigen Kredite für unvermeidlich. Die Reparationen waren für sie inzwischen zur Hauptursache der Währungskrise geworden. Die Einstellungsänderung spiegelte sich gut in den Begleitberichten

---

[519] BArch, R 2501/6432, Bl. 34. Schreiben des Reichsbankdirektoriums an den Reichsfinanzminister vom 31. Dezember 1919.

[520] Vgl. BArch, R 2501/6432, Bl. 39. Schreiben des Reichsbankdirektoriums an den Reichsfinanzminister vom 7. Januar 1920; Das Reichsbank-Direktorium an den Reichskanzler. 28. Januar 1920, S. 567-569.

[521] Vgl. BArch, R 2501/6394, Bl. 149. Brief Havensteins an Norman vom 28. Dezember 1921.

[522] Vgl. Holtfrerich, C.-L. (1988), S. 115; Hedrich, C.-C. (1990), S. 13-14.

wider, die sich jetzt inhaltlich nicht mehr von den öffentlichen Aussagen der Reichsbank unterschieden.

In ihrem Begleitbericht vom 21. Mai 1921 wies die Reichsbank erneut auf die währungspolitische Notwendigkeit der Beschränkung des Anwachsens der schwebenden Schuld und der Stillegung der Notenpresse hin. Andererseits machte sie aber vor allem für die Verschlechterung des Wechselkurses der Mark die zu erbringenden Leistungen aufgrund des Versailler Vertrages verantwortlich.[523]

In ihrem Begleitbericht vom 25. Mai 1922 betonte die Reichsbank, daß sie in der Kontrolle der schwebenden Reichsschuld den Schlüssel zur Kontrolle der Inflation sähe, daß auf diese Finanzierungsmethode durch kurzfristige Kredite aber erst verzichtet werden könne, wenn die Reparationen herabgesetzt worden seien. Eine Stabilisierung der Währung sei solange ausgeschlossen, wie die Reparationsverpflichtungen jedes ertragbare Maß überstiegen.[524]

Auch in den Verwaltungsberichten - erstmals in dem 1921 erschienenen Verwaltungsbericht für das Jahr 1920 - wurde nun auf die schwebende Reichsschuld und die damit einhergehende Erhöhung des Notenumlaufs als Hauptursache für die Geldentwertung hingewiesen,[525] womit eine Schwenkung zum quantitätstheoretischen Standpunkt stattfand.[526] Die Reichsbank betonte aber, daß nur eine Herabminderung der Reparationsverpflichtungen die Finanzierung des Reichs durch die Reichsbank beenden könne.[527] Im Verwaltungsbericht für das Jahr 1921 wurde als Ursache für die Währungssituation auf die rigorose Anwendung der Sanktionspolitik, die Forderungen des Londoner Ultimatums und die Abtrennung wichtiger, für die deutsche Volkswirtschaft unentbehrlicher Gebiete Oberschlesiens hingewiesen.[528] Die Reichsbank sah ein Junktim zwischen der Lösung des Währungsproblems und einer Herabminderung der Reparationsforderungen.[529]

---

[523] Vgl. BArch, R 43 I/638, Bl. 174-175. Begleitbericht der Reichsbank zum Verwaltungsbericht 1920 vom 21. Mai 1921.

[524] Vgl. BArch, R 43 I/638, Bl. 222. Begleitbericht der Reichsbank zum Verwaltungsbericht 1921 vom 25. Mai 1922.

[525] Vgl. R 3101/15682, Bl. 45-81. Verwaltungsbericht der Reichsbank für das Jahr 1920; BArch, R 3101/15682, Bl. 86. Verwaltungsbericht der Reichsbank für das Jahr 1921.

[526] Vgl. Holtfrerich, C.-L. (1980), S. 166.

[527] Vgl. BArch, R 3101/15682, Bl. 87. Verwaltungsbericht der Reichsbank für das Jahr 1921.

[528] Vgl. BArch, R 3101/15682, Bl. 86. Verwaltungsbericht der Reichsbank für das Jahr 1921.

[529] Vgl. Bresciani-Turroni, C. (1937), S. 46; Holtfrerich, C.-L. (1980), S. 166.

6.2 Das Scheitern der Reichsbankautonomie
6.2.1 Die Einstellung der Reichsbank zum Autonomiegesetz

Nach der Bankgesetznovelle vom Mai 1922 war die rechtliche Situation eine andere. Dem Reichsbankdirektorium wurde durch das Autonomiegesetz völlige Freiheit in der Führung der Geschäfte zugesichert, ohne daß der Regierung auch nur eine Abberufungsmöglichkeit gegenüber der Leitung eingeräumt worden wäre. Das Autonomiegesetz wurde ausdrücklich mit der Absicht erlassen, der Reichsbank die Möglichkeit zu geben, von dem Zwang der Kreditgewährung an das Reich loszukommen.[530] Tatsache ist aber, daß der vollständige Zusammenbruch des Geldwesens in die Zeit nach dem Erlaß des Autonomiegesetzes fiel. Die neue rechtliche Lage hatte zu keiner Einstellung der Kreditgewährung der Reichsbank an die Reichsregierung geführt.

Die Reichsbank war unter den gegebenen außenpolitischen Bedingungen gar nicht bereit, der Regierung den Reichsbankkredit zu versagen.
In einem Brief an die Kriegslastenkommission vom 28. Oktober 1921 wies das Direktorium darauf hin, daß *„weder vom Reichskanzler noch von sonst einer Reichsinstanz jemals auf das Reichsbank-Direktorium ein Druck in der Richtung einer Kreditbewilligung an das Reich ausgeübt worden [sei]. Wir haben uns vielmehr stets freiwillig zur Hereinnahme der vom Reich zur Diskontierung angebotenen Schatzanweisungen entschlossen. Wir taten dies in der Erkenntnis und in der Überzeugung, dass nach Lage der Verhältnisse dem Reich zur Deckung der durch den Ertrag der Steuern .. nicht zu begleichenden, grossenteils mit den Friedensbedingungen zusammenhängenden Ausgaben ein anderer Weg als die Aufnahme schwebender Schulden nicht offenstehe.“*[531]
Damit war die Wirkungslosigkeit des Autonomiegesetzes klar prognostizierbar.

Havenstein betonte in einem Brief an Norman vom 4. März 1922, daß die Autonomie die Autorität der Reichsbank verbessern, sie aber für die Inflationsbekämpfung kaum von Nutzen sein werde, solange die Reparationszahlungen in der Höhe bestehen bleiben würden.[532] Er führte aus: *„Daß die Reichsbank auch in Zukunft, soweit sie dazu in der Lage ist, falschen wirtschaftlichen Maßnahmen und insbesondere einer inflationistischen Politik der Regierung entgegentreten wird, bedarf keiner Begründung, und die Autonomie der Reichsbank wird gegebenenfalls einer solchen Politik der Reichsbank erhöhten Nachdruck geben. Aber im großen und ganzen sehe ich für ein solches Eingreifen der Reichsbank nur geringe Möglich-*

---

[530] Vgl. Schacht, H. (1927), S. 84-85.
[531] BArch, R 3101/15585, Bl. 103. Schreiben des Reichsbankdirektoriums an die Kriegslastenkommission vom 28. Oktober 1921.
[532] Vgl. BArch, R 2501/6308, Bl. 98. Brief Havensteins an Norman vom 4. März 1922.

keit und insbesondere für die Einschränkung der Inflation ist zurzeit die Autonomie der Reichsbank nur ein sehr kleines Mittel.“[533]

In einer Chefbesprechung vom 23. Juni 1922 erklärte Havenstein: „*Die Reichsbank ist, wie sie bereits bei Einbringung des Autonomiegesetzes erklärt hat, durchaus bereit, dem Reich mit dem Reichsbankkredit auch weiterhin zu Seite zu stehen, soweit es sich um zwangsläufig auf das Reich fallende Ausgaben handelt und dem Reich kein anderer gangbarer Weg zur Beschaffung der erforderlichen Mittel offensteht.*“[534]

Im Verwaltungsbericht für das Jahr 1922 stellte die Reichsbank klar: „*Im Interesse der Erhaltung des Reichs, und der deutschen Volkswirtschaft wird die Reichsbank der Reichsverwaltung den Weg, sich die unbedingt notwendigen Geldmittel mit Hilfe des Bankkredits zu verschaffen, so lange nicht versperren dürfen, als dieser Weg der einzig gangbare ist.*“[535]

Es gab keinen Grund dafür, warum das Autonomiegesetz eine Änderung der Reichsbankpolitik bewirken sollte. Schließlich sah Havenstein in der Verwirklichung der Autonomie nur die rechtliche Legitimierung eines Prinzips, das schon lange praktiziert wurde.[536]

Da die Reichsbank die Hauptursache für die Inflation in den Reparationsverpflichtungen sah, zog sie gar nicht in Erwägung, diese mit Hilfe des Autonomiegesetzes zu stoppen.[537] In einer Denkschrift unter dem Titel „*Die Autonomie der Reichsbank*“ vom 15. August 1922 machte die Reichsbank ihre Ansicht deutlich. Man ginge von falschen Voraussetzungen aus, wenn man annehmen würde, daß die bereitwillige Kreditgewährung der Reichsbank an das Reich die Schuld am Verfall der deutschen Währung trüge. „*Auch eine völlig unabhängige Reichsbankleitung könnte nicht plötzlich dem Reiche den Kredit versagen, ohne das Reich, sich selbst und das ganze Wirtschaftsleben ins Verderben zu stürzen.*“[538] Die Denkschrift endete mit dem Fazit: „*Bevor nicht das Problem der Reparationen*

---

[533] BArch, R 2501/6308, Bl. 98. Brief Havensteins an Norman vom 4. März 1922.

[534] BArch, R 43 I/52. Chefbesprechung über das Belgische Markabkommen vom 23. Juni 1922.

[535] BArch, R 3101/15682, Bl. 124. Verwaltungsbericht der Reichsbank für das Jahr 1922.

[536] Vgl. Chefbesprechung vom 26. Dezember 1921, 11 Uhr, S. 484; Kabinettssitzung vom 27. Dezember 1921, 17 Uhr, S. 487.

[537] Vgl. Kabinettssitzung vom 24. März 1922, 10 Uhr, S. 628; BArch, R 43 I/638, Bl. 268. Begleitbericht der Reichsbank zum Verwaltungsbericht 1922 vom 30. Mai 1923; BArch, R 43 I/631, Bl. 240. Protokoll der Sitzung des Reichsbankkuratoriums vom 22. Juni 1922; BArch, R 2501/6313, Bl. 94-97. Denkschrift der Reichsbank über Zentral- und Emissionsbanken vom 20. Oktober 1922; Verhandlungen des Reichstags (1922a), S. 5635.

[538] BArch, R 2501/6405, Bl. 136. Denkschrift der Reichsbank über „Die Autonomie der Reichsbank“ vom 15. August 1922.

gelöst ist, d. h. die deutschen Verpflichtungen auf ein tragbares Maß herabgesetzt sind, besteht keine Hoffnung auf eine Wiederherstellung der deutschen Währung.“[539]

6.2.2 Das Verhältnis der Reichsbank zur Reichsregierung nach dem Erlaß des Autonomiegesetzes

Die Reichsbank sah auch nach dem Erlaß des Autonomiegesetzes als treue Dienerin des Staates keine andere Möglichkeit, als die Notenpresse immer schneller laufen zu lassen. Sie meinte eine nationale Pflicht zu erfüllen, indem sie weiterhin die Schatzanweisungen der Regierung diskontierte. Die Reichsbank war überzeugt davon, daß die Verweigerung des Kredits an die Regierung noch schlimmere ökonomische und politische Folgen haben würde, als jeder bestehende oder in Zukunft bewilligte Staatskredit.[540] *„From may 1922 on, the Reichsbank was dependent not on the government, but on the national interest, as the Bank`s leaders judged it to be.“*[541]

Im Januar 1922 hatte Finanzminister Hermes noch im Reichstag verkündet: *„Bevor nicht das Reparationsproblem in einer der deutschen Leistungsfähigkeit angepaßten Weise geregelt ist, kann von einem Gesundwerden des Reichshaushalts nicht die Rede sein.“*[542]
Im Laufe des Jahres wurde der Reichsregierung aber durch die Reparationsverhandlungen bewußt, daß nur umfassende Pläne zur Balancierung des Reichshaushalts und die Stillegung der Notenpresse ein Entgegenkommen der Alliierten bei den Reparationszahlungen bewirken könnten. Bis zur Ruhrbesetzung durch französische und belgische Truppen spielte vor allem die Hoffnung auf ein Einlenken der Alliierten in der Reparationsfrage die entscheidende Rolle für die Stabilisierungsbekundungen der Reichsregierung.[543]

Die Reichsbank stand dagegen - wie bereits ausführlich dargelegt wurde - auf dem Standpunkt, daß erst nach einer endgültigen Lösung des Reparationsproblems eine Stabilisierung der Mark in Angriff genommen werde könne. Die bereits in dieser Phase offensichtlichen negativen Folgen der Inflation änderten an dieser Meinung nichts.

---

[539] BArch, R 2501/6405, Bl. 137. Denkschrift der Reichsbank über „Die Autonomie der Reichsbank“ vom 15. August 1922.

[540] Vgl. BArch, R 2501/6313, Bl. 95-96. Denkschrift der Reichsbank über Zentral- und Emissionsbanken vom 20. Oktober 1922.

[541] Holtfrerich, C.-L. (1988), S. 116.

[542] Verhandlungen des Reichstags (1922a), S. 5635.

[543] Vgl. BArch, R 2501/6313, Bl. 84-87. Leitsätze für die bevorstehenden Verhandlungen der Reparationskommission und der Währungskommission, 1922.

Die Alliierten lehnten jedoch die von der Reichsregierung erarbeiteten Vorschläge zur vorläufigen Regelung der Reparationsfrage und zur Lösung des Währungsproblems - die auch eine finanzielle Beteiligung der Reichsbank bei einer geplanten Stützungsaktion für die Mark vorsahen - ab.[544] Daher kam es zu keinem größeren Konflikt zwischen der Reichsbank und der Regierung. Es entstanden allerdings immer wieder Meinungsverschiedenheiten bei den Entscheidungen über kurzfristige Maßnahmen zum Aufhalten der Inflation und zur Aufrechterhaltung des Wirtschaftsverkehrs.

Im August 1922 ergriff das Reichswirtschaftsministerium eine offizielle Initiative, spätestens ab Ende des Jahres die Goldrechnung einzuführen, da sich die Wirtschaft im allgemeinen mehr und mehr von der Mark löste. Dabei ging es in erster Linie um die Einführung von Goldkonten, die Einführung eines Goldverrechnungsverkehrs gekoppelt an eine stabile Währung (Pfund oder Dollar), die Diskontierung von Goldwechseln aus Handel und Industrie und die Ausgabe einer Goldschatzanweisung.[545]

Die Initiative führte aber aufgrund der ablehnenden Haltung der Reichsbank zu keinem Ergebnis.[546] Das Reichsbankdirektorium wies in einem Schreiben an den Reichswirtschaftsminister vom 25. Oktober 1922 darauf hin, daß das Absinken der deutschen Währung nicht verhindert werden könne, solange keine Besserung der Lage Deutschlands in der Reparationsfrage herbeigeführt worden sei. Außerdem, so der Haupteinwand der Reichsbank, sei für die Einrichtung von Goldkonten eine entsprechende Deckung in Gold und Devisen notwendig, die aber nicht verfügbar sei.[547]

Im Oktober 1922 legte das Reichswirtschaftsministerium zwei Gesetzentwürfe zur Einschränkung der Devisenspekulation und zur Schaffung einer wertbeständigen Anleihe vor. Während der erste Gesetzentwurf die Zustimmung des Kabinetts fand, führte der Gesetzentwurf über die Schaffung einer Goldschatzanweisung zu Auseinandersetzungen innerhalb des Kabinetts. Der Entwurf sah die Schaffung von

---

544 Vgl. Vorschläge der deutschen Regierung vom 14. November 1922 an die Reparationskommission zur Stabilisierung und Stützung der Reichsmark, S. 416-419; Weißbuch über die den Alliierten seit Waffenstillstand übermittelten deutschen Angebote und Vorschläge zur Lösung der Reparations- und Wiederaufbaufrage (1924), S. 99-101.

545 Vgl. BArch, R 3101/15341, Bl. 270-272. Niederschrift über die Pläne des Reichswirtschaftsministerium 1922; Dalberg, R. (1926), S. 26.

546 Vgl. R 2501/6542, Bl. 65-68. Protokoll der Ressortbesprechung mit Vertretern der Reichsregierung, der Länderregierungen und der Reichsbank vom 28. Februar 1923; BArch, R 2501/6542, Bl. 78-83. Aufzeichnung der Reichsbank über die Einführung von Goldkonten bei den Banken vom März 1923.

547 Vgl. BArch, R 43 I/2434, Bl. 63. Schreiben des Reichsbankdirektoriums an den Reichswirtschaftsminister vom 25. Oktober 1922.

wertbeständigen, auf Mark oder Goldmark lautenden Schatzanweisungen in Höhe von 400 Millionen Mark vor, für die vorzugsweise Devisen in Zahlung genommen werden sollten.[548] Die Verabschiedung eines Gesetzes scheiterte letztendlich an der Haltung der Reichsbank. Der Reichsbankpräsident sah in der Schaffung einer wertbeständigen Anleihe zwar die Möglichkeit, die *„Devisenhamsterei"*[549] einzuschränken, äußerte aber gleichzeitig Bedenken über den Erfolg einer solchen Anleihe. Havenstein erklärte sich deshalb nur bereit, die Ausgabe von Goldschatzanweisungen in einer Höhe von 100 Millionen Goldmark vorzunehmen. Außerdem billigte die Reichsbank der Regierung nur einen einmaligen Versuch zur Schaffung einer wertbeständigen Anleihe zu, der nur bei einem Erfolg der Begebung wiederholt werden durfte. Darüber hinaus lehnte die Reichsbank jede Übernahme des Risikos einer Geldentwertung ab.[550]

Damit war das Projekt des Reichswirtschaftsministeriums gescheitert, wie in der Kabinettssitzung am 24. Oktober 1922 ganz deutlich wurde.[551] Der Reichswirtschaftsminister versuchte sich zwar noch mit einem Markstützungsplan durchzusetzen, aber auch dies scheiterte am Widerstand der Reichsbank. Havenstein lehnte die Finanzierung einer solchen Aktion aus dem Goldbestand der Reichsbank ab. Er hielt an der Unantastbarkeit des Goldbestandes fest, solange die Reparationsfrage nicht gelöst war.[552] Die Reichsbank hatte sich gegen das Reichswirtschaftsministerium durchgesetzt. Erst viel später, im August 1923, gab die Reichsbank nach und stimmte der Ausgabe einer Goldanleihe zu[553] und führte im September 1923 einen Goldgiroverkehr ein, der auf der Einzahlung von Devisen basierte.[554]

Erst der rapide Verfall der Mark im Zuge des Ruhrkampfes 1923 machte es der Reichsregierung und auch der Reichsbank unmöglich, tatenlos zuzusehen, wollten sie nicht den Widerstandswillen und die neu entflammte nationale Begeisterung sogleich wieder zum Erlöschen bringen.[555] Zwar fehlte es für eine durchgreifende

---

[548] Vgl. Kabinettssitzung vom 7. Oktober 1922, 11 Uhr, S. 1117-1119; Kabinettssitzung vom 11. Oktober 1922, 17 Uhr, S. 1123-1124; Kabinettssitzung vom 16. Oktober 1922, 11.30 Uhr, S. 1125-1126.

[549] Kabinettssitzung vom 16. Oktober 1922, 11.30 Uhr, S. 1125.

[550] Vgl. Kabinettssitzung vom 16. Oktober 1922, 11.30 Uhr, S. 1125-1126.

[551] Vgl. Kabinettssitzung vom 24. Oktober 1922, 17 Uhr, S. 1138-1143.

[552] Vgl. BArch, R 2501/6542, Bl. 49-51. Protokoll der Zentralausschußsitzung vom 28. Oktober 1922.

[553] Vgl. Kabinettssitzung vom 6. September 1923, 18 Uhr, S. 202; Kabinettssitzung vom 10. September 1923, 17.45 Uhr, S. 222; Kabinettssitzung vom 20. September 1923, 17 Uhr, S. 324; BArch, R 43 I/2439, Bl. 170-193. Aufzeichnung der Reichskanzlei über die Goldanleihe, 1923.

[554] Vgl. BArch, R 2501/6342, Bl. 103. Aufzeichnung der Reichsbank über die Einführung des Goldgiroverkehrs vom September 1923.

[555] Vgl. Vermerk über den Marksturz. 30. Januar 1923, S. 206.

Stabilisierung am nötigen Konzept, denn man hielt die ungeklärte Reparationsfrage weiterhin für die eigentliche Ursache der Inflation. Zumindest versuchten aber die Regierung Cuno und die Reichsbank gemeinsam, den Verfall der Mark mit Hilfe von Stützungsaktionen aufzuhalten.

Anfang 1923 entwickelte der Staatssekretär im Finanzministerium Carl Bergmann einen Plan zur Stützung des Markkurses an den Devisenbörsen. Das Ziel war, kurzfristig über die Stabilisierung des Markaußenwerts eine Preisstabilisierung im Inneren zu erkaufen, ohne die inflationäre Kreditierung der Ruhrindustrie unterbrechen zu müssen.[556]

Die Reichsbank erklärte sich bereit, diese Stützungsaktion durchzuführen und begann Anfang Februar 1923 mit der Intervention.[557] Durch das Angebot von Gold und Devisen und mit Hilfe einer restriktiven Kreditpolitik gelang es ihr, den Dollarkurs von 41500 Mark am 1. Februar 1923 auf 21000 Mark am 7. März 1923 zu drücken. Bis zum 18. April 1923 wurde er auf einem Niveau von etwa 21.000 bis 22.000 Mark gehalten.[558] Der Währungsverfall war kurzfristig aufgehalten worden.[559] Am 18. April 1923 gab die Reichsbank aber die Stützungsaktion auf, da ihre Devisenreserven erschöpft waren.[560]

Die Reichsbank sah in der Durchführung der Stützungsaktion die Erfüllung ihrer patriotischen Pflicht und einen Beitrag zum Kampf gegen die Truppen im Ruhrgebiet.[561] Währungspolitisch hielt sie die Aktion von Anfang an für sinnlos. *„Bei Einleitung der Stützungsaktion sei man sich darüber klar gewesen, daß die Maßnahme eigentlich ein Widersinn war gegenüber der wirtschaftlichen Lage.“*[562]

Zeitgleich mit der Intervention hatte die Reichsbank versucht, die Kreditvergabe einzuschränken.[563] Sie mußte aber bald feststellen, daß das Streben nach einer restriktiven Kreditpolitik durch die Ruhrbesetzung sehr erschwert wurde, *„denn im Interesse des wirtschaftlichen Durchhaltens mußten im besetzten und unbesetzten*

---

[556] Vgl. Schacht, H. (1927), S. 43; Schötz, H. O. (1987), S. 36-37.
[557] Vgl. BArch, R 43 I/632, Bl. 41. Protokoll der Sitzung des Reichsbankkuratoriums vom 21. März 1923.
[558] Vgl. BArch, R 43 I/632, Bl. 146. Protokoll der Sitzung des Reichsbankkuratoriums vom 29. Juni 1923.
[559] Zur Meßziffer des Dollars in Berlin siehe Tabelle A2 im Anhang.
[560] Vgl. Ministerbesprechung vom 19. April 1923, 10 Uhr, S. 400.
[561] Vgl. Aus dem Bericht des Reichsbankpräsidenten vor dem Zentralausschuß der Reichsbank. 23. April 1923, S. 424.
[562] Ministerbesprechung vom 19. April 1923, 10 Uhr, S. 399.
[563] Vgl. BArch, R 43 I/632, BL. 42. Protokoll der Sitzung des Reichsbankkuratoriums vom 21. März 1923.

Gebiet alle legitimen Kredite möglichst befriedigt werden, um Arbeitslosigkeit und Produktionsstörung zu verhindern.“[564]
Die Reichsbank hatte zwar die Notwendigkeit erkannt, zu einer restriktiven Diskont- und Lombardpolitik überzugehen. Sie verwarf diesen Gedanken aber zugleich, indem sie feststellte: „*Die Not der Zeit erlaubt aber nicht ein starres Festhalten an diesen Grundsätzen.*“[565]

Im Mai 1923 hielt die Reichsregierung eine erneute Stützungsaktion - in erster Linie nicht aus währungspolitischen Überlegungen heraus, sondern um eine „*politische Beruhigung*“[566] zu schaffen - für sinnvoll. Das Reichsbankdirektorium stellte später fest: „*Wir haben uns zu dieser Aktion auf dringenden Wunsch der Regierung angesichts der politischen Lage trotz schwerer Bedenken entschlossen.*“[567]

Die Reichsbank war aber nur unter der Bedingung zu einer solchen Aktion bereit, daß ein Einheitskurs für Devisen eingeführt werde. Diese Bedingung wurde gegen den Widerstand des Reichswirtschaftsministeriums und rheinischer Wirtschaftskreise erfüllt. Das Kabinett war keineswegs überzeugt davon, daß die Verordnung über einen Einheitskurs sinnvoll sei. Vor allem aber der Reichsfinanzminister hielt die Meinung der Reichsbank für entscheidend und war der Auffassung, daß man ihr diese Forderung nicht versagen dürfe.[568]

Die erneute Stützungsaktion der Reichsbank setzte am 19. Juni 1923 ein und sollte zusammen mit der Verordnung über den Deviseneinheitskurs vom 22. Juni 1923[569] wirken. Sie vermochte den Markkurs nur für kurze Zeit zu stabilisieren. Bereits am 28. Juli 1923 schrieb das Reichsbankdirektorium an den Reichskanzler, daß es sich nicht mehr in der Lage sähe, die Markstützungsaktion fortzusetzen, da die für die Stützungsaktion zur Verfügung stehenden Goldreserven erschöpft seien.[570]

Die Einheitskursverordnung hatte nur die Wirkung, daß sich neben dem Berliner Einheitskurs der Reichsbank ein wesentlich schlechterer freier Markkurs an den

---

[564] BArch, R 43 I/632, BL. 42. Protokoll der Sitzung des Reichsbankkuratoriums vom 21. März 1923.
[565] BArch, R 43 I/632, BL. 42. Protokoll der Sitzung des Reichsbankkuratoriums vom 21. März 1923.
[566] Kabinettssitzung vom 22. Juni 1923, 10 Uhr, S. 601.
[567] Das Reichsbankdirektorium an den Reichskanzler. 28. Juli 1923, S. 689.
[568] Vgl. Besprechung mit Vertretern der Banken. 19. April 1923, 11 Uhr, S. 403-404; Kabinettssitzung vom 2. Mai 1923, [17 Uhr], S. 458; Kabinettssitzung vom 22. Juni 1923, 10 Uhr, S. 598-602; Vermerk des Ministerialrats Kempner zur Devisenverordnung. 25. Juni 1923, S. 608-609.
[569] Verordnung über den Handel mit ausländischen Zahlungsmitteln zum Einheitskurse. Vom 22. Juni 1923, RGBl. 1923 I, S. 401.
[570] Vgl. Das Reichsbankdirektorium an den Reichskanzler. 28. Juli 1923, S. 690.

Auslandsbörsen herausbildete und sich die inländische Wirtschaft auf den Auslandskurs als maßgebend einstellte. Die notwendigen Devisenrepartierungen der Reichsbank wurden durch überhöhte Devisenbedarfsanmeldungen umgangen.[571] Die Verordnung über den Deviseneinheitskurs wurde offiziell am 4. August 1923 wieder aufgehoben.[572] Die Bedenken des Kabinetts gegenüber einer solchen Verordnung hatten sich bestätigt.

Im Laufe des Jahres 1923 verfaßte der Reichsminister für den Wiederaufbau zusammen mit führenden Unternehmern der Wirtschaft ein Programm, in dem sie einen erneuten Stabilisierungsversuch forderten. Der Reichsbank wurde das Mißtrauen ausgesprochen und die Gründung eines neuen Organs vorgeschlagen, dem die Währungspolitik anvertraut werden sollte.[573] Das Programm wurde im Juli 1923 grundsätzlich vom Kabinett gebilligt. Es sah eine Anleihe in Höhe von 500 Millionen Dollar Goldmark und die Abgabe von Dollarschatzanweisungen gegen Mark zum Tageskurs, fungible Rohstoffe und Devisen vor.[574] Durch die Anleihe hoffte man, die Devisenlage zu verbessern und gleichzeitig den Banknotenumlauf zu verringern, um so die Inflation zu stoppen. Ziel dieses Programms war es, die Stillegung der Notenpresse zu erreichen.[575]

Die Reichsbank lehnte dieses Programm schon allein wegen der darin enthaltenen Angriffe auf die Reichsbankpolitik ab. Außerdem war sie der Meinung, daß die vorgesehenen Maßnahmen *„bankgesetzlich unzulässig und währungspolitisch nachteilig“*[576] seien. Letztendlich erklärte sich die Reichsbank aber bereit, Dollarschatzanweisungen gegen Mark abzugeben, aber in viel geringerem Maße als von der Reichsregierung gefordert.[577]

Die Währungssituation spitzte sich nach der Aufhebung der Einheitskurse für Devisen im August 1923 zu. Die Notierung für den Dollar stieg am 6. August auf 1,6 Millionen Mark, und an den darauffolgenden Tagen war eine Notierung wegen des mangelnden Devisenangebots gar nicht möglich.[578] Da das Kabinett eine erneute Markstützungsaktion für notwendig hielt, forderte es von der Reichsbank dafür einen Betrag von 50 Millionen Goldmark.[579] Als sich das Reichsbankdirektorium

[571] Vgl. Der Reichswirtschaftsminister an den Reichskanzler. 23. Juli 1923, S. 652-654.
[572] Verordnung, betreffend Außerkraftsetzung der Bestimmungen über den Handel mit ausländischen Zahlungsmitteln zum Einheitskurse. Vom 4. August 1923, RGBl. 1923 I, S. 760.
[573] Vgl. Denkschrift zur wirtschaftlichen Lage. [27. Juli 1923], S. 685.
[574] Vgl. Denkschrift zur wirtschaftlichen Lage. [27. Juli 1923], S. 684.
[575] Vgl. Denkschrift zur wirtschaftlichen Lage. [27. Juli 1923], S. 687-688.
[576] Ministerrat vom 27. Juli 1923, S. 674.
[577] Vgl. Ministerrat vom 27. Juli 1923, S. 673.
[578] Vgl. Aufzeichnung des Staatssekretärs Hamm zur Devisenlage. 6. August 1923, S. 716-719; Harbeck, K.-H. (1968), S. XLII.
[579] Vgl. Besprechung mit dem Reichsbankpräsidenten. 9. August 1923, 10.30 Uhr, S. 724-725.

zunächst weigerte, drohte die Regierung eine Änderung des Autonomiegesetzes an und erwog Schritte, um Havenstein zum Rücktritt zu bewegen.[580] In einer Reichstagsrede betonte Reichskanzler Cuno: „*So notwendig Selbständigkeit der Reichsbank ist, so hat sie ihren höheren Zweck im Wohl des Reichs und kann daher nicht anders als im engsten Zusammenhang mit den allgemeinen wirtschaftspolitischen Maßnahmen der Reichsregierung wahrgenommen werden.*“[581]
Schließlich willigte die Reichsbank in einen Kompromiß ein. Die Regierung verpflichtete sich, der Reichsbank binnen 14 Tagen das Gold aus Deviseneingängen zu ersetzen, das diese für die erneute Stützungsaktion zur Verfügung stellte.[582]

Die eigentlichen Ursachen der Inflation blieben aber weiterhin bestehen: die ständige Ausweitung und Beschleunigung des Notenumlaufs bei gleichbleibendem bzw. durch den Ruhrkampf sogar vermindertem Warenangebot und die rapide Zunahme der schwebenden Schuld des Reichs.[583] Die wachsenden Ausgaben des Reichs für den Ruhrkampf wurden ausschließlich mit Hilfe der Notenpresse finanziert. Es wurden weder der Kredit- und Geldschöpfung Einhalt geboten noch die Steuereinnahmen für die Deckung des Haushaltsdefizits erhöht.[584] Außerdem vergab die Reichsbank bereitwillig ihren Kredit zu niedrigem Zinssatz an die Wirtschaft und fügte so zur Kaufkraftschöpfung für den Staat diejenige für die Wirtschaft hinzu. Noch im Sommer 1922 warb die Reichsbank für die Ausdehnung des Wechselgeschäftes und propagierte die Vorteile einer Wechselziehung für die Privatindustrie. Sie wies darauf hin, daß die Reichsbank stets zum Ankauf von guten Handelswechseln zu einem niedrigen Zins bereit sei.[585] Die Diskontsätze lagen auf einer Höhe von bis zu 10% im Jahre 1922 und bis zu 90% im darauffolgenden Jahr. In Anbetracht der vorliegenden Preissteigerungsraten von einigen Tausend Prozent im Jahre 1922 und bis zu etlichen Milliarden Prozent im Jahr 1923 versprachen sie extrem negative reale Refinanzierungssätze und damit beträchtliche spekulative Schuldnergewinne.[586]

Der Reichsbankpräsident selbst verteidigte den niedrigen Diskontsatz: „*Wir haben das getan, weil die Zentralnotenbank, die letzte und leistungsfähigste Kreditquelle der Wirtschaft, angesichts der immer wachsenden Kreditnot bei der Bemessung*

---

[580] Vgl. Memorandum über den Stand der Regierungsmaßnahmen [13. August 1923], S. 751.
[581] Verhandlungen des Reichstags (1924), S. 11753.
[582] Vgl. Besprechung mit dem Reichsbankpräsidenten. 9. August 1923, 10.30 Uhr, S. 724-725.
[583] Zur Entwicklung der schwebenden Schuld des deutschen Staates und zum Bargeldumlauf siehe Tabelle A3 bzw. A4 im Anhang.
[584] Vgl. Harbeck, K.-H. (1968), S. XXXVII.
[585] Vgl. Sitzung des Reichsbankkuratoriums vom 26. September 1922, 11 Uhr, S. 1108; Eynern, G. von (1928), S. 79.
[586] Vgl. Jarchow, H.-J. (1995), S. 21.

ihres Diskonts auf die Lage der Gesamtwirtschaft und ihrer einzelnen Teile Rücksicht nehmen muß".[587]

Die Reichsbank vertrat die "real bills doctrine". In einem Artikel im „*Bank-Archiv*" im Juli 1922 führte ein Mitglied des Reichsbankdirektoriums aus: „*Vor allem aber birgt der Wechsel keineswegs gleichstarke Inflationsgefahren wie die Reichsschatzanweisungen. Der Wechsel trägt den Keim seiner Rückzahlung in sich, er muß bei seinem Verfall bezahlt werden, endgültig bezahlt werden, Prolongation ist selten, während die Reichsschatzanweisungen stets prolongiert werden. Diskontiert die Reichsbank dem Verkehr, so erteilt sie Produktiv-, diskontiert sie dem Reich (Reichsschatzanweisungen), so gibt sie, wie die Dinge bis auf weiteres liegen, Konsumtivkredit.*"[588]
Die zunehmende Inflation, mitverursacht durch den Anstieg der Wechseldiskontierung und der dadurch verursachten Schaffung von Zentralbankgeld, entlarvte diese Theorie aber als falsch.

Infolge der immer weiter voranschreitenden Inflation nahm die öffentliche Kritik an der Reichsbankpolitik zu, insbesondere an der fortschreitenden Diskontierung von Handelswechseln und Reichsschatzanweisungen. Die Reichsbank ihrerseits stellte zwar ein starkes Ansteigen des Handelswechselportefeuilles fest, verteidigte aber die übermäßige Kreditvergabe erneut mit dem Ruhrkampf. Reichsbankvizepräsident von Glasenapp stellte in der Sitzung des Reichsbankkuratoriums am 29. Juni 1923 fest: „*Es ist infolgedessen doch ungerecht, wenn uns mehrfach der Vorwurf gemacht worden ist, daß wir zu large in der Kreditvergabe gewesen seien. Die Kreditvergabe an die besetzten Gebiete muß sich eben etwas larger vollziehen. Das hängt mit den Verhältnissen zusammen, und dieser Notwendigkeit unterliegen wir auch.*"[589] Glasenapp führte weiter aus: „*Ich brauche wohl vor Ihnen, meine Herren, nicht auszuführen, daß die Forderung, die fortgesetzt in der Presse und in einer besonders erstaunlichen Weise vom „Vorwärts", aber auch vom „Berliner Börsencourier" gegen uns erhoben wird, wir sollten doch endlich einmal dem Reich die Kredite verweigern und keine Schatzanweisungen mehr abnehmen und keine Noten mehr drucken, ein Nonsens ist. Das ist ja doch gar nicht möglich. Wenn wir dazu übergehen, dem Reiche den Kredit zu sperren, dann möchte ich wohl die Folgen sehen, und ich glaube, die Leute, die uns diesen freundlichen Ratschlag geben, würden dann selbst sofort entrüstet sein und den Zusammenbruch der ganzen Volkswirtschaft, nicht nur unserer Reichsfinanzverwaltung, aufs lebhafteste tadeln.*"[590]

---

[587] Sitzung des Zentralausschusses der Reichsbank vom 25. August 1923, S. 108.

[588] Friedrich, K. (1922), S. 321.

[589] BArch, R 43 I/632, Bl. 128. Protokoll der Sitzung des Reichsbankkuratoriums vom 29. Juni 1923.

[590] BArch, R 43 I/632, Bl. 133-134. Protokoll der Sitzung des Reichsbankkuratoriums vom 29. Juni 1923.

Als sich im August 1923 die Kritik an der Reichsbankpolitik im In- und Ausland verstärkte, begann die Reichsbank ihrerseits die Finanzpolitik der Reichsregierung zu kritisieren und ihr die Schuld an der Inflation zuzuweisen.
Am 18. August 1923 fordert das Reichsbankdirektorium in einem Brief an den Reichsfinanzminister das seit dem 13. August 1923 regierende Kabinett Stresemann auf, die Kreditaufnahme bei der Reichsbank einzuschränken. Die Reichsbank machte die Reichsregierung für die fortschreitende Inflation verantwortlich. Sie führte an, „*daß durch völlig fanatische Kreditanforderungen bei der Reichsbank die Inflation ins völlig Uferlose geführt wird*".[591]

Die Reichsbank kritisierte die beschlossene Gehaltserhöhung für die Beamten und Angestellten des Reichs und wies darauf hin, daß die Finanzierung dieser Erhöhung hauptsächlich über die Notenpresse erfolgen müsse. „*Sie sieht sich jetzt genötigt, ausdrücklich zu erklären, daß sie nicht in der Lage ist, Kredite zu gewähren, die in wenigen Tagen den gesamten Notenumlauf vervielfachen und gleichzeitig den Wert der Mark dezimieren ... Die Reichsbank kann jedenfalls die Hand nicht bieten zu Maßnahmen, die das Tempo der Markentwertung aufs Verhängnisvollste beschleunigen*".[592]

Die Reichsbank verlangte von der Reichsregierung, die Konsolidierung des Reichshaushalts in Angriff zu nehmen. Dafür bot sie der Reichsfinanzverwaltung die rückhaltlose Zusammenarbeit an. Außerdem forderte sie die Regierung auf, von der Inanspruchnahme der Notenpresse Abstand zu nehmen.[593] Um der Regierung zu zeigen, daß es ihr mit der Forderung ernst war, kündigte sie dem Reich den Kredit zum Jahresende. Jede ungedeckte Kreditaufnahme bei der Reichsbank sollte bis Jahresende eingestellt werden, falls es bis dahin nicht gelänge, wenigstens den ordentlichen Reichshaushalt durch eigene Einnahmen auszugleichen.[594]

Bemerkenswert war, daß das Reichsbankdirektorium in einem Schreiben vom 23. August 1923 an den Reichskanzler die Bedenken gegenüber der Gehaltserhöhung für Beamte zwar erneut zum Ausdruck brachte, es aber andererseits als Erfüllung einer Staatsnotwendigkeit ansah, diese Erhöhung mitzutragen. Die Reichsbank erklärte sich bereit, die entsprechenden Beträge zu diskontieren. Sie verlangte allerdings von der Reichsregierung, daß diese die Verantwortung für die mit der Diskontierung voraussichtlich verbundene Beschleunigung der Inflation und Verschärfung der Zahlungsmittelnot in der Öffentlichkeit übernähme.[595]

---

[591] Das Reichsbank-Direktorium an den Reichsfinanzminister. 18. August 1923, S. 38.
[592] Das Reichsbank-Direktorium an den Reichsfinanzminister. 18. August 1923, S. 39.
[593] Vgl. Das Reichsbank-Direktorium an den Reichsfinanzminister. 18. August 1923, S. 40.
[594] Vgl. Das Reichsbank-Direktorium an den Reichsfinanzminister. 18. August 1923, S. 41.
[595] Vgl. BArch, R 43 I/632, Bl. 197-198. Brief des Reichsbankdirektoriums an den Reichskanzler vom 23. August 1923.

In einer Sitzung des Zentralausschusses der Reichsbank am 25. August 1923 wies der Reichsbankpräsident jede Mitschuld an der Inflation zurück. Die Androhung, die Diskontierung von Reichsschatzanweisungen einzustellen, bezeichnete er als *„fruchtlose Geste“*.[596] Erst wenn die Regierung selbst eingesehen habe, daß der Etat sich auf eigene Einnahmequellen stützen müsse, sei die Reichsbank in der Lage, ihre Stellung als reine Zentralnotenbank wieder einzunehmen. Er habe nunmehr die allmähliche Lösung der Reichsbank von der Etatpolitik zur Bedingung dafür gemacht, daß diese weiterhin als Kreditquelle zur Verfügung stehe.[597] Havenstein fügte dann aber einschränkend hinzu: *„Aber wir sind uns auch jetzt darüber klar, daß bei den ungeheuren Aufgaben, vor denen Reichsregierung und Reichsfinanzverwaltung zurzeit stehen, diese Lösung Zeit fordert, und daß einstweilen mit einem weiteren außerordentlichen Anschwellen der schwebenden Schuld und der Papierflut gerechnet werden muß.“*[598]

Der Reichsbankpräsident erklärte, daß die Reichsbank sich nur in den Dienst des Reichs gestellt habe, um dadurch den passiven Widerstand zu unterstützen.[599] Dies habe aber zu einer gewissen Nachgiebigkeit gegenüber der Finanzverwaltung geführt: *„Auf allen diesen Gebieten hat die Reichsbank, soweit sie das überhaupt noch verantworten konnte, und bis an die Grenze der Selbstaufopferung sich in den Dienst des Reichs und seiner Lebensinteressen gestellt.“*[600]
Havenstein stellte aber auch klar, daß er es ablehne, öffentlich gegen die Regierung und ihre Vorschläge Stellung zu nehmen.[601]

6.2.3 Die Stabilisierung der Mark durch die Initiative der Reichsregierung

Die Reichsbank vertrat auch noch im Sommer 1923 den Standpunkt, daß eine Stabilisierung der Mark aus eigener Kraft nicht möglich sei. Havenstein betonte am 25. August 1923, daß der Reichsbank sehr wohl bewußt sei, daß nach einer Lösung des Währungsproblems gesucht werden müsse. Dazu benötige das Direktorium aber noch Zeit. Außerdem sei als Voraussetzung für eine Gesundung der Geld- und Währungsverhältnisse zuerst die Ordnung der Reichsfinanzen und der Innen- und Außenwirtschaft notwendig.[602]

Die Reichsbank sah sich ganz offensichtlich unter den gegebenen Umständen nicht in der Lage bzw. war nicht gewillt, die Inflation zu stoppen. Es war erst die Re-

[596] Sitzung des Zentralausschusses der Reichsbank vom 25. August 1923, S. 104.
[597] Vgl. Sitzung des Zentralausschusses der Reichsbank vom 25. August 1923, S. 103-105.
[598] Sitzung des Zentralausschusses der Reichsbank vom 25. August 1923, S. 105.
[599] Vgl. Sitzung des Zentralausschusses der Reichsbank vom 25. August 1923, S. 124-125.
[600] Sitzung des Zentralausschusses der Reichsbank vom 25. August 1923, S. 106.
[601] Vgl. Sitzung des Zentralausschusses der Reichsbank vom 25. August 1923, S. 124-125.
[602] Vgl. Sitzung des Zentralausschusses der Reichsbank vom 25. August 1923, S. 114-115.

gierung Stresemann, die nach dem Übergang der Inflation ins Stadium der Hyperinflation und dem drohenden Zusammenbruch des gesamten Wirtschaftslebens Maßnahmen zur Stabilisierung der Währung erarbeitete.

In einer der ersten Kabinettssitzungen des ersten Kabinetts Stresemann (13. August bis 6. Oktober 1923) forderte der Ernährungsminister Luther die *„Schaffung einer wertbeständigen Währung“*.[603] In der Kabinettssitzung am 30. August 1923 stellte Stresemann fest, daß ein Einverständnis über die Notwendigkeit der Einführung eines wertbeständigen Zahlungsmittels bestehe.[604]
Dabei war auffallend, daß bei den diskutierten Lösungsansätzen immer wieder die Forderung nach einer finanziell unabhängigen Notenbank auftauchte.[605] Ganz offensichtlich war sich die Reichsregierung bewußt, daß eine Stabilisierung der Mark nur mit Hilfe einer von den Reichsfinanzen unabhängigen Notenbank möglich war.

Die Auseinandersetzung innerhalb des ersten Kabinetts Stresemann über Mittel und Wege zur Währungsstabilisierung wurde durch zwei entgegengesetzte Positionen bestimmt. Diese wurden von dem deutschnationalen Reichstagsabgeordneten Carl Helfferich und dem sozialdemokratischen Finanzminister Rudolf Hilferding vertreten.

Helfferich trug seinen Plan zur Währungsstabilisierung am 18. August 1923 der Reichsregierung anhand eines durchformulierten Gesetzentwurfes vor.[606] Dieser Plan sah als Deckung für die neue Währung eine Grundschuld der Landwirtschaft und der gewerblichen Wirtschaft vor. Die belasteten Eigentümer sollten in der Höhe ihrer Schuldverschreibungen Anteilseigner der Bank werden. Er wollte eine neue Währungsbank mit vollständig selbständiger, das heißt von der Regierung und der Reichsbank unabhängiger Geschäftsführung errichten, die als Geld eine Roggenmark herausgab. Der Helfferichsche Plan sah vor, die Leitung dieser Währungsbank in die Hände der Wirtschaft zu legen. Die Währungsbank sollte nur eine interimistische Aufgabe haben, bis nach gelungener Stabilisierung die Reichsbank wieder in ihre Funktion der Kreditbeschaffung für das Reich eintreten konnte. Helfferich wollte die Roggenmark zum gesetzlichen Zahlungsmittel erklären und einen festen Umrechnungskurs zur Mark festlegen. Für die von der Währungsbank ausgegebenen Geldeinheiten war vorgesehen, daß sie sich nicht am Gold, sondern am Wert des Roggens orientierten. Die bankmäßige Deckung der auszugebenden Geldzeichen sollte in Rentenbriefen erfolgen, die gegen die Noten eintauschbar wa-

[603] Kabinettssitzung vom 15. August 1923, 17 Uhr, S. 5.
[604] Vgl. Kabinettssitzung vom 30. August 1923, 18 Uhr, S. 167.
[605] Vgl. Besprechung über die Schaffung einer neuen, real fundierten Währung im Reichsfinanzministerium. 29. August 1923, S. 141; Kabinettssitzung vom 7. September 1923, 17 Uhr, S. 209-210.
[606] Vgl. Besprechung über die Währungssanierung vom 18. August 1923, S. 23-27.

ren. Der Plan sah vor, die zu gründende Währungsbank zu ermächtigen, Schatzanweisungen des Reichs bis zu einer bestimmten Höhe zu diskontieren.[607]

Hilferding hingegen war ein Metallist. In den Kabinettssitzungen vom 7. und 10. September 1923 entwickelte er Leitlinien eines eigenen Konzepts. Er schlug vor, eine selbständige Bank zu gründen, die Goldnoten ausgab. Das erforderliche Kapital für diese Goldnotenbank wollte er durch die Mobilisierung des noch vorhandenen Reichsbankgoldes und durch die Auflage einer zusätzlichen Goldanleihe gewinnen. Die Kreditbedürfnisse des Reichs sollten bis zu einer späteren endgültigen Regelung weiterhin durch die Reichsbank befriedigt werden.[608]

In der Kabinettssitzung vom 10. September 1923 wurde beschlossen, die Lösung der Währungsfrage auf dem Wege einer Goldnotenbank entsprechend dem Plan von Hilferding zu suchen.[609] Die Reichsbank lehnte diesen Plan in ihren Schreiben vom 11. und 14. September 1923 an den Reichskanzler jedoch ab.[610] Sie forderte *„für die nächste Zeit vollkommen losgelöst zu werden von der Finanzgebarung des Reichs, um nur noch Kreditinstitut für die Wirtschaft zu sein“*.[611]
Sie drohte, die Diskontierung von Reichsschatzanweisungen einzustellen und verwies auf das Projekt Helfferichs als eine Lösungsmöglichkeit für die Währungskrise. Für die Reichsbank war entscheidend, daß die neu zu gründende Bank die Kreditgewährung an das Reich übernahm.[612]

Stresemanns zweitem Kabinett (6. Oktober bis 23. November 1923) gehörte Hilferding nicht mehr an. Hans Luther[613], zuvor Ernährungsminister, übernahm den Posten des Finanzministers. Nachdem der Ruhrkampf am 26. September 1923 beendet worden war, sah Luther nun die Voraussetzungen zur Sanierung des Reichshaushalts und für die Währungsreform gegeben. Genau wie die Reichsbank hielt er den Plan Helfferichs für ein geeignetes Mittel, um diese Aufgaben zu erfüllen. Die-

---

[607] Vgl. Besprechung über die Währungssanierung vom 18. August 1923, S. 25-27; Besprechung über die Schaffung einer neuen, real fundierten Währung im Reichsfinanzministerium. 29. August 1923, S. 141; Vorschläge und Entschließung zur Währungsstabilisierung. Projekt Dr. Helfferichs über eine „Roggenmark“, August 1923, S. 546-549; Erdmann, K. D. / Vogt, M. (1978), S. LXXVII-LXXVIII.

[608] Vgl. Besprechung über die Währungssanierung vom 18. August 1923, S. 28; Kabinettssitzung vom 7. September 1923, 17 Uhr, S. 208-209; Kabinettssitzung vom 10. September 1923, 17.45 Uhr, S. 224-225; Erdmann, K. D. / Vogt, M. (1978), S. LXXIX.

[609] Vgl. Kabinettssitzung vom 10. September 1923, 17.45 Uhr, S. 227; Stresemann, G. (1932a), S. 115-116.

[610] Vgl. BArch, R 43 I/2440, Bl. 62-69. Schreiben des Reichsbankdirektoriums an den Reichskanzler vom 11. September 1923; BArch, R 43 I/2440, Bl. 85-101; Schreiben des Reichsbankdirektoriums an den Reichskanzler vom 14. September 1923.

[611] Kabinettssitzung vom 13. September 1923, 17 Uhr, S. 257.

[612] Vgl. Kabinettssitzung vom 13. September 1923, 17 Uhr, S. 257.

[613] Zur Person Luthers siehe Gliederungspunkt 8.1, S. 233.

ser Plan erfuhr aber noch zum Teil wesentliche Veränderungen, bevor er zur Grundlage der Währungsreform werden konnte.[614]

Die Verordnung über die Errichtung der Deutschen Rentenbank wurde am 15. Oktober 1923 erlassen und am 17. Oktober 1923 im Reichsgesetzblatt veröffentlicht.[615] Damit wurde die Diskussion über die Maßnahmen zur Stabilisierung der Mark zu einem Ergebnis geführt.
Die als juristische Person des privaten Rechts ins Leben gerufene Rentenbank stand prinzipiell unter unabhängiger Leitung. Aus der Roggenmark war entsprechend § 13 Abs. 2 die Rentenmark geworden. Sie basierte nicht auf dem Roggenpreis, sondern auf dem Goldpreis (§ 12 Abs. 1). Die Rentenmark, die durch die Reichsbank in den Verkehr gebracht wurde, war zum Nennwert gegen Rentenbriefe umtauschbar und wurde von den öffentlichen Kassen als Zahlungsmittel angenommen. Sie wurde jedoch nicht zum gesetzlichen Zahlungsmittel erhoben, sondern stellte lediglich eine Übergangslösung dar. Im Endergebnis wollte man zu einer im ausländischen Zahlungsverkehr konvertierbaren, auf Gold fundierten neuen Währung gelangen. Geblieben war von dem Helfferichschen Vorschlag, daß die Rentenmark als ein realfundiertes Zahlungsmittel galt, durch eine von der Wirtschaft übernommene Grundschuld als Deckung (§ 6 Verbindung mit § 12). Ein fester Umrechnungskurs des neuen Geldes gegenüber der Mark wurde gesetzlich nicht festgesetzt. Die Reichsbank führte den Umtausch von Rentenmark zu Mark aber im festen Verhältnis von 1 zu 1 Billion durch. Auf der Basis des Dollarkurses von 4,2 Billionen wurde die Stabilisierung erreicht.[616] Diese "Deckung", die keine Deckung im eigentlichen währungspolitischen Sinne darstellte, hatte "massenpsychologische Wirkungen" und stellte das notwendige Vertrauen der Bevölkerung in die Rentenmark her.

Die Rentenbank übernahm, wie von der Reichsbank gewünscht, die Kreditgewährung an das Reich. Die Rentenbankverordnung sah entsprechend § 17 Abs. 1 einen Kredit in Höhe von 300 Millionen Rentenmark für das Reich vor, der zur Einlösung der Reichsschatzanweisungen bei der Reichsbank bestimmt war. Des weiteren war der Rentenmarkkredit für das Reich laut § 16 Abs. 2 auf höchstens 1,2 Milliarden Rentenmark innerhalb von zwei Jahren begrenzt, einschließlich der für die Einlösung der Reichsschatzanweisungen vorgesehenen 300 Millionen Ren-

---

[614] Vgl. Vorschläge und Entschließung zur Währungsstabilisierung. Aus dem Plan des Reichsernährungsministers Dr. Luther, September 1923, S. 555-557; Kabinettssitzung vom 15. Oktober 1923, 16 Uhr, S. 573-575; Abgeordneter Carl Petersen an den Reichskanzler. Hamburg, 7. November 1923, S. 991; Luther, H. (1960), S. 116-117; Pentzlin, H. (1980), S. 39-45.

[615] Verordnung über die Errichtung der Deutschen Rentenbank. Vom 15. Oktober 1923, RGBl. 1923 I, S. 963.

[616] Vgl. BArch, R 3101/15587, Bl. 70. Bericht über die Reichsbank des V Unterausschusses für Geld-, Kredit- und Finanzwesen des Ausschusses zur Untersuchung der Erzeugungs- und Absatzbedingungen der deutschen Wirtschaft (Enquete-Ausschuß) vom 18. Januar 1929.

tenmark. Die Diskontierung von Reichsschatzanweisungen bei der Reichsbank wurde entsprechend § 19 eingestellt. Die Rentenbank blieb als Notenbank bis 1924 bestehen. Entsprechend des Dawes-Plans erhielt die Reichsbank 1924 wieder das Recht der ausschließlichen Notenausgabe, von den vier Privatnotenbanken abgesehen. Der Rentenbank wurde die Befugnis zur weiteren Notenausgabe entzogen und das Institut in ein landwirtschaftliches Kreditunternehmen umgewandelt.[617]

Am 12. November 1923 wurde der Posten des Reichswährungskommissars entsprechend § 7 der Durchführungsbestimmungen zur Verordnung über die Errichtung der Deutschen Rentenbank vom November 1923[618] eingerichtet. Dieser wurde mit der Durchführung der Stabilisierungsaktion und der Einführung der Rentenmark betraut. Der Währungskommissar war der Reichsverwaltung in der Form beigeordnet, daß alle Maßnahmen auf währungspolitischem Gebiet, vorbehaltlich der Rechte des Reichskabinetts, seiner Zustimmung bedurften und daß er der Reichsregierung für die rechtzeitige Anordnung von Maßnahmen verantwortlich war.[619] Ausgewählt für diesen Posten wurde Hjalmar Schacht,[620] der Geschäftsführer der Darmstädter- und Nationalbank, obwohl er während der Entstehungsphase der Währungsbank ein entschiedener Gegner der Roggen- wie der Rentenmark gewesen war. Ähnlich wie Hilferding wollte er die Währung mit Hilfe einer Goldnotenbank stabilisieren.[621] Die Berufung des Reichswährungskommissars lag in der Hand des Finanzministers Luther.[622]

Das Reichsbankdirektorium bemerkte in einem Schreiben vom 7. Dezember 1923 an Reichskanzler Marx, daß durch die Rentenbankverordnung die Hauptinflationsquelle, die Inanspruchnahme der Reichsbank durch die Regierung, beseitigt worden sei. Die Reichsbank sähe sich nun in der Lage *„den Notenumlauf zu verringern und den inneren Wert der Reichsbanknote zu festigen."*[623]

6.3 Die Kritik an der Reichsbankleitung und die Pläne zur Beseitigung der Reichsbankautonomie

Bereits im Jahr 1922 tauchte die Forderung nach dem Rücktritt Havensteins auf. Am 13. November 1922 war ein Telegramm aus Berlin - ohne genauere Angaben zum Absender - in der *„New York Times"* veröffentlicht worden, in dem von einer

---

[617] Vgl. Reinhard, P. (1927), S. 76.
[618] Vorläufige Durchführungsbestimmungen zur Verordnung über die Errichtung der Deutschen Rentenbank vom 15. Oktober 1923. Vom 14. November 1923, RGBl. 1923 I, S. 1092.
[619] Vgl. Schacht, H. (1927), S. 68; Flink, S. (1969), S. 68.
[620] Vgl. Kabinettssitzung vom 12. November 1923, 18 Uhr, S. 1037-1038.
[621] Vgl. Dr. Hjalmar Schacht an den Reichskanzler. 6. Oktober 1923, S. 502.
[622] Vgl. Luther, H. (1960), S. 150.
[623] Das Reichsbank-Direktorium an den Reichskanzler. 7. Dezember 1923, S. 65.

Aktion zur Absetzung des Reichsbankpräsidenten berichtet wurde, die heimlich vom Industriellen Hugo Stinnes und seinen Freunden vorbereitet worden sei. In dem Telegramm wurde die Aktion als *„erste strategische Offensive der mächtigen industriellen Interessen in einer auf der ganzen Linie zu führenden Schlacht zur Stabilisierung der Mark"*[624] bezeichnet. Angeblich wollten Havensteins frühere Freunde ihn als *„Vater der Inflation"*[625] brandmarken, da seine absichtliche Inflationspolitik die Mark ruiniert habe. In dem Telegramm wurde darauf hingewiesen, daß Havenstein die Kontrolle über die Reichsbank vollständig verloren habe und daß er ein sehr kranker Mann sei, der nur noch eine Dekorationsfigur darstelle. Die augenblickliche Leitung der Reichsbank läge in den Händen seiner Untergebenen. Es sei die Ansicht Stinnes, daß Havenstein und seine Leute niemals das Stabilisierungsproblem lösen könnten.[626]

Über diese angeblich geplante Aktion findet sich weder in den Akten der Reichsbank noch in den Akten der Reichskanzlei ein Hinweis. Es erscheint auch eher unwahrscheinlich, daß Stinnes als einer der größten Inflationsgewinnler Ende November 1922 einen Umsturz der Reichsbankleitung geplant haben soll. Er selbst bestritt jede Beteiligung an einer solchen Aktion.[627] Wahrscheinlich handelte es sich bei diesem Telegramm eher um einen Versuch der Gegner Havensteins, die USA für eine Absetzung des Reichsbankpräsidenten zu gewinnen.

Die *„Weltbühne"* urteilte am 4. Mai 1922 über den Reichsbankpräsidenten hinsichtlich einer notwendigen Währungsreform: *„Rudolf Havenstein, der kluge und erfahrene Geldpraktiker, der nie eine Zeile über Geldwissenschaft veröffentlicht, die Geldlehre um keinen einzigen neuen Gedanken bereichert hat, der in ruhiger Friedenszeit ein tüchtiger Verwalter der Reichsbank war, aber im Kriege als gehorsamer Finanzbeamter die Währung widerstandslos dem Staate preisgab - der erscheint für diese Zukunftsaufgabe zu klein, zu unfrei, zu unschöpferisch, zu verbraucht und zu belastet mit Vergangenheit."*[628]
Die *„Freie Presse Berlin"* forderte im Oktober 1922 unter der Überschrift *„Havenstein muß fort"* die Absetzung des Reichsbankpräsidenten. In dem Artikel wurde ihm vorgeworfen, die Ansätze der Reichsregierung zu einer gründlichen Währungs- und Finanzreform von vornherein zu unterlaufen, da er sich weigere, das Reichsbankgold zur Verfügung zu stellen. Der Reichsbankpräsident wurde mit

---

624 BArch, R 2501/6339, Bl. 188. In der „New York Times" am 13. November 1922 veröffentlichtes Telegramm aus Berlin.
625 BArch, R 2501/6339, Bl. 188. In der „New York Times" am 13. November 1922 veröffentlichtes Telegramm aus Berlin.
626 Vgl. BArch, R 2501/6339, Bl. 188. In der „New York Times" am 13. November 1922 veröffentlichtes Telegramm aus Berlin.
627 Vgl. BArch, R 2501/6339, Bl. 188-189. Presseberichte betreffend der Absetzung des Reichsbankpräsidenten vom November 1922.
628 BArch, R 2501/654, Bl. 59. Artikel in der „Weltbühne" vom 4. Mai 1922.

harten Worten angegriffen und zusammen mit Helfferich für den Zusammenbruch der deutschen Finanzen und der Zerrüttung der deutschen Währung aufgrund ihrer Kriegsfinanzierungspolitik verantwortlich gemacht.[629]
Ein Artikel mit ähnlichem Inhalt erschien in der „*Essener Arbeiter Zeitung*" vom 3. November 1922 unter der Überschrift „*Fort mit Havenstein*". Darin wurde der Rücktritt Havensteins wegen seiner Tatenlosigkeit und seiner Weigerung gefordert, das Reichsbankgold für eine Stützungsaktion der Währung zur Verfügung zu stellen.[630]

Aufgrund der Tatsache, daß Havenstein ganz offensichtlich kein Mittel hatte, um der Inflation Herr zu werden, mehrten sich in den Sommermonaten 1923 sowohl im Inland als auch im Ausland die Stimmen, die einen Wechsel in der Reichsbankleitung forderten.

Die ausländische Presse machte in erster Linie Havenstein für die Inflation verantwortlich und forderte seinen Rücktritt.[631] Im Juli 1923 hatte auch Keynes in einem Artikel der Londoner „*Nation*" bekundet, daß das Reichsbankdirektorium den neuen Problemen nicht gewachsen sei.[632]

Der britische Botschafter D'Abernon forderte im Sommer 1923 Reichskanzler Stresemann auf, Havensteins Demission zu erzwingen. D'Abernon sprach Havenstein, der stolz darauf war, die Notenproduktion ständig erhöhen zu können, jeglichen währungspolitischen Sachverstand ab.[633] In seinem Tagebuch schrieb er: „*Ich machte in Privatgesprächen mit führenden Persönlichkeiten immer wieder darauf aufmerksam, daß Havenstein eine öffentliche Gefahr sei, und daß er in jedem Staat, der vernünftige Ansichten über die Währung hätte, dem Henker ausgeliefert werden würde.*"[634]

Montagu Norman versuchte im Oktober 1923 in einem Brief an Havenstein, diesen in aller Freundschaft darauf hinzuweisen, daß eine Stabilisierung der Mark nur unter seinem Nachfolger möglich sei.[635]

---

[629] Vgl. BArch, R 2501/654, Bl. 65. Artikel von Kurt Raddatz in der „Freien Presse Berlin" vom Oktober 1922.
[630] Vgl. BArch, R 2501/654, Bl. 68. Artikel in der „Essener Arbeiter Zeitung" vom 3. November 1922.
[631] Vgl. BArch, R 2501/654, Bl. 73-78. Artikel der britischen, französischen und schweizerischen Presse zur Kritik an der Reichsbankleitung vom Juli 1923.
[632] Vgl. BArch, R 2501/654, Bl. 78. Artikel Keynes in der Londoner „Nation" vom Juli 1923.
[633] Vgl. D'Abernon, E. V. (1929b), S. 280 ; Müller, H. (1973), S. 30.
[634] D'Abernon, E. V. (1930), S. 132.
[635] Vgl. BArch, R 2501/6394, Bl. 349-351. Brief Normans an Havenstein vom 3. Oktober 1923.

In der deutschen Presse tauchte 1923 neben den Rücktrittsforderungen auch die Forderung nach einer Änderung des Autonomiegesetzes auf.[636]
Die Zeitung „*Germania*" aus Berlin sprach am 3. November 1923 von einem „*Kesseltreiben gegen den Reichsbankpräsidenten.*"[637]
Das „*Berliner Tageblatt*" schrieb am 27. Juli 1923: „*Es gibt nur zwei Möglichkeiten, all diese Missstände, die wie gesagt, eine Personenfrage sind, zu überwinden. Aufhebung des Autonomiegesetzes und die Erzwingung des Rücktritts des Direktoriums durch moralische Druckmittel.*"[638]

Im Juni 1923 erschien in der „*Deutschen Allgemeinen Zeitung*" ein Artikel des Sozialdemokraten Hilferding über die Aufgaben der Reichsbank. Darin hieß es: „*Die Reichsbank darf nicht mehr das Hindernis, sie muß das Instrument einer die unaufhaltsame Entwicklung fördernden, zur Gesundung führenden Währungspolitik werden. Dazu ist eine Änderung der Reichsbankleitung unerläßlich. Herr Havenstein ist den Anforderungen dieser schwierigen Zeit nicht gewachsen, er muß energischeren und einsichtigeren Kräften den Platz räumen.*"[639]

In der Reichstagssitzung am 9. August 1923 hob der sozialdemokratische Abgeordnete Müller die Notwendigkeit einer Änderung des Autonomiegesetzes hervor: „*Endlich ist meiner Auffassung nach notwendig, nachdem sich die Reichsbank so lange Zeit den Interessen des Reichs, der deutschen Wirtschaft und der deutschen Bevölkerung versagt hat, indem sie alle Versuche, eine wertbeständige Anleihe zu fundieren, sabotiert hat, daß wir zu einer Änderung des Autonomiegesetzes noch in dieser Tagung kommen.*"[640]
In derselben Sitzung bezeichnete Stresemann als Abgeordneter der DVP das Verhältnis der Reichsbank zum Reich als unmöglich und forderte als Konsequenz ebenfalls die Änderung des Autonomiegesetzes: „*Es geht nicht an, daß ein Reichsbankdirektorium ein finanzieller Staat im Staate ist und daß der Reichskanzler betteln muß, ob er seine Ideen durchzuführen vermag. Wenn das Autonomiegesetz es unmöglich macht, Deutschland in gesunde finanzielle Verhältnisse hinüber zuführen, dann muß das Autonomiegesetz geändert werden.*"[641]

Im August 1923 begann man in der Reichskanzlei Pläne zur Beseitigung der Unabhängigkeit des Reichsbankdirektoriums zu schmieden.
In einem Memorandum vom 13. August 1923 über den Stand der Regierungsmaßnahmen des Kabinetts Cuno hieß es: „*Daß die Reichsbank in engere Beziehung zur*

---

[636] Vgl. BArch, R 2501/654, Bl. 78-107. Presseberichte zur Kritik an der Reichsbankleitung vom Sommer 1923.
[637] BArch, R 43 I/962, Bl. 23. Artikel in der „Germania" aus Berlin vom 3. November 1923.
[638] BArch, R 2501/654, Bl. 78. Artikel im „Berliner Tageblatt" vom 27. Juli 1923.
[639] Artikel von Rudolf Hilferding. Die Aufgaben der Reichsbank, 10. Juni 1923, S. 534.
[640] Verhandlungen des Reichstags (1924), S. 11770.
[641] Verhandlungen des Reichstags (1924), S. 11776.

Reichsregierung gebracht und bei Aufrechthaltung ihrer Autonomie doch ihre Souveränität [?] wieder beseitigt werden muß, stand dem Reichskanzler fest. Schritte, um den Rücktritt von Exzellenz Havenstein und mindestens den von Exzellenz v. Glasenapp zu erwirken, standen bevor. Die Änderung des Autonomiegesetzes wurde vorbereitet."[642]

Ab Mitte August 1923 regierte das erste Kabinett Stresemann, bestehend aus einer großen Koalition aus SPD, DDP, DVP und dem Zentrum. In einem Artikel des „*Vorwärts*" - dem Zentralorgan der SPD - vom 17. August 1923 wurde dem Reichsbankdirektorium ein Ultimatum gestellt: „*Reichen Havenstein und Glasenapp ihr Abschiedsgesuch nicht binnen drei Tagen ein, so wird die sozialdemokratische Fraktion die sofortige Einberufung des Reichstags mit dem einzigen Zweck der Beseitigung des entsprechenden Paragraphen des Autonomiegesetzes der Reichsbank verlangen. Die Sozialdemokratie kann und will Deutschlands Schicksal auch nicht eine Woche länger in Händen lassen, denen sie in Übereinstimmung mit allen Parteien eine Fähigkeit zur Lenkung dieser Geschicke in solcher Zeit nicht zutraut.*"[643]

In der Kabinettssitzung am 20. August 1923 wies Reichskanzler Stresemann darauf hin, daß keine außenpolitischen Gründe für eine Beibehaltung der Reichsbankleitung sprächen. Auch nach britischer Auffassung sei die Politik der Reichsbank für die deutsche Währung durchaus nicht immer glücklich gewesen. Eine gute Zusammenarbeit zwischen Reichsbank und Reichsregierung werde für zweckmäßig gehalten. Er regte eine Änderung des Autonomiegesetzes an, falls Havenstein nicht freiwillig zurücktreten würde, da unter dem bestehenden Gesetz keine Absetzung des Reichsbankpräsidenten durch den Reichstag oder die Regierung möglich sei. In der Kabinettssitzung wurde beschlossen, einen letzten Versuch zu unternehmen, Havenstein durch persönlichen Einfluß seitens des Reichskanzlers und des Reichspräsidenten zum Rücktritt zu bewegen.[644]

In einer privaten Unterredung legte Stresemann Havenstein den Rücktritt nahe. Der Reichsbankpräsident sei aber, so Stresemann, gar nicht auf die Frage des Rücktritts eingegangen, sondern habe seine Reichsbankpolitik ausführlich verteidigt. Der Reichswirtschaftsminister wurde daraufhin vom Kabinett beauftragt, den Reichspräsidenten um sein Eingreifen in dieser Frage zu bitten.[645]
Ob tatsächlich eine Unterredung zwischen dem Reichspräsidenten und dem Reichsbankpräsidenten stattgefunden hat, läßt sich nicht nachweisen.

---

642 Memorandum über den Stand der Regierungsmaßnahmen [13. August 1923], S. 751.

643 BArch, R 2501/654, Bl. 79. Artikel im „Vorwärts" vom 17. August 1923.

644 Vgl. Kabinettsrat vom 20. August 1923, 19 Uhr, S. 54; Stresemann, G. (1932a), S. 93-94.

645 Vgl. Ministerbesprechung im Anschluß an die Kabinettssitzung vom 23. August 1923, S. 84; Stresemann, G. (1932a), S. 93-94.

In der Kabinettssitzung am 5. November 1923 wurde festgestellt: *„Das Kabinett ist einstimmig der Auffassung, daß der Präsident des Reichsbankdirektoriums, Exzellenz Havenstein, und der Vizepräsident, Exzellenz von Glasenapp, nicht mehr den Aufgaben der gegenwärtigen Zeit gewachsen seien und glaubt infolgedessen von der Ausnahmebefugnis bezüglich der Altersvorschrift der Verordnung über den Beamtenabbau für die Reichsbank keinen Gebrauch machen zu sollen.“*[646]

Die Reichsregierung versuchte im November 1923, die Reichsbankleitung unter Hinweis auf den § 60a des Reichsbeamtengesetzes vom 31. März 1873 in der Fassung der Bekanntmachung vom 18. Mai 1907 in Verbindung mit der Personalabbauverordnung vom 27. Oktober 1923[647] zum Rücktritt zu bewegen. Durch die Personalabbauverordnung wurde eine Fassungsänderung der bestehenden Vorschrift des § 60a des Reichsbeamtengesetzes vorgenommen. Der Paragraph hatte der Regierung das Recht eingeräumt, Reichsbeamte, die das 65. Lebensjahr vollendet haben, in den Ruhestand zu versetzen. Eine Änderung erfolgte dahingehend, daß nun automatisch eine Zwangspensionierung mit Erreichen der Altersgrenze stattfand, es sei denn, die Reichsregierung sprach eine Verlängerung der Amtszeit aus. Die Regierung argumentierte, daß dieser geänderte Paragraph auf die Reichsbankleitung anwendbar sei, da das Reichsbankdirektorium in Artikel 19 der Personalabbauverordnung nicht ausdrücklich ausgenommen worden sei. Die Bestimmung des Autonomiegesetzes der Reichsbank hätte vor der stärkeren Bestimmung des Beamtengesetzes zurückzuweichen.[648]

Der Reichspräsident wurde deshalb aufgefordert, in diesem Sinne an die Herren Havenstein und Glasenapp heranzutreten.[649] Reichspräsident Ebert forderte daraufhin Havenstein und Glasenapp zum Rücktritt auf. Zur Begründung führte er an, daß sie die Altersgrenze erreicht hätten und Havenstein für das Ende des Jahres 1923 bereits schon früher Rücktrittsabsichten geäußert habe.[650] Havenstein verweigerte aber seinen Rücktritt und berief sich auf das Autonomiegesetz und seine Ernennung auf Lebenszeit. Er kündigte in seinem Antwortschreiben vom 7. November 1923 an den Reichspräsidenten lediglich an, im Laufe des Jahres 1924 in den Ruhestand zu gehen und bemerkte, daß auch Glasenapp nicht vor hätte, noch lange im Amt zu bleiben.[651] Der Reichspräsident legte daraufhin in einem weiteren

---

[646] Kabinettssitzung vom 5. November 1923, 21 Uhr, S. 973-974.

[647] Verordnung zur Herabminderung der Personalausgaben des Reichs (Personal-Abbau-Verordnung). Vom 27. Oktober 1923, RGBl. 1923 I, S. 999.

[648] Vgl. Kabinettssitzung vom 5. November 1923, 21 Uhr, S. 973-974.

[649] Vgl. Kabinettssitzung vom 5. November 1923, 21 Uhr, S. 974.

[650] Vgl. BArch, R 43 I/962, Bl. 32. Schreiben des Reichspräsidenten an Havenstein vom November 1923.

[651] Vgl. BArch, R 43 I/962, Bl. 33. Schreiben Havensteins an den Reichspräsidenten vom 7. November 1923.

Schreiben vom 9. November 1923 an Havenstein seine entgegenstehende Rechtsauffassung dar und forderte ihn erneut zum Rücktritt auf.[652]

In einem Brief an den Reichspräsidenten vom 19. November 1923, eine Abschrift ging auch an den Reichskanzler, bekräftigte Havenstein seine Ansicht über die Nichtanwendbarkeit der Personalabbauverordnung auf das Reichsbankdirektorium. Er wies darauf hin, daß der § 60a des Reichsbeamtengesetzes ausdrücklich durch § 28 Abs. 4 des Autonomiegesetzes gegenüber dem Präsidenten und den Mitgliedern des Reichsbankdirektoriums für nicht anwendbar erklärt worden war. Außerdem verwies Havenstein auf den allgemeinen Rechtssatz, daß ein Spezialgesetz, das das Autonomiegesetz darstelle, nicht durch ein späteres allgemeines Gesetz geändert werde könne, es sei denn, es würde ausdrücklich darauf hingewiesen. Dieser ausdrückliche Hinweis fehle aber. Eine von der Reichsregierung abhängige Verlängerung der Amtsdauer über das 65. Lebensjahr hinaus sei außerdem mit der Unabhängigkeit der Reichsbank nicht vereinbar.[653] *„Denn wie die Dinge liegen, handelt es sich für uns nicht nur um unser persönliches Recht auf ein etwas längeres oder kürzeres Verbleiben in unseren Ämtern, sondern es handelt sich um die der Reichsbank und ihrem Direktorium durch Bank- und Autonomiegesetz verbrieften Grundrecht, und wir halten uns für verpflichtet, diese Rechte der Reichsbank und des Gesamtdirektoriums zu wahren, wenn sie nach unserer vollen und inneren Überzeugung durch eine irrtümliche Auffassung der Regierung in Gefahr stehen, verletzt zu werden.“*[654]

Interessant ist, daß Havenstein im Zusammenhang mit der Rücktrittsaufforderung des Reichspräsidenten plötzlich die Vorzüge des Autonomiegesetzes zu erkennen schien. In seinem Brief an den Reichspräsidenten vom 19. November 1923 hieß es: *„Die Autonomie der Reichsbank und die dadurch verbürgte unbedingte Unabhängigkeit des Direktoriums ist durch feierliches Gesetz begründet worden, um die Möglichkeit einer Wiedergesundung unserer Währung und unseres Geldwesens zu schaffen und um der Reichsbank zugleich nach außen für ihr Zusammenwirken mit den anderen Zentralnotenbanken das volle Ansehen einer den größten und unabhängigsten unter ihnen gleichberechtigten und gleichwertigen Notenbank zu sichern.“*[655]

Er betonte, wie wichtig ihm während seiner gesamten Amtszeit, *„die unbedingte Unabhängigkeit des Reichsbankdirektoriums von allen politischen, wirtschaftspolitischen oder Interessen-Einflüssen und das rückhaltlose und durch die Gesetzgebung ermöglichte und gesicherte Vertrauen des In- und Auslands in die le-*

---

[652] Vgl. BArch, R 43 I/962, Bl. 34-36. Schreiben des Reichspräsidenten an Havenstein vom 9. November 1923.

[653] Vgl. Der Reichsbankpräsident an den Reichspräsidenten. 19. November 1923, S. 1137-1138.

[654] Der Reichsbankpräsident an den Reichspräsidenten. 19. November 1923, S. 1136-1137.

[655] Der Reichsbankpräsident an den Reichspräsidenten. 19. November 1923, S. 1140.

diglich durch die Sache bestimmte und keine politischen oder ähnlichen Einflüssen zugängliche Überzeugungstreue ihrer Leiter"[656] gewesen sei. Havenstein wies darauf hin, daß eine Zwangspensionierung das Vertrauen in eine tatsächlich vorhandene Unabhängigkeit des Reichsbankdirektoriums im In- und Ausland schwer erschüttern würde. Er sah nun die Möglichkeit gegeben, nachdem die Reichsbank durch die Rentenbankverordnung *„von der sie bisher niederdrückenden Last der Reichskredite für die Zukunft frei geworden [war]"*[657], sich den Aufgaben einer reinen Zentralnotenbank widmen zu können und die Zusammenarbeit mit anderen Zentralbanken anzustreben, insbesondere mit denen Großbritanniens und der USA.[658]
Der Reichspräsident zeigte sich wenig beeindruckt von Havensteins Brief. Auch nach Havensteins Tod hielt er in einem Schreiben an das Reichsbankdirektorium vom 26. November 1923 an seiner Rechtsauffassung über die Zwangspensionierung mit Hinweis auf den im Amt gebliebenen Vizepräsidenten von Glasenapp fest. Er behielt sich deshalb auch das Recht vor, ein Ausscheiden Glasenapps zu veranlassen.[659]

Es gab noch im Januar 1924 Bestrebungen der Reichskanzlei, durch eine Änderung des Autonomiegesetzes die Gültigkeit der Personalabbauverordnung für den Präsidenten und die Mitglieder des Reichsbankdirektoriums gesetzlich festzulegen. Allerdings sollte diese Gesetzesänderung mit dem Einverständnis der Reichsbank vorgenommen werden.[660] Innerhalb der verschiedenen Ressorts wurde diskutiert, ob der § 60a des Reichsbeamtengesetzes in der Fassung der Personalabbauverordnung für die Reichsbankbeamten gelte.[661]

In einem Brief an die Reichskanzlei vom 21. Mai 1924 legte das Reichsbankdirektorium seine Auffassung dar. Es verwies darauf, daß das Autonomiegesetz die Reichsbank in jeglicher Hinsicht, auch in personeller, von der Reichsregierung unabhängig machen wollte. Entsprechend konnte nach Meinung des Direktoriums durch die Personalabbauverordnung eine Zuständigkeit der Reichsregierung, über die Pensionierung der Reichsbankbeamten zu entscheiden, nicht begründet werden. Es erkannte zwar die Gültigkeit des Beamtenrechts für die Reichsbankbeamten an, daraus folge, so argumentierte das Direktorium, aber nicht das Recht der Reichsregierung, die bei der Anwendung dieser Grundsätze auf die Reichsbankbeamten

---

[656] Der Reichsbankpräsident an den Reichspräsidenten. 19. November 1923, S. 1141.
[657] Der Reichsbankpräsident an den Reichspräsidenten. 19. November 1923, S. 1140.
[658] Vgl. Der Reichsbankpräsident an den Reichspräsidenten. 19. November 1923, S.1140-1141.
[659] Vgl. BArch, R 43 I/962, Bl. 48. Schreiben des Reichspräsidenten an das Reichsbankdirektorium vom 26. November 1923.
[660] Vgl. BArch, R 43 I/961, Bl. 67. Schreiben des Staatssekretärs der Reichskanzlei an den Reichspräsidenten vom 15. Januar 1924.
[661] Vgl. BArch, R 43 I/961, Bl. 68-77. Aufzeichnung der Reichskanzlei über die Diskussion des § 60a des Reichsbeamtengesetzes Anfang 1924.

erforderlich werdenden Einzelentscheidungen selbst zu treffen. Diese Zuständigkeit könne nur bei der Reichsbankleitung selbst liegen. Das Hinausschieben des Übertritts eines Reichbankbeamten in den Ruhestand sei daher von der Reichsbankleitung zu verfügen.[662]
Die Reichsregierung teilte dem Reichsbankdirektorium in einem Schreiben vom 18. Juli 1924 mit, daß die Diskussion über die aus Sicht der Reichsregierung immerhin zweifelhafte Auslegung der Personalabbauverordnung durch das Reichsbankdirektorium aufgrund der geringen praktischen Bedeutung und der bevorstehenden grundlegenden Änderung des Bankgesetzes nicht weiter fortgesetzt zu werden bräuchte.[663]

Die Versuche der Reichsregierung, den Rücktritt Havensteins und Glasenapps herbeizuführen, zeugte von ihrer Verzweiflung. Sie war überzeugt davon, daß eine Neubesetzung der Reichsbankleitung notwendig sei, und deshalb war ihr jedes Mittel recht, um dieses Ziel zu erreichen. Aber nach dem Autonomiegesetz von 1922 war der Reichsbankpräsident unabsetzbar. Infolgedessen konnte im Jahr 1923 auch der Reichsbankpräsident Havenstein nicht abgesetzt werden. Dies war der Hauptgrund, warum die Reichsregierung eine Änderung des Autonomiegesetzes in Erwägung zog. Allerdings hatte sie keine konkreten Vorstellungen darüber, wie das Verhältnis des Reichs zur Reichsbank neu geregelt werden sollte. Letztendlich unterblieben konkrete Versuche zur Änderung des Gesetzes. Der Reichsregierung dürfte wohl auch klar gewesen sein, daß trotz der Kritik des Auslands an der Reichsbankleitung eine grundlegende Einschränkung der Autonomie vom Ausland abgelehnt worden wäre.

Unter dem Druck der Öffentlichkeit und angesichts seines schlechten Gesundheitszustandes hatte Havenstein für das Jahr 1924 seinen Rücktritt angekündigt. Er starb aber bereits am 20. November 1923.[664]

6.4 Die Gründe für das Scheitern der Reichsbankautonomie

Die Betrachtung der Phase vor und nach dem Erlaß des Autonomiegesetzes vom Mai 1922 bis zum Tod Havensteins hat gezeigt, daß die Autonomie der Reichsbank keinerlei praktische Auswirkungen auf die Politik der Reichsbank hatte. Die Gründe hierfür lagen in der Tradition und der psychologischen Einstellung Havensteins und seiner Mitarbeiter, die angesichts der schwierigen außenpolitischen Lage

---

662 Vgl. BArch, R 43 I/961, Bl. 80-82. Schreiben des Reichsbankdirektoriums an die Reichskanzlei vom 21. Mai 1924.

663 Vgl. BArch, R 43 I/961, Bl. 86. Schreiben der Reichsregierung an das Reichsbankdirektorium vom 18. Juli 1924.

664 Vgl. Müller, H. (1973), S. 27.

nicht den Willen aufbrachten, die Reichsregierung in ihre Schranken zu verweisen und die Mark damit aus dem weiteren Währungsverfall herauszulösen.[665]

In dem Verhalten des Reichsbankpräsidenten und der gesamten Reichsbank zu jener Zeit spiegelte sich das Selbstverständnis des überwiegenden Teils der Beamtenschaft in der Weimarer Republik wider: Übernommen aus der Monarchie und erzogen zu absoluter Loyalität zum Staat, verhielt sich die Reichsbank aus nationalistischen Gründen solidarisch zur Reichsregierung im Kampf gegen die ausländischen Gläubiger.[666]
Hinzu kam, daß mit dem Autonomiegesetz versäumt worden war, die Reichsbank von der Reichsregierung finanziell unabhängig zu machen. Das Gesetz enthielt weder ein Verbot noch eine betragsmäßige Begrenzung für die Diskontierung von Reichsschatzanweisungen bei der Reichsbank. Die Reichsbank konnte zwar aufgrund der funktionellen Unabhängigkeit eine Diskontierung der Reichsschatzanweisungen ablehnen, für ein solches Verhalten bestand aber kein gesetzlicher Zwang.

D'Abernon bemerkte in seinem Tagebuch, daß die Autonomie der Reichsbank durchgesetzt wurde, ohne die besonderen Verhältnisse in Deutschland zu beachten. Die Unabhängigkeit der Reichsbank von der Reichsregierung hätte seiner Meinung nach nur dann ein wirksames Mittel zur Verhinderung der Inflation sein können, wenn die Reichsschatzanweisungen vor dem Erlaß des Autonomiegesetzes nur unter Zwang seitens der Reichsregierung von der Reichsbank diskontiert worden wären. Die Situation war aber eine andere, denn die Reichsbank sah selbst keine andere Möglichkeit, als die Schatzanweisungen zu diskontieren. Die Reichsbank unter Havenstein war nach D'Abernons Meinung noch verantwortungsloser und unwissender als die Regierung, und deshalb hatte ihre Unabhängigkeit sogar eher negative Folgen.[667] *„Die größere Unabhängigkeit der Reichsbank wird zu einem ähnlichen Ergebnis führen wie in Poes Erzählung, in der die Irren sich des Irrenhauses bemächtigen - nur daß in diesem Falle nicht die Wahnsinnigen die Macht im Irrenhaus an sich rissen, sondern von vernünftigen Leuten als Machthaber eingesetzt wurden.“*[668]

Das Mitglied des Reichsbankdirektoriums von Grimm wies in seinem Manuskript für eine Rede zum 50jährigen Jubiläum der Reichsbank im Januar 1926 darauf hin, daß das Autonomiegesetz an der Reichsbankpraxis nichts geändert habe, weil die Reichsbankleitung geglaubt habe, nicht anders handeln zu dürfen als schon vor dem

---

[665] Vgl. Schacht, H. (1927), S. 85.
[666] Vgl. Bonin, K. von (1979), S. 71.
[667] Vgl. D'Abernon, E. V. (1929b), S. 75.
[668] D'Abernon, E. V. (1929b), S. 75.

Erlaß des Autonomiegesetzes.[669] Der Reichsbankdirektor kam zu dem Fazit, daß es nicht so sehr auf die Paragraphen ankäme, *„sondern auf den Geist, in dem sie gehandhabt werden.“*[670]

Wenn man der Reichsbank ihre Politik in bezug auf die Inflation und der damit im Zusammenhang stehenden Nichtausnutzung ihrer Unabhängigkeit gegenüber der Reichsregierung vorwirft, so sollte man hinterfragen, ob die Reichsbank Alternativen hatte. Auch in der Gegenwartsliteratur wird teilweise die Ansicht vertreten, daß die Rückkehr zu einer soliden Finanzpolitik durch den verlorenen Krieg nicht möglich gewesen sei.[671] Der deutsche Finanzwissenschaftler Heinz Haller legt 1976 eine Schätzung vor, nach der in den Anfangsjahren der Weimarer Republik die Steuerquote auf etwa 35% hätte erhöht werden müssen, damit der Staat seine Aufgaben auf solider Basis ohne weitere Verschuldung hätte bewältigen können. Die Vorkriegssteuerquote lag im Deutschen Reich bei 11-12%. Da der Übergang zur republikanisch-parlamentarischen Demokratie Zeit erforderte und die Auflegung neuer großer Anleihen aussichtslos war, kam Haller zu dem Schluß, daß nach der Revolution der Rückgriff auf die Notenbank unumgänglich und an eine Stabilisierung nicht zu denken war.[672]

Der Reichsbankpräsident von 1930-1933 - Hans Luther - sprach später Havenstein, zumindest für die Zeit des Ruhrkampfes, frei von jeder Schuld. *„Man stelle sich einen Reichsbankpräsidenten vor, der inmitten eines Krieges hochpolitischer Art, um nicht zu sagen: inmitten eines Ringens auf Leben und Tod, die Diskontierung von Reichsschatzwechseln verweigert! Auch wenn Finanzminister und Reichsbankpräsident solche Weigerung ausgesprochen und damit sachlich Recht gehabt hätten, so wäre doch die einzige, überdies wirkungslose Waffe, die ihnen zur Verfügung gestanden hätte, ihr Rücktritt gewesen. Die Nachfolger würden dann, jedenfalls im vorgestellten Fall, dem Willen der Regierung Rechnung tragen.“*[673] Andererseits kritisierte Luther die Haltung Havensteins bei der Stabilisierung der Mark, an der er selbst maßgeblich beteiligt war. Diese wurde bereits vor Beendigung des passiven Widerstands vorbereitet und nach dessen Beendigung durchgeführt. *„Ich aber entbehrte wohl, weil Havenstein krank und auch ungeeignet war, in der wildesten Stabilisierungszeit der wichtigen und mir organisch zukommenden Hilfsstellung durch den Reichsbankpräsidenten.“*[674]

---

[669] Vgl. BArch R 2501/6972. Manuskript einer Rede des Reichsbankdirektors von Grimm vom Januar 1926.

[670] BArch, R 2501/6972. Manuskript einer Rede des Reichsbankdirektors von Grimm vom Januar 1926.

[671] Vgl. Haller, H. (1976), S. 141.

[672] Vgl. Haller, H. (1976), S. 139-141.

[673] Luther, H. (1960), S. 107.

[674] Luther, H. (1960), S. 149.

Tatsache bleibt, daß die Reichsbank offensichtlich nicht in der Lage war, ein Konzept zur Stabilisierung der Mark auszuarbeiten. Sie versagte vor den außerordentlichen Anforderungen der Zeit. Ihre Unabhängigkeit nutzte sie nur zur Verhinderung von kurzfristigen Maßnahmen der Reichsregierung zum Aufhalten der Inflation und zur Aufrechterhaltung des Wirtschaftsverkehrs, um so ihren Goldbestand zu schützen. Die Reichsbank entwickelte keine eigenen Vorschläge, sondern begnügte sich mit der negativen Drohung einer totalen Kreditsperre für das Reich und bestritt, indem sie die Ausgabenwirtschaft des Reichs anprangerte, jede eigene Mitverantwortung am Verlauf der Inflation.[675] Es ist das Verdienst der Regierung Stresemann, daß es gelang, während der schwersten innen- und außenpolitischen Belastung des Reichs ohne fremde Kapitalhilfe die Währung zu stabilisieren.[676]

Mit der Stabilisierung durch die Rentenmark wurde der Beweis geliefert, daß eine Währungsstabilisierung auch aus eigener Kraft möglich war, ohne daß die vor allem auch von der Reichsbank vertretenen Bedingungen - Herabsetzung der Reparationsleistungen und Gewährung einer ausländischen Anleihe - erfüllt worden wären. Entscheidend war dabei, daß die Regierung Stresemann, insbesondere Finanzminister Luther, erkannt hatte, daß für die Stabilisierung der Währung ein Abbau des Haushaltsdefizits notwendig war. Mit der Inangriffnahme der Währungsstabilisierung wurden auch eine Reihe von Maßnahmen durchgeführt, die die Voraussetzungen für einen Ausgleich des Haushalts schafften. Da sich die Reichsbank bereit erklärt hatte, 1 Billion Mark gegen eine Rentenmark zu tauschen, war es der Reichsregierung möglich gewesen, ihre schwebende Schuld mit weniger als 200 Millionen Rentenmark abzudecken.[677]

---

[675] Vgl. Erdmann, K. D. / Vogt, M. (1978), S. LXXVI.
[676] Vgl. Erdmann, K. D. / Vogt, M. (1978), S. LXXV.
[677] Vgl. Abramowski, G. (1973), S. XX; Erdmann, K. D. / Vogt, M. (1978), S. LXXXIII-LXXXIV.

7. Kapitel: Die Durchsetzung der Reichsbankautonomie unter dem Reichsbankpräsidenten Schacht von 1924 bis 1930

7.1 Die Ernennung Hjalmar Schachts zum Reichsbankpräsidenten

Nach dem Tode Havensteins blieb das Amt des Reichsbankpräsidenten einige Wochen vakant. Zwei Namen waren als Nachfolger im Gespräch: Karl Helfferich, der geistvolle Theoretiker und wissenschaftlich gut unterrichtete Währungspolitiker, und Hjalmar Horace Greeley Schacht, der Bankpraktiker und Finanzfachmann.[678]

Karl Helfferich war ein deutschnationaler Politiker und Wortführer der nationalen Opposition gegen die Erfüllungspolitik. Nachdem er im 1. Weltkrieg Staatssekretär des Reichsschatzamts, Leiter der Kriegsfinanzierung, Leiter des Reichsamts des Inneren und Stellvertreter des Reichskanzlers gewesen war, mußte er infolge der Novemberereignisse 1918 diese glänzende politische Karriere aufgeben. Helfferich war zwar fachlich qualifiziert für das Amt des Reichsbankpräsidenten - das Rentenmarkprojekt basierte auf seinem Plan von einer Roggenmark - jedoch galt er als Gegner der Republik.[679]

Ganz anders sah das bei Hjalmar Schacht aus. *„Schacht was not prominent as a Party politican, but he had convinced the public that he was an ardent advocate of democratic ideas and the representative of an international economic policy based on understanding.“*[680]

Man kann Schacht eine große Ausprägung von Ehrgeiz, Machtwillen und Streben nach öffentlichem Ansehen zuschreiben. Auf Kritik von außen reagierte er sehr empfindlich. Seine scharfe Zunge, sein Sarkasmus und seine Ironie waren allgemein bekannt und gefürchtet. Schacht war den meisten seiner politischen Gegner an taktischer Raffinesse überlegen. Er genoß hohes Ansehen und eilte während seiner Karriere von Erfolg zu Erfolg. Mißerfolge nahm er nicht zur Kenntnis.[681]
Er war andererseits jedoch ein politischer Illusionist, dessen Intelligenz und Sachkenntnis ihn nicht vor folgenschweren Fehleinschätzungen der außen- und innenpolitischen Möglichkeiten der Weimarer Republik bewahren konnten. Er war ein Einzelgänger, der organisatorische Bindungen ablehnte. Schacht war zwar Mitbegründer der DDP 1918, jedoch stand er Parteien und Politikern Zeit seines Lebens immer argwöhnisch gegenüber.[682] So erfolgte sein politischer Aufstieg auch nicht

---

[678] Vgl. Köllner, L. (1991), S. 65.
[679] Vgl. Simpson, A. E. (1969), S. 16.
[680] Simpson, A. E. (1969), S. 16.
[681] Vgl. Müller, H. (1973), S. 15.
[682] Vgl. Schacht, H. (1953), S. 195, 206.

über Parteien oder Verbände, sondern mit Hilfe sorgfältig aufgebauter Beziehungen zu einflußreichen Persönlichkeiten des öffentlichen Lebens.[683]

Im Jahre 1923 war Schacht geschäftsführender Direktor der Darmstädter- und Nationalbank und gehörte zu den führenden Bankiers in Deutschland, als ihm Reichskanzler Stresemann anbot, in den Staatsdienst zu wechseln. Als Stresemanns erstes Kabinett am 3. Oktober 1923 zerbrach, hatte er zunächst geplant, Schacht zum Finanzminister zu machen. Dies scheiterte aber an der DNVP, die damit drohte, die "Brüsseler Affäre" im Falle einer Ernennung Schachts publik zu machen.[684] Diese Affäre ging auf das Jahr 1915 zurück. Damals war Schacht in der deutschen Militärverwaltung in Belgien tätig und teilte in seiner Eigenschaft als Staatsbeamter der Dresdner Bank - der er vor dem Krieg als stellvertretender Direktor angehört hatte - belgische Banknoten zu und verschaffte ihr damit einen Geschäftsvorteil gegenüber anderen Bankinstituten. Schacht wurde dabei weniger die Aktion an sich zu Last gelegt als die Tatsache, daß er sie später bestritt.[685]

Am 12. November 1923 ernannte Finanzminister Luther Schacht zum Reichswährungskommissar. Im Nachhinein wurde Stresemann unterstellt, die Ernennung veranlaßt zu haben. Außerdem wurde behauptet, daß es zu dem Zeitpunkt eine Abmachung gab, Schacht zum Nachfolger Havensteins zu machen, wozu der Posten des Währungskommissars als Vorstufe dienen sollte.[686] Schacht selber hat dies immer bestritten.[687] Auch Luther widersprach dieser Darstellung und versicherte, daß Stresemann keinerlei Versuche unternommen hätte, auf seine Entscheidung Einfluß zu nehmen, zumal Schacht nicht seine erste Wahl gewesen sei.[688] Einer anderen, aber auch eher unwahrscheinlichen Version zufolge hatte Jakob Goldschmidt - Schachts Widersacher im Vorstand der Darmstädter- und Nationalbank - sich bei Luther und Stresemann für die Ernennung Schachts zum Währungskommissar eingesetzt.[689]

Tatsache ist, daß sich Schacht und Stresemann schon aus der Zeit vor dem 1. Weltkrieg kannten und befreundet waren.[690] Zwischen ihnen bestand Ende 1923

---

683 Vgl. Müller, H. (1973), S. 15-16.
684 Vgl. Stresemann, G. (1932a), S. 146.
685 Vgl. BArch, R 43 I/962, Bl. 31. Aufzeichnung der Reichskanzlei über die "Brüsseler Affäre" vom November 1923; HStASt, E 130 b Bü 3403, Bl. 4-7. Bericht des württembergischen Bevollmächtigten zum Reichsrat an das Staatsministerium Stuttgart, betreff Wiederbesetzung der Stelle des Reichsbankpräsidenten vom 19. Dezember 1923.
686 Vgl. Müller, H. (1973), S. 29; Holtfrerich, C.-L. (1988), S. 123.
687 Vgl. Schacht, H. (1927), S. 90.
688 Vgl. Luther, H. (1960), S. 150.
689 Vgl. Weitz, J. (1998), S. 100.
690 Vgl. Luther, H. (1960), S. 119.

ein enges Vertrauensverhältnis. In den Notizen von Stresemann finden sich immer wieder Hinweise auf Unterredungen zwischen ihm und Schacht.[691]

Stresemann favorisierte Schacht für das Amt des Reichsbankpräsidenten. Seiner Meinung nach sollten auch außenpolitische Gesichtspunkte bei der Besetzung des Postens eine Rolle spielen. Da Schacht gute Beziehungen zu den britischen Finanzkreisen unterhielt und die Unterstützung D'Abernons besaß, sprach er sich eindeutig für ihn aus.[692] Sicherlich war für Stresemann auch sein eigenes Vertrauensverhältnis zu Schacht mit ausschlaggebend. Nachdem der Versuch gescheitert war, ihn im Oktober 1923 zum Finanzminister zu ernennen, schien der Posten des Reichsbankpräsidenten ideal für Schacht.[693]

Die Unterstützung Stresemanns spielte eine ebenso wichtige Rolle bei der Ernennung Schachts zum Reichsbankpräsidenten wie der britische Einfluß.
D'Abernon lehnte Helfferich als Nachfolger Havensteins ab, da dieser für seine englandfeindliche Haltung bekannt war. Außerdem warf er ihm fachliche Inkompetenz vor: Er hätte die Inflation durch seine Kriegsfinanzierungspolitik eingeleitet, indem er 1915 als Staatssekretär des Reichsschatzamts eine Finanzierung der Kriegsausgaben mit Hilfe von Steuern abgelehnt und sich für eine Finanzierung durch kurzfristige Notenbankkredite ausgesprochen hatte. D'Abernon befürchtete, daß Helfferich die Politik Havensteins fortführen würde. Sein Favorit für den Posten des Reichsbankpräsidenten war Schacht, der bereits zwischen 1921 und 1923 zu dem Kreis gehörte, mit dem der britische Botschafter seine währungspolitischen Vorstellungen besprach. Schacht und D'Abernon stimmten in den entscheidenden währungspolitischen Fragen überein, vor allem in der Befürwortung des Goldstandards.[694] D'Abernon schrieb bereits am 25. November 1923 in seinem Tagebuch über Schacht: *„Er ist bereits zum Währungskommissar ernannt worden und wird später der Nachfolger Havensteins werden.“*[695]

Montagu Norman ließ ebenfalls gegenüber der Reichsbank auf Anfrage verlauten, daß er eine Wahl Helfferichs zum Reichsbankpräsidenten nicht akzeptieren würde. Seiner Meinung nach käme für den Präsidentenposten überhaupt niemand in Frage, der als Mitglied früherer Regierungen politisch belastet oder durch öffentliche Auftritte zu einer Belastung geworden sei. Er empfahl die Wahl eines Mannes aus der Bankpraxis, allerdings ohne irgendwelche Namen zu nennen.[696]

---

[691] Vgl. Stresemann, G. (1932a), S. 65, 204, 280, 405, 470.
[692] Vgl. Stresemann, G. (1932a), S. 272-273; Weidenfeld, W. (1972), S. 171.
[693] Vgl. D'Abernon, E. V. (1930), S. 132-133.
[694] Vgl. D'Abernon, E. V. (1930), S. 132, 137; Müller, H. (1973), S. 31; Pentzlin, H. (1980), S. 33.
[695] D'Abernon, E. V. (1929b), S. 321.
[696] Vgl. BA, N 1294/3. Aufzeichnung Schachts über seinen Londoner Aufenthalt vom 2. Januar 1924.

Am 23. November 1923 stürzte allerdings das zweite Kabinett Stresemann. Der Rücktritt Stresemanns als Kanzler und der Auszug der die Kandidatur Schachts unterstützenden SPD aus der Regierung verschlechterte dessen Chancen auf das Amt des Reichsbankpräsidenten.[697] Das neue Kabinett Marx billigte zwar am 3. Dezember 1923 einstimmig die von Schacht als Währungskommissar getroffenen Maßnahmen, ohne sich jedoch für seine Kandidatur für das Amt des Reichsbankpräsidenten auszusprechen.[698]

Die Ernennung des Reichsbankpräsidenten wurde durch § 27 Abs. 2 des Gesetzes über die Autonomie der Reichsbank vom 26. Mai 1922 geregelt. Dieser legte fest: *„Der Präsident wird nach gutachterlicher Äußerung des Reichsbankdirektoriums und des Zentralausschusses auf Vorschlag des Reichsrats vom Reichspräsidenten auf Lebenszeit ernannt.“*
Havenstein hatte Helfferich als seinen Nachfolger empfohlen. Die Reichsbank hielt auch nach Havensteins Tod an dieser Empfehlung fest. Das Direktorium und der Zentralausschuß gaben am 4. Dezember 1923 ihr Gutachten ab, indem sie sich einstimmig für Helfferich aussprachen. Außer ihm wurde kein anderer Kandidat in dem Gutachten erwähnt.[699]

Die beiden Gutachten wurden dem Reichsrat vom Reichskanzler ohne Stellungnahme zugeleitet.[700]
Am 13. Dezember 1923 begann der Reichsrat mit der Beratung über die Wiederbesetzung der Stelle des Reichsbankpräsidenten. Der Verzicht der Regierung auf eine Stellungnahme in einer so wichtigen Angelegenheit erschien dem Berichterstatter des Reichsrats, Staatsrat von Wolf, zwar ungewöhnlich, er wertete aber das Schweigen als Zustimmung zur Kandidatur Helfferichs. Trotz gewisser Bedenken wegen der bisherigen parteipolitischen Betätigung empfahl er zugleich namens der bayerischen Regierung, den Vorschlag des Direktoriums und des Zentralausschusses der Reichsbank anzunehmen.[701]

Im weiteren Verlauf der Beratungen wies der Staatssekretär der Reichskanzlei, Bracht, darauf hin, daß die Reichsregierung staatsrechtlich zum jetzigen Zeitpunkt zu keiner Stellungnahme zur Kandidatur Helfferichs verpflichtet sei. Man wolle außerdem das Reichsbankdirektorium nicht verärgern, indem man auf weitere Per-

---

[697] Vgl. Müller, H. (1973), S. 32.
[698] Vgl. Kabinettssitzung vom 3. Dezember 1923, 16 Uhr, S. 20-21.
[699] Vgl. BArch, R 43 I/962, Bl. 50-53. Gutachten des Reichsbankdirektoriums und des Zentralausschusses zur Kandidatur Helfferichs vom 4. Dezember 1923
[700] Vgl. BArch, R 43 I/962, Bl. 59-62. Aufzeichnung der Reichskanzlei über die Gutachten zur Kandidatur Helfferichs vom Dezember 1923.
[701] Vgl. HStASt, E 130 b Bü 3403, Bl. 1. Bericht des württembergischen Bevollmächtigten zum Reichsrat an das Staatsministerium Stuttgart, betreff Wiederbesetzung der Stelle des Reichsbankpräsidenten vom 13. Dezember 1923.

sönlichkeiten hinwies, nachdem das Direktorium sich zu der Kandidatur Helfferichs bereits positiv geäußert habe. Nach dieser Bemerkung des Staatssekretärs verlangte der Vertreter der preußischen Regierung eine Stellungnahme der Reichsregierung zur Besetzung der Stelle des Reichsbankpräsidenten. Er beantragte, die Entscheidung des Reichsrats bis zur Vorlage dieser Stellungnahme zu vertagen.[702] Der Staatssekretär der Reichskanzlei drängte aber, auf eine offizielle Stellungnahme der Reichsregierung zu verzichten, da die Stelle des Reichsbankpräsidenten schnell besetzt werden müsse. Daraufhin sprach sich der preußische Vertreter gegen Helfferich aus. Als Begründung führte er an, daß Helfferich aufgrund seines parteipolitischen Hervortretens und seiner Finanzpolitik während des Krieges nicht haltbar sei. Außerdem habe Staatssekretär von Maltzan vom Auswärtigen Amt im Auftrage Stresemanns, der den Posten des Außenministers im neuen Kabinett inne hatte, dem preußischen Ministerpräsidenten vertraulich mitgeteilt, daß Helfferich als Reichsbankpräsident aus politischen Gründen untragbar sei. Er gefährde die erfolgreiche Fortsetzung der vom Auswärtigen Amt eingeleiteten Kreditpolitik mit dem Ausland. Der preußische Vertreter behielt sich vor, einen anderen Kandidaten vorzuschlagen.[703]

Dieser sogenannte "Maltzan-Brief" erregte im Reichsrat großes Aufsehen. Der herbeigerufene Reichsinnenminister versuchte die Wirkung des Briefes abzuschwächen und betonte, das Kabinett habe sich zwar eingehend mit den ausländischen, vorwiegend von England kommenden Bedenken beschäftigt, diese aber letztendlich nicht für ausschlaggebend gehalten. Durch den "Maltzan-Brief" war aber eine Kandidatur Helfferichs aussichtslos geworden. Preußen schlug deshalb als neuen Kandidaten den Reichswährungskommissar Schacht vor.[704] Nachdem der Staatssekretär der Reichskanzlei betont hatte, daß die Reichsregierung Schacht als „*genehmen Kandidaten*"[705] ansehen würde, einigte man sich schließlich darauf, daß der Berichterstatter des Reichsrats die Personalakten über Schacht einsehen und einen Bericht über seine Persönlichkeit abgeben sollte. Das Direktorium und der

---

[702] Vgl. HStASt, E 130 b Bü 3403, Bl. 2. Bericht des württembergischen Bevollmächtigten zum Reichsrat an das Staatsministerium Stuttgart, betreff Wiederbesetzung der Stelle des Reichsbankpräsidenten vom 13. Dezember 1923.

[703] Vgl. HStASt, E 130 b Bü 3403, Bl. 3. Bericht des württembergischen Bevollmächtigten zum Reichsrat an das Staatsministerium Stuttgart, betreff Wiederbesetzung der Stelle des Reichsbankpräsidenten vom 13. Dezember 1923.

[704] Vgl. HStASt, E 130 b Bü 3403, Bl. 3-4. Bericht des württembergischen Bevollmächtigten zum Reichsrat an das Staatsministerium Stuttgart, betreff Wiederbesetzung der Stelle des Reichsbankpräsidenten vom 13. Dezember 1923.

[705] HStASt, E 130 b Bü 3403, Bl. 5. Bericht des württembergischen Bevollmächtigten zum Reichsrat an das Staatsministerium Stuttgart, betreff Wiederbesetzung der Stelle des Reichsbankpräsidenten vom 13. Dezember 1923.

Zentralausschuß der Reichsbank wurden um ein Gutachten zur Kandidatur Schachts gebeten.[706]

In dem Gutachten des Reichsbankdirektoriums, das am 17. Dezember 1923 erfolgte, wurde Schacht mit scharfen Worten abgelehnt. „*Nach reiflicher Prüfung sind wir einstimmig zu der Auffassung gelangt, daß der Währungskommissar, Herr Dr. Schacht, sich für den Posten des Reichsbankpräsidenten in keiner Weise eignet.*"[707]
Neben moralischen Vorwürfen, die sich auf die "Brüsseler Affäre" von 1915 bezogen, erhob das Direktorium auch schwerwiegende sachliche Bedenken: „*Mit dem Betriebe einer Notenbank, der sich von dem Geschäftsbetriebe der Kreditbanken durchaus unterscheidet, hatte er bisher kaum eine Berührung; praktisch ist er damit nicht vertraut und theoretisch hat er sich unseres Wissens auf diesem Gebiete kaum betätigt. Vor allem aber vermissen wir an ihm die schöpferische Kraft, deren wir zur Wiederaufrichtung unserer Währung bedürfen.*"[708]
Am Schluß des Gutachtens erneuerte die Reichsbank ihr Votum für Helfferich. „*Wir richten deshalb an die Reichsregierung und die Regierungen der Länder die inständige und dringende Bitte, der Reichsbank in der schwierigsten Lage, in der sich vielleicht jemals eine Notenbank befunden hat, den Führer nicht zu versagen, dessen sie bedarf und dem sie mit Vertrauen folgen kann.*"[709]

Das Gutachten des Reichsbankdirektoriums war einstimmig verabschiedet worden und der Zentralausschuß hatte sich mehrheitlich dem Gutachten angeschlossen, wobei nur 3 der 26 anwesenden Mitglieder für Schacht stimmten.[710]
Reichsbankvizepräsident von Glasenapp hatte außerdem einen Brief an die Ministerpräsidenten der Länder gesandt, in dem er sich persönlich gegen Schacht aussprach.[711]

Am 18. Dezember 1923 setzte der Reichsrat seine Beratungen fort. Der Berichterstatter des Reichsrats vertrat den Standpunkt, daß es nicht sinnvoll sei, der Reichsbank eine Persönlichkeit gegen ihren Willen aufzuzwingen. Er forderte deshalb Preußen auf, den Antrag zur Kandidatur Schachts zurückzuziehen. Preußen

[706] Vgl. HStASt, E 130 b Bü 3403, Bl. 6. Bericht des württembergischen Bevollmächtigten zum Reichsrat an das Staatsministerium Stuttgart, betreff Wiederbesetzung der Stelle des Reichsbankpräsidenten vom 13. Dezember 1923.
[707] Das Reichsbank-Direktorium an Staatssekretär Bracht. 17. Dezember 1923, S. 130.
[708] Das Reichsbank-Direktorium an Staatssekretär Bracht. 17. Dezember 1923, S. 130.
[709] Das Reichsbank-Direktorium an Staatssekretär Bracht. 17. Dezember 1923, S. 133.
[710] Vgl. BArch, R 43 I/962, Bl. 75. Stellungnahme des Zentralausschusses zur Kandidatur Schachts vom 17. Dezember 1923.
[711] Vgl. HStASt, E 130 b Bü 218, Bl. 3-5. Protokoll der Sitzung des Staatsministeriums Stuttgart vom 17. Dezember 1923.

hielt aber weiterhin an seinem Antrag fest und forderte eine klare Stellungnahme der Reichsregierung.[712]

Entscheidend für die Ernennung Schachts zum Reichsbankpräsidenten war letztendlich diese Stellungnahme. Die Regierung wies die Vorwürfe wegen der "Brüsseler Affäre" und die Zweifel an der fachlichen Qualifikation Schachts zurück. Sie betonte, daß er als Währungskommissar die Währung stabilisiert habe und gut mit der Regierung zusammenarbeite. Die Reichsregierung sei deshalb zu dem Schluß gekommen, daß er aufgrund seiner Persönlichkeit und seiner Erfahrungen der richtige Mann für den Posten des Reichsbankpräsidenten sei.[713]

Der Staatssekretär der Reichskanzlei wies den Reichsrat außerdem darauf hin, daß es sich bei der Ablehnung Schachts seitens der Reichsbank um eine „*gewisse Kraftprobe*"[714] gegenüber der Reichsregierung handele. „*Herr Schacht habe 2 Reichskabinetten schon angehört, und das Reichsbankdirektorium wolle das Autonomiegesetz gegen die Reichsregierung anwenden. Aus allgemeinen politischen Gesichtspunkten würde daher die Reichsregierung es für besonders erwünscht halten, wenn der Reichsrat heute Beschluß fassen würde.*"[715]

Daraufhin wurde im Reichsrat mit großer Mehrheit beschlossen, Schacht dem Reichspräsidenten als Reichsbankpräsidenten vorzuschlagen. Gegen Schacht stimmte nur Bayern, während sich Württemberg der Stimme enthielt.[716]
Das Kabinett sprach am 22. Dezember 1923 seine Zustimmung zur Kandidatur Schachts aus, ohne daß dies rechtlich notwendig gewesen wäre.[717] Am selben Tag wurde dieser vom Reichspräsidenten Ebert - der Schacht ebenfalls für das Amt

---

[712] Vgl. HStASt, E 130 b Bü 3403, Bl. 1-3. Bericht des württembergischen Bevollmächtigten zum Reichsrat an das Staatsministerium Stuttgart, betreff Wiederbesetzung der Stelle des Reichsbankpräsidenten vom 19. Dezember 1923.

[713] Vgl. HStASt, E 130 b Bü 3403, Bl. 7-9. Bericht des württembergischen Bevollmächtigten zum Reichsrat an das Staatsministerium Stuttgart, betreff Wiederbesetzung der Stelle des Reichsbankpräsidenten vom 19. Dezember 1923.

[714] HStASt, E 130 b Bü 3403, Bl. 10. Bericht des württembergischen Bevollmächtigten zum Reichsrat an das Staatsministerium Stuttgart, betreff Wiederbesetzung der Stelle des Reichsbankpräsidenten vom 19. Dezember 1923.

[715] HStASt, E 130 b Bü 3403, Bl. 10-11. Bericht des württembergischen Bevollmächtigten zum Reichsrat an das Staatsministerium Stuttgart, betreff Wiederbesetzung der Stelle des Reichsbankpräsidenten vom 19. Dezember 1923.

[716] Vgl. HStASt, E 130 b Bü 3403, Bl. 11. Bericht des württembergischen Bevollmächtigten zum Reichsrat an das Staatsministerium Stuttgart, betreff Wiederbesetzung der Stelle des Reichsbankpräsidenten vom 19. Dezember 1923.

[717] Vgl. BArch, R 43 I/962, Bl. 92. Kabinettssitzung vom 22. Dezember 1923.

favorisiert hatte[718] - zum Reichsbankpräsidenten ernannt. Er trat den Posten am 8. Januar 1924 an.[719]

Bei der Betrachtung des Berufungsvorganges ist auffallend, wie stark persönliche Beziehungen eine Rolle spielten.[720] Schacht kamen seine persönlichen Beziehungen zu Außenminister Stresemann - der zusätzlich mit Hilfe des "Maltzan-Briefes" intervenierte - und zum britischen Botschafter D'Abernon zugute. D'Abernon behauptete sogar, daß die Reichsregierung sich nur für Schacht ausgesprochen habe, weil Stresemann einen heftigen Brief an seine Ministerkollegen zugunsten Schachts geschrieben habe. Die Ministerkollegen sollen sich daraufhin „*widerwillig und gegen ihre eigene Überzeugung*"[721] für Schacht ausgesprochen haben.[722]

Der Entscheidungsprozeß verlief weitgehend außerhalb der gesetzlich vorgesehenen Institutionen. Der Reichsrat machte seine Entscheidung von der Stellungnahme der Reichsregierung abhängig, deren Einfluß auf die Besetzung der Stelle des Reichsbankpräsidenten durch das Autonomiegesetz von 1922 eigentlich ausgeschaltet werden sollte. Die Stellungnahme der Regierung wurde zudem weniger durch den Reichskanzler als durch den Reichsaußenminister und den britischen Botschafter bestimmt. Schacht wurde letztendlich gegen die eindeutigen Gutachten der Reichsbank ernannt. Der Ernennungsvorgang zeigte, wie leicht die Regierung die Autonomieklausel bei der Ernennung eines neuen Reichsbankpräsidenten unterlaufen konnte.[723]

7.2 Die Stellung des Reichsbankpräsidenten in der Reichsbank und seine währungspolitischen Ansichten

Schacht wurde 1924 aufgrund der notwendigen Neuorganisation der Reichsbank entsprechend dem Dawes-Plan erneut zum Reichsbankpräsidenten ernannt. Nach Ablauf der vierjährigen Amtszeit erfolgte im September 1928 seine Wiederwahl. Diese stellte eine reine Formsache dar und erfolgte ohne kontroverse Diskussionen.[724] Er blieb bis zu seinem Rücktritt im März 1930 an der Spitze der Reichsbank.

---

[718] Vgl. Schacht, H. (1953), S. 229; Weitz, J. (1998), S. 104-105.
[719] Vgl. Luther, H. (1960), S. 152.
[720] Vgl. Müller, H. (1973), S. 36.
[721] D'Abernon, E. V. (1930), S. 133.
[722] Vgl. D'Abernon, E. V. (1930), S. 132-133.
[723] Vgl. Müller, H. (1973), S. 36-37.
[724] Vgl. BArch, R 43 I/962, Bl. 148-155. Aufzeichnung der Reichskanzlei über die Wiederwahl Schachts zum Reichsbankpräsidenten im September 1928.

Schacht genoß seinerzeit sehr hohes Ansehen. Auch in der Gegenwartsliteratur wird er als herausragende Persönlichkeit der Weimarer Republik bezeichnet. „*There can be no doubt that Schacht and the Reichsbank were the central figures in bringing Germany back to some semblance of normality in its economic life.*“[725]

Anfang 1924 war die Stabilisierung der Währung mit Hilfe der Rentenmark gelungen. Im weiteren Verlauf der zwanziger Jahre strukturierte Schacht die Reichsbank dann in seinem Sinne um. Reichsbankvizepräsident von Glasenapp trat 1924 altersbedingt zurück und auch die organisatorischen Strukturen wurden verändert. Schacht fühlte sich nun für die gesamte öffentliche Politik zuständig: für das Investieren öffentlicher Gelder, die Lage der Länder und Kommunen, die Reparationen, das Problem der deutschen Kapitalflucht und die Vorgänge in der Bankenwelt.[726]

Laut Gesetz war der Reichsbankpräsident zwar nur primus inter pares, aber die dominierende Persönlichkeit Schachts ließ jede Opposition verstummen. Er überragte die anderen Mitglieder an taktischer Raffinesse und Machtwillen und führte eine geschickte Personalpolitik. Dies wurde vor allem durch die Tatsache deutlich, daß er nach seiner Ernennung zum Reichsbankpräsidenten keine personellen Konsequenzen zog, obwohl sich das Direktorium geschlossen gegen ihn ausgesprochen hatte. Alle Direktoren entschieden sich für eine loyale Mitarbeit. Er gab den Mitarbeitern das Gefühl, daß es etwas Besonderes sei, für die Reichsbank arbeiten zu dürfen. Die Direktoriumsmitglieder waren Schacht schon nach kurzer Zeit treu ergeben. Vor allem mit dem ab Ende 1926 amtierenden Reichsbankvizepräsidenten Dreyse verband Schacht eine enge Freundschaft.[727]

Die Währungsstabilität nach innen und nach außen war für Schacht das Ziel, das er mit seiner Reichsbankpolitik von 1924 bis 1930 zu erreichen versuchte. Im Kommentar zum Bankgesetz von 1924 definierte er als die „*einer Zentralnotenbank obliegende wichtigste und eigentliche Aufgabe, die Menge der ausgegebenen Noten den jeweiligen volkswirtschaftlichen Bedürfnissen anzupassen, d. h. auszudehnen oder einzuengen nach streng volkswirtschaftlichen Gesichtspunkten mittels einer Kreditpolitik, die sich die Aufrechterhaltung der Währung zur obersten Richtschnur macht*“ [728]

[725] Simpson, A. E. (1969), S. 24.
[726] Vgl. James, H. (1985), S. 22.
[727] Vgl. BArch, R 2501/7039, Bl. 94. Ansprachen zu Ehren Schachts anläßlich seines Ausscheidens aus der Reichsbank, gehalten bei der Abschiedsfeier am 1. April 1930; Schacht, H. (1953), S. 241; Luther, H. (1964), S. 81; Müller, H. (1973), S. 41; James, H. (1985), S. 22.
[728] Koch, R. / Schacht, H. (1926), S. 63

Die Reichsbank hob deshalb folgerichtig im Verwaltungsbericht für das Jahr 1924 hervor, daß die wichtigste Aufgabe der Reichsbank die sorgfältige und fortlaufende Beobachtung der Wechselkurse an den ausländischen Börsenplätzen und die Beobachtung der Entwicklung des inländischen Preisniveaus mit dem Ziel sei, inflationären Tendenzen entgegenzuwirken und die Stabilität der Währung aufrechtzuerhalten.[729] Durch diese Aussage machte die Reichsbank auch deutlich, daß vor allem der Verhinderung einer Inflation und der Aufrechterhaltung der Wechselkursstabilität Priorität eingeräumt wurde.

Für die Stabilität der Währung waren für Schacht zwei wesentliche Grundsätze entscheidend: Der erste Grundsatz lag in der Anwendung der Quantitätstheorie, *„daß nämlich nicht mehr Geldzeichen ausgegeben wurden, als der normale Güterverkehr absorbieren konnte.“*[730] Der zweite war die Rückkehr zum Gold als Währungsanker, da seiner Meinung nach der internationale Warenaustausch nur auf der Goldbasis möglich war.

Die Umsetzung der Quantitätstheorie bedeutete für ihn, *„die Höhe des Geldumlaufs in einem abgewogenen Verhältnis zu den wirtschaftlichen Gesamtumsätzen der Nation zu halten. Gehen die Geschäfte gut und finden dementsprechend große Umsätze statt, so kann und muß der Geldumlauf größer werden. Schrumpfen die Geschäfte ein, so muß auch eine Verringerung des Geldumlaufs stattfinden. Die geringere oder größere Geschwindigkeit des Geldumlaufs und die größere oder geringere Inanspruchnahme des Giroverkehrs, also der sogenannten bargeldlosen Zahlung, können zwar gewisse Hemmungen oder Förderungen in dieser Geldumlaufsautomatik herbeiführen, aber sie in ihrem Grundcharakter nicht verändern.“*[731]

Schachts besonderes Augenmerk lag deshalb auf dem Zahlungsmittelumlauf.[732] Die Reichsbank hat neben der Entwicklung des Notenumlaufs auch stets die Veränderungen des Bestandes an Girogeldern verfolgt. Der bargeldlose Zahlungsverkehr breitete sich in den zwanziger Jahren immer weiter aus[733] und erhöhte somit den Handlungsspielraum der Reichsbank, der durch den Golddevisenstandard beschränkt wurde. In einem Bericht der statistischen Abteilung der Reichsbank vom 23. Februar 1928 wurde darauf hingewiesen, daß die Überweisung das Übergewicht im Zahlungsverkehr erlangt habe und die Gironetze immer besser ausgebaut

---

729 Vgl. BArch, R 3101/15683, Bl. 5. Verwaltungsbericht der Reichsbank für das Jahr 1924.
730 Schacht, H. (1931), S. 134.
731 Schacht, H. (1932), S. 40-41.
732 Vgl. Bericht des Reichsbankpräsidenten über die Lage der Reichsbank und über Fragen der Währungs- und Finanzpolitik. 26. Februar 1925, 11 Uhr, S. 111.
733 Zur Entwicklung des bargeldlosen Zahlungsverkehrs siehe Tabelle A13 im Anhang.

würden.[734] Die Reichsbank warb verstärkt für ihr Gironetz und für den Ausbau des bargeldlosen Zahlungsverkehrs. In einem internen Bericht der Reichsbank hieß es: *„Der Giroverkehr bringt zwar keine wesentlichen, unmittelbaren Einnahmen, aber er ist der Reichsbank durch die Herbeiziehung von Geldkapital ein wichtiges Hilfs- und Machtmittel für die Bank- und Diskontpolitik, abgesehen davon, daß er zur Verringerung des Notenumlaufs beiträgt.*"[735]
Die Reichsbank hatte also durchaus die Bedeutung des bargeldlosen Zahlungsverkehrs erkannt. Schacht vertrat sogar die Ansicht, daß auch für Giroguthaben eine gewisse Notendeckungsmarge an Gold und Devisen gehalten werden müsse, da Barabhebungen jederzeit möglich seien.[736] Gesetzlich vorgeschrieben war eine solche Deckung jedoch nicht.

Schacht war ein glühender Anhänger der Goldwährung bzw. des internationalen Goldstandards. Er vertrat die Ansicht, daß die Rückkehr zur Goldwährung der einzig vernünftige Weg sei, um zu stabilen währungspolitischen Verhältnissen zu kommen. Durch die Wiedereinführung der Goldwährung sollte die Stabilität der Wechselkurse aufrechterhalten werden. Allerdings hatte für Schacht die Aufrechterhaltung der Preisniveaustabilität - in erster Linie die Verhinderung einer erneuten Inflation - aufgrund der Erfahrungen mit der Hyperinflation Priorität.[737] Dies bedeutete jedoch eine Abkehr vom klassischen Goldstandard. Dieser räumte der Wechselkursstabilität und dem Zahlungsbilanzausgleich gegenüber binnenwirtschaftlichen Erfordernissen einer Stabilisierungspolitik Priorität ein. Die dabei bestehende hohe Variabilität der Preise in kurzer Sicht hätte dem Ziel der Preisniveaustabilität, zumindest wenn dieses auch kurzfristig erfüllt werden sollte, widersprochen. Allerdings war die Reichsbank entsprechend der prozentualen Mindestdeckung des Notenumlaufs nicht dazu verpflichtet, den Notenumlauf zu erhöhen, wenn der Wechselkurs den Goldimportpunkt unterschritten hatte. Anders sah das beim Überschreiten des Goldexportpunktes aus. Unterstellt man, daß die Reichsbank grundsätzlich nur die Mindestdeckung erfüllte, so wäre sie in einem solchen Fall zu einer Einschränkung des Notenumlaufs gezwungen gewesen. Dementsprechend war die Gefahr einer Deflation theoretisch höher als die einer Inflati-

---

[734] Vgl. BArch, R 2501/6345, Bl. 176-205. Bericht der Reichsbank „Zur Frage der Entwicklung des bargeldlosen Zahlungsverkehrs" vom 23. Februar 1928.

[735] BArch, R 2501/6348, Bl. 7. Bericht der Reichsbank über Änderungen im Giroverkehr vom 26. August 1927.

[736] Vgl. BArch, 3101/15587, Bl. 102. Bericht über die Reichsbank des V Unterausschusses für Geld-, Kredit- und Finanzwesen des Ausschusses zur Untersuchung der Erzeugungs- und Absatzbedingungen der deutschen Wirtschaft (Enquete-Ausschuß) vom 18. Januar 1929.

[737] Vgl. BArch, R 2501/7170, Bl. 74. Rede Schachts auf der 20. Ordentlichen Hauptversammlung des Verbandes Sächsischer Industrieller im Vereinshaus zu Dresden am 9. April 1924; BArch, R 2501/7170, Bl. 19. Rede Schachts während der Kundgebung des Hansa-Bundes am 25. Mai 1924; Reichsbank (1937), S. 42-43; Schacht, H. (1953), S. 207-209.

on. Die Reichsbank hat aber die prozentuale Mindestdeckung entsprechend dem Bankgesetz von 1924 bis einschließlich 1930 immer übererfüllt.[738]

Aufgrund seines Wunsches, die Goldwährung in Deutschland wieder einzuführen, suchte Schacht von Anfang an engen Kontakt zur Bank von England.[739] Noch vor seinem offiziellen Amtsantritt reiste er nach London, um Montagu Norman, der ebenfalls ein Verfechter des Goldstandards war, einen Besuch abzustatten. Dieser holte den Deutschen am Silvesterabend persönlich von der Victoria-Station ab.[740] Diese durchaus unübliche persönliche Geste war der Beginn einer lebenslangen Freundschaft. Norman sprach Schacht das Verdienst für die Stabilisierung der Mark zu und brachte immer wieder *„seine Bewunderung über die erfolgreiche Tätigkeit des Herrn Dr. Schacht unter schwierigsten Verhältnissen zum Ausdruck"*.[741] Er wurde noch kurz vor Beginn des 2. Weltkrieges 1939 der Taufpate von Schachts Enkel.[742]
Es war eine Freundschaft, die Schacht nach dem 2. Weltkrieg zu einem Freispruch im Nürnberger Hauptkriegsverbrecherprozeß verhelfen sollte, da Norman entlastende Stellungnahmen für Schacht schrieb.[743]

7.3 Die enge Fühlungnahme zwischen der Reichsbank und der Reichsregierung

Das Verhältnis zwischen den verschiedenen Regierungen und der Reichsbank war am Anfang der Reichsbankpräsidentschaft Schachts sehr freundschaftlich. Anläßlich der Niederlegung des Amts des Reichswährungskommissars dankte Reichskanzler Marx Schacht für seine Verdienste bei der Währungsstabilisierung und bei dem Zustandekommen des Dawes-Plans. In dem Dankesschreiben wies der Reichskanzler auch auf die Notwendigkeit einer engen Zusammenarbeit zwischen der Reichsbank und der Reichsregierung in währungspolitischen Angelegenheiten hin.[744]

---

[738] Zu den Deckungsquoten des Reichsbanknotenumlaufs durch Gold bzw. durch Gold und Dekkungsdevisen entsprechend § 28 Abs. 1 des Bankgesetzes von 1924 siehe Tabelle A5 im Anhang.

[739] Vgl. Kabinettssitzung vom 3. Dezember 1923, 16 Uhr, S. 20; Köllner, L. (1991), S. 65-66.

[740] Vgl. Schacht, H. (1953), S. 243.

[741] Aufzeichnung des Botschaftsrats Dufour-Feronce von der deutschen Botschaft in London über seine am 6. April 1926 mit dem Gouverneur der Bank von England, Montagu Norman, geführte Unterredung, S. 577.

[742] Vgl. Schacht, H. (1953), S. 250.

[743] Vgl. Köllner, L. (1981), S. 20.

[744] Vgl. Der Reichskanzler an den Reichsbankpräsidenten. 19. Oktober 1924, S. 1128-1129.

Das Reichsbankdirektorium gab seinerseits in einem Schreiben vom 6. Januar 1926 der Hoffnung Ausdruck, daß auch in Zukunft die enge Zusammenarbeit mit der Reichsregierung fortgesetzt werde und daß es durch eine gemeinsame vertrauensvolle Arbeit gelänge, die wirtschaftlichen Schwierigkeiten zu überwinden.[745]

Rein rechtlich war eine enge Fühlungnahme der Reichsbank mit der Reichsregierung durch die entsprechend § 20 Abs. 3 des Bankgesetzes von 1924 vorgeschriebene Berichterstattung des Direktoriums an die Regierung vorgesehen.
Im rechtlichen Sinne existierte das Bankkuratorium - das frühere Aufsichtsorgan des Reichs über die Reichsbank - nach dem Inkrafttreten des Bankgesetzes von 1924 nicht mehr. Inoffiziell wurden die in der Reichskanzlei stattfindenden Berichterstattungen des Reichsbankpräsidenten über aktuelle währungs- und finanzpolitische Fragen jedoch als "Sitzungen des Reichsbankkuratoriums" bezeichnet, weil der Reichskanzler hierzu in der Regel diejenigen Reichsressorts und Länderregierungen einlud, die auch im früheren Kuratorium vertreten waren. Die Berichterstattung erfolgte vor dem Reichskanzler als dem ehemaligen Vorsitzenden des Bankkuratoriums, dem Reichsfinanzminister, dem Reichswirtschaftsminister sowie Vertretern der Länder Preußen, Bayern, Sachsen, Württemberg, Baden und Hamburg.[746] Nachdem die reparationspolitischen Fragen und landwirtschaftlichen Kreditfragen in den Sitzungen einen immer größeren Raum einnahmen, wurden ab Juli 1928 auch die Reichsminister für Ernährung und Landwirtschaft und der Staatssekretär im Auswärtigen Amt eingeladen.[747]
Die Einladung zu der Berichterstattung in der Form des alten Kuratoriums zeigte das Festhalten an vergangenen Traditionen, in dem Fall an der des Bankgesetzes von 1875.

Sowohl die Reichsbank als auch die Reichsregierung sprachen diesen Berichterstattungen eine große Bedeutung zu. Es wurde deshalb im Februar 1925 beschlossen, diese entsprechend den alten Bestimmungen über das Kuratorium einmal im Vierteljahr abzuhalten.[748] Aus den Berichten läßt sich entnehmen, daß vor allem Schacht größten Wert auf die Regelmäßigkeit der Sitzungen legte.

---

[745] Vgl. BArch, R 43 I/961, Bl. 108. Schreiben des Reichsbankdirektoriums an die Reichsregierung vom 6. Januar 1926.

[746] Vgl. Bericht des Reichsbankpräsidenten über die Lage der Reichsbank und über Fragen der Währungs- und Finanzpolitik. 26. Februar 1925, 11 Uhr, S. 109.

[747] Vgl. BArch, R 43 I/636, Bl. 5. Aufzeichnung der Reichskanzlei betreffend der Berichterstattung der Reichsbank vom 10. Juli 1928.

[748] Vgl. Bericht des Reichsbankpräsidenten über die Lage der Reichsbank und über Fragen der Währungs- und Finanzpolitik. 26. Februar 1925, 11 Uhr, S. 108.

Die enge Fühlung mit der Reichsregierung ging also gerade von der Reichsbank aus.[749] Aber auch die jeweiligen Regierungen begrüßten die regelmäßige vierteljährliche Einberufung der Sitzungen.[750]

Die Berichterstattungen verliefen harmonisch und gaben keinen Anlaß zum Konflikt. Schacht nahm sachlich Stellung zu den Fragen der Reichsregierung, ohne daß in irgendeiner Weise eine Abhängigkeit zu dieser bestanden hätte. Bei einzelnen Maßnahmen, wie zum Beispiel der Preissenkungsaktion der Regierung Luther, kam es sogar zu einer produktiven Zusammenarbeit, indem die Reichsbank in Zusammenarbeit mit der Reichsregierung Druck auf die Banken ausübte, die Zinsspanne zwischen Soll- und Habenzinsen sowie die Provisionen zu senken.[751] Eine Diskontsatzherabsetzung zur psychologischen Unterstützung der Preissenkungsaktionen der Regierung, wie von Reichskanzler Luther angeregt, lehnte Schacht jedoch ab und zeigte damit deutlich die Grenzen einer Zusammenarbeit auf.[752]

Eine zur Konjunkturunterstützung geforderte Diskontsatzsenkung lehnte das Reichsbankdirektorium grundsätzlich ab.[753] In einer im Juni 1928 unter der Fragestellung *„Soll die Reichsbank Konjunkturpolitik treiben?“* erstellten Denkschrift kam die Reichsbank zu dem Schluß, daß eine Beeinflussung der konjunkturellen Schwankungen der Wirtschaft durch eine entsprechende Reichsbankpolitik nicht sinnvoll sei.[754]

Gerade hinsichtlich der Gestaltung des Diskontsatzes versuchte die Reichsregierung von Anfang an Druck auf Schacht auszuüben. Reichskanzler Luther bemerkte im Februar 1926 sogar, daß die Reichsbank und die Reichsregierung eine gemeinsame Verantwortung für die Diskontpolitik hätten.[755] Schacht sah die Verantwortung allerdings allein bei dem Direktorium. Er kompromittierte die Reichsregierung aber keinesfalls, sondern zeigte sich kompromißbereit und agierte rheto-

---

[749] Vgl. Bericht des Reichsbankpräsidenten über währungs- und finanzpolitische Fragen. 7. März 1927, 11 Uhr, S. 577-578; Bericht des Reichsbankpräsidenten über die Lage der Reichsbank und über Fragen der Finanz- und Währungspolitik. 20. Januar 1928, 11 Uhr, S. 1237; Bericht des Reichsbankpräsidenten an die Reichsregierung über die Lage der Reichsbank und über Fragen der Finanz- und Währungspolitik. 19. Juli 1928, 11 Uhr, S. 33.

[750] Vgl. BArch, R 43 I/636, Bl. 3-4. Schreiben des Staatssekretärs der Reichskanzlei an Schacht vom 5. Juli 1928.

[751] Vgl. Bericht des Reichsbankpräsidenten über die Lage der Reichsbank und über Fragen der Währungs- und Kreditpolitik. 14. August 1925, 11 Uhr, S. 519; Kabinettssitzung vom 26. August 1925, 17 Uhr, S. 543; Chefbesprechung vom 15. Februar 1926, 11 Uhr, S. 1124.

[752] Vgl. Chefbesprechung vom 15. Februar 1926, 11 Uhr, S. 1123-1124.

[753] Vgl. Bericht des Reichsbankpräsidenten über die Lage der Reichsbank und über Fragen der Währungs- und Kreditpolitik. 14. August 1925, 11 Uhr, S. 500.

[754] Vgl. BArch, R 2501/6472, Bl. 311-318. Denkschrift der Reichsbank unter der Fragestellung „Soll die Reichsbank Konjunkturpolitik treiben?“ vom Juni 1928.

[755] Vgl. Chefbesprechung vom 15. Februar 1926, 11 Uhr, S. 1124.

risch sehr geschickt. Tatsächlich war die geldpolitische Situation für die diskontpolitischen Entscheidungen der Reichsbank ausschlaggebend. Wenn diese jedoch zu einer mit den Wünschen der Reichsregierung konformen Entscheidung führte, gab Schacht vor, sich von zwingenden Gründen der Regierung für eine Diskontsatzsenkung beeinflussen zu lassen.[756]

Der Reichsbankpräsident unterstütze die Maßnahmen der Reichsregierung nur soweit, wie sie seiner Auffassung entsprachen. Bei der Diskontpolitik hatte er stets die dadurch möglicherweise verursachte Änderung des Notenumlaufs mit ihren potentiell vorhandenen Auswirkungen auf das Preisniveau im Auge. „*Die Frage, die sich erhebt, ist, wieweit durch eine Steigerung des Notenumlaufs das Preisniveau verändert wird, und das ist das, wo wir abtasten müssen, wo wir sorgfältig prüfen müssen, ob eine Zunahme des Notenumlaufs sich etwa in Preissteigerungen auswirkt.*“[757]

Die Einhaltung der 40%igen Deckung des Notenumlaufs durch Gold und Devisen sah er dabei nicht als Problem. Schacht wies gerne darauf hin, daß die Deckung so gut wie nie unterschritten und sogar meistens übererfüllt werde.[758] Der Handlungsspielraum bei der Diskontpolitik der Reichsbank war durch die Deckungsvorschriften während der Reichsbankpräsidentschaft Schachts nicht wesentlich eingeschränkt.[759] Schacht benutzte den Zwang zur Erfüllung der Deckungsvorschriften nur als Argument, wenn er von seiten der Reichsregierung zu einer Diskontsatzsenkung aufgefordert wurde, die er selber aber ablehnte.[760]

Es bestand also keine Abhängigkeit der Reichsbank von der Reichsregierung. Schacht versuchte aber seinerseits die Wirtschafts- und Finanzpolitik der Reichsregierung zu beeinflussen. Er gab den jeweiligen Regierungen während der Be-

[756] Vgl. Bericht des Reichsbankpräsidenten über die Lage der Reichsbank und über Fragen der Kredit- und Währungspolitik. 5. Dezember 1925, 16 Uhr, S. 969.

[757] Bericht des Reichsbankpräsidenten über die Lage der Reichsbank und über Fragen der Kredit- und Währungspolitik. 5. Dezember 1925, 16 Uhr, S. 951.

[758] Vgl. Bericht des Reichsbankpräsidenten über die Lage der Reichsbank und über Fragen der Finanz- und Währungspolitik. 20. Januar 1928, 11 Uhr, S. 1240; Bericht des Reichsbankpräsidenten über die Lage der Reichsbank und über Fragen der Finanz- und Währungspolitik. 13. April 1928, 11 Uhr, S. 1404; Bericht des Reichsbankpräsidenten an die Reichsregierung über die Lage der Reichsbank und über Fragen der Finanz- und Währungspolitik. 7. Februar 1929, 11 Uhr, S. 420.

[759] Zu den Deckungsquoten des Reichsbanknotenumlaufs durch Gold bzw. durch Gold und Dekkungsdevisen entsprechend § 28 Abs. 1 des Bankgesetzes von 1924 siehe Tabelle A5 im Anhang.

[760] Vgl. Bericht des Reichsbankpräsidenten über die Lage der Reichsbank und über Fragen der Währungs- und Kreditpolitik. 14. August 1925, 11 Uhr, S. 493-494; Bericht des Reichsbankpräsidenten über währungs- und finanzpolitische Frage. 7. März 1927, 11 Uhr, S. 601.

richterstattungen Ratschläge für ihre Wirtschafts- und Finanzpolitik,[761] wobei seine Ausdrucksweise den Anschein erweckte, als würde er sich als Teil der Reichsregierung sehen, ohne deshalb ihre Meinung vertreten zu müssen.[762] Dies wurde aber bis Ende 1929 von keiner der verschiedenen Regierungen moniert.

7.4 Die Kreditrestriktion im April 1924

Am Anfang des Jahres 1924 bestand eine außerordentliche Betriebsmittelnot der Wirtschaft als Folge der Inflation. Als Kreditquelle stand fast ausschließlich die Reichsbank zur Verfügung. Diese sah sich gezwungen, den Ansprüchen der Wirtschaft entgegenzukommen, um eine Stillegung vieler Produktionszweige, den Zusammenbruch der Ernährungswirtschaft und einen starken Anstieg der Arbeitslosigkeit zu vermeiden. Trotz des Entgegenkommens ließ die Reichsbank aber nach eigener Darstellung größte Vorsicht bei der Kreditvergabe walten. Am 6. Januar 1924 wurde seitens der Reichsbank verfügt, daß im Umfang der Kreditgewährung Maß zu halten sei, um Gefahren für die Währung abzuwenden und den Devisenbestand der Reichsbank zu sichern.[763]

Trotzdem stiegen nicht nur die Produktion und die Beschäftigung, sondern auch die Löhne und Preise. Der Devisenbestand der Reichsbank sank. Die Kredite wurden größtenteils nicht für Investitionen und zur Kapitalbildung genutzt, sondern in erster Linie für Importe von Verbrauchsartikeln ausgegeben. Die Passivität der Handelsbilanz nahm zu und die Kurse der Mark an den ausländischen Börsenplätzen gaben wegen der anhaltenden Devisennachfrage und des vermehrten Markangebots bedenklich nach.[764]

---

[761] Vgl. Bericht des Reichsbankpräsidenten über die Lage der Reichsbank und über Fragen der Währungs- und Finanzpolitik. 26. Februar 1925, 11 Uhr, S. 111; Bericht des Reichsbankpräsidenten über die Lage der Reichsbank und über Fragen der Währungs- und Kreditpolitik. 14. August 1925, 11 Uhr, S. 503; Bericht des Reichsbankpräsidenten über die Lage der Reichsbank und über Fragen der Finanz- und Währungspolitik. 20. Januar 1928, 11 Uhr, S. 1407.

[762] Vgl. Bericht des Reichsbankpräsidenten über die Lage der Reichsbank und über Fragen der Währungs- und Finanzpolitik. 26. Februar 1925, 11 Uhr, S. 111.

[763] Vgl. BArch, R 2501/6668, Bl. 156-162. Ausarbeitung der Reichsbank für die Zentralausschußsitzung am 29. Januar 1924; BArch, R 2501/6668, Bl. 164-167. Ausarbeitung der Reichsbank für die Zentralausschußsitzung am 28. Februar 1924; BArch, R 2501/6668, Bl. 182-185. Ausarbeitung für die Reichsbank Zentralausschußsitzung am 8. März 1924; BArch, R 2501/6462, Bl. 26-27. Denkschrift der Reichsbank über die „Kreditpolitik und Kreditmaßnahmen der Reichsbank (einschließlich der Wirkungen) im Jahre 1924".

[764] Vgl. BArch, R 2501/6341, Bl. 171-174. Ausarbeitung der Reichsbank für die Generalversammlung am 5. Juli 1924; BArch, R 2501/6460, Bl. 167-168. Aufzeichnung der Reichsbank über die Kreditlage in Deutschland im Jahre 1924; BArch, R 2501/6462, Bl. 274. Denkschrift der Reichsbank über „Die Gesundung der Währung in Deutschland", 1924.

In einem ersten Schritt Mitte Februar 1924 machte die Reichsbank die Banken darauf aufmerksam, daß entsprechend der Devisengesetzgebung Devisenkaufaufträge nur angenommen werden dürfen, wenn ein belegbarer wirtschaftlicher Bedarf zur Anschaffung von Devisen nachgewiesen werden könne. Außerdem müsse für solche Kaufaufträge bei der Reichsbank zum Teil die volle Deckung in deutschem Geld hinterlegt werden. Mit verschiedenen, diese Vorschrift mißachtenden Banken brach die Reichsbank den Kreditverkehr ab, entzog ihnen das Girokonto bei der Reichsbank und mitunter sogar die Devisenhandelsberechtigung.[765] Zusätzlich ging die Reichsbank zu einer selektiven Diskontpolitik über. Dabei befriedigte sie vorwiegend die Kreditansprüche der Landwirtschaft und des Exporthandels.[766]

Als die Reichsbank bemerkte, daß diese Kreditpolitik nicht zu dem gewünschten Ziel führte, griff sie in einem zweiten Schritt zum Mittel der Kreditrestriktion. Am Samstag, dem 5. April 1924, verkündete Schacht nach Börsenschluß, daß die Reichsbank jede weitere Ausdehnung der Wechseldiskontierung ab 7. April 1924 vollständig unterbinden werde, da sich im Februar und März ein Absinken der Mark gegenüber den ausländischen Valuten gezeigt habe.[767]

Die Beschränkung des Gesamtkredits geschah unter der Maßgabe, daß innerhalb des gesetzten Gesamtkontingents eine neue Verteilung der Kredite auf die einzelnen Wirtschaftskreise durch die Reichsbank vorgenommen werden sollte. Bei der Umlegung der Kredite wurde darauf geachtet, daß nach Möglichkeit die für den Export tätigen Werke und die für die Volksernährung arbeitenden Gewerbe, insbesondere die Landwirtschaft, den aus Sicht der Reichsbank unbedingt benötigten Kredit erhielten.[768] *„Grundsatz und Endzweck war hierbei die Wirtschaft in gesunde Bahnen zu lenken, sie von den unzähligen Fremdkörpern der Inflationszeit zu befreien, und zwar insbesondere auf dem Wege über die Ermäßigung der Warenpreise bessere Exportmöglichkeiten zu schaffen, die in Deutschland hinsichtlich der zum Teil über dem Weltmarktpreisniveau liegenden Warenpreise äußerst im Argen lagen.“*[769]

Die Kreditrestriktion führte jedoch nicht nur zur Unterdrückung inflationärer Tendenzen, sondern auch zu einer kurzen, aber schweren Rezession. Es folgten eine

---

[765] Vgl. BArch, R 2501/6460, Bl. 489-490. Aufzeichnung der Reichsbank über die Kreditrestriktion im Jahre 1924; Schacht, H. (1927), S. 115-116.

[766] Vgl. BArch, R 2501/7039, Bl. 94. Ansprachen zu Ehren Schachts anläßlich seines Ausscheidens aus der Reichsbank, gehalten bei der Abschiedsfeier am 1. April 1930.

[767] Vgl. Schacht, H. (1927), S. 117.

[768] Vgl. BArch, R 2501/6462, Bl. 29-30. Denkschrift der Reichsbank über die „Kreditpolitik und Kreditmaßnahmen der Reichsbank (einschließlich der Wirkungen) im Jahre 1924“.

[769] BArch, R 2501/6462, Bl. 30-31. Denkschrift der Reichsbank über die „Kreditpolitik und Kreditmaßnahmen der Reichsbank (einschließlich der Wirkungen) im Jahre 1924“.

Reihe von Konkursen, die rasch zahlreicher wurden.[770] Schacht behauptete in der Generalversammlung am 4. Oktober 1924, es handele sich nur um eine Bereinigungskrise, in der Unternehmen ausschieden, die während der Inflationszeit ohne gesunde Grundlage entstanden waren oder noch aus der Kriegs- und ersten Nachkriegszeit fortbestanden hatten, obwohl inzwischen eingetretene Strukturwandlungen hier ohne die Inflation schon längst eine Umstellung herbeigeführt hätten.[771] Tatsächlich brachte die Kreditrestriktion aber auch viele gesunde Unternehmen in Schwierigkeiten.[772]

Schacht selbst feierte diese Kreditrestriktion in seinem 1927 erschienen Buch „*Die Stabilisierung der Mark*" als einen vollen Erfolg. „*Und dieser Erfolg war ein doppelter, nämlich ein materieller, indem er die Währung sicherte, aber auch ein psychologischer, indem die sämtlichen offenen und geheimen Widerstände der Inflationsgewinnler gegen die Währung und die Politik der Reichsbank zu Boden geschlagen wurde.*"[773]

Eine Diskontsatzerhöhung hätte seiner Meinung nach nicht ausgereicht, um dieses Ziel zu erreichen. Die unter normalen Umständen unerwünschten Maßnahmen der Kreditrestriktion seien durch die besonderen politischen Umständen nach dem 1. Weltkrieg notwendig geworden.[774] „*Es mußte endlich begriffen werden, daß die Reichsbank sich jedes Mittels bedienen würde, um die Stabilität der Mark zu sichern.*"[775]

Währungspolitisch war die harte Restriktionsmaßnahme wirksam. Die Devisenlage verbesserte sich und bereits im Juni 1924 konnten die angeforderten Devisenbeträge voll zugeteilt werden. Die Reichsbank konnte ihre eigenen Devisenbestände verstärken, der Kurs der Mark im Ausland hielt sich stabil und die Warenpreise zeigten eine sinkende Tendenz. Bedingt durch die sinkende Tendenz des Großhandelsindexes bis einschließlich Juli 1924 stieg der Außenhandel an.[776]

---

[770] Vgl. BArch, R 2501/6974. Denkschrift der Reichsbank über „Die Wirkungen der Kreditkontingentierung" vom 28. Oktober 1926.

[771] Vgl. BArch, R 2501/6341, Bl. 208. Protokoll der Sitzung der Generalversammlung vom 4. Oktober 1924.

[772] Vgl. Der Reichswirtschaftsminister an den Reichsminister der Finanzen. 30. Juli 1924, S. 931; Pentzlin, H. (1980), S. 69; Dalberg, R. (1926), S. 76.

[773] Schacht, H. (1927), S. 118.

[774] Vgl. Sitzung des Reichsbank-Kuratoriums. 29. April 1924, 11 Uhr, S. 593; Schacht, H. (1927), S. 118-120.

[775] Schacht, H. (1953), S. 266.

[776] Vgl. BArch, R 2501/6462, Bl. 274-275. Denkschrift der Reichsbank über „Die Gesundung der Währung in Deutschland", 1924; BArch, R 2501/6974. Denkschrift der Reichsbank über „Die Wirkungen der Kreditkontingentierung" vom 28. Oktober 1926.

Das Verdienst für die erreichte Währungsstabilisierung schrieb Schacht der Reichsbankunabhängigkeit zu. In seinem Buch „*Das Ende der Reparationen*" schrieb Schacht 1931: „*Allen denen, die heute immer noch Zweifel haben an der dauernden Stabilität der deutschen Währung, zeigt dieses Beispiel, daß eine Notenbank, wenn sie nicht irgendeinem politischen Zwang unterliegt, sondern nach wirtschaftlichen Gesetzen handelt und die Freiheit besitzt, danach zu handeln, stets in der Lage ist, die Stabilität ihrer Währung aufrechtzuhalten.*"[777]

Daß die Kreditbeschränkung der Wirtschaft schwere Lasten und Opfer auferlegen würde, hatte die Reichsbank von vornherein mit einkalkuliert. Sie sah sich aber allein auf die Stabilität der Währung verpflichtet. Eine Unterstützung der Wirtschaftspolitik der Regierung mit Hilfe ihrer geldpolitischen Instrumente lehnte sie ab. „*Was immer kommt, ich glaube, es ist viel leichter zu ertragen, daß wir wieder durch Nichtbeschäftigung der Industrie Arbeitslosigkeit bekommen und daß wir durch Opferung von Substanz vielleicht große Verluste innerhalb der Industrie bekommen, als daß wir das ganze Volk noch einmal in diesen entsetzlichen Wahnsinn der Inflation hineintreiben*".[778]
Auch das Bankgesetz von 1924 sah eine Unterstützung der Wirtschaftspolitik der Regierung durch die Reichsbank nicht vor.

Die Frage ist, ob Schacht nicht hätte verhindern können, daß ein so restriktives Mittel notwendig wurde. Schacht selbst hat behauptet, daß die Reichsbank zu dieser Zeit „*ihre eigene Kraft zur Kreditgewährung überschätzte*".[779]
Er war sicherlich abgelenkt durch die Verhandlungen mit dem Dawes-Ausschuß, wie er selbst behauptete. Außerdem, so führte er an, fühlte er sich im Interesse der Versorgung der Bevölkerung dazu verpflichtet, der Landwirtschaft - der andere Kreditquellen nicht zur Verfügung standen - entsprechende Kredite zu bewilligen.[780] Trotzdem hätte seiner Aufmerksamkeit nicht entgehen dürfen, daß die Kreditschöpfung der Reichsbank Anfang 1924 rapide zunahm, die Geldmenge schnell wuchs und der Kurs der Mark sank. Eine von Anfang an vorsichtigere Kreditpolitik der Reichsbank hätte das Mittel der Kreditrestriktion möglicherweise überflüssig gemacht.[781]

Mit der Kreditrestriktion vom April 1924 demonstrierte Schacht eindeutig die Durchsetzungsfähigkeit der Reichsbank gegenüber der Reichsregierung, den Banken und der Wirtschaft.
Zu einem Konflikt mit der Reichsregierung führte dies allerdings nicht. Zwar drängte diese wiederholt auf eine Erleichterung der Kreditbedingungen und machte

---

777 Schacht, H. (1931), S. 138.
778 Sitzung des Reichsbank-Kuratoriums. 29. April 1924, 11 Uhr, S. 594.
779 Schacht, H. (1931), S. 137.
780 Vgl. Schacht, H. (1927), S. 115; Schacht, H. (1953), S. 265.
781 Vgl. Netzband, K.-B. / Widmaier, H. P. (1964), S. 231; Baum, W. (1990), S. 159-160.

auf die negativen Folgen der Restriktionspolitik aufmerksam.[782] Letztendlich unterstützte die Regierung aber jede Maßnahme der Reichsbank, die der Stabilität der Währung diente.[783] Der Wirtschaftsausschuß des Kabinetts bezeichnete die Verhinderung der Inflation im Januar 1924 sogar als eine der vordringlichsten Aufgaben der Reichsregierung.[784] Auch bei späteren Diskussionen im Reichstag über die Reichsbankpolitik wurde von allen Parteien die Kreditrestriktion als notwendige Maßnahme zur Stabilisierung der Mark anerkannt[785] Durch die leidvollen Erfahrungen mit der Inflation wäre auch jede erneute rapide Geldentwertung mit einem Sturz der Regierung verbunden gewesen.

7.5 Die Kritik an der Auslandsverschuldung der öffentlichen Kommunen

Nach der erfolgreichen Unterbringung der Dawes-Anleihe setzte 1925 ein Zustrom von amerikanischen Krediten ein,[786] der der Privatwirtschaft das dringend benötigte Investitionskapital zuführte. Als aber auch die Länder und Kommunen begannen, in hohem Maße ausländische Kredite aufzunehmen, warnte die Reichsbank vor einer unkontrollierten Auslandsverschuldung der öffentlichen Hand.[787]

Der Reichsbankpräsident wies immer wieder auf die währungs-, wirtschafts- und reparationspolitischen Gefahren der fortgesetzten Auslandskreditaufnahme hin.
Die Reichsbank vertrat den Standpunkt, daß das übermäßige Einströmen von Auslandskapital die Regulierung des Geldmarktes durch die Reichsbank außerordentlich erschwere, die Importneigung verstärke und den Exportdruck vermindere. Außerdem werde durch eine "ungesunde" Stimulierung des Konsums und der Konjunktur eine über die wahre Lage hinwegtäuschende Scheinblüte der Wirtschaft erzeugt und die Reparationsproblematik durch den Transfer aus Leihdevisen verschleiert. Die Reichsbank wies darauf hin, daß der Schuldendienst für die aufgenommenen Auslandskredite, die Finanzierung der wachsenden Außenhandelsdefizite sowie der zunehmende Reparationstransfer immer höhere Devisenbeträge und Kapitalimporte erfordern werde. Sie sähe deshalb einen Auslandskredit nur dann als berechtigt an, wenn durch die Kreditgewährung Devisen erwirtschaftet würden.

---

[782] Vgl. BArch, R 43 I/1135, Bl. 46-47. Schreiben des Reichswirtschaftsministers an Schacht vom 30. Juni 1924; BArch, R 2501/6974. Schreiben des Reichswirtschaftsministers an die Reichsbank vom 17. Juli 1924.

[783] Vgl. Kabinettssitzung vom 16. Juni 1924, 16 Uhr, S. 702; Der Reichswirtschaftsminister an den Reichsminister der Finanzen. 30. Juli 1924, S. 931.

[784] Vgl. Sitzung des Wirtschaftsausschusses des Kabinetts. 11. Januar 1924, 17 Uhr, S. 226.

[785] Vgl. Verhandlungen des Reichstags (1926), S. 6344; Verhandlungen des Reichstags (1927), S. 8049.

[786] Zur Gesamtsumme der im Ausland aufgenommenen Anleihen siehe Tabelle A10 im Anhang.

[787] Vgl. Besprechung mit Ministerpräsidenten, Finanz- und Innenministern der Länder. 2. Oktober 1925, 11 Uhr, S. 624.

Dies sei, so argumentierte die Reichsbank, vor allem bei Krediten der öffentlichen Kommunen nicht gegeben. Angesichts der ungünstigen Liquidität der deutschen Banken und der begrenzten Devisenreserven der Reichsbank bestünde die Gefahr einer schweren Kredit- und Wirtschaftskrise, sobald die Anleihebereitschaft des Auslands nachlassen und der hohe Bestand an kurzfristigen Auslandskrediten plötzlich zurückgezogen werden würde.[788]

Vor allem die reparationspolitische Seite der Auslandskredite wurde von der Reichsbank immer wieder hervorgehoben. Sie betonte bei jeder Gelegenheit, daß ein durch Auslandskredite verursachter hoher Devisenbestand ein trügerisches Bild auf die Fähigkeit werfe, Reparationszahlungen zu leisten. Einem wirtschaftlich gesunden Land mit hohen Devisenreserven, so argumentierte die Reichsbank, würden sicherlich keine Reparationszahlungen erlassen werden.[789] Insbesondere könne aus den Gold- und Devisenbeständen der Reichsbank, soweit sie nicht aus wirtschaftlichen Überschüssen, sondern aus Auslandskrediten herrühren, nicht auf das Vorhandensein einer Transferfähigkeit geschlossen werden.[790]

Bei seinem Kampf gegen die Auslandskredite öffentlicher Kommunen wurde Schacht von der Reichsregierung unterstützt, insbesondere von Finanzminister Luther.[791] Dieser setzte am 1. November 1924 den Erlaß einer Verordnung des Reichspräsidenten durch, die die Zustimmung des Reichsfinanzministers für die Aufnahme von Auslandskrediten durch Länder, Gemeinden und Gemeindeverbände vorsah.[792] Die Wirkungsdauer dieser Verordnung war bis zum 31. Januar 1925 begrenzt. Bis dahin sollten sich die Länder, die grundsätzlich das Vorgehen der Reichsregierung als berechtigt anerkannt hatten, auf ein gemeinsames Verfahren zur Aufnahme von Krediten im Ausland einigen.

Diese erzielte Einigung fand ihren Niederschlag in den „*Richtlinien über die Aufnahme von Auslandskrediten durch Länder, Gemeinden und Gemeindeverbände*“. Die Richtlinien wurden am 23. Dezember 1924 zwischen den Landesregierungen vereinbart. Darin hieß es: „*Die Länder sind sich darüber einig, daß die Erhaltung der Währung und allgemein politische Gründe die äußerste Beschränkung bei*

---

788 Vgl. Bericht des Reichsbankpräsidenten über die Lage der Reichsbank und über Fragen der Währungs- und Kreditpolitik. 14. August 1925, 11 Uhr, S. 497; Das Reichsbank-Direktorium an den Reichskanzler. 27. Juni 1927, S. 818-824.

789 Vgl. Das Reichsbank-Direktorium an den Reichskanzler. 24. Januar 1926, S. 1052; BArch, R 2501/7570, Bl. 6. Verwaltungsbericht der Reichsbank für das Jahr 1927.

790 Vgl. BArch, R 3101/15683, Bl. 70. Verwaltungsbericht der Reichsbank für das Jahr 1926.

791 Vgl. Kabinettssitzung vom 31. Oktober 1924, 17 Uhr, S. 1151.

792 Verordnung des Reichspräsidenten über Aufnahme von Auslandskrediten durch Länder, Gemeinden und Gemeindeverbände. Vom 1. November 1924, RGBl. 1924 I, S. 726.

Aufnahme von Auslandskrediten durch öffentliche Verbände gebieten.“[793] Die Auslandskredite mußten unmittelbar produktiven Zwecken dienen, das heißt „*nur solchen werbenden Anlagen, die durch unmittelbare Erzeugung von Werten die Verzinsung und die Amortisation des investierten Kapitals aus eigenen Einnahmen gewährleisten, ohne daß allgemeine Einnahmen des öffentlichen Verbandes in Anspruch genommen werden*“.[794]

Auf Betreiben der Reichsbank sahen die Richtlinien die Schaffung einer Beratungsstelle für Auslandskredite vor, die die Beschränkung der Auslandskredite und ihre Verwendung zu produktiven Zwecken überwachen sollte. Die zuständige Landesregierung wurde verpflichtet, vor Aufnahme eines Kredits ein Gutachten bei dieser Beratungsstelle einzuholen. Ausgenommen von diesem Verfahren waren erstens langfristige, das heißt auf mindestens 10 Jahre abgeschlossene, jedoch spätestens nach 5 Jahren vom Schuldner kündbare Anleihen und zweitens kurzfristige, auf längstens 1 Jahr abgeschlossene, nur der vorübergehenden Verstärkung der Betriebsmittel dienende Auslandskredite der Länder. Die Beratungsstelle setzte sich zusammen aus einem vom Reichsfinanzministerium zu bestellenden Sachverständigen als Vorsitzenden, einem vom Reichswirtschaftsministerium und einem vom Reichsbankdirektorium zu bestellenden Sachverständigen sowie weiteren drei von den Ländern zu bestellenden Sachverständigen.[795]

Die Reichsbank war zwar in der Beratungsstelle vertreten, ihr Einfluß auf die Entscheidungen war aber eher gering. Da keine Einstimmigkeit bei den Entscheidungen vorgesehen war, konnte sie, bei einem gemeinsamen Vorgehen der Reichsregierung und der Länderregierungen, überstimmt werden.

Die Beratungsstelle hat in der Zeit vom 1. Januar 1925 bis zum 1. Oktober 1928 von den insgesamt beantragten Anleihen in Höhe von 3732,5 Millionen Reichsmark Anleihen im Betrage von 1221,95 Millionen Reichsmark bzw. 32,74% abgelehnt. Die von den Kommunen beantragten Anleihen in Höhe von 2038,5 Millionen Reichsmark wurden in Höhe von 1110,86 Millionen Reichsmark bzw. zu 54,49% abgelehnt, während bei den übrigen ihr vorgelegten Anleihen nur geringfügige Abstriche vorgenommen wurden. Das Bestehen der Beratungsstelle selbst und die von ihr geübte Praxis wirkte dahingehend, daß eine Reihe von Anleihen der Beratungsstelle überhaupt nicht vorgelegt wurden. Diese wurden entweder auf dem Inlands-

[793] Richtlinien über die Aufnahme von Auslandskrediten durch Länder, Gemeinden und Gemeindeverbände. [Vereinbarung der Länder vom 23. Dezember 1924], S. 1251.

[794] Richtlinien über die Aufnahme von Auslandskrediten durch Länder, Gemeinden und Gemeindeverbände. [Vereinbarung der Länder vom 23. Dezember 1924], S. 1253.

[795] Vgl. Richtlinien über die Aufnahme von Auslandskrediten durch Länder, Gemeinden und Gemeindeverbände. [Vereinbarung der Länder vom 23. Dezember 1924], S. 1252-1254.

markt aufgelegt oder man verzichtete ganz auf ihre Aufnahme.[796] Das Problem der Beratungsstelle war, daß ihr die Möglichkeit fehlte, nachhaltig auf die Entwicklung der kurzfristigen Verschuldung der Kommunen einzuwirken,[797] da diese Aufnahme zumeist unmittelbar vorgenommen wurde, das heißt, die kurzfristigen Kredite wurden durch inländische Kreditinstitute gewährt oder vermittelt.[798]

Die Gründung der Beratungsstelle ließ aber keinesfalls die Kritik Schachts verstummen. Da er seine Kritik am Finanzgebaren der Kommunen immer wieder in öffentlichen Äußerungen zum Ausdruck brachte, wurde die Reichsbank als Vorreiter beim Kampf gegen die kommunalen Auslandskredite angesehen.[799]

Schacht bestritt aber am 5. Dezember 1925 während seiner Berichterstattung an die Reichsregierung, eigene machtpolitische Bestrebungen zu verfolgen: *„Ich möchte also zur Steuer [Steuerung!] der verschiedenen Gerüchte über eine Vordringlichkeit der Reichsbank bemerken, daß ich mich in dieser Frage absolutester Zurückhaltung befleißigt habe.“*[800]
Er betonte, daß es sich rechtlich bei den Staats- und Kommunalanleihen um eine Regierungsangelegenheit handele, bei der die Reichsbank nur beratend mitwirken könne.[801]

Da sich die Reichsbank bei der Kritik am Finanzgebaren der Gemeinden im vollen Einklang mit der Reichsregierung befand, war diese gerne bereit, mit Schacht zusammenzuarbeiten und sich seine Autorität zunutze zu machen. So wurde der Reichsbankpräsident im Oktober 1925 zu einer Besprechung der Reichsregierung mit den Ministerpräsidenten, Finanz- und Innenministern der Länder eingeladen, um ihre Einigkeit in der Frage zur Aufnahme von Auslandskrediten zu demonstrieren.[802]

Die Reichsbank blieb die treibende Kraft bei dem Versuch, die Aufnahme von Auslandskrediten zu beschränken. Am 24. Januar 1926 wandte sich das Direktori-

---

[796] Vgl. BArch, R 3101/15587, Bl. 196-199. Bericht über die Reichsbank des V Unterausschusses für Geld-, Kredit- und Finanzwesen des Ausschusses zur Untersuchung der Erzeugungs- und Absatzbedingungen der deutschen Wirtschaft (Enquete-Ausschuß) vom 18. Januar 1929.
[797] Zur Entwicklung der kurzfristigen Verschuldung der Gemeinden und Gemeindeverbände siehe Tabelle A9 im Anhang.
[798] Vgl. Teewag, C. (1933), S. 125.
[799] Vgl. BArch, R 43 I/634, Bl. 100. Artikel im „Ökonomischen Archiv“ vom 1. August 1925.
[800] Berichte des Reichsbankpräsidenten über die Lage der Reichsbank und über Fragen der Kredit- und Währungspolitik. 5. Dezember 1925, 16 Uhr, S. 962.
[801] Vgl. Berichte des Reichsbankpräsidenten über die Lage der Reichsbank und über Fragen der Kredit- und Währungspolitik. 5. Dezember 1925, 16 Uhr, S. 962.
[802] Vgl. Besprechung mit Ministerpräsidenten, Finanz- und Innenministern der Länder. 2. Oktober 1925, 11 Uhr, S. 616-617.

um an den Reichskanzler, um erneut auf die Zunahme der Auslandskredite vor allem durch öffentliche Stellen aufmerksam zu machen.[803]
Da die Reichsbank der Meinung war, daß die Kompetenzen der Beratungsstelle zur Verhinderung von Auslandskrediten nicht ausreichten, forderte sie deren Erweiterung. Außerdem regte sie an, der Beratungsstelle ein Gesamtkontingent vorzuschreiben, das sie auf alle Anleihegesuche verteilen sollte.[804]

Aufgrund dieser Anregung durch die Reichsbank fand am 10. Februar 1926 ein Treffen Schachts mit den Ländervertretern im Reichsfinanzministerium statt.[805]
Zwar konnte sich der Reichsbankpräsident mit seinen konkreten Forderungen zur Kompetenzerweiterung und Kontingentierung nicht durchsetzen, aber immerhin enthielten die neu vereinbarten Richtlinien die Möglichkeit zur Zurückstellung eines Anleiheprojekts, wenn seine Durchführung mit der Währungspolitik nicht vereinbar war.[806]

Einerseits versuchte die Reichsbank mit Hilfe der Reichsregierung Verordnungen und Richtlinien durchzusetzen, die eine Verhinderung von Auslandskrediten ermöglichten. Andererseits war sie aber auch bemüht, mit Hilfe der ihr eigens zustehenden Mittel die Auslandskredite zu bekämpfen. Für die Reichsbankpolitik bestanden in jener Zeit jedoch nur zwei Alternativen: Sie konnte entweder durch einen hohen Diskontsatz die Binnenkonjunktur und die Preise in Schranken halten. Dadurch wäre eine weitere Passivierung der Handelsbilanz vermieden worden. Allerdings würden weitere Auslandskredite angelockt und eine hohe Transferfähigkeit vorgetäuscht. Alternativ konnte sie durch eine Zinssenkung die Konjunktur und den Kapitalmarkt unterstützen und mit dem Geldmarkt in Fühlung bleiben. Die Unsicherheit über den weiteren Zufluß von Auslandskrediten bliebe dann aber bestehen. Das Leistungsbilanzdefizit würde sich in diesem Fall erhöhen, entgegen dem Gebot der Stunde und der Transfertheorie des Dawes-Plans.[807]

Mit einer Diskontsatzsenkung im Laufe des Jahres 1926 entschied sich die Reichsbank für die zweite Alternative, in der Hoffnung, den Zufluß von Auslandskrediten dadurch eindämmen zu können. Der Erfolg war jedoch nur kurzfristig. Ab März 1927 nahmen die Kapitalimporte wieder zu. Die Reichsbank machte dafür die Devisenspekulationen verantwortlich.[808]

---

[803] Vgl. Das Reichsbank-Direktorium an den Reichskanzler. 24. Januar 1926, S. 1052.
[804] Vgl. Das Reichsbank-Direktorium an den Reichskanzler. 24. Januar 1926, S. 1055-1056.
[805] Vgl. BArch, R 2501/6629, Bl. 190. Protokoll über die Sitzung des Reichsbankpräsidenten mit den Ländervertretern im Reichsfinanzministerium am 10. Februar 1926.
[806] Vgl. BArch, R 2501/6629, Bl. 191. Protokoll über die Sitzung des Reichsbankpräsidenten mit den Ländervertretern im Reichsfinanzministerium am 10. Februar 1926.
[807] Vgl. Veit, O. (1969), S. 558.
[808] Vgl. BArch, R 43 I/641, Bl. 46-47. Protokoll der Zentralausschußsitzung vom 10. Juni 1927; BArch, R 3101/15587, Bl. 166. Bericht über die Reichsbank des V Unterausschusses für

Der Wertpapiermarkt erlebte eine heftige Hausse-Spekulation in erster Linie aufgrund des hohen Lombardsatzes, der deutlich über dem anderer Länder lag. Die Reichsbank hatte gehofft, damit die Vergabe der Lombardkredite zu verringern und die Diskontkreditvergabe entsprechend zu erhöhen. Der hohe Lombardsatz bedeutete aber einen hohen Reportsatz und heizte die Börsenspekulation zusätzlich an.[809]

Die Reichsbank war der Meinung, daß die Banken die kurzfristigen ausländischen Kredite hauptsächlich zu eigenen spekulativen Aktienkäufen nutzten. Dadurch würde der bereits vorhandene Kursanstieg verstärkt und für andere ein Anreiz zur Spekulation geschaffen. Dadurch bedingt, so folgerte die Reichsbank, würden nun verstärkt Kredite bei Banken in Anspruch genommen und die Kreditaufnahme der Banken im Ausland weiter verstärkt.[810]

Der Reichsbankpräsident versuchte zunächst, die verantwortlichen Bankiers durch persönliche Gespräche dazu zu bewegen, die Kreditvergabe für den Effektenkauf einzuschränken.[811] Dieses reichte aber nicht aus. Daraufhin kündigte Schacht am 11. Mai 1927 in einer Sitzung mit den Mitgliedern der Stempelvereinigung, einer Vereinigung der Berliner Banken und Bankiers, weitere Maßnahmen an. Um der weiteren Ausdehnung der Börsenkredite zu begegnen, sollte bei der Bemessung der den Banken eingeräumten Diskontkredite das Verhältnis ihrer Kassenbestände und Giroguthaben zu ihren Gesamtverpflichtungen zum Maßstab gemacht werden. Er forderte eine höhere Barliquidität und empfahl den Banken, eine Einschränkung der Börsenkreditgewährung vorzunehmen. Da die vom Reichsbankpräsidenten in Aussicht gestellten Maßnahmen eine teilweise Kreditrestriktion bedeuteten, konnten sich die Banken der Empfehlung nicht entziehen. Die Stempelvereinigung gab am 13. Mai 1927 ein Kommuniqué heraus. Darin wurde die Kundschaft darauf hingewiesen, daß die Banken Kreditziehungen zu Börsenzwecken einschränken und kurzfristige Auslandsgelder zurückfordern würden.[812]

Geld-, Kredit- und Finanzwesen des Ausschusses zur Untersuchung der Erzeugungs- und Absatzbedingungen der deutschen Wirtschaft (Enquete-Ausschuß) vom 18. Januar 1929; Hardach, G. (1970), S. 580-581.

[809] Vgl. Henning, F.-W. (1992), S. 246.

[810] Vgl. BArch, R 3101/15587, Bl. 167-168. Bericht über die Reichsbank des V Unterausschusses für Geld-, Kredit- und Finanzwesen des Ausschusses zur Untersuchung der Erzeugungs- und Absatzbedingungen der deutschen Wirtschaft (Enquete-Ausschuß) vom 18. Januar 1929.

[811] Vgl. Bericht des Reichsbankpräsidenten über die Lage der Reichsbank und über Fragen der Finanz- und Währungspolitik. 20. Januar 1928, 11 Uhr, S. 1238.

[812] Vgl. BArch, R 3101/15587, Bl. 168-169. Bericht über die Reichsbank des V Unterausschusses für Geld-, Kredit- und Finanzwesen des Ausschusses zur Untersuchung der Erzeugungs- und Absatzbedingungen der deutschen Wirtschaft (Enquete-Ausschuß) vom 18. Januar 1929.

Das führte am 13. Mai 1927 zu einem starken Kurseinbruch an der Börse. Dieser Tag ging als "schwarzer Freitag" in die deutsche Börsengeschichte ein. In der Wirtschaftspresse und darüber hinaus in Bank- und Börsenkreisen wurde Schacht als vermeintlicher Urheber dieses Kurssturzes stark kritisiert.[813]
Die Maßnahmen der Reichsbank stellten zumindest den Versuch dar, die Diskontpolitik durch eine Politik der Einwirkung auf die Kreditvergabe der Kreditinstitute unter Androhung einer Kreditrestriktion zu ergänzen.
Schacht machte das *„seltsame Kommuniqué"*[814] für den Börsenkrach verantwortlich. Er kritisierte die Ausführung seiner Empfehlung durch die Berliner Stempelvereinigung. Letztendlich bewertete er das Ergebnis jedoch als positiv, da die Börsenkurse gesunken und die Liquidität der Banken gestiegen seien.[815]

Man könnte Schacht bei der Androhung einer Kreditrestriktion durchaus auch persönliche Motive unterstellen. Er hielt die damalige Aktienhausse für künstlich und übertrieben.[816] Nachdem er in jungen Jahren seinen väterlichen Monatswechsel beim Kartenspiel verloren hatte, lehnte er jede Art von Spiel ab.[817] Das "Spekulantentum" war ihm zuwider.[818] Andererseits erkannte Schacht aber auch die Gefahren, die von einem "überhitzten" Aktienmarkt auf die wirtschaftliche Entwicklung ausgehen. Möglicherweise sah er etwas, was man heutzutage als "bubbles" bezeichnen würde. Solche "Blasen" entstehen, wenn die Kurse an den Aktienmärkten stärker steigen als die Produktivität und damit die tatsächliche Verzinsung des Kapitals. Schacht sprach von einem „Schleier", der ein Bild einer gar nicht vorhandenen Prosperität erwecke und über das effektive Volksvermögen hinwegtäusche.[819]

Da nach Überzeugung der Reichsbank die deutsche Auslandsverschuldung bereits Mitte 1927 ein besorgniserregendes Ausmaß angenommen hatte,[820] wies das Direktorium in zwei Schreiben vom 27. Juni und 15. August 1927 an den Reichskanzler Marx erneut auf die währungs-, wirtschafts- und reparationspolitischen Gefahren der fortgesetzten Auslandskreditaufnahme hin.[821]

---

[813] Vgl. BArch, R 2501/3396, Bl. 171-175. Presseberichte zum Börsenkrach vom Mai 1927.
[814] Bericht des Reichsbankpräsidenten über die Lage der Reichsbank und über Fragen der Finanz- und Währungspolitik. 20. Januar 1928, 11 Uhr, S. 1238.
[815] Vgl. Bericht des Reichsbankpräsidenten über die Lage der Reichsbank und über Fragen der Finanz- und Währungspolitik. 20. Januar 1928, 11 Uhr, S. 1238.
[816] Vgl. Bericht des Reichsbankpräsidenten über währungs- und finanzpolitische Fragen. 7. März 1927, 11 Uhr, S. 591.
[817] Vgl. Schacht, H. (1953), S. 101.
[818] Vgl. Schacht, H. (1953), S. 289.
[819] Vgl. Bericht des Reichsbankpräsidenten über währungs- und finanzpolitische Fragen. 7. März 1927, 11 Uhr, S. 591.
[820] Zur Entwicklung der Auslandsverschuldung siehe Tabelle A10 und A11 im Anhang.
[821] Vgl. Das Reichsbank-Direktorium an den Reichskanzler. 27. Juni 1927, S. 818-824.

Das Schreiben vom 15. August 1927 enthielt auch unübersehbare Anzeichen für eine deutliche Abkühlung des bis dahin guten Verhältnisses zwischen der Reichsbank und der Reichsregierung. Das Reichsbankdirektorium holte zum Rundumschlag aus: Es verurteilte erstens die in der Öffentlichkeit als eine förmliche Desavouierung der Reichsbankpolitik aufgefaßte Äußerung der Reichsregierung zum "schwarzen Freitag". In der angesprochenen Mitteilung der Reichsregierung hatte diese darauf hingewiesen, daß die Maßnahmen der Reichsbank in keinster Weise von der Regierung veranlaßt worden seien.[822] Zweitens kritisierte das Direktorium einzelne ministerielle Verlautbarungen über die Wirkung der ausländischen Kredite. Drittens monierte es vor allem die Überstimmung der Reichsbank durch die Vertreter der Reichsregierung in der Beratungsstelle für Auslandskredite.[823]

Gleichzeitig bot die Reichsbank der Reichsregierung aber auch weiterhin ein gemeinsames Vorgehen an: „*Die Reichsbank hat es sich von jeher, auch nach dem sie von der Reichsregierung durch das neue Bankgesetz vollständig unabhängig geworden ist, auf das nachdrücklichste angelegen sein lassen, ihre Politik Hand in Hand mit derjenigen der Reichsregierung zu führen. Sie ist ohne eine entsprechende Wirtschafts- und Finanzpolitik des Reiches nicht in der Lage, für sich allein die Dinge zu meistern.*"[824]
Das Reichsbankdirektorium erbat deshalb eine Besprechung mit der Regierung, um ein einheitliches Vorgehen in der Anleihepolitik festzulegen.[825]

Als das Kabinett auf die Schreiben des Reichsbankdirektoriums nicht reagierte, stellte die Reichsbank ihre Mitarbeit in der Beratungsstelle ein. Damit war die Arbeit der Beratungsstelle, das heißt, die Begutachtung und Genehmigung von Auslandsanleihen der Länder und Gemeinden, vorläufig lahmgelegt. Schacht begründete diesen Schritt mit der zu großzügigen Genehmigungspraxis und dem unzureichenden Einfluß der Reichsbank auf die Genehmigungsverfahren.[826]

Der Reichsbankpräsident forderte, daß die Beratungsstelle in erster Linie prüfen müsse, ob eine einzelne Anleihe unter dem Gesichtspunkt der gesamten Erfordernisse der deutschen Währung, Wirtschaft und allgemeinen Politik genehmigt werden könne. Außerdem trat Schacht für eine Änderung der Organisation der Bera-

[822] Vgl. BArch, R 43 I/2126, Bl. 75. Veröffentlichte Mitteilung der Reichsregierung zur Reichsbankpolitik vom 14. Mai 1927.
[823] Vgl. Das Reichsbank-Direktorium an den Reichskanzler. 15. August 1927, S. 893-894.
[824] Das Reichsbank-Direktorium an den Reichskanzler. 15. August 1927, S. 896.
[825] Vgl. Das Reichsbank-Direktorium an den Reichskanzler. 27. Juni 1927, S. 824; Das Reichsbank-Direktorium an den Reichskanzler. 15. August 1927, S. 894.
[826] Vgl. BArch, R 2501/6630, Bl. 103-104. Schreiben des Reichsfinanzministers an Schacht vom 22. September 1927; BArch, R 2501/6630, Bl. 195-198. Aufzeichnung der Reichsbank zur Arbeit der Beratungsstelle, 1927; Der Reichsminister der Finanzen an Staatssekretär Pünder. 22. September 1927, S. 929-931.

tungsstelle ein. Er forderte das Prinzip der Einstimmigkeit für die Genehmigungsverfahren, da die Reichsbank in der Vergangenheit in 56 Fällen in der Beratungsstelle überstimmt worden sei.[827]

Der Reichsregierung waren die von der Reichsbank immer wieder herausgestellten negativen Folgen und Begleiterscheinungen der Auslandskredite keineswegs unbekannt. Die mit Anleihefragen befaßten Ressorts schreckten aber vor den empfohlenen restriktiven Eingriffen zurück, weil sie vor allem die positiven Wirkungen sahen, die von den amerikanischen Anleihen direkt auf die Wirtschaft und indirekt auch auf die gesellschaftlichen und politischen Verhältnisse ausgingen.[828] Nachdem die Arbeit der Beratungsstelle durch die Reichsbank lahmgelegt worden war, ergab sich allerdings für die Reichsregierung schneller Handlungsbedarf. Sie mußte nun entscheiden, ob sie der Forderung Schachts nachkommen wollte, die Richtlinien für Auslandskredite von Ländern, Gemeinden und Gemeindeverbänden zu verschärfen.[829]

Die Reichsregierung befand sich dabei in einer Zwickmühle. Auf der einen Seite protestierten die Gemeinden gegen jede zusätzliche Beschränkung des kommunalen Auslandskredits und verwahrten sich entschieden gegen den von Schacht erhobenen Vorwurf leichtfertiger Verschuldung und unproduktiver Verschwendung.[830] Auf der anderen Seite vertrat die Industrie die Meinung der Reichsbank.[831]

Die Kommunen saßen aber hinsichtlich der Anleihefrage am kürzeren Hebel, denn Schacht fand in seinem Kampf gegen die zunehmende Auslandsverschuldung im Reparationsagenten einen mächtigen Verbündeten. Dieser warnte, von der amerikanischen Regierung unterstützt, vor einem weiteren Anstieg von Auslandskrediten der öffentlichen Hand.[832]

Die Kritik des Reparationsagenten und die Blockade der Beratungsstelle für Auslandskredite durch die Reichsbank nötigten das Kabinett, sich der bislang aufgeschobenen Auseinandersetzung mit Schacht zu stellen.

---

827 Vgl. BArch, R 2501/6630, Bl. 193-194. Schreiben Schachts an den Reichsfinanzminister vom 22. September 1927.

828 Vgl. Der Reichsminister der Finanzen an Staatssekretär Pünder. 12. Juli 1927, S. 853; Aufzeichnung des Legationsrat Vallette, 22. September 1927, S. 488-490.

829 Vgl. Der Reichsminister der Finanzen an Staatssekretär Pünder. 22. September 1927, S. 929-930.

830 Vgl. Chefbesprechung vom 6. Oktober 1927, 16 Uhr, S. 963.

831 Vgl. Der Reichspräsident an den Reichskanzler. 23. Oktober 1927, S. 1012-1013.

832 Vgl. Der Leiter der Deutschen Kriegslastenkommission in Paris Ministerialdirektor Ruppel an das Auswärtige Amt, 23. September 1927, S. 493-495; Botschaftsrat Kiep (Washington) an das Auswärtige Amt, 26. September 1927, S. 510-511; Abramowski, G. (1988), S. LXXXII.

In einer Chefbesprechung am 6. Oktober 1927 bereiteten sich die Minister auf die Aussprache vor. Man war entschlossen, den Reichsbankpräsidenten in seine Schranken zu verweisen, mußte aber andererseits schon allein wegen seines hohen internationalen Ansehens und seinem engen Kontakt zu dem Reparationsagenten einen für beide Seiten tragbaren Kompromiß finden.[833] Vor allem wollte man eine in Zukunft engere Zusammenarbeit mit der Reichsbank erreichen.[834] Wirtschaftsminister Curtius hob hervor, daß die Politik Schachts nützlich für die Reparationsverhandlungen sein könnte. Es wurde gemutmaßt, daß Schacht möglicherweise die Revision des Dawes-Plan verfolgte, indem er durch die Verhinderung von Auslandsanleihen eine Transferkrise auszulösen versuchte.[835]

In der gemeinsamen Besprechung am 7. Oktober 1927 zeigte sich Schacht bemerkenswert zugänglich. Er erkannte der Reichsregierung die *„Priorität und Superiorität“*[836] in den umstrittenen Fragen zu und versicherte seine Bereitschaft zur Zusammenarbeit. Er forderte aber erneut die Einführung der Einstimmigkeit für die Entscheidungen der Beratungsstelle.[837] Die Regierung wollte der Reichsbank diese herausragende Stellung zwar nicht zugestehen, ein Ausscheiden der Reichsbank aus der Beratungsstelle kam für die Regierung aber ebensowenig in Frage. Auf keinen Fall sollte sie aus der Verantwortung für die Vergabe der Auslandskredite entlassen werden.[838]

Das Kabinett und die Reichsbank einigten sich auf eine engere Fassung der Richtlinien für die Genehmigung von Auslandskrediten der Länder, Gemeinden und Gemeindeverbände, ohne daß jedoch der Reichsbank im Genehmigungsverfahren der Beratungsstelle die gewünschte Vetoposition zugestanden worden wäre.[839]
Die Neufassung erweiterte entsprechend dem Antrag der Reichsbank den Zuständigkeitsbereich der Beratungsstelle auf alle Auslandskredite ohne Ausnahme. Sie sah vor, noch stärker als bisher die allgemeinen wirtschaftlichen und währungspolitischen Verhältnisse zu berücksichtigen. Außerdem wurde ein neues Berufungsverfahren wirksam. Wurde ein Projekt in Zukunft gegen die Stimmen des Reichsfinanzministeriums, des Reichswirtschaftsministeriums oder des Reichsbankdirektoriums befürwortet, so konnte der überstimmte Sachverständige eine erneute Beratung beantragen, an der die genannten drei Sachverständigen teilzunehmen

[833] Vgl. Chefbesprechung vom 6. Oktober 1927, 16 Uhr, S. 962-964.
[834] Vgl. Chefbesprechung vom 6. Oktober 1927, 16 Uhr, S. 965.
[835] Vgl. Chefbesprechung vom 6. Oktober 1927, 16 Uhr, S. 971.
[836] Ministerbesprechung vom 7. Oktober 1927, 16 Uhr, S. 974.
[837] Vgl. Ministerbesprechung vom 7. Oktober 1927, 16 Uhr, S. 974-976.
[838] Vgl. Ministerbesprechung vom 7. Oktober 1927, 16 Uhr, S. 979.
[839] Vgl. Beschluß des Reichskabinetts vom 7. Oktober 1927 über die Aufnahme von Auslandsanleihen, S. 203-204.

hatten.[840] Dadurch erhielt auch die Stimme des Reichsbankdirektoriums ein höheres Gewicht.

Das Vorgehen Schachts hatte in der Öffentlichkeit nicht nur Zustimmung gefunden.[841] Die massive Kritik des Reichsbankpräsidenten an den kommunalen Auslandskrediten und der Vorwurf der Verschwendung von öffentlichen Geldern hatte die Reichsregierung Ende 1927 in ein Dilemma manövriert. Reichskanzler Marx formulierte es treffend: *„Ein Gegensatz zwischen der Politik der Reichsregierung und der des Reichsbankpräsidenten dürfe nicht in die Erscheinung treten, andererseits dürfe es nicht so erscheinen, als wenn die Regierungspolitik von der des Reichsbankpräsidenten abhängig sei.“*[842]

Das Kabinett besprach ausführlich sein öffentliches Vorgehen gegenüber der Reichsbank. Vor allem sollte darauf hingewiesen werden, daß stets eine enge Zusammenarbeit mit der Reichsbank bestanden habe und auch in Zukunft bestehen werde. Es herrschte Einigkeit darüber, daß im Prinzip alle Differenzen über die Wirtschafts- und Finanzpolitik in der Besprechung am 7. Oktober 1927 bereinigt worden seien. Wirtschaftsminister Curtius bemerkte dazu: *„Im übrigen stehe die Wirtschaftspolitik der Reichsregierung fest. Eine Einmischung des Reichsbankpräsidenten in die Einzelheiten, insbesondere auch die Verwendung der Gelder, könne nicht als berechtigt angesehen werden.“*[843]
Allgemein wurden die Auseinandersetzungen mit dem Reichsbankpräsidenten bedauert. Deshalb beschloß man, die Zusammenarbeit zu verbessern.[844]

Nach der Aussprache zwischen der Reichsregierung und dem Reichsbankpräsidenten war der Konflikt um die Anleihepolitik beigelegt.
Im Januar 1928 betonte Schacht, *„daß eigentlich in keinem entscheidenden Moment zwischen der Reichsregierung und der Reichsbank irgendwelche grundsätzlichen Unterschiede bestanden haben, sondern ... daß die Reichsregierung jedesmal, wenn die Sachen zur Erörterung gekommen sind, die Haltung der Reichsbank durchaus gebilligt hat.“*[845]

Schacht wollte auf jeden Fall vermeiden, daß die Reichsbank in der Öffentlichkeit die alleinige Verantwortung für die getroffenen Maßnahmen zu tragen hatte. *„Es*

---

[840] Vgl. BArch, R 43 I/656, BL. 338-339. Neufassung der „Richtlinien über die Aufnahme von Auslandskrediten durch Länder, Gemeinden und Gemeindeverbände“ vom Oktober 1927.

[841] Vgl. BArch, R 2501/6974. Presseberichte betreffend Schachts Kritik an den Auslandskrediten Ende 1927.

[842] Kabinettssitzung vom 30. November 1927, 16 Uhr, S. 1120.

[843] Kabinettssitzung vom 30. November 1927, 16 Uhr, S. 1122.

[844] Vgl. Kabinettssitzung vom 30. November 1927, 16 Uhr, S. 1122-1123.

[845] Bericht des Reichsbankpräsidenten über die Lage der Reichsbank und über Fragen der Finanz- und Währungspolitik. 20. Januar 1928, 11 Uhr, S. 1419.

ist weder dem Ansehen der Reichsregierung zuträglich, daß sie gewissermaßen als diejenige hingestellt wird, die sich hier nur hat zwingen lassen, etwas zu tun, was sie doch nach reiflicher Überlegung und nach vollster Einsicht von sich aus durchaus befürwortet hat, noch ist es der Reichsbank zuträglich, die ja doch schließlich ein Institut öffentliches Interesses ist, wenn sie ständig auf diese Weise in die vorderste Linie des Dreckspritzens gestellt wird.“[846]

7.6 Die Konflikte zwischen dem Reichsbankpräsidenten und der Reichsregierung

7.6.1 Der Einfluß Schachts auf die Politik der Reichsregierung

Der Einfluß der Reichsbank auf die deutsche Wirtschaftspolitik war zwischen 1927 und 1930 am größten. Es war üblich, daß der Reichsbankpräsident regelmäßig an Kabinettssitzungen teilnahm, in denen wichtige wirtschafts- und währungspolitische Probleme diskutiert wurden. Außerdem übte er Druck auf die Regierung aus, indem er öffentlich Kritik an der Regierungspolitik übte und mit seinem Rücktritt drohte.[847]

Schacht forderte ein Primat der Wirtschaft. „*Die Welt kann nur gesunden, wenn, an Stelle von Diplomaten, Wirtschaftler die Geschichte leiten ... wenn wirtschaftliche Gedankengänge an die Stelle der politischen treten ... Heutzutage ist die allgemeine Reorganisation Europas durch Politiker und eine allzu politische geistige Einstellung bedroht.*“[848]

Er vertrat die Ansicht, daß aufgrund der Unzulänglichkeit der politischen Gewalten der Wiederaufbau der Weltwirtschaft von den Notenbanken in die Hand genommen werden müsse, da diese nicht politische Machtziele, sondern wirtschaftliche Vernunft zur Grundlage ihres Handeln machen würden. Die mißbräuchliche Währungspolitik der Regierungen während des Krieges und während der ersten Jahre nach dem Krieg hätten dazu geführt, die Unabhängigkeit der Notenbanken von staatlichen und politischen Einflüssen zu realisieren. Daraus folgerte Schacht, daß den Notenbanken neue Aufgaben erwachsen seien, „*die sie aus Handlungen der Politik mehr und mehr zu selbstverantwortlichen Führern - und Ordnern der Wirtschaft machen.*“[849] Durch die Kooperation der Notenbanken Europas und Amerikas sollte diese Rolle noch verstärkt werden.[850]

---

[846] Bericht des Reichsbankpräsidenten über die Lage der Reichsbank und über Fragen der Finanz- und Währungspolitik. 20. Januar 1928, 11 Uhr, S. 1419.

[847] Vgl. Bonin, K. von (1979), S. 74.

[848] BArch, R 2501/3393. Aufzeichnung über ein Gespräch Schachts mit einem Mitarbeiter der „Berliner Börsenzeitung“ am 13. August 1930.

[849] BArch, R 2501/3393. Artikel im „Bukarester Tageblatt“ von Schacht vom 13. Mai 1930.

[850] Vgl. BArch, R 2501/3393. Artikel im „Bukarester Tageblatt“ von Schacht vom 13. Mai 1930.

Im Juli 1925 statteten Montagu Norman und Benjamin Strong dem Reichsbankpräsidenten einen Besuch in Berlin ab. Mit diesem Besuch wollte man einerseits die Basis für die zukünftige Zusammenarbeit herstellen und andererseits Schachts Prestige erhöhen sowie seine Stellung stärken.[851] Zu diesem Treffen bemerkte Außenminister Stresemann in seinem Tagebuch: „*In die letzten Wochen fallen auch die Besprechungen der Kapitalgewaltigen Strong, Montagu Norman und Schacht. Es scheint, als wenn eine Art anglo-amerikanisch-deutscher Kapitaltrust sich bildet, der natürlich das Zustandekommen des Sicherheitspaktes* [Stresemann bezieht sich dabei auf die Verhandlungen zum Locarno-Pakt] *zur Voraussetzung hat. Wir brauchen die Milliarden sehr dringend.*“[852]
Im August 1926 schrieb Stresemann in einem Brief an Schacht, „*so gestatten Sie mir, im Rückblick auf unser freundschaftliches Zusammenarbeiten während der vergangenen drei Jahre der Hoffnung Ausdruck zu geben, daß ich auch in Zukunft Ihrer wertvollen Mitarbeit bei den bevorstehenden schweren Aufgaben deutscher Außenpolitik versichert sein kann.*“[853]

Stresemann erkannte sehr wohl die Macht Schachts. Er war sich aber auch sicher, diese zum Wohle Deutschlands nutzen zu können. Er sah in der Reichsbank keinen Konkurrenten zur Reichsregierung, vielmehr vertraute er zumindest noch 1926 auf eine freundschaftliche Zusammenarbeit.

Das Verhältnis zwischen dem Reichsbankpräsidenten und der Reichsregierung verschlechterte sich ab Mitte 1927 zusehends. Vor allem Schachts Mißtrauen, Geringschätzung und letztendlich auch Unterschätzung von Politikern trat während seiner Reichsbankpräsidentschaft immer wieder offen zutage. Dabei machte er auch vor seinem ehemaligen Vertrauten und Freund Stresemann nicht halt.

In seinem Halbjahresbericht vom 10. Juni 1927 unterzog der Reparationsagent Gilbert die deutsche Finanzpolitik einer detaillierten Kritik.[854] Während die Beanstandungen vom Kabinett Marx zurückgewiesen wurden,[855] erkannte der Reichsbankpräsident die Kritik als berechtigt an. Dies rief bei den Ministern eine starke Verstimmung hervor und erweckte den Eindruck einer Komplizenschaft zwischen dem Reparationsagenten und Schacht. Außenminister Stresemann schrieb in seinem Tagebuch in bezug auf eine Kabinettsbesprechung über den Bericht des Reparationsagenten am 22. Juni 1927, in der der Reichsbankpräsident die Finanz-

---

[851] Vgl. D'Abernon, E. V. (1930), S. 207.
[852] Stresemann, G. (1932b), S. 154.
[853] Stresemann, G. (1932b), S. 482.
[854] Vgl. BArch, R 43 I/275, Bl. 300-375. Halbjahresbericht des Reparationsagenten vom 10. Juni 1927.
[855] Vgl. Ministerbesprechung vom 21. Juni 1927, 16 Uhr im Reichstagsgebäude, S. 805.

politik der Regierung aufs Schärfste kritisierte, Schacht glaube *„der Lehrmeister des Kabinetts zu sein“*.[856]

In der darauffolgenden Kabinettssitzung wies ein Kabinettsmitglied darauf hin, daß das Verhalten Schachts unerträglich sei, zumal er sich in der Öffentlichkeit mit seinem Verhalten rühme und sich über die Regierung lustig mache. Von anderer Seite wurde gefordert, Schacht darauf hinzuweisen, daß er die Reichsinteressen zu fördern habe. Ein Kabinettsmitglied wies Stresemann vertraulich darauf hin, daß der Reichsbankpräsident sich in der Öffentlichkeit auch über mögliche Kabinettsumbildungen geäußert habe, um gleichzeitig seine Meinung zu eventuellen Nachfolgern - auch für Stresemann - zum Besten zu geben.[857]

7.6.2 Die Stellung Schachts bei den Reparationsverhandlungen

Für Schacht stand fest, daß die Reichsbank durch den Dawes-Plan in die Reparationsfrage völkerrechtlich eingeschaltet und mit einer Verantwortung bedacht worden war, die selbständig neben der Verantwortung der politischen Führung Deutschlands stand.[858] Die Handlungen der Reichsbank sah er durch eine unmittelbare internationale Verantwortlichkeit bestimmt, die sich aufgrund ihrer Sonderstellung unter dem Dawes-Plan ergab. *„Wer auf die Gestaltung der Währungs- und Kreditverhältnisse einen so international festgelegten und international geforderten Einfluß zugewiesen bekommen hatte, der mußte seine Handlungen durch diese internationale Verantwortung mitbestimmen lassen.“*[859]

Die Mitverantwortung der Reichsbank bei der Reparationsfrage ergab sich für Schacht aber auch aus der Sachlage selbst, da die Lösung des Reparationsproblems einerseits von der Kredit- und Zahlungsfähigkeit Deutschlands und andererseits von der Kreditwilligkeit und -fähigkeit der ausländischen Kapitalmärkte abhängig war.[860]

Die von den Sozialdemokraten angeführte Regierung Müller akzeptierte diese von Schacht behauptete Mitverantwortung der Reichsbank.[861] Dies gab ihr die Gelegenheit, einen Teil der eigenen Verantwortung für die Reparationsverhandlungen auf die Reichsbank zu übertragen. Die Regierung war dementsprechend dazu bereit, den Reichsbankpräsidenten über alle Absichten und Einzelheiten der Repara-

[856] Stresemann, G. (1933), S. 258.
[857] Vgl. Stresemann, G. (1933), S. 258-259.
[858] Vgl. Der Reichsbankpräsident an den Reichskanzler. 26. Oktober 1928, S. 176.
[859] Schacht, H. (1931), S. 54.
[860] Vgl. Der Reichsbankpräsident an den Reichskanzler. 26. Oktober 1928, S. 176.
[861] Vgl. Der Reichsbankpräsident an den Reichskanzler. 26. Oktober 1928, S. 176.

tionspolitik zu informieren. Außerdem nahm Schacht an vielen reparationspolitischen Besprechungen der Regierung teil.[862]

Auch bei seinen Berichterstattungen an die Reichsregierung sprach Schacht immer wieder die Reparationsproblematik an.[863] Am 10. Juli 1928 bemerkte der Staatssekretär der Reichskanzlei, daß die reparationspolitischen Fragen in den Berichten des Reichsbankpräsidenten einen breiten Raum einnehmen würden.[864] Schacht zögerte nicht, der Reichsregierung seine Meinung und seine Vorstellungen über die Reparationsverhandlungen mitzuteilen.[865]

Schacht genoß das Ansehen und die Stellung des wichtigsten deutschen Beraters für Reparationsfragen.[866] Folgerichtig wurde er deshalb von der Reichsregierung zum ersten deutschen Delegierten für die vom 9. Februar bis 7. Juni 1929 in Paris stattfindende Sachverständigenkonferenz ernannt. Als zweiter Delegierter war eine einflußreiche Persönlichkeit der deutschen Wirtschaft - Albert Vögler - ausgewählt worden. Die beiden wurden vertreten von Geheimrat Ludwig Kastl und von Carl Melchior, Teilhaber eines Hamburger Bankhauses.[867]

Während der Konferenz in Paris hatte die Reichsregierung zunächst darauf verzichtet, den deutschen Delegierten Weisungen für die Verhandlungen zu erteilen, da die Sachverständigen völlig unabhängig arbeiten sollten. Schacht war nur unter der Bedingung, daß die Experten frei von jeglichen politischen Nebenabreden waren, bereit gewesen, den Sachverständigenposten anzunehmen.[868] Daraufhin hatte die Regierung den Delegierten diese Unabhängigkeit bei allen Fragen, die das Re-

---

[862] Vgl. Schacht, H. (1931), S. 55.

[863] Vgl. Bericht des Reichsbankpräsidenten über währungs- und finanzpolitische Fragen. 7. März 1927, 11 Uhr, S. 598; Bericht des Reichsbankpräsidenten an die Reichsregierung über die Lage der Reichsbank und über Fragen der Finanz- und Währungspolitik. 19. Juli 1928, 11 Uhr, S. 44-45; Bericht des Reichsbankpräsidenten an die Reichsregierung über die Lage der Reichsbank und über Fragen der Finanz- und Währungspolitik. 9. November 1928, 11 Uhr, S. 211-212; Bericht des Reichsbankpräsidenten an die Reichsregierung über die Lage der Reichsbank und über Fragen der Finanz- und Währungspolitik. 7. Februar 1929, 11 Uhr, S. 425.

[864] Vgl. BArch, R 43 I/636, Bl. 5. Aufzeichnung der Reichskanzlei betreffend der Berichterstattung der Reichsbank vom 10. Juli 1928.

[865] Vgl. Der Präsident des Reichsbank-Direktoriums Schacht an den Reichsminister des Auswärtigen Stresemann (z. Z. Baden-Baden), 20. September 1928, S. 119-121.

[866] Vgl. Müller, H. (1973), S. 72.

[867] Vgl. Ministerbesprechung vom 9. Januar 1929, 11 Uhr, S. 338.

[868] Vgl. Vermerk Staatssekretär Pünders über eine Besprechung mit dem Generalagenten für Reparationszahlungen Parker Gilbert zur Vorbereitung der Sachverständigenkonferenz. 25. Oktober 1928, S. 175; Der Präsident des Reichsbank-Direktoriums Schacht an den Botschafter in Paris von Hoesch, 2. November 1928, S. 256.

parationsproblem und die Leistungsfähigkeit Deutschlands betrafen, in vollem Umfang zugesichert.[869]

Das Kabinett sah sich aber dann doch genötigt, seine Zurückhaltung aufzugeben und der deutschen Delegation die Stellungnahme der Regierung mitzuteilen. Durch eine Berichterstattung Kastls am 1. März 1929 wurde nämlich die Absicht der deutschen Sachverständigen deutlich, im Widerspruch zu ihrer Aufgabe mit den wirtschaftlichen auch rein politische Fragen zu verknüpften und die Rückgabe des polnischen Korridors und der deutschen Kolonien zu fordern. Der Reichskanzler wies Kastl darauf hin, daß diese politischen Forderungen auf keinen Fall offiziell von der deutschen Delegation erhoben werden dürften, da sonst die Gefahr des Scheiterns dieser unter wirtschaftlichen Gesichtspunkten zusammengerufenen Konferenz bestünde. Er betonte aber auch, daß die Reichsregierung es selbstverständlich begrüßen würde, wenn die Konferenz diese politischen Nebenfolgen hervorbringen würde.[870]

Über das Vorhaben Schachts, die Reparationsfrage mit der Kolonialfrage und mit der Regelung des polnischen Korridors zu verbinden, war zumindest das Auswärtige Amt seit Januar 1929 informiert. Schacht selber teilte sein Vorhaben mit, betonte aber stets, nur die wirtschaftlichen Auswirkungen dabei zu betrachten.[871] Stresemann unterstützte die Forderungen Schachts, wies ihn aber auch auf die politische Tragweite seines Vorgehens hin. Der Reichsaußenminister erhoffte sich von der Konferenz die mögliche Einleitung einer notwendigen politischen Einigung.[872] Letztendlich ging es nur darum, daß niemand für die sowohl von Schacht als auch von der Reichsregierung vertretenen Ziele offiziell Verantwortung übernehmen wollte. Das wurde durch den sogenannten Kühlmann-Brief deutlich, der zu einer Verstimmung zwischen den deutschen Sachverständigen und den Alliierten einerseits und der Reichsregierung andererseits führte.

Der ehemalige Staatssekretär von Kühlmann hatte am 19. März 1929 einen Brief an den britischen Botschafter in Paris geschickt, in dem er unter Bezugnahme auf

---

[869] Vgl. Aufzeichnung des Reichskanzlers über eine Unterredung mit dem belgischen Gesandten betr. die Markfrage vom 6. März 1929, S. 466-467.

[870] Vgl. Bericht Geheimrat Kastl über die Sachverständigenkonferenz. 1. März 1929, S. 459.

[871] Vgl. AA, R 28959, Bl. 20. Aufzeichnung vom 11. Januar 1929 über eine Unterredung des Reichsministers des Auswärtigen Stresemann mit Schacht am 10. Januar 1929; Aufzeichnung des vortragenden Legationsrats Brückner: Aufzeichnung über eine Verbindung der Kolonialfrage mit der Reparationsfrage, 22. Januar 1929, S. 55-56; Der Präsident des Reichsbank-Direktoriums Schacht (z. Z. Paris) an den Reichsminister des Auswärtigen Stresemann, 16. Februar 1929, S. 161-166; Der Präsident des Reichsbank-Direktoriums Schacht (z. Z. Paris) an den Reichsminister des Auswärtigen Stresemann, 26. Februar 1929, S. 209-210.

[872] Vgl. Der Reichsminister des Auswärtigen Stresemann an den Präsidenten des Reichsbank-Direktoriums (z. Z. Paris), 24. Februar 1929, S. 192-194.

Schacht die Fähigkeit Deutschlands zu Reparationszahlungen von der Rückgabe der Kolonien abhängig machte.[873] Dieser Brief zur Kolonialfrage hatte in erster Linie zu einer Verstimmung der britischen Regierung geführt. Das Auswärtige Amt distanzierte sich deshalb von Kühlmann und erklärte, daß dieser kein Mandat besäße, um über die Kolonialfrage zu verhandeln.[874] Stresemann erklärte gegenüber dem englischen Botschafter in Berlin, daß weder er noch das Auswärtige Amt etwas von diesem Brief gewußt haben.[875] Da Stresemann in diesem Zusammenhang die enge Verbindung zwischen Kühlmann und Schacht hervorhob,[876] kam es in Folge zu einer Auseinandersetzung zwischen Stresemann und Schacht. Der Reichsbankpräsident wies jede Verbindung zum Kühlmann-Brief weit von sich und betonte, daß die Delegation stets nur die ökonomischen Gesichtspunkte der Kolonialfrage betrachtet habe. Er warf Stresemann vor, die Arbeit der Delegierten in Paris unnötig zu erschweren.[877] Stresemann seinerseits wies diesen Vorwurf zurück und machte darauf aufmerksam, daß Kühlmann selbst in seinem Brief den Namens des Reichsbankpräsidenten erwähnt hätte. Er habe schließlich nur versucht, die Zufälligkeit des Zusammentreffens zwischen Schacht und Kühlmann zu betonen und der britischen Regierung zu verdeutlichen, daß der Kühlmann-Brief nicht von amtlicher Stelle initiiert worden sei.[878]
Kühlmann selber betonte, daß er als Privatmann und ohne Veranlassung Dritter gehandelt habe. Tatsache ist, daß er mit Zustimmung des Reichsfinanzministers von Schacht nach Paris gerufen worden war, um ihm für Hilfs- und Informationsdienste zur Verfügung zu stehen.[879]

Im April 1929 kam es dann endgültig zu einem Bruch zwischen den deutschen Sachverständigen und den Alliierten auf der einen und der Reichsregierung auf der anderen Seite.
Am 17. April 1929 übergab die deutsche Delegation in Paris ein Memorandum an die Alliierten. In diesem wies sie auf die fehlende Rohstoffbasis Deutschlands und die Einschränkung der landwirtschaftlichen Produktion hin, hervorgerufen durch die Abtretung von landwirtschaftlichen Überschußgebieten im Osten bzw. durch

---

[873] Vgl. Staatssekretär a. D. von Kühlmann (z. Z. Paris) an den britischen Botschafter in Paris Sir William Tyrrell, 19. März 1929, S. 282-283.
[874] Vgl. Aufzeichnung des Staatssekretärs des Auswärtigen Amts von Schubert, 4. April 1929, S. 329-331.
[875] Vgl. Aufzeichnung des Reichsministers des Auswärtigen Stresemann, 6. April 1929, S. 353-354.
[876] Vgl. Aufzeichnung des Reichsministers des Auswärtigen Stresemann, 6. April 1929, S. 354.
[877] Vgl. Der Präsident des Reichsbank-Direktoriums Schacht (z. Z. Paris) an den Reichsminister des Auswärtigen Stresemann, 8. April 1929, S. 360-361.
[878] Vgl. Der Reichsminister des Auswärtigen an den Präsidenten des Reichsbank-Direktoriums Schacht (z. Z. Paris), 10. April 1929, S. 368-370.
[879] Vgl. Der Botschafter in Paris von Hoesch an das Auswärtige Amt, 10. April 1929, S. 371.

die Abtrennung eines Teils dieser Gebiete. Daraus folgernd forderte sie die Rückgabe der Kolonien und die Beseitigung des polnischen Korridors.[880]

Die Reichsregierung beschloß anfangs, auf eine Stellungnahme zu verzichten und die Wirkung des Memorandums abzuwarten.[881] *„Es müsse alles vermieden werden, was den Eindruck erwecken könne, als ob sich die Regierung schon jetzt einschalte und zu verstehen gebe, daß das, was Schacht gesagt habe, nicht das letzte Wort sei."*[882]

Man wollte sich erst einschalten, wenn abzusehen war, daß eine Einigung in Paris auf der Basis dieses Memorandums nicht möglich war. Wirtschaftsminister Curtius ging sogar davon aus, daß die Wirkung des Memorandums nicht besonders groß sein würde, da auch von der Gegenseite auf der Konferenz bereits politische Forderungen vertreten worden seien.[883]

Anfänglich war die Reichsregierung nur fernmündlich in groben Zügen über den Inhalt des Memorandums informiert worden. Am 19. April 1929 trafen dann der genaue Wortlaut des Memorandums und die Berichte über die Reaktionen der Alliierten aus Paris ein. Insbesondere die politischen Forderungen waren von allen Seiten, einschließlich amerikanischer und japanischer Seite, heftig kritisiert worden.[884] Nach dieser Mitteilung war der Regierung klar, daß die politischen Forderungen nicht durchsetzbar waren.

Bei der anschließenden Diskussion regte der Reichsaußenminister sogar an, in einer Pressekonferenz ausdrücklich darauf hinzuweisen, daß die Reichsregierung keinerlei Kenntnis von den politischen Forderungen der Sachverständigen gehabt habe und daß die Delegierten auch keine Ermächtigung gehabt hätten, ihrerseits politische Forderungen zu stellen. Reichskanzler Müller lehnte es jedoch ab, die politischen Forderungen offiziell zu dementieren und die Delegierten zu kompromittieren, da tatsächlich mit den Sachverständigen über die politischen Forderungen gesprochen worden war. Allerdings warf er Schacht und Kastl vor, die Reichsregierung vor vollendete Tatsachen gestellt und sie nicht ausreichend über die Forderungen des Memorandums informiert zu haben.[885] Die Reichsregierung sah es aus diesem Grunde als berechtigt an, in die Arbeit der Experten einzu-

[880] Vgl. BArch, R 2501/7039, Bl. 86. Memorandum der deutschen Gruppe des Pariser Sachverständigenausschusses vom 17. April 1929.
[881] Vgl. Besprechung über Reparationsfragen. 17. April 1929, 13 Uhr, S. 554-555.
[882] Besprechung über Reparationsfragen. 17. April 1929, 13 Uhr, S. 555.
[883] Vgl. Besprechung über Reparationsfragen. 17. April 1929, 13 Uhr, S. 555-556.
[884] Vgl. Besprechung über Reparationsfragen. 19. April 1929, 9 Uhr, S. 556.
[885] Vgl. Besprechung über Reparationsfragen. 19. April 1929, 9 Uhr, S. 558.

greifen. Sie tat dies allerdings in sehr milder Form und ohne die Delegierten zu kompromittieren, indem sie eine Vertagung der Verhandlungen in Paris forderte.[886]

Das Memorandum vom 17. April 1929 führte zu einer Entfremdung zwischen der Regierung und Schacht. Stresemann erklärte in einer Kabinettssitzung am 21. April 1929, daß das Memorandum formal das Mandat der Sachverständigen überschreite, da es politische Forderungen enthalte; außerdem sei es sachlich unzweckmäßig.[887]

Die Kabinettsmitglieder befürchteten, daß ein Anschneiden der Kolonialfrage der anti-deutschen Stimmung im Ausland wieder Auftrieb geben könnte. Überdies wurde während der Pariser Verhandlungen bekannt, daß Schacht seit 1927 in öffentlichen Reden immer wieder jegliche Reparationszahlungen abgelehnt hatte.[888] Die Reichsregierung befürchtete deshalb einen Abbruch der Verhandlungen und den damit verbundenen Abzug der ausländischen Kredite.[889] Schacht hingegen wertete einen möglichen Abbruch als einen „*moralischen Erfolg*".[890] Er wies auch die Anschuldigung zurück, politische Forderungen gestellt zu haben. Die Forderungen hätten schließlich enorme wirtschaftliche Auswirkungen für Deutschland, und dies sei entscheidend gewesen.[891] In einem späteren Gespräch mit Staatssekretär Pünder gab Schacht vor, nicht darüber informiert gewesen zu sein, daß die Reichsregierung es abgelehnt hatte, politische Forderungen direkt vorzubringen.[892]

Die Verknüpfung finanzpolitischer Fragen mit territorialen Ansprüchen Deutschlands war für Schacht aber nichts Neues. Diese Verknüpfung läßt sich durchgängig während seiner Reichsbankpräsidentschaft verfolgen.
Gegenüber Montagu Norman machte Schacht Ende 1925 beispielsweise die Beteiligung der Reichsbank an der Finanzsanierung Polens von einer Neuregelung bezüglich des Danziger Korridors und der oberschlesischen Frage abhängig. Norman lehnte aber eine Verbindung der Finanzsanierung mit politischen Fragen der Grenzberichtigung ab.[893]

---

[886] Vgl. Ministerbesprechung vom 19. April 1929, 18 Uhr, S. 562.
[887] Vgl. Kabinettssitzung vom 21. April 1929, 11 Uhr, S. 569-575.
[888] Vgl. Ministerbesprechung vom 19. April 1929, 18 Uhr, S. 563; Schacht, H. (1953), S. 296, 308.
[889] Vgl. Ministerbesprechung vom 19. April 1929, 18 Uhr, S. 563.
[890] Kabinettssitzung vom 21. April 1929, 11 Uhr, S. 574.
[891] Vgl. Kabinettssitzung vom 21. April 1929, 11 Uhr, S. 574-575.
[892] Vgl. Vermerk Staatssekretär Pünders über eine Unterredung mit dem Reichsbankpräsidenten. 1 Mai 1929, S. 609-610.
[893] Vgl. Botschaftsrat Dufour-Feronce (London) an das Auswärtige Amt, 17. Dezember 1925, S. 35; Der Botschafter in London Sthamer an das Auswärtige Amt, 1. März 1926, S. 195-196; Aufzeichnung des Reichsbankpräsidenten Schacht, 28. Mai 1926, S. 489-490.

Ab 1925 versuchte Schacht das Markabkommen mit Belgien mit territorialen Forderungen nach den Gebieten Eupen und Malmedy, die von Belgien nach dem 1. Weltkrieg annektiert worden waren,[894] zu verbinden. Durch das Markabkommen sollte der Rückkauf des noch aus der deutschen Besatzungszeit vorhandenen Markguthabens in Belgien geregelt werden. Die Reichsregierung distanzierte sich offiziell von Schachts Forderungen und erklärte, daß Schacht keine Vollmacht besäße, um über diese Frage zu verhandeln. Inoffiziell benutzte sie den Reichsbankpräsidenten als Mittelsmann, um die mögliche Rückgabe des Gebietes Eupen-Malmedy zu klären. Das Auswärtige Amt ließ sich laufend von Schacht Bericht erstatten und unterstützte inoffiziell sein Vorhaben.[895]

Für die Sachverständigenkonferenz erhielt der Reichsbankpräsident von der Reichsregierung eine gesonderte Vollmacht, um mit Belgien über das Markabkommen zu verhandeln. Er verband diese Verhandlungen erneut mit territorialen Forderungen an Belgien.[896] Die Reichsregierung war damit durchaus einverstanden. Schacht hatte sogar bei Vollmachtserteilung die Instruktion von der Regierung bekommen, die Markfrage in Verbindung mit der Frage Eupen-Malmedy zu regeln.[897] Erst als deutlich wurde, daß Belgien eine Verbindung des Markabkommens mit territorialen Fragen ablehnte, übernahm sie selbst die Verhandlungen. Schacht gab auf eigenen Wunsch seine Vollmacht zurück.[898]

Dies hielt Schacht jedoch nicht davon ab, sein Ziel weiterzuverfolgen. Einen letzten Vorstoß in Richtung der Rückgewinnung Eupen-Malmedys machte Schacht während der Verhandlungen über die BIZ. Er lehnte Brüssel als Sitz der Bank rigoros ab, solange die entsprechenden territorialen Fragen nicht geklärt seien, und drohte, daß sich die Mitarbeit der Reichsbank an der BIZ auf ein Minimum reduzieren würde, falls Brüssel gegen seinen Willen Sitz der Bank werden würde. Er sah darin keinesfalls eine Einmischung in außenpolitische Belange des Reichs. Er argumen-

---

[894] Vgl. Der Friedensvertrag von Versailles vom 28. Juni 1919, S. 393.

[895] Vgl. Aufzeichnung des Staatssekretärs des Auswärtigen Amts von Schubert, 25. März 1925, S. 505-507; Aufzeichnung des Staatssekretärs des Auswärtigen Amts von Schubert, 31. März 1925, S. 568; Aufzeichnung des Ministerialdirektors Köpke, 26. Juni 1925, S. 434; Aufzeichnung des Reichsministers des Auswärtigen Stresemann, 25. März 1926, S. 435; Der Staatssekretär des Auswärtigen Amts von Schubert an den Gesandten in Brüssel von Keller, 28. Juli 1926, S. 678; Der Staatssekretär des Auswärtigen Amts von Schubert an den Gesandten in Brüssel von Keller, 28. Juli 1926, S. 682-683; Aufzeichnung des Staatssekretärs des Auswärtigen Amts von Schubert, 13. August 1926, S. 60.

[896] Vgl. AA, R 28960, Bl. 150-151. Niederschrift über die Fortsetzung der Berichterstattung der beiden Hauptdelegierten der Pariser Reparationskonferenz Schacht und Vögler am 22. März 1929.

[897] Vgl. AA, R 28969, Bl. 5. Mitteilung des Staatssekretärs von Schubert an den Reichsminister des Auswärtigen vom 16. Mai 1929.

[898] Vgl. Bericht des Reichsbankpräsidenten über die Pariser Sachverständigenkonferenz. 12. März 1929, S. 486-487; Besprechung über den Stand der Reparationsverhandlungen in Paris. 24. Mai 1929, 19.30 Uhr, S. 683-684; AA, R 28969, Bl. 234-237. Ministerbesprechung vom 31. Mai 1929; Die belgische Markforderung (1929), S. 106.

tierte mit seiner Pflicht als deutscher Staatsbürger, nationale Interessen zu vertreten.[899] Man einigte sich schließlich auf Basel als Sitz der BIZ.

Ein weiterer Streitpunkt zwischen dem Reichsbankpräsidenten und der Reichsregierung während der Pariser Verhandlungen war die Frage, ob die deutsche Regierung bereits vor der Sachverständigenkonferenz gegenüber den Alliierten und dem Reparationsagenten Gilbert eine Aussage über die Höhe der künftigen Annuitäten gemacht hatte. Schacht war dies von seiten der Konferenzteilnehmer und des Reparationsagenten mitgeteilt worden. Er forderte den Reichskanzler daraufhin mit scharfen Worten zu einer Stellungnahme auf, mit dem Hinweis, daß er den Posten des Sachverständigen niemals angenommen hätte, wenn er von diesen Zugeständnissen der Reichsregierung gewußt hätte.[900] Die Reichsregierung wies den Vorwurf zurück, im Vorfeld der Konferenz konkrete Zahlen genannt zu haben.[901] Reichskanzler Müller versicherte Schacht in einem Telegramm vom 20. Februar 1929, daß seitens der Reichsregierung eine solche Zusage hinsichtlich einer bestimmten Annuität nicht gemacht worden sei.[902] Der Reichskanzler betonte in einem weiteren Schreiben an Schacht vom 30. April 1929, stets an dem Standpunkt festgehalten zu haben, „*weder dem Urteil der von ihr in die Konferenz entsandten Experten irgendwie vorzugreifen, noch deren Gutachten als Wirtschaftler durch feste Instruktion zu beeinflussen.*“[903]
Über eine Absprache zwischen der Regierung und den Alliierten über die Höhe der zukünftigen Annuitäten im Vorfeld der Konferenz läßt sich weder in den Akten der Reichskanzlei noch in denen des Auswärtigen Amts ein Nachweis finden. Es wäre möglich, daß sich hinter dieser Behauptung nur ein taktischer Schachzug der Alliierten verbarg, um die Verhandlungsposition Schachts zu schwächen.

Anfang Mai 1929 wurde Schacht nochmals von Staatssekretär Pünder versichert, daß die Sachverständigen unabhängig seien und die Reichsregierung nicht beabsichtige, ihnen ihre Verantwortung zu nehmen.[904] Das gleiche galt Ende Mai 1929, als Schacht sich erneut während der Sachverständigenkonferenz absolute Handlungsfreiheit erbat, um die von den Franzosen geforderte Erhöhung der Annuitäten

---

[899] Vgl. Aufzeichnung des Staatssekretärs des Auswärtigen Amts von Schubert (z. Z. Scheveningen), 6. August 1929, S. 321; Der Präsident des Reichsbank-Direktoriums Schacht an den Reichsminister des Auswärtigen Curtius, 2. November 1929, S. 202-203.

[900] Vgl. Reichsbankpräsident Schacht an den Reichskanzler. Paris, 19. Februar 1929, S. 439-440; Der Reichsbankpräsident an den Reichskanzler. Paris, 27. April 1929, S. 588-589.

[901] Vgl. Besprechung über reparationspolitische Angelegenheiten. 29. April 1929, 12 Uhr, S. 594-595.

[902] Vgl. BArch, R 43 I/276, Bl. 54. Telegramm des Reichskanzlers an Schacht vom 20. Februar 1929.

[903] Der Reichskanzler an den Reichsbankpräsidenten. 30. April 1929, S. 607.

[904] Vgl. Vermerk Staatssekretär Pünders über eine Unterredung mit dem Reichsbankpräsidenten. 1 Mai 1929, S. 608.

abzulehnen. Er drohte mit Rücktritt, falls die Regierung ihm dies nicht zubillige und ihrerseits die erhöhte Annuität akzeptieren würde. Während der anschließenden Kabinettsbesprechung war man sich darüber einig, daß ein Rücktritt innenpolitisch für die Reichsregierung erhebliche Folgen haben würde, vor allem, wenn bekannt werden würde, daß der Rücktritt Schachts auf einen Beschluß der Reichsregierung zurückzuführen sei. Deshalb einigte man sich darauf, den Hauptdelegierten der Sachverständigenkonferenz die geforderte Handlungsfreiheit erneut zuzugestehen.[905]

Die Verhandlungen in Paris führten im Mai 1929 zum Young-Plan, dessen reparationspolitische Bestimmungen aus Sicht des Reichsbankpräsidenten nicht zufriedenstellend waren. Er forderte deshalb, daß die beiden Sachverständigen von der Regierung ausdrücklich aufgefordert werden sollten, die Vereinbarungen des Young-Plans zu unterschreiben. Damit sollte zum Ausdruck gebracht werden, daß die Regierung die volle Verantwortung für die Annahme des Young-Plans zu übernehmen bereit war.[906] Es sollte kein Zweifel darüber bestehen, daß Schacht gegen seine Überzeugung unterschrieb, da die Annuitäten seiner Meinung nach wirtschaftlich nicht zu vertreten waren, er aber bereit war, *„im Interesse des Vaterlandes dieses Opfer des Intellekts [zu] bringen.“*[907]

Die Reichsregierung war sich darüber einig, daß aufgrund der innenpolitischen Lage eine einheitliche Stellung der Regierung und der Delegierten zum Young-Plan wünschenswert sei[908] und weigerte sich, die verlangte Anweisung zu erlassen. Sie wollte die Verantwortung nicht allein tragen. Sie hielt die Annahme des Young-Plans zwar für unvermeidlich, da eine Ablehnung das Scheitern der Konferenz zur Folge gehabt hätte,[909] sah aber in der Zustimmung ein politisch notwendiges Opfer, das erbracht werden mußte. Daher forderte sie eine *„Opfergemeinschaft“*[910] mit den Delegierten.

Anfangs drohte Schacht noch mit Rücktritt von seinem Posten als Reichsbankpräsident, wenn er gezwungen werden würde, den Young-Plan zu unterschreiben.[911] Als die Regierung aber den Delegierten mitteilte, daß sie ihnen die Entscheidung überlasse, den Young-Plan anzunehmen,[912] war Schacht bereit, die ge-

---

[905] Vgl. Besprechung über den Stand der Reparationsverhandlungen in Paris. 24. Mai 1929, 21 Uhr, S. 686-687.

[906] Vgl. Besprechung über die Reparationslage. 1. Mai 1929, 17.30 Uhr, S. 615.

[907] Besprechung über die Reparationslage. 1. Mai 1929, 17.30 Uhr, S. 616.

[908] Vgl. Besprechung über die Reparationslage. 1. Mai 1929, 17.30 Uhr, S. 614.

[909] Vgl. Der Reichsminister des Auswärtigen Stresemann an die Botschaft in Paris, 3. Mai 1929, S. 487.

[910] Besprechung über die Reparationslage. 1. Mai 1929, 17.30 Uhr, S. 616.

[911] Vgl. Fortsetzung der Aussprache über die Reparationslage. 1. Mai 1929, 20.30 Uhr, S. 620.

[912] Vgl. Ministerbesprechung vom 3. Mai 1929, 19.45 Uhr, S. 637.

gebene Handlungsfreiheit mit der damit verbundenen Verantwortung anzunehmen.[913]

Am 7. Juni 1929 unterzeichneten Schacht und Kastl das Sachverständigengutachten. Nach Abschluß der Pariser Verhandlungen bemühte sich Schacht, das angespannte Verhältnis zur Reichsregierung zu verbessern. Er erklärte sich bereit, die volle Verantwortung für den Plan zu übernehmen und an seiner Durchführung konstruktiv mitzuarbeiten. Er betonte, daß er sich mit der Reichsregierung während der ganzen Zeit der Verhandlungen in der zu vertretenden Grundauffassung immer einig gewesen sei.[914]

In seinem 1931 veröffentlichten Buch „*Das Ende der Reparationen*“ hat Schacht darauf hingewiesen, daß es ein Fehler war, als Reichsbankpräsident das Amt bei der Sachverständigenkonferenz zum Young-Plan zu übernehmen, da es sich um eine politische Konferenz gehandelt habe. Ihm habe aber damals der Einblick in die politischen Vorgänge gefehlt. Seiner Meinung nach war die Konferenz nur ein Deckmantel für politische Entschlüsse und die Unabhängigkeit der Sachverständigen von Anfang an verfälscht. Die Reichsregierung habe bereits vor Beginn der Verhandlungen den Alliierten eine bestimmte Reparationssumme zugesagt. Die Sachverständigen sollten seiner Meinung nach nur dazu dienen, die bereits vorher festgelegten politischen Ziele leichter durchzusetzen.[915]

In seiner 1973 veröffentlichten Arbeit über die Reichsbank unterstellt Helmut Müller der Regierung ein Gefühl der Schwäche und eine gewisse Scheu vor der Verantwortung. Er versucht so, die Ernennung und Unabhängigkeit Schachts und der Vertreter der Großbanken und der Großindustrie für die Reparationsverhandlungen zu erklären. „*Die Abdankung widersprach der Staatsräson, der Notwendigkeit einer einheitlichen Staatsführung und zeigte die tiefgehende Schwäche und Unsicherheit des parlamentarisch demokratischen Systems von Weimar ebenso wie den übermächtigen Einfluß der Reichsbank.*“[916]

Einerseits lag es nahe, einen Mann wie Schacht zum Sachverständigen zu ernennen. Schließlich genoß er hohes Ansehen bei den Siegermächten und galt als Mann mit großem wirtschaftlichen Sachverstand. Es war auch insofern keine außergewöhnliche Angelegenheit, da auch Frankreich seinen Notenbankpräsidenten

---

[913] Vgl. Der Reichsbankpräsident an den Reichskanzler. Paris, 4. Mai 1929, S. 637-638; Ein Referat Schachts über die Pariser Konferenz vom 28. Juni 1929, S. 141-147.

[914] Vgl. Empfang der deutschen Sachverständigen durch den Reichskanzler. 14. Juni 1929, 15.30 Uhr, S. 738-739.

[915] Vgl. Schacht, H. (1931), S. 56-57, 64-65.

[916] Müller, H. (1973), S. 80.

als Sachverständigen für die Konferenz ernannte.[917] Geht man davon aus, daß Deutschland die Reparationen auf eine ökonomisch sinnvolle Basis stellen wollte, war es ebenso verständlich, daß die Regierung Sachverständige aus der Industrie und den Großbanken ernannte.

Andererseits ging es der Reichsregierung auch darum, einen Teil der Verantwortung für die Reparationsverhandlungen an die Reichsbank abzugeben. Die Regierung hat außerdem versucht, Schacht für die Durchsetzung ihrer politischen Ziele zu benutzen. Dieser stellte sich dafür gerne zur Verfügung, da er die gleichen Ziele vertrat. Erst als deutlich wurde, daß die politischen Forderungen gegenüber den Alliierten nicht durchsetzbar waren, distanzierten sich Reichsregierung und Reichsbankpräsident voneinander. Die Regierung wollte damit wohl eine Auseinandersetzung mit den Alliierten verhindern. Schacht tat dies wahrscheinlich, weil er seine politischen Möglichkeiten stark überschätzt hatte und deshalb in seiner Eitelkeit gekränkt war.

7.6.3 Das Memorandum zum Young-Plan vom 5. Dezember 1929

Schacht übernahm in einer Rede vor dem Industrie- und Handelstag in München am 28. Juni 1929 öffentlich die Verantwortung für den Young-Plan.[918] Er verhielt sich auch gegenüber der Kampagne der DNVP und NSDAP gegen den Young-Plan regierungsloyal.[919] Ende 1929 kam es dann allerdings über die von der Reichsregierung während der politischen Konferenz, der 1. Haager Konferenz, getroffenen Vereinbarungen zum Young-Plan zu einem offenen Konflikt zwischen der Regierung und dem Reichsbankpräsidenten.

Schacht wies darauf hin, daß der Young-Plan, nachdem er ihn unterzeichnet habe und bereit gewesen sei, die Verantwortung dafür zu übernehmen, von der deutschen und den alliierten Regierungen verfälscht worden sei. Er warf der Regierung Müller vor, unnötige Liquidationsabkommen mit ehemaligen Gegnern abgeschlossen und somit die günstigen Bedingungen des Young-Plans nicht genutzt und die wertvollsten Bestimmungen preisgegeben zu haben.[920]

Der Staatssekretär der Reichskanzlei Pünder schrieb im November 1929 in seinem Tagebuch über Schacht: *„Er ist ein großer kluger, aber auch gefährlicher Mann.*

---

[917] Vgl. Vermerk Staatssekretär Pünders über eine Besprechung mit dem Generalagenten für Reparationszahlungen Parker Gilbert zur Vorbereitung der Sachverständigenkonferenz. 25. Oktober 1928, S. 174.

[918] Vgl. BArch, R 2501/7039, Bl. 88. Münchener Rede Schachts vom 28. Juni 1929.

[919] Vgl. BArch R 43 I/1889, Bl. 83. Aufruf der Reichsregierung zur Ablehnung des Volksbegehrens zum Young-Plan vom 14. Oktober 1929.

[920] Vgl. Schacht, H. (1931), S. 104-105; Schacht, H. (1953), S. 322.

Jetzt läuft er überall herum und erzählt, die Reichsregierung versaue durch fortgesetzte neue Zugeständnisse seinen schönen Young-Plan. Wir müssen ihn beizeiten einschalten, damit er nicht noch abspringt, nach dem alten Satz, daß man den Bock zum Gärtner machen müsse."[921]

Schacht betonte in Gesprächen mit der Reichsregierung, daß ihm ein Eingreifen in politische Entscheidungen völlig fern läge. Er habe aber eine Verantwortung als Reichsbankpräsident und Mitunterzeichner des Young-Plans wahrzunehmen. In einer dieser Besprechungen am 4. Dezember 1929 kündigte er an, daß er sich demnächst auch öffentlich äußern werde.[922]

Am Abend des 5. Dezember 1929 sandte Schacht ein von ihm verfaßtes Memorandum zum Young-Plan an den Reichskanzler und die Minister. Gleichzeitig übergab er es der Presse.[923] Das Memorandum begann mit dem Hinweis, daß er den Young-Plan nur unter zwei Bedingungen unterschrieben habe: Erstens, daß die im Young-Plan enthaltenen Empfehlungen restlos von allen beteiligten Staaten angenommen würden und zweitens, daß die deutsche Finanz- und Wirtschaftspolitik geordnet würde. Im Anschluß an diesen Hinweis zählte Schacht die seiner Meinung nach neuen finanziellen Zumutungen auf, die die Regierung seit der Unterzeichnung des Young-Plans vereinbart habe.[924] Das Memorandum enthielt nicht nur eine Mahnung an das Ausland, keine weiteren Sonderleistungen vom deutschen Volk zu verlangen, sondern auch die Aufforderung an die Regierung, eventuellen weiteren ausländischen Forderungen nicht nachzugeben.[925] Außerdem forderte er von der Regierung, „*daß sie, bevor der Young-Plan von ihr endgültig angenommen wird, Ordnung in den Haushalt von Reich, Ländern und Gemeinden bringt*".[926] Schacht schloß das Memorandum mit der Feststellung, daß er einem so verfälschten Young-Plan nicht zustimmen könne. Er lehne es deshalb ab, für das Inkrafttreten dieses Plans verantwortlich gemacht zu werden.[927]

Die Entrüstung während der Kabinettssitzung am 6. Dezember 1929 war riesengroß.[928] Die Regierung hatte das Gefühl, daß Schacht ihr mitten aus den Verhand-

---

[921] Pünder, H. (1961), S. 25-26.
[922] Vgl. Reparations- und finanzpolitische Besprechung vom 4. Dezember 1929, 16.30 Uhr, S. 1211.
[923] Vgl. Ministerbesprechung vom 6. Dezember 1929, 11 Uhr, S. 1232.
[924] Vgl. BArch, R 43 I/299, Bl. 22. Memorandum Schachts zum Young-Plan vom 5. Dezember 1929.
[925] Vgl. BArch, R 43 I/299, Bl. 32. Memorandum Schachts zum Young-Plan vom 5. Dezember 1929.
[926] BArch, R 43 I/299, Bl. 32. Memorandum Schachts zum Young-Plan vom 5. Dezember 1929.
[927] Vgl. BArch, R 43 I/299, Bl. 32. Memorandum Schachts zum Young-Plan vom 5. Dezember 1929.
[928] Vgl. Ministerbesprechung vom 6. Dezember 1929, 11 Uhr, S. 1231-1233.

lungen heraus in den Rücken gefallen war. Es wurde am selben Abend eiligst ein Gegenmemorandum an die Presse gegeben und gleichzeitig Schacht zugesandt. Dies brachte die Entrüstung der Regierung über den Eingriff des Reichsbankpräsidenten in laufende Verhandlungen zum Young-Plan und zu Fragen der Finanzpolitik zum Ausdruck. In ihrer Stellungnahme wies die Reichsregierung darauf hin, daß die öffentliche Äußerung des Reichsbankpräsidenten die einheitliche Staatsführung gefährde. Die Reichsregierung lehne es ab, sich zum gegenwärtigen Zeitpunkt auf eine Auseinandersetzung mit dem Reichsbankpräsidenten hinsichtlich der Anschuldigungen im Memorandum einzulassen. Die Stellungnahme endete mit dem Hinweis, daß die Reichsregierung allein dem Reichstag verantwortlich sei.[929]

Auch die Delegierten Kastl und Melchior widersprachen in einer Stellungnahme vom 11. Dezember 1929 den Vorwürfen Schachts. Sie erklärten, daß ihnen keine Voraussetzungen bekannt seien, unter denen der Young-Plan von Schacht unterzeichnet worden sei. Außerdem wiesen sie darauf hin, daß die von Schacht als neue Belastungen bezeichneten Vereinbarungen in Paris nicht abschließend geregelt worden seien und deshalb auf der politischen Konferenz zur Diskussion stünden. Es sei unrichtig, daß diese ungeklärten Punkte, deren Klärung zugunsten Deutschlands weder durch die deutsche Delegation in Paris noch später durch die Regierung erreicht worden sei, neue Belastungen oder Verfälschungen des Young-Plans darstellen würden.[930]

Durch das Memorandum des Reichsbankpräsidenten wurde das Ansehen der Regierung Müller schwer geschädigt.[931] Gegenüber Pünder äußerte Schacht in einem Gespräch, daß das Memorandum die Stellung des Kabinetts stärken sollte.[932] Er behauptete sogar: „*Diese Äußerung solle aber absolut keine Kampfansage gegenüber der Reichsregierung und namentlich gegenüber dem Reichsfinanzminister sein.*“[933]
Später rechtfertigte Schacht sein Memorandum mit dem Hinweis, daß er sich von der Reichsregierung die Befugnis habe zusichern lassen, seine von der Regierung abweichende Auffassung öffentlich bekanntzugeben. Von dieser Befugnis, die ihm

[929] Vgl. BArch, R 43 I/299, Bl. 48-49. Stellungnahme der Reichsregierung zum Memorandum von Schacht vom 7. Dezember 1929.

[930] Vgl. BArch, R 43 I/299, Bl. 115-122. Stellungnahme von Kastl und Melchior zum Young-Plan vom 11. Dezember 1929.

[931] Vgl. AA, R 28993, Bl. 18-19. Artikel in der „Deutschen Allgemeinen Zeitung“ vom 6. Dezember 1929; AA, R 28993, Bl. 39-40. Artikel im „Berliner Börsen-Courier“ vom 7. Dezember 1929; Der Reichsminister der Finanzen an die Länderregierungen. 13. Dezember 1929, S. 1258.

[932] Vgl. Vermerk Staatssekretär Pünders über ein Gespräch mit dem Reichsbankpräsidenten betr. das Memorandum zum Young-Plan. 6. Dezember 1929, S. 1230.

[933] Vermerk Staatssekretär Pünders über ein Gespräch mit dem Reichsbankpräsidenten betr. das Memorandum zum Young-Plan. 6. Dezember 1929, S. 1230.

noch einmal Anfang Dezember ausdrücklich bestätigt worden sei, habe er dann mit dem Memorandum zum Young-Plan Gebrauch gemacht.[934]

Die Reichsregierung hatte Schacht zwar zugebilligt, seine persönliche Auffassung über schwebende Fragen darzulegen. Sie warf ihm aber vor, sich nicht an seine Zusicherung, „*daß dies in einer Form geschehen würde, die keinen Schaden anrichten könne*“[935], gehalten zu haben. Art und Inhalt des Memorandums sowie der Zeitpunkt seiner Veröffentlichung stünden zu dieser Aussage im Widerspruch.

Das Memorandum diente letztendlich allen Gegnern des Young-Plans als Argumentationshilfe.[936] Schachts Absicht bestand aber wohl eher nur darin, jegliche für den Young-Plan übernommene Verantwortung wieder abzugeben.[937] Einerseits merkte er, daß auch die Reichsregierung nicht in der Lage war, sich gegenüber den Alliierten durchzusetzen. Andererseits war er vielleicht auch selbst überrascht über die kritische Resonanz, die der Plan in der deutschen Öffentlichkeit hervorrief.

Die Reichsregierung hielt im Gegensatz zu Schacht am Young-Plan fest. Sie war aufgrund der finanz- und wirtschaftspolitischen Situation gezwungen, die Erleichterungen wahrzunehmen, die der Plan gerade für die Anfangsjahre bot. Auch nachdem es vorübergehend wieder zu Gesprächen zwischen der Regierung und dem Reichsbankpräsidenten gekommen war, blieben die Differenzen in den reparationspolitischen Anschauungen unverrückbar bestehen. Schacht ließ sich bei den Vorbereitungen zur 2. Haager Konferenz von der Reichsregierung nicht dazu bewegen, als einer der Hauptdelegierten aufzutreten. Die Regierung wollte damit einerseits Schacht mit in die Verantwortung nehmen. Andererseits sollte die Bereitschaft der Regierung, mit dem Reichsbankpräsidenten zusammenzuarbeiten, sich positiv auf ihre Stellung in der Öffentlichkeit auswirken, da Schacht nach wie vor hohes Ansehen genoß.[938]

Schacht erklärte sich aber lediglich dazu bereit, im Organisationskomitee für die BIZ in Den Haag mitzuarbeiten.[939]

---

[934] Vgl. Schacht, H. (1931), S. 104-105.

[935] BArch, R 43 I/299, Bl. 48. Stellungnahme der Reichsregierung zum Memorandum von Schacht vom 7. Dezember 1929.

[936] Vgl. Der Reichsausschuß für das Deutsche Volksbegehren an den Reichskanzler. 7. Januar 1930, S. 1339; Verhandlungen des Reichstags (1930a), S. 3554-3557.

[937] Vgl. BArch, R 2501/6737, Bl. 325. Niederschrift der Reichsbank zum Vorgehen des Reichsbankpräsidenten vom 20. Januar 1930.

[938] Vgl. Chefbesprechung vom 28. Dezember 1929, 10 Uhr, S. 1328.

[939] Vgl. Ministerbesprechung vom 27. Dezember 1929, 16 Uhr, S. 1324.

7.6.4 Lex Schacht

Die finanzpolitische Lage des Reichs hatte sich bereits 1928 rapide verschlechtert. Dem Ende der Inflation und dem Abschluß des Dawes-Plans im Jahre 1924 war eine Überschwemmung Deutschlands mit ausländischen Krediten gefolgt, die die Reichsbank nicht hatte aufhalten können. Das Reich selbst hatte zwar durch eine strenge Steuergesetzgebung im ersten Jahr nach der Währungsstabilisierung einen hohen Überschuß gewonnen. Dieser Betrag war in den nächsten drei Jahren infolge von Steuererleichterungen und zusätzlichen Ausgaben aber schnell dahingeschwunden. Anstelle der "Kassenfülle", trat die "Kassennot".[940] Als die Regierung Müller im Juni 1928 ihr Amt antrat, bestand bereits ein Kassendefizit von 1,5 Milliarden Reichsmark und ein Haushaltsdefizit von 1,5 Millionen Reichsmark.[941]

Überlegungen der Regierung zu einer effektiven Einschränkung der Ausgaben führten im März 1929 zu einer Denkschrift, die ein umfassendes Finanzreformprogramm in Aussicht stellte.[942] Die Formulierung einer solchen Denkschrift war von Schacht angeregt worden, der vor allem in seinen Berichten an die Reichsregierung immer wieder auf die Notwendigkeit von Einsparungen hingewiesen hatte.[943]

Man wollte diese Denkschrift bei den Reparationsverhandlungen in Paris dazu benutzen, von den Alliierten Zugeständnisse in der Frage der Beseitigung des ausländischen Einflusses zu erreichen. Aber sie erschien den deutschen Sachverständigen - allen voran Schacht - unzureichend. Sie schlugen zum Ersatz der ausländischen Kontrolle in Deutschland die Bildung eines 15-köpfigen Beratergremiums beim Reichspräsidenten vor. Dieses Gremium sollte ein Vetorecht gegen die Haushaltsbewilligung durch das Parlament erhalten. Als einer der Berater war der Reichsbankpräsident vorgesehen, dem ex officio eine führende Rolle zugefallen wäre. Die Reichsregierung lehnte die Bildung eines solchen Beratergremiums aber mit dem Hinweis ab, zu diesem kritischen Zeitpunkt das Parlament nicht mit einer Verfassungsänderung belasten zu wollen.[944]

---

[940] Zur Entwicklung der Verschuldung der öffentlichen Haushalte siehe Tabelle A9 im Anhang.

[941] Vgl. Vogt, M. (1970), S. LIV-LV.

[942] Vgl. Denkschrift über das finanz-, staats- und wirtschaftspolitische Reformprogramm. 19. März 1929, S. 496-499.

[943] Vgl. Bericht des Reichsbankpräsidenten an die Reichsregierung über die Lage der Reichsbank und über Fragen der Finanz- und Währungspolitik. 19. Juli 1928, 11 Uhr, S. 36; Bericht des Reichsbankpräsidenten an die Reichsregierung über die Lage der Reichsbank und über Fragen der Finanz- und Währungspolitik. 9. November 1928, 11 Uhr, S. 210; Bericht des Reichsbankpräsidenten über die Pariser Sachverständigenkonferenz. 12. März 1929, S. 487-488.

[944] Vgl. Berichterstattung der beiden deutschen Hauptdelegierten am 22. März 1929, S. 514-515; Vogt, M. (1970), S. LVI.

In der darauffolgenden Zeit kritisierte Schacht immer wieder die Finanzpolitik der Reichsregierung. Er hielt persönlich sehr wenig von dem sozialdemokratischen Finanzminister Hilferding und bezeichnete ihn als „*Bankrotteur*".[945]

Am 4. Dezember 1929 griff Schacht den Reichsfinanzminister während einer finanz- und reparationspolitischen Besprechung scharf an. Er forderte die Durchführung von Maßnahmen zur Konsolidierung des Reichshaushalts und schlug vor, gegenüber den Alliierten die Zahlungsunfähigkeit Deutschlands zu verkünden. Hilferding nutzte die Gelegenheit und wies die Vorwürfe zurück, die Schacht in letzter Zeit gegen seine Finanzpolitik erhoben hatte. Er betonte, daß das Kassendefizit bereits bei seinem Amtsantritt bestanden hätte. Zwar sprach sich auch Hilferding für eine schnelle Sanierung aus, er hielt jedoch Schachts Forderung, die deutsche Zahlungsunfähigkeit zu verkünden, für politisch unzumutbar.[946]

Im Dezember 1929 verzeichnete das Reich ein Defizit von insgesamt 1,7 Milliarden Reichsmark. Dieses Defizit konnte nur in Höhe von 1,37 Milliarden Reichsmark durch ordentliche Einnahmen gedeckt werden. Für den Rest von 330 Millionen Reichsmark benötigte das Reich einen Überbrückungskredit, wenn es seinen Zahlungsverbindlichkeiten zum Jahresultimo nachkommen wollte.[947]

Am 5. Dezember 1929 bat Hilferding den Reichsbankpräsidenten um eine Besprechung wegen der Finanzierung des Dezemberultimos. Bei dieser machte Schacht deutlich, daß die Regierung nur mit der finanziellen Hilfe der Reichsbank rechnen könne, wenn sie sofort Sanierungsmaßnahmen beschließen würde. Auf die Frage Hilferdings, wie sich Schacht bei Bemühungen um die Aufnahme eines Auslandskredits verhalten würde, sagte dieser zu, die Verhandlungen nicht zu stören. Er sähe sich allerdings nicht in der Lage zu schweigen, wenn er zu einer Stellungnahme von einer in- oder ausländischen Stelle aufgefordert werden würde.[948]

Am 11. Dezember 1929 trat Hilferding mit der Bitte an Schacht heran, die Besprechungen über die Aufnahme eines allem Anschein nach in Aussicht stehenden Auslandskredits zu führen. Der Reichsbankpräsident erklärte sich zwar bereit, dieser Bitte nachzukommen, aber nur unter der Bedingung, daß vorher vom Reichstag

---

[945] Aufzeichnung des Reichsministers des Auswärtigen Curtius: Niederschrift über eine Besprechung mit Reichsbankpräsident Dr. Schacht während eines Frühstücks am 27. November 1929, 30 November 1929, S. 337.

[946] Vgl. Reparations- und finanzpolitische Besprechung vom 4. Dezember 1929, 16.30 Uhr, S. 1210-1215.

[947] Vgl. Müller, H. (1973), S. 96.

[948] Vgl. BArch, R 2501/6633, Bl. 87-90. Besprechung zwischen Schacht und Reichsfinanzminister Hilferding am 5. Dezember 1929.

für eine Deckung von 500 Millionen Reichsmark der schwebenden Verpflichtung des Reichs gesorgt werden würde.[949]

Schacht empfahl während einer Besprechung mit der Reichsregierung über die Beschaffung eines Ultimokredits am 12. Dezember 1929 erneut, unverzüglich an die Sanierung der Reichsfinanzen zu gehen, um die Kassenschwierigkeiten zu überwinden. Das Sofortprogramm der Regierung lehnte er ab. Dies sah vor, das bestehende Defizit durch die finanziellen Erleichterungen des Young-Plans und durch eine Erhöhung der Tabaksteuer zu finanzieren.[950]

Die Minister versuchten, Schacht mit der Versicherung umzustimmen, im Dezember ein umfassendes Finanzprogramm vorzulegen. Schacht blieb aber unerbittlich. Auf die Frage Hilferdings, ob sich Schacht bei Verhandlungen der Regierung über einen Auslandskredit neutral verhalten würde, wiederholte dieser seine Aussage, er würde so lange schweigen, bis ihn jemand um eine Stellungnahme bäte.[951] Da das Ausland bei der Vergabe von Anleihen nach Deutschland aber grundsätzlich Rückfrage mit der Reichsbank hielt, wie die Reichsbank selbst in einer Untersuchung festgestellt hatte, kam diese Aussage der Absicht nahe, Anleiheverhandlungen mit dem Ausland zu vereiteln.

Bereits im November 1929 war in der Reichsbank eine Untersuchung mit dem Titel *„Was kann die Reichsbank unternehmen, wenn das Reich im Inland oder Ausland Finanztransaktionen tätigt, an denen mitzuwirken das Reichsbankdirektorium aus währungspolitischen Gründen abgelehnt hat?*“ durchgeführt worden. Der Bericht über die Untersuchung begann mit der Feststellung: *„Es wäre eine im höchsten Grade unerfreuliche und unerwünschte Situation, wenn die Reichsregierung oder das Reichsfinanzministerium entgegen den mit gewichtigen Gründen belegten Bedenken des Reichsbankdirektoriums und trotz der daraus fließenden Verweigerung der Mitwirkung der Reichsbank es dennoch unternähme, eine solchermaßen umstrittene Finanztransaktion durchzuführen.*“[952]

---

[949] Vgl. Kabinettssitzung vom 12. Dezember 1929, 16 Uhr im Reichstag, S. 1248.

[950] Vgl. Vertrauliche Aktennotiz des Staatssekretärs Pünder über die Wiederaufnahme der Verhandlungen mit dem Reichsbankpräsidenten. 13. Dezember 1929, S. 1254.

[951] Vgl. Reparations- und finanzpolitische Besprechung vom 4. Dezember 1929, 16.30 Uhr, S. 1211-1212; Aktennotiz Staatssekretär Meissners über eine Unterredung des Reichspräsidenten mit dem Reichsbankpräsidenten betr. die Finanzlage des Reichs. 16. Dezember 1929, S. 1267.

[952] BArch, R 2501/6477, Bl. 39. Untersuchung der Reichsbank mit dem Titel „Was kann die Reichsbank unternehmen, wenn das Reich im Inland oder Ausland Finanztransaktionen tätigt, an denen mitzuwirken das Reichsbankdirektorium aus währungspolitischen Gründen abgelehnt hat?“ vom November 1929.

In dem Bericht wurden die Möglichkeiten der Reichsbank dargelegt, die Kreditwünsche der Regierung zu vereiteln. Die Reichsbank ging davon aus, daß eine Inlandsemission an dem Widerspruch oder der Nichtbeteiligung der Reichsbank scheitern würde. Bei einer Auslandsanleihe hätte die Regierung zwei Möglichkeiten. Sie könnte sich entweder an eine inländische Großbank zwecks Vermittlung dieser Anleihe wenden. Die Reichsbank ging davon aus, daß sich eine inländische Großbank dem Widerspruch der Reichsbank anschließen würde. Oder aber die Regierung könnte direkt mit den ausländischen Banken in Verhandlungen treten. In diesem Fall kalkulierte die Reichsbank eine Anfrage des Auslands ein. Dadurch hätte die Reichsbank wieder die Entscheidung in der Hand.[953]

Die Reichsbank hatte also genau ihre Möglichkeiten erkannt, die Regierung zum Einlenken zu zwingen. Sie besaß einen höheren Kredit bei inländischen Anleihezeichnern und im Ausland und hatte dadurch eine gewisse kreditpolitische Macht, die sie auch zu nutzen bereit war.
Der Bericht endete mit dem Fazit: „*Die Reichsbank will kein Staat im Staate sein und ist es auch nicht. Das Reichsbankdirektorium hat jedoch die Verantwortung für die Gesunderhaltung der Währung, Es würde seiner ureigensten Aufgabe untreu, wenn es nicht alles daran setzte, Gefahren von ihr abzuwehren. Seine bessere Einsicht leichtfertigen Regierungsplänen zu opfern, darf es in keinem Falle bereit sein. Bei aller Loyalität gegenüber der Regierung des Reichs muß das Reichsbankdirektorium vielmehr jederzeit die ihm erforderlich erscheinenden Maßnahmen zum Schutze der Währung ergreifen.*“[954]

Selbst ein Einwirken des Reichspräsidenten von Hindenburg am 16. Dezember 1929 auf Schacht blieb ohne Wirkung. Der Reichsbankpräsident betonte erneut, daß seine Mitarbeit hinsichtlich des amerikanischen Kredits davon abhängig sei, daß der Reichstag für die Deckung der schwebenden Schuld im Etatjahre 1930 einen Betrag von 500 Millionen Reichsmark bereitstelle.[955] Auch eine Besprechung mit dem Reichskanzler verlief ergebnislos.[956]

---

[953] Vgl. BArch, R 2501/6477, Bl. 44-46. Untersuchung der Reichsbank mit dem Titel „Was kann die Reichsbank unternehmen, wenn das Reich im Inland oder Ausland Finanztransaktionen tätigt, an denen mitzuwirken das Reichsbankdirektorium aus währungspolitischen Gründen abgelehnt hat?“ vom November 1929.

[954] BArch, R 2501/6477, Bl. 46. Untersuchung der Reichsbank mit dem Titel „Was kann die Reichsbank unternehmen, wenn das Reich im Inland oder Ausland Finanztransaktionen tätigt, an denen mitzuwirken das Reichsbankdirektorium aus währungspolitischen Gründen abgelehnt hat?“ vom November 1929.

[955] Vgl. Aktennotiz Staatssekretär Meissners über eine Unterredung des Reichspräsidenten mit dem Reichsbankpräsidenten betr. die Finanzlage des Reichs. 16. Dezember 1929, S. 1266-1267.

[956] Vgl. Pünder, H. (1961), S. 33.

Der Staatssekretär der Reichskanzlei Pünder bezeichnete die Besprechung als *„für die Reichsregierung peinlich.“*[957] Reichskanzler Müller war so verärgert, daß er den Rücktritt des gesamten Kabinetts in Erwägung zog, falls die Anleihe an dem Widerstand Schachts scheitern sollte.[958]

Am 17. Dezember 1929 sandte Staatssekretär von Schubert an den Botschafter in Washington ein Telegramm, in dem dieser gebeten wurde, dem Bankhaus Dillon Read mitzuteilen, daß alle verfassungsmäßigen Faktoren mit dem sofortigen Abschluß des vereinbarten Kreditvertrages einverstanden seien. Die Reichsregierung richte deshalb an das Bankhaus die Einladung, dem Reich alsbald einen Kredit von 75 Millionen Dollar für sechs oder neun Monate einzuräumen.[959]

Am 19. Dezember 1929 kam die Antwort aus den USA, daß die Anleihe ohne die Zustimmung der Reichsbank nicht gewährt werden könne und man deshalb Erkundigungen beim Reichsbankpräsidenten über den Kredit einziehen werde.[960] Daraufhin resignierte der Kanzler und forderte das Kabinett auf, sich mit dem Schuldentilgungsfonds abzufinden, den Schacht verlangt hatte, da keine Aussicht mehr auf den angestrebten Auslandskredit bestünde. Der Reichskanzler wies vor dem Kabinett darauf hin, daß es sich jetzt zeigen werde, ob Schacht seine Haltung mildern würde oder ob er die Verantwortung für die Demission der Reichsregierung tragen wolle.[961]

Noch am selben Tag fand eine Besprechung des Reichskanzlers mit dem Reichsbankpräsidenten statt. Diese Besprechung führte einerseits zu einer Zusage Schachts, der Regierung bei ihrer Ultimokrise zu helfen und ihr den benötigten Kredit zu beschaffen. Andererseits kam es zu einem Gesetzentwurf, der die Tilgung der schwebenden Reichsschuld in Höhe von 450 Millionen Reichsmark bis Ende des Rechnungsjahres 1930 durch Steuern und Einsparungen vorsah. Dieses Gesetz wurde auch als “Lex Schacht“ bezeichnet. Eine feierliche Verpflichtung der Reichsregierung, die Schulden zu tilgen, hatte Schacht nicht gereicht, er hatte auf einem Gesetz bestanden.[962]

---

[957] Pünder, H. (1961), S. 33.
[958] Vgl. Ministerbesprechung vom 16. Dezember 1929, 18.30 Uhr, S. 1271; Pünder, H. (1961), S. 34.
[959] Vgl. AA, R 28997, Bl. 61-62. Telegramm des Staatssekretärs von Schubert an den Botschafter in Washington vom 17. Dezember 1929.
[960] Vgl. AA, R 28997, Bl. 96. Telegramm des Botschafters in Washington von Prittwitz an das Büro des Staatssekretärs vom 19. Dezember 1929; Vermerk Staatssekretär Pünders über eine Unterredung des Reichskanzlers mit dem Reichsbankpräsidenten betr. die Finanzlage. 19. Dezember 1929, S. 1289.
[961] Vgl. Ministerbesprechung vom 19. Dezember 1929, 10 Uhr, S. 1286.
[962] Vgl. Parteiführerbesprechung im Reichstag am 19. Dezember 1929, Fortsetzung 17 Uhr, S. 1292-1294; Vermerk Staatssekretär Pünders über eine Unterredung des Reichskanzlers mit

Die Reichsregierung bemühte sich, den Gesetzentwurf gegenüber dem Reichstag zu rechtfertigen. Sie versuchte den Eindruck zu vermeiden, daß der Reichsbankpräsident sie zu diesem Entwurf gezwungen habe.[963] Aber sowohl von der Kommunistischen Partei als auch von den Deutschnationalen wurde ihr vorgeworfen, sich dem Reichsbankpräsidenten untergeordnet zu haben und sich von ihm kommandieren zu lassen.[964]

Das Gesetz zur außerordentlichen Tilgung der schwebenden Reichsschuld wurde am 22. Dezember 1929 vom Reichstag verabschiedet[965] und am 24. Dezember 1929 im Reichsgesetzblatt veröffentlicht.[966]
Ein Bankenkonsortium unter der Leitung der Reichsbank stellte der Regierung einen Kredit über 350 Millionen Reichsmark zur Verfügung. Die Finanzierung erfolgte mit Hilfe von Reichsschatzanweisungen.[967] Die Mittel für die Bildung des Tilgungsfonds mußten bis zum 10. April 1930 in ausreichender Weise durch die Reichsgesetzgebung sichergestellt werden. Andernfalls hatte entsprechend dem Kreditabkommen zwischen der Regierung und dem Bankenkonsortium die Leitung des Konsortiums das Recht, sämtliche Schatzanweisungen am 15. April 1930 fällig zu stellen.[968]

Der Finanzminister Hilferding und sein Staatssekretär Popitz traten daraufhin zurück. Sie begründeten ihren Rücktritt mit der unerträglichen Einmischung des Reichsbankpräsidenten in die Reichspolitik.[969]
Allerdings waren sowohl Hilferding als auch Popitz wegen ihrer Finanzpolitik innerhalb des Kabinetts und im Reichstag kritisiert worden. Sie wurden für die verfahrene Situation der Reichsregierung verantwortlich gemacht, so daß man sich ohne weiteres dafür aussprach, die Rücktrittsgesuche anzunehmen.[970]

---

dem Reichsbankpräsidenten betr. die Finanzlage. 19. Dezember 1929, S. 1289-1290; Pünder, H. (1961), S. 35.

963 Vgl. Verhandlungen des Reichstags (1930a), S. 3778.

964 Vgl. Verhandlungen des Reichstags (1930a), S. 3779-3782.

965 Vgl. Verhandlungen des Reichstags (1930a), S. 3814.

966 Gesetz zur außerordentlichen Tilgung der schwebenden Reichsschuld. Vom 24. Dezember 1929, RGBl. 1929 II, S. 759.

967 Vgl. BArch, R 43 I/2362, Bl. 291. Schreiben des Reichsbankdirektoriums an die Reichsregierung vom 27. Dezember 1929; BArch, R 43 I/2362, Bl. 292-293. Abkommen zwischen dem Bankenkonsortium und der Reichsregierung über den Ultimokredit vom Dezember 1929.

968 Vgl. BArch, R 43 I/2362, Bl. 292. Abkommen zwischen dem Bankenkonsortium und der Reichsregierung über den Ultimokredit vom Dezember 1929.

969 Vgl. Der Reichsminister der Finanzen an den Reichskanzler. 20. Dezember 1929, S. 1297; Schacht, H. (1953), S. 324; Pünder, H. (1961), S. 37.

970 Vgl. Ministerbesprechung vom 21. Dezember 1929, 15 Uhr, S. 1299; Verhandlungen des Reichstags (1930a), S. 3784.

Die in- und ausländische Presse war sich darüber einig, daß der Reichsbankpräsident erheblichen Einfluß auf die Arbeit der Reichsregierung nahm und sie gezwungen habe, den Tilgungsfonds zu bilden. Während die bürgerlich-konservative Presse dieser Entwicklung eher positiv gegenüberstand, verurteilte die liberale und sozialdemokratische Presse das Vorgehen des Reichsbankpräsidenten.[971]

Die eher konservative „*Berliner Börsenzeitung*", die den Rücktritt von Hilferding und Popitz forderte, stellte in einem Artikel vom 20. Dezember 1929 fest: „*Was die Vereinbarung über den Tilgungsfonds betrifft, so bedeutet sie politisch zweifellos einen Erfolg Dr. Schachts, ja, man kann wohl sagen, eine Art Waffenstreckung der Regierung speziell des Reichsfinanzministers vor dem Reichsbankpräsidenten.*"[972]
Die „*Frankfurter Zeitung*" vom 18. Dezember 1929 kritisierte, „*dass der Präsident der Reichsbank sich eine diktatorische Stellung neben und über den verfassungsmässigen Gewalten des Staates schaffe; aus der Unabhängigkeit der Reichsbank vom Reiche dürfe keineswegs nun umgekehrt die Abhängigkeit des Reiches von der Reichsbank werden.*"[973]
Die „*Neue Zürcher Zeitung*" vom 25. Dezember 1929 schrieb: „*Seit 14 Tagen leitet gar nicht mehr die Regierung, sondern der Reichsbankpräsident die Geschicke der deutschen Politik und bestimmt in jeder einzelnen Phase, was Regierung und Reichstag zu tun haben. Sein erstes Opfer wurde Hilferding.*"[974]
Der „*Vorwärts*" vom 27. Dezember 1929 berichtete, daß der sozialdemokratische Abgeordnete Hertz die Übernahme des Amts des Reichsfinanzministers abgelehnt habe, da er es für fraglich halte, ob bei dem Druck von außen - durch den Reichsbankpräsidenten - eine unabhängige Führung der Finanzen möglich sei.[975]

Die Reichsregierung hatte sich dem Wunsch Schachts gefügt und sich gegen alle parlamentarischen Bedingungen ein Gesetz diktieren lassen.[976] Allerdings hatte Schacht auch Schützenhilfe aus dem Ausland.[977] Besonders vehement sprach sich

---

[971] Vgl. BArch, R 2501/3381, Bl. 22-60. Presseberichte über den Ultimokredit vom Dezember 1929.

[972] BArch, R 2501/7176, Bl. 22. Artikel in der „Berliner Börsenzeitung" Nr. 593 vom 20. Dezember 1929.

[973] BArch, R 2501/5982, Bl. 210-211. Artikel in der „Frankfurter Presse" vom 18. Dezember 1929.

[974] BArch, R 2501/3381, Bl. 24. Artikel in der „Neuen Zürcher Zeitung" Nr. 2560 vom 25. Dezember 1929.

[975] Vgl. BArch, R 3381, BL. 45-46. Artikel im „Vorwärts" Nr. 604 vom 27. Dezember 1929.

[976] Vgl. Müller, H. (1973), S. 98.

[977] Vgl. AA, R 28997, Bl. 52-53. Telegramm des Botschafters in Paris von Hoesch an den Reichsminister des Auswärtigen vom 21. November 1929; AA, R 28997, Bl. 63-66. Telegramm des Botschafters in Paris von Hoesch an den Reichsminister des Auswärtigen vom 17. Dezember 1929.

der Reparationsagent Gilbert gegen die Aufnahme einer Anleihe im Ausland aus.[978] Die Gläubiger des Reichs befürchteten Probleme bei der zu ihren Gunsten zu mobilisierenden Anleihen. Vor allem die Franzosen, die ihre Interessen am Young-Plan gefährdet sahen, plädierten für eine Kreditaufnahme bei der Reichsbank.[979]

Schachts Ermahnungen zur Sanierung der Reichsfinanzen waren aus ökonomischer Sicht durchaus gerechtfertigt. Allerdings gehörte es nicht zu seinen Aufgaben, die Finanzpolitik der Regierung zu kritisieren und ihr Ratschläge zu erteilen. Bei seiner Kritik ging es schließlich nicht um die Einhaltung von bankgesetzlichen Bestimmungen. Die Absicht Schachts bestand ja nicht darin, eine Finanzierung des Defizits durch die Reichsbank zu verhindern. Ganz im Gegenteil war es das Ziel des Reichsbankpräsidenten, die Finanzierung mit Hilfe der Reichsbank abzuwickeln. Dahinter stand wohl der Wunsch, eine gewisse finanzielle Abhängigkeit der Regierung von der Reichsbank herzustellen und auch nach außen zu demonstrieren.

Besonders gravierend war vor allem die Art und Weise, wie Schacht seine Kritik vorbrachte und sein Ziel zu erreichen suchte. Seine Art, die finanzielle Zwangslage der Reichsregierung auszunutzen und mit Politikern umzugehen, stellte seine Geringschätzung, wenn nicht sogar Verachtung von Politikern im allgemeinen und von Sozialdemokraten im besonderen unter Beweis.

Helmut Müller betont in seiner Arbeit über die Reichsbank, daß es unerheblich ist, ob Schacht sachlich im Recht gewesen sei. Der Eingriff der Zentralbank in die finanzpolitische Souveränität der Regierung sei für ein demokratisches Staatswesen unerträglich.[980] *„In einer intakten parlamentarischen Demokratie hätte sich ein Entrüstungssturm gegen die Zentralbank erheben müssen, in Weimar erhob sich ein Entrüstungssturm gegen die Regierung.“*[981]
Außerdem unterstellt er Schacht als Hauptanliegen “*eine unternehmerfreundliche Steuerreform und der Sturz der sozialdemokratischen Regierung*“.[982] Dies habe er mit dem Memorandum vom 5. Dezember 1929 und der Erzwingung des Gesetzes zur Tilgung der schwebenden Reichsschuld zu erreichen versucht. Helmut Müller

---

[978] Vgl. AA, R 28997, Bl. 47-49. Telegramm des Reichsministers des Auswärtigen Curtius an den Botschafter in Paris vom 19. November 1929.
[979] Vgl. AA, R 28997, Bl. 56-58. Mitteilung des Staatssekretärs von Schubert an den Reichsminister des Auswärtigen vom 23. November 1929; AA, R 28997, BL. 79-83. Mitteilung des Staatssekretärs von Schubert an den Reichsminister des Auswärtigen vom 18. Dezember 1929.
[980] Vgl. Müller, H. (1973), S. 98.
[981] Müller, H. (1973), S. 99.
[982] Müller, H. (1973), S. 99.

geht sogar so weit, zu behaupten, daß mit dem "Lex Schacht" das Ende des Weimarer Parlamentarismus und der Sturz der Regierung eingeleitet wurde.[983]

Dabei geht Müller eindeutig zu weit und spricht Schacht zuviel Einfluß zu. Das Kabinett der Großen Koalition (SPD, DVP, DDP, Zentrum, BVP) hatte mit der Ratifikation des Young-Plans am 13. März 1930 seine Arbeitsgrundlage verloren. Es war an dem Gegensatz zwischen der DVP und der SPD über die Steuerpolitik und die Sanierung der Arbeitslosenversicherung auseinandergebrochen.[984]
Richtig ist, daß 1930 mit dem Kabinett Müller die letzte parlamentarische Regierung der Weimarer Republik die politische Bühne verließ, während unter Brünings Kanzlerschaft die parlamentarisch tolerierte Regierung zum Präsidialkabinett umgeformt wurde.[985] Dies lag aber nicht an dem Einfluß der Reichsbank, sondern an den politischen Umständen.

7.6.5 Die 2. Haager Konferenz und die Frage der BIZ-Finanzierung

Am 28. Dezember 1929 erhielt Schacht eine schriftliche Anfrage vom amerikanischen Vorsitzenden des Organisationsausschusses der BIZ, ob die Reichsbank bereit sei, sich an der BIZ zu beteiligen.[986] In einer Unterredung mit dem Reichskanzler und den vier Delegationsministern für die 2. Haager Konferenz, auf der die Durchführung des Young-Plans erörtert werden sollte, machte Schacht deutlich, daß die Reichsbank diese Entscheidung von dem Ausgang der Konferenz abhängig machen werde. Er glaube, so Druck auf die Alliierten ausüben zu können, da diese auf die Beteiligung der Reichsbank an der BIZ angewiesen seien.[987]

Das Antwortschreiben des Reichsbankdirektoriums an den Vorsitzenden des Organisationskomitees wurde am 31. Dezember 1929 abgeschickt. Das Schreiben enthielt eine grundsätzliche Zustimmung zur Beteiligung, allerdings geknüpft an formelle und materielle Voraussetzungen. Die formelle Voraussetzung bestand darin, daß der Entwurf für das neue Bankgesetz, das der Reichsbank die Beteiligung an der BIZ ermöglichte, im Reichstag angenommen würde. Die materielle Voraussetzung war der positive Ausgang der 2. Haager Konferenz. Hierbei spielte laut Schacht nicht nur die finanzielle Gesamtbelastung, sondern auch die moralische Gleichbehandlung Deutschlands eine entscheidende Rolle. Er forderte eine Überarbeitung des Liquidationsabkommens mit Großbritannien, in dem vereinbart worden war, daß der bei der Liquidation des deutschen Eigentums über die Reparations-

[983] Vgl. Müller, H. (1973), S. 100.
[984] Vgl. Ministerbesprechung vom 27. März 1930, 17 und 19 Uhr im Reichstag, S. 1608-1610.
[985] Vgl. Koops, T. (1982), S. XXII.
[986] Vgl. BArch, R 43 I/480, Bl. 196. Brief des amerikanischen Vorsitzenden des Organisationsausschusses der BIZ an Schacht vom 28. Dezember 1929.
[987] Vgl. Chefbesprechung vom 28. Dezember 1929, 10 Uhr, S. 1327.

forderungen hinausgehende Betrag Großbritannien zustand. Weiter forderte er die Beseitigung jeglicher Klauseln, die bei Nichteinhaltung des Vertrages für Deutschland militärische oder wirtschaftliche Sanktionen vorsahen. Eine Abschrift dieses Briefes ging an den Reichskanzler.[988]

Am 13. Januar 1930 wurde auf der 2. Haager Konferenz im Organisationskomitee für die BIZ der Brief des Reichsbankdirektoriums vom 31. Dezember 1929 von der Gläubigerseite zur Sprache gebracht. Schacht bestätigte daraufhin, daß die endgültige Entschließung der Reichsbank über die Beteiligung an der BIZ von dem Gesamtergebnis der Konferenz abhinge, wobei er die im Brief erwähnten Voraussetzungen erneut nannte.[989]

Diese Erklärung kompromittierte die Siegermächte und führte beinahe zum Scheitern der gesamten Konferenz.[990] Nur durch das schnelle Handeln der Regierung konnte der Abbruch der Konferenz verhindert werden; diese beschloß, eine Beteiligung der Reichsbank an der BIZ durch Gesetz zu erzwingen.[991] Während einer Delegationsbesprechung in Den Haag erklärte Schacht, daß sich die Reichsbank einem gesetzlichen Zwang selbstverständlich fügen würde. Er betonte aber gleichzeitig, daß er keinerlei Verantwortung für das Ergebnis der Konferenz übernähme. Daraufhin wurde ihm bestätigt, daß eine Verantwortungsübernahme für die politischen Entscheidungen in Den Haag durch die Reichsbank von der Reichsregierung gar nicht verlangt würde.[992]

Schacht hatte zwar sein Ziel, durch seine Bedingungen Druck auf die Alliierten auszuüben, nicht erreicht. Immerhin war er aber von jeder Verantwortung für alle weiteren Entschließungen befreit. Großmütig versprach er, auch weiterhin der Regierung loyal zur Verfügung zu stehen, insbesondere auch bei den weiteren Maßnahmen der Regierung zur endgültigen Sanierung der Reichsfinanzen.[993]

Vom Antwortschreiben der Reichsbank an den Vorsitzenden des Organisationskomitees der BIZ war, wie erwähnt, tatsächlich eine Abschrift an den Reichskanzler gegangen. Daher stellt sich die Frage, warum die Regierung die Frage der

---

[988] Vgl. BArch, R 43 I/480, Bl. 194-195. Antwortschreiben des Reichsbankdirektoriums an den amerikanischen Vorsitzenden des Organisationsausschusses der BIZ vom 31. Dezember 1929.

[989] Vgl. Der Staatssekretär in der Reichskanzlei Pünder (z. Z. Den Haag) an das Auswärtige Amt, 14. Januar 1930, S. 69.

[990] Vgl. Aufzeichnung Staatssekretär Pünders über die internationale Beurteilung des Reichsbankpräsidenten. Den Haag, 16. Januar 1930, S. 1377.

[991] Vgl. Kabinettssitzung vom 14. Januar 1930, S. 1369.

[992] Vgl. Aufzeichnung des Staatssekretär Pünders über die Delegationsbesprechung in Den Haag am 14. Januar 1930 betr. deutsche Beteiligung an der BIZ, S. 1359.

[993] Vgl. Aufzeichnung des Staatssekretär Pünders über die Delegationsbesprechung in Den Haag am 14. Januar 1930 betr. deutsche Beteiligung an der BIZ, S. 1360.

BIZ-Finanzierung nicht vor der Konferenz mit Schacht geklärt hat, sondern den Reichsbankpräsidenten ins offene Messer laufen ließ.
Das europäische Ausland vermutete dahinter eine gezielte Aktion, um die Stellung der Reichsregierung auf der Konferenz zu stärken und weitere Zugeständnisse zu verhindern.[994] Tatsächlich ist eine solche Strategie der Reichsregierung belegbar.[995]

Vieles spricht aber auch dafür, daß die Regierung den Reichsbankpräsidenten in der Öffentlichkeit kompromittieren wollte, um ihn so in seine Schranken zu verweisen und sein hohes Ansehen im Ausland zu schmälern. In den Akten der Reichskanzlei finden sich auch Hinweise darauf, daß die Reichsregierung die Kompromittierung Schachts in Den Haag beabsichtigte, um weitergehende Forderungen zur Einschränkung der Unabhängigkeit der Reichsbank leichter durchsetzen zu können. Über Äußerungen des Reichskanzlers Müller am 10. Januar 1930 in bezug auf eventuelle Auseinandersetzungen mit Schacht in Den Haag wegen der Beteiligung der Reichsbank an der BIZ hieß es: *„In diesem Augenblick würde vielleicht nach Ansicht des Reichskanzlers Gelegenheit sein, weitergehende Forderungen auf Einschränkung zur Unabhängigkeit der Stellung des Reichsbankpräsidenten zur Geltung zu bringen"*.[996]

7.7 Die Forderung nach dem Rücktritt des Reichsbankpräsidenten und einer Änderung des Bankgesetzes

Die Forderungen nach einem Rücktritt Schachts und einer Aufhebung der Autonomie der Reichsbank wurden Anfang 1930 sowohl im Inland als auch im Ausland laut.

Schon während der Verhandlungen in Den Haag war von französischer Seite der Wunsch nach einer Einschränkung der unabhängigen Stellung des Reichsbankpräsidenten und nach einer Absetzung Schachts laut geworden.[997] Der Reichsaußenminister wies daher in einer Besprechung mit französischen Regierungsvertretern am 5. Januar 1930 auf die Bestimmungen des Young-Plans hin, in dem das Prinzip der Unabhängigkeit der Reichsbank aus dem Dawes-Plan übernommen

---

[994] Vgl. Sir H. Rumbold (Berlin) to Mr. A. Henderson, 14. January 1930, S. 378.
[995] Vgl. Aufzeichnung des wissenschaftlichen Hilfsarbeiters Schmidt (z. Z. Den Haag): Aufzeichnung über die Unterredung zwischen den Herren Reichsministern Dr. Curtius, Dr. Wirth und den Herren Tardieu und Briand am 5. Januar im „Hôtel des Indes" in Haag von 11-12 Uhr 15, 5. Januar 1930, S. 24.
[996] Ministerialdirektor v. Hagenow an Staatssekretär Pünder. 10. Januar 1930, S. 1354-1355.
[997] Vgl. Aufzeichnung des wissenschaftlichen Hilfsarbeiters Schmidt (z. Z. Den Haag): Aufzeichnung über die Unterredung zwischen den Herren Reichsministern Dr. Curtius, Dr. Wirth und den Herren Tardieu und Briand am 5. Januar im „Hôtel des Indes" in Haag von 11-12 Uhr 15, 5. Januar 1930, S. 23-24.

worden war. Daraufhin stellten diese in Aussicht, „*durch eine Änderung der Abmachungen hinsichtlich der Autonomie der Reichsbank der Regierung die Möglichkeit an die Hand zu geben, Herrn Schacht energisch zu bekämpfen.*“[998]

In einem Interview mit dem „*Vorwärts*“ forderte der französische Ministerpräsident am 16. Januar 1930, die Reichsregierung solle stärker gegen Schacht vorgehen. Er vertrat die Ansicht, daß auch die amerikanische Hochfinanz und Montagu Norman gegen Schacht Stellung nehmen würden.[999]
Der Reparationsagent Gilbert berichtete ebenfalls, daß im Ausland die Stellung Schachts durch sein Verhalten in Den Haag geschwächt worden sei und er „*gerade bei der amerikanischen Bankwelt völlig unten durch sei*“.[1000]
Die Reichsregierung ließ sich aber von Frankreich nicht beeinflussen. Sie vermutete ganz bestimmte Motive hinter der Aktion der französischen Regierung. Sie unterstellte ihr wohl zu Recht, daß sie generell eine Schwächung der Notenbankpräsidenten anstrebte, um ihren Einfluß auf die BIZ zu erhöhen und daß sie den Widerstand Schachts beseitigen wollte, um höhere Forderungen an die Reichsregierung stellen zu können.[1001]

Die deutschen Vertreter benutzten den Konflikt mit Schacht eher dazu, die Franzosen von der Notwendigkeit zu überzeugen, zu einem für Deutschland annehmbaren Abkommen in Den Haag zu kommen. Ihr Argument war, daß nur so der Widerstand Schachts gebrochen werden könne.[1002]
Im Februar 1930 wies der französische Ministerpräsident darauf hin, daß die französische Regierung in Den Haag die Meinung vertreten hätte, daß Schacht von seinem Posten abgesetzt werden müßte, um weitere „*Sabotageakte*“[1003] seinerseits auszuschließen. Man hätte sich aber schließlich der Ansicht der deutschen Delegation gefügt, die eine Absetzung während der Konferenz mit dem Hinweis abgelehnt hatte, daß dadurch der Anschein des ausländischen Einflusses erweckt würde. Die Reichsregierung hätte aber ihrerseits Maßnahmen gegen Schacht in Aussicht

---

[998] Aufzeichnung des wissenschaftlichen Hilfsarbeiters Schmidt (z. Z. Den Haag): Aufzeichnung über die Unterredung zwischen den Herren Reichsministern Dr. Curtius, Dr. Wirth und den Herren Tardieu und Briand am 5. Januar im „Hôtel des Indes“ in Haag von 11-12 Uhr 15, 5. Januar 1930, S. 24.

[999] Vgl. BArch, R 43 I/480, Bl. 48-50. Interview des französischen Ministerpräsidenten Tardieu mit dem „Vorwärts“ Redakteur Viktor Schiff am 16. Januar 1930.

[1000] Aufzeichnung Staatssekretär Pünders über die internationale Beurteilung des Reichsbankpräsidenten. Den Haag, 16. Januar 1930, S. 1367.

[1001] Vgl. Staatssekretär Pünder an den Reichskanzler. Den Haag, 9. Januar 1930, S. 1346-1350; Fraktionsführerbesprechung vom 27. Januar 1930, 17 Uhr im Reichstag, S. 1394.

[1002] Vgl. Aufzeichnung des wissenschaftlichen Hilfsarbeiters Schmidt (z. Z. Den Haag): Aufzeichnung über die Unterredung zwischen den Herren Reichsministern Dr. Curtius, Dr. Wirth und den Herren Tardieu und Briand am 5. Januar im „Hôtel des Indes“ in Haag von 11-12 Uhr 15, 5. Januar 1930, S. 24.

[1003] Der Botschafter in Paris von Hoesch an das Auswärtige Amt, 9. Februar 1930, S. 203.

gestellt, von denen aber, so beklagte der Ministerpräsident, nun keine Rede mehr sei.[1004]

Der durch Schacht bedingte Rücktritt des sozialdemokratischen Reichsfinanzministers im Dezember 1929 und Schachts Verhalten bei der 2. Haager Konferenz führte auch zu Empörung im Inland. In der Presse und besonders auch seitens der Sozialdemokraten, die in einer Koalition mit der DDP, DVP und dem Zentrum regierten, wurde die Forderung nach einem Rücktritt des Reichsbankpräsidenten und einer Änderung des Bankgesetzes erhoben.

Der „*Vorwärts*" schrieb am 7. Januar 1930: „*Die Sonderstellung des Reichsbankpräsidenten, wie sie das jetzt geltende Bankgesetz errichtet hat, ist für Deutschland unwürdig und unerträglich. Die Diktaturgelüste des Herrn Schacht zeigen, wohin diese Sonderstellung führt.*"[1005]
Am 14. Januar 1930 hieß es in einem Artikel: „*Es ist unvorstellbar, daß sich eine Diktatur Schachts oberhalb einer deutschen Reichsregierung befestigen könne, in der vier Sozialdemokraten sitzen. Die Sozialdemokraten in der Regierung müssen dafür sorgen, daß diesem blamablen Zustand sofort ein Ende gemacht wird.*"[1006]
Am 15. Januar 1930 forderte der „*Vorwärts*" unter der Überschrift „*Fort mit Schacht!*" die Absetzung des Reichsbankpräsidenten.[1007]

Aber auch von anderen Teilen der Presse wurde der Rücktritt Schachts gefordert.[1008] Andererseits wurde aber in der gesamten Presse - einschließlich des „*Vorwärts*" - betont, daß eine unabhängige Stellung der Reichsbank sinnvoll sei, solange sie dem Schutz der Währung diene. In Fragen der reinen Währungspolitik, so war man sich einig, müsse die Reichsbank und ihr Präsident unter allen Umständen unabhängig bleiben.[1009]
Das demokratische „*Tageblatt*" forderte am 14. Januar 1930: „*Die volle finanzielle Autonomie der Reichsbank soll und muss gewahrt bleiben. Niemand will an ihr rütteln. Jeder Missbrauch der Zentralnotenbanken durch die politischen Faktoren muss ausgeschlossen werden. Aber ausgeschlossen werden muss auch, dass die Reichsbank und ihr Leiter Missbrauch treiben mit den Rechten und Interessen des Reichs.*"[1010]

[1004] Vgl. Der Botschafter in Paris von Hoesch an das Auswärtige Amt, 9. Februar 1930, S. 203.
[1005] BArch, R 2501/3381, Bl. 167. Artikel im „Vorwärts" vom 7. Januar 1930.
[1006] BArch, R 2501/3402, Bl. 76. Artikel im „Vorwärts" Nr. 21 vom 14. Januar 1930.
[1007] Vgl. BArch, R 2501/3402, Bl. 91. Artikel im „Vorwärts" vom 15. Januar 1930.
[1008] Vgl. BArch, R 2501/5982, Bl. 222. Presseberichte zur Kritik an der Reichsbankpolitik vom Januar 1930.
[1009] Vgl. BArch, R 2501/5982, Bl. 222. Presseberichte zur Kritik an der Reichsbankpolitik vom Januar 1930.
[1010] BArch, R 2501/3402, Bl. 85. Artikel im „Tageblatt" Nr. 23 vom 14. Januar 1930.

Bei der sozialdemokratischen Reichstagsfraktion herrschte am 16. Januar 1930 volle Einmütigkeit darüber, „*dass eine Nebenregierung der Reichsbank, wie sie von Dr. Schacht durch missbräuchliche Ausnutzung der Unabhängigkeit dieses Instituts etabliert worden ist, nicht ertragen werden kann. Der Fraktionsvorstand erwartet vom Reichskabinett, dass es sich nach der Rückkehr der deutschen Delegation aus dem Haag mit der Frage beschäftigen wird, wie durch Änderung des Reichsbankgesetzes die Freiheit der deutschen Gesetzgebung in bezug auf die Personalfragen der Reichsbank ausreichend erweitert werden kann.*“[1011]

Der sozialdemokratische Reichskanzler Müller lehnte den Mehrheitsbeschluß der SPD-Fraktion, die Befugnisse des Reichsbankpräsidenten zugunsten der Reichsregierung zu begrenzen, in einer Kabinettssitzung am 14. Januar 1930 ab.[1012] Nachdem er am 10. Januar 1930 im Zusammenhang mit dem Verhalten Schachts bei der Frage der BIZ-Finanzierung eine Einschränkung der unabhängigen Stellung des Reichsbankpräsidenten noch in Erwägung gezogen hatte, hatte er nun offensichtlich seine Meinung geändert. Er betonte, daß eine Kampagne der Regierung gegen Schacht mit einer Niederlage der Regierung enden würde. Er führte dafür innen- und außenpolitische Gründe an. Innenpolitisch sei erstens die Regierung aufgrund der Kassenschwierigkeiten auf die Reichsbank angewiesen, und zweitens sei eine Abänderung der Unabhängigkeit der Reichsbank in der breiten Öffentlichkeit nicht durchsetzbar. Auch außenpolitisch sei eine Änderung des Bankgesetzes schwer durchzusetzen. Es bestünde die Gefahr, daß die Alliierten ihre Finanzkontrolle verstärken würden, wenn die Stellung des Reichsbankpräsidenten geschwächt werden würde. Die Minister und Staatssekretäre stimmten dem Reichskanzler zu.[1013] Staatssekretär Trendelenburg hob hervor, daß die Unabhängigkeit der Reichsbank die einzige Möglichkeit zur Verhinderung der Inflation sei. Er plädierte jedoch dafür, „*die Reichsbank auf anderem Wege mehr in das Staatsganze einzuordnen als bisher.*“[1014]
Darin drückte sich der Wunsch der Reichsregierung aus, daß die Reichsbank sich in Zukunft bei ihrer Kritik am Staat, an der Politik der Regierung und an einzelnen Politikern der Weimarer Republik zurückhalten würde. Für die Regierung war entscheidend, daß die Reichsbank sich nicht in die Regierungspolitik einmischte.

Die Protokolle der Ministerbesprechungen zeigen aber, daß die Diskussion über eine Änderung des gerade durch den Young-Plan neu gefaßten Bankgesetzes weiter ging. Außenminister Curtius von der DVP bemerkte am 22. Januar 1930: „*Die Frage, ob der Fall Schacht bei der neuen Fassung des Reichsbankgesetzes irgendwie Berücksichtigung zu finden habe, müsse vom Kabinett besonders be-*

[1011] BArch, R 43 I/480, Bl. 51. Beschluß der sozialdemokratischen Reichstagsfraktion vom 16. Januar 1930.
[1012] Vgl. Kabinettssitzung vom 14. Januar 1930, S. 1366-1370.
[1013] Vgl. Kabinettssitzung vom 14. Januar 1930, S. 1366-1370.
[1014] Kabinettssitzung vom 14. Januar 1930, S. 1370.

handelt werden. Aufgabe der Reichsregierung sei es jedenfalls, wirksam dagegen Vorsorge zu treffen, daß von seiten des Reichsbankpräsidenten jemals wieder selbständig Politik getrieben werde.“[1015]
Die Reichsminister beschlossen aber erneut, die Unabhängigkeit der Reichsbank nicht anzutasten. Allerdings bemerkte der Reichsaußenminister: „*Die Reichsbank sei kein Staat im Staate, die unabhängig von der Reichsregierung Politik treiben könne, sie sei vielmehr ein Organismus der Reichsregierung, deren Politik sie nicht entgegen arbeiten dürfe.*“[1016]
Man einigte sich schließlich auf den Versuch, Schacht von der Notwendigkeit zu überzeugen, sich allein seinem Aufgabengebiet zu widmen. Für den Fall eines Scheiterns dieses Vorhabens beschloß man, den Reichspräsidenten um ein Eingreifen in der Sache zu bitten.[1017]

In einer am 27. Januar 1930 abgehaltenen Fraktionsführerbesprechung legte der Abgeordnete Breitscheid erneut die Forderungen der SPD-Fraktion dar. Die Fraktion hielt die Übergriffe Schachts auf das Gebiet der Reichspolitik für die Reichsregierung und den Reichstag für unerträglich. Sie forderte die Neuwahl des Reichsbankpräsidenten direkt nach Inkrafttreten der Bankgesetznovelle, die Änderung der Zusammensetzung des Generalrats und einen stärkeren Einfluß der Reichsregierung und des Reichspräsidenten auf die Abberufung des Reichsbankpräsidenten.[1018]

Die Reichsregierung blieb aber bei ihrem bisherigen Beschluß, zu einer gütlichen Einigung mit Schacht kommen zu wollen und allenfalls den Reichspräsidenten einzuschalten. Vor allem die Furcht vor einer erneuten Inflation im Falle einer Änderung des Bankgesetzes war ausschlaggebend für diese Entscheidung.[1019]
Schacht zeigte sich ebenfalls zu einer Aussprache mit dem Reichskanzler bereit.[1020]
Man kam überein, Auseinandersetzungen in der Öffentlichkeit in Zukunft zu vermeiden und eine Änderung des Bankgesetzes beiderseits abzulehnen.[1021]

Finanzminister Moldenhauer von der DVP stellte am 7. März 1930 in der Reichstagssitzung fest: „*Die Stabilität der deutschen Währung wird unter dem Neuen Plan ebenso wie unter dem Dawes-Plan verbürgt durch die bankgesetzlichen Vorschriften über die Notenausgabe und die Unabhängigkeit der Reichsbank, durch*

[1015] Ministerbesprechung vom 22. Januar 1930, 11 Uhr, S. 1381.
[1016] Ministerbesprechung vom 22. Januar 1930, 16.30 Uhr, S. 1383.
[1017] Vgl. Ministerbesprechung vom 22. Januar 1930, 16.30 Uhr, S. 1383.
[1018] Vgl. Fraktionsführerbesprechung vom 27. Januar 1930, 17 Uhr im Reichstag, S. 1393.
[1019] Vgl. Fraktionsführerbesprechung vom 27. Januar 1930, 17 Uhr im Reichstag, S.1394-1396.
[1020] Vgl. Vermerk Staatssekretär Pünders über ein Telefongespräch mit dem Reichsbankpräsidenten am 30. Januar 1930 betr. Verhalten der SPD und der DDP, S. 1406.
[1021] Vgl. Aufzeichnung des Reichskanzlers über eine Unterredung mit dem Reichsbankpräsidenten betr. dessen Status am 3. Februar 1930, S. 1420-1422.

die jede bedenkliche Kreditinanspruchnahme der Reichsbank sowohl seitens der Privatwirtschaft wie seitens der Staatswirtschaft unmöglich gemacht wird.“[1022]

Er wies ausdrücklich darauf hin, daß die Auseinandersetzungen zwischen dem Reichsbankpräsidenten und der Reichsregierung in keinem Zusammenhang mit der Unabhängigkeit der Reichsbank oder des Reichsbankpräsidenten stünden. „*Die Reichsregierung - und ich besonders - hat sich im Haag und in der nachfolgenden Zeit für die Aufrechthaltung der Unabhängigkeit der Reichsbank und damit auch des Reichsbankpräsidenten eingesetzt. In den neuen Bestimmungen ist nichts enthalten, was irgendwie der Unabhängigkeit der Reichsbank Abbruch täte.*“[1023]

Nachdem die Nachricht vom Rücktritt Schachts im Reichstag eine Diskussion über den eventuell ausgeübten politischen Druck ausgelöst hatte, betonte Moldenhauer erneut, daß eine unabhängige Reichsbank auch dann notwendig sei, wenn „*der Herr Reichsbankpräsident eine sehr unbequeme Persönlichkeit ist und in der Öffentlichkeit eine politische Rolle spielt, die zu spielen meiner Überzeugung nach nicht Aufgabe des Herrn Reichsbankpräsidenten ist.*“[1024]

Der Rücktritt Schachts war am 7. März 1930 erfolgt. In der amtlichen Begründung wurde seine im Vergleich zur Reichsregierung gegensätzliche Auffassung über das Haager Schlußprotokoll angeführt.[1025]
Schacht hatte dem Reichspräsidenten in einem Schreiben vom 3. März 1930 mitgeteilt, daß er entschlossen sei, zurückzutreten, wenn der Young-Plan ratifiziert werden sollte, da er für die weiteren Vorgänge keine Verantwortung übernehmen wolle. Den genauen Termin seines Rücktritts ließ er offen.[1026] In dem Antwortschreiben Hindenburgs vom 6. März 1930 äußerte dieser unter anderem die Bitte, bei einer öffentlichen Begründung des Rücktritts die „*Bemerkung über die Möglichkeit einer neuen Inflation zu unterlassen, da solche Bemerkungen aus so prominentem Munde zu einer schweren Gefährdung unserer Wirtschaft durch Kapitalflucht und Krediterschwerung führen müßte.*“[1027]
Der Reichspräsident und die Reichsregierung hatten offensichtlich Angst vor einer durch seinen Rücktritt ausgelösten Inflation, denn Schacht galt als Garant für die Stabilität der Reichsmark.[1028]

[1022] Verhandlungen des Reichstags (1930b), S. 4207.
[1023] Verhandlungen des Reichstags (1930b), S. 4207.
[1024] Verhandlungen des Reichstags (1930b), S. 4208.
[1025] Vgl. BArch, R 2501/3351, Bl. 37. Amtliche Begründung zum Rücktritt Schachts vom 7. März 1930.
[1026] Vgl. BArch, R 43 I/962, Bl. 187. Schreiben Schachts an den Reichspräsidenten vom 3. März 1930.
[1027] Der Rücktritt des Präsidenten der Reichsbank: Schreiben des Reichspräsidenten von Hindenburg an Dr. Schacht, 6. März 1930, S. 620.
[1028] Vgl. Ministerbesprechung vom 7. März 1930, 20 Uhr im Reichstag, S. 1550.

In der in- und ausländischen Presse wurde der Rücktritt des Reichsbankpräsidenten als Affront gegen den Young-Plan gewertet. In den zahlreichen Artikeln wurde Schacht als Hüter der Währung gelobt, seine Methoden zur Erreichung des Ziels der Währungsstabilität jedoch als falsch beurteilt. Dabei wurde vor allem seine Politik der Kreditrestriktion kritisiert.[1029]

Schacht selbst hat die Kreditpolitik der Reichsbank in seinem 1931 veröffentlichten Buch „*Das Ende der Reparationen*" gerechtfertigt und den Vorwurf zurückgewiesen, die Reichsbank habe sich in die allgemeine Reichspolitik eingemischt. Eine Zentralbank, so argumentierte Schacht, könne sich nur in einem Land mit ausgeglichenen Geld- und Kreditverhältnissen auf eine Handhabung der Diskontpolitik nach dem üblichen Herkommen und in Anpassung an die üblichen periodischen Schwankungen der Wirtschaftskonjunktur beschränken. In Deutschland seien aber aufgrund des Krieges und der Friedensbedingungen neue Mittel notwendig gewesen, um die Geld- und Kapitalmärkte zu beeinflussen. Des weiteren verliert sich Schacht dann bei seiner Argumentation in der Darstellung seines Kampfes gegen den Marxismus und gegen eine marxistische Regierungspolitik.[1030]

Luther gab in seinem 1964 veröffentlichten Buch „*Vor dem Abgrund*" zwei Antworten auf die Frage, warum Schacht 1930 zurückgetreten ist. Erstens ging er davon aus, daß die Lage hinsichtlich der kurzfristigen Verschuldung Deutschlands an das Ausland auch nach Schachts Meinung so kritisch geworden war, daß dieser die Lösung des Problems lieber einem anderen überlassen wollte.[1031] Die zweite Antwort bezog sich auf die politische Gesinnung Schachts. Luther unterstellte Schacht, daß dieser sich für einen politischen Umsturz möglicherweise „*die Hände frei machen wollte*".[1032]

7.8. Die Beurteilung der Reichsbankpräsidentschaft Schachts

Bei der Ernennung Schachts hatte die Reichsregierung ihren Einfluß geltend gemacht und damit gegen die gesetzlichen Bestimmungen verstoßen. Dies hatte jedoch keine Auswirkungen auf das Verhältnis des Reichsbankpräsidenten zur Reichsregierung.

Schacht hat im Gegensatz zu Havenstein die gesetzlich gegebene Autonomie der Reichsbank gegenüber den verschiedenen Regierungen in die Praxis umgesetzt. Die Reichsbank fällte ihre Entscheidungen unabhängig von dem Einfluß der Reichs-

---

[1029] Vgl. BArch, R 2501/5982, Bl. 240-242. Artikel der in- und ausländischen Presse zum Rücktritt Schachts vom März 1930.

[1030] Vgl. Schacht, H. (1931), S. 150-153.

[1031] Vgl. Luther, H. (1964), S. 64.

[1032] Luther, H. (1964), S. 64.

regierung. Die finanzielle Unabhängigkeit, die der Reichsbank erstmals durch das Bankgesetz von 1924 zuerkannt worden war, hatte auch in der Praxis Bestand. Die Bankgesetzbestimmungen hinsichtlich der Vergabe von Betriebskrediten wurden genauso eingehalten wie die Bedingungen und die Betragsbegrenzung für den Ankauf von Reichsschatzwechseln entsprechend der Bankgesetznovelle von 1926. Von der Befugnis, unter bestimmten Voraussetzungen Reichsschatzwechsel zu diskontieren und zu lombardieren, wurde überhaupt erst im April 1928 Gebrauch gemacht.[1033]

Schachts Ziel der Reichsbankpolitik bestand in der Erreichung bzw. Aufrechterhaltung der Währungsstabilität. Das Ziel der Preisniveaustabilität wurde weitgehend erreicht, wie eine Betrachtung des Preisindexes des Sozialprodukts, des Indexes der Großhandelspreise und der Verbraucherpreise zeigt.[1034] Der Preisindex des Sozialprodukts stieg zwischen 1925 und 1929 mit Raten zwischen 0,7% und 2,5%, der Index der Verbraucherpreise mit Raten zwischen 0,2% und 4,1%. Bei dem Index der Großhandelspreise kam es allerdings zu größeren Schwankungen. Nach einem im Vergleich zum Vorjahr starken Rückgang von 5,2% im Jahre 1926 kam es in den nächsten zwei Jahren zu geringen Steigerungen, bevor der Preisindex 1929 erneut um 2% fiel. Diese immerhin noch relative Stabilität des Großhandelspreisindexes - der Index lag 1929 um rund 2% höher als 1926 - hatte allerdings negative wirtschaftliche Folgen. Die Großhandelspreise fielen in den meisten anderen Ländern sehr viel stärker. In Großbritannien zum Beispiel lag der Großhandelspreisindex 1929 um 11% und in Frankreich um 13% unter dem von 1926.[1035] Daher hatte Deutschland unter anderem Probleme, seine Exportwirtschaft anzukurbeln. Die Reparationszahlungen konnten deshalb auch nicht aus Exportüberschüssen bezahlt werden. Daß sie dennoch ohne Schwierigkeiten finanziert werden konnten, lag vor allem an dem Zustrom von Auslandskrediten an die private Wirtschaft und öffentliche Stellen. Auch die Reichsbank hatte eine hohe kurzfristige Verschuldung der öffentlichen Stellen nicht verhindern können.[1036]

Die Gold- und Devisenpolitik der Reichsbank wurde von den Auslandskrediten in hohem Maße beeinflußt. Die wichtigsten Wechselkurse des Pfunds und des Dollars bewegten sich aber, wie beim Goldstandard vorgesehen, weitgehend zwischen den Goldpunkten. Aufgrund des starken Zuflusses an Auslandsanleihen hielten sich die Wechselkurse von der zweiten Hälfte des Jahres 1927 an bis Mai 1929 nahe dem Goldimportpunkt. Im Laufe des Jahres 1928 unterschritt der Wechselkurs des

---

[1033] Zu der Vergabe von Betriebskrediten und dem Bestand an Reichsschatzwechseln bei der Reichsbank entsprechend der Bankgesetznovelle von 1926 siehe Tabelle A6 bzw. A8 im Anhang.

[1034] Zur Entwicklung der Preisindizes siehe Tabelle A1 im Anhang.

[1035] Vgl. Jarchow, H.-J. / Rühmann, P. (1993), S. 85.

[1036] Vgl. BArch, R 2501/6633, Bl. 273-274. Untersuchung der Reichsbank zur Frage der Beratungsstelle vom 7. Juni 1930.

Pfunds sogar mehrfach und für längere Zeit den Goldimportpunkt, was eine Goldeinfuhr zur Folge hatte. Im Laufe des Jahres 1929 setzten dann aufgrund der beginnenden Wirtschaftskrise in den USA Devisenabzüge ein. Im Frühjahr 1929 erreichte der amtliche Dollarkurs den Goldexportpunkt.[1037]

Mit der Verwirklichung der Unabhängigkeit der Reichsbank gegenüber der Regierung war es gelungen, stabile währungspolitische Verhältnisse zu schaffen.
Für Schacht hatte dabei das Ziel der Verhinderung einer erneuten Inflation an erster Stelle gestanden. Nach den Erfahrungen mit der Hyperinflation von 1923 hatte aber auch die Mehrzahl der Politiker der Weimarer Republik die Unabhängigkeit der Reichsbank als Garant für eine stabile Währung erkannt und akzeptiert. Dies zeigte sich vor allem in der Einigkeit der Koalition aus SPD, DDP, DVP und dem Zentrum über die Beibehaltung der Unabhängigkeit der Reichsbank Anfang 1930.

Die Politik der Reichsregierung war aber im Gegensatz zur Unabhängigkeit der Reichsbank von der Reichsregierung nicht frei von dem Einfluß des Reichsbankpräsidenten. Vor allem die SPD und auch Stresemann, beide hatten die Kandidatur Schachts unterstützt, sahen sich im Laufe der Reichsbankpräsidentschaft seiner Kritik und seinen Angriffen ausgesetzt. Aus der Sicht Schachts galt die Reichsbankunabhängigkeit anscheinend nur einseitig. Er sah sich ebenfalls als Politiker der Weimarer Republik und versuchte mit Hilfe von Rücktrittsdrohungen und einer entsprechenden Öffentlichkeitsarbeit, Einfluß auf die Politik der Republik zu nehmen, zum Teil mit Erfolg. Aufgrund der aus seiner Sicht bestehenden Unzulänglichkeit der politischen Gewalten vertrat er die Ansicht, daß der Wiederaufbau der Weltwirtschaft von den Notenbanken in die Hand genommen werden müsse.[1038]
Die Konflikte zwischen der Reichsregierung und dem Reichsbankpräsidenten entstanden dementsprechend auch aufgrund der Einmischung Schachts in die Wirtschafts-, Finanz- und Reparationspolitik der Reichsregierung. Besonders gravierend war dabei Schachts abfällige Art, mit der er ihm nicht genehme Politiker zu behandeln pflegte.

Schachts Einflußmöglichkeiten waren vor allem deshalb so groß, weil er hohes Ansehen sowohl im Inland als auch im Ausland genoß. Im Inland wurde ihm in erster Linie wegen seines charismatischen öffentlichen Auftretens und seiner hohen Redebegabung von weiten Teilen der Bevölkerung das alleinige Verdienst für die Stabilisierung der Währung und zum großen Teil auch für die positive wirtschaftliche Entwicklung zuerkannt.

[1037] Vgl. BArch, R 2501/7570, Bl. 6-7. Verwaltungsbericht der Reichsbank für das Jahr 1927; BArch, R 2501/7570, Bl. 6-7. Verwaltungsbericht der Reichsbank für das Jahr 1928; BArch, R 2501/7570, Bl. 5-6. Verwaltungsbericht der Reichsbank für das Jahr 1929; BArch, R 2501/7570, Bl. 6. Verwaltungsbericht der Reichsbank für das Jahr 1930.

[1038] Vgl. BArch, R 2501/3393. Artikel im „Bukarester Tageblatt“ von Schacht vom 13. Mai 1930.

Schachts Reichsbankpolitik, seine ständigen Mahnungen zur Sparsamkeit der öffentlichen Hand, seine Kritik an den kommunalen Auslandsanleihen, seine enge Zusammenarbeit mit den Reparationsagenten, der Bank von England und der Fed trafen auch im Ausland auf ein sehr positives Echo. Er war zwischen 1923 und 1929 der Deutsche mit dem größten "Good-Will" im Ausland.[1039]

Helmut Müller stellt in seiner Arbeit über die Reichsbank die These auf, daß die Macht der Zentralbank mit den aktuellen politischen Schwierigkeiten des Staates und der Volkswirtschaft wächst. Die relative Macht der Zentralbank sei um so größer, je inhomogener und instabiler die Regierung ist.[1040]

Dies trifft sicherlich im Fall von Schacht und der speziellen Situation in der Weimarer Republik zu. Allerdings ist zu beachten, daß die Regierungen den Machtzuwachs der Reichsbank selbst unterstützten. Einerseits versuchten sie sich das hohe Ansehen des Reichsbankpräsidenten zunutze zu machen, indem sie versuchten, mit seiner Hilfe politische Ziele durchzusetzen. Andererseits wollten sie einen Teil ihrer Verantwortung vor allem für die Reparationspolitik an Schacht abgeben. Es handelt sich um ein Merkmal der Weimarer Republik, daß die Parteien in vielerlei Hinsicht nicht bereit waren, die Verantwortung für die Regierungspolitik zu übernehmen. Dadurch ergab sich ganz zwangsläufig ein stärkerer Einfluß der Reichsbank.

Die Stellung und Publizität von Montagu Norman in Großbritannien, Benjamin Strong in den USA und wenig später Hjalmar Schacht in Deutschland wurde von den betreffenden Regierungen nicht nur toleriert, sondern auch bewußt genutzt, gerade weil sie die nationalen Interessen zu fördern versprachen. Es wäre ein Irrtum, in den Zentralbanken der großen Machtzentren in den zwanziger Jahren mit der Regierung konkurrierende Institutionen oder gar Parteigänger partikularer Interessen zu sehen. Immer, wenn Bankiers zur Beratung und Lösung internationaler Finanzprobleme zusammentraten, war dies auf eine Initiative der Politiker zurückzuführen. Es herrschte die Tendenz vor, außenpolitische Probleme und Widerstände Expertengremien zu überantworten und sie dadurch ihrer nationalpolitischen Bedingtheit zu entkleiden.[1041]

[1039] Vgl. Müller, H. (1973), S. 42.

[1040] Vgl. Müller, H. (1973), S. 42.

[1041] Vgl. BArch, R 2501/6405, Bl. 189. Brief Strongs an Havenstein vom 14. Dezember 1921; Aufzeichnung des Botschaftsrats Dufour-Feronce von der deutschen Botschaft in London über seine am 6. April 1926 mit dem Gouverneur der Bank von England, Montagu Norman, geführte Unterredung, S. 577; Schötz, H. O. (1987), S. 102-103.

8. Kapitel: Das Verhältnis der Reichsbank zur Reichsregierung unter dem Reichsbankpräsidenten Luther von 1930 bis 1933

8.1 Die Ernennung Hans Luthers zum Reichsbankpräsidenten und seine Stellung in der Reichsbank

Nachdem Schacht im März 1930 zurückgetreten war, wurde Hans Luther am 11. März 1930 mit Wirkung zum 3. April 1930 vom Generalrat zum Reichsbankpräsidenten ernannt.[1042]

Luther war ein Staatsmann, ein Politiker ohne Partei. Er hatte zunächst vom Juli 1918 bis zum Sommer 1924 das Amt des Bürgermeisters von Essen inne. Im Dezember 1922 war er als Ernährungsminister in das Kabinett Cuno berufen worden. In dem auf das Kabinett Cuno folgenden Kabinett der großen Koalition Stresemanns behielt er sein Amt bei, das er dann im zweiten Kabinett Stresemann als Nachfolger Hilferdings im Oktober 1923 mit dem Amt des Finanzministers tauschte. In diesem Amt hatte er Ende 1923 maßgeblichen Einfluß auf die Einführung der Rentenmark und die damit verbundene Stabilisierung der Währung. Luther widmete sich nach der erfolgreichen Stabilisierung hauptsächlich der Budgetsanierung, die die Voraussetzung für die Stabilität der Rentenmark bzw. Reichsmark darstellte. Im Kabinett Marx blieb er zunächst Finanzminister, bevor er sich im Januar 1925 als Reichskanzler der Kabinettsbildung annahm. Am 5. Dezember 1925 zurückgetreten, wurde er am 19. Januar 1926 erneut Kanzler, bevor er am 12. Mai 1926 demissionierte.[1043]

Die Reichsregierung hatte Luther für das Amt des Reichsbankpräsidenten favorisiert. Zwar kamen bei der Reichsregierung anfangs Bedenken wegen Luthers „*politischer Ader*“[1044] auf, da man ihm aber ein geringeres Machtstreben als Schacht nachsagte, befürchtete die Regierung keine Auseinandersetzungen.[1045]
Das „*8 Uhr-Abendblatt*“ kommentierte die Wahl Luthers als deutlichen Erfolg der Reichsregierung. Sie habe damit gezeigt, daß sie gewillt sei, in Zukunft einen größeren Einfluß auf die Leitung der Reichsbank auszuüben und sich nicht in ihrer politischen Tätigkeit behindern zu lassen, wie es von seiten Schachts in der letzten Zeit verschiedentlich vorgekommen sei.[1046]

[1042] Vgl. BArch, R 43 I/962, Bl. 202-203. Beschluß des Generalrats zur Ernennung Luthers vom 11. März 1930.
[1043] Vgl. BArch, R 2501/6869, Bl. 326-328. Aus dem Archiv für publizistische Arbeit.
[1044] Ministerbesprechung vom 7. März 1930, 20 Uhr im Reichstag, S. 1552.
[1045] Vgl. Ministerbesprechung vom 7. März 1930, 20 Uhr im Reichstag, S. 1552.
[1046] Vgl. BArch, R 2501/3391. Artikel im „8 Uhr-Abendblatt“ vom 10. März 1930.

Luther wurde von Zeitgenossen nicht durchweg positiv und in verschiedener Hinsicht uneinheitlich beurteilt. Übereinstimmung bestand darüber, daß er ein Mann nüchterner Sachlichkeit, klarer Verstandeskraft und großer Willensstärke war, dessen Hauptfähigkeit in der Verwaltung lag. Es gab unterschiedliche Ansichten über seine staatsmännischen Qualitäten, und auch über sein Verhandlungsgeschick gingen die Meinungen weit auseinander. Sowohl anerkennende als auch negative Urteile wurden über Luthers Redebegabung abgegeben. Das Repräsentative lag seinem Naturell am wenigsten. Sobald aber Anlaß und Gegenstand es ihm erlaubten, sich auf dem Boden strenger Sachbezogenheit und nüchterner Analyse zu bewegen, konnte er gelegentlich eindrucksvoll in Erscheinung treten, vor allem durch die Sicherheit seiner rednerischen Diktion.[1047]

Luther war kein überzeugter Verfechter der Goldwährung. Seiner Meinung nach wurde eine Währung nicht durch deren Golddeckung, sondern durch die vernünftige Handhabung der Kredit- und Diskontpolitik einer unabhängigen Reichsbank garantiert.[1048] *„Gold und Deckung seien nur Hilfskonstruktionen. Sie dienten zum Ausgleich der Spitzen in den Zahlungsbilanzen der Länder.“*[1049] Allerdings hielt er das Gold als internationalen Maßstab für unentbehrlich.[1050]

Das Ziel der Reichsbankpolitik sah Luther genau wie Schacht in der Aufrechterhaltung der Stabilität der Währung. Die innere Stabilität der Reichsmark, die Stabilität des Preisniveaus, wurde dabei allerdings von Luther - genau wie von den Regierungen - nur in dem Maße verfolgt, daß er versuchte eine Inflation zu verhindern.[1051] Daß er aber die Verhinderung der Inflation mit der Stabilität der Reichsmark gleichsetzte, deutet auf die vorrangige Betrachtung des Wechselkurses als Maßstab für die Stabilität der Währung hin.

Ursprünglich vertrat Luther die Ansichten der klassischen Quantitätstheorie. Die Reichsbank mußte entsprechend dieser Theorie, um ein Ansteigen des Preisniveaus zu verhindern, lediglich die Geldmenge den Veränderungen des realen Wachstums anpassen. Im Laufe der Weltwirtschaftskrise distanzierte sich Luther aber immer weiter von den Aussagen der Quantitätstheorie und plädierte letztendlich für eine expansive Kreditpolitik der Reichsbank.

[1047] Vgl. D'Abernon, E. V. (1930), S. 152; Stresemann, G. (1932b), S. 49; Minuth, K.-H. (1977), S. XXII.

[1048] Vgl. BArch, R 2501/6411, Bl. 438. Berichtsentwurf der Reichsbank für die Berichterstattung an die Reichsregierung im Juli 1930.

[1049] Ministerbesprechung vom 7. Dezember 1931, 10 Uhr, S. 2075.

[1050] Vgl. BA, N 1009/354. Vortrag Luthers vor der Deutschen Gesellschaft 1914 e. V. über Wirtschaftsfragen der Gegenwart am 24. Januar 1933; BA, N 1009/355. Veranstaltung des Volkswirtschaftlichen Reichsbank-Clubs zum Thema Kreditausweitung und Währung Anfang Februar 1933.

[1051] Vgl. Ministerbesprechung vom 2. Oktober 1931, 11.30 Uhr, S. 1783-1785.

Luthers Verhalten gegenüber der Reichsregierung unterschied sich stark von dem Verhalten Schachts. Er kritisierte diese niemals in der Öffentlichkeit.[1052] Schließlich war Luther selbst Mitglied verschiedener Regierungen gewesen und sah keine Veranlassung, diese unnötig zu kompromittieren. Mitte November 1930 versprach Luther dem Staatssekretär der Reichskanzlei Pünder sogar die *„weitere Mitarbeit vom „Nebengleis" aus"*.[1053]

Luthers Schwierigkeiten lagen in erster Linie in der Zusammenarbeit mit den anderen Mitgliedern des Reichsbankdirektoriums. Die meisten von ihnen waren von Schacht ernannt worden und diesem treu ergeben. Luther besaß nicht das Charisma eines Hjalmar Schachts und sein Führungsstil war ein ganz anderer. Er vermißte jegliche Unterstützung im Direktorium und traf immer wieder auf Widerstände.[1054] Sein Verhältnis zum Vizepräsidenten Dreyse war angespannt, weshalb es immer wieder zu Meinungsverschiedenheiten kam.[1055] Dies blieb auch der Reichsregierung nicht verborgen. Reichskanzler Brüning bemerkte im Juli 1931: *„Der Reichsbankpräsident scheine in der schnellen Erledigung dringender Fragen nicht immer eine ausreichende Unterstützung bei den Herren des Reichsbankdirektoriums zu finden."*[1056]

Luther selbst behauptete später, daß es ihm aber stets gelungen sei, seinen Willen im Direktorium durchzusetzen.[1057] Die Gründe für die Differenzen sah er darin, daß die Mitglieder des Direktoriums eine orthodoxe Reichsbankanschauung vertraten, in der die Reichsbank eine rein konstatierende Tätigkeit auszuführen hatte. Das Direktorium hielt also an der klassischen Quantitätstheorie fest. Luther selbst sah sich aber im Laufe seiner Reichsbankpräsidentschaft - bedingt durch die Weltwirtschaftskrise - immer stärker als Vorreiter für eine fortschrittliche Handhabung der Reichsbankgeschäfte, die in erster Linie auch eine aktive Kreditpolitik beinhaltete.[1058]

8.2. Die Unterstützung der Regierungspolitik Brünings durch die Reichsbank

Luthers Amtszeit fiel zusammen mit dem Höhepunkt der Weltwirtschaftskrise. Diese erreichte Deutschland Anfang der dreißiger Jahre, unter anderem als Folge jahrelanger Verschuldung an das Ausland. Die Wirtschaftskrise in den USA führte

---

[1052] Vgl. Holtfrerich, C.-L. (1988), S. 131.
[1053] Pünder, H. (1961), S. 72.
[1054] Vgl. Luther, H. (1964), S. 82, 251; Vocke, W. (1971), S. 1; James, H. (1985), S. 158-159.
[1055] Vgl. Chefbesprechung vom 13. Juli 1931, 19 Uhr, S. 1349; Besprechung vom 18. August 1931, 13 Uhr, S. 1581; Luther, H. (1964), S. 86-87, 250-251.
[1056] Ministerbesprechung vom 31. Juli 1931, 17 Uhr, S. 1479.
[1057] Vgl. Luther, H. (1964), S. 82.
[1058] Vgl. Luther, H. (1964), S. 82-83.

zum Abzug kurzfristiger amerikanischer Kredite und zu einer rapiden Verringerung des Devisenbestandes der Reichsbank.[1059]

Die Weltwirtschaftskrise der frühen dreißiger Jahre war einer der wichtigsten Einschnitte in der Geschichte des 20. Jahrhunderts. Sie war in der Geschichte der Wirtschaftskrisen ein einmaliges Phänomen, was ihre Länge, ihre Tiefe und die Erstreckung über nahezu alle am weltwirtschaftlichen Austausch beteiligten Länder betraf.[1060]

Ihr besonderes Gewicht erhielt die Krise in Deutschland durch die Reparationszahlungen. Die ausdrückliche Warnung des Dawes-Plans, die deutsche Leistungsfähigkeit zum Transfer der Reparationen nicht durch ausländische Kredite zu verfälschen, war einfach in den Wind geschlagen worden. Auch die Warnungen der Reichsbankpräsidenten Schacht und Luther - Luther hatte noch im Mai 1931 auf die Last der kurzfristigen Kredite und auf eine mögliche Aktionsunfähigkeit hingewiesen[1061] - hatten nicht verhindern können, daß sowohl die öffentliche Hand als auch die Banken und weite Kreise der Industrie Auslandskredite aufnahmen. Vielfach handelte es sich dabei um kurzfristige Kredite, die für langfristige Zwecke genutzt wurden.[1062]

Anfang der dreißiger Jahre ergab sich für die Reichsregierung die vorrangige Aufgabe, die wirtschaftliche Situation Deutschlands zu verbessern. Der am 30. März 1930 zum Reichskanzler ernannte Heinrich Brüning verfolgte mit seiner Regierungspolitik zwei konkrete Ziele. Das eine bestand darin, durch die korrekte Befolgung der deutschen Verpflichtungen aus dem Young-Plan die objektive Undurchführbarkeit dieses Plans zu demonstrieren. Er hat dieses Kernziel seiner Politik schließlich mit dem Lausanner Abkommen vom Juli 1932[1063] erreicht, allerdings wurde er zuvor im Mai 1932 gestürzt.[1064]
Das andere, damit im Zusammenhang stehende Ziel seiner Politik bestand darin, durch Preissenkungen in Kombination mit der Herabsetzung der Mieten, Gehälter, Löhne und öffentlichen Tarife eine Gesundschrumpfung der Wirtschaft herbeizuführen. Parallel dazu sollten die Staatsausgaben vermindert und der öffentliche Etat ausgeglichen werden.[1065]

Zur Erreichung des zweiten Ziels erarbeitete die Reichsregierung von Dezember 1930 bis Dezember 1931 vier Notverordnungen zur Sicherung von Wirtschaft und

---

[1059] Vgl. Ministerbesprechung vom 22. Mai 1930, 16.30 Uhr, S. 151.
[1060] Vgl. Borchardt, K. (1982), S. 165.
[1061] Vgl. Besprechung vom 7. Mai 1931, 20.30 Uhr, S. 1056-1057.
[1062] Vgl. Vocke, W. (1971), S. 1.
[1063] Vgl. Das Lausanner Abkommen vom 9. Juli 1932, S. 630-634.
[1064] Vgl. Luther, H. (1964), S. 101.
[1065] Vgl. Luther, H. (1964), S. 100.

Finanzen. Diese Verordnungen sahen Gehalts- und Pensionskürzungen für Reichsbeamte und Soldaten, Steuererhöhungen und Kürzungen der Zuschüsse des Reichs für Länder und Gemeinden sowie zur Arbeitslosenversicherung vor.[1066]
Von besonderer Bedeutung war die vierte Notverordnung vom 8. Dezember 1931.[1067] Sie enthielt unter anderem die generelle Senkung der gebundenen Preise, bestellte einen Reichskommissar für Preisüberwachung, ordnete eine generelle Tariflohnkürzung auf das Niveau vom Januar 1927 und eine abermalige dritte Kürzung der Beamtengehälter an. Auf dem Kapitalmarkt brachte diese Notverordnung eine zwangsweise Zinsherabsetzung. Entsprechendes galt für die Zinsen von Forderungen einschließlich der Hypotheken und der Grundschulden.[1068]

Die private Wirtschaft folgte größtenteils dem Beispiel der Regierung, indem sie die Löhne und Gehälter ebenfalls kürzte. Die Kaufkraft der Bevölkerung war dadurch beträchtlich geschrumpft, wodurch die wirtschaftliche Tätigkeit durch den geschaffenen circulus vitiosus weiter eingeschränkt wurde.[1069] Der Deflationsdruck nahm der Wirtschaft jeden Mut zum Investieren.[1070] Der Großhandelspreisindex fiel von 137,2 im Jahre 1929 auf 110,9 im Jahre 1931 und 93,9 im Jahre 1933. Der Index der Verbraucherpreise fiel von 154 im Jahre 1929 auf 136,1 im Jahre 1931 und 118 im Jahre 1933.[1071]

Der Reichsbankpräsident unterstützte die Reichsregierung bei ihrer Deflationspolitik. Bereits im Juli 1930 hatte er sich für eine kombinierte Senkung des Preis- und Lohnniveaus ausgesprochen, um die Wirtschaft auf eine gesündere Kalkulationsgrundlage zu stellen und damit den Boden für ihren Wiederaufstieg vorzubereiten.[1072] Er nahm regelmäßig an den Beratungen zu den entsprechenden Notverordnungen teil.[1073] Luther stellte in seinem 1964 erschienen Buch „*Vor dem*

[1066] Verordnung des Reichspräsidenten zur Sicherung von Wirtschaft und Finanzen. Vom 1. Dezember 1930, RGBl. 1930 I, S. 517; Zweite Verordnung des Reichspräsidenten zur Sicherung von Wirtschaft und Finanzen. Vom 5. Juni 1931, RGBl. 1931 I, S. 279; Dritte Verordnung des Reichspräsidenten zur Sicherung von Wirtschaft und Finanzen und zur Bekämpfung politischer Ausschreitungen. Vom 6. Oktober 1931, RGBl. 1931 I, S. 537.

[1067] Vierte Verordnung des Reichspräsidenten zur Sicherung von Wirtschaft und Finanzen und zum Schutze des inneren Friedens. Vom 8. Dezember 1931, RGBl. 1931 I, S. 699.

[1068] Vgl. Irmler, H. (1976), S. 314.

[1069] Vgl. Stern-Rubarth, E. (1947), S. 322.

[1070] Vgl. Irmler, H. (1976), S. 314.

[1071] Zur Preisentwicklung siehe Tabelle A1 im Anhang.

[1072] Vgl. BArch, R 2501/6411, Bl. 421. Berichtsentwurf der Reichsbank für die Berichterstattung an die Reichsregierung im Juli 1930.

[1073] Vgl. Sitzung des Kabinettsausschusses für Arbeits- und Preisfragen. 17. November 1930, 16 Uhr, S. 628-633; Chefbesprechung vom 23. Mai 1931, 9 Uhr, S. 1099-1101; Chefbesprechung vom 26. Mai 1931, 16.30 Uhr, S. 1101-1103; Ministerbesprechung vom 1. Juni 1931, 12 Uhr, S. 1154-1156; Ministerbesprechung vom 24. September 1931, 18 Uhr, S. 1733-1737.

Abgrund" fest: *„Ich selbst hatte bald an fast allen Kabinettssitzungen, die diese und andere Notverordnungen vorbereiteten, auf Einladung Brünings teilgenommen. Der Reichskanzler wies mir stets den Platz ihm gegenüber an und erteilte mir auch außer der Reihe das Wort. Er wollte damit offenbar eine Verbindung mit dem Reichsbankpräsidenten pflegen und legte wohl auch Gewicht auf die Erfahrungen des ehemaligen Reichsfinanzministers und Reichskanzlers.*"[1074]

Die Aufgabe der Reichsbank sah Luther in der Unterstützung der Aktionen der Reichsregierung durch verantwortbare Krediterleichterungen und das Hinwirken auf eine Zinsverbilligung. Damit durften jedoch keine Inflation oder Wirkungen verbunden sein, die eine Inflationsangst begünstigten.[1075]

Luther setzte sich auch in der Öffentlichkeit für die Politik Brünings ein.[1076] Er wies später aber darauf hin, daß er in der Deflationspolitik nie die optimale Lösung gesehen habe. Er stimmte dabei mit Brüning überein, der den Übergang von der Deflations- zu einer dosierten Kreditausweitungspolitik erst mit der Lösung des Reparationsproblems vornehmen wollte.[1077]

Daß die Unterstützung der Deflationspolitik aber nicht nur von dem Präsidenten der Reichsbank ausging, wurde durch eine im Dezember 1930 von der Reichsbank erstellte Denkschrift über „*Die Einwirkungsmöglichkeiten der Notenbank zur Behebung von Wirtschaftsdepressionen unter besonderer Berücksichtigung der gegenwärtigen deutschen Wirtschaftskrise*" deutlich. Die Denkschrift setzte sich mit der Ende der zwanziger Jahre aufkommenden Frage auseinander, ob mit Hilfe der Notenbankpolitik die Wirtschaftsentwicklung bewußt beeinflußt und stabilisiert werden könnte und sollte.[1078]

Der Reichsbankpräsident hatte durch seinen Eintritt in den Preissenkungsausschuß seine prinzipielle Billigung der Regierungspolitik demonstriert. Die Reichsbank ging dementsprechend in der Denkschrift von dieser Politik aus und untersuchte die Maßnahmen, die ihr zur Behebung der Depression der deutschen Wirtschaft offenstanden. Da bisher nur ein geringer Erfolg bei der Preissenkungsaktion erzielt werden konnte, kam sie zu dem Schluß, daß diese fortgeführt werden müsse. Die

---

[1074] Luther, H. (1964), S. 102.

[1075] Vgl. Luther, H. (1964), S. 102.

[1076] Vgl. BArch, R 2501/3851, Bl. 213. Artikel in der „Deutschen Zeitung" vom 27. November 1930.

[1077] Vgl. Brief des ehemaligen Reichsministers Graf Schwerin-Krosigk an Heinrich Dräger vom 16. Juni 1953, S. 306; Brief des ehemaligen Reichsministers H. Schäffer an Wilhelm Grotkopp vom 18. August 1953, S. 308; Luther, H. (1964), S. 156-157.

[1078] Vgl. BArch, R 2501/6416, BL. 201. Denkschrift der Reichsbank über „Die Einwirkungsmöglichkeiten der Notenbank zur Behebung von Wirtschaftsdepressionen unter besonderer Berücksichtigung der gegenwärtigen deutschen Wirtschaftskrise" vom 28. Dezember 1930.

Reichsbank habe die Aufgabe, ihrerseits alles zu tun, was den Preisabbau fördere. Bankpolitische Maßnahmen seien zu vermeiden, die eine vorzeitige Steigerung der Preise herbeiführen könnten. Die Möglichkeiten, den Preisabbau zu fördern, schienen der Reichsbank allerdings beschränkt. Eine Diskontsatzerhöhung wurde im gegenwärtigen Stadium mit dem Hinweis auf die mögliche Kreditaufnahme im Ausland abgelehnt und eine Kreditrestriktion, weil diese nur den Mittelstand träfe. Als letzte Möglichkeit wurde eine Diskontsatzsenkung in Erwägung gezogen, soweit es der Status und die devisenpolitische Situation zuließe. Noch weniger als durch diskontpolitische Mittel sah sich die Reichsbank in der Lage, durch eine Erweiterung bzw. Neuorientierung ihrer Kreditpolitik zur Beendigung der Wirtschaftskrise beizutragen. Eine nicht übermäßig große Ausdehnung des Notenumlaufs durch Gewährung zusätzlicher Kredite an die Privatwirtschaft würde, so argumentierte sie, zwar kaum preissteigernd wirken, wenn dadurch der Umschlag neu erzeugter Gütermengen ermöglicht würde, davon könne aber im gegenwärtigen Stadium der Depression keine Rede sein, da die Preise noch nicht genügend gesunken seien. Nach Ansicht der Reichsbank bestand die Gefahr, daß durch eine zu früh einsetzende künstliche Wirtschaftsbelebung die Krise nicht beendet, sondern nur hinausgeschoben würde. Sie kam zu dem Schluß, daß sie den beschrittenen Wege fortsetzen müsse. Im Rahmen der Preissenkungsaktion der Regierung müßten die Zinskosten der Wirtschaft gesenkt werden, vielleicht auch mit Hilfe der örtlichen Bankanstalten. Außerdem müsse man auf die Verkleinerung der Zinsspanne und eine Verringerung der Kreditinstitute hinwirken.[1079]

Die aufgrund der Unterstützung der Deflationspolitik begonnene gute Zusammenarbeit der Reichsbank mit der Regierung Brüning setzte sich bei der Bewältigung der Bankenkrise fort.[1080]

Die Liquidität des deutschen Bankenapparats litt unter dem amerikanischen Kapitalabzug und im Laufe des Jahres 1931 entwickelte sich eine Finanzkrise. Die Finanzkrise wurde von anderen Wirtschaftszusammenbrüchen flankiert, von denen die Krise der Bremer "Nordwolle" die bekannteste war. Die Darmstädter- und Nationalbank besaß ein großes Paket "Nordwolle" Aktien und war Hauptgläubiger

---

[1079] Vgl. BArch, R 2501/6416, BL. 206-213. Denkschrift der Reichsbank über „Die Einwirkungsmöglichkeiten der Notenbank zur Behebung von Wirtschaftsdepressionen unter besonderer Berücksichtigung der gegenwärtigen deutschen Wirtschaftskrise" vom 28. Dezember 1930.

[1080] Vgl. Ministerbesprechung vom 12. Juli 1931, 16.30 Uhr, S. 1339; Ministerbesprechung vom 14. Juli 1931, 22 Uhr, S. 1360; BA, N 1009/366, Bl. 17. Tagebuchaufzeichnung Luthers vom 5. September 1931; Luther, H. (1964), S. 235-236.

der Bremer "Nordwolle". Dadurch bedingt geriet sie in große finanzielle Schwierigkeiten.[1081]

Aufgrund der drohenden Bankenkrise tagten Reichsbankpräsident Luther, Reichskanzler Brüning und die Minister am Wochenende des 11. und 12. Juli 1931 fast rund um die Uhr. Am 12. Juli 1931 gab die Darmstädter- und Nationalbank die Einstellung ihrer Zahlungen bekannt.[1082] Die Situation spitzte sich dramatisch zu, als im Laufe des Tages deutlich wurde, daß die Dresdner Bank insolvent geworden war. Luther forderte in den Besprechungen die Einführung von Bankfeiertagen, konnte sich letztendlich aber mit seiner Forderung nicht durchsetzen. Nach eingehender Debatte entschied sich das Reichskabinett gegen Bankfeiertage und für einen Schalterschluß am Montag, dem 13. Juli, lediglich bei der Darmstädter- und Nationalbank.[1083] Dadurch wurde ein Run auf alle Banken und Sparkassen ausgelöst, der nur durch Bankfeiertage und Börsenschließungen aufgehalten werden konnte.[1084]

Die Bankenkrise führte zum Zusammenbruch der Darmstädter- und Nationalbank, einer der großen deutschen Banken der Weimarer Republik. Die Reichsbank hatte nicht als "lender of last resort" zur Verfügung gestanden und dadurch, daß die Banken mit dieser harten Haltung der Reichsbank nicht rechnen konnten, zur Bankenkrise beigetragen.[1085]

Die durch die Bankenkrise notwendig gewordenen Entscheidungen wurden im Wirtschaftsausschuß des Kabinetts getroffen. Die Reichsbank war durch den Reichsbankpräsidenten und den Reichsbankvizepräsidenten in diesem Gremium vertreten und konnte auf diesem Wege ihren Einfluß geltend machen.[1086] Luther konnte letztendlich verhindern, daß die für die Zukunft als notwendig erachtete

[1081] Vgl. BArch, R 2501/6492, Bl. 10. Untersuchung der Reichsbank „Zur Entwicklung der gegenwärtigen Finanzkrise Deutschlands" vom 25. Juli 1931; Kindleberger, C. P. (1984), S. 373-375.

[1082] Vgl. Sperl, F. (1971), S. 3; Vocke, W. (1971), S. 2; Köllner, L. (1991), S. 67.

[1083] Vgl. Chefbesprechung vom 11. Juli 1931, 18 Uhr, S. 1324-1328; Chefbesprechung vom 12. Juli 1931, 11.50 Uhr, S. 1334-1336; Ministerbesprechung vom 12. Juli 1931, 16.30 Uhr, S. 1338-1344.

[1084] Vgl. BArch, R 2501/6492, Bl. 10-12. Untersuchung der Reichsbank „Zur Entwicklung der gegenwärtigen Finanzkrise Deutschlands" vom 25. Juli 1931; Ministerbesprechung vom 13. Juli 1931, 22 Uhr, S. 1351; Kabinettssitzung vom 13. Juli 1931, 22.30 Uhr, S. 1353; Kindleberger, C. P. (1984), S. 175-177.

[1085] Vgl. James, H. (1998), S. 84.

[1086] Vgl. Ministerbesprechung vom 12. Juli 1931, 16.30 Uhr, S. 1339; Ministerbesprechung vom 14. Juli 1931, 22 Uhr, S. 1360; Sitzung des Wirtschaftsausschusses der Reichsregierung vom 27. Juli 1931, S. 1427-1428; Sitzung des Wirtschaftsausschusses des Reichskabinetts vom 28. Juli 1931, S. 1438-1443; BA, N 1009/365, Bl. 108-121. Tagebuchaufzeichnung Luthers vom 30. Juli 1931; Ministerbesprechung vom 31. Juli 1931, 17 Uhr, S. 1478-1482.

Bankenaufsicht der Reichsregierung unterstellt wurde. Er führte die kontroverse Diskussion über eine Angliederung der Bankenaufsicht entweder an die Reichsregierung oder an die Reichsbank zu einem Kompromiß. Die Regierung und die Reichsbank einigten sich auf eine Verordnung,[1087] die im § 1 die Bildung eines Kuratoriums vorsah. Dies bestand aus dem Reichsbankpräsidenten, einem von dem Reichsbankpräsidenten zu bestellenden Mitglied des Reichsbankdirektoriums, dem Staatssekretär des Reichswirtschaftsministeriums und des Reichsfinanzministeriums sowie einem Reichskommissar für das Bankgewerbe. Das Kuratorium wurde entsprechend § 2 ermächtigt, Richtlinien für die Amtsführung des Reichskommissars zu erlassen, von dessen Zuständigkeit die Reichsbank entsprechend § 10 Abs. 1 ausgenommen wurde.

Unter der Mitwirkung der Reichsbank und maßgeblicher Beteiligung des Reichs wurde von einem Bankenkonsortium die Akzept- und Garantiebank gegründet. Ihr fiel die Aufgabe zu, die in Zukunft für die gefährdeten Kreditinstitute erforderlichen Stützungsaktionen zu vermitteln und ihnen durch Mitübernahme der Wechselhaftung die Kreditaufnahme bei der Reichsbank zu erhalten oder zu ermöglichen.[1088]

8.3 Die Konflikte zwischen der Reichsbank und der Regierung Brüning

Zu Konflikten zwischen der Reichsbank und der Reichsregierung kam es nur dann, wenn die Regierung versuchte, Druck auf die Reichsbank auszuüben, um deren Geld- und Kreditpolitik zu beeinflussen. Dies zeigte sich zum ersten Mal im Juli 1931, als die Reichsbank das Mittel der Kreditrestriktion einsetzte.

Die innen- und außenpolitische Krise vom Juni 1931 entstand durch die zweite Notverordnung zur Sicherung von Wirtschaft und Finanzen und der damit verbundenen Erregung der Öffentlichkeit über den Abbau der Sozialleistungen,[1089] den regierungsamtlichen "Tributaufruf", der die deutsche Kreditfähigkeit im Ausland ruinierte,[1090] die Forderung der Parteien nach Einberufung des Reichstags und die ultimative Rücktrittsdrohung Brünings.[1091] Dadurch bedingt kam es zu einem starken Abzug der Devisen bei der Reichsbank. Der Devisenbestand der Reichsbank

[1087] Verordnung des Reichspräsidenten über Aktienrecht, Bankenaufsicht und über eine Steueramnestie. Vom 19. September 1931, zweiter Teil: Kuratorium und Reichskommissar für das Bankgewerbe, RGBl. 1931 I, S. 501.
[1088] Vgl. BArch R 2501/7570, Bl. 8. Verwaltungsbericht der Reichsbank für das Jahr 1931.
[1089] Vgl. Ministerbesprechung vom 3. Juni 1931, 21.30 Uhr, S. 1178; Ministerbesprechung vom 15. Juni 1931, 11 Uhr, S. 1191; Besprechung mit Parteiführern vom 15. Juni 1931, 16 Uhr, S. 1198, 1206.
[1090] Vgl. Ministerbesprechung vom 6. Juni 1931, 9.15 Uhr, S. 1183.
[1091] Vgl. Ministerbesprechung vom 16. Juni 1931, 9 Uhr, S. 1212-1214.

schrumpfte binnen weniger Tage von 3 Milliarden auf 1,7 Milliarden Reichsmark. Da sich der Notenumlauf auf etwa 3,9 Milliarden Reichsmark belief, sah sich die Reichsbank zum ersten Mal außerstande, ihre entsprechend § 28 des Bankgesetzes von 1924 bestehende Verpflichtung, den Notenumlauf mit 40% durch Gold und Devisen zu decken, zum Monatsende zu erfüllen.[1092]

Zur Überbrückung der mit dem Devisenverlust verbundenen Zahlungsschwierigkeiten bekam die Reichsbank am 30. Juni 1931 einen Kredit von 100 Millionen Dollar über die BIZ zur Verfügung gestellt, der von Großbritannien, Frankreich und den USA aufgebracht wurde.[1093] Aber die Krise verschärfte sich, weshalb Luther Anfang Juli 1931 versuchte, einen weiteren Überbrückungskredit zu erhalten. Er startete einen Rundflug zu den Zentralbanken in Großbritannien und Frankreich und zur BIZ in Brüssel. Sein Versuch scheiterte aber. Der Kredit wurde am 11. Juli 1931 sowohl von britischer als auch von französischer Seite endgültig abgelehnt.[1094]

Das Direktorium hatte Luther von einem erneuten Kreditgesuch abgeraten, da es einen Kredit in dieser Situation nicht für sinnvoll hielt. Auch Norman riet Luther von einer Reise nach England ab.[1095] Er soll angeblich förmlich vor ihm durch die Hintertür der Bank von England geflüchtet sein, nachdem Luther sich beim Portier angemeldet hatte.[1096]

Die Reichsbank sah nur noch eine Möglichkeit, die Kreditkrise zu überwinden: das Mittel der Kreditrestriktion. Im Juli 1931 verschärfte die Reichsbank bei hohen Diskont- und Lombardsätzen - gegen den Willen der Reichsregierung - die im Juni mit der Einführung eines Kontingents für die Wechseldiskontierung begonnenen Kreditrestriktionen.[1097] Am 17. Juli 1931 drohte Finanzminister Dietrich dem Reichsbankpräsidenten sogar mit Rücktritt, wenn dieser nicht die Kreditrestriktionspolitik der Reichsbank lockern würde. Luther ließ sich davon aber nicht

---

[1092] Vgl. Ministerbesprechung vom 3. Juni 1931, 21.30 Uhr, S. 1179; Ministerbesprechung vom 15. Juni 1931, 11 Uhr, S. 1193; Besprechung mit Parteiführern vom 15. Juni 1931, 16 Uhr, S. 1199; Aufzeichnung des Ministerialdirektors v. Hagenow über eine Unterredung des Reichskanzlers mit den DNVP-Abgeordneten Hugenberg und Oberfohren am 15. Juni 1931, 19.30 Uhr, S. 1208-1209.

[1093] Vgl. Das Reichskankdirektorium an den Reichskanzler. 4. Juli 1931, S. 1288.

[1094] Vgl. AA, R 28173, Bl. 20-24. Telegramm Luthers an den Reichskanzler und den Reichsbankvizepräsidenten vom 10. Juli 1931; AA, R 28173, Bl. 25-27. Schreiben des Staatssekretärs von Bülow an die Reichskanzlei vom 10. Juli 1931.

[1095] Vgl. Luther, H. (1964), S. 184-188; Vocke, W. (1971), S. 1; Köllner, L. (1991), S. 82.

[1096] Vgl. Vocke, W. (1971), S. 1.

[1097] Vgl. Ministerbesprechung vom 23. Juni 1931, 11 Uhr, S. 1234; BArch, R 2501/6492, Bl. 9-10. Untersuchung der Reichsbank „Zur Entwicklung der gegenwärtigen Finanzkrise Deutschlands" vom 25. Juli 1931; Ministerbesprechung vom 12. Juli 1931, 16.30 Uhr, S. 1340.

beeindrucken.[1098] Erst im September 1931 gab die Reichsbank unter gleichzeitiger Herabsetzung der Diskont- und Lombardsätze die Zusicherung weitgehender Diskontbereitschaft für Handelswechsel bekannt.[1099]

Die Maßnahmen der Kreditrestriktion konnten das Unterschreiten der gesetzlichen Deckungsgrenze jedoch nicht verhindern.[1100] Das Reichsbankdirektorium teilte dem Reichskanzler am 4. Juli 1931 mit, daß die 40%ige Deckung nicht mehr aufrechterhalten werden könne.[1101] Die gesetzlich vorgeschriebene Zustimmung des Generalrats zur Unterschreitung erfolgte am 7. Juli 1931.[1102]

Mit der Unterschreitung der Deckungsgrenze waren entsprechend dem Bankgesetz von 1924 bestimmte Folgen verbunden. Abgesehen von einer Notensteuer (§ 29 Abs. 2) sah das Gesetz einen Diskontsatz von mindestens 5% vor (§ 29 Abs. 3). Die Notensteuer wurde aufgrund einer Vereinbarung zwischen der Reichsregierung und der Reichsbank vom 7. Januar 1932 rückwirkend ab dem 1. Januar 1932 nicht mehr erhoben,[1103] und die Kopplung der Unterschreitung der Notendeckung an eine bestimmte Diskontsatzhöhe wurde durch eine Verordnung des Reichspräsidenten vom 19. September 1932[1104] bis zum 30. September 1934 suspendiert. Der Erlaß dieser Verordnung erfolgte mit der Zustimmung der BIZ.[1105]

Ab Juli 1931 wurde aufgrund der drohenden Erschöpfung der Devisenreserven die Devisenbewirtschaftung mit dem Ziel eingeführt, „*die Devisenabgaben auf den volkswirtschaftlich berechtigten Bedarf unter Zurückdrängung untunlicher oder aufschiebbarer Zahlungen zu beschränken.*“[1106]
Die Reichsregierung verfügte durch die Notverordnung vom 15. Juli 1931[1107] die Zentralisierung des gesamten Devisenverkehrs bei der Reichsbank. Im Anschluß daran wurde am 18. Juli 1931 die Ablieferung ausländischer Zahlungsmittel und die

---

[1098] Vgl. Ministerbesprechung vom 17. Juli 1931, 18 Uhr, S. 1376.
[1099] Vgl. BArch, R 2501/1016, Bl. 102-109. Presseberichte zur Kreditpolitik der Reichsbank vom September 1931; Sperl, F. (1971), S. 3.
[1100] Zur gesetzlichen Deckungsquote des Reichsbanknotenumlaufs siehe Tabelle A3 im Anhang.
[1101] Vgl. Das Reichsbankdirektorium an den Reichskanzler. 4. Juli 1931, S. 1288.
[1102] Vgl. BArch R 2501/7570, Bl. 9. Verwaltungsbericht der Reichsbank für das Jahr 1931.
[1103] Vgl. BArch, R 43 I/637, Bl. 222. Vereinbarung zwischen der Reichsregierung und der Reichsbank über die Notensteuer vom 7. Januar 1932.
[1104] Verordnung des Reichspräsidenten über eine Aussetzung der Anwendung des § 29 Abs. 3 des Bankgesetzes. Vom 19. September 1932, RGBl. 1932 I, S. 445.
[1105] Vgl. BArch R 2501/7320. Jahresübersicht der Reichsbank für 1932.
[1106] BArch R 2501/7570, Bl. 9. Verwaltungsbericht der Reichsbank für das Jahr 1931.
[1107] Verordnung über den Verkehr mit ausländischen Zahlungsmitteln. Vom 15. Juli 1931, RGBl. 1931 I, S. 366.

Übertragung von Forderungen in ausländischer Währung an die Reichsbank verfügt.[1108]

Zu einem erneuten Konflikt zwischen der Reichsregierung und der Reichsbank kam es bei den Verhandlungen zur vierten Notverordnung zur Sanierung der Wirtschaft und Finanzen Ende 1931. Neben Preissenkungen und Lohn- und Gehaltskürzungen sah der Entwurf zur Notverordnung auch eine Senkung der Zinsen unter 6% für Anleihen vor, die in öffentlichen Schuldbüchern eingetragen oder über die Teilschuldverschreibungen ausgegeben waren. Zur Unterstützung dieser Zinssenkung war auch eine Diskontsatzsenkung durch die Reichsbank vorgesehen.[1109] Brüning hatte bereits für die dritte Notverordnung im Oktober 1931 eine Zinssenkung geplant, mußte dieses Vorhaben aber aufgrund der Weigerung Luthers verwerfen, einer Diskontsatzsenkung zuzustimmen.[1110]

Der Konflikt manifestierte sich in einer Auseinandersetzung zwischen dem Reichskanzler und dem Reichsbankpräsidenten. Brüning verlangte in einer Ministerbesprechung am 5. Dezember 1931 von Luther die Veranlassung einer Diskontsatzsenkung von 8% auf 6%. Luther wies diese Forderung aber mit dem Hinweis zurück, daß es die Aufgabe des Reichsbankdirektoriums und des Reichsbankpräsidenten sei, über eine Senkung und über die Höhe der Senkung zu entscheiden. Die Diskontsatzfrage dürfe deshalb nicht in das Regierungsprogramm eingegliedert werden.[1111]

Luther lehnte zwar eine Diskontsatzsenkung in der vom Reichskanzler geforderten Höhe ab, schloß aber eine Senkung nicht grundsätzlich aus.[1112] Er war bereit *„sich für die Notwendigkeiten der Reichspolitik einzusetzen, sofern die währungspolitischen Gesichtspunkte dabei nicht zu kurz kämen.“*[1113]
Mit Wirkung vom 10. Dezember 1931 setzte die Reichsbank den Leitzins von 8% auf 7% herab, nachdem am Tage zuvor durch die Notverordnung die Hypothekenzinsen auf 6% verbilligt worden waren.[1114]

[1108] Verordnung des Reichspräsidenten gegen die Kapital- und Steuerflucht. Vom 18. Juli 1931, RGBl. 1931 I, S. 373.

[1109] Vgl. Ministerbesprechung vom 26. November 1931, 17.00 Uhr, S. 2013; Ministerbesprechung vom 4. Dezember 1931, 11 Uhr, S. 2051-2053.

[1110] Vgl. BA, N 1009/337. Aufzeichnung über die Eröffnungssitzung des Wirtschaftsbeirats vom 29. Oktober 1931; Brüning, H. (1970), S. 419.

[1111] Vgl. BA, N 1009/367, Bl. 87-91. Tagebuchaufzeichnung Luthers vom 5. Dezember 1931; Ministerbesprechung vom 5. Dezember 1931, [17 Uhr], S. 2965-2066.

[1112] Vgl. Ministerbesprechung vom 5. Dezember 1931, [17 Uhr], S. 2965-2066.

[1113] Ministerbesprechung vom 5. Dezember 1931, [17 Uhr], S. 2966.

[1114] Vgl. Brüning, H. (1970), S. 478-479.

Die Diskontsatzsenkung, für die Luther im Reichsbankdirektorium vehement eingetreten war, wurde nur mit knapper Mehrheit vom Direktorium beschlossen. Dabei war man sich darüber einig, daß die devisen- und währungspolitische Situation eine Senkung um einen Prozentpunkt zuließ. Die Mehrzahl der Mitglieder hatte jedoch Bedenken, daß eine Diskontsatzherabsetzung in der Öffentlichkeit als Zugeständnis an die Reichsregierung erscheinen und somit ihre Unabhängigkeit in Frage stellen würde. Reichsbankvizepräsident Dreyse wies Luther darauf hin, daß er im Ausland sowieso schon als politischer Präsident gelte und daß sich dieser Eindruck durch eine Diskontsatzsenkung zum jetzigen Zeitpunkt noch verstärken würde. Für Luther aber war diese Infragestellung seiner politischen Unabhängigkeit kein Grund, die aus seiner Sicht sachlich mögliche und ökonomisch sinnvolle Diskontsatzsenkung abzulehnen. Letztendlich konnte er die Mehrzahl der Direktoriumsmitglieder von seiner Meinung überzeugen. Der Reichsbankvizepräsident blieb jedoch bei seiner Ablehnung.[1115]

Luther bekundete vor dem Zentralausschuß am 9. Dezember 1931, mit der Diskontsatzsenkung die Entwicklung der preissenkenden Tendenzen unterstützen zu wollen, ohne daß dabei devisen- und währungspolitische Gesichtspunkte vernachlässigt würden.[1116] Die Reichsbank kam damit einerseits dem Wunsch des Reichskanzlers nach, den Diskontsatz zu senken, widersetzte sich aber andererseits einer Senkung in der gewünschten Höhe.

Trotz der praktizierten Deflationspolitik tauchten bei Kabinettssitzungen und Ministerbesprechungen bezeichnenderweise immer wieder Inflationsbefürchtungen auf. Eine Inflation, darüber waren sich Reichsregierung und Reichsbank einig, müsse unter allen Umständen vermieden werden.[1117]

Mit der nationalen und internationalen Finanzkrise des Sommers 1931 setzte eine neue Phase der Weltwirtschaftskrise ein. Jetzt erwies sich die Entwicklung als eine prinzipielle Strukturkrise der nationalen und internationalen Wirtschaftsordnung. Erst jetzt begann man verbreitet zu fürchten, daß diese Krise nicht aus sich heraus wieder zu einem Aufschwung führen würde. Es tauchten nach und nach aus den verschiedensten Ecken Pläne auf, dieser Krise durch eine aktive Politik zu begegnen. So wurde der Vorschlag gemacht, der Staat sollte, auch wenn er nicht über hinreichende laufende Einnahmen verfügte, eine größere Nachfrage entfalten und diese im Wege der zusätzlichen Verschuldung finanzieren.[1118]

[1115] Vgl. Luther, H. (1964), S. 221-223.

[1116] Vgl. BArch, R 43 I/641, Bl. 168-170. Protokoll der Zentralausschußsitzung vom 9. Dezember 1931.

[1117] Vgl. Ministerbesprechung vom 2. Oktober 1931, 11.30 Uhr, S. 1783.

[1118] Vgl. Borchardt, K. (1982), S. 169.

Ende 1931 und verstärkt Anfang 1932 wollte die Reichsregierung aufgrund der katastrophalen wirtschaftlichen Folgen der Deflationspolitik versuchen, die Wirtschaft mit Reichsbankkrediten anzukurbeln. Dies lehnte die Reichsbank aber mit Hinweis auf die Inflationsgefahr ab. Davon abgesehen hatte Brüning bis zum Frühjahr 1932 nicht die geringste politische Unterstützung von irgend einer der politisch relevanten Gruppen.[1119]

Eine vom Wirtschaftsminister Warmbold im Dezember 1931 geforderte *„heimliche Kreditausweitung“*[1120] von 2 Milliarden Reichsmark für die Wirtschaftsankurbelung lehnte Luther in einer Besprechung mit der Reichsregierung mit dem Hinweis ab, daß eine bewußte, auf einen bestimmten Betrag zugeschnittene Kreditschöpfung zur Inflation führen würde. Er argumentierte bei der Ablehnung dieser expansiven Kreditpolitik mit der klassischen Quantitätstheorie: Entscheidend für eine sichere Währung sei das Verhältnis zwischen Waren- und Geldumlauf. Die Inflation beginne, wenn sich der Geldumlauf vermehre, ohne daß die Warenmenge wachse. Durch Vermehrung des Geldumlaufs könne die Warenmenge nicht gesteigert werden.[1121]
Der Reichsfinanzminister aber widersprach dieser Theorie und bezweifelte, ob man mit der *„alten Methode“*[1122] der Reichsbank weiterkäme. Sein Unmut über die Haltung des Reichsbankpräsidenten manifestierte sich in der Forderung nach einer Änderung des Bankgesetzes hinsichtlich der Unabhängigkeit der Reichsbank. Diese wurde jedoch vom Reichskanzler abgelehnt.[1123]

Im Februar 1932 entwickelte das Reichswirtschaftsministerium ein Konjunkturförderungsprogramm. Danach sollten die Arbeitsbeschaffungsmaßnahmen zur Belebung der Wirtschaft durch eine Kreditausweitung finanziert werden, die nicht dem ökonomischen Kreislauf entzogen werden sollte. In dem Programm wurde davon ausgegangen, daß zur Initialzündung für die Wirtschaftsankurbelung die Bereitstellung zusätzlicher Kaufkraft notwendig sei.[1124]
Die Reichsbank lehnte aber die Finanzierung dieses Programms über Reichsbankkredite aufgrund währungspolitischer Bedenken ab.[1125] *„Eine solche Verquickung*

[1119] Vgl. Borchardt, K. (1982), S. 173.
[1120] Ministerbesprechung vom 7. Dezember 1931, 10 Uhr, S. 2075.
[1121] Vgl. Ministerbesprechung vom 7. Dezember 1931, 10 Uhr, S. 2075.
[1122] Ministerbesprechung vom 7. Dezember 1931, 10 Uhr, S. 2075.
[1123] Vgl. Ministerbesprechung vom 7. Dezember 1931, 10 Uhr, S. 2075-2076.
[1124] Vgl. Aufzeichnung des Reichswirtschaftsministeriums zur Arbeitsbeschaffung, 5. Februar 1932, S. 2276-2278.
[1125] Vgl. Besprechung im Reichswirtschaftsministerium über Arbeitsbeschaffung, 12. Februar 1932, [11 Uhr], S. 2288-2290; Chefbesprechung vom 20. Februar 1932, 10.30 Uhr, S. 2318-2320.

der Finanzgebarung des Reichs mit der verfassungsgemäß unabhängigen Währungspolitik der Reichsbank"[1126], war für die Reichsbank inakzeptabel.[1127]

Im Gegensatz zum Reichsbankvizepräsidenten Dreyse, der sich vehement gegen eine Kreditgewährung an das Reich aussprach, war Luther aber grundsätzlich bereit, die Arbeitsbeschaffungspläne der Reichsregierung zu unterstützen. Er mahnte allerdings zur Zurückhaltung, solange die Reparationsverpflichtungen beständen. Er wollte nicht durch Kreditausweitungen und der damit verbundenen Aufgabe der strengen Restriktionspolitik den Unmut des Auslands auf Deutschland ziehen. Außerdem wies er auf die Inflationsgefahren hin, die mit dem öffentlichen Bekanntwerden einer finanziellen Unterstützung der Arbeitsbeschaffungsmaßnahmen der Regierung durch die Reichsbank verbunden wären. Beides Gründe gegen eine reichsbankfinanzierte Erhöhung der Staatsausgaben, die auch Brüning selbst vertrat.[1128]

Luther trat für eine *„vorsichtige Kreditausweitung"*[1129] der Reichsbank ein und konnte sich letztlich auch durchsetzen.[1130]

Im Mai 1932 entwickelte das Reichsbankdirektorium in Zusammenarbeit mit der Regierung ein 135 Millionen-Reichsmark-Programm für Notstandsarbeiten an Wasserstraßen, für den Straßenbau und für Meliorationen. Für dieses Programm gründete das Reich am 1. August 1930 die "Deutsche Gesellschaft für öffentliche Arbeiten AG" mit dem Ziel, durch die Gewährung von Darlehen die Finanzierung von Notstandsarbeiten zu fördern. Die Finanzierung des Programms sollte in der Form erfolgen, daß die beteiligten Unternehmen Wechsel ausstellten, die von dieser Gesellschaft akzeptiert und von der Reichsbank rediskontiert wurden.[1131]
Das Programm kam aber erst unter der Regierung Papen zur Durchführung.

[1126] Besprechung im Reichswirtschaftsministerium über Arbeitsbeschaffung, 12. Februar 1932, [11 Uhr], S. 2289.

[1127] Vgl. Koops, T. (1982), S. XCIV.

[1128] Vgl. Vermerk des Ministerialrats Feßler über eine Besprechung zum Wagemann-Plan am 28. Januar 1932, vormittags, S. 2241-2242; Vermerk des Ministerialrats Feßler über eine Chefbesprechung wegen des Wagemann-Plans am 29. Januar 1932, [16.45], S. 2246-2248; Kabinettssitzung vom 13. Mai 1932, 17.30 Uhr, S. 2517; Luther, H. (1964), S. 250-251; Borchardt, K. (1982), S. 172-173.

[1129] BA, N 1009/341. Vortrag Luthers vor der Industrie- und Handelskammer Nürnberg am 12. April 1932.

[1130] Vgl. BA, N 1009/341. Vortrag Luthers vor der Industrie- und Handelskammer Nürnberg am 12. April 1932; Luther, H. (1964), S. 252-253.

[1131] Vgl. Ministerbesprechung vom 19. Mai 1932, 16.30 Uhr, S. 2539-2542; Ministerbesprechung vom 20. Mai 1932, 21 Uhr, S. 2544-2550.

8.4 Die Rolle der Reichsbank bei der Arbeitsbeschaffungspolitik der Regierungen Papen und Schleicher

Das Verhältnis zwischen der Reichsbank und der Reichsregierung änderte sich mit dem Sturz Brünings grundlegend. Die unter Brüning bestehende vertrauensvolle Zusammenarbeit setzte sich nicht fort.[1132]
Unter Brüning wurde seitens der Regierung immer wieder die Mitarbeit der Reichsbank gesucht. Luther nahm auf besonderen Wunsch des Reichskanzlers an zahlreichen Kabinettssitzungen teil.[1133] Diese Praxis änderte sich aber mit der Regierung Papen (1. Juni bis 17. November 1932). Die Reichsbank wurde nur noch ganz selten von der Reichsregierung konsultiert und fast nie ins Vertrauen gezogen. An Kabinettssitzungen nahm Luther nicht mehr teil.[1134] Daß die im Bankgesetz von 1924 vorgesehene Berichterstattung des Reichsbankpräsidenten an die Reichsregierung - die unter Schacht fast jedes Vierteljahr abgehalten worden war - seit der Übernahme des Reichsbankpräsidentenamts durch Luther nicht mehr stattgefunden hatte, fiel nun um so mehr ins Gewicht. Dies lag weniger an Luther, der die Einberufung des "Reichsbankkuratoriums" durchaus anregte, als an der Reichsregierung, die offenbar dazu keine Veranlassung sah.[1135]

Luther hat später das Verhalten Papens und mancher Mitglieder seines Kabinetts als durchaus nicht loyal gegenüber der Reichsbank bezeichnet. Er selbst habe aber vor allem in der Öffentlichkeit stets eine loyale Haltung gegenüber den Regierungen Papen und Schleicher bewahrt, um eine Beunruhigung der Wirtschaft und der Bevölkerung mit den entsprechenden negativen Folgen zu verhindern.[1136]

Die Regierung Papen hatte endgültig Abschied von der Deflationspolitik Brünings genommen, in der Überzeugung, daß der Ausgleich der öffentlichen Haushalte nur durch eine allmähliche Wiederbelebung der Wirtschaft erreicht werden könnte. Reichskanzler von Papen führte die von Brüning zum Ende seiner Amtszeit begonnene Arbeitsbeschaffungspolitik fort und wurde dabei tatkräftig durch die Reichsbank unterstützt. Aufgrund der endgültigen Einstellung der Reparationszahlungen entsprechend dem Lausanner Abkommen vom 9. Juli 1932[1137] war ein wichtiger Grund für die Zurückhaltung des Reichsbankpräsidenten bei der Unterstützung der Arbeitsbeschaffungsvorhaben weggefallen.

[1132] Vgl. Luther, H. (1964), S. 260.
[1133] Vgl. Luther, H. (1964), S. 128-129.
[1134] Vgl. Luther, H. (1964), S. 129.
[1135] Vgl. BArch, R 2/13447, Bl. 13-26. Schreiben Luthers an den Staatssekretär der Reichskanzlei vom 3. August 1932.
[1136] Vgl. Luther, H. (1964), S. 260, 270.
[1137] Vgl. Das Lausanner Abkommen vom 9. Juli 1932, S. 630-634.

Unter der Bedingung, daß für die Währung auf keinen Fall eine Gefahr bestehen dürfe, sagte die Reichsbank ihre Unterstützung für die Arbeitsbeschaffungsmaßnahmen der Reichsregierung in einer am 27. Juli 1932 stattfindenden Besprechung zu. Luther versicherte, daß die Reichsbank Wechsel aus den laufenden Ausgaben der Arbeitsbeschaffung wie Handelswechsel behandeln werde, wenn die Regierung sich verpflichte, die Wechsel aus Haushaltsmitteln später einzulösen.[1138] Allerdings war an diese Zustimmung eine betragsmäßige Begrenzung geknüpft. Eine Erhöhung des ursprünglich geplanten und bereits Brüning zugesicherten Betrages von 135 Millionen Reichsmark um 207 Millionen Reichsmark lehnte das Reichsbankdirektorium ab.[1139]

In der Besprechung am 27. Juli 1932 bestand Übereinstimmung darüber, daß die Reichsbank in Zukunft eine Erhöhung ihrer Kredithilfe für Arbeitsbeschaffungsmaßnahmen nur dann ohne Störung ihres eigenen Kredits und des Vertrauens in die Währung zu leisten imstande sein werde, wenn keine programmatische Hervorhebung dieser Mithilfe in der Öffentlichkeit erfolgen würde. Es sollte bei der öffentlichen Darstellung bleiben, daß die Reichsbank lediglich bereit sei, bei gewissen Einzelprojekten, soweit reichsbankfähiges Wechselmaterial anfiele, nach Maßgabe besonderer Abreden, in einem im Einzelfall festzustellenden Umfang, den kreditmäßig beteiligten Banken einen gewissen Kreditrückhalt zu geben.[1140]

Der Reichsbankpräsident sprach sich in der Öffentlichkeit gegen jede Kreditausweitung wegen der damit verbundenen Inflationsgefahr aus. Daher wurde in weiten Teilen der Presse behauptet, daß sich die Reichsbank, allen voran Luther, den Finanzierungsplänen der Reichsregierung widersetze.[1141]

Das sogenannte Papen-Programm zur Arbeitsbeschaffung vom 4. September 1932 umfaßte letztendlich 2,7 Milliarden Reichsmark. Davon waren 700 Millionen Reichsmark für eine direkte öffentliche Arbeitsbeschaffung vorgesehen.[1142] Die Finanzierung erfolgte zum großen Teil nicht über die Reichsbank, sondern durch Dreimonatswechsel, die auf vom Reich beauftragte Kreditinstitute - Deutsche Gesellschaft für Öffentliche Arbeiten AG, Deutsche Rentenbank-Kreditanstalt, Deut-

---

[1138] Vgl. Ministerbesprechung vom 28. Juli 1932, 11.30 Uhr, S. 333-334.

[1139] Vgl. BArch, R 2501/6504, Bl. 84. Aussprache zwischen dem Reichsbankdirektorium und dem Reichsfinanzminister und Reichsarbeitsminister am 27. Juli 1932; Luther, H. (1964), S. 287-288.

[1140] Vgl. BArch, R 2501/6504, Bl. 89. Aussprache zwischen dem Reichsbankdirektorium und dem Reichsfinanzminister und Reichsarbeitsminister am 27. Juli 1932.

[1141] Vgl. BArch, R 2501/3713. Aufzeichnung der Reichsbank über öffentliche Äußerungen Luthers vom Sommer 1932.

[1142] Vgl. BArch, R 43 I/2046, Bl. 46-51. Wirtschaftsprogramm der Reichsregierung vom 4. September 1932; BA, N 1009/359. Ansprache Luthers vor dem Langnam-Verein zu Düsseldorf am 23. November 1932.

sche Bau- und Bodenbank, Deutsche Siedlungsbank, Reichs-Kredit-Gesellschaft AG - gezogen wurden. Ihre Laufzeit betrug nach einer möglichen viermaligen Verlängerung maximal 15 Monate, wonach sie vom Reich endgültig aufgenommen und in bestimmten Fristen aus den Haushalten 1933 und 1934 eingelöst werden mußten.[1143]

Den Schwerpunkt des Wirtschaftsprogramms bildete mit 2,2 Milliarden Reichsmark - bei einer Überschneidung von 200 Millionen Reichsmark mit der öffentlichen Arbeitsbeschaffung - ein im Herbst 1932 eingeleitetes Verfahren mittelbarer Arbeitsbeschaffung, das sogenannte Steuergutscheinsystem. Es wurde in längeren Kabinetts- und Ressortberatungen unter Mitwirkung der Reichsbank entworfen. Die Idee der Steuergutscheine stammte sogar ursprünglich aus der Reichsbank, ob vom Reichsbankpräsidenten Luther oder vom Reichsbankvizepräsidenten Dreyse ist nicht mehr zu klären.[1144]

Das Steuergutscheinsystem versuchte, sofortige Hilfen für die Wirtschaft mit einer Verteilung der finanziellen Lasten auf spätere Jahre erhoffter wirtschaftlicher Gesundung zu verbinden. Diejenigen Arbeitgeber, die in der Zeit vom 1. Oktober 1932 bis zum 30. September 1933 fällig werdende Umsatzsteuer, Grundsteuer, Gewerbesteuer oder Beförderungssteuer entrichteten oder die im gleichen Zeitraum nachweislich dauernd oder vorübergehend mehr Arbeitnehmer beschäftigten als in den Monaten Juni bis August 1932 erhielten Steuergutscheine. Diese bewirkten insofern einen Steuernachlaß, als sie ab April 1934 in fünf gleichen Jahresraten unter Zurechnung eines jährlichen Agios von 4% zur Entrichtung von Reichssteuern (Einkommens- und Körperschaftssteuer) in Zahlung gegeben werden konnten. Der wesentliche Zweck der Steuergutscheine lag aber darin, die gewerbliche Wirtschaft sofort mit einer möglichst attraktiven Kreditunterlage auszustatten. Die Gutscheine waren deshalb lombardfähig gestaltet, dienten als Unterlage für zusätzliche Diskontkredite bei den Banken und der Reichsbank und wurden zum Börsenhandel zugelassen.[1145]

Durch die Lombardfähigkeit ergab sich eine mögliche Vorfinanzierung der Steuergutscheine durch die Reichsbank. Luther hatte zwar der lombardfähigen Ausgestaltung zugestimmt - er sagte zu, daß die Reichsbank die Steuergutscheine als

---

[1143] Vgl. Minuth, K.-H. (1989), S. XXXVII.

[1144] Vgl. Ministerbesprechung vom 26. August 1932, 16.30 Uhr, S. 448-450; Ministerbesprechung vom 27. August 1932, 16 Uhr, S. 457-463; BA, N 1009/359. Ansprache Luthers vor dem Langnam-Verein zu Düsseldorf am 23. November 1932; Luther, H. (1964), S. 290-291.

[1145] Vgl. BArch, R 43 I/2046, Bl. 47-49. Wirtschaftsprogramm der Reichsregierung vom 4. September 1932; Verordnung des Reichspräsidenten zur Belebung der Wirtschaft. Vom 4. September 1932, RGBl. 1932 I, S. 425; BA, N 1009/350. Mitteilung des Reichsbankdirektoriums an die Reichsbankanstalten und die Dienststellen der Reichshauptbank vom 5. September 1932.

Reichsschuldverschreibungen im Sinne des § 21 des Bankgesetzes behandeln werde[1146] -, aber nicht ohne darauf hinzuweisen, daß diese Vorfinanzierung nicht die *„Inflationspsychose“*[1147] wecken dürfe. Er mahnte deshalb immer wieder zur Zurückhaltung bei der Erwähnung der Reichsbank als Finanzier der Regierung in der Öffentlichkeit.[1148]

Allerdings waren auch alle Regierungen seit 1924 daran interessiert, jegliche Inflationsgefahren und das Schüren von Inflationsängsten zu vermeiden, da sie nicht ihre eigene Existenz aufs Spiel setzen wollten. So bekundete auch die Regierung Papen in einer amtlichen Erklärung, daß Einigkeit mit der Reichsbank darüber bestünde, daß keinerlei Währungsexperimente und überhaupt auf dem Gebiet der Währung und des Kredits keine Maßnahmen vorgenommen würden, aus denen sich eine Gefahr für die Stabilität der Währung ergeben könnte.[1149]
Das Kabinett Schleicher (3. Dezember 1932 bis 28. Januar 1933) war ebenfalls bemüht, das Aufkommen jeglicher Inflationsfurcht in der Bevölkerung zu vermeiden. So betonte Reichskanzler von Schleicher am 15. Dezember 1932 in einer Rundfunkrede über das Regierungsprogramm, daß die Regierung jegliche Inflation vermeiden werde. *„Dafür bietet die Mitarbeit des Reichsbankpräsidenten Luther, den man wohl als den Gralshüter der Währung bezeichnet darf, die sicherste Garantie“*.[1150]

Anfang Dezember 1932 gab der Reichsbankpräsident dann seine öffentliche Zurückhaltung hinsichtlich der Finanzierung der Arbeitsbeschaffungsmaßnahmen auf. In einer am 3. Dezember 1932 aus Anlaß der Jahrestagung der Freunde der Technischen Hochschule München gehaltenen Rede betonte Luther, daß die Reichsbank zur Unterstützung der Arbeitsbeschaffungsmaßnahmen der Reichsregierung durch die Bereitstellung von Krediten bereit sei, soweit dadurch die Währung nicht gefährdet werde. Er sagte außerdem zu, daß die Reichsbank die Tätigkeit des neuen Reichskommissars für Arbeitsbeschaffung mit Kräften unterstützen werde, wobei die Stabilität der Währung selbstverständlich die Voraussetzung dafür sei. Er setzte sich deshalb mit Kreditausweitungsplänen weiterhin kritisch auseinander und schlug statt dessen vor, den für die Steuergutscheine bereitgestellten, bisher aber nicht ausgenutzten Betrag für die öffentliche Auftragserteilung zu nutzen. Die als Mehreinstellungsprämien für die Arbeitgeber vorgesehenen Steuergutscheine in Höhe von 700 Millionen Reichsmark sollten so umgewandelt werden, daß sie aus dem privaten Sektor in den öffentlichen Sektor der Arbeitsbeschaffung fielen.[1151]

[1146] Vgl. Ministerbesprechung vom 31. August 1932, 16.30 Uhr, S. 485; Ministerbesprechung vom 3. September 1932, 11 Uhr, S. 504.
[1147] Ministerbesprechung vom 26. August 1932, 11.30 Uhr, S. 446.
[1148] Vgl. Ministerbesprechung vom 26. August 1932, 11.30 Uhr, S. 446.
[1149] Vgl. BArch, R 2501/7028, Bl. 126. Regierungserklärung vom 3. Juni 1932.
[1150] Rundfunkrede des Reichskanzlers vom 15. Dezember 1932, S. 104.
[1151] Vgl. BArch, R 2501/5983, Bl. 308. Münchener Rede Luthers am 3. Dezember 1932.

Nicht wenige Zeitungen schrieben nach der Rede Luthers von einem *„Umfallen"* und einer *„Anbiederung"*[1152] an Gereke, der unter der Regierung Schleicher zum Reichskommissar für Arbeitsbeschaffung ernannt worden war. Der Öffentlichkeit war schließlich nicht bekannt, daß der Reichsbankpräsident bereits schon länger mit dem Gedanken einer Verlagerung des Betrages für die Mehreinstellungsprämien spielte, da diese Beträge aufgrund der personellen Überkapazitäten nicht genutzt wurden. Bereits Ende September hatte Luther zum ersten Mal die Ansicht geäußert, daß ein großer Teil der im Papen-Programm vorgesehenen Einstellungsprämien in Höhe von 700 Millionen Reichsmark besser direkt für die Arbeitsbeschaffung verwendet werde, und zwar im Rahmen eines vom Landrat a. D. Gereke entworfenen Plans des Landgemeindetages, der auf eine Arbeitsbeschaffung durch die Gemeinden abzielte.[1153] In einer Direktoriumssitzung am 1. Dezember 1932 war die Zustimmung der Reichsbank zur Zweckänderung des für die Mehreinstellungsprämien vorgesehenen Betrages erfolgt.[1154]

Luther hatte das zögernde Anlaufen der Arbeitsbeschaffungsmaßnahme am 30. November 1932 bereits mit Reichskanzler von Papen sowie am 4. Dezember 1932 mit Reichskanzler von Schleicher erörtert. Letzterem legte er am 5. Dezember einen Briefwechsel der Reichsbank mit dem Reichsernährungsminister, dem Reichsfinanzminister und dem Reichsarbeitsminister vom 26. und 27. Oktober sowie vom 19. November 1932 vor. Dieser betraf die Nichtinanspruchnahme eines erheblichen Teils der für die Arbeitsbeschaffung von der Reichsbank bereitgestellten Kreditmöglichkeiten und enthielt einen Vorschlag zur Umlagerung von Teilen dieser Kredite auf noch im Winter ausführbare Arbeiten.[1155]

Die Tatsache, daß Luther seine öffentliche Zurückhaltung aufgab und die Reichsregierung sogar förmlich dazu drängte, die Verwirklichung der bewilligten Arbeitsbeschaffungsmaßnahmen zu überprüfen, deutete auf eine Einstellungsänderung hin. Der Sorge um die Stabilität der Währung trat nun die Sorge um die Arbeitsmarktsituation und um den Fortbestand der Weimarer Republik gegenüber. In seiner Breslauer Rede am 12. Januar 1933 forderte Luther sogar, nicht mehr soviel von der Stabilität der Währung zu reden, da diese gesichert sei. Die Unterstützung des Regierungsprogramms durch die Reichsbank rechtfertigte er mit dem Abkommen

[1152] BArch, R 2501/3714. Presseberichte zur Münchener Rede Luthers vom Dezember 1932.
[1153] Vgl. Luther, H. (1964), S. 294.
[1154] Vgl. BA, N 1009/370, BL. 134-135. Tagebuchaufzeichnung Luthers vom 1. Dezember 1932.
[1155] Vgl. BA, N 1009/370, Bl. 140-145. Tagebuchaufzeichnung Luthers vom 30. November 1932; BArch, R 43 I/2046, Bl. 93-99. Besprechung Luthers mit dem Reichskanzler am 5. Dezember 1932 nebst Briefwechsel der Reichsbank mit dem Reichsernährungsminister, Reichsfinanzminister und Reichsarbeitsminister vom 26. und 27. Oktober und 19. November 1932.

von Lausanne und der besonderen politischen Situation, die soziale und politische Erleichterungen notwendig mache.[1156]

Luther hat sich aber keinesfalls dem Wunsch des Reichskommissars für Arbeitsbeschaffung unterworfen, das bestehende Arbeitsbeschaffungsprogramm zu erweitern. Gereke hatte vorgeschlagen, daß zur Finanzierung von weiteren Arbeitsmaßnahmen von den beteiligten Unternehmen Wechsel ausgestellt und von der Rentenbank-Kreditanstalt akzeptiert werden sollten. Vor allem sollten diese in die Klasse lombardfähiger Papiere der Reichsbank aufgenommen und an der Börse eingeführt werden.[1157] Das lehnte Luther aber ab.[1158] Die von Gereke vorgesehene Finanzierung seiner Vorhaben durch Wechselkredite hatte Luther bereits schon früher abgelehnt[1159] und bezeichnete sie auch jetzt noch als eine *„Finanzierung ins Blaue hinein“*.[1160]

Da Gereke bei der Verwirklichung der Arbeitsbeschaffungsvorhaben auf die Mitarbeit der Reichsbank angewiesen war, entwarf er entsprechend dem Vorschlag Luthers in der Münchener Rede ein Sofortprogramm. Da die Mehreinstellungsprämien sich als eine Fehlplanung herausgestellt hatten, beschloß die Regierung Schleicher eine überwiegend andersartige Verwendung der hierfür vorgesehenen Mittel. Die Regierung ermächtigte den Reichsfinanzminister zur Ausgabe von Steuergutscheinen bis zu einem Gesamtbetrag von 500 Millionen Reichsmark. Die Mittel dieses Programms sollten zur Gewährung langfristiger Darlehen an öffentlich-rechtliche Körperschaften und gemischtwirtschaftliche Unternehmungen zur Durchführung volkswirtschaftlich wertvoller Arbeiten, wie Bau- und Infrastrukturmaßnahmen, dienen. Als Darlehensgeber waren die Deutsche Gesellschaft für Öffentliche Arbeiten AG und die Deutsche Rentenbank-Kreditanstalt vorgesehen.[1161]

Gereke war es Anfang Januar 1933 nur mit nachhaltiger Unterstützung der Reichsbank gelungen, zu Vereinbarungen mit der Deutschen Gesellschaft für Öffentliche Arbeiten AG und der Deutschen Rentenbank-Kreditanstalt über die Unterbringung von Steuergutscheinen in Höhe von 500 Millionen Reichsmark zu kommen, die

---

[1156] Vgl. BA, N 1009/353. Ansprache Luthers vor der Industrie- und Handelskammer Breslau am 12. Januar 1933; BArch, R 2501/3714. Presseberichte über die Breslauer Rede Luthers vom Januar 1933.

[1157] Vgl. Chefbesprechung vom 9. Dezember 1932 im Reichsfinanzministerium, S. 45-46.

[1158] Vgl. BA, N 1009/370, Bl. 143. Tagebuchaufzeichnung Luthers vom 30. November 1932.

[1159] Vgl. Ministerbesprechung vom 31. August 1932, 16.30 Uhr, S. 490.

[1160] Aufzeichnung des Reichsbankpräsidenten über eine Besprechung in der Reichsbank am 21. Dezember 1932 betreffend das Arbeitsbeschaffungsprogramm, S. 139.

[1161] Vgl. Aufzeichnung des Reichsbankpräsidenten über eine Besprechung in der Reichsbank am 21. Dezember 1932 betreffend das Arbeitsbeschaffungsprogramm, S. 138-141; Rundfunkrede des Reichskommissars für Arbeitsbeschaffung Gereke. 23. Dezember 1932, S. 160-161.

von den beiden Instituten mit Hilfe einer Zwischenfinanzierung durch Wechsel übernommen werden sollten. Beide Institute hatten als Voraussetzung einen ihr Risiko ausschließenden Kreditvertrag mit dem Reich und die uneingeschränkte Rediskontzusage der Reichsbank gefordert. Die Reichsbank erklärte daraufhin die entstehenden Wechsel für die 15monatige Laufzeit der Steuergutscheine für reichsbankfähig und stellte die Rediskontierung in Aussicht. Eine eindeutige Rediskontzusage lehnte sie jedoch mit dem Hinweis ab, daß für eine Rediskontierung immer auch die Berücksichtigung der jeweiligen Währungslage notwendig sei.[1162] Nach Ablauf der Laufzeit war das Reich verpflichtet, die Einlösung der Wechsel vorzunehmen.[1163]

Indem Luther die Inflationsfurcht der Gegner des Reichskommissars für Arbeitsbeschaffung innerhalb und außerhalb des Reichskabinetts beschwor, hatte er mit Erfolg das Volumen des Gerekeschen Sofortprogramms auf 500 Millionen Reichsmark begrenzen können.[1164] Die Verordnung über das Programm wurde erst durch den letzten Kabinettsbeschluß der Regierung Schleicher vom 28. Januar 1933 umgesetzt und beendete die kontroverse Diskussion über den Umfang des Arbeitsbeschaffungsprogramms.[1165]

Obwohl das Verhältnis des Reichsbankpräsidenten zu den Regierungen Papen und Schleicher keine vertrauensvolle Zusammenarbeit zuließ, kam es zu keinem größeren Konflikt. Immerhin war die Reichsbank bereit, die Regierungspolitik hinsichtlich der Arbeitsbeschaffungsmaßnahmen in gewissem Rahmen zu unterstützen. Die ablehnende Haltung Luthers gegenüber einer Erweiterung des Arbeitsbeschaffungsprogramms entsprechend dem Plan Gerekes traf auch innerhalb der Reichsregierung auf Zustimmung. Vor allem Wirtschaftsminister Warmbold und Finanzminister Schwerin von Krosigk äußerten Verständnis für den restriktiven Kurs des Reichsbankpräsidenten. Dahinter standen allerdings auch Ressortauseinandersetzungen. Der Reichsfinanzminister benötigte die Hilfe der Reichsbank bei der Überbrückung des anstehenden Defizits im ersten Quartal des Kalenderjahres 1933 und verlangte schon allein aus diesem Grunde eine Zurückhaltung des Reichskommissars für Arbeitsbeschaffung.[1166]

[1162] Vgl. BA, N 1009/353. Besprechung in der Reichsbank zur Frage des Wechselkredits im Arbeitsbeschaffungsprogramm am 3. Januar 1933.

[1163] Vgl. Sitzung des Ausschusses der Reichsregierung für Arbeitsbeschaffung. 9. Februar 1933, 17 Uhr, S. 60.

[1164] Vgl. Sitzung des Ausschusses der Reichsregierung für Arbeitsbeschaffung. 19. Dezember 1932, 18.45 Uhr, S. 131-133; Sitzung des Ausschusses der Reichsregierung für Arbeitsbeschaffung. 21. Dezember 1932, 19 Uhr, S. 152-153; Luther, H. (1964), S. 299.

[1165] Verordnung des Reichspräsidenten über finanzielle Maßnahmen auf dem Gebiete der Arbeitsbeschaffung. Vom 28. Januar 1933, RGBl. 1933 I, S. 31.

[1166] Vgl. Ministerbesprechung vom 18. November 1932, 11 Uhr, S. 969; Sitzung des Ausschusses der Reichsregierung für Arbeitsbeschaffung. 21. Dezember 1932, 19 Uhr, S. 152-153.

Abgesehen von einer Ausnahme mischte sich die Reichsbank ihrerseits nicht in die Politik der Reichsregierung ein und bewahrte Zurückhaltung bei den Entscheidungen der Wirtschaftspolitik. Diese Ausnahme betraf die von der Regierung Papen geplante Kontingentierung der Einfuhr von landwirtschaftlichen Produkten zum Schutz der heimischen Wirtschaft. Das Reichsbankdirektorium hatte sich genötigt gefühlt, auf die damit verbundene Gefahr für die Währung hinzuweisen. In einem Brief vom 11. Oktober 1932 an den Reichskanzler betonte das Direktorium, daß die geplanten Maßnahmen erhebliche Auswirkungen auf die Devisenlage haben könnten. Es sei mit Gegenmaßnahmen des Auslands zu rechnen, die zu einem „*Devisenkrieg*"[1167] führen würden. Dadurch bestünde die Gefahr des vollständigen Abflusses des sowieso geringen Devisenbestandes. Die Schulden Deutschlands könnten in einem solchen Fall nicht mehr gezahlt werden und mit der Hilfe des Auslands sei in einer solchen Situation auch nicht zu rechnen.[1168]

Eine Indiskretion ließ diesen Brief an die Öffentlichkeit gelangen und die Reichsbank bestätigte auf Anfrage, daß ein Brief des fraglichen Inhalts geschrieben worden sei. Dies führte zu einer erheblichen Verstimmung der Reichsregierung. Durch Reichskanzler von Papen zur Rede gestellt, wies der Reichsbankpräsident in einer Ministerbesprechung darauf hin, daß dieser Brief in ernster Sorge um die Währung geschrieben worden sei. Aber auch er bedauerte die Veröffentlichung. Luther war redlich bemüht, den Konflikt beizulegen und schlug vor, der Presse mitzuteilen, daß über interne Schriftwechsel keine Auskunft gegeben werde und daß im übrigen nach Meinung der Reichsbank keine Gefährdung für die Währung bestünde. Das Kabinett erklärte sich mit dieser Verlautbarung einverstanden.[1169]
Der Plan einer Kontingentierung der Einfuhr landwirtschaftlicher Produkte wurde von der Regierung im November 1932 endgültig aufgegeben, nachdem, wie von der Reichsbank vorausgesehen, einige Länder mit dem Boykott deutscher Waren gedroht hatten.[1170]

8.5 Die Forderung nach dem Rücktritt des Reichsbankpräsidenten

Luther fehlte der Rückhalt bei der Reichsbank, in der Bankenwelt und der deutschen Wirtschaft. Diese hätten lieber wieder Schacht als Reichsbankpräsidenten gesehen. Es war jedoch wohl eher seine Persönlichkeit als seine Politik, die abgelehnt wurde. Ihm fehlte das nötige Charisma, um Vertrauen und wirtschaftliche Kompetenz auszustrahlen. Mit Schacht hingegen verband die Wirtschaft die Hoff-

[1167] Das Reichsbankdirektorium an den Reichskanzler. 11. Oktober 1932, S. 753.
[1168] Vgl. Das Reichsbankdirektorium an den Reichskanzler. 11. Oktober 1932, S. 750-753.
[1169] Vgl. Ministerbesprechung vom 14. Oktober 1932, 16 Uhr, S. 773-774.
[1170] Vgl. Ministerbesprechung vom 2. November 1932, 16.30 Uhr, S. 851-855.

nung, daß dieser ein zweites Mal - wie scheinbar 1924 - die Krise des Staates und der Wirtschaft überwinden könnte.

Schacht besaß außerdem den Vorzug, in der "Londoner City" und bei Montagu Norman sehr angesehen zu sein.[1171] Laut Brüning konnte der Präsident der Bank von England Luther hingegen nicht ausstehen.[1172] Der Reichskanzler versuchte deshalb, Schacht *„für eine indirekte schöpferische Mitarbeit zu gewinnen."*[1173] Er vertraute auf die Sachkenntnis Schachts mehr als auf die Luthers und hatte deshalb geplant, den ehemaligen Reichsbankpräsidenten als Kommissar für Wirtschafts- und Währungsfragen einzustellen. Dieser lehnte aber mit dem Hinweis ab, daß es Aufgabe der Reichsbank sei, die innere Zahlungskrise zu lösen.[1174]

Ohne sich über den Wahrheitsgehalt der Vermutung zu äußern, berichtet Brüning in seinen Memoiren, daß der Reichspräsident aufgrund der Gespräche Brünings mit Schacht fürchtete, daß dieser Luther durch Schacht ersetzen wolle. Wenn es ein solches Vorhaben überhaupt gab, wurde es aber bereits im Vorfeld von Reichspräsident von Hindenburg boykottiert. Dieser ließ verlauten, er werde einer Ernennung Schachts niemals zustimmen.[1175]
Letztendlich ist über ein solches Vorhaben Brünings aber nichts Weiteres bekannt. Schließlich war Luther bereit, seine Deflationspolitik zu unterstützen, was zu einer engen Zusammenarbeit zwischen beiden führte. Aber selbst wenn er lieber Schacht im Amt des Reichsbankpräsidenten gesehen hätte, so war Brüning sich aber der rechtlichen Unmöglichkeit der Absetzung Luthers bewußt.

Allerdings wurde Reichskanzler Brüning seitens der Wirtschaft und der Banken im Sommer 1931 - vor allem aufgrund der Bankenkrise und der Kreditrestriktion - tatsächlich nahegelegt, eine Absetzung Luthers herbeizuführen und Schacht zum Reichsbankpräsidenten zu ernennen.

Am 29. Juni 1931 wurde dem Reichskanzler von einem Vertrauten der Wunsch der Industrie überbracht, Luther durch Schacht zu ersetzen, da die Industrie sehr skeptisch sei gegenüber Luthers Fähigkeiten. Brüning soll in dem Gespräch darauf hingewiesen haben, daß er einerseits kein Vertrauen zu dem Charakter Schachts habe und daß andererseits bei einer Weigerung Luthers seine Absetzung gar nicht möglich sei. Außerdem würde eine Ernennung des bei den Franzosen unbeliebten Schacht zu außenpolitischen Schwierigkeiten führen.[1176]

[1171] Vgl. Brüning, H. (1970), S. 233.
[1172] Vgl. Brüning, H. (1970), S. 307.
[1173] Brüning, H. (1970), S. 233.
[1174] Vgl. Ministerbesprechung vom 12. Juli 1931, 16.30 Uhr, S. 1340-1344; Schacht, H. (1953), S. 362-363; Pünder, H. (1961), S. 165; Brüning, H. (1970), S. 233.
[1175] Vgl. Brüning, H. (1970), S. 233.
[1176] Vgl. Brüning, H. (1970), S. 300.

Der DVP-Vorsitzende Dingeldey schlug in einem vertraulichen Schreiben an den Reichskanzler vom 15. Juli 1931 vor, Schacht einen Wirkungskreis zuzusichern, in dem der entscheidende Einfluß seiner Vorschläge garantiert werde.[1177] *„Ich brauche Ihnen ... nicht zu sagen, daß - ob mit Recht oder Unrecht, ist leider im Augenblick gleichgültig - in den Kreisen der gesamten Wirtschaft eine starke Vertrauenskrise gegenüber der Führung der Reichsbankpolitik besteht.“*[1178]

Der Vorstand des Aktionsausschusses für Industrie und Handel bei der Landesleitung der Wirtschaftspartei in Sachsen forderte ebenfalls am 15. Juli 1931 in einem Telegramm an den Reichspräsidenten die Ablösung des Reichsbankpräsidenten.[1179]
Der Präsident des Bankenverbandes Solmssen forderte beim Staatssekretär Pünder am 15. Juli 1931 den Rücktritt Luthers, da dieser das Vertrauen der Wirtschaft und der Banken verloren hätte. Als Nachfolger schlug er Schacht vor.[1180]

Nach dem mißlungenen Versuch Luthers, Mitte Juli 1931 einen Überbrückungskredit zu erhalten, der in der ausländischen Presse als Pilgerfahrt und in der inländischen Presse als Betteltour bezeichnet wurde, tauchten Gerüchte über einen Rücktritt Luthers und eine Nachfolge Schachts in der Presse auf.[1181]
Vor allem von der Rechtspresse wurde Luther wegen seiner Unterstützung der “Erfüllungspolitik“ angegriffen und zum Rücktritt aufgefordert.[1182]
Ende Juli 1931 begann aber auch die demokratische Presse seinen Rücktritt zu fordern und über eine Nachfolge Schachts zu spekulieren. Der *„Berliner Lokal-Anzeiger“* vom 25. Juli 1931 sprach von einem *„Sturm gegen Luther“*.[1183] Die Rücktrittsgerüchte hielten sich hartnäckig, erneut ausgelöst durch einen Artikel im *„Berliner Börsen-Courier“* vom 30. Juli 1931. In dem Artikel wurde darüber berichtet, daß der Reichsverband der Deutschen Industrie dem Reichsbankpräsidenten kein Vertrauen mehr entgegenbringen würde.[1184] Der Reichsverband dementierte diese Nachricht allerdings sofort und betonte, daß er lediglich Kritik an

[1177] Vgl. BArch, R 43 I/2372, Bl. 509-510. Schreiben des DVP Vorsitzenden an den Reichskanzler vom 15. Juli 1931.
[1178] BArch, R 43 I/2372, Bl. 509. Schreiben des DVP Vorsitzenden an den Reichskanzler vom 15. Juli 1931.
[1179] Vgl. BArch R 43 I/1308, BL. 681. Telegramm des Vorstands des Aktionsausschusses für Industrie und Handel an den Reichspräsidenten vom 15. Juli 1931.
[1180] Vgl. Luther, H. (1964), S. 198.
[1181] Vgl. BA, N 1009/336. Aufzeichnung über Rücktrittsgerüchte um Luther Mitte Juli 1931; BArch, R 2501/3718. Presseberichte über einen angeblichen Rücktritt Luthers vom Juli 1931.
[1182] Vgl. BArch, R 2501/3718. Artikel der Rechtspresse gegen Luther vom Juli 1931.
[1183] BArch, R 2501/3718. Artikel im „Berliner Lokal-Anzeiger“ Nr. 347 vom 25. Juli 1931.
[1184] Vgl. BArch, R 2501/3718. Artikel im „Berliner Börsen-Courier“ Nr. 349 vom 30. Juli 1931.

der Reichsbankpolitik geübt, nicht aber ein Mißtrauensvotum gegen den Reichsbankpräsidenten ausgesprochen hätte.[1185]

Im August 1931 war es Reichsminister a. D. Hilferding, der die Reichsbankpolitik kritisierte. Er forderte die Unterstützung der Wirtschaftspolitik durch die Reichsbank und warf der Reichsbankleitung vor, sie sorge sich nur darum, die gesetzliche Deckungsgrenze für den Notenumlauf einzuhalten, ohne sich mit den modernen Wirtschaftsproblemen zu befassen. Die im Wirtschaftsausschuß geäußerte Kritik wurde von teilnehmenden Wirtschaftsfachleuten genutzt, um ihrerseits eine personelle Ablösung des Direktoriums zu fordern.[1186]

Nach der Übernahme der Regierungsgeschäfte am 1. Juni 1932 beabsichtigte Reichskanzler von Papen zusammen mit dem Reichswehrminister von Schleicher, Luther seines Amtes zu entheben und durch Schacht zu ersetzen, da er keine Basis im Ausland hätte.[1187]

Nachdem in der Presse im Zusammenhang mit dem Regierungswechsel das Gerücht kolportiert worden war, der Reichsbankpräsident werde zurücktreten,[1188] ließ Luther gegenüber Pünder und Brüning verlauten, daß er auf keinen Fall bereit sei, sein Amt niederzulegen. „*Nicht weil er etwa am Amt klebe, sondern aus Gründen der absoluten Sicherhaltung der Währung werde er solchen etwaigen Plänen seinen äußersten Widerstand entgegensetzen ... Er würde daher allen Versuchen, auf andere Weise ihn von seinem Posten zu entfernen, äußersten Widerstand entgegensetzen und könne nur empfehlen, auch keinerlei Versuche zu machen, ihn etwa durch Einschaltung der Person des Herrn Reichspräsidenten anderen Sinnes zu machen.*“[1189]

Pünder berichtete, wie von Luther beabsichtigt,[1190] Papen von dieser Unterredung und wies dabei ausdrücklich auf die Bestimmungen des Bankgesetzes hin, wonach die Zustimmung des Generalrats zur Absetzung des Reichsbankpräsidenten notwendig war. Der Reichskanzler versicherte daraufhin, daß er nie die Absicht gehabt hätte, Luther durch Schacht zu ersetzen. „*Wenn Herr Präsident Luther in so*

[1185] Vgl. BArch R 2501/3718. Artikel im „Berliner Tageblatt“ Nr. 355 vom 30. Juli 1931.

[1186] Vgl. Sitzung des Wirtschaftsausschusses der Reichsregierung vom 18. August 1931, 15 Uhr, S. 1587-1588.

[1187] Vgl. Pünder, H. (1961), S. 135.

[1188] Vgl. BArch, R 2501/3713. Presseberichte über einen angeblichen Rücktritt Luthers vom Juni 1932.

[1189] Vermerk des Staatssekretärs Pünder über eine Unterredung mit v. Papen zur Frage der Belastung Luthers im Amt des Reichsbankpräsidenten. 1. Juni 1932, S. 1.

[1190] Vgl. Pünder, H. (1961), S. 135.

mannhafter Weise die Währung verteidige und auch in Zukunft verteidigen wolle, so könne er ... sich zu dieser Mitarbeit Dr. Luthers nur beglückwünschen.“[1191]

Nach Meinung Pünders hatte in erster Linie der Hinweis auf das Bankgesetz diesen scheinbaren Sinneswandel bewirkt.[1192]
Vielleicht war es aber auch der Druck der Öffentlichkeit, der die Reichsregierung zum Einlenken zwang. Ein Rücktritt Luthers wäre in der Presse mit der Tatsache begründet worden, daß dieser ein Hindernis für die Währungsexperimente der Reichsregierung darstelle. Nachdem in der Presse bereits über einen erzwungenen Rücktritt unter der neuen Regierung spekuliert worden war, wäre dieser mit dem Beginn einer neuen Inflation gleichgesetzt worden, da die Öffentlichkeit in dem Reichsbankpräsidenten den Hüter der Währung sah.[1193]

Luther war von Anfang an bewußt, daß die Regierung Papen ihn nur duldete und die Unabhängigkeit der Reichsbank keine unabänderliche Tatsache war. Vor allem durch die endgültige Einstellung der Reparationen durch das Lausanner Abkommen war der Reichsbankpräsident über die zukünftige Beibehaltung der Unabhängigkeit verunsichert. Dieses hätte, wenn es ratifiziert worden wäre, was jedoch nicht geschah, den Young-Plan praktisch außer Kraft gesetzt.[1194] Die Sicherheit der Reichsbank, daß die international gebundene Bestimmung der Unabhängigkeit nicht ohne Zustimmung der BIZ geändert werden konnte, wäre mit der Ratifizierung des Lausanner Abkommens weggefallen. Um diese Unsicherheit zu beseitigen, bat Luther um einen Brief des Reichskanzlers im Namen der Reichsregierung an den Generalrat, in dem der Reichsbank die Unabhängigkeit von der Reichsregierung auch nach dem Lausanner Abkommen zugesichert werden sollte.[1195]

Vor allem Reichswehrminister von Schleicher warnte davor, sich in dieser Weise festzulegen. Reichskanzler von Papen teilte dem Reichsbankpräsidenten in einem Schreiben vom 12. Juli 1932 mit, das Kabinett sei zu dem Schluß gekommen, *„daß eine Äußerung der Reichsregierung über die Unabhängigkeit der Notenbank zur Zeit nicht am Platze sei, da der geltende Rechtszustand erst mit Eintritt der Ratifikation [des Lausanner Abkommens] geändert wird.“*[1196]

[1191] Vermerk des Staatssekretärs Pünder über eine Unterredung mit v. Papen zur Frage der Belastung Luthers im Amt des Reichsbankpräsidenten. 1. Juni 1932, S. 2.
[1192] Vgl. Pünder, H. (1961), S. 135.
[1193] Vgl. BArch, R 2501/3713. Presseberichte über einen angeblichen Rücktritt Luthers vom Juni 1932.
[1194] Vgl. Minuth, K.-H. (1989), S. XXVIII, Fußnote 44.
[1195] Vgl. Ministerbesprechung vom 12. Juli 1932, 17 Uhr, S. 210; Luther, H. (1964), S. 267-268.
[1196] BArch, R 43 I/637, Bl. 232. Schreiben des Reichskanzlers an Luther vom 12. Juli 1932.

Die Reichsbank könne aber zu einem späteren Zeitpunkt erneut um eine solche Zusicherung bitten.[1197]

Mit seinem Antwortschreiben vom 18. Juli 1932 übersandte Luther dem Reichskanzler eine Entschließung des Generalrats vom 17. Juli 1932. In diesem Beschluß wurde festgestellt, daß die Reichsregierung *„durch ihr Verhalten zu erkennen gegeben [habe], daß die Unabhängigkeit der Notenbank nicht als eine irgendwie mit der Reparationsfrage verbundene Angelegenheit ... anzusehen ist.“*[1198]

Der Generalrat unterstrich in seinem Beschluß die Notwendigkeit, diese Überzeugung auch in der Öffentlichkeit zum Ausdruck zu bringen, um das Vertrauen in die Währung nicht zu erschüttern. *„Da die Erklärung bisher unterblieben ist, so besteht die Gefahr, daß die Sorge vor einer ungesunden Ausnutzung der in Aussicht stehenden währungspolitischen Freiheit, auch wenn diese Sorge völlig unbegründet ist, neben anderen Ursachen den Vertrauensstörungen neue Nahrung gibt.“*[1199]
Für die Reichsregierung war die Diskussion aber bereits beendet. Dem Reichsbankpräsidenten wurde durch den Reichswirtschaftsminister lediglich mündlich mitgeteilt, daß zur Zeit keine öffentliche Mitteilung über die künftige Währungspolitik oder die Organisation der Reichsbank gewünscht werde.[1200]

Ab August 1932 setzte Reichskanzler von Papen alles daran, Luther zum Rücktritt zu bewegen, um Schacht zum Reichsbankpräsidenten ernennen zu können. Er teilte dem Reichsbankpräsidenten Anfang August 1932 mit, daß das Kabinett seinen Rücktritt wünsche, da zwischen der Regierung und Luther Meinungsverschiedenheiten hinsichtlich einer Zwangsanleihe für ein zusätzliches Arbeitsbeschaffungsprogramm bestünden.[1201] Angeblich hatte Papen bereits mit Schacht gesprochen, der gerne bereit wäre, wieder das Amt des Reichsbankpräsidenten zu übernehmen.[1202]

Auch in der Presse wurde weiter über die Zukunft des Reichsbankpräsidenten spekuliert. Es wurde berichtet, daß die Reichsregierung eine Notverordnung beab-

---

[1197] Vgl. BArch, R 43 I/637, Bl. 232. Schreiben des Reichskanzlers an Luther vom 12. Juli 1932.
[1198] BArch, R 43 I/637, Bl. 237. Antwortschreiben Luthers an den Reichskanzler vom 18. Juli 1932.
[1199] BArch, R 43 I/637, Bl. 237. Antwortschreiben Luthers an den Reichskanzler vom 18. Juli 1932.
[1200] Vgl. BArch, R 43 I/637, Bl. 239. Aufzeichnung der Reichskanzlei über eine mündliche Mitteilung des Reichswirtschaftsministers an Luther im Sommer 1932.
[1201] Vgl. Ministerbesprechung vom 15. August 1932, 16.30 Uhr, S. 403.
[1202] Vgl. Pünder, H. (1961), S. 142.

sichtige, die die Unabsetzbarkeit des Reichsbankpräsidenten beseitigen sollte.[1203] Zu einem Rücktritt Luthers kam es aber unter der Regierung Papen nicht mehr.

Am 13. Januar 1933 erhielt Reichskanzler von Schleicher von seinem Vertrauten Wilhelm von Preußen, dem ehemaligen deutschen und preußischen Kronprinz, die Abschrift eines Briefes von einem Münchener Verbindungsmann. Wilhelm war bedacht darauf, die Regierung Schleicher zu erhalten und versuchte, durch Verbindungsleute die politische Lage zu erkunden. Dieser Brief enthielt eine Warnung vor dem Reichsbankpräsidenten: *„Luther hat Brüning bereits sabotiert, v. Papen falsch beraten und hinterher den Rat verleugnet, er hat auch bereits dem (übrigens nicht begeisternden) Gerekeplan die Stoßkraft genommen. Von dieser Seite droht dem Kanzler sachlich die größte Gefahr. Nach bisherigen Erfahrungen ist zu befürchten, daß diesem aalglatten Mann und seiner Bürokratie niemand gewachsen ist.“*[1204]
Diese Warnung konnte jedoch von seiten Schleichers zu keinen Maßnahmen mehr führen, da er bereits am 30. Januar 1933 durch Hitler abgelöst wurde.

8.6 Die Beurteilung der Reichsbankpräsidentschaft Luthers

Die Abschaffung der ausländischen Kontrolle durch den Young-Plan 1930, die im Jahre 1931 eingeführten Devisenbeschränkungen und die Aufgabe der 40%igen Deckung der Banknoten durch Gold und Devisen führten zu einer Lockerung der Bindung an den Goldstandard. Der Handlungsspielraum der Reichsbank nahm dadurch entsprechend zu. Die Reichsbank selbst schränkte diesen aber durch die Verfolgung wirtschafts- und reparationspolitischer Ziele freiwillig wieder ein.

Im Gegensatz zu Schacht sah Luther sich aber nicht gleichzeitig als Politiker, sondern versuchte die Ziele mit Hilfe der der Reichsbank zur Verfügung stehenden Instrumente bzw. durch eine die Regierungspolitik unterstützende Geld- und Kreditpolitik zu erreichen. Dadurch kam es nicht wie bei Schacht zu einem Machtzuwachs gegenüber der Reichsregierung, sondern zu einer Einschränkung des Handlungsspielraums der Reichsbank durch die freiwillige Rücksichtnahme auf die Ziele der Regierung.

Die Reichsbankpräsidentschaft Luthers war in erster Linie gekennzeichnet durch die Weltwirtschaftskrise und den Kampf um die Einstellung der Reparationszahlungen. Dies machte nach Meinung Luthers eine enge Zusammenarbeit zwi-

---

[1203] Vgl. BArch, R 2501/3713. Presseberichte über die Auseinandersetzung zwischen der Reichsregierung und dem Reichsbankpräsidenten vom August 1932; BArch, R 2501/5983, Bl. 294-295. Presseberichte über die Auseinandersetzung zwischen der Reichsregierung und dem Reichsbankpräsidenten vom Oktober 1932.

[1204] Wilhelm von Preußen an den Reichskanzler. 13. Januar 1933, S. 224.

schen der Reichsregierung und der Reichsbank notwendig. Allerdings war das Verhältnis speziell des Reichsbankpräsidenten zu der Reichsregierung stark von der jeweiligen Zusammensetzung der Regierungen abhängig. Vor allem mit der Regierung Brüning kam es zu einer engen Zusammenarbeit. Luther unterstützte die Ziele und politischen Aktionen dieser Regierung aus voller Überzeugung.[1205] Im Juli 1930 äußerte Luther gegenüber dem Reichskanzler die Hoffnung, *„die Beziehungen der Reichsregierung zur Reichsbank würden sich auf die Dauer so gestalten, daß die Reichsbank nur eine besondere Ausdrucksform des Regierungswillens werde.“*[1206]

Gelegentliche Meinungsverschiedenheiten hatten nicht verhindert, daß sich die Beziehungen des Reichsbankdirektoriums zur Regierung Brüning immer enger gestalteten. Es wurde zur Selbstverständlichkeit, daß Reichsregierung und Reichsbankleitung in allen wichtigen Entscheidungen, die das Sachgebiet der anderen Instanz berührten, einander vertrauensvoll und mit größtem Respekt konsultierten.[1207] Der Reichsbankpräsident und der Reichsbankvizepräsident waren Mitglieder des Wirtschaftsausschusses des Kabinetts.[1208] Die Tatsache, daß Luther zu fast jeder Kabinettssitzung eingeladen wurde, in denen er seine Ansicht in aller Deutlichkeit und Ausführlichkeit vorbringen konnte, veranlaßte ihn zu der Behauptung, daß *„der Reichsbankpräsident mehr und mehr die Stellung eines wichtigen Regierungsmitgliedes [gewann]“*.[1209]

Er war aber im Gegensatz zu Schacht bestrebt, die Wirtschafts-, Finanz- und Reparationspolitik ganz konsequent der Regierung zu überlassen. Nach den Erfahrungen mit Schachts Verhalten gegenüber der Regierung Müller wollte er wieder eine klare Trennung der verschiedenen Aufgabenbereiche von Notenbank und Reichsregierung einführen.[1210]

Auch wenn sich diese gute Zusammenarbeit der Reichsbank mit der Reichsregierung unter den Reichskanzlern von Papen und von Schleicher nicht fortsetzte, unterstützte der Reichsbankpräsident trotzdem die Arbeitsbeschaffungsmaßnahmen dieser Regierungen.

Luther war als Reichsbankpräsident bereit, die Wirtschafts- und Reparationspolitik der Reichsregierung zu unterstützen, auch wenn dies die Mitverantwortung einer Deflationspolitik oder einer Arbeitsbeschaffungspolitik bedeutete. Durch die Un-

---

[1205] Vgl. Brüning, H. (1970), S. 221.
[1206] Kabinettssitzung vom 9. Juli 1930 im Reichstagsgebäude, S. 287.
[1207] Vgl. Luther, H. (1964), S. 259.
[1208] Vgl. Ministerbesprechung vom 12. Juli 1931, 16.30 Uhr, S. 1339; Ministerbesprechung vom 14. Juli 1931, 22 Uhr, S. 1360.
[1209] Luther, H. (1964), S. 259.
[1210] Vgl. Luther, H. (1964), S. 128-129.

terstützung der Arbeitsbeschaffungspolitik betrieb er im Prinzip eine expansive Fiskalpolitik. Dadurch erklärte er praktisch die Geldpolitik für unwirksam. Er unterstützte die nachfrageorientierte Wirtschaftspolitik der Reichsregierung.

Die Unterstützung der Wirtschaftspolitik durch die Reichsbank ging so weit, daß dafür die Vorschriften des Bankgesetzes von 1924 entsprechend weit ausgelegt oder umgangen wurden. Die Behandlung der Steuergutscheine als Schuldverschreibungen im Sinne des § 21 des Bankgesetzes durch den Reichsbankpräsidenten stellte eine kühne Auslegung dar und ging im Prinzip über die Bestimmungen des Gesetzes hinaus. Zur Finanzierung der Arbeitsbeschaffungsmaßnahmen war die Reichsbank bereit, Wechsel von öffentlich-rechtlichen Institutionen wie zum Beispiel der Deutschen Gesellschaft für Öffentliche Arbeiten AG oder der Bau- und Bodenbank zu akzeptieren. Diese vom Reich gegründeten Kreditinstitute wurden zwischengeschaltet, da eine direkte Kreditvergabe der Reichsbank an die Reichsregierung für öffentliche Arbeitsbeschaffungsmaßnahmen aufgrund der Bestimmungen des Bankgesetzes nicht möglich war. Damit wurde eine Praxis eingeleitet, die unter den Nationalsozialisten in größerem Maße fortgesetzt wurde.[1211]

Die Bestimmungen des Bankgesetzes in bezug auf die Vergabe von Betriebskrediten an das Reich und die begrenzte Ankaufsmöglichkeit von Reichsschatzwechseln entsprechend der Bankgesetznovelle von 1926 wurden hingegen eingehalten. Die Möglichkeiten zur Vergabe von Betriebskrediten bis zu einem Betrage von 100 Millionen Reichsmark wurden im Jahre 1932 nicht annähernd ausgenutzt und auch der Bestand von Reichsschatzwechseln erreichte Ende 1932 einen Tiefstand.[1212]

Da das Bankgesetz von 1924 eine Unterstützung der Wirtschaftspolitik der Reichsregierung durch die Reichsbank nicht vorsah, hatte sich Luther freiwillig in diese Abhängigkeit begeben. Allerdings unterstützte er die Politik der Reichsregierung nur soweit, wie sie mit seinem Ziel vereinbar war, eine Inflation zu verhindern. Die Aufrechterhaltung der Stabilität der Währung, wie Luther es nannte, - gemeint war jedoch lediglich die Verhinderung einer Inflation und die Stabilität des Wechselkurses - hatte stets Priorität. Im Verwaltungsbericht für das Jahr 1931 wurde darauf hingewiesen, daß die Reichsbank in völliger Übereinstimmung mit der Reichsregierung Währungsexperimente strikt ablehne. „*Sie* [die Reichsbank] *wird es auch künftig als ihre oberste Pflicht ansehen, die Stabilität der Reichsmark auf jede Weise zu sichern.*“[1213]

[1211] Vgl. James, H. (1998), S. 63.

[1212] Zu der Vergabe von Betriebskrediten und dem Bestand an Reichsschatzwechseln bei der Reichsbank entsprechend der Bankgesetznovelle von 1926 siehe Tabelle A6 bzw. A8 im Anhang.

[1213] BArch R 2501/7570, Bl. 4. Verwaltungsbericht der Reichsbank für das Jahr 1931.

Das vorrangige Ziel der Reichsbank bestand somit in der Aufrechterhaltung der Stabilität der Währung, „*wenn auch selbstverständlich unter größtmöglicher Rücksichtnahme auf die Wirtschaft und die Volksgesamtheit.*“[1214]

Das Ziel der Währungsstabilität konnte wie beabsichtigt aufgrund der betriebenen Deflationspolitik nur hinsichtlich der Wechselkursstabilität erfüllt werden. Der Index der Großhandelspreise fiel im Jahr 1932 im Vergleich zum Vorjahr um 12,9%, der Index der Verbraucherpreise um 11,4%.[1215]
Die Reichsbank hielt aber während der Wirtschaftskrise ab 1931 in erstaunlicher Weise den sich aus dem Young-Plan ergebenden Kurs der Reichsmark trotz gleichzeitiger Abwertung anderer bedeutender Währungen.[1216]

In einer von der Reichsregierung unabhängigen Ausrichtung der Reichsbankpolitik an dem Ziel der Währungsstabilität sah Luther die Unabhängigkeit der Reichsbank verwirklicht. Er versicherte, daß die völlige Unabhängigkeit der Reichsbank und ihres Präsidenten von den Beschlüssen der Reichsregierung während seiner Reichsbankpräsidentschaft gewahrt worden sei.[1217]

Brüning dagegen behauptet allerdings in seinen Memoiren, Luther bezüglich der Reichsbankpolitik einige Male mit Erfolg unter Druck gesetzt zu haben.[1218] Er behauptete über jede ihm entgegenkommende Maßnahme der Reichsbank, daß sie unter dem Druck der Reichsregierung erfolgt sei. Überhaupt vermittelt er den Eindruck, als sei Luther nur eine Marionette in seinen Händen gewesen.[1219] Dabei überschätzte Brüning aber seinen Einfluß. Die Einstellung Luthers zu Brüning und seiner Politik machten ein “unter Druck setzen“ gar nicht notwendig. Der Reichsbankpräsident war freiwillig bereit, die Wirtschafts- und Reparationspolitik Brünings zu unterstützen. Wenn diese Unterstützung aber nach Meinung Luthers mit dem vorrangigen Reichsbankziel der Währungssicherung kollidierte, ließ er sich auch nicht von Brüning zu einer bestimmten Maßnahme zwingen. Das gleiche galt auch für die Regierungen Papen und Schleicher, vor allem hinsichtlich der Unterstützung der Arbeitsbeschaffungsmaßnahmen.

Da Luther die Unabhängigkeit der Reichsbank durch die Regierung Brüning nicht bedroht sah, propagierte er diese in der Öffentlichkeit auch nicht. Erst während der

---

[1214] Luther, H. (1964), S. 158.
[1215] Zur Preisentwicklung siehe Tabelle A1 im Anhang.
[1216] Vgl. BArch R 2501/7570, Bl 10. Verwaltungsbericht der Reichsbank für das Jahr 1931; BArch R 2501/7570, Bl. 5-6. Verwaltungsbericht der Reichsbank für das Jahr 1932; BArch R 2501/7570, Bl. 7. Verwaltungsbericht der Reichsbank für das Jahr 1933; Siebelt, J. (1988), S. 74.
[1217] Vgl. Luther, H. (1964), S. 259-260.
[1218] Vgl. Brüning, H. (1970), S. 293, 349, 366.
[1219] Vgl. Brüning, H. (1970), S. 349, 489.

Regierung Papen entwickelte sich Luther immer mehr zu einem glühenden Verfechter der Unabhängigkeit der Reichsbank.

In einer im In- und Ausland vielbeachteten Rede vor dem Hamburger Überseeclub am 20. Oktober 1932 zur wirtschafts- und währungspolitischen Lage betonte Luther die Notwendigkeit dieser Unabhängigkeit.[1220] *„Das ist eine Frage des Grundsätzlichen, weil niemand weiß, welche Gefahren zu irgendeinem Zeitpunkt der Notenbank und damit der Währung von einer kommenden Regierung oder von einem Reichstag drohen können."*[1221]
Seine Rede enthielt bereits eine Vorahnung auf kommende Zeiten.

In einer Rede vor dem Langnam-Verein zu Düsseldorf warnte er am 23. November 1932 davor, *„das für die Währung verantwortliche Institut irgendwie politisch beeinflußbar zu gestalten"*.[1222]
Noch am 17. und 18. Februar 1933 - die drohende Gefahr durch die Nationalsozialisten bereits vor Augen - sprach er sich in öffentlichen Vorträgen für die Unabhängigkeit der Reichsbank aus.[1223] In einer Ansprache in der Frankfurter Gesellschaft für Handel, Industrie und Wissenschaft am 17. Februar 1933 sagte er: *„Es scheint mir nicht nur etwa, wie man das gelegentlich liest, eine Angelegenheit internationaler Fürsorge zu sein, sondern eine Angelegenheit der inneren Gestaltung eines modernen, auf privatgeschäftlichem Leben aufgebauten Volksgebildes, daß in ihm der Notenbank dieselbe Unabhängigkeit eingeräumt wird, wie es im Bewußtsein des ganzen Volkes als Notwendigkeit für die Rechtsprechung verwurzelt ist."*[1224]

8.7 Der Rücktritt Luthers und das Ende der faktischen Unabhängigkeit der Reichsbank

Für Hitler schien Schacht im Jahre 1933 der richtige Mann zu sein. Er stand loyal zur amtierenden Regierung und hatte gleichzeitig einen internationalen Ruf als konservativer Finanzexperte. Hitler hoffte, daß der dem Namen Schacht an-

---

[1220] Vgl. BArch, R 2501/7161, Bl. 404-416. Rede Luthers vor dem Hamburger Überseeclub vom 20. Oktober 1932.

[1221] BArch, R 2501/7161, Bl. 408. Rede Luthers vor dem Hamburger Überseeclub vom 20. Oktober 1932.

[1222] BA, N 1009/359. Ansprache Luthers vor dem Langnam-Verein zu Düsseldorf am 23. November 1932.

[1223] Vgl. BArch, R 2501/7162, Bl. 78-103. Ansprache Luthers in der Frankfurter Gesellschaft für Handel, Industrie und Wissenschaft am 17. Februar 1933; BArch, R 2501/7161, Bl. 58-72. Vortrag Luthers an der Universität Heidelberg am 18. Februar 1933.

[1224] BArch, R 2501/7162, Bl. 86. Ansprache Luthers in der Frankfurter Gesellschaft für Handel, Industrie und Wissenschaft am 17. Februar 1933.

haftende Mythos in bezug auf die Währungsstabilisierung die Gefahr von Bankpaniken und Vertrauensverlusten bannen würde. Schacht hingegen sah in Hitler den Mann, mit dem sich ein neuer Wirtschaftsaufschwung würde verwirklichen lassen.[1225]

Entsprechend der Aufzeichnungen von „*Hitlers Tischgesprächen*“ von Henry Pikker hat Hitler dem Reichsbankpräsidenten seine Pläne zur Wiederaufrüstung dargelegt und ihn um finanzielle Unterstützung dieses Programms durch die Reichsbank gebeten. Als Luther sich nur dazu bereit erklärte, eine Summe von 100 Millionen Reichsmark für die Aufrüstung zur Verfügung zu stellen, habe Hitler Luther um seinen Rücktritt “gebeten“. „*Er habe deshalb im Wege einer gütlichen Aussprache Luther erklärt, daß er zwar die rechtliche Möglichkeit habe, sich trotz Mangels jeder Basis einer Zusammenarbeit zwischen ihnen beiden auf dem Posten des Reichsbankpräsidenten zu halten, daß hinter ihm, dem Chef, aber die Macht stünde und er diese, wenn es das Staatsinteresse erfordere, rücksichtslos gegen ihn, Luther, zur Anwendung bringen werde.*“[1226]
Hitler bot Luther als Ersatz für das Amt des Reichsbankpräsidenten den Botschafterposten in Washington an. „*Nachdem Luther zu seiner Pension eine zusätzliche Rente von 50 000 Mark jährlich zugesichert worden sei, habe er sich zur Annahme dieser Lösung breitschlagen lassen*“.[1227]

Bemerkenswerterweise trat die “Absetzung“ des Reichsbankpräsidenten aus der großen Anzahl von Vorhaben und Maßnahmen der Regierung Hitler als die einzige hervor, die ohne Einschränkung eindeutig allein von Hitler veranlaßt worden war.[1228] Dem Kabinett, das über die folgenreiche Maßnahme nicht befragt worden war, hatte er in fast beiläufiger Weise lediglich seinen Entschluß bekanntgegeben, den Reichsbankpräsidenten Luther durch den ehemaligen Reichsbankpräsidenten Schacht zu ersetzen. Als Begründung führte er an, daß an die Spitze der Reichsbank ein „*beweglicher Mann*“[1229] gehöre.

Am 16. März 1933 überreichte Luther dem Reichspräsidenten von Hindenburg seine Rücktrittserklärung, nachdem der Generalrat am selben Tag seinem Wunsch nachgekommen war, ihn als Reichsbankpräsident zu entlassen. Der Generalrat hatte einstimmig Schacht zum neuen Reichsbankpräsidenten gewählt.[1230]

In seiner Rücktrittserklärung forderte Luther, die Unabhängigkeit der Reichsbank von der Reichsregierung unbedingt zu bewahren. Seinen Rücktritt, der - wie er

---

[1225] Vgl. James, H. (1998), S. 65.
[1226] Picker, H. (1976), S. 232.
[1227] Picker, H. (1976), S. 232.
[1228] Vgl. Minuth, K.-H. (1989), S. XXX.
[1229] Ministerbesprechung vom 7. März 1933, 16.15 Uhr, S. 160.
[1230] Vgl. BA, N 1009/357. Niederschrift über die Sitzung des Generalrats am 16. März 1933.

offen zugab - auf den Wunsch Hitlers zurückging, begründete er mit der fehlenden Vertrauensbasis zwischen ihm und dem Reichskanzler. Die dringend notwendige vertrauensvolle Zusammenarbeit mit der Reichsregierung auf dem Gebiet der Währung, des Kredits, der öffentlichen Finanzen und der Wirtschaftspolitik sei nicht möglich, da seitens der Reichsregierung die Bereitschaft dazu nicht vorhanden sei. Luther betonte aber, daß er freiwillig zurückgetreten sei: *„Ich tue dies im vollen Bewußtsein, daß das Amt des Reichsbankpräsidenten mir auf der Grundlage des Bankgesetzes nicht genommen werden kann, wobei selbstverständlich auf keinen Fall für mich die Bezugnahme auf internationale Bindungen in Betracht gekommen wäre.“*[1231]

Der am Ende der Rücktrittserklärung stehende Appell für eine unabhängige Reichsbank offenbarte die Resignation und das Wissen Luthers, daß mit seinem Rücktritt die Ära der Unabhängigkeit der Reichsbank zu Ende gehen würde: *„Ich bitte, hochgeehrter Herr Reichspräsident, nochmals dem Wunsche Ausdruck geben zu dürfen, daß dem deutschen Staatswesen eine unabhängige Reichsbank zum Segen von Volk und Wirtschaft erhalten bleiben möge. Möge sich auch mein Rücktritt vom Reichsbankpräsidentenamt letzten Endes als Kräftigung einer lediglich auf deutschem Recht beruhenden Reichsbank-Unabhängigkeit auswirken!“*[1232]

[1231] Reichsbankpräsident Luther an den Reichspräsidenten. 16. März 1933, S. 233.
[1232] Reichsbankpräsident Luther an den Reichspräsidenten. 16. März 1933, S. 233.

9. Kapitel: Die formale Wiederanbindung der Reichsbank an die Staatsorgane

Die formale Unabhängigkeit der Reichsbank wurde in drei Schritten durch die Gesetze in den Jahren 1933, 1937 und 1939 beseitigt.

Das Gesetz zur Änderung des Bankgesetzes vom 27. Oktober 1933[1233] wurde auf Veranlassung der Reichsbank erlassen. Es bestimmte in Artikel I, daß der Reichsbankpräsident und ebenso die einfachen Mitglieder des Direktoriums in Zukunft nicht mehr vom Generalrat gewählt, sondern vom Reichspräsidenten ernannt und aus wichtigen Gründen auch abberufen werden konnten. Das Abberufungsrecht stellte insofern einen Machtzuwachs dar, als daß das Staatsoberhaupt mit den bis dahin zustehenden Befugnissen zwar eine Abberufung gegen seinen Willen hatte verhindern können, er aber eine solche gegen den Willen des Generalrats nicht hätte durchsetzen können. Der Generalrat wurde entsprechend Artikel IV aufgelöst.

Durch Artikel IX wurden sowohl die Diskontsatzbindung bei einer Unterschreitung der Deckungsgrenze als auch die Notensteuer aufgehoben und damit der bereits bestehende Zustand im nachhinein rechtlich legitimiert. Zu einer Erweiterung der Basis für die Notendeckung führte die wohl für die Fortentwicklung des deutschen Notenbankwesens wichtigste Neuerung des Jahres 1933, die Einführung der Offenmarktpolitik. Die Reichsbank erhielt durch Artikel VI Abs. 2 das Recht, bestimmte festverzinsliche, zum amtlichen Börsenhandel zugelassene Wertpapiere zu kaufen und zu verkaufen. Diese Befugnis stand der Reichsbank allerdings nur zur Regelung des Geldmarktes zu. Die Einbeziehung der angekauften Papiere in die Notendeckung erfolgte damit nicht zur Ausweitung der Kreditgewährung an die öffentliche Hand, die einen beträchtlichen Teil der für die Offenmarktpolitik nutzbaren Titel emittierte, sondern lediglich um der Bank eine Refinanzierung solcher Operationen zu ermöglichen. Die Bestimmungen über die Offenmarktpolitik erweiterten nicht nur das Instrumentarium und damit auch die instrumentelle Unabhängigkeit der Reichsbank, sondern auch die traditionellen Aufgaben durch die zugewiesene Befugnis, den Geldmarkt zu regeln.[1234]

Die Änderung des Bankgesetzes im Jahre 1933 war noch mit der entsprechend dem Young-Plan erforderlichen Zustimmung der BIZ erfolgt.[1235] Das galt nicht für das Gesetz zur Neuregelung der Verhältnisse der Reichsbank und der Deutschen

---

[1233] Gesetz zur Änderung des Bankgesetzes. Vom 27. Oktober 1933, RGBl. 1933 II, S. 827.

[1234] Vgl. Siebelt, J. (1988), S. 76-79; Hedrich, C.-C. (1990), S. 24.

[1235] Vgl. BArch, R 43 I/229, Bl. 26. Schreiben des Reichswirtschaftsministers an den Staatssekretär der Reichskanzlei vom 13. Oktober 1933.

Reichsbahn vom 10. Februar 1937.[1236] Das Gesetz stellte einen Vollzug der von Hitler am 30. Januar 1937 in einer Reichstagssitzung gemachten Ankündigung dar, er werde die Bank wieder restlos unter die Hoheit der deutschen Regierung stellen.[1237]

Durch Artikel 1 Nr. 1 des Gesetzes von 1937, das Schacht als geschäftsführender Wirtschaftsminister unterschrieb, erhielt der § 1 Abs. 1 des Bankgesetzes von 1924 eine Neufassung. Der Grundsatz der Unabhängigkeit wurde gestrichen. Der entsprechend Artikel 1 Nr. 2 des Gesetzes neu gefaßte § 6 Abs. 1 Satz 1 legte nun fest, daß die Reichsbank durch das Reichsbankdirektorium verwaltet wird, das dem Führer und Reichskanzler unmittelbar untersteht. Die Reichsbank mußte nun entsprechend dem durch Artikel 1 Nr. 1 der Bankgesetzänderung neu gefaßten § 25 Abs. 3 sämtliche vom Reich angetragenen Transaktionen durchführen.

Mit dieser Novelle war der institutionelle Status des Bankgesetzes von 1875 wieder hergestellt worden: Die Reichsbank stand unter der Leitung und Aufsicht des Reichs. Allerdings hatte dies im Jahre 1937 eine ganz andere Bedeutung. Vor dem 1. Weltkrieg konnte die Regierung aufgrund des Goldstandards nur sehr beschränkt in die Notenbankleitung eingreifen, während in den dreißiger Jahren die Reichsmark aufgrund der Devisenbewirtschaftung immer mehr zu einer reinen Binnenwährung mit viel größeren Manipulationsmöglichkeiten geworden war.[1238]

Mit dem Gesetz über die Deutsche Reichsbank vom 15. Juni 1939[1239] wurden in einem dritten und letzten Schritt die noch verbliebenen Regelungen zur Reichsbankautonomie aufgehoben. Bereits in der Vorbemerkung zu diesem Gesetz hieß es: „*Die Deutsche Reichsbank untersteht als deutsche Notenbank der uneingeschränkten Hoheit des Reiches. Sie dient der Verwirklichung der durch die nationalsozialistische Staatsführung gesetzten Ziele im Rahmen des ihr anvertrauten Aufgabenbereichs, insbesondere zur Sicherstellung des Wertes der deutschen Währung.*“
In § 1 Abs. 1 wurde festgelegt: „*Die Deutsche Reichsbank ist dem Führer und Reichskanzler unmittelbar unterstellt.*“
Die funktionelle Machtausübung garantierte § 3 Abs. 1: „*Die Deutsche Reichsbank wird nach den Weisungen und unter der Aufsicht des Führers und Reichskanzlers von dem Präsidenten der Deutschen Reichsbank und den übrigen Mitgliedern des Reichsbankdirektoriums geleitet und verwaltet.*“

[1236] Gesetz zur Neuregelung der Verhältnisse der Reichsbank und der Deutschen Reichsbahn. Vom 10. Februar 1937, RGBl. 1937 II, S. 47.
[1237] Vgl. Verhandlungen des Reichstags (1938), S. 10.
[1238] Vgl. Siebelt, J. (1988), S. 81.
[1239] Gesetz über die Deutsche Reichsbank. Vom 15. Juni 1939, RGBl. 1939 I, S. 1015.

Die Geschäftstätigkeit der Reichsbank wurde nun auch offiziell in den Dienst der Rüstungs- und Kriegsfinanzierung gestellt. Die Deckungsvorschrift wurde abgeschafft und die Höhe der Kredite der Reichsbank an das Reich wurde entsprechend § 16 Abs. 1 in Zukunft vom Führer und Reichskanzler festgelegt. Damit wurde die finanzielle Unabhängigkeit der Reichsbank vollständig aufgehoben. Zu diesen an sich ausreichenden Beherrschungsnormen kamen noch übliche Besetzungs- und Eingriffsrechte, durch die die personelle Abhängigkeit der Reichsbank vom Reichskanzler gesichert wurde. So wurde im § 4 Abs. 1 festgelegt, daß der Führer und Reichskanzler den Präsidenten und das Direktorium ernennt und deren Amtszeit bestimmt. Außerdem konnte der Führer und Reichskanzler entsprechend § 4 Abs. 2 sowohl den Präsidenten als auch einfache Direktoriumsmitglieder jederzeit abberufen.

Die Reichsbank wurde auf diese Weise dem nationalsozialistischen Staat voll und ganz untergeordnet. Mit ihren Krediten unterstützte sie die nationalsozialistische Politik der Arbeitsbeschaffung und Wehrhaftmachung. Die Wirtschaftspolitik und Notenbankpolitik bildeten eine Einheit. Verkörpert wurde diese Entwicklung durch Hjalmar Schacht, der vom März 1933 bis Januar 1939 Reichsbankpräsident, vom August 1934 bis November 1937 zusätzlich noch Wirtschaftsminister und vom Mai 1935 bis November 1937 "Generalbevollmächtigter für die Kriegswirtschaft" war. Hitler brauchte Schachts währungspolitischen Sachverstand, um die Aufrüstung ohne offene Inflation zu finanzieren. Schacht zog daraus den Fehlschluß, daß Hitler von ihm abhängig sei.[1240]

Angesichts seiner scheinbaren Machtfülle äußerte Schacht keine Bedenken, als die Reichsbankautonomie immer mehr eingeschränkt und letztendlich ganz aufgehoben wurde. Die Autonomieklausel schien seiner Meinung nach nur in der parlamentarischen Demokratie zum Schutz des Sachverstandes gegen den Unverstand und die moralische Bedenkenlosigkeit demokratischer Parteien notwendig, im Nationalsozialismus erschien sie ihm überflüssig.[1241]

Schachts Ziel war es, Hitler auf den Weg einer Diktatur des ökonomischen Sachverstandes zu bringen. Zumindest bis 1935 glaubte er, daß das vorrangige Ziel seiner Reichsbankpolitik, die Aufrechterhaltung der Währungsstabilität, im Einklang mit der Politik Hitlers stünde.[1242] Als er aber feststellen mußte, daß dies nicht der Fall war, scheiterte er 1939 mit dem Versuch, die hemmungslose Ausgabenpolitik Hitlers für die Aufrüstung zu stoppen, die jedem ökonomischen Sachverstand widersprach. Schacht und das gesamte Reichsbankdirektorium richteten am 7. Januar

---

1240 Vgl. Müller, H. (1973), S. 115; Hedrich, C.-C. (1990), S. 25.

1241 Vgl. BArch, R 2501/7035, Bl. 339-346. Artikel Schachts über „Die Wiederherstellung der deutschen Währungshoheit" vom März 1937; Müller, H. (1973), S. 116.

1242 Vgl. Reichsbank (1937), S. 54, 68-69.

1939 eine Denkschrift an Hitler, in der sie die Ausgabenpolitik der öffentlichen Hand kritisierten und deren Beendigung forderten.[1243] Unmittelbare Folge des Memorandums war die Entlassung von drei der acht unterzeichnenden Mitglieder des Direktoriums, darunter Schacht.[1244]

[1243] Vgl. BArch R 43 I/234, Bl. 40-48. Memorandum des Reichsbankdirektoriums vom 7. Januar 1939.

[1244] Vgl. BArch, R 43 I/234, Bl. 51-54. Dokumente zur Entlassung Schachts als Reichsbankpräsident 1939.

10. Kapitel: Schlußbetrachtung

Die Entwicklung der ersten Phase einer unabhängigen Zentralbank in Deutschland war in erster Linie durch die Ereignisse des 1. Weltkrieges gekennzeichnet. Die Unabhängigkeit wurde der Reichsbank vom Ausland aufgezwungen. Aber nicht als Rache der Sieger an den Besiegten, auch wenn dahinter das Ziel stand, die Reparationszahlungen zu sichern, sondern weil die Forderung nach einer unabhängigen Zentralbank dem internationalen Zeitgeist entsprach. Dies zeigen auch die Beschlüsse der zahlreichen Wirtschafts- und Finanzkonferenzen der zwanziger Jahre.

Dieser Zeitgeist, der sich in Deutschland allerdings erst Mitte der zwanziger Jahre unter dem Reichsbankpräsidenten Schacht durchsetzen konnte, bekundete ein tiefes Mißtrauen gegenüber den Methoden und den Fähigkeiten der Politiker, den wirtschaftlichen Wiederaufbau zu bewältigen.[1245]
„Das Prestige der Notenbanken, d. h. das Prestige der Repräsentanten des Wirtschaftsgeistes, stieg ebenso sehr, als die Auffassung an Boden verlor, daß die Politiker in der Lage seien, den Wiederaufbau Europas und der Welt durchzuführen.“[1246]

Vor allem der Gouverneur der Bank von England, Montagu Norman, war bemüht, neben den politischen Gremien ein Netz von Zentralbanken zu etablieren, deren internationale Zusammenarbeit seiner Meinung nach geeignet war, politische Fehlentwicklungen und nationale Egoismen zu korrigieren und die wirtschaftliche Lage zu verbessern. Unter diesem Gesichtspunkt gewann seine bereits während des Krieges geknüpfte Freundschaft zum Präsidenten der Fed, Benjamin Strong, und auch die 1924 begründete Freundschaft mit Hjalmar Schacht an Bedeutung.[1247]

Neben der besonderen Rolle, die den Zentralbanken in den zwanziger Jahren zugedacht wurde, war vor allem auch das Ende des Goldstandards als internationale Währungsordnung ausschlaggebend für die Forderung nach unabhängigen Zentralbanken. Die Regelungen der Goldwährung, die einerseits zu einer konstatierenden Zentralbankpolitik, andererseits aber auch zur Verhinderung einer übermäßigen Kreditvergabe an die Regierungen geführt hatten, waren bedingt durch den 1. Weltkrieg weggefallen. Vor allem Montagu Norman und Benjamin Strong prokla-

---

[1245] Vgl. BArch, R 2501/6478, Bl. 59-60. Denkschrift der Reichsbank über „Die Grundzüge der Reichsbankpolitik seit der Stabilisierung“ vom 22. April 1930.

[1246] BArch, R 2501/6478, Bl. 60. Denkschrift der Reichsbank über „Die Grundzüge der Reichsbankpolitik seit der Stabilisierung“ vom 22. April 1930.

[1247] Vgl. BArch, R 2501/6405, Bl. 189. Brief Strongs an Havenstein vom 14. Dezember 1921; Aufzeichnung des Botschaftsrats Dufour-Feronce von der deutschen Botschaft in London über seine am 6. April 1926 mit dem Gouverneur der Bank von England, Montagu Norman, geführte Unterredung, S. 577; Schötz, H. O. (1987), S. 102-103.

mierten die Unabhängigkeit als neues Instrument zur Verhinderung einer übermäßigen Staatsverschuldung bei der Zentralbank und der damit verbundenen Gefahr einer Inflation. Allerdings war man in den zwanziger Jahren noch nicht bereit, die Goldwährung als internationale Währungsordnung vollständig aufzugeben.

Die Unabhängigkeit wurde in den zwanziger Jahren zu einem anerkannten Zentralbankprinzip, das auch mit Hilfe des Finanzkomitees des Völkerbundes Eingang in verschiedene Notenbankverfassungen fand.

Die Entwicklung der formalen Unabhängigkeit der Reichsbank von der Reichsregierung wurde von den Alliierten des 1. Weltkrieges bestimmt.
In einem ersten Schritt setzten die Alliierten die Verankerung der Unabhängigkeit in dem Autonomiegesetz von 1922 durch. Die finanzielle Unabhängigkeit blieb der Reichsbank durch dieses Gesetz allerdings verwehrt. Es stellte lediglich die personelle und funktionelle Unabhängigkeit neben der bereits vorhandenen institutionellen Unabhängigkeit sicher. In einem zweiten Schritt wurde durch das Bankgesetz von 1924, das genau wie das Autonomiegesetz im Zusammenhang mit den Reparationsverhandlungen erlassen wurde, auch die finanzielle Unabhängigkeit der Reichsbank gesetzlich festgelegt.

Hinter der Forderung seitens des Auslands nach der formalen Unabhängigkeit der Reichsbank stand der Glaube, daß dadurch eine auf die Stabilität der Währung gegründete Reichsbankpolitik gewährleistet werde.

Die vorliegende Arbeit macht aber deutlich, daß dieses Ziel zumindest unter dem Reichsbankpräsidenten Havenstein nicht erreicht wurde. Dafür war die Tatsache, daß mit dem Autonomiegesetz versäumt worden war, die Reichsbank von der Reichsregierung finanziell unabhängig zu machen, nur zweitrangig. Ausschlaggebend war die Auffassung von Pflichterfüllung des aus der Monarchie übernommenen Reichsbankpräsidenten Havenstein. Er richtete seine Reichsbankpolitik an der außenpolitischen Lage des Staates und nicht an dem Ziel der Währungsstabilität aus. Havenstein war mit den ihm obliegenden Aufgaben völlig überfordert. Selbst als die Reichsregierung die Währungsstabilisierung in Angriff nahm, war er nicht in der Lage, sie bei ihrem Vorhaben konstruktiv zu unterstützen.

Hjalmar Schacht hingegen entsprach mit seiner Reichsbankpolitik dem mit dem Autonomiegesetz und dem Bankgesetz von 1924 verfolgten Ziel. Er verwirklichte von Anfang an eine an der Aufrechterhaltung der Währungsstabilität orientierte unabhängige Reichsbankpolitik, obwohl der Reichsbank die finanzielle Unabhängigkeit erst zehn Monate nach seinem Amtsantritt durch das Bankgesetz von 1924 gewährt wurde.
Allerdings bietet Schacht das in der deutschen Notenbankgeschichte einmalige Beispiel dafür, wie bei einer besonderen politischen Konstellation und einer heraus-

ragenden Persönlichkeit des Zentralbankpräsidenten auch die Regierung abhängig von der Zentralbank werden kann. Dabei handelt es sich aber um einen historischen Sonderfall.

Das Beispiel Hans Luther macht deutlich, daß trotz formal gegebener Unabhängigkeit die Gefahr besteht, daß die Zentralbank freiwillig die Ziele der Regierungspolitik mit Hilfe des ihr gegebenen Instrumentariums unterstützt. Zumindest wenn der Zentralbank kein eindeutiges Ziel gesetzlich vorgegeben ist. Auch wenn Luther die Unabhängigkeit der Reichsbank gegenüber der Reichsregierung nicht vollständig aufgab, so führte sein Verhalten doch zu einer Einschränkung des Handlungsspielraums der Reichsbank. Die Preisniveaustabilität wurde dadurch bedingt nicht verwirklicht.

Die Untersuchung der Phase der Unabhängigkeit der Reichsbank zeigt sehr eindrucksvoll, daß es nicht ausreicht, den juristischen Rahmen zu definieren, um eine faktische Unabhängigkeit der Zentralbank zu garantieren. Die formal garantierte Unabhängigkeit der Zentralbank vom Staat ist noch keine hinreichende Bedingung für die Verfolgung einer auf Stabilität der Währung ausgerichteten Geldpolitik. Entscheidend ist, was die Verantwortlichen der Zentralbank aus dieser Unabhängigkeit machen.

Wenn auch die erste Phase der formalen Unabhängigkeit einer deutschen Zentralbank de facto nur als bedingt erfolgreich bewertet werden kann, so prägte sie doch den Entwurf des Bundesbankgesetzes nach dem 2. Weltkrieg.

In einer Aussprache führender Sachverständiger im Juni 1950 über ein zukünftiges Bundesbankgesetz wurde immer wieder Bezug genommen auf die Erfahrungen mit der Unabhängigkeit der Reichsbank in der Weimarer Republik.[1248]
In der Begründung zum Entwurf des Bundesbankgesetzes wurde 1956 behauptet, der Grundgesetzgeber habe ein vorkonstitutionelles Gesamtbild einer unabhängigen Zentralnoten- und Währungsbank vorgefunden und als ungeschriebenen Verfassungsgrundsatz übernommen.[1249] In der Begründung hieß es: *„Das vorrechtliche Gesamtbild der deutschen Währungsbank ist seit Jahrzehnten - nur unterbrochen in der Diktatur - durch ihre Unabhängigkeit gekennzeichnet. Dies entspricht heute noch dem, was die deutsche öffentliche Meinung auf Grund historischer Erfahrungen und daraus gewonnener Erkenntnisse unter einer Währungsbank versteht.“*[1250]

[1248] Vgl. Aussprache führender Sachverständiger über die Errichtung einer Bundesbank (1950), S. 22, 39, 41, 46-47.
[1249] Vgl. Bonin, K. von (1979), S. 164-165.
[1250] Begründung zum Entwurf eines Gesetzes über die Deutsche Bundesbank (1956), S. 25.

Als entscheidend wurde angesehen, daß weder der Bundesregierung noch einer anderen politischen Instanz eine Einflußnahme auf die Geschäftsführung der Bundesbank erlaubt wurde. Andererseits enthielt die Begründung den Hinweis, daß mit dem Entwurf die Voraussetzungen für eine gute Zusammenarbeit zwischen der Regierung und der Notenbank geschaffen werden sollten. Allerdings hieß es in der Begründung weiter. „*Im übrigen hängt eine gute Zusammenarbeit zwischen Regierung und Notenbank nicht so sehr von mehr oder weniger vollkommenen Verfahrensvorschriften als vielmehr von den auf beiden Seiten handelnden Persönlichkeiten ab.*“[1251]
Die Unterstellung, daß die Erfahrungen mit dem Reichsbankpräsidenten Schacht in der Weimarer Republik zu dieser Aussage geführt haben, liegt förmlich auf der Hand.

In der Stellungnahme des Bundesrats zum Entwurf des Bundesbankgesetzes hieß es: „*Es ist allgemein anerkannt, daß die Unabhängigkeit der Notenbank gegenüber dem Staat und seinen Organen eine wesentliche Voraussetzung für die Aufgabe der Notenbank ist, mit dem ihr zur Verfügung stehenden Mitteln die Stabilität der Währung zu sichern.*“[1252]

Die stabilitätspolitische Erfolgsgeschichte der Bank deutscher Länder und der Deutschen Bundesbank wurde vielfach als Bestätigung einer auf Unabhängigkeit basierenden Zentralbankverfassung gedeutet. Diese Verknüpfung der geldpolitischen Stabilität mit der Unabhängigkeit der Zentralbank stand ihrerseits Pate bei der Konzeption des Europäischen Systems der Zentralbanken. Ob es auch hier langfristig gelingt, diese formal gegebene Unabhängigkeit faktisch umzusetzen, damit die Europäische Zentralbank ihr formal gegebenes Ziel der Preisniveaustabilität verfolgen kann, wird sich noch zeigen müssen.

[1251] Begründung zum Entwurf eines Gesetzes über die Deutsche Bundesbank (1956), S. 25.

[1252] Stellungnahme des Bundesrates zum Entwurf eines Gesetzes über die Deutsche Bundesbank (1956), S. 49.

Anhang I: Die Präsidenten, Vizepräsidenten und Mitglieder des Reichsbankdirektoriums

Reichsbank / Deutsche Reichsbank

Präsidenten:

Hermann von Dechend	01.01.1876-30.04.1890
Richard Koch	23.05.1890-05.01.1908
Rudolf Havenstein	06.01.1908-20.11.1923
Hjalmar Schacht	22.12.1923-02.04.1930
Hans Luther	03.04.1930-16.03.1933
Hjalmar Schacht	17.03.1933-20.01.1939
Walther Funk	20.01.1939-08.05.1945

Vizepräsidenten (ab 1887):

Richard Koch	30.04.1887-22.05.1890
Oskar Gallenkamp	19.12.1892-01.08.1906
Otto G. von Glasenapp	16.01.1907-11.10.1924
Carl Kauffmann	11.10.1924-05.12.1926
Friedrich W. Dreyse	04.12.1926-20.01.1939
Rudolf Brinkmann	20.01.1939-05.05.1939
Emil Puhl	02.08.1940-08.05.1945
Kurt Lange	02.08.1940-08.05.1945

Mitglieder des Reichsbankdirektoriums (1919-1933):

Oskar Schmiedicke	1894-30.09.1920
Karl von Lumm	26.01.1903-01.10.1920
Richard Korn	1900?-01.10.1919
Erich Maron	20.11.1905-01.07.1919
Carl Kauffmann	25.01.1908-11.10.1924
Karl von Grimm	25.03.1907-14.09.1928
Paul Schneider I	23.04.1909-10.08.1925
Arnold Budczies	16.03.1910-1931
Otto Seiffert	01.07.1919-01.08.1933
Bruno Bernhard	01.07.1919-01.10.1934
Carl Friedrich	01.10.1919-10.10.1936
Wilhelm Vocke	01.07.1919-01.02.1939
Richard Fuchs	20.01.1921-01.10.1933
Paul Schneider II	20.01.1921-10.10.1936
Friedrich W. Dreyse	31.10.1924-03.12.1926
Ernst Hasse	20.07.1933-16.03.1937

Quelle: Auskunft der Deutschen Bundesbank nach Anfrage vom 17.09.1999.

Anhang II: Die Reichskanzler und wichtigsten Reichsminister der Regierungen der Weimarer Republik

Amtsdauer von bis	Reichs-kanzler	Reichs-minister des Aus-wärtigen	Reichs-minister des Innern	Reichs-wehr-minister	Reichs-minister der Finanzen	Reichs-wirtschafts minister	Reichs-arbeits-minister	Reichs-ernährungs minister
13.02.1919 20.06.1919	Scheide-mann SPD	v. Brockdorff-Rantzau	Preuß DDP	Noske SPD	Schiffer DDP Dernburg DDP	Wissell SPD	Bauer SPD	Schmidt SPD
21.06.1919 26.03.1920	Bauer SPD	Müller SPD	David SPD Koch-Weser DDP	Noske SPD	Erzberger Z	Wissell SPD Schmidt SPD	Schlicke SPD	Schmidt SPD
27.03.1920 08.06.1920	Müller SPD	Köster SPD	Koch-Weser DDP	Geßler DDP	Wirth Z	Schmidt SPD	Schlicke SPD	Hermes Z
25.06.1920 04.05.1921	Fehrenbach Z	Simons	Koch-Weser DDP	Geßler DDP	Wirth Z	Scholz SPD	Brauns Z	Hermes Z
10.05.1921 22.10.1921	Wirth Z	Rosen	Gradnauer SPD	Geßler DDP	Wirth Z	Schmidt SPD	Brauns Z	Hermes Z
26.10.1921 14.11.1922	Wirth Z	Wirth Z Rathenau DDP Wirth Z	Köster SPD	Geßler DDP	Hermes Z	Schmidt SPD	Brauns Z	Hermes Z Fehrenbach Z
22.11.1922 12.08.1923	Cuno	v. Rosenberg	Oeser DDP	Geßler DDP	Hermes Z	Becker-Hessen DVP	Brauns Z	Luther

Amtsdauer von bis	**Reichs-kanzler**	**Reichs-minister des Aus-wärtigen**	**Reichs-minister des Innern**	**Reichs-wehr-minister**	**Reichs-minister der Finanzen**	**Reichs-wirtschafts minister**	**Reichs-arbeits-minister**	**Reichs-ernährungs minister**
13.08.1923 04.10.1923	Stresemann DVP	Stresemann DVP	Sollmann SPD	Geßler DDP	Hilferding SPD	v. Raumer DVP	Brauns Z	Luther
06.10.1923 23.11.1923	Stresemann DVP	Stresemann DVP	Sollmann SPD Jarres	Geßler DDP	Luther	Koeth	Brauns Z	v. Kanitz
30.11.1923 26.05.1924	Marx Z	Stresemann DVP	Jarres	Geßler DDP	Luther	Hamm DDP	Brauns Z	v. Kanitz
03.06.1924 15.12.1924	Marx Z	Stresemann DVP	Jarres	Geßler DDP	Luther	Hamm DDP	Brauns Z	v. Kanitz
15.01.1925 05.12.1925	Luther	Stresemann DVP	Schiele DNVP Geßler DDP	Geßler DDP	v. Schlieben DNVP Luther	Neuhaus DNVP Krone DVP	Brauns Z	v. Kanitz
20.01.1926 12.05.1926	Luther	Stresemann DVP	Külz DDP	Geßler DDP	Reinhold DDP	Curtius DVP	Brauns Z	Haslinde Z
16.05.1926 17.12.1926	Marx Z	Stresemann DVP	Külz DDP	Geßler DDP	Reinhold DDP	Curtius DVP	Brauns Z	Haslinde Z
29.01.1927 12.06.1928	Marx Z	Stresemann DVP	v. Keudell DNVP	Geßler DDP Groener	Köhler Z	Curtius DVP	Brauns Z	Schiele DNVP

Amtsdauer von bis	**Reichs-kanzler**	**Reichs-minister des Aus-wärtigen**	**Reichs-minister des Innern**	**Reichs-wehr-minister**	**Reichs-minister der Finanzen**	**Reichs-wirtschafts minister**	**Reichs-arbeits-minister**	**Reichs-ernährungs minister**
28.06.1928 27.03.1930	Müller SPD	Stresemann DVP Curtius DVP	Severing SPD	Groener	Hilferding SPD Molden- hauer DVP	Curtius DVP Molden- hauer DVP Schmidt SPD	Wissell SPD	Dietrich DDP
30.03.1930 07.10.1931	Brüning Z	Curtius DVP	Wirth Z	Groener	Molden- hauer DVP Brüning Z Dietrich DDP	Dietrich DDP Trendelen- burg	Stegerwald Z	Schiele DNVP
09.10.1931 30.05.1932	Brüning Z	Brüning Z	Groener	Groener	Dietrich StP	Warmbold Trendelen- burg	Stegerwald	Schiele CLV
01.06.1932 17.11.1932	v. Papen	v. Neurath	v. Gayl DNVP	v. Schleicher	Schwerin v. Krosigk	Warmbold	Warmbold Schäffer	v. Braun DNVP
03.12.1932 28.01.1933	v. Schleicher	v. Neurath	Bracht	v. Schleicher	Schwerin v. Krosigk	Warmbold	Syrup	v. Braun DNVP

Abkürzungen: *SPD*: Sozialdemokratische Partei Deutschlands; *v.*: von; *DDP*: Deutsche Demokratische Partei; *Z*: Zentrum; *DVP*: Deutsche Volkspartei; *DNVP*: Deutschnationale Volkspartei; *StP*: Staatspartei; *CLV*: Christliches Landvolk.

Quelle: Michaelis, H./Schraepler, E. (Hrsg.), Ursachen und Folgen. Vom deutschen Zusammenbruch 1918 und 1945 bis zur staatlichen Neuordnung Deutschlands in der Gegenwart. Der Weg in die Weimarer Republik. Eine Urkunden- und Dokumentensammlung zur Zeitgeschichte, Band 3, Anlage II, Berlin, 1959.

Anhang III: Zahlenmaterial zur währungs- und wirtschafts-politischen Situation Deutschlands 1914-1933

Jahr	Preisindex des Sozialprodukts 1)	Großhandels-preise 2)	Verbraucher-preise 3)
Zeitraum der Mark			
	1913 = 100		*1913/14 = 100*
1914	k. N.	105	100
1915	k. N.	142	135
1916	k. N.	152	180
1917	k. N.	179	225
1918	k. N.	217	310
1919	k. N.	415	490
1920	k. N.	1486	1044
1921	k. N.	1911	1337
1922	k. N.	34182	15036
1923	k. N.	16620 Mrd.	15897 Mrd.

Jahr	Preisindex des Sozialprodukts 4)	Großhandels-preise 5)	Verbraucher-preise 6)
Zeitraum der Reichsmark			
	1936 = 100	*1913 = 100*	*1913/14 = 100*
1924	k. N.	137,3	130,8
1925	117,9	141,8	141,8
1926	120,0	134,4	142,1
1927	121,9	137,6	147,9
1928	125,0	140,0	151,7
1929	125,9	137,2	154,0
1930	119,1	124,6	148,1
1931	108,0	110,9	136,1
1932	95,9	96,5	120,6
1933	93,0	93,3	118,0

k. N.: Kein Nachweis vorhanden. 1) Preisindex des Nettosozialprodukts zu Marktpreisen. 2) Index der Großhandelspreise. 3) Lebenshaltungskostenindex für Ernährung und Wohnung. 4) Preisindex des Bruttosozialprodukts. 5) Index der Großhandelspreise. 6) Reichsindexziffer für die Lebenshaltungskosten einer 5-köpfigen Arbeiterfamilie.

Tabelle A1: Preisentwicklung in Deutschland von 1914-1933.
Quelle: Deutsche Bundesbank (Hrsg.), Deutsches Geld- und Bankwesen in Zahlen 1876-1975, Frankfurt am Main, 1976, S. 6-7.

Monats-durchschnitt	1919	1920	1921	1922	1923
Januar	1, 95	15,4	15,5	45,7	4 281
Februar	2,17	23,6	14,6	49,5	6 650
März	2,48	20,0	14,9	67,7	5 048
April	3,00	14,2	15,1	69,3	5 826
Mai	3,06	11,1	14,8	69,1	11 355
Juni	3,34	9,3	16,5	75,6	26 202
Juli	3,59	9,4	18,3	117,5	84 186
August	4,48	11,4	20,1	270,3	1 100 632
September	5,73	13,8	25,0	349,2	23 549 309
Oktober	6,39	16,2	35,8	757,7	6 017 200 651
November	9,12	18,4	62,6	1 711,1	522 285 700 000
Dezember	11,14	17,4	45,7	1 807,8	1 000 000 000 000
Jahres-durchschnitt	4,70	15,0	24,9	449,2	127 360 402 607

Tabelle A2: Meßziffer des Dollars in Berlin von 1919-1923 (1913 = 1).
Quelle: Berechnungen der Reichsbank von 1924, Material für ein Studium von Deutschlands Wirtschaft, Währung und Finanzen, in: Akten der Reichsbank, BArch, R 2501/6689, Bl. 39.

Milliarden Mark		
Datum (Monatsende)	**Gesamtsumme der vom Reich diskontierten Schatzanweisungen**	**davon befanden sich im Bestand der Reichsbank**
Juli 1914	0,3	0,3
Juli 1915	6,7	4,2
Juli 1916	8,8	5,8
Juli 1917	21,4	10,7
Juli 1918	41,8	15,8
Juli 1919	76,1	30,4
Juli 1920	122,7	40,1
Juli 1921	190,8	80,0
Juli 1922	308,0	207,9
Juli 1923	57 848,9	18 338,2

Tabelle A3: Entwicklung der schwebenden Schuld des deutschen Staates (Schuld aus diskontierten Schatzanweisungen) von 1914-1923.
Quelle: Berechnungen der Reichsbank von 1922, in: Akten der Reichsbank, BArch, R 2501/ 6313, Bl. 137. Die Werte für das Jahr 1923 entnommen: Berechnungen der Reichsbank von 1924, Material für ein Studium von Deutschlands Wirtschaft, Währung und Finanzen, in: Akten der Reichsbank, BArch, R 2501/6689, Bl. 58.

Millionen Mark bzw. Reichsmark							
		Banknoten		Staatspapiergeld und Rentenbankscheine			
Stand Ende des Jahres	Bargeldumlauf insgesamt 1)	Reichsbanknoten	Privatbanknoten	Reichskassenscheine	Darlehnskassenscheine	Rentenbankscheine	Scheidemünzen 2)
1914	8 703	5 046	134	236	446	k. N.	2 841
1915	10 050	6 918	143	327	972	k. N.	1 690
1916	12 315	8 055	158	352	2 873	k. N.	877
1917	18 458	11 468	163	350	6 265	k. N.	212
1918	33 106	22 188	283	356	10 109	k. N.	170
1919	50 083	35 698	257	328	13 692	k. N.	108
1920	81 570	68 805	233	316	11 975	k. N.	241
1921	122 913	113 640	334	198	8 275	k. N.	466
1922	1 294 748	1 280 095	1 470	213	12 970	k. N.	k. N.
1923	k. N.	496 507 425 3)	77 921 3)	k. N.	k. N.	k. N.	k. N.
1923 4)	2 274 5)	497	0	0	0	1 049	k. N.
1924	4 274	1 942	114	-	-	1 835	383
1925	5 181	2 944	179	-	-	1 476	582
1926	5 800	3 710	176	-	-	1 164	750
1927	6 331	4 538	184	-	-	716	893
1928	6 653	4 914	179	-	-	530	1 030
1929	6 602	5 027	180	-	-	397	998
1930	6 379	4 756	182	-	-	439	1 002

Fortsetzung der Tabelle auf der nächsten Seite.

Millionen Mark bzw. Reichsmark							
		Banknoten		Staatspapiergeld und Rentenbankscheine			
Stand Ende des Jahres	**Bargeld-umlauf insgesamt** 1)	**Reichsbank-noten**	**Privatbank-noten**	**Reichskassen-scheine**	**Darlehns-kassenscheine**	**Rentenbank-scheine**	**Scheide-münzen** 2)
1931	6 638	4 738	188	-	-	422	1 290
1932	5 642	3 545	183	-	-	413	1 501
1933	5 715	3 633	174	-	-	392	1 516

k. N.: Kein Nachweis vorhanden. 1) Ohne die Bestände der Reichsbank und Privatnotenbanken; 2) Silbermünzen und sonstige Scheidemünzen; 3) Billionen Mark; 4) Umgerechnet auf der Stabilisierungsbasis: 1 Billion = 1 Rentenmark = 1 Reichsmark; 5) Einschließlich Notgeld in Höhe von 728 Millionen Reichsmark.

Tabelle A4: Bargeldumlauf in Deutschland von 1914-1933.
Quelle: Deutsche Bundesbank (Hrsg.), Deutsches Geld- und Bankwesen in Zahlen 1876-1975, Frankfurt am Main, 1976, S. 14.

Jahr	Deckung des Reichsbanknoten-umlaufs durch Gold in %	Deckung des Reichs-banknotenumlaufs entsprechend § 28 Abs. des Bankgesetzes 1924 in %
1919	3,1	-
1920	2,08	-
1921	k. N.	-
1922	k. N.	-
1923	k. N.	-
1924	39,1	52,2
1925	40,8	54,4
1926	49,0	62,9
1927	40,9	47,0
1928	55,4	58,5
1929	45,3	53,8
1930	46,4	56,2
1931	20,6	24,2
1932	22,6	25,8
1933	10,6	10,9

k. N.: Kein Nachweis vorhanden.

Tabelle A5: Deckungsquoten des Reichsbanknotenumlaufs durch Gold bzw. durch Gold und Deckungsdevisen entsprechend § 28 Abs. 1 des Bankgesetzes vom 30. August 1924 (RGB. 1924 II, S. 235) von 1919-1933.

Quelle: Verwaltungsberichte der Reichsbank für das Jahr 1919, 1920, in: Akten des Reichswirtschaftsministeriums, BArch, R 3101/15682. Verwaltungsberichte der Reichsbank für die Jahre 1924-1926, in: Akten des Reichswirtschaftsministeriums, BArch, R 3101/15683. Verwaltungsberichte der Reichsbank für die Jahre 1927-1933, in: Akten der Reichsbank, BArch, R 2501/7570.

Millionen Reichsmark							
		Kreditarten					
		Wechsel					
				Inlandswechsel			
Stand am Jahresende	Kredite insgesamt	insgesamt	Auslands-wechsel	zusammen	aus dem normalen Kredit-geschäft	aus Sonder-krediten	Privat-diskonte
1924	2 159	2 064	172	1 892	k. N.	k. N.	k. N.
1925	2 156	1 915	k. N.	k. N.	k. N.	k. N	k. N.
1926	2 004	1 829	k. N.	k. N.	k. N.	k. N.	k. N.
1927	3 300	3 129	144	2 985	2 929	-	56
1928	2 946	2 627	356	2 271	2 080	-	191
1929	3 192	2 608	396	2 212	1 957	-	255
1930	2 971	2 366	291	2 075	1 557	-	518
1931	4 739	4 144	109	4 035	1 775	1 980	280
1932	3 448	2 806	90	2 716	741	1 904	71
1933	4 037	3 177	189	2 988	980	1 644	364

Fortsetzung der Tabelle auf der nächsten Seite.

Millionen Reichsmark					
Kreditarten					
				Wertpapiere	
Stand am Jahresende	Lombardkredite	Betriebskredite an Reich, Reichsbahn, Reichspost	Schatzwechsel u. unverzinsliche Schatzanweisungen des Reichs	insgesamt	darunter Steuergutscheine
1924	17	k. N.	-	78	-
1925	10	k. N.	-	231	-
1926	84	k. N.	-	91	-
1927	78	-	-	93	-
1928	176	-	51	92	-
1929	251	-	241	92	-
1930	256	41 1)	206	102	-
1931	245	9 1)	98	161	-
1932	176	67 1)	1	398	-
1933	183	47 1)	49	581	263

k. N.: Kein Nachweis vorhanden.

1) Aufgrund des Gesetzes zur Änderung des Bankgesetzes vom 13. März 1930 (RGBl. 1930 II, S. 355) mußten die Betriebskredite erst bis zum 15. Juli des folgenden Jahres getilgt werden.

Tabelle A6: Von der Reichsbank gewährte Kredite nach Kreditarten von 1924-1933.

Quelle: Deutsche Bundesbank (Hrsg.), Deutsches Geld- und Bankwesen in Zahlen 1876-1975, Frankfurt am Main, 1976, S. 43.

Millionen Reichsmark			
		Kreditnehmer	
Stand am Jahresende	Kredite insgesamt	Reich, Reichs-bahn /post	Kreditinstitute u. übrige Wirtschaft
1924	2 159	k. N.	k. N.
1925	2 156	k. N.	k. N.
1926	2 004	k. N.	k. N.
1927	3 300	k. N.	3 300
1928	2 946	51	2 895
1929	3 192	241	2 951
1930	2 971	247	2 724
1931	4 739	189	4 550
1932	3 448	84	3 364
1933	4 037	815	3 222

k. N.: Kein Nachweis vorhanden.

Tabelle A7: Von der Reichsbank gewährte Kredite nach Kreditnehmern von 1924-1933.
Quelle: Deutsche Bundesbank (Hrsg.), Deutsches Geld- und Bankwesen in Zahlen 1876-1975, Frankfurt am Main, 1976, S. 43.

Reichsmark		
Jahr	Reichsschatzwechsel im Bestand der Reichsbank am Ende des Jahres	Der höchste Bestand an Reichsschatzwechseln innerhalb des Jahres
1926	-	-
1927	-	-
1928	51 090 000	57 340 000
1929	240 690 000	240 690 000
1930	206 010 000	206 010 000
1931	97 910 000	248 960 000
1932	580 000	59 380 000
1933	48 650 000	65 020 000

Tabelle A8: Vom Reich begebene Schatzwechsel von 1926-1933, zu deren Ankauf die Reichsbank durch das Gesetz zur Änderung des Bankgesetzes vom 8. Juli 1926 (RGBl. 1926 II, S. 355) ermächtigt worden ist.
Quelle: Verwaltungsberichte der Reichsbank für die Jahre 1927-1933, in: Akten der Reichsbank, BArch, R 2501/7570.

Millionen Mark bzw. Reichsmark					
		Reich			
Stand am Ende des Rechnungsjahres 1)	Verschuldung insgesamt	Verschuldung insgesamt 2)	Langfristig 3)	Mittel- und kurzfristig 4)	Altverschuldung 5)
1914/15	k. N.	16 715	8 277	8 438	-
1915/16	k. N.	39 496	28 299	11 197	-
1916/17	k. N.	68 877	45 609	23 268	-
1917/18	k. N.	104 945	64 123	40 822	-
1918/19 8)	k. N.	156 092	80 988	75 104	-
1919/20	k. N.	199 728	97 575 9)	102 153	-
1920/21	k. N.	263 543	88 024	175 519	-
1921/22	k. N.	352 204	73 240	278 964	-
1922/23	k. N.	6 675 048	67 340	6 607 708 10)	-
1923/24	k. N.	1 958	-	149	1 809
1924/25	k. N.	2 703	958	39	1 706
1925/26	k. N.	7 141	930	12	6 199
1926/27	k. N.	7 300	1 275	122	5 903
1927/28	14 599	7 131	1 384	187	5 560
1928/29	18 159	8 229	1 918	1 095	5 215
1929/30	21 319	9 630	2 494	2 208	4 927
1930/31	24 022	11 342	4 618	1 997	4 728
1931/32	24 177	11 434	4 652	2 210	4 571
1932/33	24 347	11 690	4 615	2 654	4 421

Fortsetzung der Tabelle auf der nächsten Seite.

Millionen Mark bzw. Reichsmark						
	Länder			Gemeinden (Gemeindeverbände)		
Stand Ende des Rechnungs jahres 1)	Verschul dung insge- samt 6)	Lang- fristig 3) 7)	Mittel- und kurz- fristig 4)	Ver- schuld- ung ins- gesamt 6)	Lang- fristig 3) 7)	Mittel- und kurz- fristig 4)
1914/15	17 608	16 024	1 584	k. N.	k. N.	k. N.
1915/16	17 981	16 052	1 929	k. N.	k. N.	k. N.
1916/17	18 242	16 000	2 242	k. N.	k. N.	k. N.
1917/18	20 582	16 038	4 544	k. N.	k. N.	k. N.
1918/19 8)	22 965	17 451	5 514	k. N.	k. N.	k. N.
1919/20	10 455	3 146	7 309	k. N.	k. N.	k. N.
1920/21	k. N.	k. N.	k. N.	k. N.	k. N.	k. N.
1921/22	k. N.	k. N.	k. N.	k. N.	k. N.	k. N.
1922/23	k. N.	k. N.	k. N.	k. N.	k. N.	k. N.
1923/24	k. N.	k. N.	k. N.	k. N.	k. N.	k. N.
1924/25	k. N.	k. N.	k. N.	k. N.	k. N.	k. N.
1925/26	k. N.	k. N.	k. N.	k. N.	k. N.	k. N.
1926/27	k. N.	k. N.	k. N.	k. N.	k. N.	k. N.
1927/28	1 693	1 013	681	5 775	4 228	1 546
1928/29	2 202	1 169	1 032	7 729	5 478	2 252
1929/30	2 590	1 181	1 409	9 099	6 155	2 944
1930/31	2 752	1 142	1 611	9 928	7 007	2 921
1931/32	2 794	1 164	1 631	9 949	7 106	2 843
1932/33	2 951	1 227	1 724	9 706	6 906	2 801

k. N.: Kein Nachweis vorhanden. 1) Für die Verschuldung des Reichs jeweils am 31. März bzw. 1. April. Für die Verschuldung der Länder und Gemeinden bis 1920 entsprechend dem unterschiedlichen Beginn des Rechnungsjahres, ab 1928 ebenfalls einheitlich am 31. März. 2) Ohne Reichskassenscheine. 3) In der Regel mit einer Laufzeit von 10 Jahren und mehr. Bis zum Jahr 1923 werden hier die in den damaligen Veröffentlichungen als „fundierte Verschuldung" (Anleihen, Renten, langfristige Schatzanweisungen) bezeichneten Kredite ausgewiesen. 4) In der Regel mit einer Laufzeit unter 10 Jahren. Beim Reich einschließlich der zur Verstärkung der Betriebsmittel aufgenommenen Kredite (bis 1923 in der Form von Unverzinslichen Schatzanweisungen. Bei den Ländern bis 1920 ohne Betriebsmittelkredite). 5) Vor dem 1.4.1924 begründete Festwert- und Valutaschulden sowie Ablösungsschulden auf Grund der Ablösungsgesetzgebung. 6) Vor 1928 einschließlich der verhältnismäßig geringen Verschuldung bei anderen Gebietskörperschaften. 7) Einschließlich Altverschuldung (1928: Länder 198 Millionen Reichsmark, Gemeinden 1 138 Millionen Reichsmark. 8) Ab 1919 ohne Elsaß-Lothringen. 9) Übergang von Schulden in Höhe von 15,2 Milliarden Mark von den Ländern auf das Reich. 10) Am 15 November 1923 betrug die kürzerfristige Verschuldung des Reichs 192 Trillionen Mark.

Tabelle A9: Verschuldung der öffentlichen Haushalte in Deutschland von 1914-1933.

Quelle: Deutsche Bundesbank (Hrsg.), Deutsches Geld- und Bankwesen in Zahlen 1876-1975, Frankfurt am Main, 1976, S. 313.

Millionen Reichsmark							
Jahr	Öffentliche Anleihen	in %	Gemischte Anleihen	in %	Private Anleihen	in %	Insgesamt
1924	12,6	16,3	-	-	64,5	83,7	77,1
1925	612,3	48,8	172,4	13,8	469,2	37,4	1 253,9
1926	715,0	42,7	229,1	13,7	730,9	43,6	1 675
1927	371,7	23,6	555,1	35,3	647,9	41,1	1 574,7
Summe	1 711,6	37,4	956,6	20,9	1 912,5	4580,7	

Die öffentlichen Anleihen gliedern sich in:

Millionen Reichsmark			
	Selbstaufnahme	**Unternehmungen**	**%**
Anleihen des Reichs	-	81,9	4,8
Anleihen der Länder	655,6	151,2	47,1
Anleihen der Kommunen	630,4	192,5	48,1

Tabelle A10: Gesamtsumme der von Deutschland im Ausland aufgenommenen Anleihen von 1924-1927 und die Aufgliederung der darin enthaltenen öffentlichen Anleihen.
Quelle: Berechnungen der Reichsbank von 1928, in: Akten der Reichsbank, BArch, R 1501/6630, Bl. 447.

Millionen Reichsmark Nominalwert					
		Gebietskörperschaften			
Stand am Jahresende	Umlauf insgesamt	zusammen	Reich	Länder	Gemeinden
1928	6 242	1 889	856	512	521
1929	6 464	1 852	827	502	523
1930	8 303	3 424	2 429	492	503
1931	8 359	3 665	2 679	493	492
1932	7 961	3 533	2 590	472	471
1933	7 102	3 412	2 518	449	446

Tabelle A11: Umlauf der von den deutschen Gebietskörperschaften von 1928-1933 im Ausland begebenen Anleihen.
Quelle: Deutsche Bundesbank (Hrsg.), Deutsches Geld- und Bankwesen in Zahlen 1876-1975, Frankfurt am Main, 1976, S. 292.

% p. a.		
Gültig ab	Diskontsatz	Lombardsatz
1914 23. Dezember	5	6
1922 28. Juli	6	7
28. August	7	8
21. September	8	9
13. November	10	11
1923 18. Januar	12	13
23. April	18	19
2. August	30	31
15. September	90	10 2)
29. Dezember	10 1)	12 2)
1925 26. Februar	9	11
1926 12. Januar	8	10
26. Februar	8	9
27. März	7	8
7. Juni	6,5	7,5
6. Juli	6	7
1927 11. Januar	5	7
10. Juni	6	7
4. Oktober	7	8

Fortsetzung der Tabelle auf der nächsten Seite.

% p. a.		
Gültig ab	**Diskontsatz**	**Lombardsatz**
1929 12. Januar	6,5	7,5
25. April	7,5	8,5
2. November	7	8
1930 14. Januar	6,5	7,5
5. Februar	6	7
8. März	5,5	6,5
25. März	5	6
20. Mai	4,5	5,5
21. Juni	4	5
9. Oktober	5	6
1931 13. Juni	7	8
16. Juli	10	15
1. August	15	20
12. August	10	15
19. August	10	12
2. September	8	10
10. Dezember	7	8
1932 9. März	6	7
9. April	5,5	6,5
28. April	5	6
22. September	4	5

1) Zinssatz für wertbeständige Kredite. Nebenher bestand bis 29. Januar 1924 für Mark-Kredite ohne "Entwertungsklausel" (d. h. Wertsicherungsklausel) noch der Satz von 90%, der nach Angaben der Reichsbank praktisch im Jahre 1924 nicht mehr zur Anwendung gekommen ist. 2) Zinssatz für wertbeständige Lombarddarlehen. Nebenher bestand noch ein Zinssatz für Mark-Lombarddarlehen ohne "Entwertungsklausel" (d. h. Wertsicherungsklausel) von 31% zuzüglich ¼% Gebührenzuschlag pro Tag vom 15.9.1923 bis 7.10.1923; 108% vom 8.10.1923 bis 29.1.1924. Dieser Satz ist nach Angaben der Reichsbank praktisch im Jahre 1924 nicht mehr zur Anwendung gekommen.

Tabelle A12: Diskont- und Lombardsätze der Reichsbank von 1914-1932.
Quelle: Deutsche Bundesbank (Hrsg.), Deutsches Geld- und Bankwesen in Zahlen 1876-1975, Frankfurt am Main, 1976, S. 276.

Jahr	Giroverkehr bei der Reichsbank (Einnahme und Ausgabe)		Abrechnungsverkehr bei der Reichsbank (Einlieferungen)			Postscheckverkehr (Gut- und Lastschriften)		Kommunaler Giroverkehr (Nur Lastschriften) 2)	
	Stück-zahl Millionen	Betrag Milliarden Reichs-mark	Stückzahl Millionen	Betrag 1) Milliarden Reichs-mark	Verrech-net in % der Einlie-ferungen	Stückzahl Millionen	Betrag Milliarden Reichs-mark	Stückzahl Millionen	Betrag Milliarden Reichs-mark
1913	26,5	379,2	15,6	73,6	77,3	141,6	41,6	-	-
1924	39,2	433,5	18,9	36,7	75,9	407,5	78,5	-	-
1925	36,9	472,4	28,8	63,1	80,0	525,5	110,8	8,8	17,3
1926	35,0	539,4	32,3	83,4	83,5	583,9	114,8	9,9	22,1
1927	36,3	628,8	40,4	104,6	77,1	662,1	136,1	13,1	26,6
1928	37,3	694,7	44,7	121,0	77,5	701,9	145,8	16,3	32,2
1929	38,4	750,7	46,3	126,2	76,7	736,8	150,7	18,5	38,6
1930	36,8	704,6	43,9	119,3	77,2	752,8	141,5	20,8	42,8
1931	37,7	622,1	39,6	85,8	70,5	733,7	123,2	23,2	35,0
1932	39,1	526,4	37,2	55,3	60,3	703,6	103,4	26,4	27,4
1933	40,8	503,5	37,6	52,3	65,9	707,2	101,3	33,0	27,5

1) In den Ziffern sind ab 1924 die Ziffern für den Eilavisverkehr enthalten, dessen Eröffnung am 20.4.1920 erfolgte. 2) Reiner und gemischter Spargiroverkehr. Der reine Spargiroverkehr umfaßt die Überweisungen zwischen Konten der deutschen Kommunalgiroorganisation; der gemischte Spargiroverkehr läuft zwischen dem Kommunalgironetz und anderen Gironetzen. Die Zahlen enthalten nur den Fernverkehr und Platzverkehr der Girozentralen und entsprechen etwa der Hälfte des Gesamtverkehrs.

Tabelle A13: Entwicklung des bargeldlosen Zahlungsverkehrs in Deutschland von 1913-1933.

Quelle: Reichsbank (Hrsg.), Untersuchungsausschuß für das Bankwesen 1933. Untersuchung des Bankwesens 1933, II. Teil: Statistiken, zusammengestellt von der Volkswirtschaftlichen und Statistischen Abteilung der Reichsbank, Berlin, 1934, S. 459-460.

Literaturverzeichnis

Abramowski, G. (1973): Einleitung, in: Akten der Reichskanzlei, Weimarer Republik. Die Kabinette Marx I und II, 30. November 1923 bis 3. Juni 1924 und 3. Juni 1924 bis 15. Januar 1925. Band 1, November 1923 bis Juni 1924, Dokumente Nr. 1 bis 213, bearbeitet von G. Abramowski, hrsg. von K. D. Erdmann und H. Booms, Boppard am Rhein, 1973, S. VII-XLIX.

Abramowski, G. (1988): Einleitung in: Akten der Reichskanzlei, Weimarer Republik. Die Kabinette Marx I und II, 17. Mai 1926 bis 29. Januar 1927 und 29. Januar 1927 bis 29. Juni 1928. Band 1, Mai 1926 bis Mai 1927, Dokumente Nr. 1 bis 242, bearbeitet von G. Abramowski, hrsg. von K. D. Erdmann und H. Booms, Boppard am Rhein, 1988, S. XVII-CII.

Bagehot W. (1978): The Practical Effect of the Act of 1844, in: John-Stevas, N. St. (Hrsg.), The collected works of Walter Bagehot, the Economic Essays Volume X, 1978, S. 101-103.

Baum, W. (1990): Hans Luther in der Politik der Weimarer Republik 1922 bis 1926. Finanzpolitik, Parteien-Ideologie und parlamentarische Demokratie, Kronach-Gehuelz, 1990.

Bendixen, F. (1922a): Das Wesen des Geldes. Zugleich ein Beitrag zur Reform der Reichsbankgesetzgebung, 3. Auflage, München und Leipzig, 1922.

Bendixen, F. (1922b): Geld und Kapital. Gesammelte Aufsätzen, 3. Auflage, Jena, 1922.

Beutler, R. (1909): Die Reichsbank. Ihre rechtliche Natur und Zweckbestimmung, Berlin und Leipzig, 1909.

Bloomfield, A. I. (1959): Monetary Policy under the International Gold Standard 1880-1914, New York, 1959.

Bofinger, M. (1991): Festkurssysteme und geldpolitische Koordination. Schriften zur monetären Ökonomie, hrsg. von D. Duwendag, Band 29, Baden-Baden, 1991.

Bonin, K. von (1979): Zentralbanken zwischen funktioneller Unabhängigkeit und politischer Autonomie. Dargestellt an der Bank von England, der Bank von Frankreich und der Deutschen Bundesbank, Studien zum Bank- und Börsenrecht, hrsg. von U. Immenga, Band 4, Baden-Baden, 1979.

Bonn, M. J. (1921): Völkerbund und Weltwirtschaft, in: Deutsche Weltwirtschaftliche Gesellschaft e. V. (Hrsg.), Der Friedensvertrag und Deutschlands Stellung in der Weltwirtschaft, Berlin, 1921, S. 211-224.

Bonn, M. J. (1930): Der Neue Plan - als Grundlage der deutschen Wirtschaftspolitik, Veröffentlichungen des Instituts für Finanzwesen an der Handels-Hochschule Berlin, hrsg. von M. J. Bonn, München und Leipzig, 1930.

Borchardt, K. (1976): Währung und Wirtschaft, in: Deutsche Bundesbank (Hrsg.), Währung und Wirtschaft in Deutschland 1876-1975, 2. Auflage, Frankfurt am Main, S. 3-55.

Borchardt, K. (1982): Wachstum, Krisen, Handlungsspielräume der Wirtschaftspolitik. Studien zur Wirtschaftsgeschichte des 19. und 20. Jahrhunderts, Göttingen, 1982.

Borchert, M. (1997): Geld und Kapital. Einführung in die Geldtheorie und Geldpolitik, 5. Auflage, München und Wien, 1997.

Bresciani-Turroni, C. (1937): The economics of inflation. A study of currency depreciation in Post-War-Germany, London, 1937.

Brüning, H. (1970): Memoiren 1918-1934, Stuttgart, 1970.

Caesar, R. (1979): Der Handlungsspielraum von Notenbanken. Theoretische Analyse und internationaler Vergleich, Köln 1979.

Caesar, R. (1980): Die Unabhängigkeit der Notenbank im demokratischen Staat. Argumente und Gegenargumente, in: Zeitschrift für Politik, Organ der Hochschule für Politik München, Band 27, 1980, S. 347-377.

Cassel, G. (1922): Das Geldproblem der Welt I, 2. Auflage, München, 1922.

Cassel, G. (1926a): Das Stabilisierungsproblem oder der Weg zu einem festen Geldwesen, Leipzig, 1926.

Cassel, G. (1926b): Grundgedanken der theoretischen Ökonomie. Einführung in die Rechts- und Wirtschaftswissenschaften, hrsg. von J. Hatschek und W. Scholl, Band 4, Leipzig und Erlangen, 1926.

Cassel, G. (1933): Die Krise im Weltgeldsystem. Drei Vorträge gehalten als Rhodes Memorial Lectures, Berlin, 1933.

D´Abernon, E. V. (1929a): Viscount D`Abernon. Ein Botschafter der Zeitwende, Memoiren, Von Spa (1920) bis Rapallo (1922), Band 1, Leipzig, 1929.

D´Abernon, E. V. (1929b): Viscount D´Abernon. Ein Botschafter der Zeitwende, Memoiren, Ruhrbesetzung, Band 2, Leipzig, 1929.

D´Abernon, E. V. (1930): Viscount D`Abernon. Ein Botschafter der Zeitwende, Memoiren, Locarno (1924-1926), Band 3, Leipzig, 1930.

Dalberg, R. (1926): Deutsche Währungs- und Kreditpolitik 1923-1926, Berlin, 1926.

Deutsche Bundesbank (Hrsg.) (1995): Die Geldpolitik der Bundesbank, Frankfurt am Main, 1995.

Deutsche Bundesbank (Hrsg.) (1976): Deutsches Geld- und Bankwesen in Zahlen 1876-1975, Frankfurt am Main, 1976.

Erdmann, K. D. / Vogt, M. (1978): Einleitung, in: Akten der Reichskanzlei, Weimarer Republik. Die Kabinette Stresemann I und II, 13. August bis 6. Oktober 1923 und 6. Oktober bis 30. November 1923. Band 1, 13. August bis 6. Oktober 1823, Dokumente Nr. 1 bis 114, bearbeitet von K. D. Erdmann und M. Vogt, hrsg. von K. D. Erdmann und H. Booms, Boppard am Rhein, 1978, S. XIX-LXXXVIII.

European Parliament (1990): The degree of central bank autonomy in the community member states. Ownership, appointments and organizational set-up, responsibilities, state financing, Research and Documentation Paper, hrsg. von dem Directorate General for Research, Nr. 16, Luxemburg, 1990.

Eynern, G. von (1928): Die Reichsbank. Probleme des deutschen Zentralnoteninstituts in geschichtlicher Darstellung, Jena, 1928.

Flaskamp, J. (1986): Aufgaben und Wirkungen der Reichsbank in der Zeit des Dawes-Plan, Bergisch-Gladbach, 1986.

Flink, S. (1969): The german Reichsbank and economic Germany. A study of the policies of the Reichsbank in their relation to the economic development of Germany, with special reference to the period after 1923, New York, 1969.

Friedrich, K (1922): Kreditnot und ihre Bekämpfung, in: Bank-Archiv. Zeitschrift für Bank- und Börsenwesen, 21. Jahrgang, 1922, S. 319-323.

Geigant, F. u. a. (1994): Lexikon der Volkswirtschaft, 6. Auflage, Landsberg am Lech, 1994.

Geisler, R. P. (1953): Notenbankverfassung und Notenbankentwicklung in USA und Westdeutschland. Eine vergleichende Untersuchung unter besonderer Berücksichtigung des Problems der Zentralisation und Dezentralisation und des Verhältnisses von Staat und Notenbank, Volkswirtschaftliche Schriften Heft 9, Berlin, 1953.

Golecki, A. (1980): Einleitung, in: Akten der Reichskanzlei, Weimarer Republik. Das Kabinett Bauer, 21. Juni 1919 bis 27. März 1920, bearbeitet von A. Golecki, hrsg. von K. D. Erdmann und H. Booms, Boppard am Rhein, 1980, S. XIX-XC.

Goodhart, C. A. E. (1988): The Evolution of Central Banks, 2. Auflage, Cambridge und London, 1988.

Goodman, J. B. (1992): Monetary Sovereignty. The politics of Central Banking in Western Europe, Cornell Studies in Political Economy, hrsg. von P. J. Katzenstein, Ithaca, New York, 1992.

Habedank, H. (1981): Die Reichsbank in der Weimarer Republik. Zur Rolle der Zentralbank in der Politik des deutschen Imperialismus 1919-1933, Forschungen zur Wirtschaftsgeschichte, hrsg. von J. Kuczynski und H. Mottek, Band 12, Berlin (Ost), 1981.

Haberler, G. (1976): Die Weltwirtschaft und das internationale Währungssystem in der Zeit zwischen den beiden Weltkriegen, in: Deutsche Bundesbank (Hrsg.), Währung und Wirtschaft in Deutschland 1876-1975, 2. Auflage, Frankfurt am Main, S. 205-248.

Haller, H. (1976): Die Rolle der Staatsfinanzen für den Inflationsprozeß, in: Deutsche Bundesbank (Hrsg.), Währung und Wirtschaft in Deutschland 1876-1975, 2. Auflage, Frankfurt am Main, S. 115-155.

Harbeck, K.-H. (1968): Einleitung in: Akten der Reichskanzlei, Weimarer Republik. Das Kabinett Cuno, 22. November 1922 bis 12. August 1923, bearbeitet von K.-H. Harbeck, hrsg. von K. D. Erdmann und W. Mommsen, Boppard am Rhein, 1968, S. XIX-XLVI.

Hardach, G. (1970): Reichsbankpolitik und wirtschaftliche Entwicklung 1924-1931, in: Schmollers Jahrbuch für Wirtschafts- und Sozialwissenschaften, 90. Jahrgang, 1. Halbband, 1970, S. 563-592.

Harrod, R. F. (1951): The life of John Maynard Keynes, London, 1951.

Hasse, R. H. (1989): Die Europäische Zentralbank: Perspektiven für eine Weiterentwicklung des Europäischen Währungssystems. Strategien und Optionen für die Zukunft Europas, Grundlagen 2, Gütersloh, 1989.

Hedrich, C.-C. (1990): Die Geschichte der Reichsbank: Ein Beitrag zu den Diskussionen über die Unabhängigkeit der Notenbank und über gemischtwirtschaftliche Unternehmen, Diskussionsbeiträge aus dem Institut für Volkswirtschaftslehre der Universität Hohenheim, Nr. 52, Stuttgart, 1990.

Helfferich, K. (1895): Die Währungsfrage. Währungs-Bibliothek 1. Serie, 1. Heft, hrsg. vom Verein zum Schutz der deutschen Goldwährung, 2. Auflage, Stuttgart, 1895.

Helfferich, K. (1898): Die Reform des deutschen Geldwesens nach der Gründung des Reiches. I. Geschichte der deutschen Geldreform, Leipzig, 1898.

Helfferich, K. (1910): Das Geld, 2. Auflage, Leipzig, 1910.

Helfferich, K. (1922): Die Autonomie der Reichsbank, in: Bank-Archiv. Zeitschrift für Bank- und Börsenwesen, 21. Jahrgang, 1922, S. 215-217.

Helfferich, K. (1923): Das Geld, 6. Auflage, Leipzig, 1923.

Henning, F.-W. (1992): Börsenkrisen und Börsengesetzgebung von 1914 bis 1945 in Deutschland, in: Pohl, H. (Hrsg.), Deutsche Börsengeschichte, Frankfurt am Main, 1992.

Holtfrerich, C.-L. (1978): Reichsbankpolitik 1918-1923 zwischen Zahlungsbilanz- und Quantitätstheorie, in: Zeitschrift für Wirtschafts- und Sozialwissenschaften, Jahrgang 1977, 1978, S. 193-214.

Holtfrerich, C.-L. (1980): Die deutsche Inflation 1914-1923. Ursachen und Folgen in internationaler Perspektive, Berlin und New York, 1980.

Holtfrerich, C.-L. (1988): Relations between Monetary Authorities and Governmental Institutions: The Case of Germany from the 19th Century to the Present, in: Toniolo, G. (Hrsg.), Central Banks`Independence in Historical Perspektive, Berlin und New York, 1988, S. 105-159.

Irmler, H. (1976): Bankenkrise und Vollbeschäftigungspolitik (1931-1936), in: Deutsche Bundesbank (Hrsg.), Währung und Wirtschaft in Deutschland 1876-1975, 2. Auflage, Frankfurt am Main, 1976, S. 283-329.

Issing O. (1993): Unabhängigkeit der Notenbank und Geldwertstabilität, Abhandlungen der geistes- und sozialwissenschaftlichen Klasse, hrsg. von der Akademie der Wissenschaften und der Literatur, Nr. 1, Mainz, 1993.

James, H. (1985): The Reichsbank and public finance in Germany: 1924-1933. A study of the politics of economics during the Great Depression, Schriftenreihe des Instituts für bankhistorische Forschung, hrsg. von dem Wissenschaftlichen Beirat des Instituts für bankhistorische Forschung e.V., Frankfurt am Main, 1985.

James, H. (1998): Die Reichsbank 1876 bis 1945, in: Deutsche Bundesbank (Hrsg.), Fünfzig Jahre Deutsche Mark. Notenbank und Währung in Deutschland seit 1948, München, 1998, S. 29-89.

Jarchow, H.-J. / Rühmann, P. (1993): Monetäre Außenwirtschaft. II. Internationale Währungspolitik, 3. Auflage, Göttingen, 1993.

Jarchow, H.-J. (1995): Theorie und Politik des Geldes. II. Geldpolitik, 7. Auflage, Göttingen, 1995.

Kaiser, A. (1989): Lord D´Abernon und die englische Deutschlandpolitik 1920-1926, Europäische Hochschulschriften, Reihe III, Geschichte und ihre Hilfswissenschaften, Band 362, Frankfurt am Main u. a., 1989.

Kernbauer, H. (1991): Währungspolitik in der Zwischenkriegszeit. Geschichte der Österreichischen Nationalbank von 1923 bis 1938, hrsg. von der Österreichischen Nationalbank, Wien, 1991.

Keynes, J. M. (1921): Die wirtschaftlichen Folgen des Friedensvertrages, München und Leipzig, 1921.

Keynes, J. M. (1922): Revision des Friedensvertrages. Eine Fortsetzung von „Die wirtschaftlichen Folgen des Friedensvertrages“, München und Leipzig, 1922.

Keynes, J. M. (1955): Vom Gelde (A Treatise on Money), Berlin, 1955.

Keynes, J. M. (1997): Ein Traktat über Währungsreform, zweite Auflage, Berlin, 1997.

Kienböck, V. (1925): Das österreichische Sanierungswerk. Finanz- und Volkswirtschaftliche Zeitfragen, hrsg. von G. v. Schanz und J. Wolf, Heft Nr. 85, Stuttgart, 1925.

Kindleberger, C. P. (1984): A Financial History of Western Europe, London, 1984.

Knapp, G. F. (1905): Staatliche Theorie des Geldes, Leipzig, 1905.

Knapp, G. F. / Bendixen, F. (1958): Zur staatlichen Theorie des Geldes. Ein Briefwechsel von 1905-1920, hrsg. von K. Singer, Basel und Tübingen, 1958.

Koch, R. / Schacht, H. (1926): Münz- und Bankgesetzgebung. Die Reichsgesetzgebung über Münz- und Notenbankwesen, 7. Auflage, Guttentagsche Sammlung Nr. 26, Deutsche Reichsgesetze Nr. 26, Berlin und Leipzig, 1926.

Koch, R. / Schacht, H. (1932): Ergänzungen zur Münz- und Bankgesetzgebung, 7. Auflage, Guttentagsche Sammlung Nr. 26a, Deutsche Reichsgesetze Nr. 26a, Berlin und Leipzig, 1932.

Köllner, L. (1981): Von der preussischen Staatsbank zum Europäischen Währungssystem. Hundert Jahre Währung und Politik in Deutschland und Europa, Europäische Hochschulschriften, Reihe V, Volks- und Betriebswirtschaft, Band 333, Frankfurt am Main und Bern, 1981.

Köllner, L. (1991): Chronik der deutschen Währungspolitik 1871-1991, Taschenbücher für Geld, Bank und Börse, 2. Auflage, Band 61, Frankfurt am Main, 1919.

Koops, T. (1982): Einleitung, in: Akten der Reichskanzlei, Weimarer Republik. Die Kabinette Brüning I und II, 30. März 1930 bis 10. Oktober 1931 und 10. Oktober 1931 bis 1. Juni 1932. Band 1, 30. März 1930 bis 28. Februar 1931, Dokumente Nr. 1 bis 252, bearbeitet von T. Koops, hrsg. von K. D. Erdmann und H. Booms, Boppard am Rhein, 1982, S. XIX-XCVII.

Korsch, A. (1981): Der Stand der beschäftigungspolitischen Diskussion zur Zeit der Weltwirtschaftskrise in Deutschland, in: Bombach, G. u. a. (Hrsg.), Der Keynesianismus I. Theorie und Praxis Keynesianischer Wirtschaftspolitik, Berlin u. a., 1981, S. 9-132.

Kruse, A. (1928): Der Völkerbund. Ziele, Organisation und Tätigkeit, Frankfurt am Main, 1928.

Lück, M. (1998): Zentralbankpolitik in Italien. Die Unabhängigkeit der Banca d`Italia im Rahmen der Theorie und Empirie des Zentralbankwesens, Europäische Hochschulschriften, Reihe V, Volks- und Betriebswirtschaft, Band 2246, Frankfurt am Main, 1998.

Luther, H. (1960): Politiker ohne Partei. Erinnerungen, Stuttgart, 1960.

Luther, H. (1964): Vor dem Abgrund. 1930-1933 Reichsbankpräsident in Krisenzeiten, Berlin, 1964.

Lutz, F. A. (1936): Das Grundproblem der Geldverfassung, Schriftenreihe Ordnung der Wirtschaft, hrsg. von F. Böhm u. a., Stuttgart und Berlin, 1936.

Lutz, F. A. (1962): Geld und Währung. Gesammelte Abhandlungen, hrsg. von K. F. Maier, Tübingen, 1962.

Marsh, D. (1992): Die Bundesbank. Geschäfte mit der Macht, München, 1992.

Michaelis, H./Schraepler, E. (Hrsg.) (1959): Ursachen und Folgen. Vom deutschen Zusammenbruch 1918 und 1945 bis zur staatlichen Neuordnung Deutschlands in der Gegenwart. Der Weg in die Weimarer Republik. Eine Urkunden- und Dokumentensammlung zur Zeitgeschichte, Band 3, Berlin, 1959.

Minuth, K.-H. (1977): Einleitung, in: Akten der Reichskanzlei, Weimarer Republik. Die Kabinette Luther I und II, 15. Januar 1925 bis 20. Januar 1926 und 20. Januar 1926 bis 17. Mai 1926. Band 1, Januar 1925 bis Oktober 1925, Dokumente Nr. 1 bis 170, bearbeitet von K.-H. Minuth, hrsg. von K. D. Erdmann und H. Booms, Boppard am Rhein, 1977, S. XIX-LXVI.

Minuth, K.-H. (1989): Einleitung, in: Akten der Reichskanzlei, Weimarer Republik. Das Kabinett von Papen, 1. Juni bis 3. Dezember 1932. Band 1, Juni bis September 1932, Dokumente Nr. 1 bis 129, bearbeitet von K.-H. Minuth, hrsg. von K. D. Erdmann und H. Booms, Boppard am Rhein, 1989, S. XIX-LX.

Müller, H. (1973): Die Zentralbank - eine Nebenregierung. Reichsbankpräsident Hjalmar Schacht als Politiker der Weimarer Republik, Schriften zur politischen Wirtschafts- und Gesellschaftslehre, hrsg. von C. Böhret u. a., Opladen, 1973.

Netzband, K.-B. / Widmaier, H. P. (1964): Währungs- und Finanzpolitik der Ära Luther. 1923-1925, Reihe B: Studien zur Ökonomik der Gegenwart, hrsg. von E. v. Beckerath und E. Salin, Tübingen, 1964.

Pentzlin, H. (1980): Hjalmar Schacht. Leben und Wirken einer umstrittenen Persönlichkeit, Berlin, Frankfurt am Main und Wien, 1980.

Pfeil, A. (1976): Der Völkerbund. Literaturbericht und kritische Darstellung seiner Geschichte, Erträge der Forschung, Band 58, Darmstadt, 1976.

Picker, H. (1976): Hitlers Tischgespräche im Führerhauptquartier. Hitler, wie er wirklich war, Stuttgart, 1976.

Pressburger, S. (1976): Das Österreichische Noteninstitut 1816-1966, hrsg. von der Österreichischen Nationalbank, II. Teil, Band 4, Wien, 1976.

Pünder, H. (1961): Politik in der Reichskanzlei. Aufzeichnungen aus den Jahren 1929-1932, hrsg. von T. Vogelsang, Schriftenreihe der Vierteljahreshefte für Zeitgeschichte Nr. 3, Stuttgart, 1961.

Rabe, K. (1929): Die rechtliche Natur der Reichsbank unter besonderer Berücksichtigung des Bankgesetzes vom 30.8.1924, Dissertation, Berlin, 1929.

Reichsbank (Hrsg.) (1934): Untersuchungsausschuß für das Bankwesen 1933. Untersuchung des Bankwesens, II. Teil: Statistiken, zusammengestellt von der Volkswirtschaftlichen und Statistischen Abteilung der Reichsbank, Berlin, 1934.

Reichsbank (Hrsg.) (1937): Schacht in seinen Äußerungen. Im Auftrage des Reichsdirektorium zusammengestellt in der Volkswirtschaftlichen und Statistischen Abteilung der Reichsbank, Berlin, 1937.

Reinhard, P. (1927): Die Diskontpolitik der Deutschen Reichsbank seit 1914. Eine Betrachtung über Währungs-, Kredit-, Gold-, Devisen- und Zinspolitik, Würzburg, 1927.

Rose, K / Sauernheimer, K. (1995): Theorie der Außenwirtschaft, 12. Auflage, München, 1995.

Sayers, R. S. (1976): The Bank of England 1891-1944, Volume 1, Cambridge u. a., 1976.

Schacht, H. (1927): Die Stabilisierung der Mark, Stuttgart, Berlin und Leipzig, 1927.

Schacht, H. (1931): Das Ende der Reparationen, Oldenburg, 1931.

Schacht, H. (1932): Grundsätze deutscher Wirtschaftspolitik, Oldenburg, 1932.

Schacht, H. (1953): 76 Jahre meines Lebens, Bad Wörishofen, 1953.

Schiemann, J. (1994): Central Bank Autonomy, Reputation and Economic Performance. Universität der Bundeswehr Hamburg, Institut für Wirtschaftspolitik, Diskussionsbeiträge zur Wirtschaftspolitik Nr. 40, Hamburg, 1994.

Schötz, H. O. (1987): Der Kampf um die Mark 1923/24. Die deutsche Währungsstabilisierung unter dem Einfluß der nationalen Interessen Frankreichs, Großbritannien und der USA, Veröffentlichungen der historischen Kommission zu Berlin, Band 68, Beiträge zu Inflation und Wiederaufbau in Deutschland und Europa 1914-1924, hrsg. von G. Feldmann u. a., Band 9, Berlin und New York, 1987.

Schulze H. (1971): Einleitung, in: Akten der Reichskanzlei, Weimarer Republik. Das Kabinett Scheidemann, 13. Februar bis 20. Juni 1919, bearbeitet von H. Schulze, hrsg. von K. D. Erdmann und W. Mommsen, Boppard am Rhein, 1971, S. XIX-LXII.

Schulze-Bidlingmaier, I. (1973): Einleitung, in: Akten der Reichskanzlei, Weimarer Republik. Die Kabinette Wirth I und II, 10. Mai 1921 bis 26. Oktober 1921 und 26. Oktober 1921 bis 22. November 1922. Band 1, Mai 1921 bis März 1922, Dokumente Nr. 1 bis 236, bearbeitet von I. Schulze-Bidlingmaier, hrsg. von K. D. Erdmann und H. Booms, Boppard am Rhein, 1973, S. XIX-LXXII.

Siebelt, J. (1988): Der juristische Verhaltensspielraum der Zentralbank. Vorrechtliches Gesamtbild und Verfassungsauftrag an den Gesetzgeber, Studien zum Bank- und Börsenrecht, hrsg. von U. Immenga, Band 19, Baden.-Baden, 1988.

Simpson, A. E. (1969): Hjalmar Schacht in Perspective, Den Haag, 1969.

Sperl, F. (1971): Börsenschließung und Bankfeiertage, in: Beiträge zur Bankgeschichte. Sonderbeilage der Zeitschrift für das gesamte Kreditwesen, 8. Jahrgang, Beilage 3 zu Heft 13 vom 1.1.1971, S. 2-4.

Spohr, W. (1925): Die Neugestaltung der Deutschen Reichsbank. Finanz- und Volkswirtschaftliche Zeitfragen, hrsg. von G. v. Schanz und J. Wolf, Heft Nr. 84, Stuttgart, 1925.

Steiniger, A. (1930): Die Reichsbank nach der Novelle vom 13. März 1930, in: Deutsche Juristen-Zeitung, 35. Jahrgang, 1930, S. 596-600.

Stern-Rubarth, E. (1947): Drei Männer suchen Europa. Briand-Chamberlain-Stesemann, München, 1947.

Stresemann, G. (1932a): Gustav Stresemann Vermächtnis. Der Nachlaß in drei Bänden, Band 1: Vom Ruhrkrieg bis London, hrsg. von H. Bernhard, Berlin, 1932.

Stresemann, G. (1932b): Gustav Stresemann Vermächtnis. Der Nachlaß in drei Bänden, Band 2: Locarno und Genf, hrsg. von H. Bernhard, Berlin, 1932.

Stresemann, G. (1933): Gustav Stresemann Vermächtnis. Der Nachlaß in drei Bänden, Band 3: Von Thoiry bis zum Ausklang, hrsg. von H. Bernhard, Berlin, 1933.

Stucken, R. (1964): Deutsche Geld- und Kreditpolitik. 1914 bis 1963, 3. Auflage, Tübingen, 1964.

Sylla, R. (1988): The Autonomy of Monetary Authorities: The Case of the U.S. Federal Reserve System, in: Toniolo, G. (Hrsg.), Central Banks`Independence in Historical Perspektive, Berlin und New York, 1988, S. 105-159.

Teewag, C. (1933): Versuche zur Beeinflussung des Kapitalmarktes, in: Untersuchungsausschuß für das Bankwesen 1933. Untersuchung des Bankwesens 1933, I. Teil: Vorbereitendes Material, 2. Band, 1933, S.119-133.

Thürauf, U. (Hrsg.) (1926): Schulthess´ Europäischer Geschichtskalender 1921 hrsg. von U. Thürauf, 730. Jahrgang, 62. Band, 1. Teil, München 1926.

Thürauf, U. (Hrsg.) (1927): Schulthess´ Europäischer Geschichtskalender 1922, hrsg. von U. Thürauf, 830. Jahrgang, 63. Band, München 1927.

Veit, O. (1966): Reale Theorie des Geldes, Tübingen, 1966.

Veit, O. (1968): Währungspolitik als Kunst des Unmöglichen. Zwölf Vorträge, Frankfurt am Main, 1968.

Veit, O. (1969): Grundriss der Währungspolitik, 3. Auflage, Frankfurt am Main, 1969.

Vocke, W. (1971): Der 13. Juli 1931, in: Beiträge zur Bankgeschichte. Sonderbeilage der Zeitschrift für das gesamte Kreditwesen, 8. Jahrgang, Beilage 3 zu Heft 13 vom 1.1.1971, S. 1-2.

Vogt, M. (1970): Einleitung, in: Akten der Reichskanzlei, Weimarer Republik. Das Kabinett Müller II, 28. Juni 1928 bis 27. März 1930. Band 1, Juni 1928 bis Juli 1929, Dokumente Nr. 1 bis 256, bearbeitet von M. Vogt, hrsg. von K. D. Erdmann und W. Mommsen, Boppard am Rhein, 1970, S. VII-LXIX.

Weber, A. (1925): Reichsbank, in: Elster, L. u. a. (Hrsg.), Handwörterbuch der Staatswissenschaften, Band 6, Jena, 1925, S. 1214-1218.

Weidenfeld, W. (1972): Die Englandpolitik Gustav Stresemanns. Theoretische und praktische Aspekte der Außenpolitik, Mainz, 1972.

Weitz, J. (1998): Hitlers Bankier Hjalmar Schacht, München und Wien, 1998.

Wulf P. (1972): Einleitung, in: Akten der Reichskanzlei, Weimarer Republik. Das Kabinett Fehrenbach, 25. Juni 1920 bis 4. Mai 1921, bearbeitet von P. Wulf, hrsg. von K. D. Erdmann und W. Mommsen, Boppard am Rhein, 1972, S. VII-LXX.

Quellenverzeichnis

I. Veröffentlichte Quellen (chronologisch geordnet)

I.1 Veröffentlichungen im Reichsgesetzblatt, Reichsanzeiger und Bundesgesetzblatt

Gesetz, betreffend die Rechtsverhältnisse der Reichsbeamten. Vom 31. März 1873: Abgedruckt im: Reichsgesetzblatt 1873. Enthält die Gesetze, Verordnungen vom 8. Januar bis 20. Dezember 1873, nebst zwei Verträgen vom Jahre 1872, Nr. 1 bis Nr. 34, Berlin, 1873, Nr. 10, S. 61-90.

Bankgesetz. Vom 14. März 1875: Abgedruckt im: Reichsgesetzblatt 1875. Enthält die Gesetze, Verordnungen vom 4. Januar bis 29. Dezember 1875, nebst einem Gesetze und mehreren Verträgen vom Jahre 1874, Nr. 1 bis Nr. 35, Berlin, 1875, Nr. 15, S. 177-198.

Statut der Reichsbank. Vom 21. Mai 1875: Abgedruckt im: Reichsgesetzblatt 1875. Enthält die Gesetze, Verordnungen vom 4. Januar bis 29. Dezember 1875, nebst einem Gesetze und mehreren Verträgen vom Jahre 1874, Nr. 1 bis Nr. 35, Berlin, 1875, Nr. 18, S. 203-210.

Verordnung, betreffend die Anstellung der Beamten und die Zuständigkeit zur Ausführung des Gesetzes vom 31. März 1873 bei der Verwaltung der Reichsbank. Vom 19. Dezember 1875: Abgedruckt im: Reichsgesetzblatt 1875. Enthält die Gesetze, Verordnungen vom 4. Januar bis 29. Dezember 1875, nebst einem Gesetze und mehreren Verträgen vom Jahre 1874, Nr. 1 bis Nr. 35, Berlin, 1875, Nr. 34, S. 378-379.

Gesetz, betreffend die Abänderung des Bankgesetzes vom 14. März 1875. Vom 18. Dezember 1889: Abgedruckt im: Reichsgesetzblatt 1889. Enthält die Gesetze, Verordnungen usw. vom 2. Januar bis 18. Dezember 1889, nebst einem Vertrag vom Jahre 1888, Nr. 1 bis Nr. 27, Berlin, 1889, Nr. 26, S. 201-202.

Gesetz, betreffend die Abänderung des Bankgesetzes vom 14. März 1875. Vom 7. Juni 1899: Abgedruckt im: Reichsgesetzblatt 1899. Enthält die Gesetze, Verordnungen usw. vom 18. Januar bis 28. Dezember 1899, nebst einem Vertrage vom Jahre 1896, zwei Verträgen vom Jahre 1897 und wie Verträgen vom Jahre 1898, Nr. 1 bis Nr. 53, Berlin, 1899, Nr. 23, S. 311-314.

Reichsbeamtengesetz. Vom 18. Mai 1907: Abgedruckt im: Reichsgesetzblatt 1907. Enthält die Gesetze, Verordnungen usw. vom 7. Januar bis 19. Dezember 1907 nebst zwei Verträgen vom Jahre 1903, einem Abkommen vom Jahre 1904 und neun Verträgen, einem Allerhöchsten Erlaß und zwei Verordnungen vom Jahre 1906, Nr. 1 bis Nr. 51, Berlin, 1907, Nr. 24, S. 245-278.

Münzgesetz. Vom 1. Juni 1909: Abgedruckt im: Reichsgesetzblatt 1909. Enthält die Gesetze, Verordnungen usw. vom 5. Januar bis 31. Dezember 1909 nebst einem Vertrag und fünf Bekanntmachungen vom Jahre 1908, Nr. 1 bis Nr. 66. Berlin, 1909, Nr. 32, S. 507-511.

Gesetz, betreffend Änderung des Bankgesetzes. Vom 1. Juni 1909: Abgedruckt im: Reichsgesetzblatt 1909. Enthält die Gesetze, Verordnungen usw. vom 5. Januar bis 31. Dezember 1909 nebst einem Vertrag und fünf Bekanntmachungen vom Jahre 1908, Nr. 1 bis Nr. 66. Berlin, 1909, Nr. 34, S. 515-519.

Gesetz, betreffend die Ergänzung der Reichsschuldenordnung. Vom 4. August 1914: Abgedruckt im: Reichsgesetzblatt 1914. Enthält die Gesetze, Verordnungen usw. vom 1. Januar bis 30. Dezember 1914 nebst je einer kaiserlichen Verordnung aus den Jahren 1909, 1911 und 1913 und einer Bekanntmachung vom Jahre 1913, Nr. 1 bis 122, Berlin, 1914, Nr. 53, S. 325-326.

Gesetz, betreffend die Änderung des Bankgesetzes. Vom 4. August 1914: Abgedruckt im: Reichsgesetzblatt 1914. Enthält die Gesetze, Verordnungen usw. vom 1. Januar bis 30. Dezember 1914 nebst je einer kaiserlichen Verordnung aus den Jahren 1909, 1911 und 1913 und einer Bekanntmachung vom Jahre 1913, Nr. 1 bis 122, Berlin, 1914, Nr. 53, S. 327.

Darlehnskassengesetz. Vom 4. August 1914: Abgedruckt im: Reichsgesetzblatt 1914. Enthält die Gesetze, Verordnungen usw. vom 1. Januar bis 30. Dezember 1914 nebst je einer kaiserlichen Verordnung aus den Jahren 1909, 1911 und 1913 und einer Bekanntmachung vom Jahre 1913, Nr. 1 bis 122, Berlin, 1914, Nr. 53, S. 340-345.

Gesetz, betreffend die Reichskassenscheine und die Banknoten. Vom 4. August 1914: Abgedruckt im: Reichsgesetzblatt 1914. Enthält die Gesetze, Verordnungen usw. vom 1. Januar bis 30. Dezember 1914 nebst je einer kaiserlichen Verordnung aus den Jahren 1909, 1911 und 1913 und einer Bekanntmachung vom Jahre 1913, Nr. 1 bis 122, Berlin, 1914, Nr. 53, S. 347.

Die Verfassung des Deutschen Reichs. Vom 11. August 1919: Abgedruckt im: Reichsgesetzblatt 1919 Teil II. Enthält die Gesetze, Verordnungen usw. vom 1. Juli bis 31. Dezember 1919, Nr. 126 bis Nr. 252, Berlin, 1919, Nr. 152, S. 1383-1418.

Gesetz, betreffend Änderung des Bankgesetzes vom 14. März 1875. Vom 16. Dezember 1919: Abgedruckt im: Reichsgesetzblatt 1919 Teil II. Enthält die Gesetze, Verordnungen usw. vom 1. Juli bis 31. Dezember 1919, Nr. 126 bis Nr. 252, Berlin, 1919, Nr. 245, S. 2117-2119.

Gesetz, betreffend Änderung des Bankgesetzes vom 14. März 1875. Vom 9. Mai 1921: Abgedruckt im: Reichsgesetzblatt 1921 Teil I. Enthält die Gesetze, Verordnungen usw. vom 3. Dezember bis 27. Dezember 1921 nebst sieben Gesetzen und siebzehn Verordnungen vom Jahre 1920, Nr. 1 bis Nr. 120, Berlin, 1921, Nr. 51, S. 508.

Gesetz über die Autonomie der Reichsbank. Vom 26. Mai 1922: Abgedruckt im: Reichsgesetzblatt 1922 II, 1. Teil. Enthält Nr. 1 bis Nr. 14, Berlin, Nr. 8, S. 135-136.

Verordnung, betreffend die Abänderung des Statuts der Reichsbank. Vom 24. Juli 1922: Abgedruckt im: Reichsgesetzblatt 1922 II, 2. Teil. Enthält Nr. 1 bis Nr. 37, Berlin, Nr. 19, S. 683.

Verordnung über den Handel mit ausländischen Zahlungsmitteln zum Einheitskurse. Vom 22. Juni 1923: Abgedruckt im: Reichsgesetzblatt 1923 Teil I. Enthält Nr. 1 bis 135, Berlin, 1923, Nr. 45, S. 401-402.

Verordnung, betreffend Außerkraftsetzung der Bestimmungen über den Handel mit ausländischen Zahlungsmitteln zum Einheitskurse. Vom 4. August 1923: Abgedruckt im: Reichsgesetzblatt 1923 Teil I. Enthält Nr. 1 bis 135, Berlin, 1923, Nr. 68, S. 760.

Verordnung über die Errichtung der Deutschen Rentenbank. Vom 15. Oktober 1923: Abgedruckt im: Reichsgesetzblatt 1923 Teil I. Enthält Nr. 1 bis 135, Berlin, 1923, Nr. 100, S. 963-966.

Verordnung zur Abänderung des Bankgesetzes vom 14. März 1875. Vom 26. Oktober 1923: Abgedruckt im: Reichsgesetzblatt 1923 Teil II. Enthält Nr. 1 bis Nr. 51, Berlin, 1923, Nr. 41, S. 402-403.

Verordnung zur Herabminderung der Personalausgaben des Reichs (Personal-Abbau-Verordnung). Vom 27. Oktober 1923: Abgedruckt im: Reichsgesetzblatt 1923 Teil I. Enthält Nr. 1 bis 135, Berlin, 1923, Nr. 108, S. 999-1010.

Vorläufige Durchführungsbestimmungen zur Verordnung über die Errichtung der Deutschen Rentenbank vom 15. Oktober 1923. Vom 14. November 1923: Abgedruckt im: Reichsgesetzblatt 1923 Teil I. Enthält Nr. 1 bis 135, Berlin, 1923, Nr. 117, S. 1092-1098.

Schlußprotokoll der Londoner Konferenz. Vom 16. August 1924: Abgedruckt im: Reichsgesetzblatt 1924 Teil II. Enthält Nr. 1 bis Nr. 46, Berlin, 1924, Nr. 32, S. 291-299.

Bankgesetz. Vom 30. August 1924: Abgedruckt im: Reichsgesetzblatt 1924 Teil II. Enthält Nr. 1 bis Nr. 46, Berlin, 1924, Nr. 32, S. 235-246.

Privatnotenbankgesetz. Vom 30. August 1924: Abgedruckt im: Reichsgesetzblatt 1924 Teil II. Enthält Nr. 1 bis Nr. 46, Berlin, 1924, Nr. 32, S. 246-252.

Münzgesetz. Vom 30. August 1924: Abgedruckt im: Reichsgesetzblatt 1924 Teil II. Enthält Nr. 1 bis Nr. 46, Berlin, 1924, Nr. 32, S. 254-257.

Satzung der Reichsbank. Vom 11. Oktober 1924: Abgedruckt im: Deutschen Reichsanzeiger und Preußischen Staatsanzeiger vom 14. Oktober 1924, Nr. 243, Berlin, 1924, S. 1-2.

Zweite Verordnung über das Inkrafttreten der Gesetze zur Durchführung des Sachverständigen-Gutachtens. Vom 10. Oktober 1924: Abgedruckt im: Reichsgesetzblatt 1924 Teil II. Enthält Nr. 1 bis Nr. 46, Berlin, 1924, Nr. 38, S. 383.

Verordnung des Reichspräsidenten über Aufnahme von Auslandskrediten durch Länder, Gemeinden und Gemeindeverbände. Vom 1. November 1924: Abgedruckt im: Reichsgesetzblatt 1924 Teil I. Enthält Nr. 1 bis Nr. 77, Berlin, 1924, Nr. 65, S. 726.

Gesetz zur Änderung des Bankgesetzes. Vom 8. Juli 1926: Abgedruckt im: Reichsgesetzblatt 1926 Teil II. Enthält Nr. 1 bis Nr. 52, Berlin, 1926, Nr. 30, S. 355.

Gesetz zur außerordentlichen Tilgung der schwebenden Reichsschuld. Vom 24. Dezember 1929: Abgedruckt im: Reichsgesetzblatt 1929 Teil II. Enthält Nr. 1 bis Nr. 56, Berlin, 1929, Nr. 56, S. 759.

Gesetz zur Änderung des Bankgesetzes. Vom 13. März 1930: Abgedruckt im: Reichsgesetzblatt 1930 II. Enthält Nr. 1 bis Nr. 43, Berlin, Nr. 7, S. 355-356.

Bekanntmachung über die Einlösung der Reichsbanknoten. Vom 17. April 1930: Abgedruckt im: Reichsgesetzblatt 1930 II. Enthält Nr. 1 bis Nr. 43, Berlin, Nr. 13, S. 691.

Verordnung über das Inkrafttreten des Gesetzes zur Änderung des Bankgesetzes. Vom 19. Mai 1930: Abgedruckt im: Reichsgesetzblatt 1930 II. Enthält Nr. 1 bis Nr. 43, Berlin, Nr. 19, S. 777.

Verordnung des Reichspräsidenten zur Sicherung von Wirtschaft und Finanzen. Vom 1. Dezember 1930: Abgedruckt im: Reichsgesetzblatt 1930 Teil I. Enthält Nr. 1 bis Nr. 51, Berlin, 1930, Nr. 47, S. 517-604.

Zweite Verordnung des Reichspräsidenten zur Sicherung von Wirtschaft und Finanzen. Vom 5. Juni 1931: Abgedruckt im: Reichsgesetzblatt 1931 Teil I. Enthält Nr. 1 bis Nr. 85, Berlin, 1931, Nr. 22, S. 279-314.

Verordnung über den Verkehr mit ausländischen Zahlungsmitteln. Vom 15. Juli 1931: Abgedruckt im: Reichsgesetzblatt 1931 Teil I. Enthält Nr. 1 bis Nr. 85, Berlin, 1931, Nr. 32, S. 366-368.

Verordnung des Reichspräsidenten gegen die Kapital- und Steuerflucht. Vom 18. Juli 1931: Abgedruckt im: Reichsgesetzblatt 1931 Teil I. Enthält Nr. 1 bis Nr. 85, Berlin, 1931, Nr. 35, S. 373-376.

Verordnung des Reichspräsidenten über Aktienrecht, Bankenaufsicht und über eine Steueramnestie. Vom 19. September 1931, zweiter Teil: Kuratorium und Reichskommissar für das Bankgewerbe: Abgedruckt im: Reichsgesetzblatt 1931 Teil I. Enthält Nr. 1 bis Nr. 85, Berlin, 1931, Nr. 63, S. 501-503.

Dritte Verordnung des Reichspräsidenten zur Sicherung von Wirtschaft und Finanzen und zur Bekämpfung politischer Ausschreitungen. Vom 6. Oktober 1931: Abgedruckt im: Reichsgesetzblatt 1931 Teil I. Enthält Nr. 1 bis Nr. 85, Berlin, 1931, Nr. 67, S. 537-568.

Vierte Verordnung des Reichspräsidenten zur Sicherung von Wirtschaft und Finanzen und zum Schutz des inneren Friedens. Vom 8. Dezember 1931: Abgedruckt im: Reichsgesetzblatt 1931 Teil I. Enthält Nr. 1 bis Nr. 85, Berlin, 1931, Nr. 79, S. 699-745.

Verordnung des Reichspräsidenten zur Belebung der Wirtschaft. Vom 4. September 1932: Abgedruckt im: Reichsgesetzblatt 1932 Teil I. Enthält Nr. 1 bis Nr. 84, Berlin, 1932, Nr. 57, S. 425-432.

Verordnung des Reichspräsidenten über eine Aussetzung der Anwendung des § 29 Abs. 3 des Bankgesetzes. Vom 19. September 1932: Abgedruckt im: Reichsgesetzblatt 1932 Teil I. Enthält Nr. 1 bis Nr. 84, Berlin, 1932, Nr. 62, S. 445.

Verordnung des Reichspräsidenten über finanzielle Maßnahmen auf dem Gebiete der Arbeitsbeschaffung. Vom 28. Januar 1933: Abgedruckt im: Reichsgesetzblatt 1933 Teil I. Enthält Nr. 1 bis Nr. 149, Berlin, 1933, Nr. 6, S. 31.

Gesetz zur Änderung des Bankgesetzes. Vom 27. Oktober 1933: Abgedruckt im: Reichsgesetzblatt 1933 Teil II. Enthält Nr. 1 bis Nr. 62, Berlin, 1933, Nr. 44, S. 827-828.

Gesetz zur Neuregelung der Verhältnisse der Reichsbank und der Deutschen Reichsbahn. Vom 10. Februar 1937: Abgedruckt im: Reichsgesetzblatt 1937 Teil II. Enthält Nr. 1 bis Nr. 49, Berlin, 1937, Nr. 8, S. 47-48.

Gesetz über die Deutsche Reichsbank. Vom 15. Juni 1939: Abgedruckt im: Reichsgesetzblatt 1939 Teil I, 1. Halbjahr. Enthält Nr. 1 bis Nr. 115, Berlin, 1939, Nr.107, S. 1015-1020.

Gesetz über die Deutsche Bundesbank. Vom 26. Juli 1957: Abgedruckt im: Bundesgesetzblatt 1957 Teil I. Enthält Nr. 1 bis Nr. 38, Bonn, 1957, Nr. 33, S. 745-755.

I.2 Veröffentlichte Akten (allgemein)

Memorandum on Proposals for the Establishment of a State Bank in India, 6. October 1913: Abgedruckt in: Johnson, E. (Editor), The Collected Wrtitings of John Maynard Keynes. Activities 1906-1914, India and Cambridge, Volume XV, Cambridge, 1971, S. 151-202.

Verhandlungen des Reichstags (1916): Verhandlungen des Reichstags. Stenographische Berichte von der 1. Sitzung am 4. August 1914 bis zur 34. Sitzung am 16. März 1916, Band 306, Berlin, 1916.

Der Friedensvertrag von Versailles vom 28. Juni 1919: Auszug abgedruckt in: Michaelis, H./Schraepler, E. (Hrsg.), Ursachen und Folgen. Vom deutschen Zusammenbruch 1918 und 1945 bis zur staatlichen Neuordnung Deutschlands in der Gegenwart. Der Weg in die Weimarer Republik. Eine Urkunden- und Dokumentensammlung zur Zeitgeschichte, Band 3, Dokument 733, Berlin, 1962, S. 388-415.

Die internationale Finanzkonferenz in Brüssel vom 24. September bis 8. Oktober 1920: Abgedruckt in: Verhandlungen des Reichstags, I. Wahlperiode 1920. Anlagen zu den Stenographische Berichten, Band 364, Nr. 453 bis 1003, Dokument Nr. 922, Berlin, 1924, S. 1-42.

Verhandlungen der verfassungsgebenden Deutschen Nationalversammlung (1920): Verhandlungen der verfassungsgebenden Deutschen Nationalversammlung. Stenographische Berichte von der 113. Sitzung am 30. Oktober 1919 bis zur 137. Sitzung am 15. Januar 1920, Band 331, Berlin, 1920.

Brtish Secretary's Notes of an Allied Conference held in the Salle de l'Horloge, Quai d'Orsay, Paris, on Tuesday, January 25, 1921, at 11 a. m.: Abgedruckt in: Butler, R. / Bury, J. P. T. (Editor), Documents on British Foreign Policy 1919-1939. International Conferences and Conversations 1921, First Series Volume XV, Document No. 3, London 1967, S. 20-28.

Sammlung von Aktenstücken über die Verhandlungen auf der Konferenz zu London vom 1. bis 7. März 1921: Abgedruckt in: Verhandlungen des Reichstags, I. Wahlperiode 1920. Anlagen zu den Stenographische Berichten, Band 366, Nr. 1640 bis 1894, Dokument Nr. 1640, Berlin, 1924, S. 1-189.

Das Londoner Ultimatum vom 5. Mai 1921: Abgedruckt in: Michaelis, H./Schraepler, E. (Hrsg.), Ursachen und Folgen. Vom deutschen Zusammenbruch 1918 und 1945 bis zur staatlichen Neuordnung Deutschlands in der Gegenwart. Die Weimarer Republik, Vertragserfüllung und innere Bedrohung 1919/1922. Eine Urkunden- und Dokumentensammlung zur Zeitgeschichte, Band 4, Dokument 959, Berlin, 1962, S. 339-340.

Der Alliierte Zahlungsplan vom 5. Mai 1921: Abgedruckt in: Michaelis, H./Schraepler, E. (Hrsg.), Ursachen und Folgen. Vom deutschen Zusammenbruch 1918 und 1945 bis zur staatlichen Neuordnung Deutschlands in der Gegenwart. Die Weimarer Republik, Vertragserfüllung und innere Bedrohung 1919/1922. Eine Urkunden- und Dokumentensammlung zur Zeitgeschichte, Band 4, Dokument 959a), Berlin, 1962, S. 340-344.

Aktenstücke zur Reparationsfrage vom Mai 1921 bis März 1922: Abgedruckt in: Verhandlungen des Reichstags, I. Wahlperiode 1920. Anlagen zu den Stenographische Berichten, Band 372, Nr. 3760 bis 4192, Dokument Nr. 4140, Berlin, 1924, S. 1-195.

Nachtrag zu den Aktenstücken zur Reparationsfrage vom Mai 1921 bis März 1922: Abgedruckt in: Verhandlungen des Reichstags, I. Wahlperiode 1920. Anlagen zu den Stenographische Berichten, Band 374, Nr. 4398 bis 4920, Dokument Nr. 4484, Berlin, 1924, S. 1-50.

Schreiben des Reichskanzlers Dr. Wirth an den Präsidenten der Reparationskommission, 14. Dezember 1921: Abgedruckt in: Michaelis, H./Schraepler, E. (Hrsg.), Ursachen und Folgen. Vom deutschen Zusammenbruch 1918 und 1945 bis zur staatlichen Neuordnung Deutschlands in der Gegenwart. Die Weimarer Republik, Vertragserfüllung und innere Bedrohung 1919/1922. Eine Urkunden- und Dokumentensammlung zur Zeitgeschichte, Band 4, Dokument 970, Berlin, 1962, S. 369-390.

Conditions of German Reparations (1921): Abgedruckt in: Butler, R. / Bury, J. P. T. (Editor), Documents on British Foreign Policy 1919-1939. International Conferences and Conversations 1921, First Series Volume XV, Appendix 3 to Document No. 111, London 1967, S. 800-804.

General Principles of Central Banking, formulated by the Governor in 1921: Abgedruckt in: Sayers, R. S., The Bank of England 1891-1944. Appendixes, Cambridge u. a., 1976. Appendix 10, S. 74-75.

Report of the Commitee on Austria (1921): Abgedruckt in: Butler, R. / Bury, J. P. T. (Editor), Documents on British Foreign Policy 1919-1939. International Conferences and Conversations 1921, First Series Volume XV, Appendix 5 to Document No. 12, London 1967, S. 120-124.

British Secretary`s Notes of a Meeting of Allied Finance Ministers held in the Cercle Nautique, Cannes, on Monday, January 9, 1922, at 10.45 a. m.: Abgedruckt in: Medlicott, W. N. / Dakin, D. (Editor), Documents on British Foreign Policy 1919-1939.The Conferences of Cannes, Genoa and The Hague 1922, First Series Volume XIX, Document No. 12, London 1974, S. 60-65.

Beschluß der Reparationskommission: Die Konferenz von Cannes, 13. Januar 1922: Abgedruckt in: Michaelis, H./Schraepler, E. (Hrsg.), Ursachen und Folgen. Vom deutschen Zusammenbruch 1918 und 1945 bis zur staatlichen Neuordnung Deutschlands in der Gegenwart. Die Weimarer Republik, Vertragserfüllung und innere Bedrohung 1919/1922. Eine Urkunden- und Dokumentensammlung zur Zeitgeschichte, Band 4, Dokument 972c), Berlin, 1962, S. 380-381.

Memorandum by Mr. Wigram comparing the reparation proposals drafted by the financial experts at Cannes and the German reply of January 28, 1922, 1. February 1922: Abgedruckt in: Medlicott, W. N. / Dakin, D. (Editor), Documents on British Foreign Policy 1919-1939.German Reparation and Allied Military Control 1922, Russia March 1921-December 1922, First Series Volume XX, Documents No. 6, London 1976, S. 8-10.

Note der Reparationskommission an die deutsche Regierung vom 21. März 1922 nebst Abschrift eines von der Reparationskommission an den Herrn Reichskanzler gerichteten Schreibens vom gleichen Tag: Abgedruckt in: Verhandlungen des Reichstags, I. Wahlperiode 1920. Anlagen zu den Stenographische Berichten, Band 372, Nr. 3760 bis 4192, Dokument Nr. 3911, Berlin, 1924, S. 4148-4155.

Genfer Protokolle vom 4. Oktober 1922: Abgedruckt in: Pressburger, S., Das Österreichische Noteninstitut 1816-1966, hrsg. von der Österreichischen Nationalbank, II. Teil, Band 4, Wien, 1976, S. 2299-2307.

Vorschläge der deutschen Regierung vom 14. November 1922 an die Reparationskommission zur Stabilisierung und Stützung der Reichsmark: Abgedruckt in: Michaelis, H./Schraepler, E. (Hrsg.), Ursachen und Folgen. Vom deutschen Zusammenbruch 1918 und 1945 bis zur staatlichen Neuordnung Deutschlands in der Gegenwart. Die Weimarer Republik, Vertragserfüllung und innere Bedrohung 1919/1922. Eine Urkunden- und Dokumentensammlung zur Zeitgeschichte, Band 4, Dokument 989, Berlin, 1962, S. 416-419.

Begründung zum Autonomiegesetz von 1922: Die Begründung zum Gesetz über die Autonomie der Reichsbank, abgedruckt in: Koch, R. / Schacht, H., Münz- und Bankgesetzgebung. Die Reichsgesetzgebung über Münz- und Notenbankwesen, 7. Auflage, Guttentagsche Sammlung Nr. 26, Deutsche Reichsgesetze Nr. 26, Berlin und Leipzig, 1926, S. 482-490.

Die Konferenz von Genua (1922): Die Konferenz von Genua. 10. April bis 19. Mai 1922, Berlin, 1922.

Material über die Konferenz von Genua (1922): Abgedruckt in: Verhandlungen des Reichstags, I. Wahlperiode 1920. Anlagen zu den Stenographische Berichten, Band 373, Nr. 4193 bis 4397, Dokument Nr. 4378, Berlin, 1924, S. 1-177.

The Economic and Financial work of the League (1922): Abgedruckt in: Medlicott, W. N. / Dakin, D. (Editor), Documents on British Foreign Policy 1919-1939.The Conferences of Cannes, Genoa and The Hague 1922, First Series Volume XIX, Appendix 1 to Document No. 49, London 1974, S. 237-239.

Verhandlungen des Reichstags (1922a): Verhandlungen des Reichstags, I. Wahlperiode 1920. Stenographische Berichte von der 151. Sitzung am 16. Dezember 1921 bis zur 172. Sitzung am 17. Februar 1922, Band 352, Berlin, 1922.

Verhandlungen des Reichstags (1922b): Verhandlungen des Reichstags, I. Wahlperiode 1920. Stenographische Berichte von der 213. Sitzung am 18. Mai 1922 bis zur 235. Sitzung am 24. Juni 1922, Band 355, Berlin, 1922.

Artikel von Rudolf Hilferding. Die Aufgaben der Reichsbank, 10. Juni 1923: Abgedruckt in: Michaelis, H./Schraepler, E. (Hrsg.), Ursachen und Folgen. Vom deutschen Zusammenbruch 1918 und 1945 bis zur staatlichen Neuordnung Deutschlands in der Gegenwart. Die Weimarer Republik. Das kritische Jahr 1923. Eine Urkunden- und Dokumentensammlung zur Zeitgeschichte, Band 5, Dokument 1220, Berlin, 1962, S. 533-536.

Vorschläge und Entschließung zur Währungsstabilisierung. Projekt Dr. Helfferichs über eine „Roggenmark", August 1923: Auszug abgedruckt in: Michaelis, H./Schraepler, E. (Hrsg.), Ursachen und Folgen. Vom deutschen Zusammenbruch 1918 und 1945 bis zur staatlichen Neuordnung Deutschlands in der Gegenwart. Die Weimarer Republik. Das kritische Jahr 1923. Eine Urkunden- und Dokumentensammlung zur Zeitgeschichte, Band 5, Dokument 1225, Berlin, 1962, S. 546-549.

Vorschläge und Entschließung zur Währungsstabilisierung. Aus dem Plan des Reichsernährungsministers Dr. Luther, September 1923: Abgedruckt in: Michaelis, H./Schraepler, E. (Hrsg.), Ursachen und Folgen. Vom deutschen Zusammenbruch 1918 und 1945 bis zur staatlichen Neuordnung Deutschlands in der Gegenwart. Die Weimarer Republik. Das kritische Jahr 1923. Eine Urkunden- und Dokumentensammlung zur Zeitgeschichte, Band 5, Dokument 1225, Berlin, 1962, S. 555-557.

Antrag der Deutschen Kriegslastenkommission an die Reparationskommission vom 24. Oktober 1923 zur Einsetzung eines Untersuchungskomitees zur Prüfung der deutschen Zahlungsfähigkeit: Abgedruckt in: Michaelis, H./Schraepler, E. (Hrsg.), Ursachen und Folgen. Vom deutschen Zusammenbruch 1918 und 1945 bis zur staatlichen Neuordnung Deutschlands in der Gegenwart. Die Weimarer Republik. Die Wende der Nachkriegspolitik 1924-1928, Rapallo-Dawesplan-Genf. Eine Urkunden- und Dokumentensammlung zur Zeitgeschichte, Band 6, Dokument 1249, Berlin, 1962, S. 59-60.

Deutsche Antwortnote an die Reparationskommission vom 16. April 1924: Abgedruckt in: Thürauf, U. (Hrsg.), Schulthess´ Europäischer Geschichtskalender 1924, 40. Jahrgang, 65. Band, München, 1927, S. 407.

Entschließung der Reparationskommission vom 15. Juli 1924: Abgedruckt in: Die Londoner Konferenz, Juli-August 1924. Amtliches deutsches Weissbuch über die gesamten Verhandlungen der Londoner Konferenz. Sitzungsprotokolle, Aktenstücke, Briefwechsel. Die amtlichen Dokumente in französischer und englischer Sprache nebst amtlicher deutscher Übertragung, Berlin, 1925, Nr. 10, S. 87.

Erste (Interalliierte) Vollsitzung vom 16. Juli 1924, 11 Uhr vormittags: Abgedruckt in: Die Londoner Konferenz, Juli-August 1924. Amtliches deutsches Weissbuch über die gesamten Verhandlungen der Londoner Konferenz. Sitzungsprotokolle, Aktenstücke, Briefwechsel. Die amtlichen Dokumente in französischer und englischer Sprache nebst amtlicher deutscher Übertragung, Berlin, 1925, Nr. 1, S. 12-19.

Begründung zum Bankgesetz von 1924: Abgedruckt in: Verhandlungen des Reichstags, II. Wahlperiode 1924. Anlagen zu den Stenographische Berichten, Band 383, Nr. 311 bis 584, Dokument Nr. 448, Berlin, 1924, S. 1-14.

Bericht des Organisationskomitees (1924): Bericht des Organisationskomitees zur Feststellung der vorbereitenden Maßnahmen für die Organisation einer Notenbank in Deutschland, abgedruckt in: Koch, R. / Schacht, H., Münz- und Bankgesetzgebung. Die Reichsgesetzgebung über Münz- und Notenbankwesen, 7. Auflage, Guttentagsche Sammlung Nr. 26, Deutsche Reichsgesetze Nr. 26, Berlin und Leipzig, 1926, S. 513-521.

Plan für die Errichtung einer Notenbank in Deutschland (1924): Auszug aus dem Sachverständigen-Gutachten, abgedruckt in: Koch, R. /Schacht, H., Münz- und Bankgesetzgebung. Die Reichsgesetzgebung über Münz- und Notenbankwesen, 7. Auflage, Guttentagsche Sammlung Nr. 26, Deutsche Reichsgesetze Nr. 26, Berlin und Leipzig, 1926, S. 494-512.

Verhandlungen des Reichstags (1924): Verhandlungen des Reichstags, I. Wahlperiode 1920. Stenographische Berichte von der 378. Sitzung am 8. August 1923 bis zur 411. Sitzung am 13. März 1924, Band 361, Berlin, 1924.

Weißbuch über die den Alliierten seit Waffenstillstand übermittelten deutschen Angebote und Vorschläge zur Lösung der Reparations- und Wiederaufbaufrage (1924): Abgedruckt in: Verhandlungen des Reichstags, I. Wahlperiode 1920. Anlagen zu den Stenographische Berichten, Band 379, Nr. 6093 bis 6204, Dokument Nr. 6138, Berlin, 1924, S. 1-138.

Generalagent (1925): Bericht des Generalagenten vom 30. Mai 1925, abgedruckt in: Deutschland unter dem Dawes-Plan. Die Reparationsleistungen im ersten Planjahre. Die Berichte des Generalagenten vom 30. Mai und 30. November 1925 nebst Sonderberichten der Kommissare und Treuhänder, Berlin, 1925, S. 1-72.

Reichsbankkommissar (1925): Bericht des Kommissars bei der Reichsbank (11. Oktober 1924 bis 30. April 1925), abgedruckt in: Deutschland unter dem Dawes-Plan. Die Reparationsleistungen im ersten Planjahre. Die Berichte des Generalagenten vom 30. Mai und 30. November 1925 nebst Sonderberichten der Kommissare und Treuhänder, Berlin, 1925, S. 74-78.

Aufzeichnung des Botschaftsrats Dufour-Feronce von der deutschen Botschaft in London über seine am 6. April 1926 mit dem Gouverneur der Bank von England, Montagu Norman, geführte Unterredung: Abgedruckt in: Michaelis, H./Schraepler, E. (Hrsg.), Ursachen und Folgen. Vom deutschen Zusammenbruch 1918 und 1945 bis zur staatlichen Neuordnung Deutschlands in der Gegenwart. Die Weimarer Republik - Vom Kellogg-Pakt zur Weltwirtschaftskrise 1928-30 - Die innenpolitische Entwicklung. Eine Urkunden- und Dokumentensammlung zur Zeitgeschichte, Band 7, Dokument 1628, Berlin, 1962, S. 577-581.

Verhandlungen des Reichstags (1926): Verhandlungen des Reichstags, III. Wahlperiode 1924. Stenographische Berichte von der 162. Sitzung am 16. Februar 1926 bis zur 186. Sitzung am 25. März 1926, Band 389, Berlin, 1926.

Beschluß des Reichskabinetts vom 7. Oktober 1927 über die Aufnahme von Auslandsanleihen: Abgedruckt in: Michaelis, H./Schraepler, E. (Hrsg.), Ursachen und Folgen. Vom deutschen Zusammenbruch 1918 und 1945 bis zur staatlichen Neuordnung Deutschlands in der Gegenwart. Die Weimarer Republik. Die Wende der Nachkriegspolitik 1924-1928, Rapallo-Dawesplan-Genf. Eine Urkunden- und Dokumentensammlung zur Zeitgeschichte, Band 6, Dokument 1289, Berlin, 1962, S. 203-204.

Verhandlungen des Reichstags (1927): Verhandlungen des Reichstags, III. Wahlperiode 1924. Stenographische Berichte von der 225. Sitzung am 3. November 1926 bis zur 264. Sitzung am 5. Februar 1927, Band 391, Berlin, 1927.

Ein Referat Schachts über die Pariser Konferenz vom 28. Juni 1929: Abgedruckt in: Thürauf, U. (Hrsg.), Schulthess´ Europäischer Geschichtskalender 1929, 540. Jahrgang, 70. Band, München, 1930, S. 141-147.

Bericht des Organisationskomitees (1929): Abgedruckt in: Der Young-Plan. Der Schlußbericht der Pariser Sachverständigen-Konferenz im amtlichen Wortlaut, dazu cinc Einleitung über seine Entstehung und Bedeutung, 3. Auflage, Frankfurt am Main, 1929, Anlage 5, S. 102-103.

Der Young-Plan (1929): Der Schlußbericht der Pariser Sachverständigen-Konferenz im amtlichen Wortlaut, dazu eine Einleitung über seine Entstehung und Bedeutung, 3. Auflage, Frankfurt am Main, 1929.

Die belgische Markforderung (1929): Abgedruckt in: Der Young-Plan. Der Schlußbericht der Pariser Sachverständigen-Konferenz im amtlichen Wortlaut, dazu eine Einleitung über seine Entstehung und Bedeutung, 3. Auflage, Frankfurt am Main, 1929, Anlage 6, S. 103-107.

Sir H. Rumbold (Berlin) to Mr. A. Henderson, 14. January 1930: Abgedruckt in: Medlicott, W. N. / Dakin, D. (Editor), Documents on British Foreign Policy 1919-1939. German, Austrian and Middle Eastern Questions 1929-1930, Series IA, Volume VII, Document No. 199, London 1975, S. 378.

Haager Abkommen vom 20. Januar 1930: Abgedruckt in: Verhandlungen des Reichstags, IV. Wahlperiode 1928. Anlagen zu den Stenographische Berichten, Band 439, Nr. 1551 bis 1625, Dokument Nr. 1619, Berlin, 1930, S. 1-345.

Der Rücktritt des Präsidenten der Reichsbank: Schreiben des Reichspräsidenten von Hindenburg an Dr. Schacht, 6. März 1930: Abgedruckt in: Michaelis, H./Schraepler, E. (Hrsg.), Ursachen und Folgen. Vom deutschen Zusammenbruch 1918 und 1945 bis zur staatlichen Neuordnung Deutschlands in der Gegenwart. Die Weimarer Republik - Vom Kellogg-Pakt zur Weltwirtschaftskrise 1928-30 - Die innenpolitische Entwicklung. Eine Urkunden- und Dokumentensammlung zur Zeitgeschichte, Band 7, Dokument 1638c), Berlin, 1962, S. 619-620.

Entwurf eines Gesetzes zur Änderung des Bankgesetzes vom 30. August 1924 nebst Begründung (1930): Abgedruckt in: Verhandlungen des Reichstags, IV. Wahlperiode 1928. Anlagen zu den Stenographische Berichten, Band 439, Nr. 1551 bis 1625, Dokument Nr. 1623, Berlin, 1930, S. 1-9.

Verhandlungen des Reichstags (1930a): Verhandlungen des Reichstags, IV. Wahlperiode 1928. Stenographische Berichte von der 99. Sitzung am 30. September 1929 bis zur 134. Sitzung am 28. Februar 1930, Band 426, Berlin, 1930.

Verhandlungen des Reichstags (1930b): Verhandlungen des Reichstags, IV. Wahlperiode 1928. Stenographische Berichte von der 135. Sitzung am 6. März 1930 bis zur 168. Sitzung am 20. Mai 1930, Band 427, Berlin, 1930.

Das Lausanner Abkommen vom 9. Juli 1932: Abgedruckt in: Michaelis, H./Schraepler, E. (Hrsg.), Ursachen und Folgen. Vom deutschen Zusammenbruch 1918 und 1945 bis zur staatlichen Neuordnung Deutschlands in der Gegenwart. Die Weimarer Republik. Das Ende des parlamentarischen Systems. Brüning-Papen-Schleicher 1930-1933. Eine Urkunden- und Dokumentensammlung zur Zeitgeschichte, Band 8, Dokument 1884, Berlin, 1962, S. 630-634.

Verhandlungen des Reichstags (1938): Verhandlungen des Reichstags, III. Wahlperiode 1936. Stenographische Berichte des Reichstags, Band 459, Berlin, 1938.

Aussprache führender Sachverständiger über die Errichtung einer Bundesbank (1950): Abgedruckt in: Schriftenreihe der Zeitschrift für das gesamte Kreditwesen. Die Bundesbank, Aufbau und Aufgaben. Bericht über eine Aussprache führender Sachverständiger mit dem Entwurf eines Bundesgesetzes über die Errichtung einer Bundesbank, Frankfurt am Main, 1950.

Brief des ehemaligen Reichsministers Graf Schwerin-Krosigk an Heinrich Dräger vom 16. Juni 1953: Abgedruckt in: Der Keynesianismus II. Die beschäftigungspolitische Diskussion vor Keynes in Deutschland, hrsg. von G. Bombach u. a., Berlin u. a., 1976, S. 306-307.

Brief des ehemaligen Reichsministers H. Schäffer an Wilhelm Grotkopp vom 18. August 1953: Abgedruckt in: Der Keynesianismus II. Die beschäftigungspolitische Diskussion vor Keynes in Deutschland, hrsg. von G. Bombach u. a., Berlin u. a., 1976, S. 308-311.

Begründung zum Entwurf eines Gesetzes über die Deutsche Bundesbank (1956): Abgedruckt in: Verhandlungen des Deutschen Bundestages, 2. Wahlperiode 1953. Anlagen zu den stenographischen Berichten, Band 45, Drucksachen 2681 bis 2850, Drucksache 2781, S. 18-47.

Stellungnahme des Bundesrates zum Entwurf eines Gesetzes über die Deutsche Bundesbank (1956): Abgedruckt in: Verhandlungen des Deutschen Bundestages, 2. Wahlperiode 1953. Anlagen zu den stenographischen Berichten, Band 45, Drucksachen 2681 bis 2850, Drucksache 2781, S. 48-71.

I.3 Veröffentlichte Akten der Reichskanzlei

Kabinettssitzung vom 8. Mai 1919, 11 Uhr: Abgedruckt in: Akten der Reichskanzlei, Weimarer Republik. Das Kabinett Scheidemann, 13. Februar bis 20. Juni 1919, bearbeitet von H. Schulze, hrsg. von K. D. Erdmann und W. Mommsen, Boppard am Rhein, 1971, Dokument Nr. 66, S. 303-306.

Kabinettssitzung vom 12. Mai 1919, 11 Uhr: Abgedruckt in: Akten der Reichskanzlei, Weimarer Republik. Das Kabinett Scheidemann, 13. Februar bis 20. Juni 1919, bearbeitet von H. Schulze, hrsg. von K. D. Erdmann und W. Mommsen, Boppard am Rhein, 1971, Dokument Nr. 70, S. 314-315.

Der Reichswirtschaftsminister an Unterstaatssekretär v. Moellendorff. Weimar, 21. Juni 1919: Abgedruckt in: Akten der Reichskanzlei, Weimarer Republik. Das Kabinett Scheidemann, 13. Februar bis 20. Juni 1919, bearbeitet von H. Schulze, hrsg. von K. D. Erdmann und W. Mommsen, Boppard am Rhein, 1971, Dokument Nr. 116, S. 493-495.

Entwurf Moritz Julius Bonns für eine Rechtsverwahrung gegen den Versailler Vertrag. 28. Juni 1919: Abgedruckt in: Akten der Reichskanzlei, Weimarer Republik. Das Kabinett Bauer, 21. Juni 1919 bis 27. März 1920, bearbeitet von A. Golecki, hrsg. von K. D. Erdmann und H. Booms, Boppard am Rhein, 1980, Dokument Nr. 8, S. 29-34.

Das Reichsbank-Direktorium an den Reichsfinanzminister. 1. Juli 1919: Abgedruckt in: Akten der Reichskanzlei, Weimarer Republik. Das Kabinett Bauer, 21. Juni 1919 bis 27. März 1920, bearbeitet von A. Golecki, hrsg. von K. D. Erdmann und H. Booms, Boppard am Rhein, 1980, Dokument Nr. 11, S. 40-47.

Kabinettssitzung vom 18. Juli 1919, Weimar, Nationalversammlung: Abgedruckt in: Akten der Reichskanzlei, Weimarer Republik. Das Kabinett Bauer, 21. Juni 1919 bis 27. März 1920, bearbeitet von A. Golecki, hrsg. von K. D. Erdmann und H. Booms, Boppard am Rhein, 1980, Dokument Nr. 28, S. 131-133.

Kabinettssitzung vom 21. Juli 1919, 17 Uhr, Weimar, Nationalversammlung: Abgedruckt in: Akten der Reichskanzlei, Weimarer Republik. Das Kabinett Bauer, 21. Juni 1919 bis 27. März 1920, bearbeitet von A. Golecki, hrsg. von K. D. Erdmann und H. Booms, Boppard am Rhein, 1980, Dokument Nr. 30, S. 135-138.

Das Reichsbank-Direktorium an den Reichskanzler. 28. Januar 1920: Abgedruckt in: Akten der Reichskanzlei, Weimarer Republik. Das Kabinett Bauer, 21. Juni 1919 bis 27. März 1920, bearbeitet von A. Golecki, hrsg. von K. D. Erdmann und H. Booms, Boppard am Rhein, 1980, Dokument Nr. 157, S. 566-569.

Kabinettssitzung vom 4. März 1921, 17.30 Uhr: Abgedruckt in: Akten der Reichskanzlei, Weimarer Republik. Das Kabinett Fehrenbach, 25. Juni 1920 bis 4. Mai 1921, bearbeitet von P. Wulf, hrsg. von K. D. Erdmann und W. Mommsen, Boppard am Rhein, 1972, Dokument Nr. 189, S. 508-510.

Bericht des Auswärtigen Amts über die inoffiziellen Verhandlungen während der Londoner Konferenz. [15. März 1921]: Abgedruckt in: Akten der Reichskanzlei, Weimarer Republik. Das Kabinett Fehrenbach, 25. Juni 1920 bis 4. Mai 1921, bearbeitet von P. Wulf, hrsg. von K. D. Erdmann und W. Mommsen, Boppard am Rhein, 1972, Dokument Nr. 205, S. 564-578.

Kabinettssitzung vom 6. Mai 1921, 9 Uhr: Abgedruckt in: Akten der Reichskanzlei, Weimarer Republik. Das Kabinett Fehrenbach, 25. Juni 1920 bis 4. Mai 1921, bearbeitet von P. Wulf, hrsg. von K. D. Erdmann und W. Mommsen, Boppard am Rhein, 1972, Dokument Nr. 247, S. 665-666.

Kabinettssitzung vom 6. Mai 1921, 17 Uhr: Abgedruckt in: Akten der Reichskanzlei, Weimarer Republik. Das Kabinett Fehrenbach, 25. Juni 1920 bis 4. Mai 1921, bearbeitet von P. Wulf, hrsg. von K. D. Erdmann und W. Mommsen, Boppard am Rhein, 1972, Dokument Nr. 248, S. 666-667.

Kabinettssitzung vom 7. Mai 1921, 10 Uhr: Abgedruckt in: Akten der Reichskanzlei, Weimarer Republik. Das Kabinett Fehrenbach, 25. Juni 1920 bis 4. Mai 1921, bearbeitet von P. Wulf, hrsg. von K. D. Erdmann und W. Mommsen, Boppard am Rhein, 1972, Dokument Nr. 249, S. 668.

Kabinettssitzung vom 7. Mai 1921, 17 Uhr: Abgedruckt in: Akten der Reichskanzlei, Weimarer Republik. Das Kabinett Fehrenbach, 25. Juni 1920 bis 4. Mai 1921, bearbeitet von P. Wulf, hrsg. von K. D. Erdmann und W. Mommsen, Boppard am Rhein, 1972, Dokument Nr. 250, S. 668-669.

Kabinettssitzung vom 9. Mai 1921, 11.30 Uhr: Abgedruckt in: Akten der Reichskanzlei, Weimarer Republik. Das Kabinett Fehrenbach, 25. Juni 1920 bis 4. Mai 1921, bearbeitet von P. Wulf, hrsg. von K. D. Erdmann und W. Mommsen, Boppard am Rhein, 1972, Dokument Nr. 252, S. 670-672.

Chefbesprechung vom 12. Dezember 1921, 18 Uhr: Abgedruckt in: Akten der Reichskanzlei, Weimarer Republik. Die Kabinette Wirth I und II, 10. Mai 1921 bis 26. Oktober 1921 und 26. Oktober 1921 bis 22. November 1922. Band 1, Mai 1921 bis März 1922, Dokumente Nr. 1 bis 236, bearbeitet von I. Schulze-Bidlingmaier, hrsg. von K. D. Erdmann und H. Booms, Boppard am Rhein, 1973, Dokument Nr. 166, S. 463-466.

Chefbesprechung vom 26. Dezember 1921, 11 Uhr: Abgedruckt in: Akten der Reichskanzlei, Weimarer Republik. Die Kabinette Wirth I und II, 10. Mai 1921 bis 26. Oktober 1921 und 26. Oktober 1921 bis 22. November 1922. Band 1, Mai 1921 bis März 1922, Dokumente Nr. 1 bis 236, bearbeitet von I. Schulze-Bidlingmaier, hrsg. von K. D. Erdmann und H. Booms, Boppard am Rhein, 1973, Dokument Nr. 173, S. 481-485.

Kabinettssitzung vom 26. Dezember 1921, 17 Uhr: Abgedruckt in: Akten der Reichskanzlei, Weimarer Republik. Die Kabinette Wirth I und II, 10. Mai 1921 bis 26. Oktober 1921 und 26. Oktober 1921 bis 22. November 1922. Band 1, Mai 1921 bis März 1922, Dokumente Nr. 1 bis 236, bearbeitet von I. Schulze-Bidlingmaier, hrsg. von K. D. Erdmann und H. Booms, Boppard am Rhein, 1973, Dokument Nr. 174, S. 485-486.

Kabinettssitzung vom 27. Dezember 1921, 17 Uhr: Abgedruckt in: Akten der Reichskanzlei, Weimarer Republik. Die Kabinette Wirth I und II, 10. Mai 1921 bis 26. Oktober 1921 und 26. Oktober 1921 bis 22. November 1922. Band 1, Mai 1921 bis März 1922, Dokumente Nr. 1 bis 236, bearbeitet von I. Schulze-Bidlingmaier, hrsg. von K. D. Erdmann und H. Booms, Boppard am Rhein, 1973, Dokument Nr. 175, S. 486-489.

Chefbesprechung vom 1. März 1922, 11 Uhr: Abgedruckt in: Akten der Reichskanzlei, Weimarer Republik. Die Kabinette Wirth I und II, 10. Mai 1921 bis 26. Oktober 1921 und 26. Oktober 1921 bis 22. November 1922. Band 1, Mai 1921 bis März 1922, Dokumente Nr. 1 bis 236, bearbeitet von I. Schulze-Bidlingmaier, hrsg. von K. D. Erdmann und H. Booms, Boppard am Rhein, 1973, Dokument Nr. 214, S. 594-596.

Kabinettssitzung vom 24. März 1922, 10 Uhr: Abgedruckt in: Akten der Reichskanzlei, Weimarer Republik. Die Kabinette Wirth I und II, 10. Mai 1921 bis 26. Oktober 1921 und 26. Oktober 1921 bis 22. November 1922. Band 1, Mai 1921 bis März 1922, Dokumente Nr. 1 bis 236, bearbeitet von I. Schulze-Bidlingmaier, hrsg. von K. D. Erdmann und H. Booms, Boppard am Rhein, 1973, Dokument Nr. 230, S. 627-633.

Kabinettssitzung vom 13. Juni 1922, 9.30 Uhr: Abgedruckt in: Akten der Reichskanzlei, Weimarer Republik. Die Kabinette Wirth I und II, 10. Mai 1921 bis 26. Oktober 1921 und 26. Oktober 1921 bis 22. November 1922. Band 2, April 1922 bis November 1922, Dokumente Nr. 237 bis 409, bearbeitet von I. Schulze-Bidlingmaier, hrsg. von K. D. Erdmann und H. Booms, Boppard am Rhein, 1973, Dokument Nr. 291, S. 855-876.

Kabinettssitzung vom 11. Juli 1922 [16.30 Uhr] im Reichstagsgebäude: Abgedruckt in: Akten der Reichskanzlei, Weimarer Republik. Die Kabinette Wirth I und II, 10. Mai 1921 bis 26. Oktober 1921 und 26. Oktober 1921 bis 22. November 1922. Band 2, April 1922 bis November 1922, Dokumente Nr. 237 bis 409, bearbeitet von I. Schulze-Bidlingmaier, hrsg. von K. D. Erdmann und H. Booms, Boppard am Rhein, 1973, Dokument Nr. 315, S. 946-950.

Staatssekretär a. D. Bergmann an den Reichskanzler. Paris, 29. Juli 1922: Abgedruckt in: Akten der Reichskanzlei, Weimarer Republik. Die Kabinette Wirth I und II, 10. Mai 1921 bis 26. Oktober 1921 und 26. Oktober 1921 bis 22. November 1922. Band 2, April 1922 bis November 1922, Dokumente Nr. 237 bis 409, bearbeitet von I. Schulze-Bidlingmaier, hrsg. von K. D. Erdmann und H. Booms, Boppard am Rhein, 1973, Dokument Nr. 329, S. 974-980.

Sitzung des Reichsbankkuratoriums vom 26. September 1922, 11 Uhr: Abgedruckt in: Akten der Reichskanzlei, Weimarer Republik. Die Kabinette Wirth I und II, 10. Mai 1921 bis 26. Oktober 1921 und 26. Oktober 1921 bis 22. November 1922. Band 2, April 1922 bis November 1922, Dokumente Nr. 237 bis 409, bearbeitet von I. Schulze-Bidlingmaier, hrsg. von K. D. Erdmann und H. Booms, Boppard am Rhein, 1973, Dokument Nr. 378, S. 1104-1108.

Kabinettssitzung vom 7. Oktober 1922, 11 Uhr: Abgedruckt in: Akten der Reichskanzlei, Weimarer Republik. Die Kabinette Wirth I und II, 10. Mai 1921 bis 26. Oktober 1921 und 26. Oktober 1921 bis 22. November 1922. Band 2, April 1922 bis November 1922, Dokumente Nr. 237 bis 409, bearbeitet von I. Schulze-Bidlingmaier, hrsg. von K. D. Erdmann und H. Booms, Boppard am Rhein, 1973, Dokument Nr. 382, S. 1116-1122.

Kabinettssitzung vom 11. Oktober 1922, 17 Uhr: Abgedruckt in: Akten der Reichskanzlei, Weimarer Republik. Die Kabinette Wirth I und II, 10. Mai 1921 bis 26. Oktober 1921 und 26. Oktober 1921 bis 22. November 1922. Band 2, April 1922 bis November 1922, Dokumente Nr. 237 bis 409, bearbeitet von I. Schulze-Bidlingmaier, hrsg. von K. D. Erdmann und H. Booms, Boppard am Rhein, 1973, Dokument Nr. 384, S. 1123-1124.

Kabinettssitzung vom 16. Oktober 1922, 11.30 Uhr: Abgedruckt in: Akten der Reichskanzlei, Weimarer Republik. Die Kabinette Wirth I und II, 10. Mai 1921 bis 26. Oktober 1921 und 26. Oktober 1921 bis 22. November 1922. Band 2, April 1922 bis November 1922, Dokumente Nr. 237 bis 409, bearbeitet von I. Schulze-Bidlingmaier, hrsg. von K. D. Erdmann und H. Booms, Boppard am Rhein, 1973, Dokument Nr. 386, S. 1125-1127.

Kabinettssitzung vom 24. Oktober 1922, 17 Uhr: Abgedruckt in: Akten der Reichskanzlei, Weimarer Republik. Die Kabinette Wirth I und II, 10. Mai 1921 bis 26. Oktober 1921 und 26. Oktober 1921 bis 22. November 1922. Band 2, April 1922 bis November 1922, Dokumente Nr. 237 bis 409, bearbeitet von I. Schulze-Bidlingmaier, hrsg. von K. D. Erdmann und H. Booms, Boppard am Rhein, 1973, Dokument Nr. 392, S. 1138-1144.

Besprechung in der Reichskanzlei. 14. Januar. 1923, 18 Uhr: Abgedruckt in: Akten der Reichskanzlei, Weimarer Republik. Das Kabinett Cuno, 22. November 1922 bis 12. August 1923, bearbeitet von K.-H. Harbeck, hrsg. von K. D. Erdmann und W. Mommsen, Boppard am Rhein, 1968, Dokument Nr. 44, S. 145-146.

Ministerbesprechung vom 16. Januar 1923, 18 Uhr: Abgedruckt in: Akten der Reichskanzlei, Weimarer Republik. Das Kabinett Cuno, 22. November 1922 bis 12. August 1923, bearbeitet von K.-H. Harbeck, hrsg. von K. D. Erdmann und W. Mommsen, Boppard am Rhein, 1968, Dokument Nr. 45, S. 146-151.

Ministerbesprechung vom 19. Januar 1923: Abgedruckt in: Akten der Reichskanzlei, Weimarer Republik. Das Kabinett Cuno, 22. November 1922 bis 12. August 1923, bearbeitet von K.-H. Harbeck, hrsg. von K. D. Erdmann und W. Mommsen, Boppard am Rhein, 1968, Dokument Nr. 49, S. 173-178.

Vermerk über den Marksturz. 30. Januar 1923: Abgedruckt in: Akten der Reichskanzlei, Weimarer Republik. Das Kabinett Cuno, 22. November 1922 bis 12. August 1923, bearbeitet von K.-H. Harbeck, hrsg. von K. D. Erdmann und W. Mommsen, Boppard am Rhein, 1968, Dokument Nr. 60, S. 206-207.

Ministerbesprechung vom 19. April 1923, 10 Uhr: Abgedruckt in: Akten der Reichskanzlei, Weimarer Republik. Das Kabinett Cuno, 22. November 1922 bis 12. August 1923, bearbeitet von K.-H. Harbeck, hrsg. von K. D. Erdmann und W. Mommsen, Boppard am Rhein, 1968, Dokument Nr. 128, S. 399-402.

Besprechung mit Vertretern der Banken. 19. April 1923, 11 Uhr: Abgedruckt in: Akten der Reichskanzlei, Weimarer Republik. Das Kabinett Cuno, 22. November 1922 bis 12. August 1923, bearbeitet von K.-H. Harbeck, hrsg. von K. D. Erdmann und W. Mommsen, Boppard am Rhein, 1968, Dokument Nr. 129, S. 403-404.

Aus dem Bericht des Reichsbankpräsidenten vor dem Zentralausschuß der Reichsbank. 23. April 1923: Abgedruckt in: Akten der Reichskanzlei, Weimarer Republik. Das Kabinett Cuno, 22. November 1922 bis 12. August 1923, bearbeitet von K.-H. Harbeck, hrsg. von K. D. Erdmann und W. Mommsen, Boppard am Rhein, 1968, Dokument Nr. 138, S. 424-425.

Kabinettssitzung vom 2. Mai 1923, [17 Uhr]: Abgedruckt in: Akten der Reichskanzlei, Weimarer Republik. Das Kabinett Cuno, 22. November 1922 bis 12. August 1923, bearbeitet von K.-H. Harbeck, hrsg. von K. D. Erdmann und W. Mommsen, Boppard am Rhein, 1968, Dokument Nr. 148, S. 458-459.

Kabinettssitzung vom 22. Juni 1923, 10 Uhr: Abgedruckt in: Akten der Reichskanzlei, Weimarer Republik. Das Kabinett Cuno, 22. November 1922 bis 12. August 1923, bearbeitet von K.-H. Harbeck, hrsg. von K. D. Erdmann und W. Mommsen, Boppard am Rhein, 1968, Dokument Nr. 200, S. 598-602.

Vermerk des Ministerialrats Kempner zur Devisenverordnung. 25. Juni 1923: Abgedruckt in: Akten der Reichskanzlei, Weimarer Republik. Das Kabinett Cuno, 22. November 1922 bis 12. August 1923, bearbeitet von K.-H. Harbeck, hrsg. von K. D. Erdmann und W. Mommsen, Boppard am Rhein, 1968, Dokument Nr. 203, S. 608-610.

Der Reichswirtschaftsminister an den Reichskanzler. 23. Juli 1923: Abgedruckt in: Akten der Reichskanzlei, Weimarer Republik. Das Kabinett Cuno, 22. November 1922 bis 12. August 1923, bearbeitet von K.-H. Harbeck, hrsg. von K. D. Erdmann und W. Mommsen, Boppard am Rhein, 1968, Dokument Nr. 222, S. 652-658.

Ministerrat vom 27. Juli 1923: Abgedruckt in: Akten der Reichskanzlei, Weimarer Republik. Das Kabinett Cuno, 22. November 1922 bis 12. August 1923, bearbeitet von K.-H. Harbeck, hrsg. von K. D. Erdmann und W. Mommsen, Boppard am Rhein, 1968, Dokument Nr. 227, S. 672-679.

Denkschrift zur wirtschaftlichen Lage. [27. Juli 1923]: Abgedruckt in: Akten der Reichskanzlei, Weimarer Republik. Das Kabinett Cuno, 22. November 1922 bis 12. August 1923, bearbeitet von K.-H. Harbeck, hrsg. von K. D. Erdmann und W. Mommsen, Boppard am Rhein, 1968, Dokument Nr. 229, S. 682-688.

Das Reichsbankdirektorium an den Reichskanzler. 28. Juli 1923: Abgedruckt in: Akten der Reichskanzlei, Weimarer Republik. Das Kabinett Cuno, 22. November 1922 bis 12. August 1923, bearbeitet von K.-H. Harbeck, hrsg. von K. D. Erdmann und W. Mommsen, Boppard am Rhein, 1968, Dokument Nr. 230, S. 688-690.

Aufzeichnung des Staatssekretärs Hamm zur Devisenlage. 6. August 1923: Abgedruckt in: Akten der Reichskanzlei, Weimarer Republik. Das Kabinett Cuno, 22. November 1922 bis 12. August 1923, bearbeitet von K.-H. Harbeck, hrsg. von K. D. Erdmann und W. Mommsen, Boppard am Rhein, 1968, Dokument Nr. 239, S. 716-719.

Besprechung mit dem Reichsbankpräsidenten. 9. August 1923, 10.30 Uhr: Abgedruckt in: Akten der Reichskanzlei, Weimarer Republik. Das Kabinett Cuno, 22. November 1922 bis 12. August 1923, bearbeitet von K.-H. Harbeck, hrsg. von K. D. Erdmann und W. Mommsen, Boppard am Rhein, 1968, Dokument Nr. 242, S. 724-725.

Memorandum über den Stand der Regierungsmaßnahmen. [13. August 1923]: Abgedruckt in: Akten der Reichskanzlei, Weimarer Republik. Das Kabinett Cuno, 22. November 1922 bis 12. August 1923, bearbeitet von K.-H. Harbeck, hrsg. von K. D. Erdmann und W. Mommsen, Boppard am Rhein, 1968, Dokument Nr. 250, S. 748-752.

Kabinettssitzung vom 15. August 1923, 17 Uhr: Abgedruckt in: Akten der Reichskanzlei, Weimarer Republik. Die Kabinette Stresemann I und II, 13. August bis 6. Oktober 1923 und 6. Oktober bis 30. November 1923. Band 1, 13. August bis 6. Oktober 1923, Dokumente Nr. 1 bis 114, bearbeitet von K. D. Erdmann und M. Vogt, hrsg. von K. D. Erdmann und H. Booms, Boppard am Rhein, 1978, Dokument Nr. 3, S. 4-7.

Besprechung über die Währungssanierung vom 18. August 1923: Abgedruckt in: Akten der Reichskanzlei, Weimarer Republik. Die Kabinette Stresemann I und II, 13. August bis 6. Oktober 1923 und 6. Oktober bis 30. November 1923. Band 1, 13. August bis 6. Oktober 1923, Dokumente Nr. 1 bis 114, bearbeitet von K. D. Erdmann und M. Vogt, hrsg. von K. D. Erdmann und H. Booms, Boppard am Rhein, 1978, Dokument Nr. 9, S. 23-29.

Das Reichsbank-Direktorium an den Reichsfinanzminister. 18. August 1923: Abgedruckt in: Akten der Reichskanzlei, Weimarer Republik. Die Kabinette Stresemann I und II, 13. August bis 6. Oktober 1923 und 6. Oktober bis 30. November 1923. Band 1, 13. August bis 6. Oktober 1923, Dokumente Nr. 1 bis 114, bearbeitet von K. D. Erdmann und M. Vogt, hrsg. von K. D. Erdmann und H. Booms, Boppard am Rhein, 1978, Dokument Nr. 12, S. 37-42.

Kabinettsrat vom 20. August 1923, 19 Uhr: Abgedruckt in: Akten der Reichskanzlei, Weimarer Republik. Die Kabinette Stresemann I und II, 13. August bis 6. Oktober 1923 und 6. Oktober bis 30. November 1923. Band 1, 13. August bis 6. Oktober 1923, Dokumente Nr. 1 bis 114, bearbeitet von K. D. Erdmann und M. Vogt, hrsg. von K. D. Erdmann und H. Booms, Boppard am Rhein, 1978, Dokument Nr. 13, S. 42-55.

Ministerbesprechung im Anschluß an die Kabinettssitzung vom 23. August 1923: Abgedruckt in: Akten der Reichskanzlei, Weimarer Republik. Die Kabinette Stresemann I und II, 13. August bis 6. Oktober 1923 und 6. Oktober bis 30. November 1923. Band 1, 13. August bis 6. Oktober 1923, Dokumente Nr. 1 bis 114, bearbeitet von K. D. Erdmann und M. Vogt, hrsg. von K. D. Erdmann und H. Booms, Boppard am Rhein, 1978, Dokument Nr. 19, S. 84.

Sitzung des Zentralausschusses der Reichsbank vom 25. August 1923: Abgedruckt in: Akten der Reichskanzlei, Weimarer Republik. Die Kabinette Stresemann I und II, 13. August bis 6. Oktober 1923 und 6. Oktober bis 30. November 1923. Band 1, 13. August bis 6. Oktober 1923, Dokumente Nr. 1 bis 114, bearbeitet von K. D. Erdmann und M. Vogt, hrsg. von K. D. Erdmann und H. Booms, Boppard am Rhein, 1978, Dokument Nr. 24, S. 101-125.

Besprechung über die Schaffung einer neuen, real fundierten Währung im Reichsfinanzministerium. 29. August 1923: Abgedruckt in: Akten der Reichskanzlei, Weimarer Republik. Die Kabinette Stresemann I und II, 13. August bis 6. Oktober 1923 und 6. Oktober bis 30. November 1923. Band 1, 13. August bis 6. Oktober 1923, Dokumente Nr. 1 bis 114, bearbeitet von K. D. Erdmann und M. Vogt, hrsg. von K. D. Erdmann und H. Booms, Boppard am Rhein, 1978, Dokument Nr. 29, S. 138-142.

Kabinettssitzung vom 30. August 1923, 18 Uhr: Abgedruckt in: Akten der Reichskanzlei, Weimarer Republik. Die Kabinette Stresemann I und II, 13. August bis 6. Oktober 1923 und 6. Oktober bis 30. November 1923. Band 1, 13. August bis 6. Oktober 1923, Dokumente Nr. 1 bis 114, bearbeitet von K. D. Erdmann und M. Vogt, hrsg. von K. D. Erdmann und H. Booms, Boppard am Rhein, 1978, Dokument Nr. 33, S. 155-169.

Kabinettssitzung vom 6. September 1923, 18 Uhr: Abgedruckt in: Akten der Reichskanzlei, Weimarer Republik. Die Kabinette Stresemann I und II, 13. August bis 6. Oktober 1923 und 6. Oktober bis 30. November 1923. Band 1, 13. August bis 6. Oktober 1923, Dokumente Nr. 1 bis 114, bearbeitet von K. D. Erdmann und M. Vogt, hrsg. von K. D. Erdmann und H. Booms, Boppard am Rhein, 1978, Dokument Nr. 45, S. 200-203.

Kabinettssitzung vom 7. September 1923, 17 Uhr: Abgedruckt in: Akten der Reichskanzlei, Weimarer Republik. Die Kabinette Stresemann I und II, 13. August bis 6. Oktober 1923 und 6. Oktober bis 30. November 1923. Band 1, 13. August bis 6. Oktober 1923, Dokumente Nr. 1 bis 114, bearbeitet von K. D. Erdmann und M. Vogt, hrsg. von K. D. Erdmann und H. Booms, Boppard am Rhein, 1978, Dokument Nr. 47, S. 204-213.

Kabinettssitzung vom 10. September 1923, 17.45 Uhr: Abgedruckt in: Akten der Reichskanzlei, Weimarer Republik. Die Kabinette Stresemann I und II, 13. August bis 6. Oktober 1923 und 6. Oktober bis 30. November 1923. Band 1, 13. August bis 6. Oktober 1923, Dokumente Nr. 1 bis 114, bearbeitet von K. D. Erdmann und M. Vogt, hrsg. von K. D. Erdmann und H. Booms, Boppard am Rhein, 1978, Dokument Nr. 51, S. 222-232.

Kabinettssitzung vom 13. September 1923, 17 Uhr: Abgedruckt in: Akten der Reichskanzlei, Weimarer Republik. Die Kabinette Stresemann I und II, 13. August bis 6. Oktober 1923 und 6. Oktober bis 30. November 1923. Band 1, 13. August bis 6. Oktober 1923, Dokumente Nr. 1 bis 114, bearbeitet von K. D. Erdmann und M. Vogt, hrsg. von K. D. Erdmann und H. Booms, Boppard am Rhein, 1978, Dokument Nr. 55, S. 251-264.

Kabinettssitzung vom 20. September 1923, 17 Uhr: Abgedruckt in: Akten der Reichskanzlei, Weimarer Republik. Die Kabinette Stresemann I und II, 13. August bis 6. Oktober 1923 und 6. Oktober bis 30. November 1923. Band 1, 13. August bis 6. Oktober 1923, Dokumente Nr. 1 bis 114, bearbeitet von K. D. Erdmann und M. Vogt, hrsg. von K. D. Erdmann und H. Booms, Boppard am Rhein, 1978, Dokument Nr. 71, S. 319-325.

Dr. Hjalmar Schacht an den Reichskanzler. 6. Oktober 1923: Abgedruckt in: Akten der Reichskanzlei, Weimarer Republik. Die Kabinette Stresemann I und II, 13. August bis 6. Oktober 1923 und 6. Oktober bis 30. November 1923. Band 2, 6. Oktober bis 30. November 1923, Dokumente Nr. 115 bis 282, bearbeitet von K. D. Erdmann und M. Vogt, hrsg. von K. D. Erdmann und H. Booms, Boppard am Rhein, 1978, Dokument Nr. 118, S. 500-502.

Kabinettssitzung vom 15. Oktober 1923, 16 Uhr: Abgedruckt in: Akten der Reichskanzlei, Weimarer Republik. Die Kabinette Stresemann I und II, 13. August bis 6. Oktober 1923 und 6. Oktober bis 30. November 1923. Band 2, 6. Oktober bis 30. November 1923, Dokumente Nr. 115 bis 282, bearbeitet von K. D. Erdmann und M. Vogt, hrsg. von K. D. Erdmann und H. Booms, Boppard am Rhein, 1978, Dokument Nr. 136, S. 570-582.

Kabinettssitzung vom 5. November 1923, 21 Uhr: Abgedruckt in: Akten der Reichskanzlei, Weimarer Republik. Die Kabinette Stresemann I und II, 13. August bis 6. Oktober 1923 und 6. Oktober bis 30. November 1923. Band 2, 6. Oktober bis 30. November 1923, Dokumente Nr. 115 bis 282, bearbeitet von K. D. Erdmann und M. Vogt, hrsg. von K. D. Erdmann und H. Booms, Boppard am Rhein, 1978, Dokument Nr. 223, S. 970-974.

Abgeordneter Carl Petersen an den Reichskanzler. Hamburg, 7. November 1923: Abgedruckt in: Akten der Reichskanzlei, Weimarer Republik. Die Kabinette Stresemann I und II, 13. August bis 6. Oktober 1923 und 6. Oktober bis 30. November 1923. Band 2, 6. Oktober bis 30. November 1923, Dokumente Nr. 115 bis 282, bearbeitet von K. D. Erdmann und M. Vogt, hrsg. von K. D. Erdmann und H. Booms, Boppard am Rhein, 1978, Dokument Nr. 228, S. 990-992.

Kabinettssitzung vom 12. November 1923, 18 Uhr: Abgedruckt in: Akten der Reichskanzlei, Weimarer Republik. Die Kabinette Stresemann I und II, 13. August bis 6. Oktober 1923 und 6. Oktober bis 30. November 1923. Band 2, 6. Oktober bis 30. November 1923, Dokumente Nr. 115 bis 282, bearbeitet von K. D. Erdmann und M. Vogt, hrsg. von K. D. Erdmann und H. Booms, Boppard am Rhein, 1978, Dokument Nr. 242, S. 1031-1038.

Der Reichsbankpräsident an den Reichspräsidenten. 19. November 1923: Abgedruckt in: Akten der Reichskanzlei, Weimarer Republik. Die Kabinette Stresemann I und II, 13. August bis 6. Oktober 1923 und 6. Oktober bis 30. November 1923. Band 2, 6. Oktober bis 30. November 1923, Dokumente Nr. 115 bis 282, bearbeitet von K. D. Erdmann und M. Vogt, hrsg. von K. D. Erdmann und H. Booms, Boppard am Rhein, 1978, Dokument Nr. 269, S. 1136-1142.

Kabinettssitzung vom 3. Dezember 1923, 16 Uhr: Abgedruckt in: Akten der Reichskanzlei, Weimarer Republik. Die Kabinette Marx I und II, 30. November 1923 bis 3. Juni 1924 und 3. Juni 1924 bis 15. Januar 1925. Band 1, November 1923 bis Juni 1924, Dokumente Nr. 1 bis 213, bearbeitet von Günter Abramowski, hrsg. von K. D. Erdmann und H. Booms, Boppard am Rhein, 1973, Dokument Nr. 4, S. 17-27.

Das Reichsbank-Direktorium an den Reichskanzler. 7. Dezember 1923: Abgedruckt in: Akten der Reichskanzlei, Weimarer Republik. Die Kabinette Marx I und II, 30. November 1923 bis 3. Juni 1924 und 3. Juni 1924 bis 15. Januar 1925. Band 1, November 1923 bis Juni 1924, Dokumente Nr. 1 bis 213, bearbeitet von Günter Abramowski, hrsg. von K. D. Erdmann und H. Booms, Boppard am Rhein, 1973, Dokument Nr. 13, S. 65-69.

Das Reichsbank-Direktorium an Staatssekretär Bracht. 17. Dezember 1923: Abgedruckt in: Akten der Reichskanzlei, Weimarer Republik. Die Kabinette Marx I und II, 30. November 1923 bis 3. Juni 1924 und 3. Juni 1924 bis 15. Januar 1925. Band 1, November 1923 bis Juni 1924, Dokumente Nr. 1 bis 213, bearbeitet von Günter Abramowski, hrsg. von K. D. Erdmann und H. Booms, Boppard am Rhein, 1973, Dokument Nr. 31, S. 130-133.

Sitzung des Wirtschaftsausschusses des Kabinetts. 11. Januar 1924, 17 Uhr: Abgedruckt in: Akten der Reichskanzlei, Weimarer Republik. Die Kabinette Marx I und II, 30. November 1923 bis 3. Juni 1924 und 3. Juni 1924 bis 15. Januar 1925. Band 1, November 1923 bis Juni 1924, Dokumente Nr. 1 bis 213, bearbeitet von Günter Abramowski, hrsg. von K. D. Erdmann und H. Booms, Boppard am Rhein, 1973, Dokument Nr. 57, S. 225-228.

Besprechung vom 5. Februar 1924, 9.30 Uhr: Abgedruckt in: Akten der Reichskanzlei, Weimarer Republik. Die Kabinette Marx I und II, 30. November 1923 bis 3. Juni 1924 und 3. Juni 1924 bis 15. Januar 1925. Band 1, November 1923 bis Juni 1924, Dokumente Nr. 1 bis 213, bearbeitet von Günter Abramowski, hrsg. von K. D. Erdmann und H. Booms, Boppard am Rhein, 1973, Dokument Nr. 87, S. 317-318.

Ministerbesprechung vom 15. März 1924, 18 Uhr: Abgedruckt in: Akten der Reichskanzlei, Weimarer Republik. Die Kabinette Marx I und II, 30. November 1923 bis 3. Juni 1924 und 3. Juni 1924 bis 15. Januar 1925. Band 1, November 1923 bis Juni 1924, Dokumente Nr. 1 bis 213, bearbeitet von Günter Abramowski, hrsg. von K. D. Erdmann und H. Booms, Boppard am Rhein, 1973, Dokument Nr. 145, S. 464-465.

Kabinettssitzung vom 17. März 1924, 17 Uhr: Abgedruckt in: Akten der Reichskanzlei, Weimarer Republik. Die Kabinette Marx I und II, 30. November 1923 bis 3. Juni 1924 und 3. Juni 1924 bis 15. Januar 1925. Band 1, November 1923 bis Juni 1924, Dokumente Nr. 1 bis 213, bearbeitet von Günter Abramowski, hrsg. von K. D. Erdmann und H. Booms, Boppard am Rhein, 1973, Dokument Nr. 147, S. 469-472.

Sitzung des Reichsbank-Kuratoriums. 29. April 1924, 11 Uhr: Abgedruckt in: Akten der Reichskanzlei, Weimarer Republik. Die Kabinette Marx I und II, 30. November 1923 bis 3. Juni 1924 und 3. Juni 1924 bis 15. Januar 1925. Band 1, November 1923 bis Juni 1924, Dokumente Nr. 1 bis 213, bearbeitet von Günter Abramowski, hrsg. von K. D. Erdmann und H. Booms, Boppard am Rhein, 1973, Dokument Nr. 187, S. 587-595.

Kabinettssitzung vom 21. Mai 1924, 16.15 Uhr: Abgedruckt in: Akten der Reichskanzlei, Weimarer Republik. Die Kabinette Marx I und II, 30. November 1923 bis 3. Juni 1924 und 3. Juni 1924 bis 15. Januar 1925. Band 1, November 1923 bis Juni 1924, Dokumente Nr. 1 bis 213, bearbeitet von Günter Abramowski, hrsg. von K. D. Erdmann und H. Booms, Boppard am Rhein, 1973, Dokument Nr. 204, S. 648-656.

Kabinettssitzung vom 16. Juni 1924, 16 Uhr: Abgedruckt in: Akten der Reichskanzlei, Weimarer Republik. Die Kabinette Marx I und II, 30. November 1923 bis 3. Juni 1924 und 3. Juni 1924 bis 15. Januar 1925. Band 2, Juni 1924 bis Januar 1925, Dokumente Nr. 214 bis 388, bearbeitet von Günter Abramowski, hrsg. von K. D. Erdmann und H. Booms, Boppard am Rhein, 1973, Dokument Nr. 224, S. 701-709.

Kabinettssitzung vom 30. Juni 1924, 17 Uhr: Abgedruckt in: Akten der Reichskanzlei, Weimarer Republik. Die Kabinette Marx I und II, 30. November 1923 bis 3. Juni 1924 und 3. Juni 1924 bis 15. Januar 1925. Band 2, Juni 1924 bis Januar 1925, Dokumente Nr. 214 bis 388, bearbeitet von Günter Abramowski, hrsg. von K. D. Erdmann und H. Booms, Boppard am Rhein, 1973, Dokument Nr. 240, S. 755-757.

Besprechung mit den Staats- und Ministerpräsidenten der Länder. 3. Juli 1924, 10 Uhr: Abgedruckt in: Akten der Reichskanzlei, Weimarer Republik. Die Kabinette Marx I und II, 30. November 1923 bis 3. Juni 1924 und 3. Juni 1924 bis 15. Januar 1925. Band 2, Juni 1924 bis Januar 1925, Dokumente Nr. 214 bis 388, bearbeitet von Günter Abramowski, hrsg. von K. D. Erdmann und H. Booms, Boppard am Rhein, 1973, Dokument Nr. 243, S. 766-855.

Kabinettssitzung vom 10. Juli 1924, 17 Uhr: Abgedruckt in: Akten der Reichskanzlei, Weimarer Republik. Die Kabinette Marx I und II, 30. November 1923 bis 3. Juni 1924 und 3. Juni 1924 bis 15. Januar 1925. Band 2, Juni 1924 bis Januar 1925, Dokumente Nr. 214 bis 388, bearbeitet von Günter Abramowski, hrsg. von K. D. Erdmann und H. Booms, Boppard am Rhein, 1973, Dokument Nr. 249, S. 874-879.

Der Reichswirtschaftsminister an den Reichsminister der Finanzen. 30. Juli 1924: Abgedruckt in: Akten der Reichskanzlei, Weimarer Republik. Die Kabinette Marx I und II, 30. November 1923 bis 3. Juni 1924 und 3. Juni 1924 bis 15. Januar 1925. Band 2, Juni 1924 bis Januar 1925, Dokumente Nr. 214 bis 388, bearbeitet von Günter Abramowski, hrsg. von K. D. Erdmann und H. Booms, Boppard am Rhein, 1973, Dokument Nr. 267, S. 930-935.

Kabinettssitzung vom 2. August 1924, 17 Uhr: Abgedruckt in: Akten der Reichskanzlei, Weimarer Republik. Die Kabinette Marx I und II, 30. November 1923 bis 3. Juni 1924 und 3. Juni 1924 bis 15. Januar 1925. Band 2, Juni 1924 bis Januar 1925, Dokumente Nr. 214 bis 388, bearbeitet von Günter Abramowski, hrsg. von K. D. Erdmann und H. Booms, Boppard am Rhein, 1973, Dokument Nr. 270, S. 938-943.

Besprechung mit führenden Reichstagsabgeordneten. 15. August 1924, 10 Uhr: Abgedruckt in: Akten der Reichskanzlei, Weimarer Republik. Die Kabinette Marx I und II, 30. November 1923 bis 3. Juni 1924 und 3. Juni 1924 bis 15. Januar 1925. Band 2, Juni 1924 bis Januar 1925, Dokumente Nr. 214 bis 388, bearbeitet von Günter Abramowski, hrsg. von K. D. Erdmann und H. Booms, Boppard am Rhein, 1973, Dokument Nr. 277, S. 963-968.

Kurzer Überblick über die Ergebnisse der Londoner Konferenz. [19. August 1924]: Abgedruckt in: Akten der Reichskanzlei, Weimarer Republik. Die Kabinette Marx I und II, 30. November 1923 bis 3. Juni 1924 und 3. Juni 1924 bis 15. Januar 1925. Band 2, Juni 1924 bis Januar 1925, Dokumente Nr. 214 bis 388, bearbeitet von Günter Abramowski, hrsg. von K. D. Erdmann und H. Booms, Boppard am Rhein, 1973, Dokument Nr. 283, S. 982-989.

Der Reichskanzler an den Reichsbankpräsidenten. 19. Oktober 1924: Abgedruckt in: Akten der Reichskanzlei, Weimarer Republik. Die Kabinette Marx I und II, 30. November 1923 bis 3. Juni 1924 und 3. Juni 1924 bis 15. Januar 1925. Band 2, Juni 1924 bis Januar 1925, Dokumente Nr. 214 bis 388, bearbeitet von Günter Abramowski, hrsg. von K. D. Erdmann und H. Booms, Boppard am Rhein, 1973, Dokument Nr. 337, S. 1128-1129.

Kabinettssitzung vom 31. Oktober 1924, 17 Uhr: Abgedruckt in: Akten der Reichskanzlei, Weimarer Republik. Die Kabinette Marx I und II, 30. November 1923 bis 3. Juni 1924 und 3. Juni 1924 bis 15. Januar 1925. Band 2, Juni 1924 bis Januar 1925, Dokumente Nr. 214 bis 388, bearbeitet von Günter Abramowski, hrsg. von K. D. Erdmann und H. Booms, Boppard am Rhein, 1973, Dokument Nr. 347, S. 1148-1153.

Richtlinien über die Aufnahme vom Auslandskrediten durch Länder, Gemeinden und Gemeindeverbände. [Vereinbarung der Länder vom 23. Dezember 1924]: Abgedruckt in: Akten der Reichskanzlei, Weimarer Republik. Die Kabinette Marx I und II, 30. November 1923 bis 3. Juni 1924 und 3. Juni 1924 bis 15. Januar 1925. Band 2, Juni 1924 bis Januar 1925, Dokumente Nr. 214 bis 388, bearbeitet von Günter Abramowski, hrsg. von K. D. Erdmann und H. Booms, Boppard am Rhein, 1973, Dokument Nr. 381, S. 1251-1255.

Bericht des Reichsbankpräsidenten über die Lage der Reichsbank und über Fragen der Währungs- und Finanzpolitik. 26. Februar 1925, 11 Uhr: Abgedruckt in: Akten der Reichskanzlei, Weimarer Republik. Die Kabinette Luther I und II, 15. Januar 1925 bis 20. Januar 1926 und 20. Januar 1926 bis 17. Mai 1926. Band 1, Januar 1925 bis Oktober 1925, Dokumente Nr. 1 bis 170, bearbeitet von K.-H. Minuth, hrsg. von K. D. Erdmann und H. Booms, Boppard am Rhein, 1977, Dokument Nr. 29, S. 108-125.

Bericht des Reichsbankpräsidenten über die Lage der Reichsbank und über Fragen der Währungs- und Kreditpolitik. 14. August 1925, 11 Uhr: Abgedruckt in: Akten der Reichskanzlei, Weimarer Republik. Die Kabinette Luther I und II, 15. Januar 1925 bis 20. Januar 1926 und 20. Januar 1926 bis 17. Mai 1926. Band 1, Januar 1925 bis Oktober 1925, Dokumente Nr. 1 bis 170, bearbeitet von K.-H. Minuth, hrsg. von K. D. Erdmann und H. Booms, Boppard am Rhein, 1977, Dokument Nr. 146, S. 490-521.

Kabinettssitzung vom 26. August 1925, 17 Uhr: Abgedruckt in: Akten der Reichskanzlei, Weimarer Republik. Die Kabinette Luther I und II, 15. Januar 1925 bis 20. Januar 1926 und 20. Januar 1926 bis 17. Mai 1926. Band 1, Januar 1925 bis Oktober 1925, Dokumente Nr. 1 bis 170, bearbeitet von K.-H. Minuth, hrsg. von K. D. Erdmann und H. Booms, Boppard am Rhein, 1977, Dokument Nr. 154, S. 542-543.

Besprechung mit Ministerpräsidenten, Finanz- und Innenministern der Länder. 2. Oktober 1925, 11 Uhr: Abgedruckt in: Akten der Reichskanzlei, Weimarer Republik. Die Kabinette Luther I und II, 15. Januar 1925 bis 20. Januar 1926 und 20. Januar 1926 bis 17. Mai 1926. Band 1, Januar 1925 bis Oktober 1925, Dokumente Nr. 1 bis 170, bearbeitet von K.-H. Minuth, hrsg. von K. D. Erdmann und H. Booms, Boppard am Rhein, 1977, Dokument Nr. 169, S. 605-657.

Bericht des Reichsbankpräsidenten über die Lage der Reichsbank und über Fragen der Kredit- und Währungspolitik. 5. Dezember 1925, 16 Uhr: Abgedruckt in: Akten der Reichskanzlei, Weimarer Republik. Die Kabinette Luther I und II, 15. Januar 1925 bis 20. Januar 1926 und 20. Januar 1926 bis 17. Mai 1926. Band 2, Oktober 1925 bis Mai 1926, Dokumente Nr. 171 bis 365, bearbeitet von K.-H. Minuth, hrsg. von K. D. Erdmann und H. Booms, Boppard am Rhein, 1977, Dokument Nr. 244, S. 945-981.

Das Reichsbank-Direktorium an den Reichskanzler. 24. Januar 1926: Abgedruckt in: Akten der Reichskanzlei, Weimarer Republik. Die Kabinette Luther I und II, 15. Januar 1925 bis 20. Januar 1926 und 20. Januar 1926 bis 17. Mai 1926. Band 2, Oktober 1925 bis Mai 1926, Dokumente Nr. 171 bis 365, bearbeitet von K.-H. Minuth, hrsg. von K. D. Erdmann und H. Booms, Boppard am Rhein, 1977, Dokument Nr. 269, S. 1051-1057.

Chefbesprechung vom 15. Februar 1926, 11 Uhr: Abgedruckt in: Akten der Reichskanzlei, Weimarer Republik. Die Kabinette Luther I und II, 15. Januar 1925 bis 20. Januar 1926 und 20. Januar 1926 bis 17. Mai 1926. Band 2, Oktober 1925 bis Mai 1926, Dokumente Nr. 171 bis 365, bearbeitet von K.-H. Minuth, hrsg. von K. D. Erdmann und H. Booms, Boppard am Rhein, 1977, Dokument Nr. 291, S. 1123-1124.

Bericht des Reichsbankpräsidenten über währungs- und finanzpolitische Fragen. 7. März 1927, 11 Uhr: Abgedruckt in: Akten der Reichskanzlei, Weimarer Republik. Die Kabinette Marx I und II, 17. Mai 1926 bis 29. Januar 1927 und 29. Januar 1927 bis 29. Juni 1928. Band 1, Mai 1926 bis Mai 1927, Dokumente Nr. 1 bis 242, bearbeitet von G. Abramowski, hrsg. von K. D. Erdmann und H. Booms, Boppard am Rhein, 1988, Dokument Nr. 195, S. 577-610.

Ministerbesprechung vom 21. Juni 1927, 16 Uhr im Reichstagsgebäude: Abgedruckt in: Akten der Reichskanzlei, Weimarer Republik. Die Kabinette Marx I und II, 17. Mai 1926 bis 29. Januar 1927 und 29. Januar 1927 bis 29. Juni 1928. Band 2, Juni 1927 bis Juni 1928, Dokumente Nr. 243 bis 476, bearbeitet von G. Abramowski, hrsg. von K. D. Erdmann und H. Booms, Boppard am Rhein, 1988, Dokument Nr. 254, S. 805-806.

Das Reichsbank-Direktorium an den Reichskanzler. 27. Juni 1927: Abgedruckt in: Akten der Reichskanzlei, Weimarer Republik. Die Kabinette Marx I und II, 17. Mai 1926 bis 29. Januar 1927 und 29. Januar 1927 bis 29. Juni 1928. Band 2, Juni 1927 bis Juni 1928, Dokumente Nr. 243 bis 476, bearbeitet von G. Abramowski, hrsg. von K. D. Erdmann und H. Booms, Boppard am Rhein, 1988, Dokument Nr. 260, S. 818-824.

Der Reichsminister der Finanzen an Staatssekretär Pünder. 12. Juli 1927: Abgedruckt in: Akten der Reichskanzlei, Weimarer Republik. Die Kabinette Marx I und II, 17. Mai 1926 bis 29. Januar 1927 und 29. Januar 1927 bis 29. Juni 1928. Band 2, Juni 1927 bis Juni 1928, Dokumente Nr. 243 bis 476, bearbeitet von G. Abramowski, hrsg. von K. D. Erdmann und H. Booms, Boppard am Rhein, 1988, Dokument Nr. 275, S. 850-855.

Das Reichsbank-Direktorium an den Reichskanzler. 15. August 1927: Abgedruckt in: Akten der Reichskanzlei, Weimarer Republik. Die Kabinette Marx I und II, 17. Mai 1926 bis 29. Januar 1927 und 29. Januar 1927 bis 29. Juni 1928. Band 2, Juni 1927 bis Juni 1928, Dokumente Nr. 243 bis 476, bearbeitet von G. Abramowski, hrsg. von K. D. Erdmann und H. Booms, Boppard am Rhein, 1988, Dokument Nr. 286, S. 893-897.

Der Reichsminister der Finanzen an Staatssekretär Pünder. 22. September 1927: Abgedruckt in: Akten der Reichskanzlei, Weimarer Republik. Die Kabinette Marx I und II, 17. Mai 1926 bis 29. Januar 1927 und 29. Januar 1927 bis 29. Juni 1928. Band 2, Juni 1927 bis Juni 1928, Dokumente Nr. 243 bis 476, bearbeitet von G. Abramowski, hrsg. von K. D. Erdmann und H. Booms, Boppard am Rhein, 1988, Dokument Nr. 301, S. 929-931.

Chefbesprechung vom 6. Oktober 1927, 16 Uhr: Abgedruckt in: Akten der Reichskanzlei, Weimarer Republik. Die Kabinette Marx I und II, 17. Mai 1926 bis 29. Januar 1927 und 29. Januar 1927 bis 29. Juni 1928. Band 2, Juni 1927 bis Juni 1928, Dokumente Nr. 243 bis 476, bearbeitet von G. Abramowski, hrsg. von K. D. Erdmann und H. Booms, Boppard am Rhein, 1988, Dokument Nr. 312, S. 961-973.

Ministerbesprechung vom 7. Oktober 1927, 16 Uhr: Abgedruckt in: Akten der Reichskanzlei, Weimarer Republik. Die Kabinette Marx I und II, 17. Mai 1926 bis 29. Januar 1927 und 29. Januar 1927 bis 29. Juni 1928. Band 2, Juni 1927 bis Juni 1928, Dokumente Nr. 243 bis 476, bearbeitet von G. Abramowski, hrsg. von K. D. Erdmann und H. Booms, Boppard am Rhein, 1988, Dokument Nr. 313, S. 973-982.

Der Reichspräsident an den Reichskanzler. 23. Oktober 1927: Abgedruckt in: Akten der Reichskanzlei, Weimarer Republik. Die Kabinette Marx I und II, 17. Mai 1926 bis 29. Januar 1927 und 29. Januar 1927 bis 29. Juni 1928. Band 2, Juni 1927 bis Juni 1928, Dokumente Nr. 243 bis 476, bearbeitet von G. Abramowski, hrsg. von K. D. Erdmann und H. Booms, Boppard am Rhein, 1988, Dokument Nr. 323, S. 1012-1013.

Kabinettssitzung vom 30. November 1927, 16 Uhr: Abgedruckt in: Akten der Reichskanzlei, Weimarer Republik. Die Kabinette Marx I und II, 17. Mai 1926 bis 29. Januar 1927 und 29. Januar 1927 bis 29. Juni 1928. Band 2, Juni 1927 bis Juni 1928, Dokumente Nr. 243 bis 476, bearbeitet von G. Abramowski, hrsg. von K. D. Erdmann und H. Booms, Boppard am Rhein, 1988, Dokument Nr. 357, S. 1120-1126.

Kabinettssitzung vom 20. Dezember 1927, 11.30 Uhr: Abgedruckt in: Akten der Reichskanzlei, Weimarer Republik. Die Kabinette Marx I und II, 17. Mai 1926 bis 29. Januar 1927 und 29. Januar 1927 bis 29. Juni 1928. Band 2, Juni 1927 bis Juni 1928, Dokumente Nr. 243 bis 476, bearbeitet von G. Abramowski, hrsg. von K. D. Erdmann und H. Booms, Boppard am Rhein, 1988, Dokument Nr. 381, S. 1177-1182.

Bericht des Reichsbankpräsidenten über die Lage der Reichsbank und über Fragen der Finanz- und Währungspolitik. 20. Januar 1928, 11 Uhr: Abgedruckt in: Akten der Reichskanzlei, Weimarer Republik. Die Kabinette Marx I und II, 17. Mai 1926 bis 29. Januar 1927 und 29. Januar 1927 bis 29. Juni 1928. Band 2, Juni 1927 bis Juni 1928, Dokumente Nr. 243 bis 476, bearbeitet von G. Abramowski, hrsg. von K. D. Erdmann und H. Booms, Boppard am Rhein, 1988, Dokument Nr. 399, S. 1236-1256.

Bericht des Reichsbankpräsidenten über die Lage der Reichsbank und über Fragen der Finanz- und Währungspolitik. 13. April 1928, 11 Uhr: Abgedruckt in: Akten der Reichskanzlei, Weimarer Republik. Die Kabinette Marx I und II, 17. Mai 1926 bis 29. Januar 1927 und 29. Januar 1927 bis 29. Juni 1928. Band 2, Juni 1927 bis Juni 1928, Dokumente Nr. 243 bis 476, bearbeitet von G. Abramowski, hrsg. von K. D. Erdmann und H. Booms, Boppard am Rhein, 1988, Dokument Nr. 457, S. 1396-1423.

Bericht des Reichsbankpräsidenten an die Reichsregierung über die Lage der Reichsbank und über Fragen der Finanz- und Währungspolitik. 19. Juli 1928, 11 Uhr: Abgedruckt in: Akten der Reichskanzlei, Weimarer Republik. Das Kabinett Müller II, 28. Juni 1928 bis 27. März 1930. Band 1, Juni 1928 bis Juli 1929, Dokumente Nr. 1 bis 256, bearbeitet von M. Vogt, hrsg. von K. D. Erdmann und W. Mommsen, Boppard am Rhein, 1970, Dokument Nr. 11, S. 33-48.

Vermerk Staatssekretär Pünders über eine Besprechung mit dem Generalagenten für Reparationszahlungen Parker Gilbert zur Vorbereitung der Sachverständigenkonferenz. 25. Oktober 1928: Abgedruckt in: Akten der Reichskanzlei, Weimarer Republik. Das Kabinett Müller II, 28. Juni 1928 bis 27. März 1930. Band 1, Juni 1928 bis Juli 1929, Dokumente Nr. 1 bis 256, bearbeitet von M. Vogt, hrsg. von K. D. Erdmann und W. Mommsen, Boppard am Rhein, 1970, Dokument Nr. 49, S. 173-176.

Der Reichsbankpräsident an den Reichskanzler. 26. Oktober 1928: Abgedruckt in: Akten der Reichskanzlei, Weimarer Republik. Das Kabinett Müller II, 28. Juni 1928 bis 27. März 1930. Band 1, Juni 1928 bis Juli 1929, Dokumente Nr. 1 bis 256, bearbeitet von M. Vogt, hrsg. von K. D. Erdmann und W. Mommsen, Boppard am Rhein, 1970, Dokument Nr. 50, S. 176-177.

Bericht des Reichsbankpräsidenten an die Reichsregierung über die Lage der Reichsbank und über Fragen der Finanz- und Währungspolitik. 9. November 1928, 11 Uhr: Abgedruckt in: Akten der Reichskanzlei, Weimarer Republik. Das Kabinett Müller II, 28. Juni 1928 bis 27. März 1930. Band 1, Juni 1928 bis Juli 1929, Dokumente Nr. 1 bis 256, bearbeitet von M. Vogt, hrsg. von K. D. Erdmann und W. Mommsen, Boppard am Rhein, 1970, Dokument Nr. 59, S. 203-212.

Chefbesprechung vom 18. Dezember 1928, 13 Uhr: Abgedruckt in: Akten der Reichskanzlei, Weimarer Republik. Das Kabinett Müller II, 28. Juni 1928 bis 27. März 1930. Band 1, Juni 1928 bis Juli 1929, Dokumente Nr. 1 bis 256, bearbeitet von M. Vogt, hrsg. von K. D. Erdmann und W. Mommsen, Boppard am Rhein, 1970, Dokument Nr. 91, S. 319-320.

Ministerbesprechung vom 9. Januar 1929, 11 Uhr: Abgedruckt in: Akten der Reichskanzlei, Weimarer Republik. Das Kabinett Müller II, 28. Juni 1928 bis 27. März 1930. Band 1, Juni 1928 bis Juli 1929, Dokumente Nr. 1 bis 256, bearbeitet von M. Vogt, hrsg. von K. D. Erdmann und W. Mommsen, Boppard am Rhein, 1970, Dokument Nr. 99, S. 338-339.

Bericht des Reichsbankpräsidenten an die Reichsregierung über die Lage der Reichsbank und über Fragen der Finanz- und Währungspolitik. 7. Februar 1929, 11 Uhr: Abgedruckt in: Akten der Reichskanzlei, Weimarer Republik. Das Kabinett Müller II, 28. Juni 1928 bis 27. März 1930. Band 1, Juni 1928 bis Juli 1929, Dokumente Nr. 1 bis 256, bearbeitet von M. Vogt, hrsg. von K. D. Erdmann und W. Mommsen, Boppard am Rhein, 1970, Dokument Nr. 123, S. 416-427.

Reichsbankpräsident Schacht an den Reichskanzler. Paris, 19. Februar 1929: Abgedruckt in: Akten der Reichskanzlei, Weimarer Republik. Das Kabinett Müller II, 28. Juni 1928 bis 27. März 1930. Band 1, Juni 1928 bis Juli 1929, Dokumente Nr. 1 bis 256, bearbeitet von M. Vogt, hrsg. von K. D. Erdmann und W. Mommsen, Boppard am Rhein, 1970, Dokument Nr. 130, S. 439-440.

Bericht Geheimrat Kastl über die Sachverständigenkonferenz. 1. März 1929: Abgedruckt in: Akten der Reichskanzlei, Weimarer Republik. Das Kabinett Müller II, 28. Juni 1928 bis 27. März 1930. Band 1, Juni 1928 bis Juli 1929, Dokumente Nr. 1 bis 256, bearbeitet von M. Vogt, hrsg. von K. D. Erdmann und W. Mommsen, Boppard am Rhein, 1970, Dokument Nr. 139, S. 455-459.

Aufzeichnung des Reichskanzlers über eine Unterredung mit dem belgischen Gesandten betr. die Markfrage vom 6. März 1929: Abgedruckt in: Akten der Reichskanzlei, Weimarer Republik. Das Kabinett Müller II, 28. Juni 1928 bis 27. März 1930. Band 1, Juni 1928 bis Juli 1929, Dokumente Nr. 1 bis 256, bearbeitet von M. Vogt, hrsg. von K. D. Erdmann und W. Mommsen, Boppard am Rhein, 1970, Dokument Nr. 145, S. 466-467.

Bericht des Reichsbankpräsidenten über die Pariser Sachverständigenkonferenz. 12. März 1929: Abgedruckt in: Akten der Reichskanzlei, Weimarer Republik. Das Kabinett Müller II, 28. Juni 1928 bis 27. März 1930. Band 1, Juni 1928 bis Juli 1929, Dokumente Nr. 1 bis 256, bearbeitet von M. Vogt, hrsg. von K. D. Erdmann und W. Mommsen, Boppard am Rhein, 1970, Dokument Nr. 152, S. 483-488.

Denkschrift über das finanz-, staats- und wirtschaftspolitische Reformprogramm. 19. März 1929: Abgedruckt in: Akten der Reichskanzlei, Weimarer Republik. Das Kabinett Müller II, 28. Juni 1928 bis 27. März 1930. Band 1, Juni 1928 bis Juli 1929, Dokumente Nr. 1 bis 256, bearbeitet von M. Vogt, hrsg. von K. D. Erdmann und W. Mommsen, Boppard am Rhein, 1970, Dokument Nr. 156, S. 496-499.

Berichterstattung der beiden deutschen Hauptdelegierten. 22. März 1929: Abgedruckt in: Akten der Reichskanzlei, Weimarer Republik. Das Kabinett Müller II, 28. Juni 1928 bis 27. März 1930. Band 1, Juni 1928 bis Juli 1929, Dokumente Nr. 1 bis 256, bearbeitet von M. Vogt, hrsg. von K. D. Erdmann und W. Mommsen, Boppard am Rhein, 1970, Dokument Nr. 161, S. 513-517.

Besprechung über Reparationsfragen. 17. April 1929, 13 Uhr: Abgedruckt in: Akten der Reichskanzlei, Weimarer Republik. Das Kabinett Müller II, 28. Juni 1928 bis 27. März 1930. Band 1, Juni 1928 bis Juli 1929, Dokumente Nr. 1 bis 256, bearbeitet von M. Vogt, hrsg. von K. D. Erdmann und W. Mommsen, Boppard am Rhein, 1970, Dokument Nr. 173, S. 552-556.

Besprechung über Reparationsfragen. 19. April 1929, 9 Uhr: Abgedruckt in: Akten der Reichskanzlei, Weimarer Republik. Das Kabinett Müller II, 28. Juni 1928 bis 27. März 1930. Band 1, Juni 1928 bis Juli 1929, Dokumente Nr. 1 bis 256, bearbeitet von M. Vogt, hrsg. von K. D. Erdmann und W. Mommsen, Boppard am Rhein, 1970, Dokument Nr. 174, S. 556-560.

Ministerbesprechung vom 19. April 1929, 18 Uhr: Abgedruckt in: Akten der Reichskanzlei, Weimarer Republik. Das Kabinett Müller II, 28. Juni 1928 bis 27. März 1930. Band 1, Juni 1928 bis Juli 1929, Dokumente Nr. 1 bis 256, bearbeitet von M. Vogt, hrsg. von K. D. Erdmann und W. Mommsen, Boppard am Rhein, 1970, Dokument Nr. 175, S. 560-566.

Kabinettssitzung vom 21. April 1929, 11 Uhr: Abgedruckt in: Akten der Reichskanzlei, Weimarer Republik. Das Kabinett Müller II, 28. Juni 1928 bis 27. März 1930. Band 1, Juni 1928 bis Juli 1929, Dokumente Nr. 1 bis 256, bearbeitet von M. Vogt, hrsg. von K. D. Erdmann und W. Mommsen, Boppard am Rhein, 1970, Dokument Nr. 177, S. 569-575.

Der Reichsbankpräsident an den Reichskanzler. Paris, 27. April 1929: Abgedruckt in: Akten der Reichskanzlei, Weimarer Republik. Das Kabinett Müller II, 28. Juni 1928 bis 27. März 1930. Band 1, Juni 1928 bis Juli 1929, Dokumente Nr. 1 bis 256, bearbeitet von M. Vogt, hrsg. von K. D. Erdmann und W. Mommsen, Boppard am Rhein, 1970, Dokument Nr. 184, S. 588-589.

Besprechung über reparationspolitische Angelegenheiten. 29. April 1929, 12 Uhr: Abgedruckt in: Akten der Reichskanzlei, Weimarer Republik. Das Kabinett Müller II, 28. Juni 1928 bis 27. März 1930. Band 1, Juni 1928 bis Juli 1929, Dokumente Nr. 1 bis 256, bearbeitet von M. Vogt, hrsg. von K. D. Erdmann und W. Mommsen, Boppard am Rhein, 1970, Dokument Nr. 185, S. 589-596.

Der Reichskanzler an den Reichsbankpräsidenten. 30. April 1929: Abgedruckt in: Akten der Reichskanzlei, Weimarer Republik. Das Kabinett Müller II, 28. Juni 1928 bis 27. März 1930. Band 1, Juni 1928 bis Juli 1929, Dokumente Nr. 1 bis 256, bearbeitet von M. Vogt, hrsg. von K. D. Erdmann und W. Mommsen, Boppard am Rhein, 1970, Dokument Nr. 188, S. 606-607.

Vermerk Staatssekretär Pünders über eine Unterredung mit dem Reichsbankpräsidenten. 1. Mai 1929: Abgedruckt in: Akten der Reichskanzlei, Weimarer Republik. Das Kabinett Müller II, 28. Juni 1928 bis 27. März 1930. Band 1, Juni 1928 bis Juli 1929, Dokumente Nr. 1 bis 256, bearbeitet von M. Vogt, hrsg. von K. D. Erdmann und W. Mommsen, Boppard am Rhein, 1970, Dokument Nr. 189, S. 607-610.

Besprechung über die Reparationslage. 1. Mai 1929, 17.30 Uhr: Abgedruckt in: Akten der Reichskanzlei, Weimarer Republik. Das Kabinett Müller II, 28. Juni 1928 bis 27. März 1930. Band 1, Juni 1928 bis Juli 1929, Dokumente Nr. 1 bis 256, bearbeitet von M. Vogt, hrsg. von K. D. Erdmann und W. Mommsen, Boppard am Rhein, 1970, Dokument Nr. 190, S. 610-619.

Fortsetzung der Aussprache über die Reparationslage. 1. Mai 1929, 20.30 Uhr: Abgedruckt in: Akten der Reichskanzlei, Weimarer Republik. Das Kabinett Müller II, 28. Juni 1928 bis 27. März 1930. Band 1, Juni 1928 bis Juli 1929, Dokumente Nr. 1 bis 256, bearbeitet von M. Vogt, hrsg. von K. D. Erdmann und W. Mommsen, Boppard am Rhein, 1970, Dokument Nr. 191, S. 619-623.

Ministerbesprechung vom 3. Mai 1929, 19.45 Uhr: Abgedruckt in: Akten der Reichskanzlei, Weimarer Republik. Das Kabinett Müller II, 28. Juni 1928 bis 27. März 1930. Band 1, Juni 1928 bis Juli 1929, Dokumente Nr. 1 bis 256, bearbeitet von M. Vogt, hrsg. von K. D. Erdmann und W. Mommsen, Boppard am Rhein, 1970, Dokument Nr. 194, S. 632-637.

Der Reichsbankpräsident an den Reichskanzler. Paris, 4. Mai 1929: Abgedruckt in: Akten der Reichskanzlei, Weimarer Republik. Das Kabinett Müller II, 28. Juni 1928 bis 27. März 1930. Band 1, Juni 1928 bis Juli 1929, Dokumente Nr. 1 bis 256, bearbeitet von M. Vogt, hrsg. von K. D. Erdmann und W. Mommsen, Boppard am Rhein, 1970, Dokument Nr. 195, S. 637-638.

Besprechung über den Stand der Reparationsverhandlungen in Paris. 24. Mai 1929, 19.30 Uhr: Abgedruckt in: Akten der Reichskanzlei, Weimarer Republik. Das Kabinett Müller II, 28. Juni 1928 bis 27. März 1930. Band 1, Juni 1928 bis Juli 1929, Dokumente Nr. 1 bis 256, bearbeitet von M. Vogt, hrsg. von K. D. Erdmann und W. Mommsen, Boppard am Rhein, 1970, Dokument Nr. 209, S. 683-685.

Besprechung über den Stand der Reparationsverhandlungen in Paris. 24. Mai 1929, 21 Uhr: Abgedruckt in: Akten der Reichskanzlei, Weimarer Republik. Das Kabinett Müller II, 28. Juni 1928 bis 27. März 1930. Band 1, Juni 1928 bis Juli 1929, Dokumente Nr. 1 bis 256, bearbeitet von M. Vogt, hrsg. von K. D. Erdmann und W. Mommsen, Boppard am Rhein, 1970, Dokument Nr. 210, S. 685-688.

Empfang der deutschen Sachverständigen durch den Reichskanzler. 14. Juni 1929, 15.30 Uhr: Abgedruckt in: Akten der Reichskanzlei, Weimarer Republik. Das Kabinett Müller II, 28. Juni 1928 bis 27. März 1930. Band 1, Juni 1928 bis Juli 1929, Dokumente Nr. 1 bis 256, bearbeitet von M. Vogt, hrsg. von K. D. Erdmann und W. Mommsen, Boppard am Rhein, 1970, Dokument Nr. 226, S. 737-741.

Besprechung der deutschen Delegation in Scheveningen. 29. August 1929, 9.30-11 Uhr: Abgedruckt in: Akten der Reichskanzlei, Weimarer Republik. Das Kabinett Müller II, 28. Juni 1928 bis 27. März 1930. Band 2, August 1929 bis März 1930, Dokumente Nr. 257 bis 489, bearbeitet von M. Vogt, hrsg. von K. D. Erdmann und W. Mommsen, Boppard am Rhein, 1970, Dokument Nr. 279, S. 896-899.

Reparations- und finanzpolitische Besprechung vom 4. Dezember 1929, 16.30 Uhr: Abgedruckt in: Akten der Reichskanzlei, Weimarer Republik. Das Kabinett Müller II, 28. Juni 1928 bis 27. März 1930. Band 2, August 1929 bis März 1930, Dokumente Nr. 257 bis 489, bearbeitet von M. Vogt, hrsg. von K. D. Erdmann und W. Mommsen, Boppard am Rhein, 1970, Dokument Nr. 367, S. 1210-1215.

Vermerk Staatssekretär Pünders über ein Gespräch mit dem Reichsbankpräsidenten betr. das Memorandum zum Young-Plan. 6. Dezember 1929: Abgedruckt in: Akten der Reichskanzlei, Weimarer Republik. Das Kabinett Müller II, 28. Juni 1928 bis 27. März 1930. Band 2, August 1929 bis März 1930, Dokumente Nr. 257 bis 489, bearbeitet von M. Vogt, hrsg. von K. D. Erdmann und W. Mommsen, Boppard am Rhein, 1970, Dokument Nr. 370, S. 1230.

Ministerbesprechung vom 6. Dezember 1929, 11 Uhr: Abgedruckt in: Akten der Reichskanzlei, Weimarer Republik. Das Kabinett Müller II, 28. Juni 1928 bis 27. März 1930. Band 2, August 1929 bis März 1930, Dokumente Nr. 257 bis 489, bearbeitet von M. Vogt, hrsg. von K. D. Erdmann und W. Mommsen, Boppard am Rhein, 1970, Dokument Nr. 371, S. 1231-1233.

Kabinettssitzung vom 12. Dezember 1929, 16 Uhr im Reichstag: Abgedruckt in: Akten der Reichskanzlei, Weimarer Republik. Das Kabinett Müller II, 28. Juni 1928 bis 27. März 1930. Band 2, August 1929 bis März 1930, Dokumente Nr. 257 bis 489, bearbeitet von M. Vogt, hrsg. von K. D. Erdmann und W. Mommsen, Boppard am Rhein, 1970, Dokument Nr. 378, S. 1248-1250.

Vertrauliche Aktennotiz des Staatssekretärs Pünder über die Wiederaufnahme der Verhandlungen mit dem Reichsbankpräsidenten. 13. Dezember 1929: Abgedruckt in: Akten der Reichskanzlei, Weimarer Republik. Das Kabinett Müller II, 28. Juni 1928 bis 27. März 1930. Band 2, August 1929 bis März 1930, Dokumente Nr. 257 bis 489, bearbeitet von M. Vogt, hrsg. von K. D. Erdmann und W. Mommsen, Boppard am Rhein, 1970, Dokument Nr. 379, S. 1251-1253.

Der Reichsminister der Finanzen an die Länderregierungen. 13. Dezember 1929: Abgedruckt in: Akten der Reichskanzlei, Weimarer Republik. Das Kabinett Müller II, 28. Juni 1928 bis 27. März 1930. Band 2, August 1929 bis März 1930, Dokumente Nr. 257 bis 489, bearbeitet von M. Vogt, hrsg. von K. D. Erdmann und W. Mommsen, Boppard am Rhein, 1970, Dokument Nr. 382, S. 1258-1259.

Aktennotiz Staatssekretär Meissners über eine Unterredung des Reichspräsidenten mit dem Reichsbankpräsidenten betr. die Finanzlage des Reichs. 16. Dezember 1929: Abgedruckt in: Akten der Reichskanzlei, Weimarer Republik. Das Kabinett Müller II, 28. Juni 1928 bis 27. März 1930. Band 2, August 1929 bis März 1930, Dokumente Nr. 257 bis 489, bearbeitet von M. Vogt, hrsg. von K. D. Erdmann und W. Mommsen, Boppard am Rhein, 1970, Dokument Nr. 387, S. 1266-1267.

Ministerbesprechung vom 16. Dezember 1929, 18.30 Uhr: Abgedruckt in: Akten der Reichskanzlei, Weimarer Republik. Das Kabinett Müller II, 28. Juni 1928 bis 27. März 1930. Band 2, August 1929 bis März 1930, Dokumente Nr. 257 bis 489, bearbeitet von M. Vogt, hrsg. von K. D. Erdmann und W. Mommsen, Boppard am Rhein, 1970, Dokument Nr. 389, S. 1270-1272.

Ministerbesprechung vom 19. Dezember 1929, 10 Uhr: Abgedruckt in: Akten der Reichskanzlei, Weimarer Republik. Das Kabinett Müller II, 28. Juni 1928 bis 27. März 1930. Band 2, August 1929 bis März 1930, Dokumente Nr. 257 bis 489, bearbeitet von M. Vogt, hrsg. von K. D. Erdmann und W. Mommsen, Boppard am Rhein, 1970, Dokument Nr. 392, S. 1283-1289.

Vermerk Staatssekretär Pünders über eine Unterredung des Reichskanzlers mit dem Reichsbankpräsidenten betr. die Finanzlage. 19. Dezember 1929: Abgedruckt in: Akten der Reichskanzlei, Weimarer Republik. Das Kabinett Müller II, 28. Juni 1928 bis 27. März 1930. Band 2, August 1929 bis März 1930, Dokumente Nr. 257 bis 489, bearbeitet von M. Vogt, hrsg. von K. D. Erdmann und W. Mommsen, Boppard am Rhein, 1970, Dokument Nr. 393, S. 1289-1290.

Parteiführerbesprechung im Reichstag am 19. Dezember 1929, Fortsetzung 17 Uhr: Abgedruckt in: Akten der Reichskanzlei, Weimarer Republik. Das Kabinett Müller II, 28. Juni 1928 bis 27. März 1930. Band 2, August 1929 bis März 1930, Dokumente Nr. 257 bis 489, bearbeitet von M. Vogt, hrsg. von K. D. Erdmann und W. Mommsen, Boppard am Rhein, 1970, Dokument Nr. 395, S. 1292-1294.

Der Reichsminister der Finanzen an den Reichskanzler. 20. Dezember 1929: Abgedruckt in: Akten der Reichskanzlei, Weimarer Republik. Das Kabinett Müller II, 28. Juni 1928 bis 27. März 1930. Band 2, August 1929 bis März 1930, Dokumente Nr. 257 bis 489, bearbeitet von M. Vogt, hrsg. von K. D. Erdmann und W. Mommsen, Boppard am Rhein, 1970, Dokument Nr. 397, S.1297.

Ministerbesprechung vom 21. Dezember 1929, 15 Uhr: Abgedruckt in: Akten der Reichskanzlei, Weimarer Republik. Das Kabinett Müller II, 28. Juni 1928 bis 27. März 1930. Band 2, August 1929 bis März 1930, Dokumente Nr. 257 bis 489, bearbeitet von M. Vogt, hrsg. von K. D. Erdmann und W. Mommsen, Boppard am Rhein, 1970, Dokument Nr. 398, S. 1297-1302.

Ministerbesprechung vom 27. Dezember 1929, 16 Uhr: Abgedruckt in: Akten der Reichskanzlei, Weimarer Republik. Das Kabinett Müller II, 28. Juni 1928 bis 27. März 1930. Band 2, August 1929 bis März 1930, Dokumente Nr. 257 bis 489, bearbeitet von M. Vogt, hrsg. von K. D. Erdmann und W. Mommsen, Boppard am Rhein, 1970, Dokument Nr. 401, S. 1316-1324.

Chefbesprechung vom 28. Dezember 1929, 10 Uhr: Abgedruckt in: Akten der Reichskanzlei, Weimarer Republik. Das Kabinett Müller II, 28. Juni 1928 bis 27. März 1930. Band 2, August 1929 bis März 1930, Dokumente Nr. 257 bis 489, bearbeitet von M. Vogt, hrsg. von K. D. Erdmann und W. Mommsen, Boppard am Rhein, 1970, Dokument Nr. 404, S. 1327-1328.

Der Reichsausschuß für das Deutsche Volksbegehren an den Reichskanzler. 7. Januar 1930: Abgedruckt in: Akten der Reichskanzlei, Weimarer Republik. Das Kabinett Müller II, 28. Juni 1928 bis 27. März 1930. Band 2, August 1929 bis März 1930, Dokumente Nr. 257 bis 489, bearbeitet von M. Vogt, hrsg. von K. D. Erdmann und W. Mommsen, Boppard am Rhein, 1970, Dokument Nr. 407, S. 1338-1340.

Staatssekretär Pünder an den Reichskanzler. Den Haag, 9. Januar 1930: Abgedruckt in: Akten der Reichskanzlei, Weimarer Republik. Das Kabinett Müller II, 28. Juni 1928 bis 27. März 1930. Band 2, August 1929 bis März 1930, Dokumente Nr. 257 bis 489, bearbeitet von M. Vogt, hrsg. von K. D. Erdmann und W. Mommsen, Boppard am Rhein, 1970, Dokument Nr. 411, S. 1346-1350.

Ministerialdirektor v. Hagenow an Staatssekretär Pünder. 10. Januar 1930: Abgedruckt in: Akten der Reichskanzlei, Weimarer Republik. Das Kabinett Müller II, 28. Juni 1928 bis 27. März 1930. Band 2, August 1929 bis März 1930, Dokumente Nr. 257 bis 489, bearbeitet von M. Vogt, hrsg. von K. D. Erdmann und W. Mommsen, Boppard am Rhein, 1970, Dokument Nr. 414, S. 1353-1355.

Aufzeichnung Staatssekretär Pünders über die Delegationsbesprechung in Den Haag am 14. Januar 1930 betr. deutsche Beteiligung an der BIZ: Abgedruckt in: Akten der Reichskanzlei, Weimarer Republik. Das Kabinett Müller II, 28. Juni 1928 bis 27. März 1930. Band 2, August 1929 bis März 1930, Dokumente Nr. 257 bis 489, bearbeitet von M. Vogt, hrsg. von K. D. Erdmann und W. Mommsen, Boppard am Rhein, 1970, Dokument Nr. 416, S. 1358-1360.

Kabinettssitzung vom 14. Januar 1930: Abgedruckt in: Akten der Reichskanzlei, Weimarer Republik. Das Kabinett Müller II, 28. Juni 1928 bis 27. März 1930. Band 2, August 1929 bis März 1930, Dokumente Nr. 257 bis 489, bearbeitet von M. Vogt, hrsg. von K. D. Erdmann und W. Mommsen, Boppard am Rhein, 1970, Dokument Nr. 417, S. 1361-1375.

Aufzeichnung Staatssekretär Pünders über die internationale Beurteilung des Reichsbankpräsidenten. Den Haag, 16. Januar 1930: Abgedruckt in: Akten der Reichskanzlei, Weimarer Republik. Das Kabinett Müller II, 28. Juni 1928 bis 27. März 1930. Band 2, August 1929 bis März 1930, Dokumente Nr. 257 bis 489, bearbeitet von M. Vogt, hrsg. von K. D. Erdmann und W. Mommsen, Boppard am Rhein, 1970, Dokument Nr. 418, S. 1375-1377.

Ministerbesprechung vom 22. Januar 1930, 11 Uhr: Abgedruckt in: Akten der Reichskanzlei, Weimarer Republik. Das Kabinett Müller II, 28. Juni 1928 bis 27. März 1930. Band 2, August 1929 bis März 1930, Dokumente Nr. 257 bis 489, bearbeitet von M. Vogt, hrsg. von K. D. Erdmann und W. Mommsen, Boppard am Rhein, 1970, Dokument Nr. 420, S. 1380-1382.

Ministerbesprechung vom 22. Januar 1930, 16.30 Uhr: Abgedruckt in: Akten der Reichskanzlei, Weimarer Republik. Das Kabinett Müller II, 28. Juni 1928 bis 27. März 1930. Band 2, August 1929 bis März 1930, Dokumente Nr. 257 bis 489, bearbeitet von M. Vogt, hrsg. von K. D. Erdmann und W. Mommsen, Boppard am Rhein, 1970, Dokument Nr. 421, S. 1382-1383.

Fraktionsführerbesprechung vom 27. Januar 1930, 17 Uhr im Reichstag: Abgedruckt in: Akten der Reichskanzlei, Weimarer Republik. Das Kabinett Müller II, 28. Juni 1928 bis 27. März 1930. Band 2, August 1929 bis März 1930, Dokumente Nr. 257 bis 489, bearbeitet von M. Vogt, hrsg. von K. D. Erdmann und W. Mommsen, Boppard am Rhein, 1970, Dokument Nr. 425, S. 1391-1398.

Vermerk Staatssekretär Pünders über ein Telefongespräch mit dem Reichsbankpräsidenten am 30. Januar 1930 betr. Verhalten der SPD und der DDP: Abgedruckt in: Akten der Reichskanzlei, Weimarer Republik. Das Kabinett Müller II, 28. Juni 1928 bis 27. März 1930. Band 2, August 1929 bis März 1930, Dokumente Nr. 257 bis 489, bearbeitet von M. Vogt, hrsg. von K. D. Erdmann und W. Mommsen, Boppard am Rhein, 1970, Dokument Nr. 427, S. 1406-1407.

Ministerbesprechung vom 3. Februar 1930, 10 Uhr: Abgedruckt in: Akten der Reichskanzlei, Weimarer Republik. Das Kabinett Müller II, 28. Juni 1928 bis 27. März 1930. Band 2, August 1929 bis März 1930, Dokumente Nr. 257 bis 489, bearbeitet von M. Vogt, hrsg. von K. D. Erdmann und W. Mommsen, Boppard am Rhein, 1970, Dokument Nr. 429, S. 1411-1416.

Aufzeichnung des Reichskanzlers über eine Unterredung mit dem Reichsbankpräsidenten betr. dessen Status am 3. Februar 1930: Abgedruckt in: Akten der Reichskanzlei, Weimarer Republik. Das Kabinett Müller II, 28. Juni 1928 bis 27. März 1930. Band 2, August 1929 bis März 1930, Dokumente Nr. 257 bis 489, bearbeitet von M. Vogt, hrsg. von K. D. Erdmann und W. Mommsen, Boppard am Rhein, 1970, Dokument Nr. 431, S. 1420-1422.

Ministerbesprechung vom 7. März 1930, 20 Uhr im Reichstag: Abgedruckt in: Akten der Reichskanzlei, Weimarer Republik. Das Kabinett Müller II, 28. Juni 1928 bis 27. März 1930. Band 2, August 1929 bis März 1930, Dokumente Nr. 257 bis 489, bearbeitet von M. Vogt, hrsg. von K. D. Erdmann und W. Mommsen, Boppard am Rhein, 1970, Dokument Nr. 468, S. 1550-1554.

Ministerbesprechung vom 27. März 1930, 17 und 19 Uhr im Reichstag: Abgedruckt in: Akten der Reichskanzlei, Weimarer Republik. Das Kabinett Müller II, 28. Juni 1928 bis 27. März 1930. Band 2, August 1929 bis März 1930, Dokumente Nr. 257 bis 489, bearbeitet von M. Vogt, hrsg. von K. D. Erdmann und W. Mommsen, Boppard am Rhein, 1970, Dokument Nr. 489, S. 1608-1610.

Ministerbesprechung vom 22. Mai 1930, 16.30 Uhr: Abgedruckt in: Akten der Reichskanzlei, Weimarer Republik. Die Kabinette Brüning I und II, 30. März 1930 bis 10. Oktober 1931 und 10. Oktober 1931 bis 1. Juni 1932. Band 1, 30. März 1930 bis 28. Februar 1931, Dokumente Nr. 1 bis 252, bearbeitet von T. Koops, hrsg. von K. D. Erdmann und H. Booms, Boppard am Rhein, 1982, Dokument Nr. 39, S. 151-158.

Kabinettssitzung vom 9. Juli 1930 im Reichstagsgebäude: Abgedruckt in: Akten der Reichskanzlei, Weimarer Republik. Die Kabinette Brüning I und II, 30. März 1930 bis 10. Oktober 1931 und 10. Oktober 1931 bis 1. Juni 1932. Band 1, 30. März 1930 bis 28. Februar 1931, Dokumente Nr. 1 bis 252, bearbeitet von T. Koops, hrsg. von K. D. Erdmann und H. Booms, Boppard am Rhein, 1982, Dokument Nr. 70, S. 286-289.

Sitzung des Kabinettsausschusses für Arbeits- und Preisfragen. 17. November 1930, 16 Uhr: Abgedruckt in: Akten der Reichskanzlei, Weimarer Republik. Die Kabinette Brüning I und II, 30. März 1930 bis 10. Oktober 1931 und 10. Oktober 1931 bis 1. Juni 1932. Band 1, 30. März 1930 bis 28. Februar 1931, Dokumente Nr. 1 bis 252, bearbeitet von T. Koops, hrsg. von K. D. Erdmann und H. Booms, Boppard am Rhein, 1982, Dokument Nr. 169, S. 628-633.

Besprechung vom 7. Mai 1931, 20.30 Uhr: Abgedruckt in: Akten der Reichskanzlei, Weimarer Republik. Die Kabinette Brüning I und II, 30. März 1930 bis 10. Oktober 1931 und 10. Oktober 1931 bis 1. Juni 1932. Band 2, 1. März 1931 bis 10. Oktober 1931, Dokumente Nr. 253 bis 514, bearbeitet von T. Koops, hrsg. von K. D. Erdmann und H. Booms, Boppard am Rhein, 1982, Dokument Nr. 291, S. 1053-1059.

Chefbesprechung vom 23. Mai 1931, 9 Uhr: Abgedruckt in: Akten der Reichskanzlei, Weimarer Republik. Die Kabinette Brüning I und II, 30. März 1930 bis 10. Oktober 1931 und 10. Oktober 1931 bis 1. Juni 1932. Band 2, 1. März 1931 bis 10. Oktober 1931, Dokumente Nr. 253 bis 514, bearbeitet von T. Koops, hrsg. von K. D. Erdmann und H. Booms, Boppard am Rhein, 1982, Dokument Nr. 303, S. 1099-1101.

Chefbesprechung vom 26. Mai 1931, 16.30 Uhr: Abgedruckt in: Akten der Reichskanzlei, Weimarer Republik. Die Kabinette Brüning I und II, 30. März 1930 bis 10. Oktober 1931 und 10. Oktober 1931 bis 1. Juni 1932. Band 2, 1. März 1931 bis 10. Oktober 1931, Dokumente Nr. 253 bis 514, bearbeitet von T. Koops, hrsg. von K. D. Erdmann und H. Booms, Boppard am Rhein, 1982, Dokument Nr. 304, S. 1101-1103.

Ministerbesprechung vom 1. Juni 1931, 12 Uhr: Abgedruckt in: Akten der Reichskanzlei, Weimarer Republik. Die Kabinette Brüning I und II, 30. März 1930 bis 10. Oktober 1931 und 10. Oktober 1931 bis 1. Juni 1932. Band 2, 1. März 1931 bis 10. Oktober 1931, Dokumente Nr. 253 bis 514, bearbeitet von T. Koops, hrsg. von K. D. Erdmann und H. Booms, Boppard am Rhein, 1982, Dokument Nr. 318, S. 1154-1156.

Ministerbesprechung vom 3. Juni 1931, 21.30 Uhr: Abgedruckt in: Akten der Reichskanzlei, Weimarer Republik. Die Kabinette Brüning I und II, 30. März 1930 bis 10. Oktober 1931 und 10. Oktober 1931 bis 1. Juni 1932. Band 2, 1. März 1931 bis 10. Oktober 1931, Dokumente Nr. 253 bis 514, bearbeitet von T. Koops, hrsg. von K. D. Erdmann und H. Booms, Boppard am Rhein, 1982, Dokument Nr. 324, S. 1178-1181.

Ministerbesprechung vom 6. Juni 1931, 9.15 Uhr: Abgedruckt in: Akten der Reichskanzlei, Weimarer Republik. Die Kabinette Brüning I und II, 30. März 1930 bis 10. Oktober 1931 und 10. Oktober 1931 bis 1. Juni 1932. Band 2, 1. März 1931 bis 10. Oktober 1931, Dokumente Nr. 253 bis 514, bearbeitet von T. Koops, hrsg. von K. D. Erdmann und H. Booms, Boppard am Rhein, 1982, Dokument Nr. 327, S. 1183.

Ministerbesprechung vom 15. Juni 1931, 11 Uhr: Abgedruckt in: Akten der Reichskanzlei, Weimarer Republik. Die Kabinette Brüning I und II, 30. März 1930 bis 10. Oktober 1931 und 10. Oktober 1931 bis 1. Juni 1932. Band 2, 1. März 1931 bis 10. Oktober 1931, Dokumente Nr. 253 bis 514, bearbeitet von T. Koops, hrsg. von K. D. Erdmann und H. Booms, Boppard am Rhein, 1982, Dokument Nr. 330, S. 1191-1194.

Besprechung mit Parteiführern vom 15. Juni 1931, 16 Uhr: Abgedruckt in: Akten der Reichskanzlei, Weimarer Republik. Die Kabinette Brüning I und II, 30. März 1930 bis 10. Oktober 1931 und 10. Oktober 1931 bis 1. Juni 1932. Band 2, 1. März 1931 bis 10. Oktober 1931, Dokumente Nr. 253 bis 514, bearbeitet von T. Koops, hrsg. von K. D. Erdmann und H. Booms, Boppard am Rhein, 1982, Dokument Nr. 332, S. 1198-1207.

Aufzeichnung des Ministerialdirektors v. Hagenow über eine Unterredung des Reichskanzlers mit den DNVP-Abgeordneten Hugenberg und Oberfohren am 15. Juni 1931, 19.30 Uhr: Abgedruckt in: Akten der Reichskanzlei, Weimarer Republik. Die Kabinette Brüning I und II, 30. März 1930 bis 10. Oktober 1931 und 10. Oktober 1931 bis 1. Juni 1932. Band 2, 1. März 1931 bis 10. Oktober 1931, Dokumente Nr. 253 bis 514, bearbeitet von T. Koops, hrsg. von K. D. Erdmann und H. Booms, Boppard am Rhein, 1982, Dokument Nr. 333, S. 1207-1211.

Ministerbesprechung vom 16. Juni 1931, 9 Uhr: Abgedruckt in: Akten der Reichskanzlei, Weimarer Republik. Die Kabinette Brüning I und II, 30. März 1930 bis 10. Oktober 1931 und 10. Oktober 1931 bis 1. Juni 1932. Band 2, 1. März 1931 bis 10. Oktober 1931, Dokumente Nr. 253 bis 514, bearbeitet von T. Koops, hrsg. von K. D. Erdmann und H. Booms, Boppard am Rhein, 1982, Dokument Nr. 334, S. 1212-1214.

Ministerbesprechung vom 23. Juni 1931, 11 Uhr: Abgedruckt in: Akten der Reichskanzlei, Weimarer Republik. Die Kabinette Brüning I und II, 30. März 1930 bis 10. Oktober 1931 und 10. Oktober 1931 bis 1. Juni 1932. Band 2, 1. März 1931 bis 10. Oktober 1931, Dokumente Nr. 253 bis 514, bearbeitet von T. Koops, hrsg. von K. D. Erdmann und H. Booms, Boppard am Rhein, 1982, Dokument Nr. 341, S. 1232-1235.

Das Reichsbankdirektorium an den Reichskanzler. 4. Juli 1931: Abgedruckt in: Akten der Reichskanzlei, Weimarer Republik. Die Kabinette Brüning I und II, 30. März 1930 bis 10. Oktober 1931 und 10. Oktober 1931 bis 1. Juni 1932. Band 2, 1. März 1931 bis 10. Oktober 1931, Dokumente Nr. 253 bis 514, bearbeitet von T. Koops, hrsg. von K. D. Erdmann und H. Booms, Boppard am Rhein, 1982, Dokument Nr. 361, S. 1288-1289.

Chefbesprechung vom 11. Juli 1931, 18 Uhr: Abgedruckt in: Akten der Reichskanzlei, Weimarer Republik. Die Kabinette Brüning I und II, 30. März 1930 bis 10. Oktober 1931 und 10. Oktober 1931 bis 1. Juni 1932. Band 2, 1. März 1931 bis 10. Oktober 1931, Dokumente Nr. 253 bis 514, bearbeitet von T. Koops, hrsg. von K. D. Erdmann und H. Booms, Boppard am Rhein, 1982, Dokument Nr. 376, S. 1324-1334.

Chefbesprechung vom 12. Juli 1931, 11.50 Uhr: Abgedruckt in: Akten der Reichskanzlei, Weimarer Republik. Die Kabinette Brüning I und II, 30. März 1930 bis 10. Oktober 1931 und 10. Oktober 1931 bis 1. Juni 1932. Band 2, 1. März 1931 bis 10. Oktober 1931, Dokumente Nr. 253 bis 514, bearbeitet von T. Koops, hrsg. von K. D. Erdmann und H. Booms, Boppard am Rhein, 1982, Dokument Nr. 377, S. 1334-1337.

Ministerbesprechung vom 12. Juli 1931, 16.30 Uhr: Abgedruckt in: Akten der Reichskanzlei, Weimarer Republik. Die Kabinette Brüning I und II, 30. März 1930 bis 10. Oktober 1931 und 10. Oktober 1931 bis 1. Juni 1932. Band 2, 1. März 1931 bis 10. Oktober 1931, Dokumente Nr. 253 bis 514, bearbeitet von T. Koops, hrsg. von K. D. Erdmann und H. Booms, Boppard am Rhein, 1982, Dokument Nr. 379, S. 1338-1344.

Chefbesprechung vom 13. Juli 1931, 19 Uhr: Abgedruckt in: Akten der Reichskanzlei, Weimarer Republik. Die Kabinette Brüning I und II, 30. März 1930 bis 10. Oktober 1931 und 10. Oktober 1931 bis 1. Juni 1932. Band 2, 1. März 1931 bis 10. Oktober 1931, Dokumente Nr. 253 bis 514, bearbeitet von T. Koops, hrsg. von K. D. Erdmann und H. Booms, Boppard am Rhein, 1982, Dokument Nr. 381, S. 1348-1350.

Ministerbesprechung vom 13. Juli 1931, 22 Uhr: Abgedruckt in: Akten der Reichskanzlei, Weimarer Republik. Die Kabinette Brüning I und II, 30. März 1930 bis 10. Oktober 1931 und 10. Oktober 1931 bis 1. Juni 1932. Band 2, 1. März 1931 bis 10. Oktober 1931, Dokumente Nr. 253 bis 514, bearbeitet von T. Koops, hrsg. von K. D. Erdmann und H. Booms, Boppard am Rhein, 1982, Dokument Nr. 382, S. 1350-1352.

Kabinettssitzung vom 13. Juli 1931, 22.30 Uhr: Abgedruckt in: Akten der Reichskanzlei, Weimarer Republik. Die Kabinette Brüning I und II, 30. März 1930 bis 10. Oktober 1931 und 10. Oktober 1931 bis 1. Juni 1932. Band 2, 1. März 1931 bis 10. Oktober 1931, Dokumente Nr. 253 bis 514, bearbeitet von T. Koops, hrsg. von K. D. Erdmann und H. Booms, Boppard am Rhein, 1982, Dokument Nr. 383, S. 1352-1353.

Ministerbesprechung vom 14. Juli 1931, 22 Uhr: Abgedruckt in: Akten der Reichskanzlei, Weimarer Republik. Die Kabinette Brüning I und II, 30. März 1930 bis 10. Oktober 1931 und 10. Oktober 1931 bis 1. Juni 1932. Band 2, 1. März 1931 bis 10. Oktober 1931, Dokumente Nr. 253 bis 514, bearbeitet von T. Koops, hrsg. von K. D. Erdmann und H. Booms, Boppard am Rhein, 1982, Dokument Nr. 386, S. 1359-1360.

Ministerbesprechung vom 17. Juli 1931, 18 Uhr: Abgedruckt in: Akten der Reichskanzlei, Weimarer Republik. Die Kabinette Brüning I und II, 30. März 1930 bis 10. Oktober 1931 und 10. Oktober 1931 bis 1. Juni 1932. Band 2, 1. März 1931 bis 10. Oktober 1931, Dokumente Nr. 253 bis 514, bearbeitet von T. Koops, hrsg. von K. D. Erdmann und H. Booms, Boppard am Rhein, 1982, Dokument Nr. 392, S. 1375-1378.

Sitzung des Wirtschaftsausschusses der Reichsregierung vom 27. Juli 1931: Abgedruckt in: Akten der Reichskanzlei, Weimarer Republik. Die Kabinette Brüning I und II, 30. März 1930 bis 10. Oktober 1931 und 10. Oktober 1931 bis 1. Juni 1932. Band 2, 1. März 1931 bis 10. Oktober 1931, Dokumente Nr. 253 bis 514, bearbeitet von T. Koops, hrsg. von K. D. Erdmann und H. Booms, Boppard am Rhein, 1982, Dokument Nr. 409, S. 1426-1430.

Sitzung des Wirtschaftsausschusses des Reichskabinetts vom 28. Juli 1931: Abgedruckt in: Akten der Reichskanzlei, Weimarer Republik. Die Kabinette Brüning I und II, 30. März 1930 bis 10. Oktober 1931 und 10. Oktober 1931 bis 1. Juni 1932. Band 2, 1. März 1931 bis 10. Oktober 1931, Dokumente Nr. 253 bis 514, bearbeitet von T. Koops, hrsg. von K. D. Erdmann und H. Booms, Boppard am Rhein, 1982, Dokument Nr. 413, S. 1438-1443.

Ministerbesprechung vom 31. Juli 1931, 17 Uhr: Abgedruckt in: Akten der Reichskanzlei, Weimarer Republik. Die Kabinette Brüning I und II, 30. März 1930 bis 10. Oktober 1931 und 10. Oktober 1931 bis 1. Juni 1932. Band 2, 1. März 1931 bis 10. Oktober 1931, Dokumente Nr. 253 bis 514, bearbeitet von T. Koops, hrsg. von K. D. Erdmann und H. Booms, Boppard am Rhein, 1982, Dokument Nr. 423, S. 1478-1482.

Besprechung vom 18. August 1931, 13 Uhr: Abgedruckt in: Akten der Reichskanzlei, Weimarer Republik. Die Kabinette Brüning I und II, 30. März 1930 bis 10. Oktober 1931 und 10. Oktober 1931 bis 1. Juni 1932. Band 2, 1. März 1931 bis 10. Oktober 1931, Dokumente Nr. 253 bis 514, bearbeitet von T. Koops, hrsg. von K. D. Erdmann und H. Booms, Boppard am Rhein, 1982, Dokument Nr. 448, S. 1581-1582.

Sitzung des Wirtschaftsausschusses der Reichsregierung vom 18. August 1931, 15 Uhr: Abgedruckt in: Akten der Reichskanzlei, Weimarer Republik. Die Kabinette Brüning I und II, 30. März 1930 bis 10. Oktober 1931 und 10. Oktober 1931 bis 1. Juni 1932. Band 2, 1. März 1931 bis 10. Oktober 1931, Dokumente Nr. 253 bis 514, bearbeitet von T. Koops, hrsg. von K. D. Erdmann und H. Booms, Boppard am Rhein, 1982, Dokument Nr. 449, S. 1582-1589.

Ministerbesprechung vom 24. September 1931, 18 Uhr: Abgedruckt in: Akten der Reichskanzlei, Weimarer Republik. Die Kabinette Brüning I und II, 30. März 1930 bis 10. Oktober 1931 und 10. Oktober 1931 bis 1. Juni 1932. Band 2, 1. März 1931 bis 10. Oktober 1931, Dokumente Nr. 253 bis 514, bearbeitet von T. Koops, hrsg. von K. D. Erdmann und H. Booms, Boppard am Rhein, 1982, Dokument Nr. 485, S. 1733-1737.

Ministerbesprechung vom 2. Oktober 1931, 11.30 Uhr: Abgedruckt in: Akten der Reichskanzlei, Weimarer Republik. Die Kabinette Brüning I und II, 30. März 1930 bis 10. Oktober 1931 und 10. Oktober 1931 bis 1. Juni 1932. Band 2, 1. März 1931 bis 10. Oktober 1931, Dokumente Nr. 253 bis 514, bearbeitet von T. Koops, hrsg. von K. D. Erdmann und H. Booms, Boppard am Rhein, 1982, Dokument Nr. 502, S. 1781-1786.

Ministerbesprechung vom 26. November 1931, 17.00 Uhr: Abgedruckt in: Akten der Reichskanzlei, Weimarer Republik. Die Kabinette Brüning I und II, 30. März 1930 bis 10. Oktober 1931 und 10. Oktober 1931 bis 1. Juni 1932. Band 3, 10. Oktober 1931 bis 30. Mai 1932, Dokumente Nr. 515 bis 774, bearbeitet von T. Koops, hrsg. von K. D. Erdmann und H. Booms, Boppard am Rhein, 1990, Dokument Nr. 571, S. 2013-2015.

Ministerbesprechung vom 4. Dezember 1931, 11 Uhr: Abgedruckt in: Akten der Reichskanzlei, Weimarer Republik. Die Kabinette Brüning I und II, 30. März 1930 bis 10. Oktober 1931 und 10. Oktober 1931 bis 1. Juni 1932. Band 3, 10. Oktober 1931 bis 30. Mai 1932, Dokumente Nr. 515 bis 774, bearbeitet von T. Koops, hrsg. von K. D. Erdmann und H. Booms, Boppard am Rhein, 1990, Dokument Nr. 585,S. 2051-2053.

Ministerbesprechung vom 5. Dezember 1931, [17 Uhr]: Abgedruckt in: Akten der Reichskanzlei, Weimarer Republik. Die Kabinette Brüning I und II, 30. März 1930 bis 10. Oktober 1931 und 10. Oktober 1931 bis 1. Juni 1932. Band 3, 10. Oktober 1931 bis 30. Mai 1932, Dokumente Nr. 515 bis 774, bearbeitet von T. Koops, hrsg. von K. D. Erdmann und H. Booms, Boppard am Rhein, 1990, Dokument Nr. 589, S. 2061-1068.

Ministerbesprechung vom 7. Dezember 1931, 10 Uhr: Abgedruckt in: Akten der Reichskanzlei, Weimarer Republik. Die Kabinette Brüning I und II, 30. März 1930 bis 10. Oktober 1931 und 10. Oktober 1931 bis 1. Juni 1932. Band 3, 10. Oktober 1931 bis 30. Mai 1932, Dokumente Nr. 515 bis 774, bearbeitet von T. Koops, hrsg. von K. D. Erdmann und H. Booms, Boppard am Rhein, 1990, Dokument Nr. 592, S. 2074-2076.

Vermerk des Ministerialrats Feßler über eine Besprechung zum Wagemann-Plan am 28. Januar 1932, vormittags: Abgedruckt in: Akten der Reichskanzlei, Weimarer Republik. Die Kabinette Brüning I und II, 30. März 1930 bis 10. Oktober 1931 und 10. Oktober 1931 bis 1. Juni 1932. Band 3, 10. Oktober 1931 bis 30. Mai 1932, Dokumente Nr. 515 bis 774, bearbeitet von T. Koops, hrsg. von K. D. Erdmann und H. Booms, Boppard am Rhein, 1990, Dokument Nr. 651, S. 2241-2242.

Vermerk des Ministerialrats Feßler über eine Chefbesprechung wegen des Wagemann-Plans am 29. Januar 1932, [16.45]: Abgedruckt in: Akten der Reichskanzlei, Weimarer Republik. Die Kabinette Brüning I und II, 30. März 1930 bis 10. Oktober 1931 und 10. Oktober 1931 bis 1. Juni 1932. Band 3, 10. Oktober 1931 bis 30. Mai 1932, Dokumente Nr. 515 bis 774, bearbeitet von T. Koops, hrsg. von K. D. Erdmann und H. Booms, Boppard am Rhein, 1990, Dokument Nr. 653, S. 2246-2248.

Aufzeichnung des Reichswirtschaftsministeriums zur Arbeitsbeschaffung, 5. Februar 1932: Abgedruckt in: Akten der Reichskanzlei, Weimarer Republik. Die Kabinette Brüning I und II, 30. März 1930 bis 10. Oktober 1931 und 10. Oktober 1931 bis 1. Juni 1932. Band 3, 10. Oktober 1931 bis 30. Mai 1932, Dokumente Nr. 515 bis 774, bearbeitet von T. Koops, hrsg. von K. D. Erdmann und H. Booms, Boppard am Rhein, 1990, Dokument Nr. 664, S. 2276-2278.

Besprechung im Reichswirtschaftsministerium über Arbeitsbeschaffung, 12. Februar 1932, [11 Uhr]: Abgedruckt in: Akten der Reichskanzlei, Weimarer Republik. Die Kabinette Brüning I und II, 30. März 1930 bis 10. Oktober 1931 und 10. Oktober 1931 bis 1. Juni 1932. Band 3, 10. Oktober 1931 bis 30. Mai 1932, Dokumente Nr. 515 bis 774, bearbeitet von T. Koops, hrsg. von K. D. Erdmann und H. Booms, Boppard am Rhein, 1990, Dokument Nr. 670, S. 2288-2290.

Chefbesprechung vom 20. Februar 1932, 10.30 Uhr: Abgedruckt in: Akten der Reichskanzlei, Weimarer Republik. Die Kabinette Brüning I und II, 30. März 1930 bis 10. Oktober 1931 und 10. Oktober 1931 bis 1. Juni 1932. Band 3, 10. Oktober 1931 bis 30. Mai 1932, Dokumente Nr. 515 bis 774, bearbeitet von T. Koops, hrsg. von K. D. Erdmann und H. Booms, Boppard am Rhein, 1990, Dokument Nr. 682, S. 2318-2322.

Kabinettssitzung vom 13. Mai 1932, 17.30 Uhr: Abgedruckt in: Akten der Reichskanzlei, Weimarer Republik. Die Kabinette Brüning I und II, 30. März 1930 bis 10. Oktober 1931 und 10. Oktober 1931 bis 1. Juni 1932. Band 3, 10. Oktober 1931 bis 30. Mai 1932, Dokumente Nr. 515 bis 774, bearbeitet von T. Koops, hrsg. von K. D. Erdmann und H. Booms, Boppard am Rhein, 1990, Dokument Nr. 747, S. 2516-2518.

Ministerbesprechung vom 19. Mai 1932, 16.30 Uhr: Abgedruckt in: Akten der Reichskanzlei, Weimarer Republik. Die Kabinette Brüning I und II, 30. März 1930 bis 10. Oktober 1931 und 10. Oktober 1931 bis 1. Juni 1932. Band 3, 10. Oktober 1931 bis 30. Mai 1932, Dokumente Nr. 515 bis 774, bearbeitet von T. Koops, hrsg. von K. D. Erdmann und H. Booms, Boppard am Rhein, 1990, Dokument Nr. 757, S. 2539-2542.

Ministerbesprechung vom 20. Mai 1932, 21 Uhr: Abgedruckt in: Akten der Reichskanzlei, Weimarer Republik. Die Kabinette Brüning I und II, 30. März 1930 bis 10. Oktober 1931 und 10. Oktober 1931 bis 1. Juni 1932. Band 3, 10. Oktober 1931 bis 30. Mai 1932, Dokumente Nr. 515 bis 774, bearbeitet von T. Koops, hrsg. von K. D. Erdmann und H. Booms, Boppard am Rhein, 1990, Dokument Nr. 759, S. 2544-2550.

Vermerk des Staatssekretärs Pünder über eine Unterredung mit v. Papen zur Frage der Belastung Luthers im Amt des Reichsbankpräsidenten. 1. Juni 1932: Abgedruckt in: Akten der Reichskanzlei, Weimarer Republik. Das Kabinett von Papen, 1. Juni bis 3. Dezember 1932. Band 1, Juni bis September 1932, Dokumente Nr. 1 bis 129, bearbeitet von K.-H. Minuth, hrsg. von K. D. Erdmann und H. Booms, Boppard am Rhein, 1989, Dokument Nr. 1, S. 1-2.

Ministerbesprechung vom 12. Juli 1932, 17 Uhr: Abgedruckt in: Akten der Reichskanzlei, Weimarer Republik. Das Kabinett von Papen, 1. Juni bis 3. Dezember 1932. Band 1, Juni bis September 1932, Dokumente Nr. 1 bis 129, bearbeitet von K.-H. Minuth, hrsg. von K. D. Erdmann und H. Booms, Boppard am Rhein, 1989, Dokument Nr. 59, S. 209-213.

Ministerbesprechung vom 28. Juli 1932, 11.30 Uhr: Abgedruckt in: Akten der Reichskanzlei, Weimarer Republik. Das Kabinett von Papen, 1. Juni bis 3. Dezember 1932. Band 1, Juni bis September 1932, Dokumente Nr. 1 bis 129, bearbeitet von K.-H. Minuth, hrsg. von K. D. Erdmann und H. Booms, Boppard am Rhein, 1989, Dokument Nr. 89, S. 328-335.

Ministerbesprechung vom 15. August 1932, 16.30 Uhr: Abgedruckt in: Akten der Reichskanzlei, Weimarer Republik. Das Kabinett von Papen, 1. Juni bis 3. Dezember 1932. Band 1, Juni bis September 1932, Dokumente Nr. 1 bis 129, bearbeitet von K.-H. Minuth, hrsg. von K. D. Erdmann und H. Booms, Boppard am Rhein, 1989, Dokument Nr. 104, S. 398-407.

Ministerbesprechung vom 26. August 1932, 11.30 Uhr: Abgedruckt in: Akten der Reichskanzlei, Weimarer Republik. Das Kabinett von Papen, 1. Juni bis 3. Dezember 1932. Band 1, Juni bis September 1932, Dokumente Nr. 1 bis 129, bearbeitet von K.-H. Minuth, hrsg. von K. D. Erdmann und H. Booms, Boppard am Rhein, 1989, Dokument Nr. 112, S. 445-447.

Ministerbesprechung vom 26. August 1932, 16.30 Uhr: Abgedruckt in: Akten der Reichskanzlei, Weimarer Republik. Das Kabinett von Papen, 1. Juni bis 3. Dezember 1932. Band 1, Juni bis September 1932, Dokumente Nr. 1 bis 129, bearbeitet von K.-H. Minuth, hrsg. von K. D. Erdmann und H. Booms, Boppard am Rhein, 1989, Dokument Nr. 113, S. 448-450.

Ministerbesprechung vom 27. August 1932, 16 Uhr: Abgedruckt in: Akten der Reichskanzlei, Weimarer Republik. Das Kabinett von Papen, 1. Juni bis 3. Dezember 1932. Band 1, Juni bis September 1932, Dokumente Nr. 1 bis 129, bearbeitet von K.-H. Minuth, hrsg. von K. D. Erdmann und H. Booms, Boppard am Rhein, 1989, Dokument Nr. 117, S. 457-463.

Ministerbesprechung vom 31. August 1932, 16.30 Uhr: Abgedruckt in: Akten der Reichskanzlei, Weimarer Republik. Das Kabinett von Papen, 1. Juni bis 3. Dezember 1932. Band 1, Juni bis September 1932, Dokumente Nr. 1 bis 129, bearbeitet von K.-H. Minuth, hrsg. von K. D. Erdmann und H. Booms, Boppard am Rhein, 1989, Dokument Nr. 121, S. 480-490.

Ministerbesprechung vom 3. September 1932, 11 Uhr: Abgedruckt in: Akten der Reichskanzlei, Weimarer Republik. Das Kabinett von Papen, 1. Juni bis 3. Dezember 1932. Band 1, Juni bis September 1932, Dokumente Nr. 1 bis 129, bearbeitet von K.-H. Minuth, hrsg. von K. D. Erdmann und H. Booms, Boppard am Rhein, 1989, Dokument Nr. 123, S. 500-509.

Das Reichsbankdirektorium an den Reichskanzler. 11. Oktober 1932: Abgedruckt in: Akten der Reichskanzlei, Weimarer Republik. Das Kabinett von Papen, 1. Juni bis 3. Dezember 1932. Band 2, September bis Dezember 1932, Dokumente Nr. 130 bis 240, bearbeitet von K.-H. Minuth, hrsg. von K. D. Erdmann und H. Booms, Boppard am Rhein, 1989, Dokument Nr. 165, S.750-753.

Ministerbesprechung vom 14. Oktober 1932, 16 Uhr: Abgedruckt in: Akten der Reichskanzlei, Weimarer Republik. Das Kabinett von Papen, 1. Juni bis 3. Dezember 1932. Band 2, September bis Dezember 1932, Dokumente Nr. 130 bis 240, bearbeitet von K.-H. Minuth, hrsg. von K. D. Erdmann und H. Booms, Boppard am Rhein, 1989, Dokument Nr. 168, S. 767-779.

Ministerbesprechung vom 2. November 1932, 16.30 Uhr: Abgedruckt in: Akten der Reichskanzlei, Weimarer Republik. Das Kabinett von Papen, 1. Juni bis 3. Dezember 1932. Band 2, September bis Dezember 1932, Dokumente Nr. 130 bis 240, bearbeitet von K.-H. Minuth, hrsg. von K. D. Erdmann und H. Booms, Boppard am Rhein, 1989, Dokument Nr. 187, S. 843-855.

Ministerbesprechung vom 18. November 1932, 11 Uhr: Abgedruckt in: Akten der Reichskanzlei, Weimarer Republik. Das Kabinett von Papen, 1. Juni bis 3. Dezember 1932. Band 2, September bis Dezember 1932, Dokumente Nr. 130 bis 240, bearbeitet von K.-H. Minuth, hrsg. von K. D. Erdmann und H. Booms, Boppard am Rhein, 1989, Dokument Nr. 216, S. 964-972.

Chefbesprechung vom 9. Dezember 1932 im Reichsfinanzministerium: Abgedruckt in: Akten der Reichskanzlei, Weimarer Republik. Das Kabinett von Schleicher, 3. Dezember 1932 bis 30. Januar 1933, bearbeitet von A. Golecki, hrsg. von K. D. Erdmann und H. Booms, Boppard am Rhein, 1986, Dokument Nr. 13, S. 45-49.

Rundfunkrede des Reichskanzlers vom 15. Dezember 1932: Abgedruckt in: Akten der Reichskanzlei, Weimarer Republik. Das Kabinett von Schleicher, 3. Dezember 1932 bis 30. Januar 1933, bearbeitet von A. Golecki, hrsg. von K. D. Erdmann und H. Booms, Boppard am Rhein, 1986, Dokument Nr. 25, S. 101-117.

Sitzung des Ausschusses der Reichsregierung für Arbeitsbeschaffung. 19. Dezember 1932, 18.45 Uhr: Abgedruckt in: Akten der Reichskanzlei, Weimarer Republik. Das Kabinett von Schleicher, 3. Dezember 1932 bis 30. Januar 1933, bearbeitet von A. Golecki, hrsg. von K. D. Erdmann und H. Booms, Boppard am Rhein, 1986, Dokument Nr. 30, S. 131-133.

Aufzeichnung des Reichsbankpräsidenten über eine Besprechung in der Reichsbank am 21. Dezember 1932 betreffend das Arbeitsbeschaffungsprogramm: Abgedruckt in: Akten der Reichskanzlei, Weimarer Republik. Das Kabinett von Schleicher, 3. Dezember 1932 bis 30. Januar 1933, bearbeitet von A. Golecki, hrsg. von K. D. Erdmann und H. Booms, Boppard am Rhein, 1986, Dokument Nr. 32, S. 138-141.

Sitzung des Ausschusses der Reichsregierung für Arbeitsbeschaffung. 21. Dezember 1932, 19 Uhr: Abgedruckt in: Akten der Reichskanzlei, Weimarer Republik. Das Kabinett von Schleicher, 3. Dezember 1932 bis 30. Januar 1933, bearbeitet von A. Golecki, hrsg. von K. D. Erdmann und H. Booms, Boppard am Rhein, 1986, Dokument Nr. 34, S. 152-153.

Rundfunkrede des Reichskommissars für Arbeitsbeschaffung Gereke. 23. Dezember 1932: Abgedruckt in: Akten der Reichskanzlei, Weimarer Republik. Das Kabinett von Schleicher, 3. Dezember 1932 bis 30. Januar 1933, bearbeitet von A. Golecki, hrsg. von K. D. Erdmann und H. Booms, Boppard am Rhein, 1986, Dokument Nr. 36, S. 156-162.

Wilhelm von Preußen an den Reichskanzler. 13. Januar 1933: Abgedruckt in: Akten der Reichskanzlei, Weimarer Republik. Das Kabinett von Schleicher, 3. Dezember 1932 bis 30. Januar 1933, bearbeitet von A. Golecki, hrsg. von K. D. Erdmann und H. Booms, Boppard am Rhein, 1986, Dokument Nr. 54, S. 220-224.

Sitzung des Ausschusses der Reichsregierung für Arbeitsbeschaffung. 9. Februar 1933, 17 Uhr: Abgedruckt in: Akten der Reichskanzlei. Regierung Hitler 1933-1938. Die Regierung Hitler Teil I: 1933/34, Band 1, 30. Januar bis 31. August 1933, Dokumente Nr. 1 bis 206, bearbeitet von K.-H. Minuth, hrsg. von K. Repgen und H. Booms, Boppard am Rhein, 1983, Dokument Nr. 19, S. 58-64.

Ministerbesprechung vom 7. März 1933, 16.15 Uhr: Abgedruckt in: Akten der Reichskanzlei. Regierung Hitler 1933-1938. Die Regierung Hitler Teil I: 1933/34, Band 1, 30. Januar bis 31. August 1933, Dokumente Nr. 1 bis 206, bearbeitet von K.-H. Minuth, hrsg. von K. Repgen und H. Booms, Boppard am Rhein, 1983, Dokument Nr. 44, S. 159-166.

Reichsbankpräsident Luther an den Reichspräsidenten. 16. März 1933: Abgedruckt in: Akten der Reichskanzlei. Regierung Hitler 1933-1938. Die Regierung Hitler Teil I: 1933/34, Band 1, 30. Januar bis 31. August 1933, Dokumente Nr. 1 bis 206, bearbeitet von K.-H. Minuth, hrsg. von K. Repgen und H. Booms, Boppard am Rhein, 1983, Dokument Nr. 65, S. 231-234.

I.4 Veröffentlichte Akten des Auswärtigen Amts

Aufzeichnung des Ministerialdirektors von Simon, 20. Januar 1921: Abgedruckt in: Akten zur Deutschen Auswärtigen Politik 1918-1945. Aus dem Archiv des Auswärtigen Amts, Serie A: 1918-1925, hrsg. von W. Bußmann u. a., Band IV, 1. Oktober 1920 bis 30. April 1921, Göttingen, 1986, Dokument Nr. 137, S. 281-285.

Reichskanzler Wirth an die Botschaft in London, 10. Mai 1921: Abgedruckt in: Akten zur Deutschen Auswärtigen Politik 1918-1945. Aus dem Archiv des Auswärtigen Amts, Serie A: 1918-1925, hrsg. von W. Bußmann u. a., Band V, 1. Mai 1921 bis 28. Februar 1922, Göttingen, 1987, Dokument Nr. 11, S. 20.

Die Botschaft in London an das Auswärtige Amt, 6. Dezember 1921: Abgedruckt in: Akten zur Deutschen Auswärtigen Politik 1918-1945. Aus dem Archiv des Auswärtigen Amts, Serie A: 1918-1925, hrsg. von W. Bußmann u. a., Band V, 1. Mai 1921 bis 28. Februar 1922, Göttingen, 1987, Dokument Nr. 213, S. 431-432.

Niederschrift über die Sitzung mit der Reparationskommission am 11. Januar 1922, 5 Uhr nachmittags, im Cercle Nautique [Cannes]: Abgedruckt in: Akten zur Deutschen Auswärtigen Politik 1918-1945. Aus dem Archiv des Auswärtigen Amts, Serie A: 1918-1925, hrsg. von W. Bußmann u. a., Band V, 1. Mai 1921 bis 28. Februar 1922, Göttingen, 1987, Dokument Nr. 240, S. 479-487.

Der Reichsminister des Auswärtigen von Rosenberg an die Botschaft in Washington, 19. Dezember 1922: Abgedruckt in: Akten zur Deutschen Auswärtigen Politik 1918-1945. Aus dem Archiv des Auswärtigen Amts, Serie A: 1918-1925, hrsg. von W. Bußmann u. a., Band VI, 1. März bis 31. Dezember 1922, Göttingen, 1988, Dokument Nr. 283, S. 581.

Runderlaß des Reichsministers des Auswärtigen von Rosenberg, 10. Januar 1923: Abgedruckt in: Akten zur Deutschen Auswärtigen Politik 1918-1945. Aus dem Archiv des Auswärtigen Amts, Serie A: 1918-1925, hrsg. von W. Bußmann u. a., Band VII, 1. Januar bis 31. Mai 1923, Göttingen, 1989, Dokument Nr. 17, S. 44-45.

Runderlaß des Reichsministers des Auswärtigen von Rosenberg, 15. Januar 1923: Abgedruckt in: Akten zur Deutschen Auswärtigen Politik 1918-1945. Aus dem Archiv des Auswärtigen Amts, Serie A: 1918-1925, hrsg. von W. Bußmann u. a., Band VII, 1. Januar bis 31. Mai 1923, Göttingen, 1989, Dokument Nr. 24, S. 54-55.

Aufzeichnung des Staatssekretärs des Auswärtigen Amts von Schubert, 25. März 1925: Abgedruckt in: Akten zur Deutschen Auswärtigen Politik 1918-1945. Aus dem Archiv des Auswärtigen Amts, Serie A: 1918-1925, hrsg. von W. Bußmann u. a., Band XII, 1. Januar bis 25. April 1925, Göttingen, 1994, Dokument Nr. 197, S. 505-507.

Aufzeichnung des Staatssekretärs des Auswärtigen Amts von Schubert, 31. März 1925: Abgedruckt in: Akten zur Deutschen Auswärtigen Politik 1918-1945. Aus dem Archiv des Auswärtigen Amts, Serie A: 1918-1925, hrsg. von W. Bußmann u. a., Band XII, 1. Januar bis 25. April 1925, Göttingen, 1994, Dokument Nr. 220, S. 566-570.

Aufzeichnung des Ministerialdirektors Köpke, 26. Juni 1925: Abgedruckt in: Akten zur Deutschen Auswärtigen Politik 1918-1945. Aus dem Archiv des Auswärtigen Amts, Serie A: 1918-1925, hrsg. von W. Bußmann u. a., Band XIII, 27. April bis 13. August 1925, Göttingen, 1995, Dokument Nr. 64, S. 434-435.

Botschaftsrat Dufour-Feronce (London) an das Auswärtige Amt, 17. Dezember 1925: Abgedruckt in: Akten zur Deutschen Auswärtigen Politik 1918-1945. Aus dem Archiv des Auswärtigen Amts, Serie B: 1925-1933, hrsg. von H. Rothfels u. a., Band II,1, Dezember 1925 bis Juni 1926, Göttingen, 1967, Dokument Nr. 10, S. 33-37.

Der Botschafter in London Sthamer an das Auswärtige Amt, 1. März 1926: Abgedruckt in: Akten zur Deutschen Auswärtigen Politik 1918-1945. Aus dem Archiv des Auswärtigen Amts, Serie B: 1925-1933, hrsg. von H. Rothfels u. a., Band II,1, Dezember 1925 bis Juni 1926, Göttingen, 1967, Dokument Nr. 72, S. 193-197.

Aufzeichnung des Reichsministers des Auswärtigen Stresemann, 25. März 1926: Abgedruckt in: Akten zur Deutschen Auswärtigen Politik 1918-1945. Aus dem Archiv des Auswärtigen Amts, Serie B: 1925-1933, hrsg. von H. Rothfels u. a., Band I,1, Dezember 1925 bis Juli 1926, Göttingen, 1966, Dokument Nr. 180, S. 435-436.

Aufzeichnung des Reichsbankpräsidenten Schacht, 28. Mai 1926: Abgedruckt in: Akten zur Deutschen Auswärtigen Politik 1918-1945. Aus dem Archiv des Auswärtigen Amts, Serie B: 1925-1933, hrsg. von H. Rothfels u. a., Band II,1, Dezember 1925 bis Juni 1926, Göttingen, 1967, Dokument Nr. 213, S. 489-492.

Der Staatssekretär des Auswärtigen Amts von Schubert an den Gesandten in Brüssel von Keller, 28. Juli 1926: Abgedruckt in: Akten zur Deutschen Auswärtigen Politik 1918-1945. Aus dem Archiv des Auswärtigen Amts, Serie B: 1925-1933, hrsg. von H. Rothfels u. a., Band I,1, Dezember 1925 bis Juli 1926, Göttingen, 1966, Dokument Nr. 292, S. 677-681.

Der Staatssekretär des Auswärtigen Amts von Schubert an den Gesandten in Brüssel von Keller, 28. Juli 1926: Abgedruckt in: Akten zur Deutschen Auswärtigen Politik 1918-1945. Aus dem Archiv des Auswärtigen Amts, Serie B: 1925-1933, hrsg. von H. Rothfels u. a., Band I,1, Dezember 1925 bis Juli 1926, Göttingen, 1966, Dokument Nr. 292, S. 682-683.

Aufzeichnung des Staatssekretär des Auswärtigen Amts von Schubert, 13. August 1926: Abgedruckt in: Akten zur Deutschen Auswärtigen Politik 1918-1945. Aus dem Archiv des Auswärtigen Amts, Serie B: 1925-1933, hrsg. von H. Rothfels u. a., Band I,2, August bis Dezember 1926, Göttingen, 1968, Dokument Nr. 29, S. 58-60.

Aufzeichnung des Legationsrats Vallette, 22. September 1927: Abgedruckt in: Akten zur Deutschen Auswärtigen Politik 1918-1945. Aus dem Archiv des Auswärtigen Amts, Serie B: 1925-1933, hrsg. von H. Rothfels u. a., Band VI, 1. Juli bis 30. September 1927, Göttingen, 1974, Dokument Nr. 224, S. 488-490.

Der Leiter der Deutschen Kriegslastenkommission in Paris Ministerialdirektor Ruppel an das Auswärtige Amt, 23. September 1927: Abgedruckt in: Akten zur Deutschen Auswärtigen Politik 1918-1945. Aus dem Archiv des Auswärtigen Amts, Serie B: 1925-1933, hrsg. von H. Rothfels u. a., Band VI, 1. Juli bis 30. September 1927, Göttingen, 1974, Dokument Nr. 226, S. 493-495.

Botschaftsrat Kiep (Washington) an das Auswärtige Amt, 26. September 1927: Abgedruckt in: Akten zur Deutschen Auswärtigen Politik 1918-1945. Aus dem Archiv des Auswärtigen Amts, Serie B: 1925-1933, hrsg. von H. Rothfels u. a., Band VI, 1. Juli bis 30. September 1927, Göttingen, 1974, Dokument Nr. 235, S. 509-511.

Runderlaß des Ministerialdirektors Ritter, 27. Dezember 1927: Abgedruckt in: Akten zur Deutschen Auswärtigen Politik 1918-1945. Aus dem Archiv des Auswärtigen Amts, Serie B: 1925-1933, hrsg. von H. Rothfels u. a., Band VII, 1. Oktober bis 31. Dezember 1927, Göttingen, 1974, Dokument Nr. 237, S. 576-578.

Aufzeichnung des wissenschaftlichen Hilfsarbeiters Schmidt (z. Z. Genf), 16. September 1928: Abgedruckt in: Akten zur Deutschen Auswärtigen Politik 1918-1945. Aus dem Archiv des Auswärtigen Amts, Serie B: 1925-1933, hrsg. von H. Rothfels u. a., Band X, 1. September bis 31. Dezember 1928, Göttingen, 1974, Dokument Nr. 28, S. 73-82.

Der Präsident des Reichsbank-Direktoriums Schacht an den Reichsminister des Auswärtigen Stresemann (z. Z. Baden-Baden), 20. September 1928: Abgedruckt in: Akten zur Deutschen Auswärtigen Politik 1918-1945. Aus dem Archiv des Auswärtigen Amts, Serie B: 1925-1933, hrsg. von H. Rothfels u. a., Band X, 1. September bis 31. Dezember 1928, Göttingen, 1974, Dokument Nr. 42, S. 119-121.

Der Präsident des Reichsbank-Direktoriums Schacht an den Botschafter in Paris von Hoesch, 2. November 1928: Abgedruckt in: Akten zur Deutschen Auswärtigen Politik 1918-1945. Aus dem Archiv des Auswärtigen Amts, Serie B: 1925-1933, hrsg. von H. Rothfels u. a., Band X, 1. September bis 31. Dezember 1928, Göttingen, 1974, Dokument Nr. 100, S. 255-257.

Der Botschafter in Paris von Hoesch an das Auswärtige Amt, 3. Dezember 1928: Abgedruckt in: Akten zur Deutschen Auswärtigen Politik 1918-1945. Aus dem Archiv des Auswärtigen Amts, Serie B: 1925-1933, hrsg. von H. Rothfels u. a., Band X, 1. September bis 31. Dezember 1928, Göttingen, 1974, Dokument Nr. 176, S. 440-441.

Der Botschafter in Paris von Hoesch an das Auswärtige Amt, 17. Dezember 1928: Abgedruckt in: Akten zur Deutschen Auswärtigen Politik 1918-1945. Aus dem Archiv des Auswärtigen Amts, Serie B: 1925-1933, hrsg. von H. Rothfels u. a., Band X, 1. September bis 31. Dezember 1928, Göttingen, 1974, Dokument Nr. 218, S. 540-543.

Aufzeichnung des vortragenden Legationsrats Brückner: Aufzeichnung über eine Verbindung der Kolonialfrage mit der Reparationsfrage, 22. Januar 1929: Abgedruckt in: Akten zur Deutschen Auswärtigen Politik 1918-1945. Aus dem Archiv des Auswärtigen Amts, Serie B: 1925-1933, hrsg. von H. Rothfels u. a., Band XI, 1. Januar bis 31. Mai 1929, Göttingen, 1978, Dokument Nr. 32, S. 55-56.

Der Präsident des Reichsbank-Direktoriums Schacht (z. Z. Paris) an den Reichsminister des Auswärtigen Stresemann, 16. Februar 1929: Abgedruckt in: Akten zur Deutschen Auswärtigen Politik 1918-1945. Aus dem Archiv des Auswärtigen Amts, Serie B: 1925-1933, hrsg. von H. Rothfels u. a., Band XI, 1. Januar bis 31. Mai 1929, Göttingen, 1978, Dokument Nr. 75, S. 161-166.

Der Reichsminister des Auswärtigen Stresemann an den Präsidenten des Reichsbank-Direktoriums (z. Z. Paris), 24. Februar 1929: Abgedruckt in: Akten zur Deutschen Auswärtigen Politik 1918-1945. Aus dem Archiv des Auswärtigen Amts, Serie B: 1925-1933, hrsg. von H. Rothfels u. a., Band XI, 1. Januar bis 31. Mai 1929, Göttingen, 1978, Dokument Nr. 86, S. 192-194.

Der Präsident des Reichsbank-Direktoriums Schacht (z. Z. Paris) an den Reichsminister des Auswärtigen Stresemann, 26. Februar 1929: Abgedruckt in: Akten zur Deutschen Auswärtigen Politik 1918-1945. Aus dem Archiv des Auswärtigen Amts, Serie B: 1925-1933, hrsg. von H. Rothfels u. a., Band XI, 1. Januar bis 31. Mai 1929, Göttingen, 1978, Dokument Nr. 94, S. 209-210.

Staatssekretär a. D. von Kühlmann (z. Z. Paris) an den britischen Botschafter in Paris Sir William Tyrrell, 19. März 1929: Abgedruckt in: Akten zur Deutschen Auswärtigen Politik 1918-1945. Aus dem Archiv des Auswärtigen Amts, Serie B: 1925-1933, hrsg. von H. Rothfels u. a., Band XI, 1. Januar bis 31. Mai 1929, Göttingen, 1978, Dokument Nr. 129, S. 282-283.

Aufzeichnung des Staatssekretärs des Auswärtigen Amts von Schubert, 4. April 1929: Abgedruckt in: Akten zur Deutschen Auswärtigen Politik 1918-1945. Aus dem Archiv des Auswärtigen Amts, Serie B: 1925-1933, hrsg. von H. Rothfels u. a., Band XI, 1. Januar bis 31. Mai 1929, Göttingen, 1978, Dokument Nr. 148, S. 329-331.

Aufzeichnung des Reichsministers des Auswärtigen Stresemann, 6. April 1929: Abgedruckt in: Akten zur Deutschen Auswärtigen Politik 1918-1945. Aus dem Archiv des Auswärtigen Amts, Serie B: 1925-1933, hrsg. von H. Rothfels u. a., Band XI, 1. Januar bis 31. Mai 1929, Göttingen, 1978, Dokument Nr. 157, S. 353-355.

Der Präsident des Reichsbank-Direktoriums Schacht (z. Z. Paris) an den Reichsminister des Auswärtigen Stresemann, 8. April 1929: Abgedruckt in: Akten zur Deutschen Auswärtigen Politik 1918-1945. Aus dem Archiv des Auswärtigen Amts, Serie B: 1925-1933, hrsg. von H. Rothfels u. a., Band XI, 1. Januar bis 31. Mai 1929, Göttingen, 1978, Dokument Nr. 161, S. 360-361.

Der Reichsminister des Auswärtigen an den Präsidenten des Reichsbank-Direktoriums Schacht (z. Z. Paris), 10. April 1929: Abgedruckt in: Akten zur Deutschen Auswärtigen Politik 1918-1945. Aus dem Archiv des Auswärtigen Amts, Serie B: 1925-1933, hrsg. von H. Rothfels u. a., Band XI, 1. Januar bis 31. Mai 1929, Göttingen, 1978, Dokument Nr. 164, S. 368-370.

Der Botschafter in Paris von Hoesch an das Auswärtige Amt, 10. April 1929: Abgedruckt in: Akten zur Deutschen Auswärtigen Politik 1918-1945. Aus dem Archiv des Auswärtigen Amts, Serie B: 1925-1933, hrsg. von H. Rothfels u. a., Band XI, 1. Januar bis 31. Mai 1929, Göttingen, 1978, Dokument Nr. 165, S. 371-372.

Der Reichsminister des Auswärtigen Stresemann an die Botschaft in Paris, 3. Mai 1929: Abgedruckt in: Akten zur Deutschen Auswärtigen Politik 1918-1945. Aus dem Archiv des Auswärtigen Amts, Serie B: 1925-1933, hrsg. von H. Rothfels u. a., Band XI, 1. Januar bis 31. Mai 1929, Göttingen, 1978, Dokument Nr. 214, S. 486-487.

Aufzeichnung des Staatssekretärs des Auswärtigen Amts von Schubert (z. Z. Scheveningen), 6. August 1929: Abgedruckt in: Akten zur Deutschen Auswärtigen Politik 1918-1945. Aus dem Archiv des Auswärtigen Amts, Serie B: 1925-1933, hrsg. von H. Rothfels u. a., Band XII, 1. Juni bis 2. September 1929, Göttingen, 1978, Dokument Nr. 147, S. 321.

Der Präsident des Reichsbank-Direktoriums Schacht an den Reichsminister des Auswärtigen Curtius, 2. November 1929: Abgedruckt in: Akten zur Deutschen Auswärtigen Politik 1918-1945. Aus dem Archiv des Auswärtigen Amts, Serie B: 1925-1933, hrsg. von H. Rothfels u. a., Band XIII, 3. September bis 31. Dezember 1929, Göttingen, 1979, Dokument Nr. 95, S. 202-203.

Aufzeichnung des Reichsministers des Auswärtigen Curtius: Niederschrift über eine Besprechung mit Reichsbankpräsident Schacht während eines Frühstücks am 27. November 1929, 30. November 1929: Abgedruckt in: Akten zur Deutschen Auswärtigen Politik 1918-1945. Aus dem Archiv des Auswärtigen Amts, Serie B: 1925-1933, hrsg. von H. Rothfels u. a., Band XIII, 3. September bis 31. Dezember 1929, Göttingen, 1979, Dokument Nr. 164, S. 336-338.

Aufzeichnung des wissenschaftlichen Hilfsarbeiters Schmidt (z. Z. Den Haag): Aufzeichnung über die Unterredung zwischen den Herren Reichsministern Dr. Curtius, Dr. Wirth und den Herren Tardieu und Briand am 5. Januar im „Hôtel des Indes" in Haag von 11-12 Uhr 15, 5. Januar 1930: Abgedruckt in: Akten zur Deutschen Auswärtigen Politik 1918-1945. Aus dem Archiv des Auswärtigen Amts, Serie B: 1925-1933, hrsg. von H. Rothfels u. a., Band XIV, 1. Januar bis 30. April 1930, Göttingen, 1980, Dokument Nr. 8, S. 23-25.

Der Staatssekretär in der Reichskanzlei Pünder (z. Z. Den Haag) an das Auswärtige Amt, 14. Januar 1930: Abgedruckt in: Akten zur Deutschen Auswärtigen Politik 1918-1945. Aus dem Archiv des Auswärtigen Amts, Serie B: 1925-1933, hrsg. von H. Rothfels u. a., Band XIV, 1. Januar bis 30. April 1930, Göttingen, 1980, Dokument Nr. 27, S. 69-72.

Der Botschafter in Paris von Hoesch an das Auswärtige Amt, 9. Februar 1930: Abgedruckt in: Akten zur Deutschen Auswärtigen Politik 1918-1945. Aus dem Archiv des Auswärtigen Amts, Serie B: 1925-1933, hrsg. von H. Rothfels u. a., Band XIV, 1. Januar bis 30. April 1930, Göttingen, 1980, Dokument Nr. 91, S. 201-204.

II Unveröffentlichte Quellen (numerisch geordnet)

II.1 Bundesarchiv Berlin [BArch]

II.1.1 Unveröffentlichte Akten der Reichsbank

R 2501/654, Bl. 59: Artikel in der „Weltbühne" vom 4. Mai 1922.

R 2501/654, Bl. 65: Artikel von Kurt Raddatz in der „Freien Presse Berlin" vom Oktober 1922.

R 2501/654, Bl. 68: Artikel in der „Essener Arbeiter Zeitung" vom 3. November 1922.

R 2501/654, Bl. 73-78: Artikel der britischen, französischen und schweizerischen Presse zur Kritik an der Reichsbankleitung vom Juli 1923.

R 2501/654, Bl. 78: Artikel Keynes in der Londoner „Nation" vom Juli 1923.

R 2501/654, Bl. 78: Artikel im „Berliner Tageblatt" vom 27. Juli 1923.

R 2501/654, Bl. 78-107: Presseberichte zur Kritik an der Reichsbankleitung vom Sommer 1923.

R 2501/654, Bl. 79: Artikel im „Vorwärts" vom 27. August 1923.

R 2501/1016, Bl. 102-109: Presseberichte zur Kreditpolitik der Reichsbank vom September 1931.

R 2501/3351, Bl. 37: Amtliche Begründung zum Rücktritt Schachts vom 7. März 1930.

R 2501/3381, Bl. 22-60: Presseberichte über den Ultimokredit vom Dezember 1929.

R 2501/3381, Bl. 24: Artikel in der „Neuen Zürcher Zeitung" Nr. 2560 vom 25. Dezember 1929.

R 2501/3381, Bl. 45-46: Artikel im „Vorwärts" Nr. 604 vom 27. Dezember 1929.

R 2501/3381, Bl. 167: Artikel im „Vorwärts" vom 7. Januar 1930.

R 2501/3391: Artikel im „8 Uhr-Abendblatt" vom 10. März 1930.

R 2501/3393: Artikel im „Bukarester Tageblatt" von Schacht vom 13. Mai 1930.

R 2501/3393: Aufzeichnung über ein Gespräch Schachts mit einem Mitarbeiter der „Berliner Börsenzeitung" am 13. August 1930.

R 2501/3396, Bl. 171-175: Presseberichte zum Börsenkrach vom Mai 1927.

R 2501/3402, Bl. 76: Artikel im „Vorwärts" Nr. 21 vom 14. Januar 1930.

R 2501/3402, Bl. 85: Artikel im „Tageblatt" Nr. 23 vom 14. Januar 1930.

R 2501/3402, Bl. 91: Artikel im „Vorwärts" vom 15. Januar 1930.

R 2501/3713: Presseberichte über einen angeblichen Rücktritt Luthers vom Juni 1932.

R 2501/3713: Aufzeichnung der Reichsbank über öffentliche Äußerungen Luthers vom Sommer 1932.

R 2501/3713: Presseberichte über die Auseinandersetzung zwischen der Reichsregierung und dem Reichsbankpräsidenten vom August 1932.

R 2501/3714: Presseberichte zur Münchener Rede Luthers vom Dezember 1932.

R 2501/3714: Presseberichte über die Breslauer Rede Luthers vom Januar 1933.

R 2501/3718: Artikel im „Berliner Lokal-Anzeiger" Nr. 347 vom 25. Juli 1931.

R 2501/3718: Artikel im „Berliner Börsen-Courier" Nr. 349 vom 30. Juli 1931.

R 2501/3718: Artikel im „Berliner Tageblatt" Nr. 355 vom 30. Juli 1931.

R 2501/3718: Presseberichte über einen angeblichen Rücktritt Luthers vom Juli 1931.

R 2501/3718: Artikel der Rechtspresse gegen Luther vom Juli 1931.

R 2501/3851, Bl. 213: Artikel in der „Deutschen Zeitung" vom 27. November 1930.

R 2501/5982, Bl. 210-211: Artikel in der „Frankfurter Presse" vom 18. Dezember 1929.

R 2501/5982, Bl. 222: Presseberichte zur Kritik an der Reichsbankpolitik vom Januar 1930.

R 2501/5982, Bl. 240-242: Artikel der in- und ausländischen Presse zum Rücktritt Schachts vom März 1930.

R 2501/5983, Bl. 294-295: Presseberichte über die Auseinandersetzung zwischen der Reichsregierung und dem Reichsbankpräsidenten vom Oktober 1932.

R 2501/5983, Bl. 308: Münchener Rede Luthers am 3. Dezember 1932.

R 2501/6308, Bl. 90-101: Brief Havensteins an Norman vom 4. März 1922.

R 2501/6313, Bl. 84-87: Leitsätze für die bevorstehenden Verhandlungen der Reparationskommission und der Währungskommission, 1922.

R 2501/6313, Bl. 92-98: Denkschrift der Reichsbank über Zentral- und Emissionsbanken vom 20. Oktober 1922.

R 2501/6313, Bl. 137: Berechnungen der Reichsbank von 1922.

R 2501/6314, Bl. 29-36: Brief Normans an Havenstein mit dem Entwurf einer Agenda vom 23. Juni 1922.

R 2501/6315, BL. 23-24: Plan zur Gründung einer europäischen Zentralbank von Montagu Norman, 1925.

R 2501/6339, Bl. 188: In der „New York Times" am 13. November 1922 veröffentlichtes Telegramm aus Berlin.

R 2501/6339, Bl. 188-189: Presseberichte betreffend der Absetzung des Reichsbankpräsidenten vom November 1922.

R 2501/6341, Bl. 171-181: Ausarbeitung der Reichsbank für die Generalversammlung am 5. Juli 1924.

R 2501/6341, Bl. 208: Protokoll der Sitzung der Generalversammlung vom 4. Oktober 1924.

R 2501/6341, Bl. 260: Reichsbesoldungsblatt vom 15. September 1924.

R 2501/6342, Bl. 103: Aufzeichnung der Reichsbank über die Einführung des Goldgiroverkehrs vom September 1923.

R 2501/6345, Bl. 176-205: Bericht der Reichsbank „Zur Frage der Entwicklung des bargeldlosen Zahlungsverkehrs“ vom 23. Februar 1928.

R 2501/6346, Bl. 337: Die Aufgaben der Statistischen Abteilung, formuliert im Februar 1931.

R 2501/6348, Bl. 2-35: Bericht der Reichsbank über Änderungen im Giroverkehr vom 26. August 1927.

R 2501/6394, Bl. 99-105: Brief Normans an Havenstein vom 5. Dezember 1921.

R 2501/6394, Bl. 132-137: Brief Normans an Havenstein vom 23. Dezember 1921.

R 2501/6394, Bl. 141-151: Brief Havensteins an Norman vom 28. Dezember 1921.

R 2501/6394, Bl. 155-156: Brief Havensteins an Norman vom 19. Januar 1922.

R 2501/6394, Bl. 159-164: Brief Normans an Havenstein vom 6. Februar 1922.

R 2501/6394, Bl. 281-282: Brief Strongs an Havenstein vom 21. März 1922.

R 2501/6394, Bl. 349-351: Brief Normans an Havenstein vom 3. Oktober 1923.

R 2501/6405, Bl. 67: Bericht des Finanzpolitischen Ausschusses des vorläufigen Wirtschaftsrats zu dem Entwurf eines Gesetzes über die Autonomie der Reichsbank vom 28. März 1922.

R 2501/6405, Bl. 109-116: Schreiben des Reichsbankdirektoriums an die Reparationskommission vom 24. Juni 1922.

R 2501/6405, Bl. 135: Telegramm eines Gesandten aus London.

R 2501/6405, Bl. 136-137: Denkschrift der Reichsbank über „Die Autonomie der Reichsbank“ vom 15. August 1922.

R 2501/6405, Bl. 185-186: Brief des Vize-Gouverneurs der Bank von England an Havenstein vom 17. Januar 1922.

R 2501/6405, Bl. 189-191: Brief Strongs an Havenstein vom 14. Dezember 1921.

R 2501/6411, Bl. 419-451: Berichtsentwurf der Reichsbank für die Berichterstattung an die Reichsregierung im Juli 1930.

R 2501/6416, Bl. 201-213: Denkschrift der Reichsbank über „Die Einwirkungsmöglichkeiten der Notenbank zur Behebung von Wirtschaftsdepressionen unter besonderer Berücksichtigung der gegenwärtigen deutschen Wirtschaftskrise" vom 28. Dezember 1930.

R 2501/6432, Bl. 21-38: Schreiben des Reichsbankdirektoriums an den Reichsfinanzminister vom 31. Dezember 1919.

R 2501/6432, Bl. 39: Schreiben des Reichsbankdirektoriums an den Reichsfinanzminister vom 7. Januar 1920.

R 2501/6460, Bl. 160-172: Aufzeichnung der Reichsbank über die Kreditlage in Deutschland im Jahre 1924.

R 2501/6460, Bl. 489-490: Aufzeichnung der Reichsbank über die Kreditrestriktion im Jahre 1924.

R 2501/6462, Bl. 26-35: Denkschrift der Reichsbank über die „Kreditpolitik und Kreditmaßnahmen der Reichsbank (einschließlich der Wirkungen) im Jahre 1924".

R 2501/6462, Bl. 242-284: Denkschrift der Reichsbank über „Die Gesundung der Währung in Deutschland", 1924.

R 2501/6472, BL. 311-318: Denkschrift der Reichsbank unter der Fragestellung „Soll die Reichsbank Konjunkturpolitik treiben?" vom Juni 1928.

R 2501/6477, Bl. 39-46: Untersuchung der Reichsbank mit dem Titel „Was kann die Reichsbank unternehmen, wenn das Reich im Inland oder Ausland Finanztransaktionen tätigt, an denen mitzuwirken das Reichsbankdirektorium aus währungspolitischen Gründen abgelehnt hat?" vom November 1929.

R 2501/6478, Bl. 58-66: Denkschrift der Reichsbank über „Die Grundzüge der Reichsbankpolitik seit der Stabilisierung" vom 22. April 1930.

R 2501/6492, Bl. 2-12: Untersuchung der Reichsbank „Zur Entwicklung der gegenwärtigen Finanzkrise Deutschlands" vom 25. Juli 1931.

R 2501/6504, Bl. 84-89: Aussprache zwischen dem Reichsbankdirektorium und dem Reichsfinanzminister und Reichsarbeitsminister am 27. Juli 1932.

R 2501/6542, Bl. 49-51: Protokoll der Zentralausschußsitzung vom 28. Oktober 1922.

R 2501/6542, Bl. 65-68: Protokoll der Ressortbesprechung mit Vertretern der Reichsregierung, der Länderregierungen und der Reichsbank vom 28. Februar 1923.

R 2501/6542, Bl. 78-83: Aufzeichnung der Reichsbank über die Einführung von Goldkonten bei den Banken vom März 1923.

R 2501/6629, Bl. 190-191: Protokoll über die Sitzung des Reichsbankpräsidenten mit den Ländervertretern im Reichsfinanzministerium am 10. Februar 1926.

R 2501/6630, Bl. 103-104: Schreiben des Reichsfinanzministers an Schacht vom 22. September 1927.

R 2501/6630, Bl. 193-194: Schreiben Schachts an den Reichsfinanzminister vom 22. September 1927.

R 2501/6630, Bl. 195-198: Aufzeichnung der Reichsbank zur Arbeit der Beratungsstelle, 1927.

R 2501/6630, Bl. 447: Berechnungen der Reichsbank von 1928.

R 2501/6633, Bl. 87-90: Besprechung zwischen Schacht und Reichsfinanzminister Hilferding am 5. Dezember 1929.

R 2501/6633, Bl. 270-280: Untersuchung der Reichsbank zur Frage der Beratungsstelle vom 7. Juni 1930.

R 2501/6668, Bl. 156-162: Ausarbeitung der Reichsbank für die Zentralausschußsitzung am 29. Januar 1924.

R 2501/6668, Bl. 164-167: Ausarbeitung der Reichsbank für die Zentralausschußsitzung am 28. Februar 1924.

R 2501/6668, Bl. 182-185: Ausarbeitung der Reichsbank für die Zentralausschußsitzung am 8. März 1924.

R 2501/6689, Bl. 39-58: Berechnungen der Reichsbank von 1924, Material für ein Studium von Deutschlands Wirtschaft, Währung und Finanzen.

R 2501/6737, Bl. 325-336: Niederschrift der Reichsbank zum Vorgehen des Reichsbankpräsidenten vom 20. Januar 1930.

R 2501/6742, Bl. 68-83: Denkschrift der Reichsbank „Zur Frage der Unabhängigkeit der Reichsbank“ vom 29. Juni 1929.

R 2502/6742, Bl. 108-136: Bericht des Unterausschusses zur Anpassung des Bankgesetzes von 1924 an den Young-Plan vom 12. November 1929.

R 2501/6742, Bl. 268-273: Untersuchung der Reichsbank über „Grundprinzipien der Unabhängigkeit bei den ausländischen Notenbanken“ vom 29. Juli 1929.

R 2501/6869, Bl. 326-328: Aus dem Archiv für publizistische Arbeit.

R 2501/6972: Manuskript einer Rede des Reichsbankdirektors von Grimm vom Januar 1926.

R 2501/6974: Schreiben des Reichswirtschaftsministers an die Reichsbank vom 17. Juli 1924.

R 2501/6974: Denkschrift der Reichsbank über „Die Wirkungen der Kreditkontingentierung“ vom 28. Oktober 1926.

R 2501/6974: Presseberichte betreffend Schachts Kritik an den Auslandskrediten Ende 1927.

R 2501/7028, Bl. 126: Regierungserklärung vom 3. Juni 1932.

R 2501/7035, Bl. 339-346: Artikel Schachts über „Die Wiederherstellung der deutschen Währungshoheit“ vom März 1937.

R 2501/7039, Bl. 86: Memorandum der deutschen Gruppe des Pariser Sachverständigenausschusses vom 17. April 1929.

R 2501/7039, Bl. 88: Münchener Rede Schachts vom 28. Juni 1929.

R 2501/7039, Bl. 94: Ansprachen zu Ehren Schachts anläßlich seines Ausscheidens aus der Reichsbank, gehalten bei der Abschiedsfeier am 1. April 1930.

R 2501/7161, Bl. 58-72: Vortrag Luthers an der Universität Heidelberg am 18. Februar 1933.

R 2501/7161, Bl. 404-416: Rede Luthers vor dem Hamburger Überseeclub vom 20. Oktober 1932.

R 2501/7162, Bl. 78-103: Ansprache Luthers in der Frankfurter Gesellschaft für Handel, Industrie und Wissenschaft am 17. Februar 1933.

R 2501/7170, Bl. 19: Rede Schachts während der Kundgebung des Hansa-Bundes am 25. Mai 1924.

R 2501/7170, Bl. 74: Rede Schachts auf der 20. Ordentlichen Hauptversammlung des Verbandes Sächsischer Industrieller im Vereinshaus zu Dresden am 9. April 1924.

R 2501/7176, Bl. 22: Artikel in der „Berliner Börsenzeitung" Nr. 593 vom 20. Dezember 1929.

R 2501/7320: Jahresübersicht der Reichsbank für 1932.

R 2501/7570, Bl. 1-53: Verwaltungsbericht der Reichsbank für das Jahr 1927.

R 2501/7570, Bl. 1-53: Verwaltungsbericht der Reichsbank für das Jahr 1928.

R 2501/7570, Bl. 1-51: Verwaltungsbericht der Reichsbank für das Jahr 1929.

R 2501/7570, Bl. 1-43: Verwaltungsbericht der Reichsbank für das Jahr 1930.

R 2501/7570, Bl. 1-47: Verwaltungsbericht der Reichsbank für das Jahr 1931.

R 2501/7570, Bl. 1-43: Verwaltungsbericht der Reichsbank für das Jahr 1932.

R 2501/7570, Bl. 1-47: Verwaltungsbericht der Reichsbank für das Jahr 1933.

II.1.2 Unveröffentlichte Akten der Reichskanzlei

R 43 I/18, Bl. 46-48: Abschlußprotokoll der Londoner Konferenz vom 7. März 1921.

R 43 I/24, Bl. 136-148: Schreiben des Reichsbankdirektoriums an die deutsche Kriegslastenkommission vom 28. Dezember 1921.

R 43 I/52: Chefbesprechung über das Belgische Markabkommen vom 23. Juni 1922.

R 43 I/229, Bl. 26: Schreiben des Reichswirtschaftsministers an den Staatssekretär der Reichskanzlei vom 13. Oktober 1933.

R 43 I/234, Bl. 40-48: Memorandum des Reichsbankdirektoriums vom 7. Januar 1939.

R 43 I/234, Bl. 51-54: Dokumente zur Entlassung Schachts als Reichsbankpräsident 1939.

R 43 I/275, Bl. 300-375: Halbjahresbericht des Reparationsagenten vom 10. Juni 1927.

R 43 I/276, Bl. 54: Telegramm des Reichskanzlers an Schacht vom 20. Februar 1929.

R 43 I/299, Bl. 22-33: Memorandum Schachts zum Young-Plan vom 5. Dezember 1929.

R 43 I/299, Bl. 48-49: Stellungnahme der Reichsregierung zum Memorandum von Schacht vom 7. Dezember 1929.

R 43 I/299, Bl. 115-122: Stellungnahme von Kastl und Melchior zum Young-Plan vom 11. Dezember 1929.

R 43 I/457, Bl. 137: Note der Alliierten an die Reichsregierung vom 31. Mai 1922.

R 43 I/457, Bl. 152: Note der Reichsregierung an die Alliierten vom 12. Juli 1922.

R 43 I/457, Bl. 392: Beschluß der Reparationskommission vom 9. Januar 1923.

R 43 I/457, Bl. 394: Note der Reparationskommission an die Reichsregierung vom 26. Januar 1923.

R 43 I/458, Bl. 59-246: Die Berichte der von der Reparationskommission eingesetzten beiden Sachverständigenkomitees vom 9. April 1924.

R 43 I/480, Bl. 48-50: Interview des französischen Ministerpräsidenten Tardieu mit dem „Vorwärts“ Redakteur Viktor Schiff am 16. Januar 1930.

R 43 I/480, Bl. 51: Beschluß der sozialdemokratischen Reichstagsfraktion vom 16. Januar 1930.

R 43 I/480, Bl. 194-195: Antwortschreiben des Reichsbankdirektoriums an den amerikanischen Vorsitzenden des Organisationsausschusses der BIZ vom 31. Dezember 1929.

R 43 I/480, Bl. 196: Brief des amerikanischen Vorsitzenden des Organisationsausschusses der BIZ an Schacht vom 28. Dezember 1929.

R 43 I/628, Bl. 162-175: Schreiben des Reichsbankdirektoriums an den Reichskanzler vom 20. September 1919.

R 43 I/628, Bl. 176-192: Denkschrift des Reichsbankpräsidenten zur Verstaatlichung der Reichsbank vom 30. Juli 1898.

R 43 I/631, Bl. 226-260: Protokoll der Sitzung des Reichsbankkuratoriums vom 22. Juni 1922.

R 43 I/632, Bl. 38-42: Protokoll der Sitzung des Reichsbankkuratoriums vom 21. März 1923.

R 43 I/632, Bl. 125-162: Protokoll der Sitzung des Reichsbankkuratoriums vom 29. Juni 1923.

R 43 I/632, Bl. 197-198: Brief des Reichsbankdirektoriums an den Reichskanzler vom 23. August 1923.

R 43 I/634, Bl. 100: Artikel im „Ökonomischen Archiv“ vom 1. August 1925.

R 43 I/636, Bl. 3-4: Schreiben des Staatssekretärs der Reichskanzlei an Schacht vom 5. Juli 1928.

R 43 I/636, Bl. 5: Aufzeichnung der Reichskanzlei betreffend der Berichterstattung der Reichsbank vom 10. Juli 1928.

R 43 I/637, Bl. 222: Vereinbarung zwischen der Reichsregierung und der Reichsbank über die Notensteuer vom 7. Januar 1932.

R 43 I/637, Bl. 232: Schreiben des Reichskanzlers an Luther vom 12. Juli 1932.

R 43 I/637, Bl. 235-237: Antwortschreiben Luthers an den Reichskanzler vom 18. Juli 1932.

R 43 I/637, Bl. 239: Aufzeichnung der Reichskanzlei über eine mündliche Mitteilung des Reichswirtschaftsministers an Luther im Sommer 1932.

R 43 I/638, Bl. 25: Schreiben des Reichsbankdirektoriums an den Reichskanzler, 1919.

R 43 I/638, Bl. 26-30: Begleitbericht der Reichsbank zum Verwaltungsbericht 1918 vom 31. März 1919.

R 43 I/638, Bl. 169-177: Begleitbericht der Reichsbank zum Verwaltungsbericht 1920 vom 21. Mai 1921.

R 43 I/638, Bl. 221-228: Begleitbericht der Reichsbank zum Verwaltungsbericht 1921 vom 25. Mai 1922.

R 43 I/638, Bl. 267-272: Begleitbericht der Reichsbank zum Verwaltungsbericht 1922 vom 30. Mai 1923.

R 43 I/641, Bl. 46-52: Protokoll der Zentralausschußsitzung vom 10. Juni 1927.

R 43 I/641, BL. 168-170: Protokoll der Zentralausschußsitzung vom 9. Dezember 1931.

R 43 I/656, BL. 338-339: Neufassung der „Richtlinien über die Aufnahme von Auslandskrediten durch Länder, Gemeinden und Gemeindeverbände“ vom Oktober 1927.

R 43 I/961, Bl. 67: Schreiben des Staatssekretärs der Reichskanzlei an den Reichspräsidenten vom 15. Januar 1924.

R 43 I/961, Bl. 68-77: Aufzeichnung der Reichskanzlei über die Diskussion des § 60a des Reichsbeamtengesetzes Anfang 1924.

R 43 I/961, Bl. 80-82: Schreiben des Reichsbankdirektoriums an die Reichskanzlei vom 21. Mai 1924.

R 43 I/961, Bl. 86: Schreiben der Reichsregierung an das Reichsbankdirektorium vom 18. Juli 1924.

R 43 I/961, Bl. 108: Schreiben des Reichsbankdirektoriums an die Reichsregierung vom 6. Januar 1926.

R 43 I/962, Bl. 23: Artikel in der „Germania“ aus Berlin vom 3. November 1923.

R 43 I/962, Bl. 31: Aufzeichnung der Reichskanzlei über die “Brüsseler Affäre“ vom November 1923.

R 43 I/962, Bl. 32: Schreiben des Reichspräsidenten an Havenstein vom November 1923.

R 43 I/962, Bl. 33: Schreiben Havensteins an den Reichspräsidenten vom 7. November 1923.

R 43 I/962, Bl. 34-36: Schreiben des Reichspräsidenten an Havenstein vom 9. November 1923.

R 43 I/962, Bl. 48: Schreiben des Reichspräsidenten an das Reichsbankdirektorium vom 26. November 1923.

R 43 I/962, Bl. 50-53: Gutachten des Reichsbankdirektoriums und des Zentralausschusses zur Kandidatur Helfferichs vom 4. Dezember 1923.

R 43 I/962, Bl. 59-62: Aufzeichnung der Reichskanzlei über die Gutachten zur Kandidatur Helfferichs vom Dezember 1923.

R 43 I/962, Bl. 75: Stellungnahme des Zentralausschusses zur Kandidatur Schachts vom 17. Dezember 1923.

R 43 I/962, Bl. 90-92: Kabinettssitzung vom 22. Dezember 1923.

R 43 I/962, Bl. 113-114: Denkschrift des Staatssekretärs der Reichskanzlei über die Notwendigkeit der Gegenzeichnung durch den Reichskanzler bei der Ernennung des Reichsbankpräsidenten, 1924.

R 43 I/962, Bl. 148-155: Aufzeichnung der Reichskanzlei über die Wiederwahl Schachts zum Reichsbankpräsidenten im September 1928.

R 43 I/962, Bl. 187: Schreiben Schachts an den Reichspräsidenten vom 3. März 1930.

R 43 I/962, Bl. 202-203: Beschluß des Generalrats zur Ernennung Luthers vom 11. März 1930.

R 43 I/962, Bl. 204: Luthers Ernennungsurkunde zum Reichsbankpräsidenten, 1930.

R 43 I/1135, Bl. 46-47: Schreiben des Reichswirtschaftsministers an Schacht vom 30. Juni 1924.

R 43 I/1308, Bl. 681: Telegramm des Vorstands des Aktionsausschusses für Industrie und Handel an den Reichspräsidenten vom 15. Juli 1931.

R 43 I/1889, Bl. 83: Aufruf der Reichsregierung zur Ablehnung des Volksbegehrens zum Young-Plan vom 14. Oktober 1929.

R 43 I/2046, Bl. 46-51: Wirtschaftsprogramm der Reichsregierung vom 4. September 1932.

R 43 I/2046, Bl. 93-99: Besprechung Luthers mit dem Reichskanzler vom 5. Dezember 1932 nebst Briefwechsel der Reichsbank mit dem Reichsernährungsminister, Reichsfinanzminister und Reichsarbeitsminister vom 26. und 27. Oktober und 19. November 1932.

R 43 I/2126, Bl. 75: Veröffentlichte Mitteilung der Reichsregierung zur Reichsbankpolitik vom 14. Mai 1927.

R 43 I/2357, Bl. 49-87: Aufzeichnung des Finanzministers zur Entwicklung der Reichsschuld 1923.

R 43 I/2362, Bl. 291: Schreiben des Reichsbankdirektoriums an die Reichsregierung vom 27. Dezember 1929.

R 43 I/2362, Bl. 292-293: Abkommen zwischen dem Bankenkonsortium und der Reichsregierung über den Ultimokredit vom Dezember 1919.

R 43 I/2372, Bl. 509-510: Schreiben des DVP Vorsitzenden an den Reichskanzler vom 15. Juli 1931.

R 43 I/2391, Bl. 10-11: Schreiben des Reichsbankdirektoriums an die Reichsregierung vom 14. Juli 1919.

R 43 I/2434, Bl. 61-64: Schreiben des Reichsbankdirektoriums an den Reichswirtschaftsminister vom 25. Oktober 1922.

R 43 I/2439, Bl. 170-193: Aufzeichnung der Reichskanzlei über die Goldanleihe, 1923.

R 43 I/2440, Bl. 62-69: Schreiben des Reichsbankdirektoriums an den Reichskanzler vom 11. September 1923.

R 43 I/2440, Bl. 85-101: Schreiben des Reichsbankdirektoriums an den Reichskanzler vom 14. September 1923.

II.1.3 Unveröffentlichte Akten des Reichswirtschaftsministeriums (R 3101) und des Reichsfinanzministeriums (R 2)

R 3101/15341, Bl. 270-272: Niederschrift über die Pläne des Reichswirtschaftsministeriums 1922.

R 3101/15585, Bl. 103: Schreiben des Reichsbankdirektoriums an die Kriegslastenkommission vom 28. Oktober 1921.

R 3101/15585, Bl. 206-207: Protokoll über die Beratung des Autonomiegesetzes im Hauptausschuß vom 13. und 15. Mai 1922.

R 3101/15587, Bl. 62-266: Bericht über die Reichsbank des V Unterausschusses für Geld-, Kredit- und Finanzwesen des Ausschusses zur Untersuchung der Erzeugungs- und Absatzbedingungen der deutschen Wirtschaft (Enquete-Ausschuß) vom 18. Januar 1929.

R 3101/15682, Bl. 3-43: Verwaltungsbericht der Reichsbank für das Jahr 1919.

R 3101/15682, Bl. 45-81: Verwaltungsbericht der Reichsbank für das Jahr 1920.

R 3101/15682, Bl. 84-118: Verwaltungsbericht der Reichsbank für das Jahr 1921.

R 3101/15682, Bl. 121-154: Verwaltungsbericht der Reichsbank für das Jahr 1922.

R 3101/15682, Bl. 157-182: Verwaltungsbericht der Reichsbank für das Jahr 1923.

R 3101/15683, Bl. 3-30: Verwaltungsbericht der Reichsbank für das Jahr 1924.

R 3101/15683, Bl. 3-59: Verwaltungsbericht der Reichsbank für das Jahr 1925.

R 3101/15683, Bl. 65-106: Verwaltungsbericht der Reichsbank für das Jahr 1926.

R 2/13447, Bl. 13-26: Schreiben Luthers an den Staatssekretär der Reichskanzlei vom 3. August 1932.

II.2 Bundesarchiv Koblenz (BA)

II.2.1 Unveröffentlichte Dokumente aus dem Nachlaß Luther

N 1009/336: Aufzeichnung über Rücktrittsgerüchte um Luther Mitte Juli 1931.

N 1009/337: Aufzeichnung über die Eröffnungssitzung des Wirtschaftsbeirats vom 29. Oktober 1931.

N 1009/341: Vortrag Luthers vor der Industrie- und Handelskammer Nürnberg am 12. April 1932.

N 1009/350: Mitteilung des Reichsbankdirektoriums an die Reichsbankanstalten und die Dienststellen der Reichshauptbank vom 5. September 1932.

N 1009/353: Besprechung in der Reichsbank zur Frage des Wechselkredits im Arbeitsbeschaffungsprogramm am 3. Januar 1933.

N 1009/353: Ansprache Luthers in der Industrie- und Handelskammer Breslau am 12. Januar 1933.

N 1009/354: Vortrag Luthers vor der Deutschen Gesellschaft 1914 e. V. über Wirtschaftsfragen der Gegenwart am 24. Januar 1933.

N 1009/355: Veranstaltung des Volkswirtschaftlichen Reichsbank-Clubs zum Thema Kreditausweitung und Währung Anfang Februar 1933.

N 1009/357: Niederschrift über die Sitzung des Generalrats am 16. März 1933.

N 1009/359: Ansprache Luthers vor dem Langnam-Verein zu Düsseldorf am 23. November 1932.

N 1009/365, Bl. 108-121: Tagebuchaufzeichnung Luthers vom 30. Juli 1931.

N 1009/366, Bl. 16-17: Tagebuchaufzeichnung Luthers vom 5. September 1931.

N 1009/367, Bl. 87-91: Tagebuchaufzeichnung Luthers vom 5. Dezember 1931.

N 1009/370, Bl. 134-139: Tagebuchaufzeichnung Luthers vom 1. Dezember 1932.

N 1009/370, Bl. 140-145: Tagebuchaufzeichnung Luthers vom 30. November 1932.

II.2.2 Unveröffentlichte Dokumente aus dem Nachlaß Schacht

N 1294/3: Aufzeichnung Schachts über seinen Londoner Aufenthalt vom 2. Januar 1924.

N 1294/3: Bericht über die Londoner Verhandlungen über das Abkommen zwischen Deutschland und England vom 25. und 26. März 1924.

N 1294/3: Brief Schachts an Norman vom 3. April 1924.

II.3 Politisches Archiv des Auswärtigen Amts (AA)

Die Dokumente sind mit Hilfe der R-Signatur eindeutig identifizierbar. Die Angaben in Klammern dienen nur der Vergleichbarkeit mit Angaben in älterer Literatur, die vor der im Auswärtigen Amt erfolgten neuen Signaturgebung herausgegeben wurde.

R 28173, Bl. 20-24 (Büro Reichsminister, Finanzkrise, Kreditaktion): Telegramm Luthers an den Reichskanzler und den Reichsbankvizepräsidenten vom 10. Juli 1931.

R 28173, Bl. 25-27 (Büro Reichsminister, Finanzkrise, Kreditaktion): Schreiben des Staatssekretärs von Bülow an die Reichskanzlei vom 10. Juli 1931.

R 28185, Bl. 145-146 (Büro Reichsminister, Genf-Brüssel): Aufzeichnung des Reichsministers des Auswärtigen Simons vom 9. Dezember 1920.

R 28185, Bl. 325-329 (Büro Reichsminister, Genf-Brüssel): Memorandum des Staatssekretärs Bergmann über eine Unterredung bei D´Abernon mit Delacroix und John Bradbury am 19. Dezember 1920.

R 28203, Bl. 33-35 (Büro Reichsminister, Genua): Übersetzung der vom Obersten Rat der Alliierten Mächte am 6. Januar 1922 in Cannes angenommenen Resolution.

R 28203, Bl. 50 (Büro Reichsminister, Genua): Tagesordnung für die Konferenz in Genua, angenommen durch den Obersten Rat der Alliierten Mächte am 11. Januar 1922 in Cannes.

R 28203, Bl. 112 (Büro Reichsminister, Genua): Aufzeichnung des Reichsministers des Auswärtigen Rathenau über eine Unterredung mit D´Abernon am 6. Februar 1922.

R 28939, Bl. 36 (Büro Staatssekretär, Sachverständigengutachten, Reparationskommission): Mitteilung des Staatssekretärs von Schubert über eine Unterredung mit D'Abernon am 12. April 1924.

R 28940, Bl. 215-217 (Büro Staatssekretär, Die Durchführung des Sachverständigengutachtens, Stellungnahmen der Reparationskommission und der alliierten Regierungen): Mitteilung des Staatssekretärs von Schubert über eine Unterredung mit D'Abernon am 17. April 1924.

R 28958, Bl. 175-176 (Büro Staatssekretär, Revision des Dawesplanes, Einberufung des Expertenkomitees): Mitteilung des Gesandten Ritter in London an den deutschen Botschafter in London vom 20. Dezember 1928.

R 28959, Bl. 20 (Büro Staatssekretär, Die Reparationsfrage, insb. Berufung eines Expertenkomitees): Aufzeichnung vom 11. Januar 1929 über eine Unterredung des Reichsministers des Auswärtigen Stresemann mit Schacht am 10. Januar 1929.

R 28960, Bl. 150-155 (Büro Staatssekretär, Die Reparationsfrage, insb. Expertenkonferenz in Paris): Niederschrift über die Fortsetzung der Berichterstattung der beiden Hauptdelegierten der Pariser Reparationskonferenz Schacht und Vögler am 22. März 1929.

R 28969, Bl. 1-6 (Büro Staatssekretär, Die Reparationsfrage, ins. Expertenkonferenz in Paris): Mitteilung des Staatssekretärs von Schubert an den Reichsminister des Auswärtigen vom 16. Mai 1929.

R 28969, Bl. 234-237 (Büro Staatssekretär, Die Reparationsfrage, ins. Expertenkonferenz in Paris): Ministerbesprechung vom 31. Mai 1929.

R 28993, Bl. 18-19 (Büro Staatssekretär, Die Vorbereitung der zweiten Haager Konferenz - Allgemeines -, das Schachtmemorandum): Artikel in der „Deutschen Allgemeinen Zeitung" vom 6. Dezember 1929.

R 28993, Bl. 39-40 (Büro Staatssekretär, Die Vorbereitung der zweiten Haager Konferenz - Allgemeines -, das Schachtmemorandum): Artikel im „Berliner Börsen-Courier" vom 7. Dezember 1929.

R 28997, Bl. 47-49 (Büro Staatssekretär, Dillon Read Anleihe, Kassenkrise im Dezember 1929, Rücktritt Reichsfinanzministers Hilferding): Telegramm des Reichsministers des Auswärtigen Curtius an den Botschafter in Paris vom 19. November 1929.

R 28997, Bl. 52-53(Büro Staatssekretär, Dillon Read Anleihe, Kassenkrise im Dezember 1929, Rücktritt Reichsfinanzministers Hilferding): Telegramm des Botschafters in Paris von Hoesch an den Reichsminister des Auswärtigen vom 21. November 1929.

R 28997, Bl. 56-58 (Büro Staatssekretär, Dillon Read Anleihe, Kassenkrise im Dezember 1929, Rücktritt Reichsfinanzministers Hilferding): Mitteilung des Staatssekretärs von Schubert an den Reichsminister des Auswärtigen vom 23. November 1929.

R 28997, Bl. 61-62 (Büro Staatssekretär, Dillon Read Anleihe, Kassenkrise im Dezember 1929, Rücktritt Reichsfinanzministers Hilferding): Telegramm des Staatssekretärs von Schubert an den Botschafter in Washington vom 17. Dezember 1929.

R 28997, Bl. 63-66 (Büro Staatssekretär, Dillon Read Anleihe, Kassenkrise im Dezember 1929, Rücktritt Reichsfinanzministers Hilferding): Telegramm des Botschafters in Paris von Hoesch an den Reichsminister des Auswärtigen vom 17. Dezember 1929.

R 28997, Bl. 79-83 (Büro Staatssekretär, Dillon Read Anleihe, Kassenkrise im Dezember 1929, Rücktritt Reichsfinanzministers Hilferding): Mitteilung des Staatssekretärs von Schubert an den Reichsminister des Auswärtigen vom 18. Dezember 1929.

R 28997, Bl. 96 (Büro Staatssekretär, Dillon Read Anleihe (Kassenkrise im Dezember 1929, Rücktritt Reichsfinanzministers Hilferding): Telegramm des Botschafters in Washington von Prittwitz an das Büro des Staatssekretärs vom 19. Dezember 1929.

R 34935 (Wirtschafts-Reparationen, Friedensvertrag, Konferenz in Genua): Übersetzung der Havasmeldung vom 12. Januar 1922 über die Beschlüsse des Obersten Rats für das Programm der auf der Konferenz in Genua zu erörternden Fragen.

R 34935 (Wirtschafts-Reparationen, Friedensvertrag, Konferenz in Genua): Bericht über die Auslandsstimmen in Genua vom 22. Februar 1922.

R 35017 (Wirtschafts-Reparationen, Friedensvertrag, Die Reichsbank und die Fragen zur Errichtung einer Goldnotenbank): Telegramm aus Paris an das Auswärtige Amt vom 24. Januar 1924.

R 35017 (Wirtschafts-Reparationen, Friedensvertrag, Die Reichsbank und die Fragen zur Errichtung einer Goldnotenbank): Aufzeichnung über die Berichterstattung Schachts im Reichsfinanzministerium am 1. April 1924.

R 35293 (Wirtschafts-Reparationen, Friedensvertrag, Die Fragen der Reichsbank im Young-Plan): Entwurf eines vorläufigen Berichts des Unterausschusses zur Anpassung des Bankgesetzes.

R 117506 (Sondereferat Wirtschaft, Finanzwesen, Deutsche Reichsbank nach der Londoner Konferenz vom 30. August 1924): Abschrift einer Mitteilung der Vertretung der Reichsregierung München an die Reichskanzlei vom 23. Juni 1927.

II.4 Hauptstaatsarchiv Stuttgart (HStASt)

E 130 b Bü 218, Bl. 1-5: Protokoll der Sitzung des Staatsministeriums Stuttgart vom 17. Dezember 1923.

E 130 b Bü 3404, Bl. 1-6: Bericht des württembergischen Bevollmächtigten zum Reichsrat an das Staatsministerium Stuttgart, betreff Wiederbesetzung der Stelle des Reichsbankpräsidenten vom 13. Dezember 1923.

E 130 b Bü 3404, Bl. 1-11: Bericht des württembergischen Bevollmächtigten zum Reichsrat an das Staatsministerium Stuttgart, betreff Wiederbesetzung der Stelle des Reichsbankpräsidenten vom 19. Dezember 1923.